GMP 现场检查实务问答

张金贵　编著

中国健康传媒集团

中国医药科技出版社

内 容 提 要

本书依据《药品生产质量管理规范（2010年修订）》编写，通过一问一答的方式，对GMP每个条款和实际操作中容易遇到的问题进行了专业详细解答。全书共分为13章，包括GMP的基本原则、质量管理、机构与人员、厂房设施与设备、物料与产品、确认与验证、文件管理、生产管理、质量控制与质量保证、委托生产与委托检验、产品发运与召回以及自检等内容。此外，本书还附有《药品生产质量管理规范（2010年修订）》，方便读者查阅。

本书适合药品生产企业的管理人员和技术人员使用，也可供药品监管人员、医药相关研究人员、医药院校的师生参考。

图书在版编目（CIP）数据

GMP现场检查实务问答 / 张金贵编著. -- 北京：中国医药科技出版社，2025.4. -- ISBN 978-7-5214-5230-3

Ⅰ. F426.7-44

中国国家版本馆CIP数据核字第2025W00U70号

策划编辑 于海平　　　**责任编辑** 曹化雨　张　睿
美术编辑 陈君杞　　　**版式设计** 南博文化

出版　**中国健康传媒集团** | 中国医药科技出版社
地址　北京市海淀区文慧园北路甲 22 号
邮编　100082
电话　发行：010-62227427　　邮购：010-62236938
网址　www.cmstp.com
规格　787 × 1092 mm $\frac{1}{16}$
印张　32 $\frac{1}{2}$
字数　709 千字
版次　2025 年 4 月第 1 版
印次　2025 年 4 月第 1 次印刷
印刷　大厂回族自治县彩虹印刷有限公司
经销　全国各地新华书店
书号　ISBN 978-7-5214-5230-3
定价　168.00 元

前　言

在医药行业快速发展的今天，药品的质量和安全已成为全球关注的焦点。《药品生产质量管理规范》（Good Manufacturing Practices，GMP）是药品生产和质量管理的基本准则，目的是保障药品质量、维护公众健康。作为一名 GMP 检查员，我深知，GMP 检查绝非简单的条款套用，而是需要真正理解这些条款背后的理念和精神，做到不仅要"知其然"，而且要"知其所以然"。只有真正理解了 GMP 的精髓，才能在实际工作中灵活应用，做到既严格把关，又不失灵活。

GMP 内容繁杂，条款众多，实际操作中检查员、药品质控人员等难免遇到各种困惑和难题。如何将 GMP 要求有效落实到药品生产的各个环节，是摆在制药从业人员面前的一项重要课题。

本书通过"问答"的形式，将复杂的规范条文转化为具体、易懂的操作指导，直击 GMP 实践中的核心问题与常见困惑，力求通过详细的解答，为读者提供全面、系统、实用的内容，帮助读者深入理解 GMP 的精髓，掌握药品生产过程中的关键管理要点。

本书共分为 13 章，涵盖了 GMP 的基本原则、质量管理、机构与人员、厂房设施与设备、物料与产品、确认与验证、文件管理、生产管理、质量控制与质量保证、委托生产与委托检验、产品发运与召回以及自检等内容。本书从实际出发，对常见问题提供了详尽的解答和实用的建议。无论是药品生产企业的新员工，还是希望进一步提升 GMP 实施能力的资深管理者，都能从本书中获得宝贵的知识和实践指导。

GMP 每一个条款都承载着对人类健康的深切关怀，GMP 检查员不仅仅从事的是一个技术性的工作，更需要有高度责任感和极强的专业素养。作为 GMP 检查员，要用心去体会 GMP 的精髓，用专业知识去发现问题、解决问题，帮助企业提升药品生产管理水平，为保障人民群众用药安全贡献自己的力量。

希望这本书能为药品生产管理人员、质量控制人员、制药工程师及药品监管人员提供有益的参考，帮助大家更好地理解和实施 GMP 规范，共同推动医药行业的健康发展。

在本书的编写过程中，我得到了同行、家人和朋友的无私支持和帮助。在此，我要特别感谢我的家人，是他们的支持和理解让我能够全身心地投入到这项工作中；同时，我也要感谢那些在工作中给予我帮助和指导的朋友们，是他们在我困惑时为我指点迷津，让我能够不断进步。尽管尽了最大的努力，但限于个人水平，加之编写时间仓促，书中难免存在疏漏和不足之处。在此，恳请广大读者批评指正，并欢迎大家通过来信交流（信箱：3681234@163.com），与我分享您的宝贵意见和建议。

张金贵

2024 年 8 月

目 录

第三章　机构与人员

第四章 厂房与设施

第五章 设 备

第六章　物料与产品

第七章　确认与验证

第八章　文件管理

第一节　原则 / 234

第九章 生产管理

第十章　质量控制与质量保证

18

第十一章　委托生产与委托检验

第十二章　产品发运与召回

第十三章 自 检

第一章 总 则

001 《药品生产质量管理规范》在我国药品生产行业中处于怎样的地位？

在我国药品生产行业中，《药品生产质量管理规范》（Good Manufacturing Practices，GMP）扮演着至关重要的角色。它是药品生产和质量管理的基本准则，涵盖了药品生产的各个方面，包括厂房设施、生产设备、原料和辅料控制、生产过程控制、质量控制和质量保证等。GMP 的实施旨在确保药品生产过程的安全性和进行质量控制，从而保障公众用药的安全性和有效性。

具体来说，GMP 在我国药品生产行业中的作用主要体现在以下几个方面。

1.确保药品质量与安全 GMP 为药品生产企业提供了系统的质量管理体系，从原料采购、生产加工到产品检验、储存和运输等各个环节都有明确的标准和操作规范。这有助于企业在生产过程中及时发现并纠正可能存在的质量问题，确保每一批药品都能达到预定的质量标准，从而保障患者的用药安全。

2.提升行业整体水平 随着 GMP 的推广和实施，我国药品生产行业的整体水平得到了显著提升。企业重视药品生产过程的规范化和标准化，积极引进先进的技术和设备，加强员工培训，提高生产效率和产品质量。这不仅增强了我国药品的国际竞争力，也为我国药品生产行业的可持续发展奠定了坚实基础。

3.促进国际贸易与合作 GMP 是国际公认的药品生产质量管理标准。我国药品生产企业通过实施 GMP，能够更好地与国际接轨，提高其在国际市场上的信誉度和竞争力。同时，这也为我国药品生产企业与国际交流与合作提供了便利，有助于推动我国药品走向世界。

4.引导行业创新与发展 GMP 的实施不仅关注药品生产过程的规范性，还鼓励企业采用新技术、新方法提高生产效率和产品质量。在 GMP 的引领下，我国药品生产企业不断加大研发投入，推动行业技术创新和产业升级。

5.增强消费者信心 对于消费者而言，GMP 的实施意味着他们购买的药品经过了严格的质量控制和安全评估，这有助于增强消费者对国产药品的信心和认可度。

综上所述，GMP 在我国药品生产行业中扮演着质量守护者、行业推动者和消费者信心增强者的多重角色。它的实施不仅提高了药品质量和安全水平，还推动了行业的创新与发展，为我国药品生产行业的健康、稳定和可持续发展提供了有力保障。

002 GMP 制定时是否考虑了药品生产的最新科技发展和国际标准，如何保持其更新和与国际接轨？

GMP 的制定确实考虑了药品生产的最新科技发展和国际标准。在全球化的背景下，各国的药品监管机构和国际组织，如世界卫生组织（WHO）、欧洲药品管理局（EMA）、美国食品药品管理局（FDA）等，都在不断地分享和交流药品生产质量管理的经验和最佳实践。这样的合作和交流有助于捕捉最新的科技趋势和国际标准，并将其融入本国的GMP规范中。

为了保持GMP的更新和与国际接轨，相关部门采取了多种措施，具体如下。

1.跟踪最新科技发展　GMP的制定机构会密切关注药品生产领域的最新科技发展，如先进生产工艺、自动化和智能化设备的应用等。

相关部门会定期评估新技术对药品生产质量和效率的影响，以便及时将这些新技术纳入GMP的标准和要求中。

2.参考国际标准　GMP的制定过程中，会参考国际公认的药品生产质量管理标准，如原料药的药品生产质量管理规范（ICH Q7）等。

通过与国际权威组织的合作与交流，我国不断了解和学习国际上先进的药品质量管理理念和实践，以确保GMP与国际标准保持一致。

3.定期修订与更新　GMP会根据药品生产行业的实际情况和监管需求进行定期修订和更新。例如，自原卫生部1988年颁布GMP以来，进行了多次修订，以适应不断变化的生产技术和监管环境。

修订过程中，相关部门会广泛征求行业内外专家的意见和建议，确保GMP修订的科学性。

4.加强国际合作与交流　我国积极参与国际药品质量标准组织的活动，如WHO和国际标准化组织（ISO）等，加强与国际的合作与交流。

通过国际合作，能够及时获取国际药品质量管理的最新动态和趋势，为GMP的更新和国际接轨提供有力支持。

003 如何确保GMP与《中华人民共和国药品管理法》和《中华人民共和国药品管理法实施条例》的相关规定完全一致，以及如何处理可能出现的新旧法规之间的差异或冲突？

GMP的制定和实施必须确保与《中华人民共和国药品管理法》（以下简称《药品管理法》）和《中华人民共和国药品管理法实施条例》（以下简称《实施条例》）的相关规定保持一致。以下是如何确保GMP与《药品管理法》和《实施条例》的一致性以及如何处理可能出现的新旧法规之间差异或冲突的几种方法。

1.立法过程中的协调　在制定或修订GMP时，相关部门会与负责《药品管理法》及其《实施条例》的立法机构密切沟通，确保GMP的规定与这两部法律文件中的条款相协调。

2.定期审查和修订　为了保持法规的一致性，药品监管机构会定期审查GMP，并根据《药品管理法》和《实施条例》的变动及时进行修订。

3.解释和指导文件的使用　当新旧法规之间出现差异或冲突时，监管机构可能会发布解释性文件或指导原则，帮助业界理解并正确执行新的法规要求。

4.培训和教育 通过为监管人员和制药企业提供培训和教育活动，传播新的法规要求，确保各方都能正确理解和执行新的规定。

5.安排过渡期 在新法规实施前，会设定一定的过渡期，允许制药企业有时间调整和更新其生产质量管理体系以符合新的要求。

6.合规检查和审计 通过定期的合规检查和审计，监管机构可以确保制药企业遵守最新的法规标准，并解决任何新旧法规间的不一致或冲突。

7.公开咨询和意见征集 在法规修订过程中，监管机构有时会向公众征求建议和意见，这有助于识别潜在的差异或冲突，并在制定最终法规之前进行适当的调整。

004 药品质量管理体系需要覆盖哪些方面的活动？

药品质量管理体系是一个全面而系统的框架，是确保药品在整个生命周期中质量符合预定要求的关键。这个体系需要全面覆盖药品整个生命周期的全部活动，包括研发、技术转移、商业化生产以及产品退出市场等各个环节。以下是药品质量管理体系需要覆盖的主要活动方面。

1.研发活动 包括药品的研发、配方设计、生产工艺的开发等，确保药品从概念到实际产品的每一步都符合质量标准。

2.生产活动 涉及原材料采购、生产过程控制、设备维护、清洁和消毒程序等，以保证生产过程的稳定性和可控性，从而确保最终产品的质量。

3.质量控制活动 包括原材料和成品的检测、质量标准的制定和更新、质量数据的收集和分析等，用于监控和保障药品质量。

4.仓储和物流活动 涉及药品的储存条件、运输过程中的温湿度控制、货物的追踪和管理等，确保药品在整个供应链中的质量不受损害。

5.销售和售后服务活动 包括药品的市场推广、销售过程中的质量控制、不良反应的监测和报告、客户反馈的处理等，以维护药品的市场信誉和患者安全。

6.质量改进活动 基于质量数据的分析，不断寻求改进的机会，优化生产流程、提高检测方法的准确性、增强员工的质量意识等，以持续提升药品质量。

7.法规遵从活动 确保所有的药品相关活动均符合国家和地区的法律法规要求，及时更新和调整质量管理体系以适应法规的变化。

8.持续改进 药品质量管理体系是一个动态的过程，需要不断地进行回顾、评估和改进，以适应不断变化的市场需求和监管要求。

005 如何理解《药品生产质量管理规范》作为质量管理体系的一部分，是药品生产管理和质量控制的基本要求"？

GMP是强制性法规，是药品生产企业必须遵循的基本准则，它确保了药品在生产过程中的质量和安全。GMP 作为质量管理体系（Quality Management System，QMS）的一部分，在药品生产管理和质量控制中发挥着至关重要的作用。

一、质量管理体系

质量管理体系是组织为确保其产品和服务满足客户需求和法规要求而建立的一整套管理制度和流程，包括组织机构、职责、程序、过程和资源等要素，是一个相互关联的系统，旨在管理和控制影响产品或服务质量的各种因素。GMP 是这一体系中的核心组成部分，专注于生产过程的管理和控制，以确保药品的质量和一致性。GMP 与质量管理体系中的其他要素如质量控制、质量保证等相互衔接、相辅相成，共同构成了企业全面质量管理的基础框架。

QMS 包括以下关键要素。

1.文件化系统 定义组织的质量政策、程序和职责。

2.管理责任 高级管理层对质量的承诺和参与。

3.资源调配 提供必要的资源，包括人员、设备和设施。

4.过程管理 制定、实施、监控和改进与产品或服务质量相关的过程。

5.持续改进 定期审查和改进QMS的有效性。

二、GMP 与 QMS 的关系

GMP 是 QMS 的组成部分，具体规定了药品生产中应遵循的具体要求。这些要求涵盖了从原料采购到成品释放的整个生产过程。

1.人员 培训、资格和个人卫生要求。

2.设施和设备 设计、维护和校准要求。

3.材料 采购、储存和控制要求。

4.生产 操作程序、过程控制和质量保证。

5.质量控制 检验、放行和稳定性测试要求。

6.文件和记录 创建、维护和归档记录要求。

GMP 要求与 QMS 的其他要素相辅相成。例如，GMP 规定了文件化系统的重要性，而 QMS 概述了创建和维护文件化程序的总体框架。同样，GMP 要求管理层对质量负责，而 QMS 定义了管理层在质量管理中的具体角色和职责。

三、GMP 作为药品生产管理和质量控制的基本要求

作为基本要求，GMP 规定了药品生产必须遵循的最低标准。这包括生产环境、生产设备、生产过程、人员培训、原料采购、产品检验、记录保存等方面的具体要求。只有严格遵循 GMP 要求，才能确保药品生产始终处于受控状态，保证产品质量持续稳定合格。

GMP 作为 QMS 的一部分，是药品生产管理和质量控制的基本要求，原因有以下几点。

1.确保产品质量和安全性 GMP要求旨在防止药品污染、变质或掺假，从而保护患

者的安全和健康。

2.促进一致性　GMP提供了统一的生产标准，确保不同批次的药品在质量和性能上的一致性。

3.满足监管要求　GMP符合我国和国际监管机构的要求，确保药品生产符合法定标准。

4.降低风险　GMP通过识别和控制生产中的风险因素，降低产品缺陷、召回和法律责任的风险。

5.提高效率　GMP通过优化生产流程，最大限度地提高效率和减少浪费。

四、GMP 支持药品生产管理和质量控制的方式

GMP 通过以下方式支持药品生产管理和质量控制。

1.建立明确的质量标准　GMP提供了明确的质量目标和可衡量的标准，确保药品符合预期的质量水平。

2.指导生产流程　GMP规定了药品生产的具体操作程序，确保一致性和避免错误。

3.规范设备和设施　GMP对设备和设施的维护、校准和清洁设定了要求，以防止污染和交叉污染。

4.控制原材料　GMP要求对原材料进行严格的采购、储存和控制，以确保其质量和纯度。

5.审核和检查　GMP要求定期进行内部和外部审核，以评估合规性并确定改进领域。

五、GMP 的法规强制性

GMP 要求是强制性的，是药品生产管理和质量控制必须执行的基本准则。国家药品监督管理部门将 GMP 执行情况作为评价药品生产企业质量管理水平的重要依据，对于不符合 GMP 要求的企业，将依法采取行政处罚等监管措施。因此，GMP 不仅仅是一套标准和规范，更是药品生产企业必须遵循的法定义务。

六、GMP 是药品生产管理和质量控制整体要求的集中体现

药品质量是药品生产全过程管理的结果，GMP通过系统性的要求，使企业的组织管理、生产操作、质量控制等各方面工作均处于目标一致、相互协调的状态，最终实现"以预防为主"的质量管理目标，保证药品的安全性、有效性和质量可控性。

综上所述，GMP 作为法定要求，在药品生产质量管理中居于核心地位，是药品生产企业建立科学、规范、有效的质量管理体系，实施全面质量管理的基础和前提。只有以 GMP 为基本准则，严格实施质量管理，才能切实保障药品质量，维护公众用药安全。

第二章　质量管理

第一节　原　则

006 企业如何确保其制定的质量目标全面覆盖药品注册中的安全性、有效性和质量可控性要求？

企业确保其制定的质量目标全面覆盖药品注册中的安全性、有效性和质量可控性要求，可以通过以下几个方面来实现。

一、明确安全性、有效性和质量可控性的具体要求

在制定质量目标时，要充分研究和理解药品注册相关的安全性、有效性和质量可控性的具体要求。包括对药物的化学、物理性质，药效动力学、药代动力学等方面的深入分析，以及对生产工艺、质量标准等细节的精准把握。

1.安全性　企业应确保药品在生产、储存、运输和使用过程中对人体无害，不产生不良反应或副作用。这要求企业在制定质量目标时，严格控制原料药的来源和质量，以及生产过程的卫生条件。

2.有效性　药品应能够有效治疗疾病或缓解症状。为达到这一目标，企业需要确保药品的活性成分含量准确，且在生产过程中保持稳定性。

3.质量可控性　药品的质量应能够在整个生产过程中得到有效控制，确保每一批次的药品都符合既定的质量标准。这要求企业建立完善的质量管理体系，并实施严格的质量控制措施。

二、安全方面

建立严格的药物安全性评估体系，贯穿整个研发和生产过程。

对原材料进行严格筛选和检测，确保其安全性。

进行充分的毒理学研究和临床试验，监测潜在的安全风险。

例如，对每一批次的原料药进行杂质分析，确保不存在可能影响安全的有害杂质。

三、有效性方面

精心设计临床试验方案，以准确评估药物的有效性。

持续监测临床数据，验证药物在实际使用中的效果。

与医学专家合作，确保对有效性的理解和判断准确。

比如，根据不同疾病特征和患者群体，针对性地开展有效性研究。

四、质量可控性方面

制定完善的生产质量管理规范，涵盖各个环节。

建立严格的质量控制标准和检测方法。

对生产设备和工艺进行严格验证和监控。

如对生产过程中的关键参数进行实时监测和记录，确保质量稳定可控。

五、其他

组建专业的跨部门团队，包括研发、质量、医学等领域的人员，共同制定和审核质量目标。

定期回顾和评估质量目标的达成情况，及时进行调整和优化。

保持与监管机构的密切沟通，确保对相关要求的理解和执行符合标准。

通过以上多方面的举措，企业可以更好地确保质量目标全面覆盖药品注册中的安全、有效性和质量可控性要求，保障药品的质量和患者的安全。

007 企业如何将药品注册的有关安全、有效和质量可控的所有要求，系统地贯彻到药品生产、控制及产品放行、贮存、发运的全过程中？

企业将药品注册的有关安全、有效和质量可控的所有要求系统地贯彻到药品生产、控制及产品放行、贮存、发运的全过程中，需要采取一系列系统化和精细化的管理措施，具体可包括以下步骤。

1.理解并转化注册要求 深入解读：全面分析药品注册文件，包括安全性和有效性评价、质量标准、生产工艺、稳定性数据等，确保团队对注册要求有深刻理解。

转化为内部标准：将注册要求转化为企业的内部生产标准、质量标准、操作规程（SOP）和控制策略，确保每个环节都与注册要求保持一致。

2.设计和优化生产流程 工艺设计：依据注册要求，设计或优化生产工艺流程，确保生产过程中的每一步都能满足安全、有效性和质量控制的需求。

风险评估：运用质量风险管理（QRM）方法，识别生产过程中的关键控制点（CPP）和潜在风险，制定相应的控制措施。

3.实施质量控制与检验 质量控制体系：建立全面的质量控制体系，包括原辅料检验、在线监控、成品检测、稳定性考察等，确保产品质量在各阶段均得到控制。

仪器校验与维护：确保所有检测设备和仪器经过校准，符合国际标准，定期进行维护，保证检测数据的准确性和可靠性。

4.产品放行与批次审核 放行标准：建立严格的产品放行标准，确保每一批次产品在经过全面的质量审核，包括但不限于质量检验合格、生产记录完整、偏差处理合规后方可放行。

质量回顾：定期进行质量回顾，分析生产过程中的数据，评估产品质量的持续稳定性，及时调整和优化生产流程。

5.贮存与发运管理 环境控制：确保仓库条件符合药品储存要求，如温度、湿度控制，防虫防鼠措施等，定期进行环境监测。

物流管理：选择符合《药品经营质量管理规范》（GSP）要求的物流公司，制定详细的运输标准操作程序，包括温控、包装、追溯等，确保产品在运输过程中的完整性与质量。

6.**培训与文化建设** 人员培训：对全体员工进行GMP、药品注册要求、质量意识等方面的定期培训，确保每位员工都能理解并执行相关要求。

质量文化：建立以质量为中心的企业文化，鼓励员工主动报告问题，持续改进，形成良好的质量管理体系氛围。

7.**文件记录与追溯** 记录保持：确保所有生产、检验、放行、贮存、发运等活动都有详细记录，便于追溯和审核。

电子系统：利用ERP、LIMS等信息化管理系统，实现数据的电子化管理，提高效率和准确性，便于数据分析和决策支持。

8.**持续改进与风险评估** 定期对质量管理体系进行审计和评估，发现问题及时改进，以确保体系的持续有效性和适应性。

建立风险评估机制，对生产过程中可能出现的风险进行识别、评估和控制，确保产品质量和安全。

008 企业高层管理人员如何确保实现既定的质量目标？不同层次的人员以及供应商、经销商如何共同参与并承担各自的责任？

在药品生产管理中，按照GMP的要求，企业高层管理人员确保实现既定的质量目标，不同层次的人员以及供应商、经销商共同参与并承担各自责任的具体做法包括以下内容。

一、企业高层管理人员确保实现质量目标的措施

1.高层需确立清晰的质量方针，基于药品注册要求制定可量化、可追踪的质量目标，并确保这些目标与公司的整体战略相一致。

2.建立并维护一个有效的质量管理体系，涵盖从原料采购到成品销售的全过程，确保体系符合GMP要求。

3.确保公司有足够的资源（人力、财力、物力）投入到质量保证和质量控制活动中，包括人员培训、设备更新、设施改造等。

4.采用质量风险管理（QRM）方法，识别和评估潜在的质量风险，制定预防和应对措施，减少风险发生的可能性。

5.将质量目标纳入各级管理人员及员工的绩效考核体系，确保质量成为每个人的工作重点。

6.通过定期会议、质量简报等方式，向全体员工传达质量的重要性，激励员工参与质量改进活动，形成质量第一的文化。

二、不同层次的人员承担的责任

1.**管理层** 制定和执行质量管理计划，确保各自部门的操作符合GMP要求，定期审核部门内质量目标的完成情况。

2.**操作人员**　严格按照操作规程（SOP）进行生产作业，参与日常的质量控制活动，报告任何可能影响产品质量的异常情况。

3.**质量部门**　负责监督整个生产过程，进行质量检验，确保产品符合既定的质量标准，处理质量问题和偏差。

4.**研发部门**　在产品研发阶段就融入GMP理念，确保产品的设计符合质量、安全和有效性要求。

三、供应商与经销商的责任

1.**供应商管理**　通过供应商审计、质量协议等方式，确保供应商提供的原料、辅料及服务符合GMP标准，参与供应商的培训与评估。

2.**经销商培训**　对经销商进行GMP相关知识的培训，确保他们了解正确的产品存储、运输和销售要求，避免因分销环节导致的质量问题。

3.**合同约束**　与供应商、经销商签订包含质量条款的合同，明确双方的质量责任和义务，包括退货、召回等应急处理程序。

009　**企业如何评估和确保其配备的人员、厂房、设施和设备足够且符合要求，以确保这些资源能够支持实现质量目标？**

企业评估和确保其配备的人员、厂房、设施和设备足够且符合要求，以支撑实现质量目标，可以采取以下步骤和措施。

1.**需求分析**　识别实现质量目标所需的特定人员、厂房、设施和设备。

考虑产品或服务复杂性、生产规模和监管要求。

盘点当前的人员、厂房、设施和设备。

评估其数量、质量和能力是否满足需求。

2.**人员评估与培训**　评估现有人员的能力和经验是否匹配岗位要求。

识别人员能力缺口，提供必要的培训和发展计划。

定期进行绩效考核，确保人员绩效符合预期。

3.**厂房和设施评估**　评估厂房布局和工艺流程是否合理，是否满足生产需求。

定期对厂房和设施进行维护保养，确保其处于良好状态。

评估厂房的产能是否满足订单需求，必要时扩大产能。

4.**设备评估与管理**　选用性能可靠、精度满足要求的设备。

建立设备管理台账，落实设备点检、保养、校准等工作。

评估设备综合效率，持续开展设备改善。

5.**质量管理体系**　建立和实施质量管理体系，如ISO 9001，确保所有资源和流程符合质量标准。

通过定期审核和监控，识别和解决质量问题，持续改进质量管理体系。

6.**数据分析与反馈**　收集和分析生产和质量数据，评估资源的有效性和效率。

建立反馈机制，及时识别和解决资源配置中的问题，确保持续改进。

7.**风险管理**　识别和评估与人员、厂房、设施和设备相关的风险，制定应对措施。

制定和实施应急预案，确保在出现问题时能够迅速响应和恢复生产。

8.**资源配置评审**　每年度对资源配置情况开展评审，评估资源利用效率。

基于产品和过程的风险分析，合理配置资源。

高风险、高投入领域，应重点配置资源。

第二节　质量保证

010　企业在建立质量保证系统和完整文件体系时，如何确保系统的有效运行？

企业在建立质量保证系统和完整文件体系时，为确保系统的有效运行，可以采取以下措施。

1.**领导重视**　高层管理人员应认识到质量保证系统的重要性，并将其作为公司的核心战略之一。

领导层应提供足够的资源和支持，确保质量保证系统的有效实施。

2.**全员参与**　质量保证是每个员工的责任，因此需要对所有员工进行培训，提高他们的质量意识。

鼓励员工参与质量改进活动，让他们成为质量保证的一部分。

3.**设立专门的质量部门**　建立专门的质量部门负责制定、推广质量管理政策、规定和标准。这个部门还需建立质量跟踪和监督机制，通过定期和不定期的检查，实施有效的质量监视和测量，以保证质量管理工作的有效执行。

4.**明确职责与权限**　确立清晰的组织结构，明确各级管理人员和员工的职责、权限，确保每个人都了解自己的角色和责任所在。

5.**建立政策与程序**　制定质量手册、操作规程、工作指导书等文件，详细说明所有与质量相关的活动、过程和控制措施，确保操作有章可循。

6.**完善内部质量管理流程**　企业应建立质量管理手册和流程文件，明确各部门的质量管理职责，确保所有工作都按照既定的流程进行，有章可循、有据可依。

7.**强化文件体系管理**　建立文件密级制度，确保文件的安全性和保密性。

明确文件与组织架构的关系，处理好文件在不同部门间的流转问题。

实施新旧版本管理，保证文件的统一性和准确性。

采用中心化集中管理，确保工作和业务相关文件的统一管理。

归档与回收机制要完善，有成熟的解决方案来处理文件的归档和回收问题。

8.**实施质量风险管理**　通过风险评估识别生产、检验、储存等各环节的风险点，制定预防和缓解措施，持续监控并定期评审风险。

9.加强内审和管理评审 通过实施内部审核，验证质量管理体系的符合性和有效性，对发现的问题及时采取纠正措施和预防措施，以确保体系的有效性和持续改进。

10.持续改进 企业需要不断完善质量保证系统和文件体系，确保其持续适宜和有效。随着企业环境和需求的变化，应及时对相关文件进行修改和完善。

011 **如何对中间产品进行有效控制，确保其符合规定的质量标准，从而保证最终产品的质量？**

对中间产品进行有效控制是确保最终产品质量的关键环节。以下是一些具体的控制措施。

1. 为每个中间产品制定明确的质量标准，包括性状、鉴别、检查、含量测定等指标。这些标准应与最终产品的质量标准相协调，以确保最终产品的质量。

2. 制定中间产品的取样和检验程序，确保从生产过程中随机抽取代表性样品进行检验。检验方法应符合相关法规要求和行业标准。

3. 在生产过程中设置关键的质量控制点，对中间产品的关键质量属性进行监控。这些控制点可以是原料验收、工艺参数调整、中间产品检验等。

4. 实施严格的过程控制，确保生产过程中的每个步骤都符合预定的操作规程和质量标准。这包括设备维护、环境监测、人员培训等。

5. 详细记录中间产品的生产、检验和放行过程，确保产品的可追溯性。记录应包括生产日期、批号、检验结果等信息。

6. 对于检验结果不符合质量标准的中间产品，应立即进行调查和处理。根据调查结果，采取相应的纠正措施，如返工、报废等。

7. 定期对中间产品的质量控制风险进行评估，识别潜在的风险点，并采取相应的预防措施。

8. 对中间产品进行稳定性研究，以确定其在规定的储存条件下的有效期和储存条件。

9. 制定中间产品的放行和拒收标准，确保只有符合质量标准的中间产品才能进入下一生产阶段。

10. 根据生产经验和质量控制数据，不断优化中间产品的质量控制策略和方法，提高产品质量。

通过以上措施，企业可以对中间产品进行有效控制，确保其符合规定的质量标准，从而保证最终产品的质量。

012 **如何明确管理职责，确保各级管理人员在药品生产质量管理中承担相应的责任和义务？**

明确管理职责并确保各级管理人员在药品生产质量管理中承担相应的责任和义务，

需要采取以下措施。

1. 创建详细的管理职责文档，明确每个管理层级的责任和义务，包括高层管理、中层管理和基层管理。

2. 在质量管理体系文件中明确规定各级管理人员的职责，如质量手册、程序文件和作业指导书。

3. 确保每个管理岗位的职责清晰明确，并分配给合适的管理人员。

4. 对管理人员进行GMP规范和质量管理方面的培训，确保他们了解自己的职责和执行任务所需的知识。

5. 明确授权体系，确保各级管理人员拥有履行职责所需的权限，并对其决策和行为负责。

6. 确保质量目标的制定和实施过程中，各级管理人员都参与并承担相应的责任。

7. 定期审查管理职责的执行情况，评估其有效性，并根据实际情况进行调整。

8. 建立有效的沟通渠道，确保各级管理人员之间的信息流通和协调一致。

9. 实施绩效评估体系，对管理人员在质量管理方面的工作表现进行评价，并与奖惩制度挂钩。

10. 培养企业的质量文化，使质量意识深入各级管理人员的心中。

11. 确保各级管理人员参与到与药品生产质量管理相关的决策过程中。

12. 确保各级管理人员参与风险评估和管理，及时响应和处理可能影响产品质量的风险。

13. 鼓励各级管理人员参与持续改进活动，不断提升质量管理水平。

14. 定期进行内部审计和合规性检查，确保管理职责得到有效执行，并符合GMP要求。

013 企业如何系统地回顾和证明其生产工艺能够持续稳定地生产出符合要求的产品？

企业系统地回顾和证明其生产工艺能够持续稳定地生产出符合要求的产品，通常涉及以下几个关键步骤和活动，这些活动紧密遵循GMP的原则和要求。

1. 建立完善的生产工艺记录体系，包括原材料使用记录、关键工艺参数记录、操作记录等，确保能够完整追溯生产过程。

2. 定期对生产数据进行统计分析，如分析关键参数的波动情况、产品质量指标的趋势等，以评估工艺的稳定性。

3. 进行周期性的工艺验证，包括确认关键工艺参数的范围、验证工艺的重现性等。

4. 实施持续的质量监测和控制，对生产出的产品进行严格的检验和测试，确保其符合要求。

5. 开展内部审核和自查活动，审查工艺执行情况和相关记录。

6. 收集客户反馈，了解产品在实际使用中的表现，以此来间接反映生产工艺的效果。

7. 与行业标准和同类企业进行比较，评估自身工艺的先进性和稳定性。

8. 对生产设备和设施进行定期维护和校验，确保其正常运行且性能稳定。

9. 建立风险管理机制，及时识别和应对可能影响工艺稳定性的风险因素。

10. 组织专家评审或邀请外部机构进行评估，获取专业的意见和建议。

11. 回顾历史生产中出现的问题和偏差，分析原因并采取改进措施，以证明工艺在不断优化和完善。

通过以上多种方式的综合运用，企业可以较为全面地回顾和证明其生产工艺能够持续稳定地生产出符合要求的产品。

014　对生产工艺及其重大变更进行验证时，应考虑哪些因素？

药品生产企业按照 GMP 的要求对生产工艺及其重大变更进行验证时，应考虑以下因素。

1.工艺参数的确定　确保对现有生产工艺有充分的理解，包括关键质量属性（CQA）、关键工艺参数（CPP）和关键输入材料属性（CMA）。需要确定生产工艺中的关键参数，如温度、时间、压力等，并设定合适的规格范围，这些参数直接影响药品的质量和效力，因此必须进行验证以确保其合理性和稳定性。

2.操作规程的验证　生产工艺中的操作规程对药品质量控制至关重要，需详细记录每一步操作的方法、要求和注意事项，并通过实践进行验证，以确保操作规程的准确性和可行性。

3.设备设施的验证　验证生产工艺所使用的设备和设施是否符合 GMP 标准，包括设备的有效性和操作的正确性，以确保设备设施能够稳定可靠地满足生产需求。

4.原材料的验证　原材料在药品生产中起着关键作用，因此必须验证其质量和合规性，包括对原材料的来源、存储条件和质量检验等方面进行确认。

5.生产过程的验证　包括原材料投入、反应过程、中间产物检验、工艺流程控制等方面的验证，以确保生产过程的稳定性和可控性。

6.产品质量控制的验证　产品质量控制是 GMP 生产工艺验证的重要环节，需通过检验各项产品质量指标来确保产品的安全、有效和合规性，并对质量控制方法、设备、操作规程等进行验证。

7.变更验证的特定考虑　当生产工艺发生重大变更时，如原辅料、与药品直接接触的包装材料、生产设备、生产环境或厂房、检验方法等的变更，应进行相应的确认或验证，必要时还需经药品监督管理部门批准。

8.清洁方法的验证　清洁方法应经过验证，以证实其清洁效果，有效防止污染和交叉污染，综合考虑设备使用情况、清洁剂和消毒剂、取样方法和位置等多种因素。

015　在制定操作规程时，如何确保语言的准确性和易懂性？

　　药品生产企业在按照GMP的要求制定操作规程时，确保语言的准确性和易懂性是非常关键的，这直接关系到操作的可执行性、员工的理解程度以及最终产品的质量和患者的安全。为确保语言的准确性和易懂性，可以采取以下措施。

　　1.**使用明确、具体的语言**　操作规程应使用明确、无歧义的语言描述，避免使用模糊或含糊不清的表述。每个步骤和操作都应有明确的描述，以便操作人员能够准确理解并执行。

　　2.**简化语言并避免专业术语的滥用**　在编写操作规程时，应尽量使用简单易懂的语言，避免使用过于复杂或专业的术语，以减少误解和混淆的可能性。如果必须使用专业术语，应提供清晰的解释或定义。

　　3.**结构化和格式化文本**　操作规程应按照一定的结构和格式进行编写，如使用标题、子标题、列表和图表等，以提高可读性和易懂性。这有助于操作人员更快地找到所需信息并理解操作步骤。

　　4.**具体详细**　对于每项操作，都应详细说明所需材料、设备、具体操作步骤、执行标准、完成标准、异常处理方法等，确保执行者能准确无误地遵循。

　　5.**图示辅助**　利用图表、照片、流程图等视觉辅助工具来帮助说明复杂的操作过程，这样可以更直观地展示操作步骤，减少误解。

　　6.**进行语言审查和测试**　在制定操作规程后，应进行语言审查和测试。可以邀请不同背景的操作人员阅读并反馈意见，以确保语言对不同读者群体都是清晰易懂的。同时，也可以进行实地测试，观察操作人员在执行规程时是否存在理解障碍。

　　7.**多语言支持**　如果员工使用不同的语言，应提供多语言版本的操作规程以确保所有人员都能理解。

　　8.**持续更新和优化**　随着生产流程、设备或法规的变更，操作规程可能需要进行更新和优化。在此过程中，应继续保持对语言准确性和易懂性的关注，确保规程始终与实际操作相符并易于理解。

　　9.**遵循GMP的指导原则**　在制定操作规程时，应严格遵循GMP的指导原则和要求。GMP强调文件的清晰、准确和易懂性，以确保所有操作人员都能够正确理解和执行规程。

第三节　质量控制

016　如何确保物料或产品在放行前完成必要的检验，以保证其质量符合要求？

　　确保物料或产品在放行前完成必要的检验，并且其质量符合要求，是一个涉及多个环节的系统性过程。以下是实现这一目标的关键步骤。

1. 企业需要建立一个健全的质量控制（QC）部门，负责监督所有检验活动。这包括设立相应的组织机构、明确职责分工，并建立文件管理系统，确保所有规程、标准和记录得到妥善管理和执行。

2. 根据产品特性和法规要求，制定详细的检验标准操作规程（SOP），涵盖取样方法、检验项目、检验频率、检验方法、接受标准等，确保检验过程的标准化和规范化。

3. 配备适当且经过校准的检验设施、设备和仪器，确保检验结果的精确性。

4. 确保执行检验的人员具备必要的技能和知识，通过定期培训和考核保持其能力水平。

5. 对供应商进行审计和批准，确保原料和其他物料来自合格的供应商，并符合预定的标准。

6. 采用科学的取样技术确保样品具有代表性，然后按照既定的检验规程对物料和产品进行全面检验，包括理化检验、微生物检验、稳定性检验等，确保所有指标均达到预定的质量标准。

7. 对每个批次的产品进行留样，并进行一定时间的观察，以便在必要时进行额外的检验。

8. 详细记录检验全过程，包括原始数据、检验结果、异常情况及其处理措施等，并确保所有文件和记录的完整性、准确性和可追溯性。

9. 对检验中发现的不合格品进行标识、隔离和处理。分析不合格原因，采取纠正措施，防止问题再次发生。

10. 设立独立的质量保证（QA）部门或岗位，负责审核所有与生产、检验相关的记录和报告，确保所有必要的检验已完成且结果符合规定标准后，才能批准物料或产品的放行。

11. 通过定期的内部审计、管理评审和外部监管检查，持续改进检验流程和质量管理体系，以提高检验效率和质量控制水平。

017 质量控制需要配备哪些设施、设备、仪器和人员？

质量控制（QC）在药品生产过程中是一个至关重要的环节，旨在确保产品符合预定的质量标准。为了有效、可靠地完成质量控制相关活动，企业需要配备以下关键要素。

1. **设施** 清洁、无污染的实验室环境，根据需要设置不同的洁净区域等级，如ISO 5、ISO 7或更高。

适宜的仓储条件，确保物料和产品的储存条件符合其稳定性要求，如温度、湿度控制。

分区明确的工作区域，如取样区、检验区、微生物检验区等，以避免交叉污染。

2.**设备**　分析设备：高效液相色谱仪（HPLC）、气相色谱仪（GC）、紫外/可见光谱仪（UV/Vis）、红外光谱仪（IR）、质谱仪（MS）等，用于成分分析。

微生物检测设备：生物安全柜、培养箱、显微镜、自动菌落计数器等，用于微生物限度测试和无菌检查。

物理性能测试设备：如硬度测试仪、溶出度测试仪、黏度计等，根据产品特性而定。

环境监测设备：温湿度计、尘埃粒子计数器、压差计等，用于监控生产及实验室环境。

3.**仪器**　密度计、pH计、电导率仪、天平、滴定装置等通用实验室仪器。

稳定性试验箱，用于长期和加速稳定性研究。

在线质量控制设备，如实时监控生产过程中的关键参数的设备。

4.**人员**　经过专业培训的QC技术人员，他们应具备良好的职业道德、丰富的技术经验和专业知识，了解GMP及相关法规要求。

质量管理人员，负责制定和审核质量控制规程、监督日常检验活动、处理不符合项。

审核和批准人员，负责最终审核检验结果，决定物料和产品的放行。

018　如何确保操作规程的有效性和可靠性？

药品生产企业可以通过以下方式确保操作规程的有效性和可靠性。

1.操作规程的制定应基于科学依据和实际经验，充分考虑药品的特性、生产工艺和设备等因素。

2.对操作规程进行定期审查和更新，以适应新的法规要求、技术发展和生产实践中的变化。

3.组织相关人员，包括工艺专家、操作人员等，参与操作规程的编写和审核，确保其全面性和准确性。

4.开展全面的培训，使操作人员充分理解和掌握操作规程的内容和要求。

5.在实际操作中，严格按照操作规程执行，并设置监督机制，确保操作的规范性。

6.对违反操作规程的行为及时进行纠正和处理，并分析原因，采取预防措施防止再次发生。

7.建立反馈机制，鼓励操作人员反馈操作规程在实际执行中遇到的问题或建议，以便及时改进。

8.通过验证活动来验证操作规程的有效性，如工艺验证、清洁验证等。

9.保存操作规程的相关记录，包括制定、修订、培训等记录，以证明其有效性和可靠性。

10.与其他企业或行业组织进行交流和学习，借鉴先进的经验和做法，不断完善自身

的操作规程。

11. 将操作规程的执行情况纳入考核体系，激励操作人员严格遵守。

12. 对关键操作规程进行重点监控和评估，确保关键环节的质量控制。

13. 对新入职人员进行专门的操作规程培训，确保其能快速适应并正确操作。

第四节　质量风险管理

019 制药企业在药品的整个生命周期中如何采用前瞻或回顾的方式进行质量风险管理？

制药企业在药品的整个生命周期中，采用前瞻或回顾的方式进行质量风险管理，具体做法如下。

一、前瞻方式

1. **研发阶段**　深入评估新药物分子的各种性质，包括其化学稳定性、物理稳定性以及潜在的致敏性、致畸性等毒性风险，以提前规划应对策略。

全面考虑制剂设计过程中可能面临的各种挑战和风险，比如不同辅料的相容性问题、制剂工艺的可行性等，为后续的开发提供坚实基础。

2. **临床试验阶段**　前瞻性地细致分析试验流程中的每一个环节，包括受试者招募、试验药物管理、临床数据采集与记录等方面可能存在的风险点，提前制定防范措施。

对试验用药的制备和供应环节进行全面的风险评估，如原材料的质量稳定性、制备过程的无菌保障、运输储存条件的适宜性等。

3. **产品上市前**　对生产工艺放大过程中可能出现的各种潜在风险进行详细预测，包括设备性能是否满足、人员操作熟练程度、工艺参数的适应性等，制定相应的应急预案。

充分评估市场对产品的接受度和可能出现的不良反应风险，考虑不同人群的使用差异、竞品情况等因素。

二、回顾方式

1. **生产过程中**　定期且系统地回顾生产数据，包括关键工艺参数的波动情况、中间产品和成品的质量指标等，从中发现潜在的风险趋势。

深入分析质量投诉和召回事件，运用根本原因分析等工具，找出导致问题的根源风险，以便采取针对性的改进措施。

2. **产品上市后**　对已销售产品的大量质量监测数据进行仔细研究和回顾，运用统计学方法等发现潜在的风险信号，比如异常的不良反应发生率等。

认真研究不良事件报告，结合临床数据等信息，确定是否存在系统性质量风险，以便及时采取应对措施。

3.在整个生命周期中　定期组织跨部门的风险评估会议，召集研发、生产、质量、市场等相关人员，结合前瞻和回顾信息进行综合分析，全面考量风险的各个方面。

建立完善的风险数据库，不断积累和更新风险信息，包括已识别的风险、采取的措施、风险的状态等，为后续的决策提供丰富的参考依据。

例如，在研发时通过大量的实验和模拟分析药物在不同条件下可能出现不稳定的具体情况；在临床试验时提前思考数据记录可能出现错误的具体情形及影响；在上市前预测工艺放大时由于规模变化可能导致收率降低或杂质增加的具体风险表现；生产中回顾过去出现的类似偏差的原因和解决措施；上市后从长期积累的质量监测数据中发现某些批次或时间段的异常趋势等。通过这些全面且细致的方式，制药企业能够有效地进行质量风险管理，最大限度地保障药品质量和患者的用药安全。

020　如何确保质量风险管理过程符合 GMP 的要求？

确保质量风险管理过程符合 GMP 的要求，需要遵循以下几个关键步骤和原则。

1.建立质量风险管理规程　根据 GMP 要求，建立一套全面的质量风险管理规程，明确质量风险管理的目的、范围、责任分配、流程及标准。规程应覆盖产品从研发到上市后监督的整个生命周期。

2.风险评估　采用科学的方法，如 Failure Mode and Effects Analysis（FMEA），Hazard Analysis and Critical Control Points（HACCP）或其他适宜的工具，定期对产品、工艺、设备、供应商、设施等进行全面的风险评估。识别潜在的质量风险点，分析其可能性和影响程度。

3.风险控制　基于风险评估的结果，制定并实施有效的风险控制措施。这包括但不限于设立关键控制点、制定应急计划、改进工艺或增加检测频率等，以降低风险至可接受水平。

4.持续监控与复审　建立监控机制，跟踪已识别风险的状态和控制措施的有效性。定期回顾风险管理计划，特别是在出现新风险、法规变更或产品投诉等情况时，及时调整风险管理策略。

5.文件记录与沟通　确保所有风险管理活动都得到充分的记录和存档，包括风险评估报告、控制措施实施记录、监控数据和复审结果。加强内部沟通，确保所有相关人员了解其在风险管理中的角色和责任。同时，与外部监管机构保持透明的沟通，必要时报告重大风险事件。

6.培训与意识提升　定期对生产、质量管理人员及相关人员进行 GMP 和质量风险管理的培训，提升员工的风险意识和应对能力，确保所有人员理解并能够执行风险管理规程。

7.合规性验证　通过内部审计和第三方审计，验证质量风险管理过程是否符合 GMP 要求。及时纠正发现的不符合项，并采取预防措施避免再次发生。确保所有风险管理活动都符合GMP以及其他相关法规的要求。

8.**融入质量管理体系**　将质量风险管理完全融入企业整体的质量管理体系中，确保风险管理成为日常运营的一部分，而不仅仅是一项独立的任务。

9.**持续改进**　根据审核和监督的结果，不断完善质量风险管理体系，提高风险管理的水平。

10.**参考国际标准**　参考国际上先进的质量风险管理理念和方法，如ICH Q9等，与国际接轨，提高企业的竞争力。

021　在进行质量风险评估时，应考虑哪些关键因素和潜在风险点？

在进行质量风险评估时，通常需要考虑一系列关键因素和潜在的风险点。质量风险评估是一个动态和连续的过程，它涉及药品生命周期的各个阶段。以下是进行质量风险评估时应考虑的一些关键因素和潜在风险点。

一、关键因素

1.**产品特性**　产品的复杂性、活性成分的稳定性、剂量形式、给药途径等。

2.**生产过程**　生产步骤的数量和复杂性、自动化程度、操作人员的干预频率等。

3.**物料质量**　原料、辅料、包装材料的质量和供应商的可靠性。

4.**设备和设施**　生产设备的状态、维护历史、清洁效果等。

5.**操作人员**　操作人员的培训水平、经验、操作的熟练程度等。

6.**环境控制**　生产环境的洁净度、温湿度控制等。

7.**检验和测试**　产品的检验频率、检验方法的选择、结果的解读等。

8.**变更管理**　对现有流程、配方或设备的任何变更可能导致的影响。

9.**反馈和投诉**　从市场获得的产品质量反馈和消费者投诉。

二、潜在风险点

1.**原料和辅料的质量问题**　来源不稳定、掺杂不明物质、批次间差异大等。

2.**生产过程中的污染**　空气、水、设备等方面的污染。

3.**交叉污染**　不同产品或批次间的污染。

4.**设备故障或损坏**　可能导致生产过程中断或产品不合格。

5.**人为错误**　操作失误、记录错误、判断失误等。

6.**产品稳定性问题**　受到温度、湿度、光线等因素影响而降低品质。

7.**标签和包装错误**　导致药品信息错误或混淆。

8.**不符合法规要求**　生产过程或产品设计不符合国家或国际药品安全标准。

022　在进行质量风险评估时，通常依据哪些科学知识和经验？

按照GMP的要求，制药企业在进行质量风险评估时通常依据以下这些科学知识和经验。

一、科学知识

1.**药学、化学和生物学基础知识** 这些知识是理解药品成分、结构、性质以及生产工艺的基础。例如，药物的稳定性、溶解性、生物利用度等都与这些基础知识紧密相关。

2.**制药工艺学和工程学原理** 明确各种生产工艺的特点、关键参数和潜在的不稳定因素。制药工艺学涉及药品的制备、分离、纯化等过程，而工程学原理则关注生产设备的选型和设计、工艺流程的优化等。这些知识对于评估生产过程中可能出现的质量风险至关重要。

3.**化学工程知识** 帮助理解药物合成、反应过程以及与辅料的相互作用等方面的潜在风险。

4.**统计学知识** 用于分析数据的分布、趋势和异常，以识别风险信号。

5.**毒理学知识** 评估药物可能产生的毒性风险及其对人体的潜在危害。

6.**物理学知识** 涉及药物的物理性质如溶解性、晶型等与质量相关的知识。

7.**风险管理理论** 包括风险识别、风险分析、风险评价、风险控制、风险监控和风险沟通的全过程管理理论，这是GMP质量风险管理的核心。

二、经验

1.**类似产品的生产经验** 从过往同类型或相似药物的生产中汲取风险应对经验。

2.**特定设备的运行经验** 对某些关键设备的长期使用所积累的关于性能、故障模式等的经验。

3.**洁净区管理经验** 包括洁净级别维持、人员行为规范等方面的实践经验。

4.**法规符合性经验** 对以往应对法规检查和合规操作的经验总结。

5.**验证工作经验** 如工艺验证、清洁验证等过程中遇到的问题和解决方法。

6.**质量审计经验** 通过内部和外部审计发现的风险点和改进措施经验。

7.**历史数据与经验教训** 参考企业内部和行业内外的历史事件、案例研究、失败经验，从中学习并避免重蹈覆辙。

8.**专家判断与行业最佳实践** 借助行业专家的经验和专业知识，结合国际公认的最佳实践，进行风险识别和评估。

比如，利用化学工程知识判断在某一工艺步骤中可能因温度控制不当导致副产物生成的风险；依据统计学知识从大量生产数据中发现某一参数的异常波动；借鉴以往生产类似产品时在包装环节出现的问题来评估当前产品的包装风险；参考洁净区管理经验来完善洁净区人员行为规范以降低污染风险等。

023 **如何确保质量风险管理过程所采用的方法、措施、形式及形成的文件与风险级别相适应？**

确保质量风险管理过程所采用的方法、措施、形式及形成的文件与风险级别相适应，可以通过以下几个步骤和原则来实现。

1.**风险评估与分级**　首先，进行全面的风险识别，列出可能影响产品质量的所有潜在风险。

接着，对每个识别出的风险进行量化分析，评估其发生的可能性和影响的严重程度。

根据评估结果，将风险分为不同的级别，如低、中、高或更详细的分级系统，确保高风险得到优先关注。

2.**定制风险管理策略**　根据风险级别的高低，制定相应的风险管理策略和控制措施。高风险应采取更为严格和具体的控制措施，低风险则可以采取相对简化的管理方式。

选择适合的风险管理工具和方法，如 FMEA、HACCP、风险矩阵等，这些工具应能适应不同风险级别的需求。

3.**文件化与标准化**　制定详细的质量风险管理计划和文件，明确风险管理的流程、职责、时间表和预期目标，确保所有层级的人员都能理解和执行。

文件内容和格式应与风险级别相匹配，高风险活动应有详尽的文件记录，包括风险评估报告、控制措施描述、监控和复审计划等。

4.**动态调整与监控**　实施风险控制措施后，建立监控机制，定期审查风险管理的有效性，确保措施仍然与当前风险水平相匹配。

随着环境、技术或产品特性的变化，持续进行风险再评估，必要时调整风险管理方法和措施，保持风险管理的动态适应性。

5.**培训与沟通**　组织相关人员接受风险管理的培训，确保他们理解风险分级的原则、风险管理策略以及各自的责任。

保持良好的内部沟通，确保信息的透明度，让所有利益相关者都意识到风险管理的重要性并参与到过程中来。

6.**审计与评审**　定期进行内部和（或）外部审计，检查风险管理过程是否按计划执行，文件记录是否完整准确，是否有效降低了风险。

通过管理层评审，确保风险管理活动与企业的总体质量目标一致，及时解决发现的问题。

7.**持续改进**　根据审核和验证的结果，以及实际操作中的经验，不断调整和优化风险管理措施和文件记录。

例如，对于关键工艺参数的偏离风险评估，若被判定为高风险，则采用 FMEA 详细分析潜在失效模式及其影响，制定严格的纠正预防措施，并形成详细报告；对于一般操作流程中的低风险偏差，可通过经验判断风险，简单记录处理措施即可。通过这些方式，可以确保质量风险管理的各个方面都与风险级别相匹配，实现有效管理。

第三章　机构与人员

第一节　原　则

024　企业如何确保其管理机构与药品生产的规模和复杂性相适应？

为了确保企业的管理机构与药品生产的规模和复杂性相适应，企业应当采取以下措施。

1.**评估生产规模与复杂性**　企业需要对其生产的药品种类、生产线的数量、生产工艺的复杂程度以及预期的生产量进行全面的评估。通过评估，企业可以确定生产活动所需的资源、人员配置和管理层级。这一步骤是确定管理机构设置的基础。

2.**制定合理的组织机构图**　基于上述评估，企业应设计出一个清晰的组织机构图，该图应明确展示各个部门及其职责、管理层级、沟通渠道等。组织机构图应随着企业的发展和变化而适时调整。

对于规模较小、生产流程相对简单的企业，可以采用扁平化的组织结构，以减少管理层级，提高效率。

对于生产规模大、流程复杂的企业，则需要更为细致的组织划分，确保各部门之间协调顺畅。

3.**设立必要的职能部门**　企业应根据生产的实际需要设立质量控制、生产管理、设备管理、物料管理、人力资源、市场营销等职能部门，并确保每个部门都有明确的职责范围和工作流程。

每个职能部门的职责应清晰界定，避免职责重叠或遗漏。

根据生产规模和复杂性合理分配权限，使决策过程高效且准确。

4.**配备专业的管理人员**　每个职能部门都应有具备相应专业知识和经验的管理人员。企业应通过内部培养或外部招聘的方式，确保管理团队的专业性和高效性。

根据生产的规模和业务量，合理配备足够数量的管理人员，避免职责过重或人手不足。

5.**资源保障**　为管理机构提供充足的资源，包括人力资源、财务资源、技术资源等，以支持其有效履行管理职能。

根据药品生产规模和复杂性的变化，动态调整资源配置，确保资源能够得到充分利用，并能够满足生产需求。

6.**培训与管理能力提升**　企业应对员工进行定期的GMP培训，提高员工的法规意识和操作技能，确保每位员工都能理解并遵守GMP的相关规定，确保他们能够有效地应对生产过程中的各种挑战。

7. 定期评估与调整 定期对管理机构的运行情况进行评估，分析其是否能有效应对当前的生产规模和复杂性。

根据评估结果，及时对组织机构进行调整，如增设部门、调整职责等。

8. 加强信息化建设 利用信息技术来支持生产和管理活动，如实施MES（制造执行系统）、ERP（企业资源计划）等系统，这些可以帮助企业更好地规划生产、跟踪物料流向、控制产品质量，并提高决策的效率和准确性。

9. 强化跨部门的沟通协调 建立跨部门的沟通机制，确保信息的流畅传递，促进各部门之间的协同工作，以应对生产过程中可能出现的各种复杂情况。

10. 持续改进 企业应建立持续改进的文化，鼓励员工提出改进建议，并及时调整管理机构以适应变化的生产需求。

025 **企业如何确保其质量管理部门独立于其他部门，并且能够有效履行质量保证和质量控制的职责？**

为了确保企业的质量管理部门独立于其他部门并有效履行质量保证和质量控制的职责，企业可以采取以下措施。

1. 组织架构的独立性 企业应建立清晰的组织架构，确保质量管理部门在组织结构上独立于生产、销售等其他部门，使其与生产、销售等其他部门处于平行地位，避免隶属或受其他部门过多干预。

明确质量管理部门直接向高层管理者报告，不受其他部门的干扰或影响，从而保证其决策和执行的独立性。

2. 职责明确 明确质量管理部门的职责和权限，包括但不限于质量体系的建立、维护和持续改进，以及对生产过程的监督和控制。

制定详细的质量管理部门职责说明书，包括质量保证和质量控制的具体职责，如制定质量标准、监控生产过程、检验产品质量等。

赋予质量管理部门相应的权限，包括制止不合格产品出厂、提出质量改进建议、参与重大质量事故调查等，确保其能够独立行使职权。

3. 人员配置 根据企业规模和药品生产复杂性，配备足够的、具备相应资质和经验的专业人员，以确保质量管理部门能够独立进行质量保证和质量控制工作。

定期为质量管理人员提供GMP培训、最新法规和行业标准的学习，保持其专业能力的领先和对质量要求的敏感度，提升其质量意识、专业知识和技能水平，确保其能够胜任质量保证和质量控制工作。

4. 资源保障 为质量管理部门提供必要的资源，包括资金、设备、材料、信息和工作环境，以支持其独立运作。

5. 决策独立性 确保质量管理部门在关键决策过程中具有独立的发言权和决策权，特别是在质量问题的处理和产品放行方面。

6.**内部沟通机制** 建立有效的内部沟通机制，确保质量管理部门的意见和决策能够被其他部门理解和执行。

7.**内部审计与监督** 建立内部审计机制，定期对质量管理部门的工作进行审查和评估，确保其独立运作和有效履行职责。

鼓励质量管理部门自我监督和持续改进，不断完善工作流程和方法。

026 质量管理部门如何确保其有效参与所有与质量有关的活动，特别是在跨部门合作和决策过程中？

为了确保质量管理部门有效参与所有与质量有关的活动，特别是在跨部门合作和决策过程中，药品生产企业可以采取以下措施。

1.**明确职责和权限** 企业应明确质量管理部门的职责和权限，确保其有权参与所有与质量相关的决策和活动。这包括在企业内部政策和程序中明确规定质量管理部门的角色和责任。

质量管理部门应被授权参与制定、审核和监督执行所有与质量相关的程序和标准。

赋予质量管理部门对质量问题一票否决的权力，确保其在关键决策中的影响力，尤其是在涉及产品质量和安全的事项上。

2.**建立跨部门沟通机制** 企业应建立有效的跨部门沟通机制，如定期召开质量管理会议，确保质量管理部门能够及时了解并参与到所有相关的决策和活动中。这些会议可以包括生产、研发、采购、销售等部门的代表，以确保质量管理的全面性和一致性。

建立一个有效的沟通渠道，使得质量管理部门能够迅速响应其他部门的需求和问题，并提供必要的支持和指导。

制定跨部门工作流程，明确在关键决策点质量管理部门的参与和审核流程。

3.**制定和审核操作标准和程序** 质量管理部门应负责制定、审批所有与GMP有关的操作标准和工作指导书。这些文件是确保生产过程中各步骤符合质量要求的关键。

4.**文件审核和记录** 质量管理部门应负责审核所有与GMP相关的文件，包括但不限于生产记录、检验报告、变更控制文件等。通过严格的文件审核，确保所有操作和决策都符合GMP要求。

质量管理部门应当对质量相关文件的批准具有最终决定权，以确保文件的批准符合GMP要求。

5.**监督和评估生产过程** 质量管理部门应当对生产过程进行监督和检查，包括生产环境的监控、生产工艺的执行、生产记录的完整性等，确保生产过程符合GMP要求。

质量管理部门应当对产品质量进行评估和放行，包括对中间产品和成品的检验、对质量趋势的分析等，确保产品质量符合要求。

6.**调查和处理质量问题** 当出现质量问题时，质量管理部门应当及时进行调查，包括对问题的根源进行分析、对相关人员进行访谈等，以确定问题的发生原因和责任人。

质量管理部门应当根据调查结果制定纠正和预防措施（CAPA），并监督措施的实施，以确保问题得到有效解决，防止类似问题的再次发生。

7.提供质量培训和指导　质量管理部门应当制定质量培训计划，包括对新员工的质量意识培训、对老员工的质量技能培训等，以提高员工的质量意识和质量能力。

质量管理部门应当为其他部门提供质量指导和咨询服务，包括解答质量问题、提供质量改进建议等，以促进全员参与质量改进。

8.实施内部审计　质量管理部门应定期进行内部审计，检查各部门是否遵守GMP规范以及相关的操作程序和标准，确保质量管理制度的有效实施。

9.管理变更控制和偏差处理　对于任何可能影响产品质量的变更或偏差，质量管理部门应有一个明确的流程来进行评估、批准和记录。这包括设备变更、原材料替换、生产过程改变等。

10.质量数据分析和改进措施　质量管理部门应收集和分析所有质量相关数据，识别质量问题的根源，提出改进措施，并跟踪改进效果，确保持续提升产品质量。

11.确保质量管理部门资源的充足性　企业应为质量管理部门提供足够的人力、物力和财力支持，以确保其能够有效履行职责。

在预算编制过程中，应充分考虑质量管理部门的需求和优先级。

027　企业如何评估和确定"足够数量"的管理和操作人员？

药品生产企业为了确保符合GMP的要求，评估和确定"足够数量"的管理和操作人员需要遵循一系列科学合理的方法和程序。以下是企业可以采取的步骤和措施。

一、生产规模和工作量评估

1.详细分析企业的生产计划，包括产品种类、产量、生产批次等，以确定所需的人力投入。例如，大规模生产高需求的药品可能需要更多的操作人员来监控生产线。

2.考虑生产流程的复杂程度，复杂的生产工艺通常需要更多的技术人员来确保每个环节的质量控制。

二、岗位需求分析

1.对每个部门和岗位的具体职责进行深入剖析，明确完成各项任务所需的时间和精力。比如，质量控制部门进行原材料和成品的检测，需要根据检测项目的数量和频率来确定所需的检测人员数量。

2.评估不同岗位之间的协同和衔接关系，以确定是否需要额外的协调人员来保障工作的顺畅进行。

三、工作时间和轮班安排

1.考虑工作时间的限制和法规要求，合理安排员工的工作时长和轮班制度。如果生产需要连续运行，就需要相应增加人员以满足轮班需求。

2.计算在不同轮班模式下，每个岗位为保持生产稳定和质量控制所需的最少人员数量。

四、应急和特殊情况

1. 预留一定数量的人员以应对突发的设备故障、质量问题或其他紧急情况。例如，当关键生产设备出现故障时，需要有足够的维修人员能够及时响应。

2. 考虑到员工的请假、休假和培训等因素，确保在这些情况下仍能维持正常生产和管理。

五、行业标准和经验借鉴

1. 参考同类型、同规模药品生产企业的人员配置情况，了解行业内的普遍做法和最佳实践。

2. 咨询行业专家或专业机构，获取关于人员数量评估的建议和指导。

六、模拟和试运行

1. 在新生产线或新产品投入生产前，可以进行模拟生产或试运行，通过实际操作来检验人员配置是否足够。

2. 根据试运行的结果，对人员数量进行调整和优化。

例如，一家新成立的药品生产企业计划生产一种新型疫苗，首先对疫苗的生产工艺进行详细研究，确定从原材料处理、发酵、纯化到灌装等各个环节的工作强度和技术要求。根据预计的产量和生产周期，计算出每个环节每天所需的工作时间。考虑到法规对工作时长的限制，确定每个岗位每天需要的人员数量。同时，参考其他已成功生产类似疫苗的企业的人员配置，并预留一定比例的人员用于应对可能的突发情况和设备维护。在生产线建设完成后，进行为期一个月的试运行，期间密切关注生产效率和质量控制情况，根据实际情况对人员数量进行最终的调整和确定。通过以上综合的评估方法，企业能够较为准确地确定"足够数量"的管理和操作人员，以满足药品生产的需求并符合GMP 的要求。

028 **企业如何确保其人员职责明确、不遗漏、不交叉，且每人承担的职责不过多？**

为了确保药品生产企业的人员职责明确、不遗漏、不交叉，且每人承担的职责不过多，以下是一些建议措施。

1. 建立完善的组织架构　明确划分企业的各个部门和岗位，确保每个部门和岗位都有清晰的职责边界。

制定详细的组织结构图，展示各部门之间的关系以及岗位之间的层级。

2. 制定详细的职责描述　为每个岗位编写详细的职责描述，列出主要职责、工作任务和期望成果。

确保职责描述既全面又具体，能够清晰地指导员工开展工作。

3. 避免职责交叉　在职责描述中明确区分不同岗位的职责，避免出现多个岗位同时负责同一项工作的情况。

如果某些任务需要多个部门或岗位协作完成，应明确各自的分工和协作方式。

对于容易产生交叉的职责，明确划分边界，确保每个职责都有明确的负责人。

对于不可避免的职责交叉部分，建立跨部门的协作机制，明确沟通渠道和协调流程。

4.控制职责量　合理分配工作量，确保每个员工承担的职责不过多，以免影响工作效率和员工健康。

定期评估员工的工作负荷，根据实际情况进行调整。

5.提供培训和支持　对新员工进行上岗前培训，确保他们了解并熟悉自己的职责。

为员工提供持续的在职培训，帮助他们提升技能，更好地履行职责。

建立支持系统，如导师制度或团队互助机制，帮助员工解决工作中遇到的问题。

6.建立反馈和沟通机制　鼓励员工之间以及员工与管理层之间的沟通，及时发现问题并解决。

定期收集员工对工作职责和工作环境的反馈，作为改进的依据。

7.定期审查和更新　随着企业发展和市场环境的变化，定期审查和更新各个岗位的职责描述。

确保职责描述始终与企业的战略目标和实际运营需求保持一致。

8.强化GMP培训和意识　定期对员工进行GMP相关知识的培训，强调遵守GMP的重要性。

通过案例分析和模拟演练等方式，提高员工对GMP规范的理解和执行力。

029　在什么情况下，企业可以将职责委托给他人，并且如何确保被委托人具有相当的资质？

一、在药品生产过程中，企业可以考虑将职责委托给他人的情况

1.当员工因突发疾病、意外事故、缺勤、离职、长期病假或其他不可抗力因素无法履行职责时。

2.企业进行临时性的业务扩展或项目开展，内部现有人员无法满足需求，而外部有具备相应资质的专业人员可提供短期支持。

3.对于一些专业性极强且企业内部暂时不具备相关能力的特定任务，如某些复杂的检测分析需要借助外部专业实验室的力量。

二、为确保被委托人具有相当的资质，企业可以采取的措施

1.建立严格的资质审核标准　明确被委托人所需具备的学历、专业背景、工作经验、相关培训和认证等具体要求。例如，对于负责质量控制的委托人员，要求具有药学相关专业本科以上学历，且具有多年药品质量控制工作经验，并获得相关的专业认证。

2.进行全面的背景调查　对被委托人的过往工作经历、业绩表现、职业声誉等进行详细调查和核实。

3.要求提供证明材料 被委托人应提供学历证书、工作经历证明、培训证书、专业资格证书等能够证明其资质的文件。

4.实施能力评估 通过面试、实际操作测试、案例分析等方式，评估被委托人在相关领域的专业能力和解决问题的能力。

5.参考外部评价 了解被委托人在行业内的口碑和评价，如咨询其过往合作单位或同行的意见。

6.定期培训与考核 即使在委托职责开始后，也要对被委托人进行定期的培训和考核，以确保其能力持续符合要求。

7.书面委托协议 正式签订委托协议，明确委托的职责范围、期限、双方的权利与义务，以及对质量责任的承担等条款，确保有据可依。

8.监督与指导 指定一位或多位经验丰富的内部人员作为监督者，对被委托人在执行职责期间的工作进行监督和指导，确保工作质量不降低。

9.定期评估 实施委托期间，定期对被委托人的工作表现和成果进行评估，确保其工作符合GMP标准和企业要求。

10.紧急预案 制定紧急情况下的应对计划，包括被委托人无法继续履行职责时的替代方案，确保生产不受影响。

例如，一家药品生产企业需要对新研发的药品进行一项特殊的稳定性测试，由于内部实验室不具备相关设备和技术，决定委托外部专业实验室进行。在选择被委托实验室时，企业首先审核其资质，包括实验室的认证情况（如 ISO 17025 认证）、相关技术人员的学历和经验。然后要求实验室提供过往类似项目的成功案例和客户评价，并对实验室的技术能力进行实地考察和样品测试。在委托过程中，企业与实验室签订详细的合同，明确双方的权利义务和质量要求，并定期对测试进展和结果进行审核和评估。通过这些严格的步骤，企业能够确保被委托的实验室具有足够的资质来完成该项任务。

第二节　关键人员

030 **企业中的质量受权人在履行职责时如何确保其独立性，避免受到企业负责人和其他人员的干扰？**

为了确保质量受权人在履行职责时的独立性，避免受到企业负责人和其他人员的干扰，企业需要采取一系列措施来建立和维护这种独立性。以下是确保质量受权人独立性的建议步骤。

1.明确职责和权限 企业应当明确规定质量受权人的职责和权限，包括但不限于批准和监督药品的生产、放行、召回等关键决策。这些职责在GMP和企业的质量管理体系文件中有清晰地描述。

制定详细的岗位说明书，清晰界定质量受权人的职责范围，确保其专注于质量管理工作。包括对产品质量的最终审批权，确保其能在不受外部压力的情况下做出客观判断。

在组织架构设计上，将质量受权人的职能与生产、销售等可能产生利益冲突的部门分离，确保其独立性。

2. 建立独立的汇报渠道 企业应建立一个独立的汇报渠道，使质量受权人能够直接向董事会或最高管理层报告，而不受企业负责人的干预。这样可以确保质量受权人在发现问题时能够及时上报，并得到高层的支持和关注。

3. 制定操作规程 企业应制定详细的操作规程，确保质量受权人在履行职责时不受干扰。这些规程应当包括质量受权人的工作流程、决策程序、沟通机制以及如何处理来自其他人员的干扰。

4. 提供必要的资源和支持 企业应为质量受权人提供必要的资源，包括合格的人员、适当的设施和设备，以确保他们能够有效地履行职责。

确保质量受权人能够自主决定所需资源的调配和使用，以保障其工作的顺利开展。

定期对质量受权人进行培训和更新知识，以保持其专业能力与行业发展同步。

5. 信息的独立获取和处理 赋予质量受权人直接获取与产品质量相关的各类信息的权力，包括但不限于生产记录、检验数据、客户反馈等，且不受其他部门的过滤或限制。

建立独立的信息管理系统，确保质量受权人能够及时、准确、全面地掌握质量相关信息，以便做出客观的判断和决策。

6. 建立透明的决策和沟通机制 质量受权人在做出关键决策时，应基于客观的数据和事实，并确保这些决策过程和依据对相关部门和人员是透明的。

建立有效的沟通渠道，使得质量受权人能够及时获取必要的信息，同时也让其他人员了解质量受权人的决策理由和依据。

7. 保密和隔离机制 对质量受权人在工作中接触和处理的敏感信息进行严格的保密管理，防止信息被不当泄露或利用。

在物理空间和工作流程上，适当隔离质量受权人的工作区域和工作环节，减少与可能产生干扰的人员的直接接触。

8. 保护措施 为质量受权人提供必要的保护措施，确保其在履行职责时不会因提出质量问题或反对不合格产品的放行而遭受职位、薪酬或其他方面的不利影响。这可以通过制定明确的政策和程序来实现，并确保这些政策得到严格执行。

9. 强化培训和意识 企业应对所有员工，特别是管理层，进行培训，强调质量受权人独立性的重要性。通过培训，提高员工对质量受权人角色的认识，确保他们理解和尊重质量受权人的独立决策权。

10. 实施监督和审计 企业应定期对质量受权人的工作进行监督和审计，以确保其独立性得到维护。这包括内部审计、外部审计以及不定期的自查，以评估质量受权人是否受到不当影响。

11.建立投诉和举报机制　企业应建立一个有效的投诉和举报机制，允许员工匿名报告任何试图干扰质量受权人独立性的行为。这种机制应当保密、高效，并能够迅速响应和处理投诉。

12.法律和道德支持　企业应明确表示支持质量受权人依法独立履行职责，并在必要时提供法律和道德支持。这包括在质量受权人与其他管理人员发生冲突时，企业应站在维护质量的角度解决问题。

031 关键人员中，质量管理负责人和生产管理负责人为什么不能互相兼任，而质量管理负责人和质量受权人可以兼任？

在 GMP 中，规定质量管理负责人和生产管理负责人不得互相兼任，而质量管理负责人和质量受权人可以兼任。这一规定背后有深刻的考虑，涉及职责分离、独立性、利益冲突和专业能力等方面。

一、质量管理负责人和生产管理负责人不能互相兼任

1.职责重点与冲突　生产管理负责人的主要职责侧重于生产效率、成本控制、生产计划的执行等，以确保按时、按量完成生产任务。而质量管理负责人的重点在于确保产品质量符合所有相关法规、标准和规范，这可能需要对生产过程进行严格的监督和控制，甚至在必要时暂停或调整生产以解决质量问题。这两种职责的重点存在天然的冲突，如果由同一人兼任，可能会导致在决策时出现偏向生产进度而忽视质量，或者过于强调质量而影响生产效率的情况。

2.利益平衡的难度　在资源分配、工艺改进等方面，生产管理通常追求成本效益最大化，可能会倾向于采用一些简化流程或降低成本的方法。而质量管理则始终将质量风险降至最低作为首要目标。若一人兼任这两个角色，在面临资源有限或时间紧迫的情况下，很难做到在生产利益和质量保障之间进行公正、客观的平衡。

3.独立性与监督的需要　为了保证质量管理的独立性和权威性，其负责人需要能够独立于生产部门进行判断和决策，不受生产压力和目标的影响。如果兼任，可能会削弱质量管理对生产过程的有效监督和约束，从而增加产品质量风险。

二、质量管理负责人和质量受权人可以兼任

1.职责的协同性　质量管理负责人和质量受权人的职责在很大程度上具有协同性。他们都致力于确保产品质量，对质量体系的建立、维护和改进负有重要责任。质量管理负责人所积累的质量知识、经验和对企业质量体系的深入了解，能够为其在兼任质量受权人时提供坚实的基础，使其更有效地评估产品放行的风险和合规性。

2.统一的质量视角　兼任这两个角色有助于保持对质量问题的统一视角和判断标准。在处理质量相关的决策时，能够避免因不同人员的观点差异而导致的不一致或延误，从而提高质量决策的效率和一致性。

3.**资源优化与效率提升**　在一些规模较小的企业中，兼任可以避免人员冗余，优化资源配置，同时减少沟通环节和潜在的职责不清问题，提高质量管理和产品放行的整体效率。

综上所述，不允许质量管理负责人和生产管理负责人互相兼任，是为了确保质量控制与生产管理之间的制衡，避免潜在的利益冲突；而允许质量管理负责人与质量受权人兼任，则是在确保质量独立性的同时，考虑到实际操作的高效性和连续性，体现了GMP在保障药品质量与鼓励企业效率间的平衡考量，以最大限度地保障药品生产的质量和合规性。

032　企业负责人如何确保其作为药品质量的主要责任人，全面负责企业日常管理，并有效履行其质量责任？

企业负责人作为药品质量的主要责任人，全面负责企业日常管理，并有效履行其质量责任，需要采取一系列措施。以下是企业负责人确保其角色和责任的建议步骤。

一、树立质量至上的企业文化

1. 在企业内部积极倡导质量文化，将药品质量视为企业生存和发展的核心要素。通过定期的会议、培训和内部沟通，向全体员工传达质量的重要性。

2. 以身作则，展现对质量的高度重视和坚定承诺，使质量意识深入人心。

二、制定明确的质量目标和策略

1. 基于法规要求和市场需求，制定清晰、可衡量且具有挑战性的质量目标。

2. 制定相应的质量策略，包括资源配置、流程优化、技术创新等方面的规划，以确保质量目标的实现。

三、提供充足的资源支持

1. 确保为质量管理部门配备足够的人力、物力和财力资源。包括招聘高素质的质量管理人员，提供先进的检测设备和技术，以及为质量改进项目提供充足的资金。

2. 为员工的质量培训和教育提供必要的资源，提升全员的质量意识和技能水平。

四、建立健全的质量管理体系

1. 领导并参与质量管理体系的建立和完善，确保其符合GMP要求和企业实际情况。

2. 监督质量管理体系的有效运行，定期进行内部审核和管理评审，及时发现和解决体系中的问题。

五、加强组织协调和沟通

1. 建立有效的跨部门沟通机制，促进生产、质量控制、研发等部门之间的协作和信息共享。

2. 协调解决部门之间在质量问题上的分歧和冲突，确保质量管理工作的顺利进行。

六、参与关键决策和质量活动

1. 参与重大质量决策，如新产品研发、工艺改进、供应商选择等，确保质量因素得到充分考虑。

2. 定期视察生产现场，了解实际生产情况，及时发现潜在的质量风险。

七、建立质量绩效考核机制

1. 制定与质量相关的绩效考核指标，将质量绩效与员工的薪酬、晋升挂钩。

2. 对质量工作表现出色的部门和个人给予表彰和奖励，对违反质量规定的行为进行严肃处理。

八、持续学习和自我提升

1. 关注行业动态和法规变化，不断更新自己的质量管理知识和理念。

2. 参加相关的培训和研讨会，与同行交流经验，借鉴先进的质量管理方法和实践。

九、领导和示范

通过自身的行为和决策，展示对质量的承诺，成为质量文化的领导者和推动者。

十、承担法律责任和道德责任

企业负责人应意识到其作为药品质量主要责任人的法律责任和道德责任，确保企业的生产和经营活动合法合规，保护消费者权益，维护企业声誉。

例如，一家药品生产企业的负责人，每年年初都会组织制定明确的年度质量目标，并将其分解到各个部门和岗位。为了提升质量管理水平，拨出专款用于引进先进的质量检测设备和技术。每月定期召开质量工作会议，协调解决各部门在质量工作中的问题。在新产品研发过程中，亲自参与关键环节的讨论和决策，确保产品质量从研发阶段就得到有效控制。同时，建立了质量奖励制度，对在质量改进方面做出突出贡献的团队给予丰厚的奖励。通过这些举措，该企业负责人有效地履行了作为药品质量主要责任人的职责，确保了企业的药品生产符合 GMP 规范和高质量要求。

033 **如果生产管理负责人具备其他专业背景但有丰富的药品生产经验，是否可以担任生产管理负责人这一职位？**

在一定条件下，具备其他专业背景但拥有丰富药品生产经验的人员是有可能担任生产管理负责人这一职位的。

首先，GMP 强调的是综合能力和实践经验，而非仅仅局限于特定的药学相关专业背景。虽然药学或相关专业背景能够提供一定的基础知识优势，但丰富的药品生产经验在某些情况下可以弥补专业背景的不足。

GMP 中的"相关专业"是一个宽泛的概念，这为非药学专业的候选人提供了一定的灵活性。如果该候选人的专业背景和工作经验能够证明其具备药品生产所需的知识和技能，那么这可能被视为符合"相关专业"的要求。

GMP 标准强调了实践经验的重要性，这意味着即便专业背景不是药学，丰富的药品生产和质量管理实践经验也是被重视的。如果该候选人能够证明其在药品生产领域的实践经验，尤其是生产管理经验，这可能部分弥补专业背景的不足。

然而，要确定这样的人员是否能够胜任，需要综合考虑多个因素。其丰富的经验应当涵盖药品生产的各个关键环节，包括但不限于生产工艺的掌握、生产流程的优化、人员的组织和协调、质量控制与保证等方面。并且，这些经验需要具有一定的深度和广度，能够应对复杂的生产管理问题。

此外，该人员所接受的与所生产产品相关的专业知识培训也是重要的考量因素，这一点对于非药学专业的候选人尤为重要，因为通过培训可以获得必要的补充知识和技能，以满足岗位需求。培训内容应涵盖药品生产的法规要求、质量标准、技术规范等，以确保其具备必要的理论知识来支持实际工作中的决策。

同时，企业还应当对其进行全面的评估，包括其对药品生产质量管理规范的理解和执行能力、解决实际问题的思路和方法、团队管理和沟通协作的能力以及在药品生产领域的绩效和贡献等，这些因素共同决定了候选人是否适合担任生产管理负责人。

例如，一位具有化学工程专业背景但在药品生产领域工作多年，成功管理过多个大型药品生产项目，熟悉各种药品生产工艺和流程，并且接受过系统的药品生产相关培训的人员，在经过严格的评估和考核后，可能被认为有能力担任生产管理负责人的职位。

但总体而言，相较于具有药学或相关专业背景的人员，其他专业背景的人员在担任这一职位时可能需要面临更多的挑战和更高的要求，需要不断学习和提升自己在药学领域的专业知识和管理能力，以确保能够完全符合 GMP 的规定和企业的质量管理要求。

034 质量管理负责人如何确保所有必要的检验都已完成，并符合规定的质量标准？

为了确保所有必要的检验都已完成，并符合规定的质量标准，质量管理负责人应采取以下措施。

1.制定详细的检验计划 质量管理负责人应根据产品特性、生产工艺和质量标准，制定详细的检验计划。该计划应包括检验项目、检验方法、检验频率、责任部门和责任人等。

检验计划应涵盖原材料、中间产品、待包装产品和成品的各个阶段。

2.建立严格的检验流程 确保从原材料到成品的每一个环节都按照既定的检验流程和操作规程进行，包括进厂检验、过程检验、成品检验等。

制定详细的检验操作规程，明确检验的具体步骤、注意事项和质量控制要点。

要求检验人员严格按照检验操作规程进行操作，确保检验过程的一致性和准确性。

3.配置合格的检验人员 确保检验人员具备相应的资质和技能，并通过定期的培训来维持和提升其专业能力。

4.使用准确的检验设备 确保使用的检验设备是经过校准和验证的，以保证检验结果的准确性。

5.执行全面的记录管理 对所有检验活动和结果进行详细记录，包括样品的取样、检验过程、结果判定等，以便于追溯和审核。

6.实施偏差管理 对于检验中发现的任何偏差，应立即进行调查并采取纠正措施，防止不合格品流入下一生产环节或市场。

7.定期的质量审计 通过内部和外部审计，定期检查检验活动的合规性和有效性，确保质量管理体系的持续改进。

8.风险管理 运用质量风险管理的原则，识别潜在的检验风险点，并采取措施进行预防和控制。

9.遵守法规和标准 确保所有的检验活动都符合GMP和相关法律法规的要求。

10.建立反馈机制 建立有效的反馈机制，将检验结果及时通报给相关部门和人员，以便及时调整生产过程或采取其他必要的措施。

11.建立完善的质量管理体系 质量管理负责人需要确保建立一个全面的质量管理体系，包括但不限于QC和QA程序。这个体系应涵盖从原材料采购到成品放行的整个生产过程，确保每个环节都有相应的检验和控制措施。

质量管理体系要明确各个环节的质量控制要求，这包括制定详细的质量标准和检验程序，确保检验工作的规范化和标准化。同时，建立质量检验记录系统，对每一次检验进行详细记录，以便于追踪和回溯。

035 质量管理负责人应如何建立和维护一个有效的偏差和超标处理机制？

质量管理负责人应采取以下措施来建立和维护一个有效的偏差和超标处理机制。

1.明确偏差和超标定义与分类 首先明确什么是偏差（Deviation）和超标（Out of Specification，OOS）。偏差通常指在生产或质量控制过程中的任何偏离已批准的操作规程、质量标准或方法的情况。超标则特指检验结果不符合规定的质量标准。

将偏差和超标按照其对产品质量、安全性和有效性的影响程度进行分类，如重大偏差、次要偏差等。

2.建立清晰的流程 制定详细的流程来管理偏差和超标情况，包括报告、记录、评估、调查和最终解决的步骤。确保流程被整合到企业的标准操作程序（SOP）中，并对相关人员进行培训。

3.快速报告系统 建立一个快速且有效的报告系统，鼓励员工在发现偏差和超标时立即报告，无论问题多小都不得隐瞒。可以设立匿名报告渠道，以减少员工的顾虑。

4.彻底调查 对于每一个偏差和超标，都要进行彻底的调查，以确定根本原因。

调查应当及时启动，由专门的调查团队负责。调查团队由具备相关专业知识和经验的人员组成，包括质量控制、生产、工程等部门的代表。

明确调查团队成员的职责和分工，确保在调查过程中能够全面、深入地分析问题。

5.风险评估 在调查过程中进行风险评估，评价偏差或超标对产品质量和患者安全的潜在影响。根据风险评估的结果决定采取的措施。

6.**纠正和预防措施** 基于调查结果，开发并实施有效的纠正措施来解决已发生的问题，并通过预防措施避免潜在的问题发生。CAPA的实施效果应被跟踪和评估。

7.**记录和追踪** 所有偏差和超标的案例、调查过程和所采取的措施都应详细记录，并在质量管理系统中归档。这有助于未来的回顾和持续改进活动。

8.**持续监控和改进** 对偏差和超标处理机制进行定期评估和审查，确保其有效性和适用性。

根据实际情况进行必要的调整和改进，以适应不断变化的生产环境和监管要求。

9.**加强员工培训和沟通** 定期对员工进行偏差和超标处理相关的培训，提高员工的意识和能力。

加强部门之间的沟通和协作，确保信息的及时共享和问题的有效解决。

036 生产管理负责人和质量管理负责人在审核和批准产品的工艺规程时，如何解决意见不一致的问题？

在药品生产过程中，生产管理负责人和质量管理负责人在审核和批准产品的工艺规程时可能会遇到意见不一致的情况。为了有效解决这类问题，既保障决策过程符合GMP的要求，又确保药品生产的质量和安全，可以采取以下策略。

1.**建立共同的决策基础** 首先，需要确保两位负责人都以科学数据和标准为基础进行决策。任何工艺规程的审核和批准都应基于详尽的实验数据、历史批次数据、风险评估结果以及相关的药典和法规要求。

2.**加强沟通与讨论** 当出现意见不一致时，双方应加强沟通，充分讨论各自观点的依据和考量。通过开放和坦诚的对话，理解对方的立场和担忧，寻找共识点。以开放和尊重的态度倾听对方的意见和担忧，理解其背后的逻辑和依据。

3.**引入第三方专家意见** 如果内部讨论无法达成一致意见，可以考虑引入外部或第三方专家的意见。这些专家可能是公司内部的其他资深技术人员或者是外部顾问，他们的独立视角可能有助于问题的解决。

可以邀请企业内部的技术专家、资深工程师或其他相关专业人员组成评估小组，由评估小组对争议点进行独立评估和分析，提供客观、中立的意见和建议。

4.**实施风险评估** 对于存在争议的问题，可以进行更深入的风险评估。通过科学的方法评估不同选项对产品质量和患者安全的潜在影响，以客观的数据支持决策。

权衡风险与收益，选择风险最小且最有利于企业整体利益的方案。

5.**采用决策支持工具** 利用决策支持工具，如质量风险管理（QRM）原则和工具，来辅助评估不同决策方案的可能后果，为决策提供更加科学的依据。

6.**参考历史数据和案例** 查阅相关的历史生产数据和类似情况下的处理案例，这可能包括企业内部档案或公开发布的案例研究，从中获取经验教训，指导当前决策。

7.**试行和验证** 在某些情况下，如果资源允许，可以通过小规模试生产来验证某一工艺规程的可行性和效果，从而为决策提供直接证据。实际操作数据往往能提供更直接的证据，帮助双方达成共识。

8.制定冲突解决机制 企业应事先制定明确的冲突解决机制，当生产管理负责人和质量管理负责人在某些关键问题上无法达成一致时，可以启动该机制，可能包括上报给更高层的管理人员或领导团队进行最终决策。更高管理层将根据企业提供的信息和专家意见做出最终决定。

9.持续培训和教育 定期对生产管理负责人和质量管理负责人进行GMP及相关法规、科学和技术方面的培训，增强其专业能力和对彼此职责的理解，减少未来意见不一致的情况。

10.记录和总结 无论最终决策如何，都应详细记录讨论过程、考虑的因素、最终的决策及其理由。这不仅有助于当前问题的解决，还能为处理未来可能出现的类似问题提供参考。

11.执行和监控 一旦决策做出，双方都应遵守并执行。在实施过程中，应监控工艺规程的执行情况，以确保其有效性，并根据实际情况进行调整。

例如，在审核一款新药品的工艺规程时，生产管理负责人认为某一生产步骤可以适当简化以提高生产效率，而质量管理负责人担心这可能会影响产品质量。双方首先深入交流，发现生产管理负责人是基于新设备的性能提出简化，而质量管理负责人则依据以往类似产品的质量控制经验表示担忧。他们随后共同查看了新设备的验证数据和以往产品的质量检测报告，并进行了风险评估。最终发现，在加强过程监控的前提下，简化该步骤的风险可控且能提高效率。通过这样的方式，解决了意见不一致的问题，确保了工艺规程的审核和批准符合GMP要求，同时也兼顾了生产和质量的需求。

037 质量受权人在承担产品放行职责时，如何确保其决策的准确性和合规性？

为符合GMP要求，质量受权人在承担产品放行职责时，可以通过以下方式确保决策的准确性和合规性。

一、深入了解法规和标准

1.持续关注并深入研究药品相关的法规更新，包括国内外的药品生产质量管理法规、注册要求和质量标准。

2.参加行业内的法规培训和研讨会，与监管部门保持密切沟通，及时获取最新的政策解读和指导意见。

二、建立完善的审核流程

1.制定详细的产品放行审核清单，涵盖生产过程的各个关键环节，如原材料采购、生产工艺控制、中间产品检验、成品检验等。

2.要求相关部门在产品放行前提供完整、准确的生产和检验记录，对每一项数据进行仔细核对和评估。

三、依赖专业知识和经验

1.不断提升自身在药学、化学、生物学等相关领域的专业知识，熟悉各类药品的特性和质量控制要点。

2.运用多年从事药品生产和质量管理的实践经验，对可能出现的问题具有敏锐的洞察力和判断力。

四、强化团队协作和沟通

1.与生产部门、质量控制部门、研发部门等保持密切的沟通，及时了解生产过程中的异常情况和解决措施。

2.参与跨部门的质量会议和讨论，共同解决复杂的质量问题，确保在产品放行决策中考虑到各方面的因素。

五、进行风险评估

1.对产品生产过程中的潜在风险进行评估，包括原材料供应商的变更、生产工艺的调整、新设备的引入等可能带来的质量风险。

2.根据风险评估的结果，确定重点审核的项目和环节，有针对性地加强审核力度。

六、借助先进的技术和工具

1.利用数据分析软件对生产和检验数据进行统计分析，发现数据中的异常趋势和潜在问题。

2.引入先进的检测设备和方法，提高对产品质量的检测能力和准确性。

七、保留完整的审核记录

1.对每一次产品放行的审核过程和决策依据进行详细记录，包括所参考的法规、标准、数据和沟通情况等。

2.确保审核记录的真实性、完整性和可追溯性，以便在需要时能够进行复查和审计。

例如，某药品生产企业的质量受权人在决定放行一批新研发的药品时，首先对照最新的药品注册要求和质量标准，仔细审查了原材料的采购凭证和检验报告，确认其来源合规、质量合格。然后详细核对了生产过程中的工艺参数记录，确保生产工艺严格按照注册批准的方案执行。在查看成品检验数据时，运用统计分析方法发现了一个细微的异常波动，立即与质量控制部门沟通，进一步调查原因。经过深入分析，确定该波动不影响产品质量，最终做出放行决策，并将整个审核过程和决策依据完整地记录在案。通过以上一系列严谨的措施，质量受权人能够有效地确保产品放行决策的准确性和合规性，保障药品的质量和安全。

第三节　培　训

038 企业如何确保其培训方案或计划得到生产管理负责人或质量管理负责人的审核或批准？

在药品生产过程中，为确保企业培训方案或计划得到生产管理负责人或质量管理负责人的审核或批准，企业应遵循以下步骤。

1.明确审核流程　企业应建立一套明确的培训方案或计划审核流程，该流程应详细规定审核的标准、时间表和所需文件。

流程中应包含生产管理负责人或质量管理负责人的审核环节，确保他们能够对培训内容进行专业评估。

2.制定详细的培训方案或计划　由培训部门或相关责任人员根据药品生产的需求和GMP规定，制定具体的培训方案或计划。该方案应包括培训目标、内容、对象、时间、地点、方式等要素。

3.提交审核或批准申请　完成培训方案或计划后，需将其提交给生产管理负责人或质量管理负责人进行审核或批准。申请中应简要说明培训的目的、重要性以及预期达到的效果。

4.审核过程　生产管理负责人或质量管理负责人在接到申请后，应对培训方案或计划进行细致审查。他们应评估培训内容是否符合GMP要求，是否覆盖关键操作和法规知识，以及培训安排是否合理等。

5.反馈与修订　若审核中发现任何问题或不足，生产管理负责人或质量管理负责人应及时向培训部门或相关责任人员反馈，并提出修改建议。随后，培训方案或计划应根据这些反馈进行相应的修订。

6.获得批准　经过修订并再次确认无误后，培训方案或计划最终应由生产管理负责人或质量管理负责人批准。获得批准后，方可正式实施培训。

7.记录与存档　审核或批准的过程应有完整记录，包括审核意见、修订内容以及最终的批准决定等。这些记录应妥善存档，以备后续审计或查询之需。

8.定期复审与更新　培训方案应定期复审，至少每年一次，以适应法规变更、技术进步和企业发展的需要。

根据复审结果、内外部审计发现及生产实践中遇到的新问题，不断优化培训内容和方法。

039　企业如何确保与药品生产、质量有关的所有人员都接受了与岗位要求相适应的培训？

为了确保与药品生产、质量有关的所有人员都接受了与岗位要求相适应的培训，企业需要采取一系列系统化和标准化的措施。以下是详细的步骤和建议。

1.建立培训管理体系　企业应建立一套完整的培训管理体系，包括培训需求分析、培训计划制定、培训实施、培训效果评估等环节。该体系应明确培训的目标、内容、方法和要求，确保培训工作有章可循、有据可依。

2.进行培训需求分析　企业应根据岗位职责和工作要求，对员工的培训需求进行分析。这包括：明确不同岗位的职责、权限和工作要求，确定所需的专业知识、技能和能力；对员工的现有能力和岗位要求进行对比分析，找出差距和不足；了解相关法规对员工培训的要求，如GMP、药典等，确保培训内容符合法规规定；基于岗位分析的结果，评估每个岗位的培训需求，确定需要提供哪些类型的培训。

3.制定全面的培训计划　企业应根据GMP规范和相关法规，结合各岗位的具体职责和技能要求，制定详细的培训计划。

培训计划应包括理论培训、实践操作培训以及法规和职责培训。

4.实施分层培训　根据不同岗位的职责和技能要求，将培训内容分层，确保每位员工都能接受到与其岗位相匹配的培训。

例如，生产操作人员应重点接受操作技能和安全知识的培训，而质量控制人员则应重点接受质量检测和数据分析的培训。

5.定期更新培训内容　随着法规的更新和技术的进步，企业应定期更新培训内容，确保培训的时效性和相关性。

定期组织员工参加新法规、新技术、新流程的培训。

6.采用多种培训方式　结合线上和线下培训，利用视频教程、现场演示、模拟操作等多种方式，提高培训的互动性和实效性。

对于理论知识，可以采用在线学习平台进行；对于实践操作，则应在现场进行指导和训练。

7.建立培训记录和评估机制　每次培训后，应详细记录培训内容、参与人员、培训时间和效果评估等信息。

定期对培训效果进行评估，通过考试、实际操作考核等方式，确保员工真正掌握了所需的知识和技能。

8.持续监督和反馈　在日常工作中，通过监督和反馈机制，持续关注员工的工作表现，及时发现并解决培训中存在的问题。

鼓励员工提出培训需求和改进建议，不断优化培训计划。

040　企业如何评估培训的实际效果？

为了符合GMP的规定，企业需要采取一系列专业的措施来评估培训的实际效果。这些措施应当全面、科学、系统，以确保培训能够达到预期的目标，提升员工的知识水平和操作技能。以下是企业可以采取的评估培训效果的方法。

1.明确评估目标　在培训计划阶段，企业应明确培训的评估目标。这些目标应与培训目的、员工的岗位要求以及企业的整体质量目标相一致。

2.设定评估指标　根据培训内容，设定具体、可量化的评估指标。这些指标可能包括知识掌握程度、技能应用水平、工作态度改变、生产效率提升等。

3.采用多种评估方法　理论考试：通过笔试或电子测试，评估员工对培训内容的理解程度。

实践考核：通过模拟操作、实际操作观察或技能演示，评估员工将知识应用于实践的能力。

问卷调查：收集员工对培训内容、培训方式、培训讲师等方面的反馈，了解培训的接受度和满意度。

访谈和讨论：与员工进行个别访谈或小组讨论，获取他们对培训的看法和建议，以及他们认为培训如何影响他们的工作。

工作表现评估：通过定期的工作表现评估，观察培训后员工在实际工作中的表现，包括产品质量、生产效率、错误率等指标的变化。

4.**实施评估计划**　在培训结束后，按照既定的评估计划进行评估。确保评估过程公平、公正，并保证有足够的时间让员工展示他们的技能和知识。

5.**数据分析与报告**　收集评估数据后，进行详细的分析，找出培训中的强项和弱项。编制评估报告，向相关管理层和部门负责人呈现评估结果。

6.**反馈与改进**　将评估结果反馈给员工，让他们了解自己的表现和需要改进的地方。同时，根据评估结果调整培训方案，针对不足之处进行改进，以提升未来培训的效果。

7.**持续跟踪**　培训效果的评估不应仅限于培训结束后立即进行，还应包括长期的跟踪。通过持续监测员工的工作表现和产品质量，评估培训效果的持久性。

8.**记录与文档管理**　保持所有培训和评估活动的记录，包括培训材料、评估工具、成绩记录、反馈意见等，以便未来的审计和回顾。

9.**内部审计**　定期进行内部审计，检查培训和评估流程是否符合GMP要求，以及是否有效地支持了质量体系的持续改进。

10.**管理层审查**　将培训评估结果提交给企业高层管理人员审查，确保培训活动与企业的战略目标和质量目标保持一致。

041　**对于高风险操作区的工作人员，企业应当提供哪些专门的培训内容？**

根据GMP的规定，高风险操作区的工作人员应当接受专门的培训。这些高风险操作区通常包括高活性、高毒性、传染性、高致敏性物料的生产区。针对这些区域的工作人员，企业应当提供的专门培训内容可能包括但不限于以下几个方面。

1.**安全知识培训**　包括化学品安全、生物安全、辐射安全等，确保工作人员了解潜在的危险物质和正确的安全防护措施。

2.**个人防护装备的使用**　如何正确选择和穿戴个人防护装备（PPE），如防护服、防护手套、防护眼镜、呼吸器等，以及在何种情况下更换或维护这些装备。

3.**应急处置**　如何应对泄漏、溢出或其他紧急情况，包括急救技能和事故报告程序。教导工作人员如何正确使用应急设备，如灭火器、洗眼器、通风系统等。
组织定期的应急演练，提高工作人员在紧急情况下的反应能力和协同能力。

4.**操作规程培训**　熟悉高风险操作区的特定操作规程，包括物料的处理、设备的操作和维护等。

5.**交叉污染防控** 学习如何避免高风险物料与其他物料之间的交叉污染，以及清洁和消毒程序。

6.**质量意识教育** 强调质量的重要性，理解个人行为如何影响产品质量和患者安全。

7.**法规和标准** 了解和遵守与高风险物料相关的国内外法规、标准和指南。

8.**环境控制** 学习如何在受控环境中工作，包括温度、湿度、压差和其他环境参数的监控。

9.**废物处理** 正确处理危险废物和非危险废物的程序和方法。

10.**持续教育** 定期更新知识和技能，以适应新的生产技术、法规变化或新的安全风险。

11.**心理健康支持** 对于在高压力环境下工作的员工，提供必要的心理健康支持和辅导。传授放松技巧和心理调适方法，确保工作人员在高风险环境下保持良好的工作状态。

12.**案例分析** 分享国内外药品生产中高风险操作区的事故案例，分析原因和教训。通过实际案例让工作人员深刻认识到严格遵守操作规程的重要性。

第四节 人员卫生

042 企业如何建立和执行人员卫生操作规程，以降低对药品生产的污染风险？

为了符合GMP的规定，企业需要建立和执行一套严格的人员卫生操作规程，以最大限度地降低人员对药品生产造成的污染风险。以下是企业可以采取的措施。

1.**建立卫生操作规程** 企业应制定详细的卫生操作规程，明确规定所有人员的卫生要求，包括但不限于个人卫生习惯、着装要求、洗手程序、进出洁净区的程序等。

2.**岗前培训和定期培训** 对企业所有人员进行岗前卫生培训，确保他们理解和掌握卫生操作规程。此外，定期复习和更新卫生培训内容以适应新的法规要求和技术进步，这是非常重要的。

3.**设立卫生监控点** 在洁净生产区的入口处设立卫生监控点，配备专门的卫生检查人员，对进入洁净区的人员进行个人卫生检查，包括着装、手部清洁、饰品佩戴等。

4.**提供个人防护装备** 为所有进入洁净生产区的人员提供适当的个人防护装备（PPE），如无菌手套、口罩、帽子、防护服等，并教授正确的穿戴和脱卸方法。

5.**建立洗手和消毒设施** 在洁净生产区的入口和关键区域设置洗手和消毒设施，确保人员能够在必要时进行有效的手部清洁和消毒。

6.**实施健康监测** 对所有可能接触药品生产的人员进行定期的健康监测，包括身体状况检查和疾病筛查，以防止传染病通过人员传播到生产环境中。

7.强化日常监督和管理 建立日常监督和管理机制，确保卫生操作规程得到有效执行。这包括定期的现场巡查、随机抽查和记录检查。

设立专门的卫生监督员或卫生管理团队，负责监督员工遵守卫生操作规程。

8.违规行为的纠正和惩罚 对违反卫生操作规程的行为进行及时的纠正，并根据情节轻重给予相应的教育和处罚，以强化规程的严肃性和执行力。

对严格执行人员卫生操作规程的员工进行奖励，以激励其他员工遵守规程。

9.定期审查和更新规程 定期对卫生操作规程进行审查和更新，以确保其始终符合最新的GMP要求和最佳实践。

定期进行风险评估，识别可能导致污染的关键点和风险因素，不断优化卫生操作规程。

10.鼓励员工参与和反馈 鼓励员工参与到卫生操作规程的制定和执行中来，提供反馈渠道，让员工能够提出改进建议，共同提升卫生管理水平。

11.访客管理 对访客进行严格的管理，确保他们也遵守企业的卫生操作规程，并在必要时提供培训和个人防护装备。

12.紧急应对措施 制定应对突发卫生事件的紧急措施，如疫情暴发时的特殊卫生要求。

043 企业采取了哪些措施来确保所有相关人员正确理解并执行人员卫生操作规程？

为了确保所有相关人员正确理解并执行人员卫生操作规程，以符合GMP的规定，企业可以采取以下措施。

1.制定详细且易于理解的操作规程 企业应制定详细的人员卫生操作规程，内容应清晰明了，易于理解，包括与健康、卫生习惯及人员着装相关的具体要求。规程应以书面形式提供，并放置在显眼且易于获取的位置，以便员工随时查阅。

2.进行全面的培训 企业应组织针对所有相关人员的全面培训，确保他们充分理解并掌握人员卫生操作规程。

针对不同层级、不同岗位的员工，开展有针对性的培训，确保他们能够准确理解并掌握与自己工作相关的卫生操作规程。

培训内容包括但不限于规程的具体要求、卫生标准、污染控制的重要性等。

培训形式可以多样化，如课堂讲解、现场演示、互动讨论等，以提升培训效果。

培训过程中应注重互动与讨论，鼓励员工提问和分享经验，加深对规程的理解。

3.实施定期的考核与复训 为确保员工长期保持对卫生操作规程的理解和执行力，企业应定期组织考核，检验员工对规程的掌握情况。

根据考核结果，针对存在的问题进行复训，强化员工对规程的理解和执行。

4.设立监督机制与奖惩制度 企业应设立专门的监督机制，通过定期的巡检、抽查以及视频监控等方式,对员工执行卫生操作规程的情况进行监督。

对于严格执行规程的员工给予奖励,对违反规程的行为及时纠正并给予相应的处罚,以此激励员工自觉遵守卫生操作规程。

5.提供必要的资源支持 确保生产区域和质控区域具备执行卫生操作规程所需的硬件设施,如洗手消毒设施、更衣室、洗手液等。

定期为员工提供必要的健康检查,确保他们处于良好的健康状况,以减少对药品生产的潜在污染。

6.提供持续的沟通与反馈渠道 企业应建立有效的沟通机制,鼓励员工提出对卫生操作规程的意见和建议。同时,定期对员工的反馈进行汇总和分析,针对问题及时调整和完善规程,确保其更加贴近实际生产需求。

7.引入智能管理系统辅助执行与监控 企业可以引入智能化的管理系统,如使用RFID(无线射频识别)技术追踪员工的行为轨迹,确保他们遵循规定的卫生路径;或者利用物联网技术对生产环境和员工卫生状况进行实时监控,提高管理效率和准确性。

044 企业应当如何管理人员健康档案,并确保健康检查的及时性和完整性?

为了符合 GMP 的规定,在管理人员健康档案以及确保健康检查的及时性和完整性方面,企业应当采取以下措施。

1.建立与完善健康档案管理制度 企业应指定专门部门(如人力资源部或健康管理部门)和负责人来管理人员健康档案,确保档案的建立、更新、保存和保密工作得到有效执行。

健康档案应包含员工的基本信息、历次健康检查的结果、职业病危害接触史、健康状况评估等内容。档案应按一人一档的原则建立,确保信息的完整性和可追溯性。

2.确保健康检查的及时性 企业应根据GMP规范,结合实际情况,制定员工健康检查计划,明确检查的时间、地点、项目和频次。对于直接接触药品的生产人员,应确保在上岗前接受健康检查,之后每年至少进行一次健康检查。

建立健康检查跟踪和提醒机制,确保每位员工都能按时完成健康检查。可通过企业内部管理系统或邮件等方式,提前通知员工进行检查,并在检查后及时记录和更新档案。对于健康检查中发现的任何异常结果,应有明确的处理流程和措施。这可能包括进一步的医学评估、临时或永久的工作调整,甚至岗位更换。

3.保障健康检查的完整性 健康检查应涵盖所有必要的项目,包括但不限于外科、内科、五官科、血压、心率以及胸透(X线片)等,以确保员工的身体状况符合药品生产的健康要求。

企业应选择具有相关资质的医疗机构进行合作,确保健康检查的准确性和可靠性。同时,企业应对检查过程进行监督,确保每个环节都符合规范要求。

4.加强档案管理和保密工作 健康档案应妥善保存，并定期进行备份，以防止数据丢失。可采用电子化档案管理系统，提高管理效率和档案的可追溯性。

企业应设立严格的保密机制，确保员工个人隐私和健康信息不被泄露。只有经授权的人员才能访问和修改档案，违反保密规定的行为应受到严肃处理。

045 企业应当采取哪些适当措施，避免患有传染病或其他可能污染药品疾病的人员从事直接接触药品的生产？

企业需要采取一系列适当措施，以避免患有传染病或其他可能污染药品疾病的人员从事直接接触药品的生产，这些措施应包括但不限于以下几个方面。

1.建立严格的健康管理制度 企业应确保所有直接接触药品的生产人员定期进行全面的健康体检。体检应特别关注可能污染药品的传染病和其他疾病，如皮肤病、呼吸系统疾病等。

在员工日常工作中，实施健康监测制度。一旦发现员工出现可能污染药品的病症，如发热、咳嗽、皮肤感染等，应立即暂停其直接接触药品的生产工作，并进行进一步检查。

2.健康状况申报 要求所有员工在入职时填写健康声明表，包括过往病史、家族遗传疾病、当前健康状况等，并承诺及时报告任何健康状况的变化。

鼓励员工报告任何可能影响药品质量的健康问题或症状，如发热、咳嗽、呕吐等。这有助于及早发现和处理潜在的健康风险。

3.制定并执行严格的隔离与复工制度 一旦发现员工患有可能污染药品的疾病，应立即采取隔离措施，防止其与其他员工接触，从而降低交叉感染的风险。立即进行健康风险评估。

根据评估结果，暂时调整这些员工的工作岗位，避免其直接接触药品生产，直至健康状况符合生产要求。

患病员工在康复后，必须经过严格的健康检查，确保已完全康复且不再具有传染性后，方可复工。复工前，还应接受相关的卫生与健康教育，确保了解并遵守相关的卫生规定。

4.健康档案管理 为每位员工建立健康档案，记录历次体检结果、健康声明、疾病史等，确保信息的完整性和私密性。

根据健康档案，对员工的健康状况进行动态监测，对存在健康风险的员工进行特别关注和管理。

5.卫生教育与培训 定期对员工进行健康教育和GMP培训，强调个人卫生、传染病预防知识，提高员工自我健康管理意识。

培训员工识别工作场所的健康风险，掌握伤口处理、传染病预防及紧急情况下的应对措施。

6.环境与设施支持　确保生产区域配备足够的卫生设施，如洗手站、消毒设施等，便于员工随时保持个人卫生。

为所有直接接触药品的生产人员提供必要的个人防护装备，如口罩、手套、工作服等，并确保正确使用。

7.制定应急预案　制定针对员工突发传染病的应急预案，包括隔离措施、紧急消毒程序、人员调度方案等，减少对药品生产的影响。

定期组织应急预案的演练，确保员工熟悉流程，能够在真实情况下迅速、有效地响应。

046　参观人员和未经培训的人员进入生产区和质量控制区时，企业应提供哪些指导？

当参观人员和未经培训的人员因特殊情况确需进入生产区和质量控制区时，企业应提供以下指导以确保符合 GMP 要求。

1.个人卫生指导　说明在进入前必须遵守的个人卫生规定，如洗手、穿戴适当的个人防护装备（PPE）等。

强调避免携带任何可能污染药品的物品，如首饰、化妆品、手表等。

提供关于如何正确使用洗手液、消毒剂等的指导。

2.更衣程序指导　详细介绍更衣室的布局和使用规则。

演示如何正确穿戴和脱下洁净服、鞋套、头罩、口罩等。

强调更衣过程中的注意事项，如避免洁净服接触地面、保持手部清洁等。

3.行为规范指导　解释在生产区和质量控制区内必须遵守的行为规范，如不触摸设备和物料、不随意走动等。

强调在紧急情况下应遵循的疏散路线和程序。

4.区域限制指导　明确指出参观人员可以进入的区域和禁止进入的区域。

提供区域地图，标出参观路径和关键点。

5.交流限制指导　告知参观人员在生产区内应避免不必要的交谈，以减少污染风险。

强调在特定区域内禁止使用电话和其他电子设备。

6.应急安全指导　提供必要的安全指导，包括紧急疏散路线、安全出口位置、紧急联系方式等。

强调在紧急情况下的应对措施，确保参观人员的安全。

7.环境意识指导　增强参观人员对生产环境特殊性的认识，包括洁净度要求、温湿度控制、微生物控制等。

提醒注意保持环境整洁，不得随意丢弃垃圾或杂物。

解释任何不当行为可能对环境和产品质量造成的潜在影响。

解释为何需要严格控制人员进入，以及人员行为对产品质量可能产生的影响。

8.**健康风险告知** 告知参观人员生产区域内可能存在的健康风险，如过敏原、化学品暴露等，并提供相应的防护建议。

提醒参观人员如果有感冒、发烧等症状，应避免进入生产区域。

9.**监督和陪同** 指派专人监督和指导参观人员的行为，确保其遵守所有规定。

在必要时，安排熟悉生产流程和规范的员工作为向导陪同参观。

10.**事后评估** 参观结束后，评估参观人员对指导内容的遵守情况，以及是否有任何可能对生产质量造成影响的行为。

047 企业如何确保工作服的选材、式样及穿戴方式与所从事的工作和空气洁净度级别要求相适应？

为了确保工作服的选材、式样及穿戴方式与所从事的工作和空气洁净度级别要求相适应，从而符合 GMP 的规定，企业可以采取以下措施。

1.**工作服选材** 耐用性：选择具有高度耐用性的材料，能够承受重复清洗和消毒，同时保持其原有的性能和外观。

不脱落纤维：优先选择不会脱落纤维或产生粉尘的材料，以减少生产过程中的污染风险。

防静电性能：材料应具有防静电功能，以防止静电对产品质量造成潜在影响。

透气性：考虑到员工的舒适度，材料应具备良好的透气性。

2.**工作服式样设计** 实用性：工作服的设计应简单实用，符合人体工程学，便于员工穿着和操作。

舒适性：设计时要考虑员工的舒适性，确保工作服不会束缚或限制员工的动作。

易于清洁：工作服的款式应便于清洁和消毒，减少藏污纳垢的可能性。

安全性：在易发生事故的区域，工作服的设计应提供额外的保护，如加厚或加设防护层。

3.**穿戴方式规定** 制定明确的穿戴程序：企业应制定详细的穿戴程序，并指导员工进行正确穿戴。这包括穿戴的顺序、如何调整服装以确保其紧贴身体等。

定期检查：企业应定期检查员工的穿戴情况，确保每个人都按照规定进行穿戴。

培训与教育：定期对员工进行关于工作服穿戴的培训和教育，提高他们的意识和重视程度。

4.**与空气洁净度级别要求相适应** 分级管理：根据生产区域的空气洁净度级别，对工作服进行分级管理。不同洁净级别的区域应配备相应级别的工作服。

清洗与消毒：根据洁净级别的要求，制定不同的清洗和消毒方案。高洁净级别的区域需要更频繁的清洗和更严格的消毒流程。

定期检查与更换：对于高洁净级别的区域，应定期检查工作服的性能，如过滤效率、静电性能等，并根据需要进行更换。

5.**管理制度与记录**　企业应制定完善的工作服管理制度，明确工作服的选材、式样、穿戴方式等方面的具体要求。制度中应包含工作服的采购、验收、保管、发放、清洗、消毒、报废等全流程管理要求。

建立工作服的使用、清洗、消毒和更换记录，以便于追溯和管理。

定期对工作服管理制度进行审核和改进，以适应不断变化的生产需求和法规要求。

048　企业如何确保进入洁净生产区的人员不化妆和不佩戴饰物？

为了符合 GMP 的规定，药品生产企业在确保进入洁净生产区的人员不化妆和不佩戴饰物方面，可以采取以下措施。

一、制定严格的规章制度

1.建立明确且详细的企业内部规定，严禁人员在进入洁净生产区时化妆和佩戴饰物，并将此规定纳入员工培训和操作手册。

2.明确违反规定的处罚措施，以强化员工对规定的重视和遵守。

二、培训与教育

1.对所有可能进入洁净生产区的人员进行全面的入职培训，详细讲解化妆和佩戴饰物对药品生产环境和产品质量的潜在危害。

2.定期开展强化培训和更新培训，确保员工始终牢记规定和其重要性。

三、入区前检查

1.在洁净生产区入口设置专门的检查区域，配备足够的检查人员和相应的检查设备。

2.检查人员应仔细观察员工的面部、手部等外露部位，查看是否有化妆痕迹，如口红、眼影、粉底等。

3.使用金属探测器等设备检查员工是否佩戴了饰物，包括项链、耳环、戒指、手链等。

四、提供便利设施

1.在洁净生产区外设置足够的更衣室和储物设施，方便员工在进入前存放个人化妆品和饰物。

2.配备清洁用品，如卸妆湿巾、洗面奶等，供员工在必要时清洁面部。

五、监督与反馈机制

1.设立内部监督小组，定期或不定期对洁净生产区进行巡查，检查员工的遵守情况。

2.鼓励员工之间相互监督，对于发现违反规定的行为及时报告。

3.建立反馈渠道，员工可以对执行过程中的问题或困难提出建议和意见。

六、文化建设

1.在企业内部营造重视药品质量和洁净生产的文化氛围，使员工从内心认同不化妆和不佩戴饰物的规定。

2.对严格遵守规定的员工进行表彰和奖励，树立榜样。

七、与供应商合作

1. 与员工制服和劳保用品供应商合作，设计符合洁净要求且美观舒适的服装和配饰，减少员工佩戴个人饰物的需求。

2. 选择无刺激、无异味的劳保用品，避免员工因皮肤不适而试图使用化妆品。

049 企业如何执行生产区、仓储区禁止吸烟和饮食的规定，并确保不存放食品、饮料、香烟和个人用药品等非生产用物品？

为了符合 GMP 中关于生产区、仓储区禁止吸烟和饮食，以及禁止存放非生产用物品的规定，企业应当采取以下措施来确保规定的严格执行。

1. **制定明确的管理制度** 企业应制定详细的管理制度，明确规定生产区、仓储区内禁止吸烟、饮食，并明确列出禁止存放的非生产用物品清单，包括但不限于食品、饮料、香烟和个人用药品。

制度中应明确违规行为的处罚措施，确保员工清楚了解违规的后果。

2. **加强员工培训与教育** 定期对员工进行GMP规定的培训，特别强调生产区、仓储区的禁烟、禁饮食规定，以及非生产用物品的禁存规定。

通过案例分析等方式，使员工深刻理解规定的重要性和必要性，提高员工的遵规意识。

3. **设置明显的警示标识** 在生产区、仓储区的显眼位置设置"禁止吸烟""禁止饮食"等警示标识，提醒员工遵守规定。

可在入口处设置检查点，确保员工进入前不携带任何违禁物品。

4. **实施严格的监控与管理** 安装监控摄像头，对生产区、仓储区进行实时监控，确保规定得到严格执行。

设立专门的检查小组，定期对生产区、仓储区进行巡查，及时发现并处理违规行为。

5. **建立举报与奖惩机制** 鼓励员工之间互相监督，设立举报机制，对举报违规行为的员工给予一定的奖励。

对违反规定的员工进行严肃处理，包括但不限于警告、罚款、解除劳动合同等措施。

6. **提供替代设施** 在生产区、仓储区以外的适当位置设置吸烟区，并确保其与生产区域有足够的物理隔离。吸烟区应配备烟灰缸、灭火器等必要的安全设备。

在生产区、仓储区以外的适当位置设置饮食区，供员工在休息时间使用。饮食区应保持清洁，并配备必要的卫生设施。

7. **物品管理** 实行严格的物品管理制度，禁止员工将个人物品带入生产区和仓储区。

在更衣室或指定区域为员工提供个人物品的存放设施。

8. **应急响应** 制定应急响应计划，以应对违反禁烟和禁食规定的事件，如火灾、污染等。

9. **记录和追踪** 记录违规行为和处理结果，作为员工绩效评估的一部分。

定期回顾和分析违规事件，找出根本原因并采取预防措施。

050　企业如何确保操作人员避免裸手直接接触药品、与药品直接接触的包装材料和设备表面？

为了符合GMP的规定，企业需要采取一系列措施来确保操作人员避免裸手直接接触药品、与药品直接接触的包装材料和设备表面。以下是具体的执行步骤和方法。

1.制定操作规程　制定详细的操作规程，明确要求操作人员在接触药品、包装材料和设备表面时必须佩戴适当的手套。

规程应包括手套的选择标准、佩戴方法、更换频率以及在何种情况下需要更换手套等内容。

2.提供适当的防护用品　为操作人员提供符合卫生和安全标准的手套，确保手套材质不会对药品造成污染，且具有足够的耐用性和灵活性。

根据不同的操作需求和药品特性，为操作人员提供适宜的手套，如一次性手套、乳胶手套或耐酸碱手套等。

定期检查手套的库存，确保有足够的手套供应，并定期对手套进行质量检测。

除了手套，还可以提供其他必要的防护用品，如口罩、防护服等，以进一步减少操作人员与药品、包装材料和设备表面的直接接触。

3.开展培训和教育　对操作人员进行培训，教育他们理解佩戴手套的重要性，以及如何正确佩戴和更换手套。

培训内容应包括手套的正确使用方法、手部卫生的重要性以及裸手接触可能带来的风险。

4.优化生产流程和设备设计　优化生产流程，尽量减少操作人员需要直接接触药品、包装材料和设备表面的环节。

在设备设计上考虑人体工程学原理，使操作人员能够更方便地使用工具或设备进行操作，而不是直接用手接触。

尽可能采用自动化和机械化设备来减少操作人员直接接触药品和相关材料的机会。如使用自动灌装机、封口机等。

合理安排工作空间，确保操作人员能够方便地获取和更换手套。

5.实施监督和检查　设立专门的监督检查团队或指定专人负责监督操作人员是否遵守佩戴手套的规定。

定期进行现场检查，包括随机抽查和定期全面检查，确保规定得到有效执行。

6.建立违规报告和处理机制　鼓励员工报告违规行为，建立匿名举报渠道，确保违规行为能够被及时发现和处理。

对违规行为进行调查，并根据规章制度采取相应的处罚措施，如警告、罚款、停职等。

对于严格遵守规定、正确使用手套和其他防护用品的员工给予奖励和表彰。

7.持续改进和反馈 根据监督检查和违规处理的结果，及时发现并纠正管理中的问题。

鼓励员工提出改进建议，不断优化管理措施。

8.记录和报告 详细记录监督检查、违规处理和改进措施的执行情况，形成管理档案。

定期向管理层报告管理情况，确保管理措施得到足够的重视和支持。

第四章　厂房与设施

第一节　原　则

051 **厂房的设计和布局如何最大限度地避免污染、交叉污染、混淆和差错？**

为了最大限度地避免污染、交叉污染、混淆和差错，厂房的设计和布局应遵循以下原则和措施。

1.**选址和环境考虑**　厂房的选址应远离污染源，如工业废气排放、垃圾处理场等，确保生产环境清洁。

考虑周围环境的自然条件，如风向、地形，以减少外部污染的影响。

进行环境影响评估，确保周边环境和气候条件适宜药品生产，避免极端天气对生产造成不利影响。

2.**功能分区**　根据生产工艺和质量控制要求，将厂房划分为不同的功能区域，如生产区、仓储区、质量控制区、辅助区等。

确保功能区域之间有明确的物理分隔，如墙壁、门、窗等，以减少不同区域之间的空气、人员和物流的交叉流动。

3.**单向物流和人流**　设计合理的物流和人流路线，确保物料和人员的流动方向与生产工艺要求一致，并避免交叉。

使用物理屏障（如墙壁、门、窗）或空气幕等措施，将物流和人流路线与生产区域分隔开。

4.**空气处理和压力控制**　根据生产工艺要求，设计和安装适当的空气处理系统，如空调系统、净化系统等，以控制生产区域的温度、湿度、空气洁净度等参数。

使用正压或负压控制措施，确保洁净区域的空气不会倒流到非洁净区域，从而减少交叉污染的风险。

在不同洁净等级区域之间设置缓冲区域，如更衣室、洗手间、传递窗等，以减少污染传播。

5.**设备和设施布局**　根据生产工艺要求，合理布局设备和设施，确保它们之间的距离和排列方式能够满足操作要求，并减少交叉污染的风险。

考虑设备的清洁和维护要求，确保它们易于接近、清洁和消毒。

6.**工艺流程布局**　根据药品的生产工艺流程，合理安排设备和操作间的位置，使生产流程顺畅，减少迂回和往返。

避免不同产品或不同工序之间的相互干扰和交叉污染。

7.**防污染措施** 安装有效的通风、排气和过滤系统，防止粉尘、有害气体等污染物的扩散。

对于易产生污染的操作，如粉尘产生量大的工序，设置专门的隔离罩或负压操作间。

8.**物料和产品隔离** 使用物理屏障（如货架、柜子、容器）或标识系统，将不同的物料和产品隔离开，以减少混淆的风险。

确保物料和产品的标识清晰、持久，并能够经受住生产环境的挑战。

9.**专用设备与工具** 为不同产品或活性物质使用专用设备和工具，避免交叉使用。

10.**密闭系统** 对于容易产生粉尘或气体的工序，应采用密闭系统操作，以防止污染扩散。

11.**隔离技术** 在必要时采用隔离技术，如限制进入屏障系统（Restricted Access Barrier Systems，RABS）或隔离器，为高活性或高敏感性产品的生产提供额外保护。

12.**明确标识** 对所有物料、产品、设备、管道等进行清晰、持久的标识，包括名称、批号、状态（如待验、合格、不合格）等，使用颜色编码以增加直观性。

13.**过程控制** 实施严格的生产过程控制，包括批记录、在线检查、关键控制点监控等，确保每一步操作都可追溯。

14.**自动化与信息化** 利用自动化控制系统和信息化管理系统减少人为操作错误，如ERP、MES系统等，实现生产过程的智能化管理。

15.**人员和操作控制** 设计和实施适当的人员控制措施，如更衣室、洗手消毒设施、个人防护装备等，以减少人员对生产区域的污染。

制定和执行明确的操作规程和培训计划，确保员工了解和遵守GMP要求，并能够正确操作设备和处理物料。

16.**清洁和消毒** 设计和布局厂房时，考虑设备的清洁和消毒要求，确保它们易于清洁和消毒，并能够达到所需的清洁水平。

提供适当的清洁和消毒设施，如清洁剂、消毒剂、清洗设备等，并确保它们易于使用和维护。

17.**验证和确认** 在设计和布局完成后，进行必要的验证和确认工作，以确保厂房能够满足GMP要求，并能够有效地避免污染、交叉污染、混淆和差错。

定期进行再验证工作，以确保厂房的持续合规性和有效性。

052 **在选址时，企业如何评估厂房所处环境对物料或产品污染风险的影响？**

在选址过程中，企业为确保厂房所处环境能够最大限度地降低物料或产品遭受污染的风险，需要进行全面、深入的环境评估。这一评估应涵盖多个方面，并遵循科学的方法和原则。以下是企业在进行厂房选址时应考虑的关键因素和评估步骤。

一、环境风险评估

1.自然环境因素 地质条件：评估地质稳定性，避免地震、滑坡等地质灾害风险区域。

气候条件：分析当地气温、湿度、降水等气候特征，评估其对生产和储存的影响。

水文条件：评估地下水位、洪涝风险等，避免选址在易发生水灾的地区。

2.人为环境因素 周边产业：调查周边是否有重污染企业，评估其排放物对药品生产的潜在影响。

交通状况：分析交通便利性及车辆尾气等污染物对空气质量的影响。

人口密度：评估周边人口分布，避免选址在人口密集区，降低交叉污染风险。

二、污染源识别与评估

1.空气污染源 识别周边可能的粉尘、微生物、挥发性有机物等空气污染源。

评估污染物的种类、浓度及其对药品生产的潜在影响。

2.水体污染源 调查周边地表水和地下水的水质状况。

评估可能的水体污染源及其对生产用水质量的影响。

3.土壤污染源 调查厂址的历史用途，评估土壤是否存在残留污染物。

分析周边土地利用情况，识别可能的土壤污染风险。

三、防护措施可行性评估

1.厂房设计 评估是否可以实现合理的人流、物流、气流分区设计。

分析洁净区的设置可行性，确保关键生产区域的洁净度要求。

2.空气处理系统 评估是否可以安装高效的空气过滤系统，以控制外部污染物的进入。

分析不同洁净等级区域的压差控制可行性。

3.水处理系统 评估是否具备足够的水源，并可以建立完善的水处理系统。

分析不同用途用水〔如纯化水（Purified Water，PW）、注射用水（Water for Injection，WFI）〕的处理可行性。

4.废弃物处理 评估是否具备合适的固体废弃物、废水、废气处理设施的安装条件。

分析是否符合当地环保要求。

四、法规符合性评估

1.土地使用规划 确认选址是否符合当地土地使用规划。

评估是否存在未来规划调整的风险。

2.环境保护要求 分析选址是否符合国家和地方环境保护法规的要求。

评估是否可能影响周边敏感区域（如居民区、学校等）。

3.行业特殊要求 评估选址是否满足特殊药品（如麻醉药品、精神药品等）生产的相关规定。

五、长期发展评估

1.扩建可能性　评估周边是否有足够空间满足未来可能的扩建需求。

分析扩建对环境影响的可控性。

2.环境变化趋势　预测区域未来发展规划，评估可能带来的环境变化。

分析这些变化对药品生产的长期影响。

六、综合风险评估

1.风险量化　建立评分体系，对各项风险因素进行量化评估。

设定风险阈值，确定可接受的风险水平。

2.风险管理策略　针对识别出的主要风险，制定相应的管理和控制策略。

评估这些策略的可行性和有效性。

通过以上全面、深入的评估，企业可以系统地分析厂房所处环境对物料或产品污染的潜在风险，并在此基础上做出科学、合理的选址决策，最大限度地降低污染风险，确保符合 GMP 要求。同时，这种评估方法也为后续的厂房设计、生产管理提供了重要依据，有助于企业建立全面的质量管理体系。

053　如何确保厂区地面和路面的清洁，防止对药品生产造成污染？

为了确保厂区地面和路面的清洁，防止对药品生产造成污染，可以采取以下措施。

1.选择合适的地面和路面材料　选择易于清洁、耐磨、防滑且不易产生灰尘的材料，如混凝土、沥青、地砖等，用于厂区的地面和路面。

避免使用易碎、易产生灰尘或难以清洁的材料，如沙石、木材等。

2.合理的排水系统　设计和安装适当的排水系统，包括排水沟、地漏等，以确保厂区地面和路面上的液体能够迅速排走，不会积聚或倒流。

确保排水系统不会成为污染源，例如，排水沟应有适当的盖板或格栅，以防止固体废弃物进入。

3.定期清洁和维护　制定并执行定期的清洁计划，包括对地面和路面的清扫、冲洗和消毒。

使用适当的清洁剂和消毒剂，并根据需要进行高压冲洗或蒸汽清洁。

定期检查和维护清洁设备，如扫地机、高压清洗机等，以确保其正常运行和清洁效果。

4.防止污染源的引入　控制人员和车辆的进出，确保他们不会将污染物带入厂区。

在入口处设置鞋底清洁设施，如鞋底清洁垫、鞋底清洁池等，以去除人员鞋底的灰尘和污染物。

在必要时，要求人员更换专用的工作鞋或使用鞋套。

5.环境监测和控制　定期监测厂区的环境参数，如温度、湿度、空气质量等，以确保它们在适宜的范围内。

使用适当的监测设备，如温湿度计、空气质量监测仪等，并确保其准确性和可靠性。

根据监测结果，采取适当的纠正措施，如调整空调系统、增加清洁频率等。

6.员工培训和意识提升　对员工进行培训，包括GMP要求、清洁操作规程、个人卫生要求等，以提高他们的意识和技能水平。

强调保持厂区清洁的重要性，并鼓励员工积极参与清洁工作。

7.环境管理体系　将地面和路面的清洁纳入企业的环境管理体系，通过系统化的管理和持续改进，不断提高清洁水平。

8.应急处理预案　制定针对地面和路面突发污染事件的应急处理预案，如化学品泄漏等。

确保在紧急情况下能够迅速采取有效的措施，控制污染扩散，保障药品生产安全。

054 厂区内的生产、行政、生活和辅助区如何进行合理布局以避免互相妨碍？

厂区内的生产、行政、生活和辅助区应进行合理布局，以避免互相妨碍。以下是一些关键的布局原则。

1.分区规划原则　依据功能和使用需求，将厂区明确划分为生产区、行政区、生活区和辅助区。

以生产区为核心，其他区域围绕或远离生产区布局，减少非生产活动对生产过程的直接干扰。

生产区：应位于整个厂区的核心位置，便于物料进出和生产流程的连贯性。生产区内部根据工艺流程和清洁度要求进一步细分，如原料预处理、制剂生产、包装等区域，确保从低清洁度到高清洁度的单一流向。

行政区：应设在相对安静且便于管理的位置，与生产区保持一定距离，以减少对生产活动的干扰。包括办公室、会议室、接待区等，确保行政事务高效运转的同时不干扰生产操作。

生活区：包括员工食堂、休息室、更衣室等，应远离生产区，尤其是食品准备区需严格隔离，避免交叉污染风险。同时，生活区应合理设计，提供舒适环境，促进员工健康和福利。

辅助区：如动力设施（如锅炉房、变电站）、仓库、维修车间等，应布置在生产区边缘或下风向，减少噪音、振动和污染物对生产区的影响。同时，考虑物流便利性和紧急疏散的需要。

2.生产区布局　选址于主导风向的上风侧，且地势较高、地质条件良好的区域，以降低外界因素对生产的不利影响。

内部按照生产工艺流程的顺序，依次布置各个生产车间和操作单元，使物料和产品在生产过程中流动顺畅，减少迂回和交叉。

3.行政区布局　位于生产区的一侧或相对独立的区域，与生产区保持适当的距离，避免行政活动产生的噪音、人员流动等对生产造成干扰。

包括办公大楼、会议室、接待室等，应方便与外部的沟通和联系，同时又不影响生产的正常进行。

4.生活区布局 尽可能设置在远离生产区的下风侧，且与生产区之间有明显的隔离带，如绿化带、围墙等。

包含员工宿舍、食堂、娱乐设施等，要满足员工生活的便利性和舒适性，同时避免生活活动对生产环境造成污染。

5.辅助区布局 靠近其所服务的主要区域，如动力车间（锅炉房、配电室等）靠近生产区的能源需求集中点；仓库靠近生产区的物料进出口。

维修车间、污水处理站等辅助设施应布置在相对隐蔽且不影响主要区域正常运行的位置。

6.隔离与缓冲措施 在不同功能区之间设置绿化带、围墙、缓冲区等隔离设施，减少相互之间的视觉、噪音和气味干扰。

对于可能产生污染的辅助区域，如污水处理站，应设置足够的防护距离和污染处理设施，防止对其他区域造成污染。

7.通道与出入口设置 为每个区域设置独立的出入口和通道，避免不同区域的人员和车辆交叉流动。

生产区的出入口应设置严格的门禁和卫生控制设施，防止外来污染物进入生产区域。

8.风向与水流考虑 充分考虑当地的主导风向和水流方向，将可能产生污染或异味的区域（如垃圾处理区、污水处理站）布置在下风侧和水流下游，避免对其他区域造成影响。

9.未来发展规划 预留一定的发展空间，以适应企业未来可能的扩建和业务拓展，同时确保新的建设不会影响现有区域的合理布局和功能发挥。

考虑到未来可能出现的布局调整需求，应确保现有布局具备一定的灵活性和调整便捷性。这可以通过使用可移动隔断、标准化设备布局等方式实现。

10.安全与环保因素 布局时要考虑消防安全、环境保护等要求，确保各个区域之间有足够的消防通道和应急疏散空间，以及符合环保法规的排放和处理设施。

055 厂区和厂房内的总体布局应如何设计，以确保合理的人流、物流走向？

厂区和厂房内的总体布局设计应遵循以下原则，以确保合理的人流、物流走向。

1.总体规划原则 应基于生产工艺流程，将厂区划分为生产区、仓储区、质量控制区、办公区、辅助区（如动力设施、污水处理等）和生活区。确保各区域之间既相对独立又能有效协同。每个区域应有明确的界限和标识，避免不同区域间的交叉干扰。

生产区应与其他区域保持适当距离，特别是与可能产生污染或噪音的区域隔离，以减少对生产环境的潜在影响。辅助区如动力设施、维修车间等应靠近主要使用部门，但又要避免对生产造成不利影响。

在生产区内，进一步细分不同生产环节的区域，如原料处理区、制剂区、包装区等。确保各生产环节有序衔接，同时防止物料在传递过程中产生混淆或污染。

人流通道和物流通道应分开设计，避免交叉，减少人员与物料的相互干扰，降低污染风险。

2.生产区布局　生产区内应遵循从低清洁度到高清洁度的单一流向原则，即从原材料接收、配料、生产、包装到成品出库的顺序，减少回流和交叉污染的可能性。

在不同级别洁净区之间设置气闸室、更衣室等隔离措施，使用传递窗或隔离装置传输物料，减少人员和物品的直接进入造成的污染风险。

3.物流系统设计　考虑采用自动化立体仓库、AGV（自动导引车）等现代物流技术，减少人工作业，提高物流效率，同时降低污染风险。

物流路径设计应遵循最短距离原则，减少物料搬运时间和成本，同时降低在途污染风险。

规划专门的物料入口和成品出口，确保物料和成品的运输路线顺畅。

根据物料的性质和状态（如原材料、半成品、包装材料等），分别设置不同的物流通道，避免混淆和交叉污染。

物流通道应便于运输车辆通行，有足够的转弯半径和承载能力。

4.人流管理　为不同职能人员设置专用通道，如生产人员、质量控制人员、参观人员等，避免相互干扰。

在进入生产区的关键入口处设置更衣室、洗手消毒设施，确保人员进入前达到相应清洁标准。

避免人员通道与物流通道交叉，对于不可避免的交叉点，特别是在关键生产区域，如洁净区，可通过设置缓冲间、气闸等措施来实现人流的净化和隔离。

5.辅助设施布局　动力设施（如蒸汽、电力、压缩空气）应远离生产区但又便于维护，同时设置环保设施（如污水处理站）以符合环保要求。

设置消防通道、紧急出口、避难所等，确保在紧急情况下人员能迅速疏散，同时配备必要的安全设备和应急物资。

6.持续改进与风险评估　定期对厂区布局进行评估，包括人流物流走向的合理性、生产效率、安全性和环保性能，及时调整优化。

在设计时考虑未来的生产扩展和技术升级需求，确保布局具有一定的灵活性和可扩展性。

056　**应如何对厂房进行清洁或消毒，以确保不影响药品质量？**

为了确保厂房的清洁和消毒活动不影响药品质量，应当遵循以下步骤。

1.**风险评估**　首先进行洁净厂房清洁消毒风险评估，识别所有可能的污染源和风险点。这包括评估维修活动可能带来的污染风险。

2.**制定清洁和消毒规程**　根据风险评估结果，制定详细的书面清洁和消毒操作规程，明确清洁和消毒的频率、方法、使用的清洁剂和消毒剂、操作步骤、人员职责等。

根据不同区域的洁净度要求和污染风险，确定相应的清洁和消毒策略。例如，无菌生产区域可能需要更频繁和高级别的消毒。

3.**执行清洁和消毒**　按照书面操作规程执行清洁和消毒活动。确保所有清洁工具和设备都处于良好状态，并且所有参与人员都经过适当的培训和授权。

清洁前先进行预处理，如清除表面的杂物和灰尘。

按照从上到下、从里到外的顺序进行清洁，先清洁天花板、墙壁，再清洁设备和地面。

对于难以清洁的部位，如缝隙、角落等，采用专门的工具和方法进行处理。

消毒时应确保消毒剂与表面充分接触并达到规定的作用时间。

4.**验证清洁效果**　完成清洁和消毒后，进行验证以确认清洁的效果。这可能包括微生物监测、残留物检测等，以确保清洁方法的有效性。

5.**维护和监控**　持续监控厂房的清洁状态，定期进行维护和再验证，确保清洁效果的持续性和可靠性。

6.**记录和报告**　详细记录所有清洁和消毒活动，包括使用的化学品、清洁方法、执行人员以及任何异常情况。这些记录应作为质量控制的一部分，用于未来的审计和改进。

057　企业如何确保厂房的维护和维修活动不会影响药品质量？

为了确保厂房的维护和维修活动不会影响药品质量，企业需要采取一系列严谨的管理措施和操作规范。以下是一些关键步骤和建议，以确保厂房维护维修过程中的药品质量安全。

1.**风险评估**　对厂房的各个部分进行详细的风险评估，确定维护和维修的重点区域和关键设备。

2.**建立全面的维护计划**　根据风险评估结果制定详尽的厂房维护计划，该计划应涵盖定期检查、预防性维护、应急维修等内容。计划应明确各项活动的执行周期、责任人和执行标准，以确保厂房设施始终处于良好状态，减少对生产环境的潜在影响。

维护计划应包括清洁、校准、检查和更换磨损部件等内容，并记录维护活动的详细信息。

3.**详细的书面操作规程**　制定详细的书面操作规程，指导厂房的清洁、消毒和维护工作。这些规程应详细描述使用的材料、方法、频率和责任人。

确保所有相关人员接受 GMP 培训，理解并遵守操作规程，以保持生产环境的洁净度和稳定性。

4.专业的维修团队 建立一支经过专业培训的维修团队，他们应当熟悉厂房设施的工作原理、维护要求和正确的维修方法。

5.维修人员培训与资质 确保维修人员具备相关的专业知识和技能，包括工程技术、电气、机械等方面。

对维修人员进行 GMP 知识培训，使其了解药品生产的质量要求和维修活动可能带来的风险。

要求维修人员取得相应的资质证书和操作许可。

6.实施严格的维修管理 所有维修活动必须在经批准的书面操作规程的指导下进行，确保维修过程的规范性和可控性。

在维修前，应对维修人员进行详细的技术交底和安全教育，确保其了解维修任务、注意事项及应急措施。

维修过程中，应设立临时隔离区域，防止维修产生的废弃物或杂质进入药品生产区域。

7.采取有效的隔离措施 在维修期间，应对受影响的区域进行严格的隔离，避免维修活动对相邻区域的药品生产造成污染。

使用适当的隔离屏障和标识，清晰划定维修区域与非维修区域的界限，确保人员与物料的合理流动。

8.进行细致的验收与验证 维修完成后，应对维修区域进行详细的验收检查，确保所有设备设施恢复正常运行且符合GMP要求。

对受影响区域的洁净度进行重新验证，确保其满足药品生产的洁净度标准。

9.建立持续监控与改进机制 在维修活动结束后，应定期对厂房的运行状况进行监控，及时发现并处理潜在问题。

收集维修过程中的经验教训，不断完善维护计划与维修规程，提升维修效率和质量。

10.建立质量监控体系 定期对生产环境进行微生物和尘埃粒子的监测，确保环境质量符合GMP要求。

对生产出的药品进行严格的质量检测，包括理化指标、微生物限度等，以确保药品质量未受维修活动影响。

11.应急响应计划 制定应急响应计划以处理维修过程中可能出现的突发情况，如设备故障、环境污染等。该计划应包括紧急停机、人员疏散、污染物控制等措施，以最小化对药品质量的影响。

058 如何确定厂房内适当的照明、温度、湿度和通风标准？

为了确定厂房内适当的照明、温度、湿度和通风标准，以符合 GMP 的规定，企业需要综合考虑多个因素，并采取科学的方法来确定这些环境参数。

一、确定标准的步骤和方法

1. 企业应参考相关的药品生产法规和指南，如 GMP，以及相关的国际标准，如 ISO 14644 等。

2. 根据所生产药品的特性，确定适宜的温湿度范围。药品可能对温度和湿度敏感，因此需要特别考虑这些因素。

3. 考虑相关设备的性能要求，确保环境条件不会影响设备的正常运行和性能。例如，某些设备可能需要特定的温度或湿度条件。

4. 在设计厂房时，可以进行标准实验室测试，以确定最佳的环境条件。这可能包括在不同温度和湿度条件下测试产品的稳定性和质量。

5. 参考历史数据，了解产品在特定环境条件下的表现。如果企业已经有生产经验，可以基于这些经验来确定合适的温湿度范围。

6. 咨询环境控制领域的专家，获取关于温湿度控制的最佳实践和行业标准。

7. 在实验室或中试规模下进行模拟实验，研究不同照明、温度、湿度和通风条件对产品质量和设备性能的影响。通过实验数据确定最优的环境参数范围，并进行验证以确保其在实际生产中的可行性和有效性。

8. 进行全面的风险评估，考虑环境条件偏离标准可能带来的质量风险和经济损失。根据风险的严重程度和可能性，确定更为严格或宽松的标准范围。

二、常用的标准范围

1. 照明标准　目的：确保足够的亮度，避免因光线不足导致的操作错误或安全事故。

标准：根据《建筑照明设计标准》GB/T50034—2024，确保厂房内的照明设计满足国家标准，提供适当的照度，避免过度或不足的照明。

2. 温度标准　目的：控制药品生产和存储的温度，防止因温度过高或过低影响药品质量和设备性能。

标准：根据药品生产质量管理规范，温度应控制在 18~26℃范围内，以适应大多数药品的生产和存储需求。

3. 湿度标准　目的：控制厂房内的相对湿度，防止因湿度过高或过低影响药品质量和设备性能。

标准：相对湿度应控制在 45%~60%，有助于减少静电和尘埃的产生，同时避免湿度过高导致的微生物生长。

4. 通风标准　目的：确保厂房内空气流通，防止因空气质量不佳影响药品质量和操作人员健康。

标准：应配置有效的通风系统，根据药品生产质量管理规范，生产区应有温度、湿度控制和空气净化系统，确保有效通风。

059　应采取哪些具体措施来有效防止昆虫或其他动物进入厂房？

为了有效防止昆虫或其他动物进入厂房，应采取以下具体措施。

一、物理防护措施

1.确保所有门窗都具有良好的密封性能，安装防虫网，定期检查和更换破损的密封条和网片，使用密封胶条填补缝隙，安装纱窗和门帘，纱窗的网眼要足够细密以阻挡昆虫。

2.设计和维护良好的排水系统，避免积水成为昆虫和动物的滋生地，排水口应安装防虫网，防止昆虫通过下水道进入。

3.对于通风口、管道出入口等位置，安装防护网或滤网，防止昆虫和小动物进入。

4.对厂房墙壁、屋顶和地面进行定期检查，修复任何可能存在的裂缝、孔洞和破损，杜绝动物的潜入通道。

二、环境控制

1.保持厂区内外环境的清洁卫生，定期清理垃圾和杂草，减少昆虫和动物的食物来源和栖息地。

2.合理规划绿化植被，避免种植容易吸引昆虫和动物的植物，定期修剪枝叶，保持植被的健康和整洁。

3.定期对厂房进行清洁和维护，清除可能吸引昆虫或动物的垃圾和食物残渣。

4.定期修剪厂房周边的树木和灌木丛，使其远离建筑物，避免为动物提供攀爬和接近的途径。

三、入口控制

1.在厂房入口处设置风幕机，形成空气屏障，阻止昆虫进入。

2.安装电子驱虫器或紫外线杀虫灯，在入口和关键区域发挥威慑和杀灭作用。

四、密封存储

1.物料和产品应存放在密封的容器或仓库中，防止昆虫和动物接触。

2.仓库的出入口设置自动闭门装置，减少开门时间，降低昆虫和动物进入的机会。

五、排水与排污管理

1.确保厂房的排水系统畅通，井盖密封完好，防止昆虫和动物通过下水道进入。

2.定期清理污水池和化粪池，避免吸引和滋生害虫。

六、监测与记录

1.实施定期的虫害监测计划，包括设置监测点、使用诱饵站等，及时发现并处理问题。

2.详细记录虫害监测和控制活动，包括使用药物的种类、用量、时间以及效果评价，以便分析趋势和改进措施。

七、监测和预警

1.在关键区域安装监控摄像头，实时监测昆虫和动物的活动，及时发现异常情况。

2.在厂区周围和关键区域设置昆虫陷阱和动物诱捕器，定期检查和清理，统计捕捉数量，评估防虫效果。

八、化学防治

1.聘请专业的害虫防治公司进行定期的检查和防治，确保使用的方法和药剂符合

GMP 要求。

2. 在使用灭鼠药、杀虫剂等化学药剂时，严格按照说明书和安全操作规程进行，确保药剂不会对设备、物料、产品造成污染。

3. 在施药期间，将相关区域隔离，限制人员和物料的出入，避免接触污染。

九、教育和培训

1. 对员工进行防虫防鼠知识的培训，提高他们的意识，教育他们在日常工作中注意观察和报告昆虫和动物的迹象。

2. 建立持续改进机制，根据监测数据和员工反馈，不断优化防虫防鼠措施，提高防治效果。

十、应急响应

1. 制定昆虫和动物入侵的应急预案，一旦发现入侵情况，能够迅速采取措施进行处理，减少对生产的影响。

2. 在应急处理后，进行彻底的清理和消毒，确保受影响的区域恢复正常状态。

060 企业应采取哪些具体措施避免灭鼠药、杀虫剂、烟熏剂等对设备、物料、产品造成污染？

为了避免灭鼠药、杀虫剂、烟熏剂等对设备、物料、产品造成污染，企业应采取以下具体措施。

1. 选择合适的虫害控制产品 选用经官方批准、对人体和环境影响小且对药品质量无负面影响的虫害控制产品，确保其成分不会在设备、物料或产品中残留。

优先考虑带有环保标志或经过有机认证的虫害控制产品，这类产品往往对非目标生物和环境的副作用较小。

从正规渠道采购，购买具有相关资质和认证的产品，确保其质量和安全性。

2. 规范使用流程 制定详细的操作规程（SOP），明确虫害控制产品的使用时机、地点、方式、剂量及后续处理措施，确保操作人员严格遵守。

对负责虫害控制的人员进行专业培训，确保他们充分了解产品特性和安全使用方法，避免误操作导致污染。

在使用过程中，操作人员应佩戴必要的防护装备，如手套、口罩等，以降低直接接触的风险。

3. 物理隔离与限制使用区域 在使用灭鼠药、杀虫剂或烟熏剂时，确保生产区与处理区有效隔离，如使用防虫防鼠门帘、隔离室或在非生产时段进行。

明确标示虫害控制活动的限制区域，禁止在生产、储存或包装区直接使用这些产品，仅限在非生产和储存区域，如厂房周边、仓库角落等。

在生产区域内，如确有必要使用，应在设备停运、物料和产品妥善保护的情况下进行，并严格控制使用量和范围。

在使用防治产品的区域，对设备、物料和产品进行有效的防护和隔离。

可以使用塑料薄膜、密封罩等将其覆盖，防止直接接触到药剂。

对于通风管道、物料输送通道等关键部位，安装过滤装置，防止药剂通过气流或物料传输进入生产区域。

4.**严格的使用时间安排** 制定详细的使用时间表，选择在非生产时间，如周末、节假日或设备维护期间进行防治处理。

确保在使用后有足够的时间让药剂残留挥发或降解，同时进行充分的通风换气，以降低污染风险。

5.**监测与检测** 建立监测机制，定期对可能受到污染的区域进行空气、表面和物料的采样检测。

检测是否存在防治产品的残留，及时发现潜在的污染问题。

6.**使用记录与追踪** 对每次使用灭鼠药、杀虫剂或烟熏剂的情况进行详细记录，包括产品名称、使用量、使用地点、操作人员及后续清洁验证结果。

定期回顾使用记录，评估虫害控制措施的效果及对环境的潜在影响，必要时调整策略。

7.**应急响应与污染控制** 制定虫害意外入侵或化学污染的应急响应计划，包括立即隔离受污染区域、启动清洁程序、评估产品安全性和采取补救措施。

若发生污染，立即停止相关区域的生产活动，使用适宜的方法清除污染，如使用经过验证的清洁和消毒程序，确保无残留。

061 应如何防止未经批准人员进入生产、贮存和质量控制区？

为了防止未经批准人员进入生产、贮存和质量控制区，确保药品生产环境的洁净与安全，企业应采取以下具体措施。

1.**门禁系统与身份验证** 在生产、贮存和质量控制区的入口设置门禁系统，通过刷卡、指纹识别或面部识别等方式，限制未经授权的人员进入。

对于需要进入上述区域的工作人员，进行严格的身份验证，确保其持有有效的通行证或工作证件。

2.**区域划分与管理** 通过物理屏障（如围墙、隔板等）清晰划分生产、贮存和质量控制区与非相关区域的界限，减少未经批准人员误入的可能性。

在各区域入口及显眼位置设置明显的"禁止入内"或"未经许可禁止入内"的标识，提醒相关人员注意。

3.**访问控制程序** 制定严格的访客管理制度，访客需提前申请并由授权人员陪同，仅在必要时进入，并佩戴明显标识。

定期对员工进行安全意识和门禁规定的培训，确保所有人员了解未经授权进入特定区域的后果和责任。

4.**标识与指示系统** 在关键区域入口处设置明显的警示标识和指示牌，明确指出未经许可不得入内，同时指示人员通道和紧急出口。

使用颜色编码或显著标记区分不同级别的清洁区域和限制区域，帮助人员识别并遵守规定。

5.**视频监控与巡逻检查** 在生产、贮存和质量控制区的关键位置安装监控摄像头，实时监控区域内的活动情况。

安排专人定期对上述区域进行巡逻检查，及时发现并制止未经批准人员的进入行为。

6.**紧急响应计划** 制定针对未经批准人员闯入的应急预案，包括快速响应流程、通知机制和相关人员的职责分配。

定期组织模拟演练，确保所有人员熟悉应急程序，能够迅速、有效地应对突发事件。

7.**强化责任追究与处罚** 明确各部门和人员在防止未经批准人员进入方面的责任分工，确保各项措施的落实。

对于发现的未经批准进入生产、贮存和质量控制区的行为，依据企业规章制度进行严肃处理，并视情况上报相关部门。

062 为什么要保存厂房、公用设施、固定管道建造或改造后的竣工图纸？

保存厂房、公用设施、固定管道建造或改造后的竣工图纸是出于以下几个原因。

1.**确保合规性与可追溯性** 竣工图纸是厂房、公用设施和固定管道建造或改造过程的详细记录，它们不仅证明了工程建设的合规性，还提供了设施改造的历史数据。在GMP检查中，这些图纸是证明设施符合规范要求的关键证据，有助于确保整个生产环境的合规性。

2.**便于设施管理与维护** 竣工图纸为设施的管理和维护提供了宝贵的参考资料。当设施出现故障或需要改造时，技术人员可以依据图纸迅速定位问题所在，从而进行及时有效的维修或改造。这大大提高了设施运行的稳定性和可靠性。

3.**支持质量控制与验证** 在药品生产过程中，设施的质量控制至关重要。竣工图纸详细记录了设施的结构、布局和材质等信息，这些信息对于后续的质量控制活动至关重要。此外，在进行设施验证时，图纸也是不可或缺的参考依据，有助于确保验证活动的全面性和准确性。

4.**增强应对突发事件的能力** 在发生安全事故或自然灾害等突发事件时，竣工图纸能够迅速提供设施的详细信息，为应急救援提供有力支持。救援人员可以利用图纸迅速了解设施布局，制定有效的救援方案，从而最大限度地减少损失。

5.**保障药品生产安全** 保存竣工图纸的最终目的是保障药品生产的整体安全。通过确保设施的合规性、稳定性和可靠性，进而降低药品生产过程中的安全风险，确保药品的质量和疗效。

6.**未来改造与扩建** 随着企业的发展和生产需求的变化，可能需要对现有的厂房和设施进行改造或扩建。此时，竣工图纸将成为不可或缺的设计参考。它们能够帮助工程师和设计师了解现有设施的具体情况，从而制定出更为合理和高效的改造或扩建方案。

7.记录与追溯 竣工图纸作为项目完成后的详细记录，有助于企业进行历史追溯。在出现问题或争议时，这些图纸可以作为重要的证据材料，帮助企业解决问题并维护自身权益。

8.知识传承与培训 对于新员工或接替人员来说，竣工图纸是了解和学习设施布局、管道走向等专业知识的重要资料。通过研究这些图纸，他们可以更快地熟悉和掌握设施的基本情况，提高工作效率和准确性。

第二节 生产区

063 如何界定哪些非药用产品可能会对药品质量产生不利影响？是否有明确的分类标准或评估指南？

一、非药用产品对药品质量影响的界定原则

为了界定哪些非药用产品可能会对药品质量产生不利影响，我们需要从以下几个方面进行考虑和评估。

1.化学污染 非药用产品中可能含有的化学物质，如挥发性有机化合物、重金属、残留溶剂等，这些化学物质可能通过空气、设备表面或生产人员等途径污染药品。

2.生物污染 非药用产品生产过程中可能产生的微生物污染，如细菌、真菌、病毒等，这些生物污染源可能通过空气、设备、原料等途径对药品生产环境造成污染。

3.物理污染 非药用产品的生产可能会产生粉尘、颗粒物等物理污染，这些物理污染物可以通过空气传播，影响药品的纯净度和质量。

4.交叉污染的风险 非药用产品的生产过程中使用的原料、辅料、生产设备和工艺流程可能与药品生产存在交叉污染的风险。

5.环境影响 非药用产品生产是否会改变药品生产所需的洁净环境条件。

6.设备兼容性 非药用产品是否会对药品生产设备造成不利影响。

7.人员操作 非药用产品生产操作是否会增加药品生产的风险。

8.质量管理 非药用产品的质量管理要求是否与药品GMP要求存在冲突。

二、可能对药品质量产生不利影响的非药用产品类别

根据上述原则，以下类别的非药用产品通常被认为可能对药品质量产生不利影响。

1.化学品、农药、杀虫剂等具有毒性或强烈气味的产品

2.食品、化妆品等易引起微生物污染的产品

3.含有挥发性有机物的产品，如油漆、涂料等

4. 产生大量粉尘的产品，如建材、矿物质产品等

5. 放射性物质或其他特殊物质

6. 生物制品，如疫苗、血液制品等

三、评估指南和分类标准

目前，国内外尚无统一的非药用产品分类标准或评估指南，为了具体评估非药用产品是否可能对药品质量产生不利影响，可以采用以下方法。

1.**风险评估**　通过专业的风险评估方法，如故障模式与影响分析（FMEA）、危害分析和关键控制点（HACCP）等，系统评估非药用产品生产过程中可能对药品生产环境造成的各种污染风险。

2.**相容性评估**　分析非药用产品与药品原料、辅料及成品的相容性，判断是否存在化学反应的风险。

3.**化学分析**　对非药用产品及其生产过程中使用的化学物质进行详细的化学成分分析，评估这些化学物质是否可能通过各种途径污染药品。

4.**微生物风险评估**　评估非药用产品可能携带的微生物种类与数量，以及其对药品微生物限度的影响。

5.**物理污染检测**　对非药用产品生产过程中可能产生的粉尘、颗粒物等进行监测，评估其对药品生产环境的影响。

6.**验证和确认**　对于已经确定可能对药品质量产生不利影响的非药用产品，应进行生产过程的改进和优化，通过实验验证其改进措施的有效性，并进行必要的确认。

如果决定在药品生产厂房中生产非药用产品，企业需要进行必要的验证和监测，确保非药用产品的生产不会对药品质量产生不利影响。这包括对生产环境、设备、工艺参数的验证，以及对环境洁净度、微生物水平的定期监测。

总之，虽然 GMP 并没有提供明确的分类标准或评估指南来界定哪些非药用产品可能会对药品质量产生不利影响。然而，企业可以根据上述因素进行风险评估，并结合自身产品的特点和生产工艺要求，制定相应的评估报告和控制措施，以确保非药用产品不会对药品质量产生不利影响。

在进行风险评估时，企业可以参考相关的行业标准、技术指南或最佳实践，如国际制药工程协会（ISPE）发布的《药品生产质量管理规范实施指南》等。此外，企业还可以寻求专业机构或专家的帮助，以确保风险评估的全面性和准确性。

064　在确定厂房、生产设施和设备多产品共用的可行性时，应综合考虑哪些因素？

在确定厂房、生产设施和设备多产品共用的可行性时，必须进行综合且细致的考量，以确保药品生产的质量和安全性。以下是应综合考虑的关键因素。

1.**药品特性**　必须深入了解拟共线生产的各种药品的化学成分、物理状态、稳定性

以及对环境因素的敏感性。某些药品可能具有特殊的化学或物理性质，如吸湿性、氧化性或易挥发性，这些性质可能影响其他药品的质量或稳定性。因此，在评估多产品共用生产设施的可行性时，应充分考虑这些特性，以避免潜在的相互干扰。

2.**工艺流程** 不同药品的生产工艺流程可能差异很大，包括原料处理、混合、干燥、压制、包装等步骤。在评估共用设施的可行性时，应仔细比较和分析这些工艺流程，确保它们之间的兼容性。例如，某些工艺流程可能产生大量的粉尘或有害气体，这可能对同一设施内的其他生产流程造成污染。

3.**洁净度级别要求** 根据GMP规范，不同的生产区域和工艺流程可能需要不同的洁净度级别。在评估多产品共用生产设施的可行性时，应确保所有拟共线生产的药品对洁净度的要求是一致的，或者至少是可以协调的。否则，如果洁净度要求差异过大，可能会导致交叉污染或产品质量下降。

4.**交叉污染风险** 这是评估多产品共用生产设施可行性的一个核心因素。必须仔细分析各种药品之间可能存在的交叉污染风险，特别是当涉及高活性、高毒性或致敏性药品时。应通过详细的风险评估和实验验证来确定是否存在不可接受的交叉污染风险。是否可以通过物理隔离（如隔断、独立房间）来有效分隔不同产品的生产，减少交叉污染风险。原材料、中间体和成品的运输路径应避免交叉，减少混淆和污染风险。某些产品可能携带特定的微生物，需要评估其传播和残留的风险。

5.**预定用途** 考虑药品的预定用途，如是否用于特定人群（如儿童、老年人等）或特定疾病治疗。不同用途的药品对生产环境和设施的要求可能有所不同，需进行针对性评估，如儿童、孕妇、老年人等特殊人群，对药品质量的要求通常更为严格。

6.**设备设施兼容性** 评估现有厂房、生产设施和设备的兼容性，包括设备尺寸、生产能力、控制系统等。确保在多产品共用时，设备设施能够满足各药品生产的需求，且不会产生不利影响。生产设备的材质是否与所有共用产品兼容，是否会发生腐蚀、吸附或释放有害物质。设备的形状、尺寸和内部构造是否适合不同产品的生产和清洁操作。

7.**设备清洁和验证** 在多产品共用生产设施的情况下，设备的清洁和验证变得尤为重要。必须确保在更换生产不同药品之间，设备能够得到彻底的清洁，并且这种清洁过程必须经过验证。此外，还需要考虑设备的设计和材料选择，以确保它们能够耐受多种药品的生产，并且易于清洁和消毒。

8.**人员操作和培训** 员工的技能水平和操作习惯是否能够保证在多产品共用时遵循正确的操作流程。确定为适应多产品共用所需的额外培训内容和频率，确保他们能够熟练掌握多产品共用的操作规程。

9.**生产计划和调度** 生产计划和调度是评估多产品共用生产设施可行性的一个重要因素。必须确保生产计划能够合理安排，以避免不同药品之间的生产冲突或交叉污染风险。这可能需要引入先进的生产管理系统和严格的生产调度规则。

065 如何设计生产区和贮存区以确保足够空间，避免混淆和交叉污染？

在设计生产区和贮存区时，应着重考虑以下几个方面，以确保有足够的空间并避免混淆和交叉污染。

1.**功能区域划分**　根据生产工艺和质量控制要求，将生产区和贮存区划分为不同的功能区域，如原辅料存放区、中间产品存放区、待包装产品存放区、成品存放区等。

确保功能区域之间有明确的物理分隔，如墙壁、门、窗等，以减少不同区域之间的空气、人员和物流的交叉流动。

2.**空间规划**　在设计生产区和贮存区时，应充分考虑生产规模、工艺流程、设备布局等因素，确保有足够的空间用于存放设备、物料、中间产品、待包装产品和成品。

空间规划应遵循"先规划后建设"的原则，避免因空间不足而导致的布局混乱和操作不便。

3.**设备布局**　根据生产工艺要求，合理布局设备和设施，确保它们之间的距离和排列方式能够满足操作要求，并减少交叉污染的风险。

设备布局应考虑设备的清洁和维护要求，确保它们易于接近、清洁和消毒。

4.**物料和产品隔离**　使用物理屏障（如货架、柜子、容器）或标识系统，将不同的物料和产品隔离开，以减少混淆的风险。

确保物料和产品的标识清晰、持久，并能够经受住生产环境的挑战。

5.**物流和人流控制**　设计合理的物流和人流路线，确保物料和人员的流动方向与生产工艺要求一致，并避免交叉。

使用物理屏障（如墙壁、门、窗）或空气幕等措施，将物流和人流路线与生产区域分隔开。

6.**环境控制**　根据生产工艺要求，控制生产区和贮存区的温度、湿度、光线、空气质量等环境条件。

使用适当的监测设备，如温度计、湿度计、光照度计等，对环境条件进行实时监测和记录。

合理设计通风和空调系统，确保不同区域的空气压力和流向符合要求，防止污染物质在区域之间传播。

对于洁净度要求较高的区域，应安装高效过滤器，控制空气中的颗粒物和微生物水平。

采用合适的通风设计和过滤装置，防止污染物进入生产区。

7.**清洁和消毒**　设计和布局生产区和贮存区时，考虑设备的清洁和消毒要求，确保它们易于清洁和消毒，并能够达到所需的清洁水平。

提供适当的清洁和消毒设施，如清洁剂、消毒剂、清洗设备等，并确保它们易于使用和维护。

8.**验证和确认** 在设计完成后，进行必要的验证和确认工作，以确保生产区和贮存区能够满足GMP要求，并能够有效地避免混淆和交叉污染。

定期进行再验证工作，以确保生产区和贮存区的持续合规性和有效性。

066 企业在非无菌制剂的生产过程中，非无菌制剂生产的暴露工序区域应如何采取适当的微生物监控措施来保证产品质量？

在非无菌制剂的生产过程中，为了保证产品质量，非无菌制剂生产的暴露工序区域应采取以下适当的微生物监控措施。

1.**风险评估** 对生产流程中的每个暴露工序进行详细的风险评估，考虑原材料的微生物负载、操作过程中的污染可能性、环境条件等因素，以确定关键控制点和监控的重点区域。

2.**环境监测** 在暴露工序区域定期进行空气、表面和工作台面的微生物采样，以评估环境中的微生物负荷。

通过沉降菌平板法、浮游菌采样法等方法监测空气中的微生物数量，确保空气质量符合D级洁净区的要求。

使用接触皿或拭子法对设备表面、工作台面等进行微生物监测，以检测表面的清洁度和微生物污染水平。

3.**人员监测** 确保操作人员遵守良好的个人卫生习惯，如穿戴适当的洁净服、手套、口罩等，并进行手部卫生。

定期对操作人员的身体部位（如手部）进行微生物监测，以评估人员的卫生状况和可能对产品造成的污染风险。

4.**产品监测** 在生产过程中对半成品和成品进行微生物限度检查，确保产品中的微生物数量控制在规定的限度内。

对最终产品进行抽样检验，包括微生物总数、特定致病菌等的检测，以验证产品的微生物质量。

5.**原材料与包装材料控制** 对进入暴露工序区域的原材料进行微生物限度检测，确保原材料的初始微生物负载在可接受范围内。

对直接接触药品的包装材料进行最终处理时，确保其微生物污染控制在最低水平，必要时进行微生物检测。

6.**监控频率和标准** 制定详细的微生物监控计划，包括监测点、监测频率、采样方法、分析方法和接受标准。

收集和分析监测数据，进行趋势分析，及时发现潜在的问题并采取纠正措施。

7.**培训和教育** 对操作人员进行微生物学基础知识、环境监测方法、个人卫生等方面的培训，提高他们的意识和能力。

鼓励员工提出改进建议，持续优化微生物监控措施，提高产品质量和生产效率。

8.**应急准备和响应** 制定针对微生物污染事件的应急计划，包括快速识别、隔离污染区域、调查原因、采取纠正措施等。

在应急处理后，进行彻底的清洁和消毒，重新评估环境质量，确保恢复正常生产。

067 **非无菌制剂生产的暴露工序区域及其直接接触药品的包装材料最终处理的暴露工序区域，应如何参照"无菌药品"附录中 D 级洁净区的要求设置？**

非无菌制剂生产的暴露工序区域及其直接接触药品的包装材料最终处理的暴露工序区域，参照"无菌药品"附录中 D 级洁净区的要求设置，需要遵循一系列严格的环境控制和操作规程，以确保药品的质量和安全。

一、理解 D 级洁净区要求

首先，需要深入理解"无菌药品"附录中 D 级洁净区的具体要求。D 级洁净区是药品生产过程中对空气洁净度要求较为宽松的区域，但仍需满足一定的基本洁净条件，以减少生产过程中的微生物污染风险。

D 级洁净区的标准：

静态下 $0.5\mu m$ 粒子 $\leqslant 3520000$ 个 $/m^3$

动态下 $0.5\mu m$ 粒子 $\leqslant$ 不作规定

微生物 $\leqslant 200CFU/m^3$

二、参照 D 级洁净区设置要点

1.**空气洁净度控制** 配置适当的空调净化系统，确保生产区域的空气经过高效过滤和生产区有效通风，维持稳定的空气洁净度。

合理设计通风系统，保证空气的均匀分布和有效换气，维持正压状态，防止外部未经过滤的空气侵入。

定期对空调系统进行维护和校准，确保其正常运行。

2.**温湿度控制** 根据药品生产需求，设置合理的温度和湿度范围（通常温度在 18~26℃，相对湿度在 45%~65%，具体数值根据产品特性确定），并通过自动控制系统进行监测和调节。

3.**空气净化过滤** 采用合适的空气净化过滤器，去除空气中的微粒、微生物等污染物。

定期更换过滤器，并对更换过程进行严格管理，防止二次污染。

4.**人员进出控制** 操作人员应穿着适当的洁净服，并遵守严格的更衣、洗手程序。限制无关人员进入。

5.**物料和产品流动** 确保物料和产品的流动方向合理，避免交叉污染。

物料进入该区域前应进行清洁和消毒处理，去除外包装的灰尘和污染物。

6.**设备材质** 生产设备应选用不易脱落颗粒、耐腐蚀、易清洁的材料制成。

7.**布局与分隔** 合理规划生产区布局，确保暴露工序区域与其他生产环节有效分隔，减少交叉污染风险。

使用隔墙、屏障等物理隔离措施，进一步降低污染风险。

三、微生物监控措施

虽然非无菌制剂生产的暴露工序区域并未要求达到无菌药品的洁净度级别，但仍需采取适当的微生物监控措施，以确保产品质量安全。建议从以下方面入手。

1.**环境监测** 定期对生产环境的空气、设备表面等进行微生物采样检测，评估微生物污染水平。

根据检测结果，及时调整空气净化系统和清洁消毒计划。

2.**人员管理** 加强员工培训，提高员工的微生物意识和操作技能。

要求员工严格遵守卫生规定，如佩戴工作服、帽子、口罩等，减少人为污染。

3.**清洁与消毒** 制定详细的清洁消毒计划，明确清洁消毒的频次、方法和责任人员。

使用合适的清洁剂和消毒剂，确保清洁消毒效果。

直接接触药品的设备和工具应在使用前后进行彻底的清洁和消毒。

确保使用的清洁和消毒方法不会对药品造成污染。

洁净区的墙面、地面、天花板等表面应光滑、无裂缝，易于清洁和消毒。

定期对生产区域的表面进行清洁和消毒，以减少微生物的污染。使用的清洁和消毒剂应安全、有效，并且不会对药品造成不良影响。

四、验证与持续改进

最后，为确保设置的有效性和合规性，应对参照 D 级洁净区要求设置的暴露工序区域进行定期验证。同时，建立持续改进机制，根据验证结果和生产实际情况，不断优化和完善设置方案。

068 洁净区内表面的设计和材料选择应遵循哪些标准？

药品生产企业在药品生产过程中，洁净区内表面的设计和材料选择应遵循以下标准。

1.**平整光滑** 内表面应采用无棱角、无缝隙或尽量少缝隙的设计，以减少微生物藏匿和颗粒物积累的可能性。

确保墙面、地面和天花板的接缝和角落处理得当，避免不规则表面，以防止污染物附着。

选择表面光滑、不易产生颗粒物、高光泽度、低粗糙度的材料，如不锈钢、环氧树脂、聚氨酯涂料、PVC 等，以利于清洁和消毒。

2.**无裂缝** 材料应具有良好的抗裂性能，能够在长期使用和温湿度变化下保持完整性，避免裂缝的产生。

对于不可避免的接缝，应采取特殊的密封处理，如使用硅胶密封剂，确保接缝处严密，不易积尘。

3.**接口严密** 采用密封胶或焊接技术处理墙面、地面和天棚的接缝，确保密封性，防止污染物渗透。

墙壁、地面、天棚之间的连接应严密，避免微生物和污染物通过接口侵入洁净区。

固定件如螺丝、铆钉等应隐藏或嵌入材料内部，减少突出物，避免积尘和损伤清洁工具。

4.无颗粒物脱落　选择的材料应具有良好的化学稳定性和机械强度，不易分解、磨损或脱落，避免在日常使用或清洁过程中产生脱落的颗粒，如使用优质瓷砖、防静电PVC地板或无缝树脂地面。

对材料表面进行特殊处理，如喷涂耐磨、耐腐蚀的涂层，增加材料的耐用性。

5.避免积尘　选择合适的空气流动设计，如层流或单向流，以减少空气中颗粒物的沉降。

地面可采用微小坡度设计，便于液体流向排水口，减少液体滞留和灰尘积累。

内表面颜色宜选用浅色系，如白色或米色，因为深色表面不易发现尘埃，不利于监控清洁效果。

墙壁与地面、天棚的交接处采用圆角或斜角过渡，减少灰尘和微生物的藏匿。

地面材料应具备一定的防静电性能，以减少因静电吸引而聚集的尘埃。

6.便于有效清洁　选择耐清洁和消毒剂腐蚀的材料，以便可以使用各种清洁剂进行彻底清洁。

确保所有表面都能够被清洁工具轻松触及，包括天花板、墙壁和地面。

内表面设计应考虑到清洁工作的便捷性，如避免过多的凹凸不平、复杂的装饰等。

定期进行清洁验证，确保清洁程序的有效性，并对清洁后的表面进行微生物检测。

地面应设计有合理的坡度和排水系统，以快速排除积水，防止细菌滋生。

7.必要时进行消毒　材料应能承受常用消毒剂的作用，不会因为消毒而导致变色、腐蚀或性能下降，如抗菌涂料和不锈钢。

对消毒程序进行验证，确保消毒剂能够有效杀灭微生物，且不会对产品和设备造成不良影响。

在选择洁净区内表面材料时，还应考虑其耐化学性、耐高温性、防火性能等因素，以及是否符合相关的国家标准和行业规范。此外，材料的选择也应考虑到经济性和可持续性，选择性价比高、环保的材料。通过综合考虑这些因素，药品生产企业可以确保洁净区内表面的设计和材料选择符合GMP的要求，为药品生产提供一个安全、可靠的环境。

069 **如何设计和安装管道、照明设施和风口以避免出现不易清洁的部位？**

在药品生产过程中，管道、照明设施和风口的设计与安装是确保生产环境洁净度的关键要素。为避免出现不易清洁的部位，药品生产企业应遵循以下设计与安装原则。

一、管道设计与安装

在设计管道时，应充分考虑其走向和布局，应尽量采用直管连接，减少弯头和接口，避免形成死角或弯曲过多，以减少污染物积聚的可能性。

管道材料应选择表面光滑、耐腐蚀、易清洁的材质，如不锈钢或优质塑料，以降低清洁难度。

管道接口应设计得既严密又便于拆卸，以便于清洁和维修。同时，接口处应使用合适的密封材料，防止微生物渗透。

对于液体输送管道，应设计一定的倾斜度，以便于排水和自清洁。

管道连接应采用焊接、卡箍连接等无死角、易于清洁的方式，避免使用螺纹连接或法兰连接，这些连接方式可能形成难以清洁的缝隙。

管道支撑结构应封闭式设计，避免裸露的支架成为积尘点。

对外露部分进行适当包覆或隔离，如使用可拆卸的卫生级外套，便于清洁和检查。

管道应有清晰的标识，标明流体类型、流向和维护周期，便于管理和维护。

二、照明设施设计与安装

选择表面平滑、无凹槽和突出部分的灯具，避免灰尘和污染物的积聚。

安装位置应远离可能产生污染的区域，且易于进行清洁和维护操作。

灯具应安装在便于清洁和维护的位置，如吊顶或墙壁上。避免将灯具直接安装在生产设备或操作台上，以免形成清洁死角。

电气线路应隐藏在管道或天花板内，避免裸露在外，减少积尘和安全隐患。

采用嵌入式或封闭式灯具，如防水防尘灯具，减少灯具与外界环境的接触面积，降低污染风险。

照明线路的布置应整齐有序，避免杂乱无章，便于清洁时的擦拭和消毒。

照明设施应选用无紫外线、无红外线等潜在污染光源，以减少对药品生产环境的干扰。

灯具应均匀布置，确保生产区域得到充分照明，同时避免产生阴影或光斑，以便于清洁工作。

灯具外壳应采用可拆卸、易清洁的材料制成，如透明塑料或金属网罩，以便于清洁和维护。

照明设施应采用防尘、防潮的设计，减少灰尘和水分对设备的影响。

考虑使用 LED 灯具，因为它们发热量低，不易积尘，且寿命长，维护频率低。

三、风口设计与安装

风口应均匀分布在洁净区域内，确保空气流通均匀，避免局部死角。

风口应设计成可调节风量的形式，以适应不同的生产需求和清洁要求。

风口表面应光滑，易于拆卸和清洁，且安装位置应便于维护人员操作。

风口应配备高效的过滤装置，定期更换或清洁过滤器，保证送风的洁净度。

风口与风管连接处应密封良好，避免漏风和积尘。

风口方向和风速设计需考虑避免直接吹向产品或操作人员，减少污染风险。

风口设计应简洁明了，应选择易于清洁的风口类型，如百叶风口或条形风口。避免复杂的结构和装饰，以减少清洁难度。

风口处应安装高效过滤器，以有效阻挡外部微粒的进入。同时，过滤器应易于更换和清洗，以保持风口的洁净度。

风口应安装在便于清洁和维护的位置，且不影响生产设备的正常运行和操作。同时，应避免将风口安装在可能产生大量粉尘或微粒的区域。

风口的位置应尽量远离生产区域的敏感点，以减少对药品生产环境的直接影响。

四、总体原则

在设计与安装过程中，还应遵循以下总体原则。

1.模块化设计　采用模块化设计理念，将各个设施分解为独立的单元，便于清洁和维护。

2.可视化操作　尽可能选择透明或半透明的材料，以便于观察设施的内部情况，及时发现并处理潜在问题。

3.定期清洁与验证　建立定期清洁和验证制度，确保所有设施始终处于良好的清洁状态。

070　排水设施的设计应考虑哪些要素以防止倒灌和便于清洁？

在药品生产过程中，排水设施的设计是确保生产环境洁净度和防止微生物污染的重要环节。为防止倒灌和便于清洁，药品生产企业在设计排水设施时应考虑以下要素。

一、防止倒灌

1.单向阀门　在排水管道的关键位置安装止回阀或逆止阀，确保污水只能从生产区域流出，而不能反向流入，确保生产环境的洁净度。

合理规划生产区域与排水区域的地势差，利用重力作用使污水自然流向排水设施，降低倒灌风险。

2.水封装置　设置U型水封，利用物理水封原理，在排水出口处设置U型管或其他形式的水封装置，利用水的重力阻止外部气体和污染物回流到生产区，形成一个自然的屏障，阻止污水和有害气体逆流。

3.溢流保护　设计溢流保护系统，如溢流管道或溢流池，以防止在极端情况下污水溢出到生产区域。

4.压力平衡　考虑安装压力平衡装置，如真空破坏器，以防止负压引起的倒灌现象。

二、便于清洁

1.适宜大小　排水设施的大小应根据生产区域的流量需求设计，确保足够的排水能力，避免积水和堵塞。

2.坡度设计　排水管道应有一定的坡度，以便于污水顺畅流动，减少沉积物的积累。

3.易于访问　排水口和检修口的设计应便于人员访问，方便进行定期清洁和维护。

4. **光滑内壁** 排水管道内壁应采用表面光滑、不易沾污、易于清洁的类型，如不锈钢等。这样的材料不仅耐腐蚀，而且能在清洁时减少污物的附着，提高清洁效率。

5. **封闭式排水** 尽可能采用封闭式排水系统，如地漏盖板严密，避免明沟排水，减少污染物积聚和微生物滋生的可能性。

三、明沟排水的处理

1. **浅沟设计** 如不可避免使用明沟排水，应设计为浅沟，便于清洁和消毒。
2. **倾斜角度** 明沟的底部应有适宜的倾斜角度，以促进污水快速流入排水口。
3. **定期清洁** 制定明沟的定期清洁计划，包括使用高压水枪冲洗和消毒剂消毒。
4. **覆盖保护** 在明沟上方安装可移动的格栅或盖板，既保护沟渠，又便于清洁。
5. **内壁光滑** 明沟的内壁应光滑平整，减少污垢和微生物的附着。
6. **避免直角** 明沟的转角应采用弧形设计，避免直角，以利于水流顺畅和清洁。

四、维护和管理

1. 定期对排水设施进行检查，包括排水口的通畅性、阀门的密封性等。
2. 维护活动应有详细的记录，包括维护日期、维护内容、维护人员等信息，便于追溯和审计。
3. 对维护人员进行专业培训，确保他们了解正确的维护方法和注意事项。

071 为什么制剂的原辅料称量需要在专门设计的称量室内进行？

制剂的原辅料称量需要在专门设计的称量室内进行，主要是出于以下几个方面的考虑。

1. **防止交叉污染** 在药品生产过程中，原辅料的称量是关键步骤之一，其质量直接影响到最终产品的质量和安全性。不同的原辅料可能具有不同的理化性质和生物活性，如果不在独立的空间内进行称量，很容易发生交叉污染。

专门设计的称量室通常配备有高效过滤系统和正压控制，能够有效隔离外部环境，防止尘埃、微生物等污染物进入，从而保证原辅料的纯净度和药品的安全性。

称量过程可能产生粉尘，特别是固体制剂的原辅料，如粉末、颗粒等。在专门设计的称量室内操作，可以有效隔离这些粉尘，避免其扩散到其他生产区域，从而减少不同产品或批次之间的交叉污染风险。

2. **控制环境条件** 专门设计的称量室能够提供稳定的环境条件，包括温度、湿度和洁净度等，这些因素都可能影响称量的准确性和原辅料的质量。通过严格控制这些环境参数，可以减少环境因素对称量结果和原辅料性质的干扰。例如，某些原料对湿度非常敏感，需要在特定的湿度条件下称量以保持其物理和化学稳定性。

3. **保证称量准确性** 外界环境中的气流、温度、湿度等因素可能对称量结果产生影响，导致误差。称量室能够提供稳定的环境条件，减少这些干扰，确保称量的准确性和精度，从而保障药品的质量均一性。

专门设计的称量室通常配备有高精度的称量设备，并采取措施减少外部因素对称量结果的影响，如震动、电磁干扰等。这有助于确保称量的准确性和重复性，满足药品生产对原料精确配比的要求。

4.防止灰尘和污染　称量室内应设计得光滑、无尘，以减少灰尘和污染物对原辅料的影响。此外，称量室内还应设置有效的排风和过滤系统，以清除室内的尘埃和污染物。

5.防止物料损失　某些原辅料可能具有挥发性或易飞扬的特性。在普通环境中称量容易造成物料的损失，不仅影响生产的成本控制，还可能因物料损失导致配方比例失调，影响药品的疗效和安全性。专门的称量室可以通过有效的通风和收集装置，减少物料的损失。

6.操作便捷性与安全性　专用的称量室配备了适合称量的设施和工具，使操作更加便捷、高效。同时，这些设施通常也考虑了操作人员的安全，如防滑地板、适当的通风系统等。

部分原辅料可能具有毒性、刺激性或致敏性。在专门的称量室内进行操作，可以配备适当的防护设备和通风系统，保护操作人员免受有害物质的侵害，降低职业健康风险。

7.质量控制与验证　在专门的称量室内进行称量，更便于实施严格的质量控制措施，如定期的设备校准和维护。此外，这种设计也支持对称量过程进行验证，以确保其始终符合预定的可接受标准。

8.符合法规要求　药品生产必须遵循严格的法规和质量标准。专门设计的称量室是符合 GMP 规范的必要设施，有助于企业通过监管部门的检查和审核，确保生产过程的合法性和合规性。

072 **产尘操作间应采取哪些措施，以防止粉尘扩散、避免交叉污染并便于清洁？**

产尘操作间为防止粉尘扩散、避免交叉污染并便于清洁，应采取以下措施。

一、防止粉尘扩散的措施

1.相对负压设计　通过维持操作间的相对负压状态，确保空气流向是从外部进入操作间，从而将产生的粉尘控制在操作间内，防止其向外扩散。

通过精确控制通风系统，确保产尘操作间的气压低于相邻区域，形成定向气流，这样即使有粉尘逸出，也会被气流导向排风系统，而不是向洁净区域扩散，从而减少交叉污染的风险。

2.高效的除尘系统　安装配备高效除尘设备的通风系统，及时吸附和排除操作间内产生的粉尘，保持空气洁净。

3.密闭操作设备　对易产生粉尘的设备进行密闭处理，减少粉尘的外泄。使用密闭容器、密闭传输系统（如密闭管道输送、密闭自动称量设备）和封闭式混合设备，减少物料处理过程中的粉尘外泄。

4.隔离与密闭措施　对于产生大量粉尘的设备或操作区域，可以采用局部隔离或封闭措施，如使用透明的隔离罩或封闭式的工作台，以减少粉尘的扩散。

对于开放式操作，如取样和称量，可以使用隔离罩或手套箱等设备，将产尘操作与外界环境隔离。

5.局部排风装置　在产生粉尘的操作点（如搅拌机上方、取样口附近）安装局部排风罩或吸尘系统，即时捕捉并清除粉尘，减少空气中悬浮粒子。

6.粉尘收集与处理系统　配备专门的粉尘收集装置，如旋风分离器、布袋除尘器等，及时收集空气中的粉尘。

定期清理和维护粉尘收集设备，确保其正常运行和高效收集能力。

二、避免交叉污染的措施

1.根据操作间的功能和使用频率，合理规划空间布局，确保不同区域的物料和产品不会相互干扰，从而避免交叉污染。

2.制定严格的消毒清洁计划，定期对操作间进行彻底的清洁和消毒，消除残留的粉尘和微生物。

3.为不同区域的操作配备专用工具和设备，避免工具在不同区域间的交叉使用。

三、便于清洁的措施

1.选择表面光滑、不易积尘、易于清洁的材料来制作操作间的墙面、地面和设备表面。

2.设计合理的排水系统，确保清洁过程中产生的废水能够迅速排出，避免积水和污渍。

3.在操作间内设置专门的清洁工具存放区，方便工作人员随时取用清洁工具，提高清洁效率。

073 **用于药品包装的厂房或区域应如何设计和布局，以避免混淆或交叉污染？**

在药品生产过程中，厂房或区域的设计和布局对于避免混淆或交叉污染至关重要。以下是一些建议，以确保药品包装的厂房或区域能够符合 GMP 标准，有效防止混淆或交叉污染。

一、总体设计与布局

1.明确划分区域　包装区域应根据药品的类型、生产阶段和风险等级进行合理分区，如准备区、包装区、检验区等，各区域之间应有明显的标识和物理隔离。例如，高风险药品（如无菌药品）的包装应与其他药品的包装区域严格隔离。

厂房或区域内应明确划分不同的包装线，确保各包装线之间保持独立且适当距离，以减少相互干扰。

为每种药品或包装线分配专用空间，避免不同产品或操作在同一区域进行，从而减少交叉污染的风险。

2.合理流程设计　包装流程应经过精心设计，确保原材料、半成品及成品的流动路径清晰、顺畅，避免不必要的交叉点。

3.**避免人流物流冲突**　合理规划人员流动和物料流动的路线，确保它们之间不产生冲突，从而降低混淆的风险。

设计合理的物料流动路径，从原料接收到成品发货，确保物料流动是线性的，避免交叉和回流。

确定人员流动路径，包括更衣、洗手和进入包装区的指定路线，以减少人员对生产区域的污染。

二、隔离措施

1.**物理隔离**　如在同一区域内有数条包装线，应采用物理屏障（如隔墙、隔板、透明塑料帘、屏风等）进行隔离，确保各包装线独立运行，互不干扰。

2.**气流隔离**　通过合理的通风系统设计，形成各包装线独立的气流环境，防止粉尘、气味等相互传播。

3.**标识清晰**　每个包装区域和包装线都应有清晰可见的标识，包括药品名称、批号、有效期等信息。

在各包装线及其相关区域设置明显的标识牌，标明其用途、操作流程及注意事项，引导人员正确操作。

三、辅助设施

1. 设置专门的原材料、半成品及成品储存区域，确保各类物料有序存放，避免混淆。

2. 配备必要的清洁与消毒设施，定期对各包装线及相关区域进行清洁和消毒，确保环境卫生。

3. 建立完善的监控与检测系统，实时监测包装过程中的各项参数，及时发现并处理异常情况。

074　在设计药品包装区域时，应如何处理多条包装线的隔离问题？

在设计药品包装区域以处理多条包装线的隔离问题时，可采取以下措施。

1.**物理隔离**　采用实体隔墙，如砖墙、彩钢板墙等，将不同的包装线分隔成独立的空间。隔墙应从地面延伸至天花板，确保完全封闭，阻止粉尘、微生物和其他污染物在包装线之间传播。

安装透明的玻璃隔断，既能实现视觉上的监督，又能有效阻止物质的交叉流动。玻璃应具有良好的密封性和易清洁性。

2.**空间分区**　为每条包装线划定明确的操作区域，包括物料存放区、包装作业区、成品暂存区等。不同包装线的区域之间保持足够的间距，避免人员和物料的无意交叉。

3.**气流控制**　设计独立的通风系统，为每条包装线提供特定的空气流向和洁净度。例如，通过安装高效过滤器和调节送风量、排风量，使每条线的空气压力形成相对负压或正压，防止相邻包装线之间的空气交叉污染。

4.**人员通道隔离** 为每条包装线设置单独的人员进出通道，通道入口配备风淋室、洗手消毒设施等，避免人员在不同包装线之间随意流动带来的污染。

5.**物料输送隔离** 对于包装材料和成品的输送，采用独立的输送通道或传递窗。传递窗应具备消毒和自净功能，确保物料在传递过程中不受污染。

6.**标识与警示** 在每条包装线的入口和关键位置设置清晰明确的标识，标明包装线的名称、所包装药品的信息、操作规范等。同时，设置警示标识，提醒操作人员注意隔离措施和防止交叉污染。

7.**清洁与消毒** 为每条包装线制定单独的清洁和消毒计划，使用专用的清洁工具和消毒剂。清洁工具应存放在各自的包装线区域内，避免混用。

8.**监控与验证** 安装监控设备，如摄像头，对包装线的隔离情况进行实时监控。定期对隔离效果进行验证，例如，检测不同包装线之间的空气洁净度、微生物限度等，以确保隔离措施的有效性。

9.**应急处理** 制定针对隔离失效或突发污染事件的应急预案，明确处理流程和责任人员，确保能够迅速采取措施，控制交叉污染的扩散。

通过以上综合的技术手段和管理措施，能够有效地解决药品包装区域多条包装线的隔离问题，降低混淆和交叉污染的风险，符合GMP规范的要求。

075 在设计药品包装区域时，哪些环节最需要关注交叉污染问题？

在设计药品包装区域时，交叉污染问题是需要高度关注的关键环节。以下是几个最需要关注交叉污染问题的环节。

1.**物料存储** 原辅料和包装材料的存储区域应分开，特别是对于有特定储存要求或潜在污染的物料，需要有明确的隔离和标识。

2.**物料传递** 物料传递是交叉污染的主要风险点之一。不同药品的原料、半成品或成品在传递过程中可能会接触到同一设备或区域，从而导致交叉污染。因此，应设计单向物料流动路径，并确保物料在传递过程中有适当的隔离措施。

设计专门的物料传递通道和缓冲区域，确保物料在传递过程中不会相互接触。

物料在传输过程中应避免与其他物料接触，特别是在不同生产线之间传输时，应使用专用的传输工具和路径。

使用封闭的物料输送系统，如管道或密闭的输送带，以减少物料暴露在环境中的风险。

3.**包装线布局** 包装线应根据产品类型、清洁难度和生产批次的频繁切换需求合理布局。

如果同一区域内有多条包装线，每条包装线应独立运作，避免不同药品的包装材料和成品在物理空间上相互接触。应采用物理隔离措施，如隔墙、隔板、透明屏障或独立的包装间，以确保每条包装线之间的操作互不干扰。

在设计包装线时，应充分考虑各工序之间的衔接与隔离，避免不同产品或同产品不同批次之间的交叉污染。

对于易产生粉尘或微粒的包装工序，如压片、胶囊填充等，应采取额外的隔离措施，如设置局部排风系统。

4.清洁和消毒　包装区域的清洁和消毒程序对于防止交叉污染至关重要。应定期对包装设备、工作台面、地面和其他接触表面进行彻底清洁和消毒。同时，应确保清洁和消毒用品不会对药品造成污染。

5.环境控制　包装区域的环境控制，如温度、湿度、洁净度等，应根据产品的特性进行严格控制，以防止环境因素导致的交叉污染。

6.人员操作　操作人员在不同药品包装线之间移动时可能会携带污染物。因此，应限制人员在不同包装线之间的流动，并确保操作人员在进入不同包装区域前更换防护服、手套等个人防护装备。

7.空气流通　包装区域的空气流通应设计为单向流动，从清洁区域流向污染区域，以减少空气中的微粒和微生物对药品的污染。应安装高效空气过滤器，并定期检查和更换，以保持空气质量。

8.设备共享　如果不同药品共享同一包装设备，应在每次使用后进行彻底清洁和消毒，以防止残留物对下一批药品造成污染。应制定详细的清洁验证程序，确保清洁效果符合要求。

9.变更管理　在生产过程中发生的任何变更，如更换包装材料、调整工艺参数等，都应进行评估，确保不会引入新的交叉污染风险。

10.废弃物处理　废弃物的存放和处理区域应与包装区域隔离，避免废弃物中的污染物扩散到包装区域。

包装过程中产生的废弃物（如过期药品、包装材料等）应及时清理并妥善处理，避免成为交叉污染的源头。

076　生产区的照明应满足什么要求，特别是目视操作区域？

根据 GMP 的规定，生产区的照明应当具备适度性，特别是目视操作区域的照明必须满足操作要求。这意味着生产区的照明不仅要保证足够的亮度，以便于工作人员能清楚地看到生产操作过程中的细节，还要确保照明的均匀性和适宜性，避免产生刺眼的光线或阴影，这些都可能影响操作的准确性和安全性。

一、生产区的照明要求

1.照明强度要求　生产区应保证有适度的照明，这既是为了满足员工日常工作的需要，也是为了防止过强或过弱的照明对员工的视觉造成不适或干扰。

照明强度应符合 GB 50034《建筑照明设计标准》中对药品生产区的相关要求。

对于需要进行目视操作的区域，如称量、分装、检验等关键步骤，照明强度应更高，以确保员工能够清晰、准确地识别物料、设备状态及操作过程。

2.**照明均匀性要求** 生产区的照明应均匀分布，避免出现明显的亮区和暗区。特别是目视操作区域，光线的均匀性对于保证操作的准确性至关重要。

合理的照明设计应能够减少眩光和阴影的产生，防止对员工的视觉造成干扰，影响操作精度。

3.**光源选择与色温要求** 应选择稳定、高效且寿命长的光源，如LED灯等，以确保照明的持续性和稳定性。

根据操作需求和生产环境的实际情况，选择适宜的色温。一般来说，较低的色温（如暖色调）更易于在长时间工作中保护员工的视力。

4.**应急照明与备用电源** 生产区应配备应急照明系统，确保在主电源故障时仍能提供足够的照明，保障员工的安全撤离和紧急操作。

对于关键的生产设备和照明系统，应配置备用电源，以确保在电力中断时能够迅速恢复供电，减少生产中断的风险。

二、目视操作区域的特殊要求

1.**照度水平** 目视操作区域的照明强度应显著高于一般区域，通常建议不低于750lux，对于精密操作区域可达1000lux或更高。

2.**均匀度** 照明均匀度（最小照度与平均照度之比）应不低于0.7，以避免产生眩光或阴影。

3.**显色性** 采用显色指数（Ra）不低于90的光源，确保准确辨识药品颜色和状态。

4.**色温** 宜选用4000~6500K的中性偏冷光源，有利于提高操作人员的警觉性和工作效率。

三、照明设计考虑因素

1.**防尘防爆** 在易燃易爆区域，应使用防爆型灯具；在洁净区应采用嵌入式密封灯具，防止灰尘积累。

2.**避免污染** 灯具的设计和安装应便于清洁，防止玻璃碎片等污染物落入产品中。

3.**应急照明** 配备足够的应急照明系统，确保断电时关键区域仍有基本照明。

077 **在生产区内设置中间控制区域时，应注意哪些事项以确保不会给药品带来质量风险？**

在生产区内设置中间控制区域时，应注意以下事项以确保不会给药品带来质量风险。

1.**合理布局** 中间控制区域应远离生产操作区，中间控制区域应合理布局，确保其与生产区域有适当的隔离，避免生产过程中的物料、人员或设备对中间控制操作造成干扰或污染。

2.**物理隔离** 中间控制区域应与生产区有明显的物理隔离，如使用墙壁、门、透明玻璃隔断或独立的房间，以防止交叉污染。

3.**环境控制** 中间控制区域的环境条件（如温度、湿度、洁净度）应得到控制，以满足样品检测和分析的要求。

必要时，应安装空气过滤系统，确保空气质量符合相应的标准，防止尘埃、微生物等污染物对药品造成影响。

定期监测和记录环境参数，确保它们符合既定的规范。

4.**设备专用** 中间控制区域使用的仪器和设备应为专用，避免与生产设备的混用，减少交叉污染的风险。

5.**操作规程** 应制定详细的中间控制操作规程，包括样品的采集、处理、分析和记录等步骤，确保操作的标准化和规范化。

6.**清洁和消毒** 中间控制区域应定期进行清洁和消毒，保持环境的洁净，防止微生物污染。

7.**人员培训** 对中间控制区域的人员进行专业培训，确保他们了解操作规程和质量风险管理的重要性。

8.**严格进出管理** 建立严格的进出管理制度，确保只有授权人员才能进入中间控制区域，减少外部污染的风险。

9.**设备与仪器校准和维护** 配备的检测设备和仪器应经过校准和验证，确保其准确性和可靠性。

建立定期的维护计划，及时维修或更换故障设备，以防止因设备故障导致的检测误差或操作中断。

10.**物料管理** 中间控制过程中使用的试剂、标准品等物料应符合质量标准，并妥善储存和管理，防止变质、混淆或交叉污染。

对取样后的药品物料应进行规范的标识和存放，确保其可追溯性和稳定性。

11.**数据完整性** 确保中间控制数据的完整性和可追溯性，所有检测结果都应记录并保存，以便于后续的质量控制和审计。

12.**风险评估** 对中间控制操作可能引入的质量风险进行评估，并采取相应的预防措施。

13.**验证和监控** 定期对中间控制区域的设施和操作进行验证和监控，确保其不会对药品质量构成风险。

第三节　仓储区

078 **仓储区如何确保不同物料和产品的有序存放，避免混淆和交叉污染？**

为了确保仓储区内不同物料和产品的有序存放，避免混淆和交叉污染，以下是一些关键措施和建议。

1.分区管理 仓储区应根据物料和产品的种类、状态（待验、合格、不合格、退货或召回）以及存储要求进行合理分区，每个区域用于存放特定类别的物料或产品。

每个区域应有明确的标识，包括物料名称、批号、有效期等信息，以便快速识别和定位。

确保各区域之间的相对位置合理，避免物料在搬运过程中产生不必要的交叉。例如，将合格物料区与不合格物料区分开，并确保它们之间有明确的物理隔离。

2.货位管理 在每个区域内，根据物料和产品的类别、批次或批号，设置特定的货位。

货位应有清晰的标识，标明所存放的物料和产品信息，以及任何相关的储存条件或限制。

货位的设置应考虑物料和产品的物理特性、储存要求和操作方便性，以最大限度地减少混淆和交叉污染的风险。

3.物理隔离 使用物理屏障，如隔墙、围栏、货架或隔离带，将不同类别的物料和产品分开存放，防止混淆。

对于高风险物料（如生物制品、放射性物质等），应设置专用存储区域，并采取额外的安全措施。

4.标识系统 实施严格的标识管理，确保每个物料和产品都有清晰、准确的标签，包括但不限于物料编码、批号、有效期、存储条件等。

定期检查和更新标识，确保信息的准确性和可追溯性。

5.物料管理 根据物料的保质期和周转频率，采用先进先出的原则进行存放和发放，确保物料的新鲜度和质量。

定期对仓储区的物料进行盘点，及时发现并处理过期、变质或损坏的物料，防止混淆和误用。

6.存储条件 根据物料和产品的存储要求（如温度、湿度、光线、空气质量等），提供相应的存储设施，如冷藏库、冷冻库、干燥室等。

使用适当的监测设备，如温度计、湿度计、光照度计等，对环境条件进行实时监测和记录，确保符合物料和产品的存储标准。

定期校准和维护监测设备，确保其准确性和可靠性。

7.操作规程 制定详细的操作规程，包括物料接收、检验、存储、发放和退货等流程，确保每个步骤都符合GMP要求。

对员工进行充分的培训，确保他们理解并遵守操作规程。

8.清洁和维护 定期清洁仓储区，包括货架、地面和设备，以防止灰尘和污染物的积累。

维护存储设施，确保其正常运行，如定期检查冷藏设备的温度控制。

9.记录和监控 记录所有物料和产品的存储信息，包括存储位置、存储条件、存储时间等。

实施定期的内部审计和监控，确保仓储管理符合 GMP 标准。

079 如何确保仓储区的温湿度、通风和照明等条件满足物料或产品的贮存要求，并进行有效的检查和监控？

为了确保仓储区的温湿度、通风和照明等条件满足物料或产品的贮存要求，并进行有效的检查和监控，企业应采取以下综合措施。

一、设计与建造阶段

1.专业设计　依据不同物料或产品的贮存条件需求，聘请专业团队进行仓储区设计，确保建筑结构、材质选择（如保温、防潮材料）满足温湿度控制要求。

2.分区规划　根据物料性质（如常温、冷藏、避光等），将仓储区合理划分为多个功能区，每区配备相应的温湿度控制系统。

二、温湿度控制

1.温湿度监测系统　在仓储区安装温湿度监测设备，如温湿度传感器，实时监测环境温湿度。这些设备应具备数据记录和报警功能，以便在超出预设范围时及时采取措施。

2.空调与加湿设备　根据物料或产品的贮存要求，配置适当的空调和加湿设备，以维持恒定的温湿度环境。定期对这些设备进行维护和校准，确保其正常运行。

3.温湿度分布验证　定期进行仓储区的温湿度分布验证，评估现有温湿度控制系统的有效性，并根据验证结果调整设备设置或布局。

三、通风管理

1.通风系统设计　确保仓储区具备良好的通风条件，设计合理的通风口和排风系统，以促进空气流通，防止有害气体积聚。

2.空气净化设备　根据需要，在仓储区安装空气净化设备，如活性炭过滤器或紫外线消毒灯，以进一步改善空气质量。

3.通风效果评估　定期评估通风系统的效果，包括空气流速、空气质量等指标，确保通风条件满足物料或产品的贮存要求。

四、照明控制

1.照明布局　合理规划仓储区的照明布局，确保各区域光照充足且均匀，避免产生阴影区域。

2.光源选择　选择适合仓储环境的灯具，如防爆灯、防水灯等，确保灯具能够在各种环境下稳定工作。同时，考虑使用节能型光源，以降低能耗。

3.照明强度监测　定期检测仓储区的照明强度，确保其符合物料或产品的贮存要求。对于需要特定光照条件的物料或产品，应设置专门的照明区域。

五、检查和监控

1.制定检查计划　根据物料或产品的贮存要求，制定详细的仓储区检查计划，包括温湿度、通风、照明等方面的检查项目。

2.定期巡查　安排专人对仓储区进行定期巡查，检查各项设施设备的运行状况，及时发现并解决问题。

3.记录与报告　建立完善的记录和报告制度，详细记录每次检查的结果和处理措施。定期对记录进行分析，评估仓储区的整体状况，提出改进建议。

六、安全贮存

1.使用合适存储方式　根据物料的特性，设计合适的货架和存储容器，确保物料的安全和易于管理。

2.危险物料　对于易燃、易爆或有毒物料，应采取特殊的安全措施，如隔离存储、使用防爆设备等。

七、应急准备

1.应急预案　制定应对停电、设备故障等紧急情况的应急预案，确保能够迅速恢复仓储区的环境控制。

2.备用设备　准备必要的备用设备和耗材，如备用发电机、备用传感器等，以应对突发事件。

080　对于高活性物料或产品以及印刷包装材料，应采取哪些措施确保其安全贮存？

为了确保高活性物料或产品以及印刷包装材料的安全贮存，应采取以下措施。

一、高活性物料或产品的安全贮存措施

1.专用贮存区域　为高活性物料或产品划分专门的贮存区域，该区域应远离其他非活性物料，以减少交叉污染的风险。

2.安全标识　在贮存区域明显位置设置"高活性物料"或"高活性产品"的警示标识，提醒工作人员注意并采取相应的防护措施。

3.访问控制　实施严格的访问控制，确保只有经过授权的人员才能进入高活性物料或产品的贮存区域。

4.个人防护措施　根据物料的性质，采取适当的防护措施，如使用防护手套、护目镜、防护服等，以保障操作人员的安全。

5.环境控制　根据高活性物料或产品的特性，提供适当的贮存环境，包括温度、湿度、光照等的控制，以防物料降解或失效。

6.物理隔离　使用物理屏障（如墙壁、门锁）将高活性物料或产品与其他物料隔离开来，确保只有授权人员才能进入。

7.通风系统　安装高效的通风系统，确保空气流通，减少有害气体或粉尘的积累。

8.泄漏应急处理　制定高活性物料泄漏的应急预案，并配备相应的应急处理设备和物资，以便在发生泄漏时能够迅速、有效地进行处理。

9.**标识和记录** 对高活性物料或产品的贮存区域进行明显标识，并保持详细的进出记录，包括人员、时间、物料批次等信息。

二、印刷包装材料的安全贮存措施

1.**防潮防虫** 为印刷包装材料提供干燥、通风的贮存环境，并采取防虫措施，如使用防虫剂或设置防虫网，以防止材料受潮或被虫害侵蚀。

2.**防火防盗** 在印刷包装材料的贮存区域安装火灾报警器、灭火器等防火设备，并设置防盗门窗，确保材料的安全。

3.**分类存放** 根据印刷包装材料的种类、规格和用途进行分类存放，避免混淆和误用。

4.**标识管理** 对印刷包装材料进行清晰标识，包括产品名称、批号、有效期等信息，便于快速识别和追溯。

5.**先进先出原则** 遵循先进先出的原则，确保印刷包装材料在保质期内使用，避免过期材料被误用。

6.**库存管理** 实施严格的库存管理制度，定期盘点，确保账物相符，防止过期或遗失。

7.**访问控制** 限制未经授权的人员进入印刷包装材料的贮存区域，确保安全。

8.**定期检查** 定期对印刷包装材料进行检查，及时发现并处理损坏、变质等问题，确保材料的质量安全。

081 接收区的布局和设施应如何设计，以确保到货物料的外包装在进入仓储区前能进行有效的清洁？

接收区的布局和设施设计应考虑以下方面，以确保到货物料的外包装在进入仓储区前能进行有效的清洁。

1.**布局设计** 将接收区划分为待检区、清洁区和合格区。待检区用于暂存刚到达的物料，清洁区用于对外包装进行清洁处理，合格区用于存放清洁后合格的物料，形成合理的物流动线，避免交叉污染。

确保清洁区位于待检区和合格区之间，形成逻辑上的顺序流程。这种布局有助于减少物料搬运距离，提高清洁效率。

安装防护栏或隔离带，将清洁操作区与其他区域分隔开，防止无关人员进入和保障操作安全。

设计与仓储区之间的便捷通道，通道应保持清洁和干燥，避免清洁后的物料在转移过程中受到污染。

提供足够的空间以容纳清洁设备、物料以及操作人员活动，确保清洁作业不受限制，同时便于监督和检查。

设计良好的自然或机械通风系统，确保清洁区空气流通，减少清洁剂残留和湿气积聚，保持适宜的温湿度。

2.清洁设施配置 设置专门的清洗站，配备高压水枪、喷淋系统、温水供应、适宜的清洁剂和消毒剂，以及用于精细清洁的刷子、抹布等工具。

提供热风干燥机或自然风干区域，确保清洁后的物料外包装快速彻底干燥，避免水分引发的霉变或腐蚀。

设立专门的废弃物收集和处理区域，包括废液收集桶和固体废物垃圾桶，确保清洁过程产生的废物安全处置。

3.辅助设施 确保整个接收区，尤其是清洁作业区，有充足的照明，便于操作人员识别污渍和进行精确清洁。

采用易清洁、耐腐蚀的材料铺设地面和墙面，如环氧树脂涂层，减少灰尘积累，便于日常清洁和消毒。

设计高效的排水系统，快速排除清洁过程中的废水，防止积水造成安全隐患或二次污染。

4.标识与指示牌 在各区域设置明显的标识牌，指示物料的流转方向和清洁流程。

在关键操作点设置警示牌，提醒工作人员注意清洁要求和安全操作规范。

5.人员与流程管理 制定详细的清洁操作规程，涵盖清洁剂的选择、使用量、清洁步骤、干燥方法及验证标准等，确保清洁作业标准化、规范化。

对参与清洁作业的人员进行专业培训，包括GMP知识、个人卫生、清洁技能及安全操作等，确保清洁效果。

设立门禁系统，控制非授权人员进入清洁作业区，减少交叉污染风险。同时，对清洁完毕的物料进行检查，确保符合清洁标准后方可进入仓储区。

6.应急与改进 制定应对清洁设备故障、清洁剂短缺等突发情况的应急计划，确保清洁工作不受中断。

定期审核清洁操作的效果，收集反馈，持续优化清洁工艺和设施布局，提升清洁效率和效果。

082 接收、发放和发运区域应如何设计和布局，以保护物料和产品免受外界天气影响？

为了符合GMP的规定，接收、发放和发运区域的设计和布局应当考虑以下几个关键因素，以确保物料和产品免受外界天气的影响。

1.物理隔离 接收区应设计有遮蔽结构，如雨棚或封闭式通道，以防止雨水、雪或其他天气因素直接接触到货物。

发放和发运区域也应设有类似的遮蔽设施，确保在物料从仓库到运输工具的过程中，不会受到天气的影响。

2.排水系统 接收区应配备有效的排水系统，以迅速排除积水，防止水分对物料包装造成损害。

地面应设计有适当的坡度，确保水流能够自然流向排水口。

3.清洁设施　接收区应设置清洁设施，如高压水枪或清洁布，以便在物料进入仓储区前对外包装进行清洁。

清洁设施应易于操作，且不会对物料造成二次污染。

4.温度和湿度控制　对于特定类型的物料，接收、发放和发运区域可能需要配备温度和湿度控制设备，以维持物料的稳定状态。

控制设备应定期维护和校准，确保其准确性和可靠性。

5.安全措施　所有区域应配备适当的安全措施，如防滑地面、紧急停止按钮等，以保障工作人员的安全。

安全标识应清晰可见，确保所有人员都能迅速识别潜在的安全风险。

6.空间布局合理　确保接收区域有足够的空间来有序地放置待检物料，避免过度拥挤导致物料受损。

预留足够的空间，以便货物能够有序摆放和装卸，避免拥堵导致货物长时间暴露在外。

合理规划物流通道，确保物料和产品在发放和发运过程中的顺畅流动，减少暴露在外界天气中的时间。

7.监控和记录　应安装监控摄像头，记录物料的接收、发放和发运过程，以便在需要时进行追溯。

所有操作应详细记录，包括清洁过程、环境条件等，以满足 GMP 的记录要求。

8.辅助设施配置　提供充足的照明，确保在夜间或光线不足的情况下也能安全地进行物料的接收、发放和发运操作。

良好的通风系统有助于排除潮湿空气，保持区域干燥，从而保护物料不受潮。

设施根据相关法规要求，配置消防器材和安全警示标志，确保在紧急情况下能够及时响应。

083　如果采用非物理隔离的方法存放不合格、退货或召回物料，这些方法应如何确保与物理隔离同等的安全性？

如果采用非物理隔离的方法存放不合格、退货或召回物料，确保与物理隔离同等的安全性需要采取以下措施。

1.清晰的标识和文档化管理　所有不合格、退货或召回的物料必须有清晰、醒目的标识，明确指出其状态。这些标识应与合格物料的标识明显区分，避免混淆。

建立详细的文档管理系统，记录每批不合格、退货或召回物料的信息，包括批次号、数量、存放位置、处理方法等。这些记录应随时可供审查，以确保可追溯性。

2.严格的访问控制　通过电子访问控制系统限制对不合格、退货或召回物料存储区域的访问。只有经批准的人员（如质量管理人员、授权的仓库人员）才能进入相关区域。

实施身份验证和权限管理，确保所有访问都有记录，便于追踪和审计。

3.**专用的存储设施** 为不合格、退货或召回物料指定专用的存储设施或区域，即使不是物理隔离的房间，也应是明确划分的区域。存储设施应保持清洁、干燥、安全。

在存储区域内使用专用的货架或容器存放这些物料，防止与合格物料混合。

4.**有效的监控和检查** 安装视频监控系统监控存储区域，以防止未授权访问和潜在的不当操作。

定期进行自查和交叉检查，确保标识清晰、存放正确、记录完整。

5.**员工培训和意识提升** 对所有涉及存储、处理不合格、退货或召回物料的员工进行GMP培训，强调其重要性和必须遵守的操作规程。

增强员工的质量意识，确保他们理解非物理隔离措施的目的和重要性，以及不遵守规定的风险。

6.**透明的沟通机制** 建立一套通知和报告机制，确保一旦发现不合格、退货或召回物料，相关部门和人员能及时被告知。

定期召开跨部门会议，讨论质量问题，包括不合格、退货或召回物料的处理情况，以促进信息共享和透明度。

7.**审计和持续改进** 定期进行内部审计和自检，评估非物理隔离措施的有效性，查找潜在的不足和改进机会。

根据审计结果，不断优化存储、标识、访问控制和监控流程，确保与物理隔离方法具有同等的安全性。

084 不合格、退货或召回的物料或产品如何隔离存放，以防止交叉污染？

在药品生产过程中，不合格、退货或召回的物料或产品的隔离存放是至关重要的，这不仅关乎产品质量，还直接影响到企业的生产安全和消费者的用药安全。根据 GMP 的规定，不合格、退货或召回的物料或产品的隔离存放需要遵循以下原则和措施，以防止交叉污染。

一、物理隔离措施

1.**设立专门的隔离区域** 首先，企业应设立专门的隔离区域用于存放不合格、退货或召回的物料或产品。这些区域应与合格产品的存储区域完全分开，且有明显的物理隔断，如隔离墙或隔离栏。

2.**醒目标识** 隔离区域应设置醒目的标识，如"不合格品区""退货品区"或"召回产品区"，以便员工能够清晰地识别并避免误入。

3.**限制人员出入** 只有经批准的人员才能进入这些隔离区域。企业应建立严格的出入管理制度，包括登记、审批和监控等环节，确保隔离区域的安全性和物料的完整性。

二、替代物理隔离的方法

如果企业由于空间或其他限制无法采用物理隔离，可以选择其他具有同等安全性的方法来替代。

1.使用专门的容器或包装　如果无法设置专用区域，对不合格、退货或召回的物料或产品应使用封闭且标识明显的容器或包装袋进行隔离，并贴上醒目的标识，确保不合格物料或产品在视觉和物理上与其他物料区分开。

2.电子化管理　通过仓库管理系统（WMS）或企业资源规划（ERP）系统对物料状态进行实时跟踪和管理。这些系统可以确保不合格、退货或召回的物料在系统中的状态与实物状态保持一致，并防止被误用。

3.定期盘点和检查　增加对这些特定物料的盘点和检查频次，确保它们的数量、状态和标识始终准确无误。

三、防止交叉污染的措施

1.保持清洁卫生　隔离区域应保持清洁卫生，定期进行清洁和消毒工作，以防止微生物和其他污染物的滋生。

2.避免空气传播污染　如果可能的话，隔离区域应具备良好的通风条件，以减少空气中的尘埃和微生物对物料造成的污染风险。同时，应避免在隔离区域内进行可能产生大量粉尘或气溶胶的操作。

3.人员培训和操作规范　对进入隔离区域的人员进行严格的培训和考核，确保他们了解并遵守相关的操作规范和卫生要求。这包括正确穿戴防护用品、避免在区域内饮食或吸烟等行为。

4.定期检查　应当定期检查隔离存放区域，确保标识清晰、存储条件适宜、没有交叉污染的风险。检查结果应当记录下来，任何问题都应当及时解决。

5.记录和监控　建立完善的记录和监控机制，对不合格、退货或召回的物料或产品的处理过程进行全程跟踪和记录。这有助于及时发现并解决问题，确保物料的安全性和可追溯性。

6.风险评估　在建立隔离存放措施时，应当进行风险评估，考虑物料或产品的特性、潜在的污染风险、隔离区域的设置等因素，以确保所采取的措施能够有效防止交叉污染。

085　非专门取样区应满足哪些环境条件？

在非专门取样区进行物料取样时，应满足以下环境条件以符合 GMP 的规定。

1.空气洁净度级别　非专门取样区的空气洁净度级别应与生产要求一致。这意味着取样区的环境应与药品生产过程中的相应洁净级别要求相匹配。例如，如果药品生产需要在 B 级洁净环境下进行，那么非专门取样区也应达到 B 级洁净标准。

2.防止污染和交叉污染　非专门取样区的设计和操作应能够有效防止污染和交叉污染。

隔离措施：取样区应与生产区、仓储区等其他区域进行有效隔离，以防止不同区域之间的空气、人员或物料的交叉流动。

气流控制：取样区的气流应进行合理设计和控制，以防止污染空气的进入和洁净空气的流出。例如，取样区应保持正压，以防止外部空气的进入。

人员管理：取样区的人员应进行培训和管理，以防止人为污染。这包括要求人员穿戴合适的防护服、手套和口罩，并遵循正确的操作规程。

设备和器具管理：用于取样的设备和器具应进行清洁、消毒和维护，以防止污染。

3.温度和湿度控制　非专门取样区的温度和湿度应进行控制，以确保物料的质量和稳定性。温度和湿度的控制范围应根据物料的特性和要求来确定。

4.照明条件　非专门取样区的照明应满足操作要求，并避免产生眩光或阴影。照明的亮度和颜色应根据物料的类型和颜色来选择。

5.安全措施　非专门取样区应采取必要的安全措施，如防静电、防爆、防腐蚀等，以确保物料和操作人员的安全。

6.记录和验证　非专门取样区的操作应进行记录和验证，以确保其符合GMP要求。记录应包括取样的时间、地点、方法、人员等信息，并进行签名和日期确认。验证应包括对环境条件、操作规程和人员培训的定期检查和评估。

086 如果在非专门的取样区进行物料取样，应采取哪些措施来防止污染或交叉污染？

在非专门的取样区进行物料取样时，必须采取一系列严格的管理和技术措施来防止污染或交叉污染。

一、环境控制

1.临时隔离措施　在取样区域设置临时的物理隔离，如使用移动式洁净工作台或隔离帐篷，以确保取样过程在一个相对封闭且洁净的环境中进行。

2.洁净度匹配　确保取样区域的空气洁净度级别至少与生产区域相同，必要时应使用高效空气过滤器（HEPA）或其他空气净化设备来提高空气质量。

3.温湿度控制　根据物料的特性和取样要求，控制取样区域的温度和湿度，以防止环境条件对物料质量的影响。

二、操作规程

1.标准化操作程序　制定详细的取样操作程序，包括取样前的准备工作、取样过程中的操作步骤、取样后的清理工作等，确保每次取样都按照既定的标准进行。

2.人员培训　对参与取样的工作人员进行专业的培训，使其充分了解取样过程中的潜在风险和控制措施，提高其操作技能和风险意识。

三、个人防护和卫生

1.个人防护装备　要求工作人员穿戴适当的个人防护装备，如洁净服、手套、口罩、护目镜等，以减少人员对物料的污染。

2.**手部卫生** 在取样前后，工作人员必须彻底清洁和消毒双手，必要时使用无菌操作技术。

四、工具和设备

1.**专用取样工具** 使用专为取样设计的工具和容器，如无菌取样勺、取样瓶等，并确保这些工具在使用前经过适当的清洁和消毒。

2.**一次性用品** 尽可能使用一次性取样用品，以减少清洗和消毒带来的风险。

五、废物处理

1.**废物分类** 对取样过程中产生的废物进行分类，特别是对于可能含有活性成分的废物，应按照规定的程序进行处理，以防止环境污染。

2.**即时清理** 取样后立即清理现场，移除所有取样用品和废弃物，恢复现场至取样前的状态。

六、记录和追溯

1.**详细记录** 记录取样的详细信息，包括取样时间、地点、人员、物料批号、取样量等，以便于追溯和验证。

2.**监督和审计** 定期对取样操作进行监督和审计，确保所有操作都符合既定的标准和程序。

第四节 质量控制区

087 为什么质量控制实验室通常需要与生产区分开，并且生物检定、微生物和放射性同位素实验室需要彼此分开？

质量控制实验室与生产区分开，以及生物检定、微生物和放射性同位素实验室相互独立，这些要求在 GMP 规范中被明确规定，主要包括以下几个方面。

一、质量控制实验室与生产区分开的原因

1.**防止交叉污染** 生产区可能存在各种原材料、中间产品和成品的粉尘、微生物、化学物质等污染物。如果质量控制实验室与生产区未分开，这些污染物可能会进入实验室，影响检测结果的准确性和可靠性。

实验室中的化学试剂、标准品等也可能对生产区造成污染，影响产品质量。

2.**环境条件差异** 生产区通常需要满足大规模生产的工艺要求，其温度、湿度、通风等环境条件可能不适合精密的质量检测仪器和实验操作。

质量控制实验室需要更严格和稳定的环境控制，以确保检测结果的重复性和精确性。

3.**人员和物料流动管理** 分开设置有助于实现独立的人员和物料流动通道，减少人员在生产区和实验室之间的交叉流动，降低污染和混淆的风险。

可以更好地对进入实验室的人员进行培训和管理，确保其遵守实验室的操作规范和安全要求。

4.**独立性和公正性**　物理上的分离有助于保证质量控制实验室在检测和评估产品质量时的独立性和公正性，不受生产部门的干扰和影响。

二、生物检定、微生物和放射性同位素实验室彼此分开的原因

1.**生物安全考虑**　生物检定和微生物实验室可能涉及病原微生物、细菌、病毒等生物体，存在生物感染的风险。放射性同位素实验室则涉及放射性物质，对人体和环境有潜在的辐射危害。将它们彼此分开可以降低交叉感染和辐射暴露的风险。

2.**特殊环境要求**　生物检定和微生物实验室通常需要特定的无菌环境、生物安全柜等设施，以防止微生物的扩散和污染。放射性同位素实验室需要特殊的防护屏蔽、监测设备和废物处理系统，以控制辐射泄漏。

各自独特的环境需求难以在同一空间内同时满足。

3.**检测方法和仪器的独立性**　这三类实验室所采用的检测方法、使用的仪器设备以及操作流程都有很大的差异。分开设置可以避免相互干扰，保证各自检测工作的顺利进行。

4.**法规和伦理要求**　基于相关的法律法规和伦理原则，对于涉及生物安全和放射性物质的操作，必须进行严格的分区和隔离，以保障人员健康、环境安全和公共利益。

5.**应急管理需求**　在发生意外事故（如微生物泄漏、放射性物质泄漏）时，分开设置便于采取针对性的应急措施，减少事故的影响范围和危害程度。

088 **实验室如何设计，以确保其适用于预定的用途，避免混淆和交叉污染？**

为了确保实验室设计符合预定的用途，并能有效避免混淆和交叉污染，以下是一些专业、全面的设计建议。

一、功能分区

1.**明确的区域划分**　实验室应根据不同的功能需求划分为样品准备区、分析测试区、仪器设备区、样品存储区、记录保存区和辅助区（如更衣室、洗手间）等。每个区域应有明确的界限和标识。

2.**合理的布局**　各功能区域应根据工作流程和操作顺序合理布局，以减少物料和人员的往返移动，降低混淆和交叉污染的风险。设计时应考虑单向流动的原则，即从洁净区到非洁净区，避免交叉污染。

二、防止混淆

1.**清晰的标识系统**　实验室内的所有物品、设备、试剂、样品和工作区域都应有清晰、统一的标识，包括名称、批号、有效期、规格等信息，以防止混淆。

2.**样品管理系统**　建立严格的样品接收、处理、存储和追踪系统，确保每个样品都有唯一的识别码，并记录相关的操作和流转信息。

三、防止交叉污染

1.物理隔离　对可能产生污染的操作（如微生物检测、细胞培养等）应设置在独立的房间或使用物理屏障（如层流罩、生物安全柜）进行隔离。

2.洁净度控制　不同区域的洁净度要求不同，应根据需要设置不同的空气质量等级，如无尘室、无菌室等。

3.通风系统　设计合理的通风系统，确保空气流向是从高洁净区向低洁净区流动，避免空气交叉污染。

四、设备和材料管理

1.设备专用性　尽量使用专用的设备和器具进行特定类型的样品处理，避免共用导致的交叉污染。

2.清洁和消毒　定期对工作台面、设备和器具进行清洁和消毒，特别是在不同样品处理之间。

3.废物处理　设立专门的废物收集和处理区域，对有害、生物危险和普通废物进行分类处理。

五、环境控制

1.温湿度控制　根据实验需求和样品稳定性要求，对实验室内的温度和湿度进行控制。

2.光照控制　对于光敏感的样品或实验，应提供适当的光照控制措施。

六、安全与防护

1.生物安全　对于涉及生物样品的实验室，应符合生物安全的相关要求，如使用生物安全柜、设立专门的生物安全区域等。

2.化学安全　对于使用危险化学品的实验室，应有严格的化学品管理程序，包括化学品的采购、存储、使用和废弃处理。

3.个人卫生和防护装备　为工作人员提供适当的个人防护装备（如实验服、手套、口罩、护目镜等），并要求在进入特定区域前更换。

4.应急设施　配备必要的安全设施和应急装备，如灭火器、急救箱等，以应对可能发生的紧急情况。

七、记录和追溯

1.完善的记录系统　建立详细的实验记录和样品处理记录，确保所有操作都可追溯。

2.电子化管理　鼓励使用电子记录和管理系统，提高效率和准确性，同时确保数据的安全性和完整性。

089　**实验室如何提供足够的区域用于样品处置、留样、稳定性考察样品存放和记录保存？**

为了符合 GMP 的规定，实验室需要在设计和布局上进行精心的规划，以确保有足够的区域用于样品处置、留样、稳定性考察样品存放和记录保存。以下是实现这一目标的关键措施。

一、实验室设计原则

1.功能分区明确　实验室应根据功能需求进行合理分区，如样品接收区、样品处理区、仪器分析区、样品存储区等，确保各区域既独立又相互联系，避免交叉污染和混淆。

2.空间规划合理　在设计时，应充分考虑未来扩展的可能性，预留足够的空间以适应生产规模的扩大或技术的更新。

3.人流物流分离　实验室设计应确保样品处理和人员流动路线分离，减少交叉污染的风险。

二、样品处置区

1.设置专门的工作台用于样品的接收、标识、称量、配制和分装等操作，工作台应具备防滑、耐腐蚀的特性，并配备必要的防护措施，如通风橱、生物安全柜等。

2.设立专门的清洗区域，配备适当的清洗设施和工具，用于实验器具的清洗和消毒，以防止交叉污染。

3.设置指定的废弃物收集点和容器，确保实验废弃物能够安全、合规地处理。

4.根据样品的不同性质（如生物样本、化学样本、放射性样本等），配置独立或分隔的处置区域，确保每种操作都有专用空间，避免混淆。

二、留样和稳定性考察样品存放区

1.为留样和稳定性考察样品提供恒温恒湿的存储环境，确保样品在整个存储期间保持稳定的质量。

2.根据样品的性质和存储条件要求，对留样和稳定性考察样品进行分类存放，使用标签和记录系统明确标识每个样品的详细信息。

3.存储区域应配备防火、防盗、防潮等安全设施，确保样品的安全。

4.合理规划存储空间，确保有足够的货架和柜子来存放样品，同时要考虑到未来可能增加的存储需求。

5.实施严格的访问控制措施，限制非授权人员进入样品存储区域，防止样品丢失或被污染。

6.设置符合国际通行标准（如ICH指南）的稳定性考察室，配备可调控温湿度的恒温恒湿箱或步入式稳定性室，用于长期和加速稳定性试验。

三、记录保存区

1.设立专门的档案室用于存放纸质记录和电子介质的备份，档案室应具备防火、防潮、防虫等特性。

2.对记录保存区域实施严格的访问控制，只有授权人员才能进入，以保护记录的机密性和完整性。

3.建立有效的文件管理系统，包括索引、归档和检索机制，确保记录能够方便快捷地被查找和使用。

4.鼓励使用电子记录管理系统，提高记录管理的效率和准确性，同时要确保电子记录的安全性和可追溯性。

四、综合考虑因素

在设计实验室时，还应考虑以下因素：

1.合理规划人员流动路线，避免不必要的交叉和干扰。

2.确保物料的流动是单向的，减少交叉污染的风险。

3.考虑紧急情况下的撤离路线和应急设施。

4.确保所有设计和操作都符合现行法律法规和 GMP 要求。

090　对于灵敏度高的仪器，应采取哪些措施保护其免受外界因素的干扰？

为了确保灵敏度高的仪器在药品生产过程中的准确性和可靠性，必须采取一系列措施来保护这些仪器免受静电、震动、潮湿或其他外界因素的干扰。以下是一些关键的保护措施：

1.专门的仪器室设置　应为灵敏度高的仪器设置专门的仪器室，以隔离外界干扰。

仪器室的位置应远离可能产生震动、电磁干扰或其他潜在干扰的区域，如机械设备、交通繁忙的通道等。

2.环境控制　仪器室应配备恒温恒湿系统，以维持稳定的温度（18~26℃）和湿度（45%~65%）水平，避免温度波动和潮湿对仪器性能的影响。

应安装防静电地板和防静电工作台，以减少静电的产生和积累。

应使用防震台或防震垫来吸收和隔离外部震动。

保持仪器室的清洁，定期除尘，使用防尘罩等，防止灰尘积聚影响仪器的运行。

3.电磁屏蔽　对于易受电磁干扰的仪器，应考虑使用电磁屏蔽材料或设备，如屏蔽室、屏蔽柜等。

仪器室内的电源应配备稳压器和滤波器，以确保电源的稳定性和纯净性。

4.操作规程　应制定详细的操作规程，包括仪器的启动、运行、维护和关闭程序，以及在异常情况下的应急措施。

操作人员应接受专业培训，了解仪器的操作要求和注意事项。

5.定期维护与校准　应定期对仪器进行维护和校准，以确保其性能的稳定性和准确性。

维护和校准活动应有详细的记录，并由专业人员执行。

6.监控与记录　应安装环境监控系统，实时监测仪器室内的温度、湿度、震动等参数，并记录数据。

应定期审查这些记录，以评估环境控制措施的有效性，并进行必要的调整。

7.安全措施　仪器室应配备必要的安全设施，如紧急断电开关、消防设备等，以确保在紧急情况下的安全。

应制定应急预案，指导操作人员在突发事件中的行动。

091 处理生物样品或放射性样品的实验室应符合哪些国家的有关具体要求？

处理生物样品或放射性样品的实验室应符合以下国家的有关具体要求。

一、生物样品处理实验室要求

1. 实验室需获得相关部门颁发的生物安全实验室资格证书，确保其具备处理生物样品的资质。

2. 根据所处理生物样品的危害程度，实验室应达到相应的生物安全等级（如 BSL–1、BSL–2、BSL–3 或 BSL–4），并采取相应级别的安全防护措施。例如，处理高致病性病原体的实验室应达到 BSL–3 或 BSL–4 标准。

3. 实验室应配备生物安全柜、高压灭菌器、洗眼器等必要的生物安全设施和设备，以保障人员和环境的安全。

4. 实验人员应穿戴适当的个人防护装备，如防护服、手套、口罩等，以防止生物样品的意外接触和暴露。

5. 生物样品废弃物应按照《病原微生物实验室生物安全管理条例》等国家规定进行无害化处理，防止疾病传播。

6. 应制定详细的生物安全操作规程，包括样品处理、废物处理、应急预案等。

7. 实验室工作人员应接受生物安全培训，了解生物危害和防护措施。

8. 应定期进行生物安全监控，并保持详细的记录，以便于追溯和评估。

二、放射性样品处理实验室要求

1. 实验室需获得环保部门的辐射安全许可证，并按规定进行放射性同位素与射线装置的备案。

2. 实验室应采用适当的屏蔽材料和防护措施，如铅砖、铅玻璃等，以减少放射性物质对人员和环境的辐射影响。应配备辐射监测设备、个人剂量计、防护服等，并确保其有效性。

3. 实验室应安装放射性物质监测设备和报警系统，实时监测放射性物质的浓度和剂量，确保人员安全。

4. 放射性废物应按照《放射性废物管理规定》等国家要求进行妥善处理，包括暂存、固化、处置等环节，防止环境污染。

5. 应制定放射性物质的操作规程，包括放射性物质的接收、储存、使用、废物处理等。

6. 实验室工作人员应接受放射性知识培训和健康检查，确保具备处理放射性样品的能力和健康水平。

7. 应定期进行辐射水平监测，并保持详细的记录，以确保符合国家标准。

092 实验动物房与其他区域严格分开的目的是什么？其设计、建造和空气处理设施应满足哪些要求？

一、实验动物房与其他区域严格分开的目的

1. 防止交叉污染 实验动物房可能携带特定的微生物、寄生虫或其他污染物，与其他区域严格分开可以防止这些污染物扩散到生产区、仓储区或质量控制区，从而确保药品生产环境的洁净与安全。

确保实验动物不受外部环境的微生物、化学物质或其他污染物的影响 .

2. 保护实验动物 实验动物房为特定目的（如药品安全性评价）而设，确保动物房内环境参数（如温度、湿度、光照周期、噪声水平等）的稳定和可控，以满足实验动物的生活和生理需求，促进动物健康，减少非特异性应激反应，提高实验数据的重复性和可比性。

与其他区域的隔离有助于维持实验动物房的稳定环境，保障实验结果的准确性和可靠性。

3. 保证实验的科学性和可靠性 减少外界干扰因素对实验动物的影响，确保实验数据的准确性和可重复性。

4. 保障人员安全 防止实验动物逃逸或接触导致的人畜共患病传播，保护工作人员和访客的健康安全。

5. 便于管理和监控 独立区域便于实施严格的生物安全管理和监控措施，包括但不限于人员进出控制、物品消毒、废弃物处理等，以遵守相关的法律法规和伦理标准。

提供独立的空间，便于对实验动物进行合理的饲养管理和照料，符合动物伦理和福利要求。

二、实验动物房的设计、建造要求

1. 选址合理 实验动物房应位于独立的建筑物内或在建筑物内与其他区域完全隔离的区域，远离生产车间、仓储区和质量控制区等。

实验动物房应位于生产区的下风向，以减少空气流动可能带来的污染风险。同时，应远离其他可能产生干扰的区域，如噪音源、化学品储存区等。

2. 结构与材料 采用坚固、耐腐蚀、易清洁的建筑材料，确保房间的密封性和耐久性。

地面应防滑、耐磨损、易清洁消毒，墙壁和天花板应光滑平整，便于清洁和维护。

3. 安全防护 配备防火、防爆、防盗等安全设施，保障人员和动物的安全。

安装应急照明和通风系统，确保在紧急情况下能够正常运行。

4. 布局合理 实验动物房内部应合理规划，包括饲养区、实验区、污物处理区、清洁区等功能区域。

各区域之间应有明确的界限和有效的隔离措施。

5.**适宜的环境** 实验动物房应有适宜的温度、湿度和光照条件，以满足实验动物的生理需求。

实验动物房应有充足的通风设施，以确保空气的流通和新鲜。

三、空气处理设施要求

1.**独立空气处理系统** 实验动物房应配备独立的空气处理系统，以确保其内部空气的洁净度和温湿度稳定。该系统应能够过滤掉可能存在的微生物、尘埃和其他污染物。

送风和排风系统应配备高效空气过滤器（HEPA），以去除空气中的尘埃和微生物。

2.**正压控制** 实验动物房通常应保持正压状态，以防止外部空气和污染物渗入。

对某些感染性动物的研究区域应保持负压以防微生物外泄。

正压差的大小应根据具体需求和风险评估来确定。

3.**通风换气** 应有足够的通风换气次数，以保持室内空气的新鲜，同时避免过度通风造成能源浪费。

4.**噪声和振动控制** 应采取措施减少空气处理系统产生的噪声和振动，以避免对实验动物造成不必要的干扰。

5.**定期监测与维护** 空气处理设施应定期进行监测和维护，确保其正常运行和性能稳定。

监测内容包括空气洁净度、温湿度、压力差等指标。

第五节 辅助区

093 **休息室的设置应考虑哪些因素，以避免对生产区、仓储区和质量控制区造成不良影响？**

在药品生产过程中，休息室的设置是一个常被忽视的环节，但其对保证药品生产质量却具有重要意义。为了确保休息室的设置不会对生产区、仓储区和质量控制区造成不良影响，必须综合考虑多个因素。以下是从专业角度出发，对休息室设置时应考虑的关键因素进行的全面分析。

1.**位置选择** 休息室应远离生产区、仓储区和质量控制区，以避免人员流动带来的微生物和尘埃污染。

考虑到风向和气流的影响，休息室的位置应避免处于这些关键区域的上风向，以减少潜在的空气污染。

2.**物理隔离** 休息室应与生产区、仓储区和质量控制区保持适当的物理距离或使用有效的隔离措施，如设置缓冲区、气锁间或采取负压设计，以防止休息室内可能产生的污染（如微生物、尘埃等）扩散至这些关键区域。

3.**布局设计**　休息室内部布局应合理，确保有足够的空间供员工休息，同时避免拥挤和混乱。

应设置独立的更衣区、洗手间和休息区，以确保员工在进入生产区前能够进行适当的个人卫生处理。

休息室的设计应便于清洁和维护，表面应光滑、易清洁，避免使用难以清洁的材料。

布局应合理，确保有足够的通风和采光，避免潮湿和霉变。

4.**设施和设备**　休息室应配备必要的设施和设备，如桌椅、储物柜、洗手间等，以满足员工的基本需求。

这些设施和设备应定期清洁和维护，以保持其卫生状况。

5.**卫生条件**　休息室应保持清洁和卫生，定期进行彻底的清洁和消毒。

应提供充足的洗手设施和消毒用品，鼓励员工在休息前后进行手部清洁和消毒。

6.**空气质量控制**　休息室应安装适当的通风系统，以确保空气流通，减少细菌和病毒的滋生。

如有必要，可安装空气净化设备，以进一步提高室内空气质量。

应定期检查和清洁通风系统，防止灰尘和微生物的积累。

7.**温湿度控制**　休息室应保持适宜的温度和湿度，避免对药品生产环境造成影响。

建议安装温湿度监测设备，并定期记录数据。

8.**垃圾处理**　休息室应有足够的垃圾桶，并定期清理。

垃圾处理应符合 GMP 要求，避免产生异味和吸引害虫。

9.**卫生与消毒**　休息室应定期进行清洁和消毒，特别是在流感季节或其他可能影响员工健康的时期。

应提供洗手液和纸巾等卫生用品。

10.**员工行为管理**　应制定相应的规章制度，管理员工在休息室的行为，如禁止在休息室内进食、存储个人物品等，以减少污染的风险。

11.**人员流动管理**　应制定严格的人员流动管理制度，确保员工在休息期间不会进入生产区、仓储区和质量控制区。

考虑使用门禁系统或监控摄像头等技术手段，以监督和控制人员流动。

12.**教育培训**　定期对员工进行GMP知识和卫生规范的培训，强调休息室使用的正确方式和注意事项。

通过培训提高员工的卫生意识和自我管理能力，确保他们在休息期间遵守相关规定。

13.**监督检查**　质量管理部门应定期对休息室进行监督检查，确保其符合GMP要求。

对于发现的问题，应及时进行整改和跟踪验证，确保问题得到有效解决。

14.**风险评估**　在休息室的设置和使用过程中，应进行定期的风险评估，以识别潜在的交叉污染风险，并采取适当的控制措施。风险评估应考虑人员流动、环境条件、设施和设备等因素，以及员工的行为和操作。

094 为什么盥洗室不得与生产区和仓储区直接相通?

GMP规定,盥洗室不得与生产区和仓储区直接相通。这一规定主要是基于以下考虑。

1.防止微生物污染 盥洗室是人员进行个人卫生清洁的地方,通常存在较高的微生物污染风险。如果盥洗室直接与生产区或仓储区相通,微生物可能通过空气流动或人员活动传播到生产环境中,增加药品被污染的风险。

2.控制环境洁净度 药品生产区通常要求达到一定的洁净度级别,以保证药品的质量,而盥洗室由于其功能特性,难以达到同样的洁净水平。直接相通会导致盥洗室内的水汽、异味和其他污染物影响生产区的洁净度,从而影响药品的生产质量。通过隔离盥洗室,可以更好地控制生产区域的环境质量。

3.防止交叉污染 生产区是药品生产的核心区域,需要保持高度的清洁和无菌状态,以确保药品的质量和安全性。而盥洗室是人员洗手、更衣和卫生清洁的场所,可能会产生水汽、灰尘、细菌等污染物。如果盥洗室与生产区直接相通,这些污染物就有可能进入生产区,导致药品受到污染。

仓储区是存放药品原材料、中间产品和成品的场所,同样需要保持清洁和干燥的环境,以防止药品变质或受到污染。如果盥洗室与仓储区直接相通,水汽和污染物就有可能进入仓储区,对药品的储存环境造成不利影响。

4.控制人员流动 生产区和仓储区是药品生产的关键区域,需要对人员的进出进行严格的控制和管理。如果盥洗室与这些区域直接相通,就可能增加人员的随意流动,导致未经授权的人员进入生产区或仓储区,增加药品生产的风险。

此外,如果盥洗室与生产区直接相通,还可能增加生产区人员的进出频率,增加交叉污染的风险。因此,将盥洗室与生产区和仓储区分开设置,可以更好地控制人员的流动,减少对药品生产的影响。

5.满足卫生要求 盥洗室是人员进行个人卫生清洁的场所,需要满足一定的卫生要求,如保持清洁、干燥、通风良好等。如果盥洗室与生产区或仓储区直接相通,就可能影响这些区域的卫生状况。

例如,如果盥洗室的排水系统出现问题,导致污水渗漏到生产区或仓储区,就可能对药品的生产或储存环境造成污染。因此,将盥洗室与生产区和仓储区分开设置,可以更好地满足卫生要求,减少对药品生产的影响。

6.保障人员操作规范 避免人员在未进行适当清洁和消毒的情况下,从盥洗室直接进入生产或仓储区域,导致污染传播。要求人员通过专门的通道和更衣室进行清洁和更换工作服,有助于强化他们的卫生意识和操作规范。

直接相通可能导致人员在操作过程中误将盥洗室的物品或污染物带入生产区和仓储区,增加操作失误和质量风险。

7.符合分区管理原则 药品生产和仓储需要遵循严格的分区管理,以确保不同区域的功能明确、互不干扰。盥洗室与生产区和仓储区直接相通违背了这一原则，破坏了区域的独立性和完整性。

分区管理有助于进行有效的质量控制和风险管理，直接相通会使质量追溯和问题排查变得更加困难，不利于保障药品的质量和安全。

8.**符合GMP规范要求**　GMP规范中对生产区和仓储区的环境控制有严格的要求，包括空气质量、温度、湿度等。盥洗室与这些区域直接相通可能会对这些环境参数产生不利影响，从而违反GMP规范。

095　存放在洁净区内的维修用备件和工具应如何管理？

根据GMP的规定，存放在洁净区内的维修用备件和工具应进行严格的管理，以确保其不会对药品生产过程造成污染或交叉污染的风险。以下是符合该规定的管理措施。

1.**专用存储区域**　在洁净区内设置专门的房间或工具柜，用于存放维修用备件和工具。

这些存储区域应与生产区域保持一定的距离，以减少污染的风险。且位于对生产活动影响最小的区域。

存放区域应具备良好的密封性和防尘措施，防止外界污染物进入。

这些存储区域应当设计合理，便于清洁和维护。

2.**标识和记录**　对存储区域进行清晰的标识，标明其用途和存储内容，标识应清晰、持久，不易脱落。

所有维修备件和工具应按类型、用途分类清晰存放，并附有明确的标识，包括名称、规格、批号、灭菌日期（如适用）等信息，便于追踪和管理。

建立完整的记录系统，包括备件和工具的采购、接收、存储、发放和使用等信息，以便进行追踪和追溯。

3.**清洁和消毒**　在进入洁净区之前，所有维修备件和工具必须经过严格的清洁和必要的消毒程序，确保无尘、无菌。

存储区域应定期进行清洁和消毒，以确保其卫生状况符合GMP的要求，清洁频率应根据洁净区的级别和使用频率确定。

备件和工具在使用前后也应进行清洁和消毒，以去除可能的污染。

4.**培训和管理**　对相关人员进行培训，使其了解备件和工具管理的要求和程序。

建立明确的管理责任和权限，确保只有经过授权的人员能够进入存储区域或使用备件和工具。

5.**使用控制**　建立备件和工具的使用控制程序，包括发放、使用和回收等环节。

使用时应遵循先入先出的原则，并记录使用情况。

对于使用过的备件和工具，应进行评估和处理，以确定是否需要清洗、消毒或报废。

6.**定期检查与维护**　定期对存放的维修用备件和工具进行检查，确保其处于良好的可用状态。

对于有保质期或需定期校准的工具，应按时进行处理和校准。

维护和校准记录应完整保存，以便进行审查和验证。

7.防止污染与交叉污染　采用合适的包装材料对备件和工具进行包裹或存放，以防止其表面的污染物传播。

避免不同类型或用途的备件和工具相互接触，防止交叉污染。

8.应急管理　制定应急预案，确保在紧急维修情况下，能够快速、准确地获取所需的备件和工具，同时不影响洁净区的正常生产和质量控制。

9.风险评估　定期进行风险评估，以识别和管理备件和工具管理过程中的潜在风险。

风险评估应考虑人员行为、操作规程、环境条件等因素，并采取相应的控制措施。

第五章 设 备

第一节 原 则

096 **设备在设计、选型、安装、改造和维护时需要遵循哪些基本原则?**

为符合 GMP 的要求,设备在设计、选型、安装、改造和维护时需要遵循以下基本原则。

1.**符合预定用途原则** 设备的设计与选型应首先满足其在生产过程中的具体功能需求,确保能够高效、安全地完成预定任务,同时适应生产环境和工艺要求。

2.**风险最小化原则** 在设计和实施过程中,应充分考虑并评估设备可能引入的各种风险,包括污染(如微生物、化学物质污染)、交叉污染、混淆(如原材料、成品混淆)和操作差错,采取措施尽量减少这些风险的发生。

3.**易操作与可维护性原则** 设备应设计得便于操作人员使用,控制界面直观,操作流程简化,同时易于清洁、维护和必要的消毒或灭菌,降低因操作复杂或维护不当导致的故障。

4.**可清洁性原则** 确保设备的结构和材料选择有利于快速、彻底的清洁和必要的消毒处理,减少细菌滋生和交叉污染的风险,尤其是对于直接接触产品的设备。

5.**可追溯与记录保持原则** 设计和维护过程中应确保所有活动和改动可追溯,包括设备的原始设计图纸、选型依据、安装记录、改造报告和维护历史记录,以便于审核、故障排查和持续改进。

6.**兼容性与集成性原则** 设备在选型和安装时要考虑与现有生产线的兼容性,包括物理接口、控制系统、能耗等,确保能顺畅集成到生产流程中,避免不必要的接口冲突和效率损失。

7.**持续改进原则** 设备改造和维护不仅仅是修复故障,也应视为提升设备性能和效率的机会,通过数据分析和技术创新不断优化设备,提高生产质量和效率。

8.**安全与环保原则** 确保设备设计和使用过程中的安全性,防止工伤事故,同时考虑环境保护,减少能源消耗和废弃物产生,符合相关安全和环保法规。

9.**适应性原则** 设备应具有一定的灵活性,能够适应生产工艺的变化和不同产品的生产需求。

10.**验证和确认原则** 在设备的安装和改造后,应进行适当的验证和确认,以确保设备能够按照既定的规格和标准运行。

097 在设备的设计、选型、安装、改造和维护过程中，如何确保这些活动符合预定用途，并能尽可能降低污染、交叉污染、混淆和差错风险？

为了确保设备在设计、选型、安装、改造和维护过程中符合预定用途并降低相关风险，可以通过以下步骤实现。

1.设计阶段　在设计阶段，首先要明确设备的预定用途，包括其功能、性能要求、使用环境等。

选择与预定用途相符的材料，例如，对于需要耐腐蚀的设备，应选择耐腐蚀材料。

在设计设备时，应考虑清洁和消毒的方便性，例如，设计易于拆卸和清洗的部件。

对设备的设计进行风险评估，识别潜在的污染、交叉污染、混淆和差错风险，并采取相应的措施进行控制。

2.选型阶段　明确项目要求和设备需求，包括工艺流程、参数等，并考虑环保、能源消耗和安全操作要求。

对不同选项进行比较，不仅考虑价格，还要评估设备的性能、质量、售后服务及性价比。

核查设备的可靠性和稳定性，注意设备的寿命和维护难易程度。

选符合相关规范和标准的设备。

对选定的设备进行验证和确认，以确保其符合预定用途和性能要求。

3.安装阶段　在安装前，对设备进行清洁和消毒，以防止污染。

在安装前对设备进行全面检查，并确保安装所需的工具和材料准备齐全。

选择合适的安装位置，考虑设备的使用需求、安全性和维护便利性。

严格按照操作规程进行设备的安装，安装完成后进行调试和测试，确保设备正常运行。

4.改造阶段　对设备的改造进行风险评估，识别潜在的污染、交叉污染、混淆和差错风险，并采取相应的措施进行控制。

明确改造目标和目的，如提高设备性能、优化功能或降低成本。

对设备进行性能评估、故障分析和工艺评估，以了解设备的当前状态和改进潜力。

制定详细的改造方案，包括改造目标、措施、步骤和时间计划。

对改造后的设备进行验证和确认，以确保其符合预用途和性能要求。

5.维护阶段　建立全面的设备维护和管理制度，包括设备清单、分类、维护责任和管理机制。

制定维护周期和计划，实施定期巡检、检修和预防性维护，例如，定期更换过滤器、润滑轴承等。

确保备件储备充足，优化供应商合作关系，以便及时获得维修部件和技术支持。

对维护人员进行专业技术培训和岗位职责培训，提升其维护管理水平。

定期对设备进行清洁和消毒，以防止污染。

记录设备的维护保养记录，并建立追溯体系，以便在出现问题时进行追溯。

6.其他措施

对设备的操作人员进行培训，使其掌握设备的操作规程和安全注意事项。

建立完善的管理制度，如设备管理制度、清洁消毒制度等。

以下是一些额外的建议：

使用一次性用品，例如，一次性手套、一次性口罩，可以减少污染和交叉污染的风险。

使用隔离措施，例如，使用隔离柜、隔离室等，可以防止混淆和差错。

使用自动化设备，例如，自清洗设备、自动消毒设备等，可以提高效率，减少人为操作造成的差错。

098 **在建立设备使用、清洁、维护和维修的操作规程时，应当包含哪些关键内容？如何确保相应的操作记录完整、准确并易于追溯？**

在建立设备使用、清洁、维护和维修的操作规程时，应当包含以下关键内容。

1.**设备的标准操作步骤**　设备启动前的检查步骤，包括电源、水源、气源等确认。详细描述设备的正确操作方法，包括启动、运行、监控、停机等步骤，以及各个步骤的关键参数和注意事项。使用人员资格要求及操作权限。

2.**设备的清洁方法和频率**　确定清洁时机，如生产前后、更换产品批次等。明确规定设备的清洁方式、所用清洁剂、清洁步骤以及清洁频率，确保设备始终处于清洁状态，避免污染和交叉污染。清洁效果的检查标准与验证方法。清洁后设备的存放与保护要求。

3.**设备的预防性维护计划**　制定设备的定期维护计划，包括维护项目、维护周期、维护方法以及维护人员的资质要求等，以延长设备的使用寿命并确保其性能稳定。维护所需工具、材料与备件清单。维护后设备的性能确认与安全检查。

4.**设备的故障处理和维修流程**　明确设备发生故障时的处理流程，包括故障报告、故障分析、维修方案制定、维修实施以及维修后的验证等，确保设备的及时修复和恢复使用。

5.**设备的使用和维护培训要求**　规定设备操作和维护人员的培训要求，包括培训内容、培训频次以及培训考核标准等，确保相关人员具备必要的技能和知识。

为确保相应的操作记录完整、准确并易于追溯，应当采取以下措施。

1.为每个操作规程设计标准化的记录表格，明确记录的内容、格式和填写要求，确保记录的一致性和规范性。

2.要求操作人员在执行操作的同时即时填写相应的记录，避免事后补录或遗漏信息。

3.指定专人定期审核操作记录，检查记录的完整性、准确性和合规性，发现问题及时纠正。

4.采用电子化的记录管理系统，通过用户权限控制、数据备份、审计跟踪等功能，提高记录的安全性、可靠性和可追溯性。

5.按照 GMP 要求和公司制度,对操作记录进行分类、编号和归档,确保记录的完整保存和快速检索。

6.将操作记录安全存储在受控环境中,以防止丢失或篡改。

7.建立系统,以便可以根据设备、批次或操作人员追操作记录。例如,使用唯一的批号或序列号来链接操作记录和设备或产品。

8.设立专门的操作记录管理人员或部门,负责监督和审核操作记录的完整性和准确性。

9.将操作记录与设备维护和维修计划相结合,以便在设备出现问题时追溯操作过程和原因。

099 设备使用、清洁、维护和维修的操作规程是如何确保被有效执行的,并且相关的操作记录是如何保存和管理的?

为确保设备使用、清洁、维护和维修的操作规程被有效执行,并使相关操作记录得到妥善保存和管理,可采取以下措施。

一、确保设备使用、清洁、维护和维修操作规程有效执行的方法

1.将操作规程纳入公司的质量管理体系,明确规程的制定、审核、批准和发布流程,确保规程的合规性和权威性。

2.将操作规程的执行纳入日常工作流程,明确各个岗位的职责和要求,确保规程在生产运营中得到有效落实。

3.为操作人员提供详细的操作手册,并定期进行培训,确保每位员工都理解并能够准确执行这些操作规程。培训应包括理论学习和实际操作。

4.明确规定每个操作步骤的责任人员,确保每个环节都有明确的执行者和监督者。

5.定期对人员进行操作技能和规程执行情况的考核,评估培训效果,并对不合格人员进行再培训或调岗。

6.建立绩效指标来衡量操作规程的有效性,如设备故障率或清洁验证结果。

7.建立激励机制以表彰规程执行的优秀员工,同时对违反操作规程的行为实施纪律措施。

8.建立操作规程执行的监督检查机制,由质量管理部门或其他指定部门定期对生产现场进行检查,确认规程得到有效执行。

9.对发现的违规行为或缺陷及时采取纠正和预防措施(CAPA),并跟踪验证措施的有效性。

二、操作记录的保存与管理

1.建立操作记录的标准格式,规定记录的内容、填写要求和审核流程,确保记录的规范性和完整性。

2.明确操作记录的保存期限和存储条件,确保记录在合规期内得到妥善保管,避免损毁或丢失。

3. 建立操作记录的检索和调阅机制，确保记录能够快速准确地提供给内外部审核或检查。

4. 指定一个安全且受控的环境来存储操作记录。

5. 用电子记录管理系统来集中存储和管理操作记录，确保数据完整性和安全性。

6. 限制对操作记录的访问，仅限于授权人员。

7. 定期对电子记录进行备份，并采取适当的安全措施保护记录不被未授权访问、修改或丢失。

8. 实施审计追踪系统，以记录对操作记录所做的任何更改或修改。

9. 定期审核操作记录，确保其完整性和准确性。必要时更新记录保持信息的最新状态。

10. 确保记录保存和管理的做法符合相关的法律法规和行业指南，如 GMP 要求和数据保护法规。

100 企业在建立并保存设备采购、安装、确认的文件和记录时，应遵循哪些原则和步骤以确保这些文件和记录的合规性和可靠性？

为了符合 GMP 要求，药品生产企业在建立并保存设备采购、安装、确认的文件和记录时，应遵循以下原则和步骤。

一、遵循原则

1.**合规性原则** 确保所有文件和记录符合 GMP 的要求。

遵守国家食品药品监督管理局等相关监管机构的规定和指导原则。

2.**完整性原则** 文件和记录应包含所有必要的信息，如设备的规格、型号、制造商、使用范围、安装位置、操作参数等。

记录应详细记录设备的采购、安装、调试、确认、维护和维修等活动的所有关键细节。

3.**准确性原则** 确保文件和记录中的信息准确无误，反映实际情况。

定期复核文件和记录，以纠正任何错误或不一致之处。

4.**清晰性原则** 文件和记录应清晰、易于理解，避免使用模糊或含糊的语言。

使用标准化的表格、模板和格式，以便于数据的一致性和比较。

5.**可追溯性原则** 确保文件和记录能够追溯到具体的设备、人员、时间、活动和决策。

为文件和记录分配唯一标识符，以便于追踪和检索。

6.**保护原则** 采取措施保护文件和记录不受损害、丢失或未经授权的更改。

实施适当的文件管理程序，包括归档、存储、备份和访问控制。

7.**持续改进原则** 定期审查文件和记录管理程序，以识别任何潜在的改进机会。

根据监管要求和内部审计的结果，更新文件和记录管理流程。

8.**真实性原则** 记录的信息必须真实、准确，反映设备的实际状态和操作过程。

9.**保密性原则**　对于涉及商业秘密或个人隐私的文件和记录，应妥善保护，防止泄露。

10.**易于访问原则**　文件和记录应便于查阅，以便于内部审核和外部检查。

二、实施步骤

1.**设备采购**　建立设备采购规范，包括技术要求、质量标准和供应商资格。

通过审核供应商的资质、质量管理体系、历史业绩等，评估和选择合格的供应商。

制定采购订单，明确设备规格、交货时间表和验收标准。

保存所有相关文件，包括需求文件、供应商评估记录、采购合同等。

2.**设备安装**　制定详细的安装计划和步骤，包括安装步骤、时间安排、所需工具和人员等。

按照计划进行设备安装，确保安装符合技术要求。

由专业人员进行安装，确保安装质量。

对安装过程进行检查和确认，确保设备安装正确无误。

保存安装计划、安装记录、安装确认记录等文件。详细记录安装过程和结果，包括使用的工具、材料和人员。

3.**设备确认**

（1）设计确认（DQ）：确认设备设计符合需求和规范。编制 DQ 计划和报告。保存设计图纸、技术规格等文件。

（2）安装确认（IQ）：确认设备安装符合设计要求。编制 IQ 计划和报告。记录安装检查结果、设备标识、安装环境等。

（3）运行确认（OQ）：确认设备在空载和负载条件下能正常运行。编制 OQ 计划和报告。记录运行测试结果、参数设置等。

（4）性能确认（PQ）：确认设备在实际生产条件下能稳定运行，达到预期性能。编制 PQ 计划和报告。记录性能测试结果、产品质量数据等。

4.**文件和记录管理**　按照 GMP 要求编制和审核相关文件。

建立文件和记录管理统，以确保文件和记录的完整性、可追溯性和可访问性。

按照规定的保存期限和方式保存文件和记录。

定期审查和更新文件和记录，以反映设备的变更和维护。

存档文件和记录，以满足法规要求和审计目的。

对相关人员进行培训，确保其了解和遵循文件和记录管理的要求。

101 关于设备的采购、安装和确认过程，企业应建立和保存哪些文件和记录？这些文件和记录对于确保设备符合预定用途和 GMP 标准有何重要意义？

一、企业需要建立并保存的文件和记录

企业在设备的采购、安装和确认过程中应建立和保存一系列详尽的文件和记录，以

确保符合 GMP 和其他相关法规的要求。这些文件和记录主要包括但不限于以下几类。

1.**设备采购记录** 采购申请和批准文件。

设备规格书和技术要求。

供应商评估报告和选择记录。

采购订单和合同。

设备的交付和验收记录。

付款凭证和发票。

2.**设备安装记录** 安装计划和日程安排。

安装过程中的检查和测试记录。

安装完成的确认报告（IQ）。

安装过程中的问题记录和解决措施。

3.**设备确认记录** 操作性能确认报告（OQ）。

性能资格确认报告（PQ）。

设备校准和维护记录。

设备使用过程中的性能监控记录。

4.**设备相关文件** 设备制造商提供的技术文件，如操作手册、维护指南、零件清单等。

设备的图纸和设计规格。

设备的安全和风险评估报告。

5.**设备使用和维护记录** 设备使用日志，记录使用时间、操作人员、生产批次等信息。

设备清洁、消毒和灭菌记录。

设备维护和维修计划及执行记录。

故障报告和故障排除记录。

6.**审核和检查记录** 内部或外部审计报告。

监管机构的检查记录和反馈。

7.**变更管理记录** 设备改造或升级的申请、评估和批准记录。

变更实施后的验证和确认记录。

二、保存文件和记录的意义

依据 GMP，企业在设备的全生命周期管理中，特别是在采购、安装及确认阶段，所建立并保存的文件和记录，对于确保设备符合预定用途和 GMP 标准具有至关重要的意义。

首先，这些文件和记录是设备合规性的直接证据。在药品生产过程中，设备必须符合 GMP 标准，以确保药品的安全性和有效性。通过查看设备的采购、安装和确认文件，监管部门可以验证企业是否选择了合适的设备，是否正确安装了设备，并进行了必要的确认工作。这些文件和记录是企业对设备合规性的自我证明，也是监管部门进行审查的重要依据。

其次，这些文件和记录有助于企业实现设备的可追溯性。在设备的全生命周期中，从采购到安装、使用、维护和报废，每一个环节都需要有详细的记录。这有助于企业在设备出现问题时，迅速定位问题源头，采取有效的纠正和预防措施。同时，这些记录还可以用于对设备的性能和使用情况进行评估，为企业的设备更新和替换提供决策依据。

再次，保存完整的设备和记录还有助于企业进行持续改进。通过对设备采购、安装和确认过程中的数据和经验进行总结和分析，企业可以发现可能存在的问题和不足，进而优化设备选择、安装和确认流程。这不仅可以提高企业的生产效率，还可以降低设备故障率，减少生产过程中的风险。记录可以为企业提供数据支持，帮助进行数据分析和评估，发现不足之处并持续改进设备管理水平，确保符合最新 GMP 标准要求。

最后，这些文件和记录可以为企业提供审计与认证支持。在企业面临内部审计或外部第三方认证时，这些文件和记录是审核过程中的核心材料，有助于顺利通过审核，获得或维持必要的认证和许可。

第二节　设计和安装

102　如何防止生产设备与药品发生化学反应、吸附药品或向药品中释放物质？

为了防止生产设备与药品发生化学反应、吸附药品或向药品中释放物质，可以采取以下措施。

1.选用合适的材料　根据生产药品的特性和生产工艺的要求，选择不与药品发生化学反应的设备材料。例如，对于酸性或碱性药品，应选用耐酸碱腐蚀的材料。使用惰性材料，如不锈钢、聚四氟乙烯等，这些材料不易与药品发生反应，且不易吸附或释放物质。

2.验证设备的相容性　在使用前，应该通过实验验证设备材质与药品的相容性，确保不会发生反应、吸附或释放。

3.迁移测试　进行迁移测试，确保设备材料不会向药品中释放有害物质。

4.设备表面处理　对生产设备进行适当的表面处理，以减少药品与设备表面的相互作用。例如，可以采用涂层、电镀或钝化等方法，提高设备表面的耐腐蚀性和稳定性。在设备表面涂覆防护涂层，如聚四氟乙烯（PTFE）涂层，以防止发生化学反应和吸附。对金属表面进行抛光处理，减少表面粗糙度，降低吸附风险。

5.清洁和消毒　定期对生产设备进行彻底清洁和消毒，确保设备表面无残留物和微生物。使用合适的清洁剂和消毒剂，遵循正确的清洁程序，以确保设备在生产过程中保持清洁。

6.验证和监测　对生产设备进行定期的验证和监测，确保其性能和安全性。这包括对设备材料、表面处理、清洁程序等进行检查和评估，以确保它们符合生产要求。

7.隔离和密封　在可能的情况下，使用隔离技术和密封设备，以减少药品与设备之间的直接接触。例如，在药品生产过程中使用隔离器或密封的管道和容器。在药品与设备之间设置一层隔离材料，避免两者直接接触。隔离材料可以是一次性使用的塑料袋、薄膜等。

8.培训和操作规范　对操作人员进行定期培训，确保他们了解如何正确使用和维护生产设备，以及如何避免药品与设备之间的不良相互作用。同时，制定严格的操作规范，确保生产过程中的每一步都符合质量要求。

9.质量控制　实施严格的质量控制措施，对生产过程中的原料、半成品和成品进行定期检测，以确保药品的质量和安全。

10.设备维护和保养　定期对生产设备进行维护和保养，确保其处于良好的工作状态。这包括更换磨损的部件、检查设备的密封性和性能等。

11.控制生产环境　温度、湿度、压力等环境因素会影响药品与设备的相互作用，要严格控制在规定范围内。

12.缩短药品在设备中的停留时间　停留时间越长，发生相互作用的机会越大。要优化工艺，减少不必要的滞留。

103 如何验证生产设备表面的平整度、光洁度以及耐腐蚀性，以确保它们符合与药品直接接触的要求？

验证生产设备表面的平整度、光洁度以及耐腐蚀性，以确保它们符合与药品直接接触的要求，通常涉及以下几种方法和步骤。

1.视觉检查　首先进行目视检查，评估设备表面是否有划痕、凹陷、凸起、锈蚀或任何不规则之处。虽然这是一种主观的方法，但可以快速识别出明显的缺陷。

2.表面粗糙度测量　使用表面粗糙度仪（如触针式粗糙度仪）来量化表面的粗糙度，确保其达到规定的Ra（算术平均偏差）或Rz（最大高度）值。这些数值反映了表面的微观几何形状，越低的数值代表越光滑的表面。

3.光泽度测量　光泽度是衡量表面反射光线能力的指标，对于某些设备而言，高光泽度可能是清洁度和易清洁性的标志。使用光泽度仪测量设备表面的光泽度，确保其符合标准。

4.耐腐蚀试验　盐雾试验：模拟海洋大气环境，通过将设备暴露在盐雾环境中一定时间，观察是否有腐蚀迹象，评估其耐腐蚀性。

湿热试验：将设备置于高温高湿环境中，观察其是否出现腐蚀、锈蚀等问题。这种方法主要用于评估设备在高温高湿条件下的耐腐蚀性。

化学浸泡试验：将设备部件或样本浸泡在模拟药品或腐蚀性溶液中，检测材质的耐受性。

电化学测试：如极化曲线测试，评估材料的腐蚀电位和电流，预测其在特定介质中的腐蚀倾向。

5.材料分析　通过化学分析或光谱分析（如X射线荧光光谱仪、原子吸收光谱仪）确认设备材质，确保使用的是医药级或食品级材料，不易与药品发生化学反应。

6.清洁验证　通过清洁性验证试验来确认设备表面能够被有效地清洁，不会留下污染物质。使用适当的清洁方法和试剂，确保清洁过程不会损害表面光洁度和完整性。通过实际清洁过程，验证设备表面是否能被有效清洁至预定标准，包括但不限于ATP生物荧光测试、残留物检测等。

7.官方标准参照　参考国家或国际标准，如ISO、ASTM标准中关于表面处理、材料耐腐蚀性等的具体要求，确保验证方法和结果符合行业标准。

通过以上这些验证方法，可以全面评估生产设备表面特性，确保其在与药品直接接触时既不会污染药品，也能保持长期的稳定性和安全性。

104　如何确保生产设备不会对药品质量产生任何不利影响？

为确保生产设备不会对药品质量产生任何不利影响，可以采取以下措施。

1.设备材质选择　选择与药品不反应、不吸附药品或不释放物质的材料。考虑材料的耐腐蚀性、耐热性和生物相容性。选择适用于药品生产的惰性材料，如316L不锈钢、硼硅玻璃、特氟龙等，避免材质与药品发生反应或相互作用。

2.表面处理　对设备表面进行电解抛光、钝化等处理，使表面光滑、耐腐蚀，减少药品残留风险。

3.可清洁性设计　设备应采用易于清洁的设计，尽量减少死角、缝隙等难以清洁的部位，便于清洁验证。

4.密封性　设备连接部位应采用高质量的密封材料，确保良好的密封性，防止泄漏或交叉污染。

5.清洁验证　制定严格的清洁操作规程，并对清洁效果进行验证，确保残留在设备表面的物料低于限度。

6.材料相容性研究　使用前应进行药品与设备材质的相容性研究，模拟生产条件，考察药品的吸附、降解等情况。

7.设备维护　制定设备维护保养计划，定期检查和维护，及时更换易损件，确保设备性能稳定。

8.变更控制　设备如有变更，应评估其对药品质量的影响，必要时重新进行验证。

9.人员培训　加强从业人员的培训，规范操作，防止人为因素导致污染。

10.质量监测　对药品生产全过程进行质量监测，包括设备清洁后的残留监测，及时发现和解决问题。

11.风险评估　定期进行风险评估，以识别和评估设备对药品质量的潜在风险。制定缓解措施以降低或消除些风险。

12.设备校验与监测　定期对生产设备进行校验，确保其准确性和性能稳定。使用传感器和监测系统实时监控设备的关键参数，如温度、压力、流速等。

只有严格遵循GMP要求，从设备设计、选材、制造、安装、使用、维护等各个环节入手，并辅以完善的质量管理体系，才能最大限度地降低设备对药品质量的不利影响，确保药品的安全性和有效性。

105 **在药品生产过程中，如何保证所使用的衡器、量具、仪器和仪表的适当量程和精度？**

在药品生产过程中，确保所使用的衡器、量具、仪器和仪表的适当量程和精度是至关重要的，这直接关系到药品的质量控制和生产过程的准确性。以下是一些关键措施来确保这些工具的准确性和可靠性。

1.选择合适的量程　在选择衡器、量具、仪器和仪表时，首先要考虑其量程是否满足生产过程中的测量需求。

量程应覆盖生产过程中可能遇到的最大和最小值，以确保在所有情况下都能获得准确的测量结果。

2.确保精度要求　根据生产过程的精度要求，选择具有相应精度的测量工具。

对于关键的质量控制点，可能需要使用更高精度的测量设备来确保产品质量的稳定性。

3.定期校准和维护　制定详细的校准计划，并按照计划定期对衡器、量具、仪器和仪表进行校准。这可以通过与已知准确度的标准器进行比较来完成。

校准过程中应记录所有相关数据，并根据需要进行调整或维修。

对于关键设备，可能需要更频繁的校准以确保其始终处于最佳状态。

4.正确使用和保养　操作人员应接受专业培训，以正确使用和保养测量工具。这包括了解如何避免误差、如何处理异常情况以及如何维护设备的良好状态。

定期清洁设备，避免灰尘和污垢对测量结果产生影响。

5.及时更换损坏或老化的设备　对于损坏严重或老化的衡器、量具、仪器和仪表，应及时更换以确保测量结果的准确性。

建立设备更换计划，并根据设备的使用情况和制造商的建议进行定期更换。

6.建立严格的测量程序　制定标准化的测量程序，确保所有操作人员都遵循相同的步骤和方法进行测量。

在测量过程中实施质量控制措施，如重复测量、使用不同的设备进行比对等，以提高测量结果的可靠性。

7.记录和监控　对所有测量结果进行详细记录，包括测量时间、设备编号、操作人员等信息。

定期对测量数据进行统计和分析，以便及时发现潜在的问题并采取相应的改进措施。

8.异常处理 设立明确的异常处理流程，当设备出现超出允许误差范围的情况时，立即停止使用，进行调查并重新校准或维修，必要时更换设备。

9.环境控制 控制实验室或生产区域的环境条件，如温度、湿度等，以减少环境因素对测量精度的影响。

10.性能监控 定期对设备的性能进行监控，通过比对校准结果和实际测量值来确认设备的准确性。

106 如何确保衡器、量具、仪器和仪表的使用和维护符合 GMP 要求？

为确保衡器、量具、仪器和仪表的使用和维护符合 GMP 要求，企业应遵循以下步骤和措施。

1. 所有用于 GMP 生产的衡器、量具、仪器和仪表都应定期进行校准和验证，以确保其测量的准确性和可靠性。

2. 制定详细的校准计划，包括校准周期、校准方法和校准合格标准。

3. 校准完成后，应保存详细的校准记录，包括校准日期、校准参数、校准结果和执行校准的人员。

4. 在使用衡器、量具、仪器和仪表前，操作人员应进行必要的检查，确保设备处于适当的工作状态。

5. 对操作衡器、量具、仪器和仪表的人员进行适当的培训，确保他们了解设备的正确使用方法和日常维护要求。

6. 制定和执行设备的维护和清洁规程，防止设备污染或损坏。

7. 对所有衡器、量具、仪器和仪表进行标识，包括校准状态标识、维护标识和使用限制（如测量范围、精度等）。

8. 当设备出现故障时，应立即停止使用，并按照既定的程序进行维修或更换。

9. 任何对衡器、量具、仪器和仪表的变更都应经过评估和批准，以确保变更不会影响产品质量。

10. 定期对衡器、量具、仪器和仪表的使用和维护进行风险评估，以识别潜在的风险并采取适当的控制措施。

11. 选择合格的校准服务供应商，并确保他们了解 GMP 要求。与设备供应商保持良好沟通，获取技术支持和培训。

12. 确保所有衡器、量具、仪器和仪表的使用和维护符合企业的质量标准和操作规程。

13. 定期进行内部审核和检查，以确保衡器、量具、仪器和仪表的使用和维护符合 GMP 要求。

14. 评估设备故障或错误校准可能对产品质量造成的影响。实施风险控制措施，如冗余系统或备用设备，以减少生产中断的风险。

15. 保持适宜的使用环境，避免环境因素影响设备性能。

16. 确保有充足的合适备件，以保证及时维修。

107 在选择清洗、清洁设备时，应考虑哪些因素以防止这些设备本身成为药品生产的污染源？

在选择清洗、清洁设备时，为防止这些设备本身成为药品生产的污染源，应考虑以下因素。

1.**材质与兼容性** 选择与药品接触部分为医药级或食品级材料的设备，如316L不锈钢，确保材料不会与药品发生化学反应，也不会释放污染物。

2.**清洁与消毒能力** 设备设计应易于清洁和消毒，无死角、缝隙，表面光滑，最好能拆卸以便于深入清洁。同时，考虑设备是否支持CIP（就地清洗）和SIP（就地灭菌）功能。

3.**验证与认证** 选择经过验证和认证的清洗设备，如符合GMP、FDA或其他国际标准的设备，确保其设计、制造和性能满足高标准的卫生要求。

4.**自动化程度** 优先考虑自动化清洗设备，减少人工操作带来的污染风险。自动化设备能提供一致的清洗效果，减少人为错误。

5.**监测与控制** 设备应配备适当的监测和控制系统，如温度、压力、清洗剂浓度等的自动控制，确保清洗过程的有效性与重复性。

6.**维护与耐用性** 选择耐用性强、易于维护的设备，减少因设备老化或故障导致的污染风险。良好的维护计划和易获取的替换部件也是重要考虑因素。

7.**供应商资质** 考虑设备供应商的信誉、技术支持能力和服务网络，确保能够及时获得专业的维护和咨询服务。

8.**环保与安全** 设备的清洗剂使用和排放应符合环保要求，设备操作应安全可靠，避免对操作人员和环境造成危害。

9.**灵活性与扩展性** 根据生产需求的变化，选择具有灵活性和可扩展性的设备，以适应不同种类药品和生产规模的需求。

10.**培训与支持** 供应商应提供充分的设备操作和维护培训，确保操作人员能正确使用设备，减少误操作导致的污染风险。

108 清洗设备对药品质量有什么具体影响？

清洗设备对药品质量有直接影响，具体体现在以下几个方面。

1.清洗设备能够彻底清洁生产设备和器具，有效去除残留物，从而防止不同批次、不同药品之间的交叉污染。这种交叉污染可能导致药品成分混杂，影响药品的纯度和质量。

2.通过清洗设备对生产设备和器具进行定期和彻底的清洗，可以去除可能存在的微生物和其他污染物，从而确保药品在生产过程中的安全性。如果清洗不彻底，设备表面可能会滋生微生物，如细菌、霉菌等，这些微生物会污染药品，影响药品的安全性和有效性，可能导致药品变质、降低疗效，甚至对患者健康构成威胁。

3.清洗设备不仅可以确保药品质量，还可以延长生产设备的使用寿命。及时清理设备和器具上的污染物和腐蚀物，可以避免设备的损坏和生锈，保持设备的良好性能和使用寿命。

4.干净的设备和器具能够提高生产效率。如果设备和器具没有得到及时清洗，残留物可能会影响下一批次药品的生产，导致生产过程中的问题和延误。而定期清洗可以确保生产流程的顺畅进行。

5.药品生产必须遵守严格的法规和标准。通过使用清洗设备确保生产设备和器具的清洁度，可以帮助药品生产企业符合相关法规要求，避免因设备清洁问题而导致的法律纠纷和经济损失。

6.残留的清洁剂、消毒剂或之前批次的药物成分可能会与下一批次的原料发生化学反应，影响药品的化学稳定性，改变药物的性质，降低药效或产生有害副产物。

7.由于清洗不彻底导致的污染问题可能导致药品召回，这不仅带来经济损失，还可能损害企业的声誉。

109 在选用设备润滑剂、冷却剂时，如何权衡其级别与药品生产的相容性，确保不会造成污染？

在制药行业中，选择设备润滑剂和冷却剂时，确保其与药品生产的相容性并防止污染是至关重要的。以下是一些关键步骤和考虑因素，以帮助进行合理的权衡和选择。

1.确定药品生产要求 了解药品生产工艺中使用的特定设备和材料，确定对润滑剂和冷却剂的性能和安全性要求，包括润滑性、冷却效率、化学惰性、生物相容性。

2.研究润滑剂和冷却剂的成分 仔细审查润滑剂和冷却剂的安全数据表（SDS），识别任何可能与药品或生产工艺相互作用的成分，考虑成分的毒性、致敏性、挥发性和反应性。

3.评估润滑剂和冷却剂的级别 确定润滑剂和冷却剂级别，如食品级、医药级或工业级。

了解不同级别的含义，包括食品级，符合食品法规，通常具有较低的毒性；医药级，专门设计用于药品生产，具有更高的纯度和生物相容性；工业级，通常用于一般工业应用，可能含有对药品生产不合适的成分。

4.考虑交叉污染风险 评估润滑剂和冷却剂与药品接触的可能性，确定任何潜在的交叉污染途径，如泄漏、飞溅或蒸发。采取措施最大限度地减少交叉污染风险，如使用密封系统物理屏障。

5.进行兼容性测试 在实际生产条件下进行兼容性测试，以验证润滑剂和冷却剂不会对药品造成污染。

测试应包括接触测试，将润滑剂或冷却剂与药品接触，以评估它们之间是否存在相互作用；浸出测试，将药品浸入润滑剂或冷却剂中，以测量任何成分的浸出。

6.保持监测和控制 定期监测润滑剂和冷却剂的状况，以确保它们仍然符合药品生产要求。实施质量控制程序，以防止污染和确保产品安全。

7.制定操作规程 制定明确的操作规程，指导员工如何选择、储存、使用和更换润滑剂和冷却剂。确保操作人员在处理这些化学品时接受适当的培训，并了解相关的安全注意事项。

110 如何选择食用级或级别相当的润滑剂？

在药品生产过程中，选择食用级或级别相当的润滑剂是至关重要的，因为润滑剂可能会接触到药品或药品容器，从而影响药品的质量和安全性。

一、理解定义

1.食用级润滑剂 食用级润滑剂是指符合食品接触材料安全标准的润滑剂，这些润滑剂在偶然接触食品或药品时不会对其造成污染或危害。这些润滑剂经过严格的测试，以确保它们不会对食品造成污染或危害。通常，这些润滑剂需要符合美国国家卫生基金会（NSF）的H1标准或其他类似的国际标准。

2.级别相当的润滑剂 级别相当的润滑剂是指虽然不符合食用级标准，但具有与食用级润滑剂相似的性能和安全性，这些润滑剂通常用于药品生产中，因为它们不会对药品造成污染，并且具有良好的润滑性能。

二、确认润滑剂的认证和标准

在选择润滑剂时，应确认其是否具有相关的认证和符合标准。

NSF H1认证：表示润滑剂适用于偶然接触食品的场合。

ISO 21469认证：确保润滑剂在生产过程中符合卫生要求。

FDA 21 CFR 178.3570：美国食品药品监督管理局（FDA）规定的食品级润滑剂标准。

三、评估润滑剂的成分

选择润滑剂时，应仔细评估其成分，确保其不含有害物质。常见的食用级润滑剂成分包括以下内容。

白油（矿物油）：经过高度精炼，适用于食品和药品生产。

合成酯：具有良好的润滑性能和热稳定性。

聚醚：适用于高温环境，具有良好的润滑性能。

四、选择标准

在选择食用级或级别相当的润滑剂时，应考虑以下标准。

1. 润滑剂不得对药品或容器造成污染，并且不得对患者健康构成风险。

2. 润滑剂应具有良好的润滑性能，以确保设备平稳运行。

3. 润滑剂应具有良好的耐用性，以延长设备的使用寿命。

4. 润滑剂应与设备材料兼容，不会引起腐蚀或其他问题。

5. 润滑剂应保持清洁，以防止污染药品或容器。

五、考虑润滑剂的应用环境

不同的生产设备和工艺对润滑剂的要求可能不同。在选择润滑剂时，应考虑其在特定环境下的性能。

温度范围：润滑剂应在设备的工作温度范围内保持稳定。

抗氧化性：润滑剂应具有良好的抗氧化性能，以防止在高温下分解。

抗水性：在潮湿环境中，润滑剂应具有良好的抗水性能。

六、进行风险评估和验证

在正式使用润滑剂之前，应进行全面的风险评估和验证，确保其不会对药品或容器造成污染。具体包括以下内容。

小规模试验：在实际生产前进行小规模试验，观察润滑剂的性能和对产品的影响。

定期监测：在使用过程中定期监测润滑剂的状态和设备的运行情况，确保其持续符合要求。

污染控制：建立严格的污染控制措施，防止润滑剂与药品直接接触。

七、选择步骤

选择食用级或级别相当的润滑剂时，应遵循以下步骤。

1. 了解设备的润滑要求，包括润滑剂的类型、黏度和数量。

2. 向润滑剂供应商咨询，了解其产品是否符合食用级或级别相当的标准。

3. 索取润滑剂的技术资料，包括安全数据表（SDS）和测试报告。

4. 评估润滑剂的安全性，确保它不会对药品或容器造成污染。

5. 在设备上进行小规模测试，以验证润滑剂的性能和兼容性。

6. 在验证润滑剂符合要求后，批准其在药品生产过程中使用。

111　在药品生产过程中，生产用模具的管理为何如此重要？

在药品生产过程中，生产用模具的管理至关重要。

1. 模具直接决定了药品的尺寸、形状、重量及外观等物理特性，其精度和一致性对药品的剂量准确性、吸收效果及患者安全有直接影响。良好的模具管理能保证药品质量的稳定性和均一性。

2. 高效的模具管理能减少生产准备时间，如通过快速换模系统减少模具更换时间，提高设备利用率，增加生产批次间的连贯性，从而提升整体生产效率。

3. 模具的磨损、损坏或不当使用会导致产品缺陷，如裂片、尺寸不符或重量偏差，这些问题会增加废品率。定期维护和质量监控能减少这类问题，节约成本。

4.药品生产必须遵循GMP标准，模具的管理也需符合相关法规要求，包括但不限于模具的验证、清洁、维护记录的完整性，以确保整个生产过程的可追溯性。

5.通过优化模具设计和使用高效生产技术，如红外压片模具的应用，可以减少能源消耗和原材料浪费，有利于环境保护和可持续生产。

6.不断改进和创新模具设计，采用新材料和新技术，可以提升药品的市场竞争力，满足更复杂和高质量的药品生产需求。

7.良好的模具管理系统能够预见并解决潜在问题，如模具失效预测，避免生产中断，减少对药品供应链的负面影响。

112 在制定生产用模具相关操作规程时，应重点关注哪些环节的规范化管理，以保证模具质量与药品生产安全？

在制定生产用模具相关操作规程时，应重点关注以下几个环节的规范化管理，以保证模具质量与药品生产安全。

1.**模具设计与采购**　明确模具设计的要求，包括尺寸、材料、精度和表面处理等，确保设计符合生产需求。

规定模具采购的流程和标准，确保从合格供应商处采购符合质量要求的模具。

2.**模具验收与安装**　制定模具验收标准，包括外观检查、尺寸检测和功能性测试。

明确模具的安装步骤和注意事项，确保模具正确安装并固定在设备上。

3.**模具使用与操作**　详细说明模具的使用方法，包括开机前检查、操作过程中的注意事项和停机后的维护保养。

强调操作人员的安全培训，确保他们了解如何安全、正确地操作模具。

4.**模具清洁与消毒**　制定模具清洁和消毒的程序，包括清洁剂的选择、清洁方法和频率。

确保清洁和消毒过程不会对模具材料或药品造成不良影响。

5.**模具维护与保养**　制定模具的维护保养计划，包括定期检查、润滑、调整和更换磨损部件。

记录维护保养活动，以便跟踪模具的状态和历史。

6.**模具更换与报废**　规定模具更换的条件和流程，包括评估模具性能和确定更换时机。

明确模具报废的标准和程序，确保报废模具得到妥善处理，不会对药品生产造成风险。

7.**记录与文档管理**　要求记录模具的所有操作和维护活动，包括使用记录、清洁消毒记录和维护保养记录。

确保文档管理的规范性和可追溯性，以便于审计和质量控制。

8.**质量控制与持续改进**　将模具管理纳入质量控制体系，定期评估模具对产品质量的影响。

根据质量反馈和生产经验，持续改进模具管理流程和操作规程。

9.**记录与追溯**　建立健全的模具管理记录系统，包括采购、验收、使用、维护、校验、报废等全过程的记录，确保信息的完整性和可追溯性。

第三节　维护和维修

113　在进行设备维护和维修时，应采取哪些措施来确保不影响产品质量？

在进行药品生产设备维护和维修时，为确保不影响产品质量，应采取以下措施。

1.**制定科学的维护计划**　根据设备制造商的推荐和设备的实际使用情况，制定预防性维护计划。

定期对设备进行清洁、检查、调整和更换易损件，以保持设备的最佳状态。

2.**严格执行维修流程**　在维修前，对设备进行全面的检查，准确诊断问题所在。

使用合格的备件和材料，按照制造商的维修指南进行操作。

维修完成后，进行设备的功能测试和性能验证，确保设备恢复正常工作状态。

3.**加强人员培训和管理**　对维护和维修人员进行定期培训，提高他们的专业技能和操作水平。

确保维修人员了解设备的结构、原理和性能，以及维修过程中的安全注意事项。

4.**建立设备维护和维修记录**　对每次的维护和维修活动进行详细记录，包括时间、人员、维修内容等。

这些记录可以用于追溯设备的维护历史，为未来的维修工作提供参考。

5.**采取适当的隔离措施**　在设备维修期间，应采取措施将维修区域与药品生产区域隔离开来，防止污染。

使用适当的防护罩、袋子或其他屏障来保护设备，避免灰尘、污垢或其他污染物进入设备内部。

6.**进行设备清洁和验证**　维修完成后，必须对设备进行彻底的清洁，以去除任何可能的污染物。

在设备重新投入生产前，应进行验证测试，确保设备的性能和准确性不受影响。

7.**持续监控**　在设备维修后的一段时间内，增加对设备性能和产品质量的监控频率。

定期评估设备的运行状态和产品质量，以便及时发现并解决问题。

8.**风险评估**　在进行任何非标准的维护或维修工作时，进行风险评估，识别潜在的风险并采取相应的缓解措施。

评估应考虑设备的关键性、维护活动的复杂性和对产品的影响。

9.**使用正确的工具和材料**　使用专为药品生产设备设计的工具和材料，确保它们不会对设备或产品造成污染。

在必要时，使用食品级或药用级的润滑剂和清洁剂。

10.**变更控制**　对设备进行任何可能影响产品质量的改动或升级时，需执行变更控制程序，评估变更对产品和工艺的影响，获得批准后方可实施。

11.**环境控制**　在维修过程中，维持维修区域的环境条件，如温度、湿度、洁净度等，符合药品生产要求，防止外部环境对维修作业或设备造成不利影响。

114　设备的预防性维护计划和操作规程应该包含哪些内容？

设备的预防性维护计划和操作规程是确保设备高效运行、延长使用寿命、减少故障停机的关键文件。

一、预防性维护计划内容

1. 列出所有需要预防性维护的设备及其位置。

2. 详细描述每项预防性维护任务，包括清洁、润滑、校准、检查和调整等。

3. 指定每项维护任务的执行频率，如每日、每周、每月、每季度、每年等。

4. 提供每项维护任务应达到的标准或验收标准。

5. 列出执行维护所需的资源，包括人员、工具、备件、材料和特殊设备。

6. 指定负责执行每项维护任务的人员或团队。

7. 强调在执行维护任务时应遵守的安全准则和紧急程序。

8. 说明如何记录维护活动，包括所使用的表格或软件系统。

9. 规定定期审查维护计划的时间表，以及如何根据设备性能和维护数据进行改进。

10. 设定检查项目和合格标准，确保维护工作达到预期效果。

11. 规定操作人员和维护人员的培训要求，确保他们了解设备操作和维护规程。

二、设备操作规程内容

1. 简要描述设备的功能、主要组件和用途。

2. 列出让设备进入运行状态前必须完成的所有检查。

3. 详细说明设备的操作步骤，包括启动、运行、调整和停止。

4. 强调操作过程中应遵守的安全规则和警示。

5. 指导操作人员如何处理设备运行中出现的异常情况。

6. 提供设备紧急停止的明确步骤和注意事项。

7. 描述日常维护和清洁的步骤，以及推荐的清洁方法和材料。

8. 如果适用，说明设备的校准和验证程序。

9. 规定操作过程中应记录的数据和信息，以及记录的方法。

10. 记录操作规程的版本历史和每次修订的内容。

11. 提供设备手册、图纸、供应商联系方式等辅助资料的索引。

115 设备的预防性维护计划和操作规程应该如何制定？

制定设备的预防性维护计划和操作规程是一个系统且细致的过程，需要综合考虑设备特性、生产需求、安全规范及行业标准。

一、预防性维护计划制定步骤

1. 首先，对所有设备进行全面评估，包括设备的类型、使用年限、历史故障记录、制造商推荐的维护周期等，确定设备的重要性和潜在风险。

2. 基于设备评估，确定每台设备需要维护的项目，比如定期检查、清洁、润滑、更换易损件等。

3. 根据设备特性和使用强度，设定合理的维护频率。可以参考制造商的建议、行业标准及过往经验来决定。

4. 安排必要的资源，包括人员、工具、备件、耗材等，确保维护工作顺利进行。

5. 制定详细的维护计划文档，明确每项维护任务的步骤、责任人员、所需时间和标准。

6. 对操作人员和维护团队进行培训，确保他们理解维护计划的内容和重要性，同时加强团队间的信息交流。

7. 按照计划执行维护工作，建立监督机制，跟踪维护进度和效果，收集反馈进行持续改进。

8. 详细记录每次维护活动的数据，分析维护效果，评估维护计划的有效性，适时调整计划。

二、操作规程制定步骤

1. 收集设备的技术说明书、安全标准、以往的操作经验等资料。

2. 基于设备特性，明确设备操作的每个步骤，包括开机前检查、正常操作、异常处理、停机流程等。

3. 明确操作过程中的安全注意事项，制定紧急情况下的应对措施。

4. 编写操作规程文档，语言要简洁明了，易于理解，确保操作人员能准确执行。

5. 必要时，加入设备示意图、操作流程图等，帮助理解复杂操作步骤。

6. 由技术专家、安全管理团队和相关部门审阅规程，确保内容准确无误，符合安全和质量标准。

7. 对操作人员进行规程培训，确保他们完全掌握，必要时进行操作考核。

8. 随着设备的升级、技术进步或操作经验的积累，定期回顾并更新操作规程。

116 如果再确认结果显示设备不符合要求，应该采取哪些纠正措施，并如何验证这些措施的有效性？

如果再确认结果显示设备不符合要求，应该采取以下纠正措施，并通过相应方法验证这些措施的有效性。

一、纠正措施

1.立即停止使用有问题的设备，以防止进一步的药品污染或生产中断。

2.调查设备不符合要求的原因，可能包括设备故障、维护不当、操作错误等。分析问题发生的原因，确定根本原因。

3.根据调查结果，制定具体的纠正措施。纠正措施应能够解决根本原因，防止问题再次发生。

4.按照制定的纠正措施执行必要的操作。确保所有相关的人员都理解并执行纠正措施。

5.记录纠正措施的执行情况，包括执行的时间、人员、所采取的措施等。编写纠正措施报告，提交给质量管理部门。

二、验证纠正措施的有效性

1.对设备进行重新测试，验证其是否已经恢复到符合规定要求的状态。这包括性能测试、安全测试以及与生产过程相关的特定功能测试。

2.在非生产环境下或小规模生产试验中运行设备，观察其运行状况，确认设备稳定可靠，没有重复出现之前的问题。

3.在设备恢复使用后，对首批产品进行严格的质量检验，确保产品符合质量标准，无因设备问题导致的缺陷。

4.在设备重新投入生产后，增加监测频率，收集运行数据，评估设备性能和产品质量的稳定性。

5.组织相关人员对纠正措施的执行效果进行评审，收集操作人员的反馈，评估是否需要进一步的调整或优化。

6.根据纠正措施的执行情况和验证结果，更新设备的维护记录、操作规程和相关的质量管理体系文件，确保信息的准确性和最新性。

通过这一系列的纠正措施和验证流程，可以确保设备恢复至符合生产要求的状态，同时提升未来对类似问题的预防和响应能力。

117 **当设备经过改造或重大维修后，应如何进行再确认，以确保设备符合生产要求？再确认过程应包括哪些关键步骤？**

当设备经过改造或重大维修后，为确保设备符合生产要求，必须进行再确认。再确认过程应包括以下关键步骤。

1.制定再确认方案　根据设备改造或维修的具体内容，制定详细的再确认方案。方案应包括再确认的目的、范围、方法、步骤和时间表等。

2.准备再确认所需资源和工具　准备测试设备、测量工具和其他必要的资源。确保这些资源和工具经过校准和验证，以保证再确认的准确性。

3.执行再确认测试　按照再确认方案进行测试，包括但不限于设备的功能测试、性能测试和安全测试等。

测试过程中应详细记录测试数据，并与预期结果进行对比分析。

4.评估再确认结果　根据测试数据，评估设备是否满足生产要求。

如果设备性能未达到预期，需要分析原因并采取相应措施进行改进。

5.编写再确认报告　根据测试数据和评估结果，编写详细的再确认报告。

报告应包括测试过程、测试结果、数据分析和结论等内容。

6.审核和批准　再确认报告应经过相关部门审核和批准。

审核过程中应关注报告的完整性、准确性和可追溯性。

7.更新设备状态和相关文档　根据再确认结果，更新设备状态标识和相关文档。

确保设备档案中的信息与设备当前状态一致。

8.培训和沟通　对操作人员进行再培训，确保他们熟悉设备改造或维修后的操作和维护要求。

与相关部门沟通再确认结果，确保各部门对设备状态有准确了解。

9.持续监控　在设备重新投入生产后，对其性能进行持续监控。

确保设备在整个生产过程中都符合预期要求。

第四节　使用和清洁

118　在药品生产过程中，如何确保所有主要生产和检验设备的操作规程是最新且明确的？

确保药品生产过程中所有主要生产和检验设备的操作规程是最新的且明确的，需要实施一套系统的管理和维护策略，具体包括以下几个方面。

1.建立一个专门的规程管理小组或指定责任人，负责规程的制定、更新、审核、发布和存档工作，确保规程管理的系统性和连续性。

2.依据 GMP、国家药监局相关指导原则及国际标准（如 ISO 标准），确保规程内容符合最新的法规要求和行业标准。

3.规程应定期进行评审，至少每年一次，或在设备改造、工艺变更、法规更新、技术进步等情况下立即进行更新。评审过程中应评估规程的适用性和有效性，及时修正过时或不准确的内容。

4.规程的制定和更新应邀请设备供应商、操作人员、质量管理人员、工程师等多方面专家参与，确保规程的实用性、可操作性和安全性。

5.规程应详细、明确，包括设备的使用前检查、操作步骤、安全注意事项、异常处理、维护保养、清洁消毒等，确保操作人员能准确理解和执行。

6.对操作人员进行规程的培训，确保每位员工都能熟练掌握。培训后应进行考核，确保理解到位，并保留培训记录。

7. 采用有效的版本控制系统，确保每份规程都有唯一版本号和修订日期，防止旧版规程的误用。更新后的规程应及时替换旧版，并通知所有相关人员。

8. 规程应放置在易于操作人员访问的位置，如工作现场、电子数据库等，并保持良好的组织和检索系统，确保员工在需要时能迅速找到最新版本。

9. 鼓励员工提出规程执行过程中的问题和改进建议，形成持续改进机制，定期评估规程执行效果，并据此进行必要的调整。

10. 内部和外部审计时，将规程的完整性和执行力作为检查重点，通过审计发现问题并促进规程的不断完善。

119 **在药品生产过程中，主要生产和检验设备应包括哪些类型，它们的操作规程应涵盖哪些关键操作步骤？**

一、制药生产设备分类

在药品生产过程中，制药生产设备可以根据其功能和用途进行详细的分类，以下是对制药生产设备的主要分类。

1. **原料药生产设备**　反应器：用于化学合成或生物转化过程，以制造原料药。

分离设备：如离心机、过滤器和萃取器，用于分离和纯化原料药。

干燥设备：用于去除原料药中的水分，如喷雾干燥机、真空干燥机等。

2. **制剂生产设备**　粉碎和混合设备：用于将原料药粉碎并与其他成分混合。

制粒设备：将混合后的粉末制成颗粒，便于后续的压片或胶囊填充。

压片机和胶囊充填机：分别用于将粉末压制成片剂和将粉末填充到胶囊中。

液体处理设备：如混合器、灌装机和封口机，用于液体药品的生产。

3. **包装设备**　自动包装机：用于将药品装入瓶子、袋子或其他容器中。

贴标机和打印机：用于在药品包装上打印和粘贴标签。

封口机和打包机：用于封闭包装并进行最终的打包。

4. **辅助设备**　制冷和加热设备：用于控制生产过程中的温度和湿度。

空压机和真空泵：为生产设备提供所需的气体和真空条件。

清洁和消毒设备：用于保持生产环境的洁净和无菌。

5. **检测和质量控制设备**　在线监测仪器：用于实时监测生产过程中的关键参数。

实验室仪器：如天平、色谱仪和光度计，用于对原料药和成品进行质量检测。

6. **公用工程设备**　空气净化系统：确保生产区域的空气质量符合标准。

水处理系统：提供符合生产要求的水质。

能源供应设备：如发电机和变压器，确保生产过程中的能源供应。

二、主要检验设备分类

1. **理化检验设备**　高效液相色谱仪（HPLC）；气相色谱仪（GC）；紫外-可见分光光度计（UV-Vis Spectrophotometer）；红外光谱仪（IR Spectrometer）；质谱仪（MS）；酸度计/

电导率仪；折光仪；旋光仪。

2.**微生物学检验设备**　高压蒸汽灭菌器（Autoclave）；洁净工作台（Clean Bench）；生物安全柜（Biological Safety Cabinet，BSC）；微生物培养箱；酶标仪（Microplate Reader）；显微镜。

3.**物理检验设备**　粒度分析仪；溶出度测试仪；脆碎度测定仪；硬度计（如洛氏、布氏、维氏硬度计）；熔点测定仪；热分析仪（如差示扫描量热仪DSC）。

4.**电子和光学检验设备**　扫描电子显微镜（SEM）；透射电子显微镜（TEM）；X射线衍射仪（XRD）；拉曼光谱仪；光学显微镜。

5.**综合检验设备**　原子吸收光谱仪（AAS）；电感耦合等离子体质谱仪（ICPMS）；核磁共振波谱仪（NMR）；流式细胞仪（Flow Cytometer）。

6.**其他专业检验设备**　渗透压摩尔浓度测定仪；动态水分吸附分析仪；粉末流动性分析仪；激光粒度分析仪。

这些设备用于对药品原料、中间产品、成品以及生产过程中的关键参数进行准确的测试和分析，以确保药品的质量符合规定的标准。

三、操作规程的关键操作步骤

1.**设备准备**　确认设备处于良好状态，所有部件齐全。准备所需材料和工具。

2.**设备启动**　按照操作规程启动设备。检查设备运行是否正常。

3.**操作过程**　执行生产或检验操作。监控关键参数，确保符合规程要求。

4.**设备停止**　按照操作规程停止设备。确保设备完全停止运行。

5.**设备清洁**　执行清洁和消毒程序。确保设备表面无残留物质。

6.**设备关闭**　关闭设备，确保所有电源和水源切断。记录设备使用和清洁情况。

7.**设备维护**　按照维护计划执行设备维护。记录维护活动。

8.**文件记录**　记录生产或检验数据。保存所有相关文件和记录。

四、主要生产和检验设备的操作规程的关键操作步骤

1.**混合设备**　装料；混合参数设置；启动和停止混合过程；卸料；清洁和消毒。

2.**压片设备**　装料；压片参数设置；启动和停止压片过程；卸料；清洁和消毒。

3.**填充设备**　装料；填充参数设置；启动和停止填充过程；卸料；清洁和消毒。

4.**胶囊填充设备**　装料；胶囊填充参数设置；启动和停止胶囊填充过程；卸料；清洁和消毒。

5.**干燥设备**　装料；干燥参数设置；启动和停止干燥过程；卸料；清洁和消毒。

6.**制粒设备**　装料；制粒参数设置；启动和停止制粒过程；卸料；清洁和消毒。

7.**包衣设备**　装料；包衣参数设置；启动和停止包衣过程；卸料；清洁和消毒。

8.**胶囊壳制造设备**　装料；胶囊壳制造参数设置；启动和停止胶囊壳制造过程；卸料；清洁和消毒。

9.**检验设备**　样品制备；检验参数设置；启动和停止检验过程；结果记录和报告。

120 如何确定生产设备的确认参数范围，并确保设备始终在这些参数范围内运行？

确定生产设备的确认参数范围并确保设备始终在这些参数范围内运行，是确保药品生产质量和安全性的关键步骤。

1.**设备能力评估**　在设备采购或安装阶段，评估设备的技术规格和能力，确定其能够满足生产工艺要求的参数范围。

考虑设备制造商提供的操作手册和建议参数。

2.**工艺验证**　通过工艺验证来确定设备在生产过程中的最佳操作参数范围。

包括设备的启动、运行、停止和清洁等各个阶段的参数。

3.**设备确认**　执行设备确认活动，包括安装确认（IQ）、运行确认（OQ）和性能确认（PQ），以验证设备在特定参数下的性能。

在确认过程中，记录设备在不同参数下的性能表现，确定设备的工作范围和限制。

4.**操作规程制定**　根据确认结果，制定设备操作规程，明确列出允许的设备操作参数范围。

确保操作人员了解并遵守这些参数范围。

5.**监控与控制**　在设备运行过程中，通过自动控制系统或手动方式监控关键参数，确保它们在确认的范围内。

使用报警系统和联锁装置来防止设备超出设定的参数范围。

6.**定期审核**　定期审核设备参数，确保它们仍然适用于当前的生产工艺和设备状况。

考虑设备的老化、磨损或技术更新等因素。

7.**偏差管理与纠正措施**　如果设备运行超出了确认的参数范围，应立即采取纠正措施。

对超出参数范围的事件进行调查，分析原因，并更新操作规程或设备维护计划。

8.**培训与教育**　对操作人员进行定期的培训，确保他们理解设备参数的重要性以及如何操作设备以保持在确认的参数范围内。

121 如果设备在使用过程中超出确认的参数范围，应采取哪些纠正措施，并如何验证这些措施的有效性？

如果设备在使用过程中超出确认的参数范围，应立即采取纠正措施，并验证这些措施的有效性。

1.立即停止生产并隔离可能受影响的产品。

2.启动偏差调查，分析超出参数范围的原因，可能包括：设备故障或性能下降；操作人员误操作；工艺参数设置不当；原材料质量异常。

3.评估对产品质量的潜在影响，包括：检查批生产记录；复核相关过程参数；必要时进行额外的产品检验。

4.制定纠正措施计划,可能包括:维修或更换设备;重新确认设备关键参数;修订标准操作规程;加强人员培训。

5.实施纠正措施并验证其有效性:进行设备再确认;开展模拟运行测试;监测关键工艺参数;增加产品检验频次。

6.评估是否需要召回已发运的可疑产品。

7.更新相关风险评估文件。

8.编制偏差报告并获得质量管理部门批准。

验证纠正措施有效性的方法如下。

1.**设备再确认** 重新进行安装确认(IQ)、运行确认(OQ)和性能确认(PQ),确保设备在规定参数范围内稳定运行。

2.**工艺验证** 针对受影响的工艺步骤进行再验证,证明工艺在修正后能持续稳定生产出符合质量标准的产品。

3.**产品质量回顾** 对纠正措施实施后生产的连续3批产品进行全面质量评估,包括全项目检验和稳定性考察。

4.**趋势分析** 对关键工艺参数和质量属性进行统计分析,评估其稳定性和可控性。

5.**变更管理** 将纠正措施纳入变更控制系统,评估其对产品质量的潜在影响。

6.**持续监测** 在后续生产中加强对相关参数的监控,及时发现异常。

通过以上措施,可以全面评估纠正措施的有效性,确保生产设备在确认的参数范围内稳定运行,持续生产出符合质量要求的药品。

122 在药品生产过程中,如何评估生产设备清洁操作规程的有效性和可重现性?

评估药品生产设备清洁操作规程的有效性和可重现性是非常重要的,可以从以下几个方面着手。

1.**目视检查** 对清洁后的设备表面进行目视检查,观察是否有可见残留物。这是一个直观但主观的评估方法。

2.**化学分析** 使用化学分析方法如HPLC、GC等检测设备表面残留的活性成分、清洗剂等化学物质。这种定量分析更加客观准确。

3.**微生物检测** 通过微生物取样,检测设备表面是否存在微生物污染,评估清洁消毒的效果。

4.**清洁验证** 系统性的清洁验证研究,考察不同污染程度下清洁规程的去污效果,并进行统计学分析,确定规程的有效性。

5.**操作者考核** 定期考核操作人员执行SOP的情况,确保操作规范性,提高可重现性。

6.**偏差调查**　如果日常监测发现偏差，要及时调查原因，评估是否与清洁操作相关并持续改进。

7.**变更管理**　生产工艺、设备、清洗剂等如有变更，需重新进行清洁验证，确保变更后的有效性。

8.**回顾性分析**　定期回顾历史数据，分析清洁检测的趋势，评估长期的稳定性和可重现性。

综合运用以上方法并形成规范的质量管理体系，可以持续评估和改进清洁操作规程，确保其有效性和可重现性，为药品的质量安全提供保障。

123　如果设备需要拆装，应如何规定拆装的顺序和方法，以确保安全和正确？

在药品生产中，如果设备需要拆装，为确保安全和正确，应遵循以下步骤来规定拆装的顺序和方法。

1.**制定详细的拆装操作规程**　编写一份详细的拆装操作规程，包括拆装的每个步骤、所需工具、注意事项和安全措施。

操作规程应清晰、易懂，并经过审核和批准。

2.**进行风险评估**　在拆装前，对设备进行风险评估，识别潜在的风险点，如高温、高压、有毒或易燃物质等。

根据评估结果，制定相应的风险控制措施。

3.**培训操作人员**　确保参与拆装操作的人员接受适当的培训，了解拆装程序和相关的安全知识。

培训应包括理论知识和实际操作，以确保操作人员能够正确执行拆装任务。

4.**使用正确的工具**　指定并使用适当的工具进行拆装，避免使用不合适的工具导致设备损坏或人员受伤。

工具应保持完好无损，并在使用前进行检查。

5.**标记和记录**　在拆装过程中，对设备的每个部分进行标记，以便于重新组装时正确放置。

记录拆装过程中的关键步骤和发现，以便于后续审计和质量回顾。

6.**遵循正确的拆装顺序**　明确规定拆装的顺序，通常遵循从外到内、从上到下的原则。

先外后内：先拆外部部件，再逐步深入内部结构。

先易后难：从简单部件开始，逐渐过渡到复杂部分。

保留原状：在拆卸过程中，注意标记或记录每个部件的位置、方向和连接方式，以便于正确复原。

安全拆除：对于电气、液压、气动等系统，先断开能源供应，遵循特定的安全程序进行拆卸。

确保在拆卸过程中不会损坏设备的任何部件。

7.**防护措施** 采取适当的防护措施，如佩戴防护眼镜、手套、耳塞等，以保护操作人员的安全。

确保工作区域整洁、有序，避免杂物干扰拆装操作。

8.**验证和测试** 在设备重新组装后，进行功能测试和性能验证，确保设备安全可靠。

如有必要，进行压力测试或其他相关测试，以验证设备的完整性。

9.**审查和批准** 在拆装完成后，由专业人员或管理人员对拆装过程和结果进行审查，并签字批准。

124 在药品生产过程中，应如何选择和配制消毒剂以确保消毒或灭菌的效果？

在药品生产过程中，选择和配制消毒剂是确保消毒或灭菌效果的关键环节。以下是一些建议的步骤和注意事项。

一、选择消毒剂

1.明确消毒的对象（如设备、器具、空气等）以及所需的消毒级别（消毒或灭菌）。

2.选择那些已经广泛验证过效果的消毒剂。考虑消毒剂的杀菌谱，即它能有效杀灭哪些微生物。了解消毒剂的作用时间和浓度要求。

3.选择对人体和环境相对安全的消毒剂。确保消毒剂不会对设备或产品造成腐蚀或污染。

4.确保所选消毒剂与现有的清洁和消毒程序兼容。

5.在满足消毒效果的前提下，考虑成本效益。

二、常见消毒剂种类及其特点

醇类消毒剂（如乙醇、异丙醇）：适用于手部消毒和清洁表面，具有广谱杀菌作用，使用方便，但对某些孢子和耐热病毒的杀灭效果可能较差。

氯化物消毒剂（如次氯酸钠、氯酸钙）：通过释放活性氯实现杀菌，广泛用于水处理、表面消毒，对细菌和病毒杀灭效果好，但需注意浓度控制以避免对人体和环境的危害。

过氧化物消毒剂（如过氧乙酸、过氧化氢）：具有广谱杀菌作用，对耐热菌和孢子也有较好的杀灭效果，适用于各类制药设施的清洁和消毒。

三、配制消毒剂

1.使用精确的计量工具，确保按照消毒剂的使用说明准确配制浓度。

2.根据需要将消毒剂原液与水或其他溶剂混合，以达到所需的浓度。注意稀释用水的质量，避免使用含有大量杂质或微生物的水。

3.定期对配制好的消毒剂进行质量检测，确保其有效浓度和杀菌效果。

4. 将配制好的消毒剂存放在干燥、阴凉、通风的地方，避免阳光直射和高温。确保容器密封良好，防止挥发和泄漏。

5. 记录消毒剂的配制日期、浓度、使用情况等信息，以便追踪和审查。

125 有哪些措施可以确保已清洁的生产设备在存放期间保持清洁和干燥？

确保已清洁的生产设备在存放期间保持清洁和干燥，可以采取以下措施。

1. 在存放之前，确保所有生产设备都经过彻底的清洁和消毒，去除所有残留物质，并且遵循相应的清洁规程。

2. 使用干燥空气吹扫、热风吹干或者自然风干等方式，确保设备表面和内部完全干燥，避免潮湿导致的腐蚀或微生物生长。

3. 使用防尘罩或者防尘袋包裹设备，尤其是对于容易积尘的部位，防止灰尘重新沉积。

4. 将清洁后的设备存放在干燥、通风、温度适宜的环境中，避免高温、高湿或极端温度变化，这些都可能影响设备的清洁状态和材料性质。

5. 如果条件允许，设备应架空存放，避免直接接触地面，减少地面湿气的渗透和污染风险。

6. 即使在非使用期间，也应定期检查设备的存放状况，确认无漏水、渗水或潮湿现象，及时处理任何可能影响设备清洁度的问题。

7. 对于可轮换使用的设备，实施轮换制度，避免设备长时间闲置，减少长期存放带来的潜在风险。

8. 在设备或存放区域明显位置贴上清洁状态和下次清洁日期的标签，方便管理和追踪。

9. 保持存放区域地面的清洁和干燥，必要时进行地面防潮处理，如铺设防潮垫或使用除湿设备。

10. 建立设备清洁和存放的记录系统，详细记录清洁日期、方法、负责人员以及存放状态检查情况，便于追溯和质量控制。

11. 在存放设备的容器或空间内放置干燥剂，如硅胶包，以吸收湿气。对于大型设备或存储空间，可以考虑使用除湿机来保持空气干燥。

12. 对负责设备存放和维护的人员进行培训，确保他们了解正确的存放方法和注意事项。

13. 制定并遵守设备存放和取用的规范操作流程，以减少人为因素导致的污染。

14. 对于需要特别保护的设备，如无菌设备，应采取隔离措施，防止未经授权的访问和污染。

15. 在搬运和运输清洁设备时，采取措施防止污染和损伤。使用适当的包装材料和方法，确保设备在移动过程中保持清洁和干燥。

126 应如何管理和监控存放条件，以确保持续符合清洁、干燥的要求？

为确保药品生产设备在存放期间持续符合清洁、干燥的要求，药品生产企业应建立完善的管理和监控体系，主要包括以下几个方面。

1.制定详细的存放标准和程序 制定具体的设备存放标准，包括存放环境的温度、湿度、洁净度等指标。

编写和实施设备清洁和存放的操作程序，确保每次清洁后的设备都能按照规定程序存放。

2.存放环境控制 设置专门的设备存放区域，采用洁净室或受控环境设计，控制温湿度、微粒等关键参数。

安装空调系统和除湿设备，保持环境干燥，相对湿度控制在 30%~50%。

配备高效空气过滤装置，确保环境洁净度达到相应级别要求。

定期进行环境监测，包括温湿度、微粒、微生物等指标。

3.设备保护措施 使用无尘布或无菌塑料薄膜对清洁后的设备进行覆盖保护。

采用密封包装或真空包装技术，防止设备再次污染。

对于易受潮的设备，可使用干燥剂或除湿装置进行额外保护。

4.存放期限管理 制定设备最长存放期限规定，超过期限需重新清洁验证。

建立存放设备台账，记录清洁日期、存放位置、有效期等信息。

采用先进先出原则，优先使用存放时间较短的设备。

5.定期检查与维护 制定设备定期检查计划，检查存放环境、设备外观、保护措施等。

对长期存放的设备进行预防性维护，如润滑、防锈等。

发现异常情况及时处理，必要时重新清洁或维修。

6.人员管理 制定设备存放区域人员进出管理规程，限制非授权人员进入。

对相关人员进行培训，确保其了解设备存放要求和操作规范。

建立责任制，明确各岗位职责，确保管理措施有效执行。

7.监控系统 安装环境监控系统，实时监测温湿度、微粒等关键参数。

配备视频监控设备，记录存放区域人员活动情况。

采用电子化管理系统，实现设备存放全过程可追溯。

8.验证与评估 定期对存放条件进行验证，评估其对设备清洁状态的影响。

进行风险评估，识别可能影响设备清洁、干燥状态的因素。

根据验证和评估结果，持续改进管理措施。

127 如何确保所有用于药品生产或检验的设备和仪器都有使用日志？

要确保所有用于药品生产或检验的设备和仪器都有使用日志，可以从以下几个方面入手。

1. **建立日志管理制度**　制定设备和仪器使用日志的管理规定，明确日志的填写要求、保存期限等。

规定每台设备和仪器都必须有专门的使用日志本或电子文件。

2. **培训操作人员**　对使用设备和仪器的操作人员进行培训，强调使用日志的重要性和填写方法。

确保操作人员了解并遵守日志管理制度。

3. **设立监督机制**　指定专人负责监督设备和仪器使用日志的填写情况。

定期进行日志检查，确保所有设备和仪器的使用情况都得到了记录。

4. **使用电子化管理系统**　引入电子化管理系统，通过扫码或设备自动记录使用信息，减少人为失误。

设置提醒功能，确保每次使用后都能及时填写日志。

5. **与绩效考核挂钩**　将设备和仪器使用日志的填写情况纳入绩效考核体系。

对未按规定填写日志的操作人员进行相应的处罚或纠正。

6. **定期审计和回顾**　定期对设备和仪器的使用日志进行审计和回顾，检查是否有遗漏或错误。

根据审计结果对日志管理制度进行必要的调整和完善。

7. **强化设备管理部门的责任**　明确设备管理部门在使用日志管理方面的职责和要求。

设备管理部门应定期对使用日志进行检查、整理和归档。

128　如何确保设备和仪器的使用日志记录完整、准确，并得到及时更新？

要确保设备和仪器的使用日志记录完整、准确，并得到及时更新，可以从以下几个方面进行管理和监控。

1. 建立一套详尽的设备使用日志管理制度，明确记录的内容、格式、记录频次和责任人员，包括使用日期、时间、设备编号、设备名称、使用目的、操作人员、设备状态、维护保养信息等。

2. 对所有使用设备的人员进行定期培训，确保他们了解日志记录的重要性、如何准确填写日志以及相关的操作规程，包括异常情况的报告流程。

3. 设计统一的设备使用日志模板，方便记录并减少遗漏，模板应包含所有必要的栏目，易于理解和填写。

4. 采用电子日志系统可以自动记录设备的使用时间、状态等信息，减少人为错误，同时便于实时查看和分析数据。系统应具备提醒功能，确保日志得到及时更新。

5. 设立监督机制，通过定期检查或系统自动监控日志的完整性与准确性，发现问题立即通知相关人员更正。

6. 实施定期的内部审计和复核流程，检查日志记录的合规性和准确性，及时发现并纠正记录中的错误或疏漏。

7.建立一个鼓励报告异常和故障的文化，确保员工在发现设备异常时，能够及时报告并记录在日志中，同时给予适当奖励机制以提高参与度。

8.随着新设备的引入或旧设备的退役，应及时更新设备使用日志配置表，确保所有在用设备都被纳入管理体系。

9.指定具体的责任人或团队负责日志的管理和审核，确保记录工作得到有效执行。

10.将日志记录的完整性和准确性纳入员工绩效考核指标，增强员工的责任感。

11.确保使用日志得到妥善备份和存档，以防数据丢失。对于纸质记录，应存放在干燥、安全的地方；对于电子记录，应确保数据安全，防止未经授权的访问和修改。

129 如何设计和管理生产设备的状态标识系统，以确保其清晰、准确且易于识别？

设计和管理生产设备的状态标识系统时，应遵循以下几个原则和步骤，以确保标识系统既清晰、准确又易于识别。

1.制定标准和规范 制定规范文件：根据国家标准、行业标准及企业实际情况，制定设备状态标识的管理规程，明确标识的设计、使用、更换及维护的标准。

统一标识体系：确保所有状态标识的颜色、形状、大小、字体等元素统一，便于快速识别。

2.设计标识 颜色编码：采用国际通用的颜色代码，如红色表示停用或故障，黄色表示警告或需要注意，绿色表示正常或运行中，蓝色表示正在清洁或待清洁等。

文字与图标：结合文字说明和图形图标，如使用"运行中""检修""停用"等明确的文字标签，并配合相应的图标。

材质选择：根据设备的工作环境选择耐用的标识材料，如铝质标牌，以确保标识在恶劣条件下也能保持清晰可读。

3.实施与应用 设备标识：在设备显眼位置固定标识牌，确保在任何操作视角下都能一眼识别设备状态。

动态管理：建立流程确保设备状态变化时，标识能够及时更新，比如设备检修时更换为检修状态标识。

培训员工：对操作人员和维护人员进行培训，让他们了解标识的意义和变更规则，确保全员知晓如何识别和响应设备状态标识。

4.监督与审核 定期检查：定期对设备状态标识的准确性进行检查，确保标识与实际设备状态相符。

记录与反馈：建立记录系统，记录标识的更换、检查及维护情况，对于发现的问题及时反馈并整改。

5.持续改进 收集操作人员和管理者的反馈，持续优化标识系统的实用性和有效性。

6.技术升级 考虑使用电子化标识管理系统，通过扫描二维码或RFID标签等方式快速获取设备状态信息。

将标识系统与企业的 ERP 或 CMMS 系统集成，实现数据的实时更新和共享。

130 如何确保生产设备的状态标识及时更新，并与实际状态保持一致？

确保生产设备的状态标识及时更新，并与实际状态保持一致，对于药品生产的质量和安全性至关重要。

1. 制定详细的设备状态标识管理规程，明确规定状态标识的种类、颜色含义、更换时机、责任人及操作流程，确保所有员工都清楚何时以及如何更新标识。

2. 利用自动化或数字化工具监控设备运行状态，如通过传感器、物联网技术自动识别设备状态变化，并触发状态标识的自动更新或提示操作人员手动更新。

3. 要求操作人员在每次使用设备前进行状态检查，确认设备状态与标识一致，如不一致则立即更正并报告。

4. 安排定期的设备巡检和维护，作为巡检的一部分，检查设备状态标识的准确性，并在完成维护或状态改变后立即更新标识。

5. 定期对员工进行状态标识管理的培训，强调其重要性，确保每位员工都能熟练掌握标识的使用规则和更新流程。

6. 在生产现场设置可视化看板，展示设备状态及标识的最新信息，便于任何人随时查看和监督。

7. 利用信息系统或物理标记（如待办事项标签）设置状态标识更新提醒，确保及时响应设备状态变化。同时，建立反馈渠道，鼓励员工报告标识不一致情况。

8. 定期进行内部审核和外部审计，检查状态标识管理的执行情况，及时发现并纠正问题。

9. 将状态标识管理的执行情况纳入员工绩效考核，激励员工主动、准确地管理设备状态标识。

10. 收集设备状态标识管理过程中的反馈，定期评估系统的有效性，不断优化和改进管理流程。

131 对于不合格的设备，应如何处理以防止其对生产和质量控制区的潜在影响？如何设计和实施有效的状态标识系统？

一、对不合格设备采取的措施

1. 一旦发现设备不合格，应立即停止使用，并采取措施防止任何未经授权的使用。

2. 将不合格设备与生产和质量控制区分开，以防止交叉污染或误用。这可能包括将设备移至专门的隔离区域或封锁其接入点。

3. 在设备上贴上醒目的状态标识，如"不合格""禁用"或红色标签，以警告员工不要使用。

4.记录设备的不合格状态，并保存在设备的历史记录中。这些记录应包括不合格的原因、日期、采取的措施以及计划采取的进一步行动。

5.评估不合格设备的状况，确定是否需要维修、校准或报废。对于无法修复的设备，应按照公司政策和当地法规进行处理。

6.对于经过维修或校准后可能重新使用的设备，必须经过严格的重新验证程序，以确保其性能符合要求。

7.确保所有员工都了解如何处理不合格设备，以及为何需要这样做。这包括正确识别不合格设备、遵循隔离和标识程序。

8.定期监控和审计不合格设备的管理程序，确保所有措施得到有效执行，并根据需要进行调整。

二、设计实施有效状态标识系统的考虑因素

1.定义不同颜色、符号或标签代表的不同设备状态，如"运行中""待维修""已清洁""不合格"等。

2.确保标识在视觉上一致、易读、耐久，设计应考虑到不同光线、距离下的辨识度。

3.将标识置于设备显眼且不易损坏的位置，确保任何操作人员或巡视者都能迅速识别。

4.对所有员工进行标识系统培训，确保他们理解每个标识的意义，并知道如何根据标识采取相应行动。

5.建立流程确保设备状态变化时，标识能立即调整。可以考虑使用电子系统自动更新状态信息。

6.定期检查标识的完好性和适用性，确保系统持续有效，并根据反馈进行优化。

7.将设备状态标识管理纳入企业的质量管理体系，确保其作为质量控制的一个重要组成部分得到持续关注和改进。

132 **在什么情况下不合格的设备可以暂时留在生产和质量控制区，并如何确保其不被误用？**

在特定情况下，不合格的设备可能需要暂时留在生产和质量控制区。

1.正在进行维修或校准　设备可能需要保持在原位以便进行维修或校准工作。

2.等待搬迁　设备可能正在等待搬迁到另一个区域或设施。

3.作为参考或展示　在某些情况下，设备可能作为参考设备或用于培训目的。

4.正在进行性能评估　设备可能正在进行性能评估以确定其未来的使用状态。

5.等待替换　如果设备正在等待替换，它可能会暂时保留在生产区域内。

6.隔离等待处理　在某些情况下，设备可能已被隔离，等待相关的处理程序完成。

在这些情况下，为确保不合格的设备不被误用，应采取以下措施。

1.即使设备需要留在原地，也应使用隔离带、屏风或其他物理屏障将其与其他设备或工作区域隔离开来。

2. 在设备上贴上更加醒目的状态标识，如"正在维修""禁止使用"或"不合格"，并确保标识不会被遮挡或忽视。

3. 如果可能，应锁定设备的控制面板或禁用其操作功能，以防止未经授权的使用。

4. 对维修中的设备周围的区域进行限制访问，只允许授权人员进入。

5. 通过内部通讯、会议或公告板等方式，向所有员工传达关于不合格设备状态和位置的信息。

6. 确保所有员工都了解如何处理和识别不合格设备，以及为何需要保持距离。

7. 定期对不合格设备进行检查，确保隔离和标识措施得到维持，并及时发现并纠正任何潜在的误用。

8. 保持详细的记录，包括设备的不合格原因、采取的措施、预计恢复时间等，以便于跟踪和监督。

133 如何确定哪些管道被分类为主要固定管道，从而需要遵守第八十九条的规定？

在药品生产管理中，确定哪些管道被分类为主要固定管道并需要遵守GMP规定标明内容物名称和流向，通常基于以下几个方面的考虑。

1. **内容物的重要性** 首先考虑管道内传输物质对药品质量的潜在影响。如果管道输送的是直接参与药品制备、反应、纯化、灌装等关键步骤的物料（如活性药物成分API、溶剂、辅料、纯化水等），则这些管道很可能被归类为主要固定管道。

2. **不可替换性与固定性** 主要固定管道指的是那些安装固定、不易移动且在生产过程中持续使用的管道系统。与之相对的是临时或可移动的软管等，后者虽然同样重要，但可能遵循不同的管理规范。

3. **风险评估** 通过风险评估来确定管道对产品质量和患者安全的潜在风险等级。高风险的传输系统，如那些涉及易变质、高活性、高毒性或高污染风险物质的管道，应当被认定为主要固定管道。

4. **法规要求与行业标准** 参考国家药品监督管理局发布的GMP指南、行业标准及以往的检查经验，某些类型的管道可能已被明确列为需要特别标识的主要固定管道。

5. **生产流程中的关键性** 分析生产流程，确定哪些管道位于关键控制点，如在线灭菌、过滤、最终混合等步骤中使用的管道，它们对保证药品质量和无菌条件至关重要。

6. **维护与清洁难度** 难以频繁清洁、消毒或检查的管道，由于其潜在的污染风险，也可能被视作主要固定管道，以确保其清洁状态和内容物的可追溯性。

7. **管道直径和容量** 通常，较大直径和容量的管道传输的物料量更大，对生产的影响也更大，因此更可能被视为主要固定管道。

8. **流量和压力** 考虑管道的流量和压力。通常，高流量和高压力的管道更有可能对生产过程产生重大影响，因此应被视为主要固定管道。

9.**历史数据和经验** 考虑历史生产数据和以往的经验,包括管道故障或污染事件,这些信息可以帮助确定哪些管道对生产过程至关重要。

10.**设备布局和工艺流程** 审查设备的布局和工艺流程图,确定连接主要生产设备、储存容器和质量控制区域的管道。

11.**生产工艺** 分析生产工艺流程,确定哪些管道是连续运行或在多个生产阶段中使用的。这些管道可能需要被视为主要固定管道。

12.**专家咨询** 与工艺工程师、质量保证人员和其他相关专家协商,共同决定哪些管道应被视为主要固定管道。

13.**文件记录** 一旦确定了主要固定管道,应将其记录在正式的文件中,如管道管理系统或设备清单,并确保所有相关人员都知晓这些管道的标识要求。

134 **为什么在药品生产过程中,主要固定管道需要标明内容物名称和流向? 这样的标识对于生产安全和质量控制有何重要性?**

在药品生产过程中,主要固定管道标明内容物名称和流向有以下重要原因。

1.**对于生产安全** 防止误操作导致的物料混合错误,避免引发危险反应或产生不合格产品。

能及时发现管道连接错误或泄漏等问题,以便迅速采取应对措施,降低安全风险。

明确管道内物料,有助于规划合理的操作流程和空间布局,减少安全隐患。

2.**对于质量控制** 确保使用正确的物料进行生产,保障产品质量的一致性和稳定性。

方便追溯物料的来源和流向,在出现质量问题时能快速准确地定位问题环节。

有利于对生产过程进行有效的监控和验证,确保符合质量标准。

使质量管理人员能清晰了解物料的流动情况,更好地进行质量规划和管理。

第五节 校 准

135 **如何确保所选设备的校准量程范围能够完全覆盖生产和检验的实际使用范围?**

要确保所选设备的校准量程范围能够完全覆盖生产和检验的实际使用范围,可以遵循以下步骤。

1. 在设备选型阶段就要进行充分调研和分析,了解生产和检验过程中可能涉及的所有参数范围,这包括了解所有可能的样品类型、浓度范围、温度范围、压力范围等,确保对使用场景有详尽的了解。确保所选设备的量程下限低于实际使用的最小值,量程上限高于实际使用的最大值。

2. 进行详细的需求评估,与相关技术人员、操作人员充分沟通,明确实际使用的具体范围要求。

3. 参考类似生产和检验场景中成功应用的设备选型经验。

4. 基于需求分析的结果，选择合适的设备型号。在选择设备时，特别注意其技术规格，特别是量程、精度、分辨率等参数，确保所选设备的量程能够覆盖生产与检验的全范围。

5. 在设备采购合同中明确要求供应商提供的设备量程必须满足实际使用范围，并约定相应的违约责任。

6. 设备到货后，进行严格的验收测试，验证其量程是否符合要求。

7. 建立设备校准管理体系，定期对设备进行校准，并在校准报告中确认量程覆盖情况。

8. 对生产和检验过程中的参数变化保持关注，及时评估是否需要调整设备量程或更换设备。

9. 培训操作人员和技术人员，使其清楚了解设备的量程限制以及对实际工作的影响。

10. 与设备供应商保持密切联系，及时获取关于设备量程扩展或改进的信息。

11. 定期审查设备的使用情况和校准记录，确保量程始终满足实际需求。

136 企业应当如何制定设备的校准计划和操作规程，以确保校准和检查的有效性和可追溯性？

企业制定设备校准计划和操作规程时，应考虑以下几个方面，以确保校准和检查的有效性和可追溯性。

1. 建立设备台账　全面梳理企业内部的设备清单，建立设备台账，明确设备的名称、型号、编号、技术参数、购置日期、维护保养记录等信息。

2. 风险评估与分级管理　根据设备对产品质量的影响程度进行风险评估，对设备实施分级管理。关键设备应制定更严格的校准和检查要求。

3. 制定校准计划　根据设备的重要性、使用频率、精度要求等，制定周期性的校准计划。校准计划要明确校准项目、校准周期、判定准则、校准方法等内容。

4. 编写操作规程　针对校准和检查活动，编制详细的操作规程，规范校准和检查的具体步骤、方法、注意事项，确保校准过程的标准化和一致性。

5. 溯源到国家/国际标准　企业内部的校准应溯源到有效的计量标准，如国家计量基准或有资质的校准机构。须保存完整的校准证书和报告，以证明溯源链的完整性。

6. 人员培训与资质管理　校准和检查人员应经过专业培训，具备相应的理论知识和实践技能。建立人员资质管理制度，对授权人员进行定期考核。

7. 偏差和纠正措施　当发现校准结果超出允许范围时，应分析原因，评估偏差对已检/已交付产品的影响，必要时采取纠正措施，如重新校准、返工、召回等。

8. 结果分析和持续改进　定期汇总分析校准和检查结果，评价设备性能趋势，优化校准周期和判定准则。持续改进校准和检查过程，提高效率和可靠性。

137 如何确保关键衡器、量具、仪表、记录和控制设备以及仪器经过校准后，数据的准确性和可靠性？

确保关键衡器、量具、仪表、记录和控制设备以及仪器经过校准后的数据准确性和可靠性，需要实施一系列综合性的管理和技术措施，具体包括以下内容。

1. 使用经过权威机构认证、可追溯到国家或国际标准的计量标准器具进行校准，确保校准源头的准确性和可靠性。

2. 根据设备类型和使用要求，制定详细的校准操作规程，包括校准周期、校准方法、接受标准、记录格式等，确保校准过程标准化、规范化。

3. 按照预定的校准计划，定期对设备进行校准，校准周期应考虑设备的稳定性、使用频次、制造商建议及法规要求。

4. 确保校准的量程范围覆盖实际生产和检验的所有可能值域，避免在实际使用中出现未校准区域。

5. 建立完整的校准记录系统，详细记录每次校准的信息，包括校准日期、执行人、校准结果、校准标准、下次校准日期等，确保可追溯性。

6. 对校准后的设备加贴校准状态标签，显示校准有效期和结果，同时监控设备使用状态，一旦发现偏差或异常立即停止使用并重新校准。

7. 定期对操作人员和校准人员进行培训，确保他们理解校准的重要性，掌握正确的操作方法，增强质量意识。

8. 通过内部审核和邀请第三方进行校准质量评估，验证校准体系的有效性，及时发现并改进存在的问题。

9. 对校准过程中发现的问题、校准结果的偏离进行分析，采取纠正和预防措施，不断优化校准程序和管理流程。

10. 制定设备失准或校准失败的应急处理流程，确保在发现问题时能迅速响应，减少对生产和产品质量的影响。

11. 与其他相同或类似设备进行比对和验证，确保数据的一致性和合理性。

12. 为设备创造适宜的使用环境，避免环境因素对数据准确性产生不良影响。

138 在进行设备校准时，企业应当如何选择和管理计量标准器具，以确保校准结果的准确性和可追溯性？

以下是企业在选择和管理计量标准器具时可以采取的措施来确保校准结果的准确性和可追溯性。

一、选择方面

1. 优先考虑具有权威机构认证和认可的计量标准器具，确保其精度和可靠性。

2. 根据待校准设备的参数和要求，选择合适量程、精度等级的标准器具。

3. 考察供应商的信誉和口碑，选择质量有保障的产品。

4. 对新采购的标准器具进行严格的验收和测试。

二、管理方面

1. 建立专门的计量标准器具台账，详细记录其基本信息、采购时间、校准周期等。

2. 制定严格的保管制度，确保标准器具存放环境适宜、安全。

3. 按照规定的周期及时送外校准或进行内部校准，确保其始终处于有效状态。

4. 对校准证书进行严格审核，确认校准结果符合要求。

5. 为标准器具粘贴清晰的标识，表明其校准状态和有效期。

6. 定期对标准器具进行维护和保养，发现问题及时处理或更换。

7. 建立标准器具的使用记录，包括使用人员、时间、用途等。

8. 对使用人员进行培训，使其正确操作和维护标准器具。

9. 当标准器具发生变更或更新时，及时更新相关记录和程序，确保校准工作的连续性。

10. 与外部校准机构保持良好沟通，及时了解最新的校准技术和要求。

139 使用计量标准器具进行校准时，应如何确保所用计量标准器具符合国家有关规定？

在使用计量标准器具进行校准时，为确保所用计量标准器具符合国家有关规定，企业应遵循以下步骤。

1. 根据校准需求，选择经过国家计量行政部门批准或认可的计量标准器具。这些器具应具有相应的计量合格证书，表明它们已经过权威机构的检定或校准，并且其测量能力满足要求。

2. 确保所选用的计量标准器具具有清晰的量值溯源链，即能直接或间接追溯到国家计量基准或国际计量基准。这意味着校准结果能够与更高层次的国家标准或国际标准保持一致。

3. 熟悉并遵守《中华人民共和国计量法》及其配套法规、国家计量检定规程和校准规范。这些文件规定了计量器具管理、检定、校准的具体要求。

4. 对于列入国家强制检定目录的计量器具，必须按照规定进行强制性检定。只有通过检定并获得合格证明的计量标准器具才能用于校准工作。

5. 即使是最高等级的计量标准器具，也需要按照规定的时间间隔进行定期校准或比对，以验证其性能是否保持稳定。同时，做好日常维护，确保其工作状态良好。

6. 建立完整的校准记录和计量标准器具管理档案，记录每次校准的详细信息，包括所用计量标准器具的名称、编号、校准有效期、计量合格证明编号等，以确保可追溯性。

7. 若企业不具备自我校准能力，应选择具备相应资质的计量技术机构进行校准服务，如通过 CNAS（中国合格评定国家认可委员会）认可的校准实验室。

8. 确保操作计量标准器具的人员具备相应的专业知识和技能培训，必要时应持有相关的计量检定员或校准员资格证书。

9. 企业应建立完善的计量管理制度，包括计量器具的采购、检定/校准、使用、维护、报废等各个环节的管理规定。同时，应定期对计量管理制度进行审查和更新，确保其符合国家的最新要求。

10. 关注计量技术和标准的发展动态，及时对计量标准器具进行更新或替换。

11. 对于损坏、老化或准确度下降的器具，应立即停止使用并进行更换。

12. 密切关注国家发布的计量相关法律法规，确保企业使用的计量标准器具和管理制度符合最新规定。

140 如何确保在多班制或多人操作的情况下，设备的标识和校准有效期依然得到有效管理？

确保在多班制或多人操作的情况下设备的标识和校准有效期得到有效管理，需要实施一系列的策略和程序。

1. 建立一个统一的标识系统，确保所有设备的标识都是一致的，易于识别和理解。标识应包括设备名称、编号、校准状态和校准有效期。

2. 对所有操作设备的人员进行培训，确保他们了解标识的重要性以及如何正确识别设备的校准状态。培训应包括对标识系统的解释和实际操作的演示。

3. 定期检查设备的标识，确保它们是最新和准确的。在校准后，应立即更新设备的标识，以反映新的校准有效期。

4. 考虑使用颜色编码或电子标签来简化标识的识别过程。例如，可以使用不同的颜色来表示不同的校准状态，或者使用电子标签，这样员工可以通过扫描设备上的二维码或 RFID 标签来获取校准信息。

5. 使用设备管理软件或系统来跟踪设备的校准状态和标识。这样的系统可以帮助自动化标识更新过程，并提醒管理人员何时需要重新校准设备。

6. 建立严格的交接班制度，在交接班时，确保包括设备状态检查在内的交接程序得到严格执行。交接班记录应包括设备的标识和校准状态，以便下一班次的员工可以快速了解设备的状态。

7. 定期进行内部审计和评估，以确保设备标识和校准有效期的管理程序得到遵守。审计结果可以用来识别改进的机会，并确保管理措施的持续有效性。

8. 指定专人或团队负责设备标识和校准管理，明确各自职责，确保每台设备都有明确的责任人，出现问题能迅速定位责任人并采取行动。

141 如何确定设备的校准有效期?

在药品生产过程中,确定生产和检验用衡器、量具、仪表、记录和控制设备以及仪器的校准有效期是至关重要的。以下是如何确定设备校准有效期的方法。

1.**参考设备制造商的建议** 设备制造商通常会提供关于校准周期的建议。这些建议基于设备的特性和预期使用条件,因此是确定校准有效期的重要参考。

2.**考虑法规和标准要求** 药品生产必须符合相关的法规和标准,如GMP等。这些法规和标准可能规定了校准的最低频率或有效期要求。

3.**使用历史数据和趋势分析** 通过分析设备过去的校准数据和趋势,可以评估设备的稳定性和漂移情况。如果设备在历史校准中表现出良好的稳定性,那么可能可以适当延长校准有效期。

4.**考虑设备的重要性和风险** 对于关键设备和系统,由于其对产品质量和安全性的直接影响,可能需要更频繁的校准和验证。风险评估可以帮助确定哪些设备需要更严格的校准计划。

5.**实际使用情况和环境** 设备的使用频率、使用环境和维护情况也会影响校准有效期。例如,高频使用或在恶劣环境下使用的设备可能需要更频繁的校准。

6.**校准机构的建议** 进行校准的机构或实验室通常会提供关于校准有效期的建议。他们基于专业知识和经验,能够给出相对准确的判断。

7.**采用统计方法确定有效期** 可以利用统计方法,如统计法、时间法、比较法和图表法等,来分析和确定设备的校准有效期。这些方法可以根据设备的测量数据和使用情况来预测其稳定性和校准周期。

8.**计量标准器具的校准周期** 如果校准依赖于特定的计量标准器具,该器具的校准周期也会间接影响设备的校准周期。

9.**性能验证和稳定性测试** 通过定期的性能验证和稳定性测试,评估设备在使用过程中的实际表现,据此调整校准频率。

142 如果在生产过程中发现未经校准、超过校准有效期或失准的设备,企业应当采取哪些措施来防止其继续使用?

如果在生产过程中发现未经校准、超过校准有效期或失准的设备,企业应当立即采取措施来防止其继续使用,以防止潜在的质量风险。

1.一旦发现设备未经校准、超过校准有效期或失准,应立即停止使用该设备,确保设备不再参与任何生产或质量控制活动。

2.对设备进行明显的标识,如贴上"停用"或"不校准"的标签,确保标识清晰可见,以防止误用。并将其存放在指定区域,避免与其他正常使用的设备混淆。

3.通知所有可能接触到该设备的人员,包括操作人员、质量控制人员等,确保相关人员了解设备的状态,并采取相应措施。

4. 对该设备自上次校准以来所参与生产的产品进行追溯，评估其可能对产品质量造成的影响。如有必要，对相关产品进行隔离和重新检验。

5. 记录发现设备状态问题的日期、时间、发现人员、设备编号等信息。报告设备状态问题，并通知质量管理部门。

6. 根据设备的状态问题，采取相应的纠正措施。可能需要重新校准设备、更换设备或修复设备。

7. 在设备状态问题得到解决后，提交审批流程，经过质量管理部门审批后，对设备进行重新验证，确保其符合使用要求。

8. 在设备状态问题得到解决并重新验证合格后，方可恢复使用。确保设备状态标识更新为"已校准"或"合格"。

9. 分析设备状态问题的原因，制定预防措施，防止类似问题再次发生。更新设备维护计划和操作规程，以提高设备管理效率。

10. 建立应急响应机制，确保类似情况再次出现时能迅速有效地处理。

11. 如果涉及违反法规要求，及时向监管部门报告并积极配合处理。

143 如何确保不会使用未经校准的衡器、量具、仪表以及记录和控制的设备、仪器？

确保不会使用未经校准的衡器、量具、仪表以及记录和控制的设备、仪器，需要实施一套全面而系统的管理措施，具体内容如下。

1. 制定完善的校准管理政策和程序，明确校准的责任部门、人员、周期、方法和接受标准。

2. 依据设备的重要性和使用频率，制定详细的校准计划，包括校准的频次、时间点，并确保计划得到严格执行。

3. 对所有设备进行唯一性标识，并在设备上明确标注校准有效期，使用颜色编码或电子标签等方式，便于直观识别设备状态。

4. 建立完整的校准记录，包括校准报告、证书、历史记录等，确保所有校准活动均可追溯，便于监控和审核。

5. 采用信息化手段，如设备管理系统或校准管理软件，实时监控设备的校准状态，提前预警即将到期的校准任务。

6. 定期对员工进行 GMP 培训，特别是有关校准的重要性和操作流程，确保每位员工都能理解并遵守校准规定。

7. 通过内部审核和自我检查，评估校准管理体系的执行情况，及时发现并纠正偏差，保持体系的有效性。

8. 建立设备失准或校准延误的应急响应流程，一旦发现设备问题，立即停用并启动备用设备或紧急校准程序。

9.选择有资质的校准服务供应商，并与其建立长期合作关系，确保校准工作的专业性和时效性。

10.通过数据分析和绩效评估，持续优化校准管理流程，引入新技术和管理工具，提高校准效率和准确性。

11.对于严格遵守校准制度的操作人员给予奖励和表彰，对于违反校准制度的行为给予相应的处罚，以强化校准意识。

144 在药品生产、包装、仓储过程中，如何确定哪些设备属于自动或电子设备的范畴，从而需要定期进行校准和检查？

一、设备范畴的界定

在药品生产、包装、仓储过程中，可以通过以下几个方面界定设备属于自动或电子设备的范畴，进而按需要定期进行校准和检查。

1.**自动化程度** 自动或电子设备通常指那些能够在无人或较少人工干预下，通过预设程序自动完成特定任务的设备。例如，自动灌装机、自动包装线、自动贴标机、自动分拣系统、自动化仓储系统等。

2.**电子控制组件** 设备内部含有电子控制系统，如微处理器、PLC（可编程逻辑控制器）、传感器、驱动器等，用于控制设备的运行、监测过程参数或实现数据交换。

3.**数据处理能力** 设备能够采集、处理、存储或传输数据，用于监控生产过程、记录操作参数或执行质量控制功能。例如，电子天平、温湿度监控系统、在线质量检测设备等。

4.**功能集成度** 设备集成了多个功能模块，通过电子或软件控制实现高效、精确的作业，如多功能制剂生产线、智能仓储管理系统等。

5.**法规与标准** 参考GMP及相关行业标准或指南，这些文件会明确指出哪些类型的设备需要定期校准和检查，如GMP中对设备管理的要求。

6.**风险评估** 基于设备对产品质量的潜在影响进行风险评估，高风险设备，尤其是那些直接影响产品质量、安全性和一致性的设备，通常需要更严格的校准和检查。

7.**制造商说明** 设备的使用说明书、技术规格书或制造商提供的维护手册中，往往也会明确指出设备是否需要定期校准，以及校准的周期和方法。

二、需要定期校准和检查的设备

自动化生产线上的各类控制仪表和传感器，如温度传感器、压力传感器等。

电子秤、天平用于称量物料。

包装设备上的电子计数装置、封口机的电子控制系统等。

仓储环境监测设备，如温湿度监测仪。

自动灌装机、贴标机等具有电子控制部分的设备。

生产过程中用于数据记录和传输的电子设备。

自动化仓储系统中的电子识别设备、搬运设备的控制系统等。

三、确保自动或电子设备准确性和可靠性的步骤

1.**制定校准计划**　根据设备的关键性、使用频率和对产品质量的影响程度，制定详细的校准计划。

2.**定期校准和检查**　按照校准计划定期对自动或电子设备进行校准和检查，以确保其测量和控制的准确性。

3.**使用标准化的校准方法**　采用国家或国际标准化的校准方法，确保校准结果的准确性和可比性。

4.**记录和文档管理**　详细记录校准和检查过程中的所有数据，包括校准日期、校准人员、校准结果和结论。

5.**监控和维护**　实施预防性维护计划，以减少设备故障，延长其使用寿命，并保持其准确性。

6.**员工培训**　对操作和维护这些设备的员工进行培训，确保他们理解校准的重要性，并知道如何读取和使用校准后的数据。

145　自动或电子设备应该如何进行校准和检查？

对于在药品生产、包装、仓储过程中使用的自动或电子设备，进行校准和检查是确保设备性能稳定和数据准确性的重要步骤。

1.**校准计划**　制定详细的校准计划，包括校准频率、校准方法、校准机构的选择等。

确保所有关键的自动或电子设备都在校准计划之内。

2.**定期校准**　根据校准计划，定期对设备进行校准。

校准应由合格的校准机构或内部校准人员进行。

选择具有可溯源到国际或国家标准器具的计量合格证明的标准计量器具。

确保校准的量程范围涵盖实际生产和检验的使用范围。

3.**校准结果的判定和处理**　根据校准数据判定设备是否在校准合格范围内。

若设备超出校准合格标准，应立即停止使用，并贴上"禁用"标签，防止误用。

对于校准合格的设备，应贴上明显的校准合格标签，并标明校准有效期。

4.**异常处理**　发现设备失准或校准不合格时，立即停止使用，记录异常情况，评估对产品质量的潜在影响，并采取纠正措施，如紧急校准、维修或更换设备。

5.**外部校准服务**　对于某些复杂或高精度的设备，可委托有资质的第三方校准服务机构进行校准，确保校准结果的客观性和准确性。

6.**记录和报告**　记录所有校准活动的详细信息，包括校准日期、校准机构、校准结果等。

编制校准报告，提交给质量管理部门。

妥善保存校准和检查的记录，以备查证和追溯。

记录应至少保存至设备使用期限结束后的一段时间

7.**设备维护** 制定设备维护计划，确保设备定期进行维护和检查。

记录维护活动的详细信息，包括维护日期、维护人员、维护内容等。

8.**验证和确认** 在设备安装和改造后，进行验证和确认，确保设备能够按照既定的规格和标准运行。

验证和确认应包括安装确认（IQ）、运行确认（OQ）和性能确认（PQ）。

9.**培训和沟通** 对操作人员进行培训，确保他们了解设备的使用、校准和维护要求。

建立有效的沟通机制，确保任何关于设备校准状态的问题或反馈都能得到及时处理。

10.**质量管理体系** 确保设备的管理和校准活动符合质量管理体系的要求。

定期审查质量管理体系，确保设备校准管理的有效性。

11.**审计和检查** 接受外部审计或监管机构的检查，以验证设备校准状态的合规性。

根据审计和检查结果，改进设备校准管理。

第六节 制药用水

146 制药用水除了饮用水外，还有其他类型的水源可以使用吗？

在制药行业中，除了饮用水（Drinking Water）外，还有其他几种类型的制药用水，它们根据纯度和用途被分为不同的类别。根据 GMP 规定和药典标准，制药用水主要分为以下几种类型。

1.**饮用水** 通常指自来水公司供应的自来水或深井水，也称为原水。饮用水的质量必须符合国家标准《生活饮用水卫生标准》GB5749—2022。根据《中华人民共和国药典》（以下简称《中国药典》）规定，饮用水不能直接用作制剂的制备或试验用水。

饮用水是经过处理的水，可以满足人体饮用和食品加工的基本要求。

在药品生产中，饮用水主要用于非直接接触药品的工艺用水，如清洗设备和地面。

2.**纯化水** 是通过蒸馏法、离子交换法、反渗透法或其他适宜的方法从原水中制得的制药用水，且不含任何附加剂。采用离子交换法、反渗透法、超滤法等非热处理制备的纯化水一般又称去离子水。

纯化水是通过物理和化学方法处理后的水，其水质高于饮用水，但低于注射用水。

纯化水可用于制备药品的原料和制剂用水，但不直接用于注射剂的配制。

3.**注射用水** 是以纯化水作为原水，经特殊设计的蒸馏器蒸馏，冷凝冷却后经膜过滤制备而得的水。其中灭菌注射用水（Sterile Water for Injection）是注射用水依照注射剂生产工艺制备所得的水。

注射用水是经过特殊处理的水，其水质应符合注射剂的生产要求。

注射用水用于制备注射剂的溶剂，包括灭菌注射用水和无菌注射用水。

4.灭菌注射用水 用于灭菌粉末的溶剂或注射液的稀释剂。

灭菌注射用水是通过灭菌处理后的注射用水，用于制备灭菌注射剂。

灭菌注射用水应在无菌条件下制备和储存。

5.无菌注射用水 无菌注射用水是在无菌条件下制备的注射用水，用于制备无菌注射剂。

无菌注射用水应具有无菌保证，并在无菌条件下储存和使用。

这些不同类型的制药用水根据其特性和用途，规定了其一般的应用范围，以确保药品生产的质量和安全。例如，纯化水可用于非无菌药品的配料，直接接触药品设备、器具和包装最后清洗用水；而注射用水则用于无菌药品、原料药中直接接触药品的包材、容器最后清洗用水等。

需要注意的是，具体使用哪种水源要根据制药工艺的要求和相关法规标准来确定，并且不同水源的制备、监测和管理都有严格的规定和要求。

147 如何确保制药用水符合《中国药典》的质量标准及相关要求？

确保制药用水符合《中国药典》的质量标准及相关要求，需要采取一系列系统化和规范化的措施，主要包括以下几个方面。

1.源头控制 制药用水的原水（通常是饮用水）需符合国家《生活饮用水卫生标准》，确保水源本身符合安全标准，无有害物质，微生物含量在允许范围内。

2.水处理系统设计与验证 水处理系统的设计应能满足不同等级制药用水（饮用水、纯化水、注射用水）的生产需求，包括预处理、主要净化过程（如反渗透、离子交换、蒸馏等）和后处理（如紫外线消毒、过滤等）。整个系统的设计、安装、运行和维护需符合GMP标准，并通过验证确保其能够持续稳定产出符合标准的水。

3.水质监控与测试 定期对原水及各阶段处理后的水质进行监控和测试，包括但不限于pH值、电导率、微生物限度、有机物残留、内毒素等指标，确保水质符合药典规定。应有完整的水质测试记录，并对测试结果进行趋势分析，及时发现并解决潜在问题。

4.设备维护与清洁消毒 对水处理设备及其输送系统进行定期维护，包括清洁、消毒和必要的部件更换，以防止微生物滋生和污染。使用无毒、耐腐蚀的材料制作储罐和输送管道，减少水质污染风险。

5.操作规程与培训 制定详细的操作规程（SOP），涵盖制药用水的制备、储存、分配和使用等各个环节，确保操作人员严格遵循。定期对员工进行GMP培训，增强他们的水质意识和操作技能。

6.校准与验证 涉及水质监测的所有仪器和设备应定期校准，确保测试结果的准确性。同时，整个制药用水系统应定期进行性能验证，包括但不限于系统清洁验证、运行验证和产品水的定期全项目检测。

7.**变更控制与风险管理**　对任何可能影响制药用水质量的变更进行严格控制，实施风险管理，评估变更对产品质量的潜在影响，并采取预防措施。

8.**文件记录与追溯**　保持完整且可追溯的记录，包括水质测试报告、设备维护记录、校准记录、操作记录等，以证明制药用水的质量控制措施得到有效执行。

9.**持续改进**　根据监测结果和反馈信息，不断优化水处理工艺和管理流程，提高水质。

10.**合规性检查**　定期进行内部审计和外部审计，确保制药用水生产和质量控制流程符合药典要求和GMP标准。

11.**与供应商建立良好合作**　确保水处理相关试剂、耗材等的质量。

12.**定期回顾和评估水质情况**　根据实际情况不断改进和优化水处理系统和管理措施。

148　**如何确保水处理设备的运行不超出其设计能力？**

确保水处理设备的运行不超出其设计能力，具体可以采取以下措施。

1.密切监测设备的关键运行指标，如流量、压力、温度等，确保不超过设定的限值。

2.建立设备运行台账，详细记录设备的运行数据，以便及时分析和发现异常。

3.按照设备说明书和操作规程，正确操作设备，避免误操作导致超负荷运行。

4.定期对设备进行维护保养，确保其性能稳定，能持续在设计能力范围内运行。

5.对进水水质进行严格控制，防止恶劣水质对设备造成过大负担。

6.安排专业技术人员对设备进行定期巡检和评估，及时发现潜在问题。

7.对设备进行定期的性能测试和验证，与设计指标进行对比。

8.当工艺条件或用水需求发生变化时，及时评估对设备的影响，必要时调整设备运行参数或进行升级改造。

9.制定应急预案，在出现可能导致设备超出设计能力的异常情况时，能迅速采取措施应对。

10.加强人员培训，提高操作人员对设备性能和运行要求的理解，增强其风险意识。

149　**在设计和安装水处理设备及其输送系统时，应考虑哪些关键因素以确保制药用水达到设定的质量标准？**

以下是一些在设计和安装水处理设备及其输送系统时应考虑的关键因素。

1.**水源方面**　明确所需制药用水的质量标准，包括化学、物理和微生物指标，如pH值、电导率、总有机碳（TOC）、细菌内毒素、微生物限度等。

评估水源的质量和可靠性，包括水源的保护、潜在污染源的识别以及水质的定期监测。

2.**设备方面**　应选用耐腐蚀性强、不与水发生不良反应的材质，如不锈钢等。

要与预期的用水量和水质要求相匹配。

根据需要选择合适的过滤、反渗透、蒸馏等技术，确保有效去除杂质。

具备精确的控制功能，如温度、压力、流量等的自动调节。

3.**输送系统方面** 要耐腐蚀且无污染，保持管道内壁光滑。

合理设计，避免死区和死角，利于水的顺畅流动和清洗。

配备有效的消毒装置，以控制微生物污染。

确保管道连接密封良好，防止外界污染进入。

合适的流速以减少杂质沉积和微生物滋生。

4.**其他方面** 整体符合卫生标准，便于清洁和维护。

考虑安装环境的温度、湿度等对设备和水的影响。

预留足够空间和接口进行安装后的验证和测试。

设计冗余机制，确保设备故障时仍能维持正常运行。

与上下游相关系统能良好衔接和协同工作。

150 在选择和安装纯化水、注射用水储罐和输送管道材料时，如何验证其无毒、耐腐蚀特性？

选择和安装纯化水、注射用水储罐和输送管道材料时，验证其无毒、耐腐蚀特性是确保制药用水质量的重要环节。以下是一些常用的方法和步骤来完成这一验证。

1.首先，要求供应商提供材料的合格证书和详细规格书，包括材质成分、性能指标、无毒性和耐腐蚀性测试报告等。这些文件应证明材料符合相关的国家标准或国际标准，如 ASTM、ISO、GB 等。对供应商进行审计，以验证其生产和质量控制流程。

2.可以采用化学分析方法（如光谱分析）来验证材料的化学成分，确保不含有害元素或超过规定限量的杂质，特别是对于直接接触产品的材料。检查材料是否获得了相关的认证，如 NSF International（National Sanitation Foundation）认证。

3.根据材料的预期使用环境，进行耐腐蚀性测试。这包括盐雾试验、循环腐蚀试验、浸泡试验等，以评估材料在特定介质中的腐蚀速率和耐受性。对于特定的生产工艺，如有特殊化学品的存在，应模拟实际生产环境进行耐腐蚀测试。

4.对于直接接触制药用水的材料，需要进行生物相容性测试，确保材料不会释放出对人体有害的物质，这通常涉及细胞毒性、皮内反应、血液相容性等测试。

5.对材料供应商进行资质审核，确认其具有良好的行业信誉，以往提供的材料有成功的应用案例，并且能够提供持续的技术支持和质量保证。

6.在实际安装前，可选取小批量材料进行现场试用，通过一段时间的实际运行，观察材料的性能表现，包括耐腐蚀性、清洁消毒后的耐用性等。

7.确保所选材料符合 GMP、USP、EP 等制药行业标准以及国家药品监督管理部门的相关规定，这些标准通常对材料的无毒性和耐腐蚀性有明确要求。

8.必要时，可聘请第三方检验机构进行独立的材质验证和测试，以获得更为客观和权威的验证报告。

151 为什么储罐的通气口需要安装不脱落纤维的疏水性除菌滤器？这种滤器的工作原理和维护要求是什么？

储罐通气口安装不脱落纤维的疏水性除菌滤器的原因、工作原理及维护要求如下。

一、原因

1.除菌作用 储罐通气口是储罐与外部环境的连接处，容易受到环境中灰尘、异物、细菌等污染。安装除菌滤器可以有效过滤这些污染物，保证储罐内部物料的质量和安全性。

2.防止水分进入 疏水性除菌滤器能够防止外部水分通过通气口进入储罐内部，从而保持储罐内部物料的干燥和稳定。

3.不脱落纤维 选择不脱落纤维的滤器是为了防止滤器本身成为污染源，避免纤维脱落进入储罐内部污染物料。

4.维持正压 储罐内部保持轻微的正压有助于防止外部空气中的污染物进入，而疏水性除菌滤器允许空气流通，同时阻止液滴通过，保持内部环境的稳定。

二、工作原理

疏水性除菌滤器的工作原理主要基于物理拦截和化学吸附。它们通常由疏水性的多孔材料制成，如聚四氟乙烯（PTFE）或聚醚砜（PES）等，这些材料能够有效拦截空气中的微小颗粒和微生物，同时其疏水特性阻止水分通过，避免对滤器的正常功能造成影响。

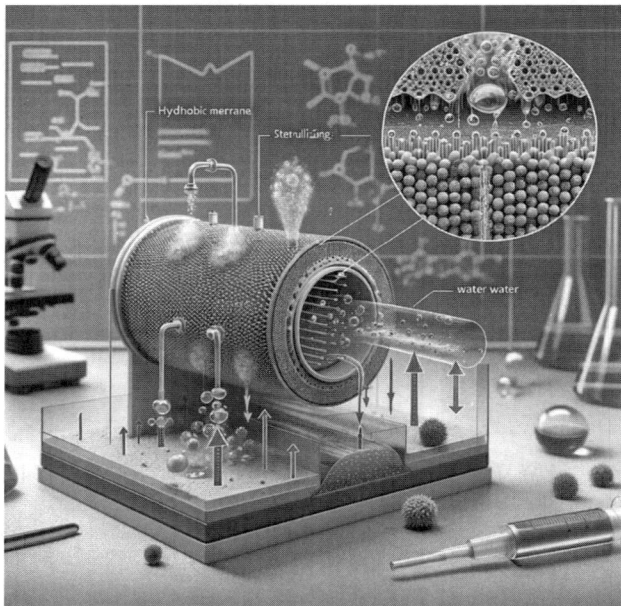

疏水性除菌滤器的工作原理示意图

左侧微观视图：详细展示疏水性膜的多孔结构，气体分子能够顺利通过，而液态水则被阻挡在外。

右侧截面图：滤器的实际工作状态，蓝色箭头显示空气的流动路径，水滴被膜表面阻挡，保证空气的无菌过滤。

疏水性除菌滤器的工作原理主要基于疏水性原理和过滤原理。

1.疏水性原理　当水蒸气通过滤芯时，它们被拦截在滤芯表面。由于表面张力的作用，这些小水滴会沿着滤芯表面快速移动并被排出筛选器，从而实现水分的分离和除去。

2.过滤原理　滤器通过其特殊的滤芯结构，能够拦截和过滤掉通过通气口的灰尘、细菌等污染物，确保进入储罐的空气是清洁的。

三、维护要求

1.定期更换滤芯　疏水型滤芯的使用寿命有限，一般为3~6个月，具体时间根据使用频率和水质决定。定期更换滤芯可以保证滤芯效果和延长使用寿命。

2.清洗滤芯　在使用过程中，水中的杂质、微生物等会堆积在滤芯上，导致滤芯堵塞。为了延长滤芯使用寿命，需要定期清洗，但应避免使用刷子或硬物刮洗滤芯。

3.防止滤芯结霜　在低温环境下使用疏水型滤芯时，需要注意防止结霜，可以使用加热设备或定期更换滤芯来解决。

4.保护滤芯的密封性　滤芯的密封性对过滤效果和使用寿命具有重要影响，因此需要定期检查和维护滤芯的密封性。

5.完整性测试　在安装前后及定期维护时进行滤器完整性测试，如泡点测试或扩散流测试，以确保滤膜没有破损。

6.防止物理损伤　在安装和维护过程中小心操作，避免对滤器造成物理损伤，因为任何划痕都可能成为微生物入侵的通道。

152　如何验证储罐和输送管道的设计和安装符合无死角、盲管的要求？

验证储罐和输送管道的设计和安装符合无死角、盲管的要求，需要采取以下综合性的验证措施。

1.对储罐和输送管道的设计图纸进行详细审查，确保所有管道连接处采用T型接头、弯头或斜接头设计，避免直角转弯和死胡同结构，减少清洗和消毒时的潜在藏污纳垢区域。

2.利用计算机辅助设计（CAD）软件建立三维模型，进行虚拟装配，模拟水流路径，直观检查是否有死角或盲管存在。三维模型还能帮助评估清洁和维护的可达性。

3.在施工过程中，监督安装工作，确保施工符合设计要求，特别注意管道的连接方式和排空能力。

4.在安装完成后，由专业检查团队进行现场目视检查，仔细观察储罐内部和输送管道的布局，查看是否有明显的可能形成死角或盲管的结构。重点关注管道连接、弯头、阀门、传感器等易形成死角的位置，确保所有区域均可目视检查到，无隐蔽空间。

5. 借助内窥镜等工具进行深入检查。对于一些难以直接观察到的部位，使用内窥镜等设备进入内部查看。

6. 采用压力测试。通过向管道内施加一定压力的介质，观察压力的变化情况，如果存在死角或盲管，可能会导致压力异常。

7. 进行通水或通气试验。让水或气体在系统中流动，观察流动的顺畅性和是否有停滞区域。

8. 利用示踪剂进行检测。将示踪剂加入到系统中，追踪其流动路径和分布情况，以发现可能存在的死角或盲管。

9. 进行清洁验证。如果在清洁过程中发现某些区域难以彻底清洁干净，可能提示存在死角或盲管。

10. 邀请专业的第三方机构进行评估和验证，他们可以运用专业的技术和经验来判断是否符合要求。

11. 在设备安装完成后进行系统的验收和审核，确保设计和安装满足无死角、盲管的标准。

153 注射用水采用 70℃以上保温循环的目的是什么？注射用水在 70℃以上保温循环过程中，应如何监控和控制温度？

一、注射用水采用 70℃以上保温循环的目的

1. **防止微生物生长**　70℃以上的温度足以杀灭绝大多数微生物，包括细菌和真菌，从而确保注射用水在储存和输送过程中不会受到微生物污染，保持无菌状态。

2. **维持水质稳定**　高温循环有助于保持水质的各项理化指标稳定，如电导率、pH值等，避免因温度波动导致水质变化，影响药品生产质量。

3. **减少热原**　高温可以有效减少或消除可能存在的热原（内毒素），这是注射用水的重要质量要求之一，以防止热原反应对患者造成的危害。

4. **促进管路清洁**　高温循环还有助于减少管路内沉积物的形成，如水垢、微生物黏膜等，保持管道清洁，便于维护和消毒。

二、监控和控制温度的方法

1. **安装温度传感器**　在储罐和循环系统的关键位置安装高精度的温度传感器，如RTD（电阻温度检测器）或热电偶，实时监测水温和循环液的温度。

2. **自动温控系统**　配备自动温度控制系统，当检测到温度偏离设定值时，系统自动调节加热或冷却设备，确保水温稳定在目标范围内。

3. **温度记录与报警**　设置温度记录仪记录温度变化曲线，用于追溯和分析。同时，设定温度上下限报警值，一旦温度超出设定范围，立即触发报警系统，通知操作人员进行干预。

4.**定期校验温度传感器** 为确保温度监控的准确性，需要定期对温度传感器进行校验，以消除可能的测量误差。

5.**热分布测试** 进行热分布测试，确保储罐和循环系统内的温度均匀，没有温度死角，这对于大规模生产和确保无菌状态至关重要。

6.**操作规程和培训** 制定详细的操作规程，包括温度监控和异常处理流程，并对操作人员进行培训，确保他们能够正确执行温度控制和响应措施。

7.**定期检查和记录** 岗位操作人员应定期对温度进行检查和记录，确保温度控制的稳定性和可靠性。同时，温度控制仪表也应定期校验。

154 纯化水和注射用水在制备、贮存和分配过程中应采取哪些措施来防止微生物的滋生？

纯化水和注射用水在制备、贮存和分配过程中防止微生物滋生的措施包括以下内容。

1.**纯化水制备与管理** 使用适当的预处理和净化技术，如多介质过滤、活性炭吸附、反渗透或离子交换等，以去除原水中的微生物、有机物和无机物。

纯化水系统应设计有循环能力，保持水流动态，减少微生物滋生的机会。

定期清洁和消毒纯化水系统的所有部分，包括储罐、管道和过滤器，确保无菌环境。

监控水质，定期检测微生物含量、电导率、pH 值等指标，确保水质符合标准。

控制流速：正常运行时末端回水流速宜设定在 1~1.5m/s，系统报警流速应小于 1m/s，以减少微生物的附着和生长。

选用合适的表面粗糙度：电解抛光或机械抛光处理管道，减少微生物的附着点。

避免死角和盲管：遵循 3D 死角标准，降低微生物污染风险。

周期性消毒：如巴氏消毒、臭氧消毒或纯蒸汽消毒，降低系统微生物负荷。

2.**注射用水制备** 注射用水通常通过进一步的蒸馏或反渗透之后的电渗析等高级净化步骤制得，以达到更高纯度和无菌要求。

制备过程中应采取措施避免外界污染，如在密闭系统中进行。

严格控制水质，除满足一般的蒸馏水检查项目外，还需通过热原检查。

制备过程中应采用合适的温度和消毒方法，确保无菌。

3.**贮存** 注射用水应采用70℃以上保温循环，此温度可以抑制微生物生长，同时保持水质稳定。

纯化水应维持适当的温度，一般建议采用较低温度来抑制微生物生长。

储罐和输送管道应采用无毒、耐腐蚀材料，并设计成易于清洁和消毒的形式，避免死角和盲管。

确保储罐和管道的密封性，防止外部空气中的微生物侵入。

储罐的通气口应安装不脱落纤维的疏水性除菌滤器，防止微生物进入。

4.**分配**　分配系统应设计成循环模式，保持水的流动，减少停滞，防止微生物繁殖。

使用无菌过滤器（如0.22μm疏水性除菌滤器）对输送管道的进气口进行保护，防止空气中的微生物污染。

定期检查和维护分配系统，包括清洁、消毒和更换滤器，确保分配过程无菌。

对于分配点和使用终端，应有相应的无菌操作规程，如使用无菌连接器、快速接头等。

5.**监控与验证**　实施持续的在线监控和定期取样检测，包括微生物挑战测试，确保整个系统在运行中持续符合无菌要求。

完成必要的验证活动，如安装确认（IQ）、运行确认（OQ）和性能确认（PQ），以证明系统设计和运行的有效性。

155 **制药用水及原水的水质监测应包括哪些具体的水质指标，以确保水的质量符合药品生产的要求？**

在GMP中，对于制药用水及原水的水质监测，需要考虑以下这些水质指标，以确保水的质量符合药品生产的要求。

1.**原水（如饮用水）的监测指标**　应符合国家标准《生活饮用水卫生标准》（GB5749—2022）。

微生物指标：菌落总数、大肠埃希菌群等，以评估水体的微生物污染程度。

物理指标：浑浊度、色度、嗅和味等，反映水体的感官质量。

化学指标：pH值、硬度、溶解性总固体（TDS）、电导率、氯化物、硫酸盐、铁、锰、铜、锌、铅、镉、汞等重金属含量，以及农药、有机污染物等，以评估水中的化学污染物水平。

放射性指标：总α、总β放射性等，确保水体不受放射性物质污染。

2.**纯化水的监测指标**　应符合《中国药典》所收载的纯化水标准。

微生物指标：继续监测菌落总数，确保无菌状态。

物理化学指标：电导率、pH值、总有机碳（TOC）、易氧化物、氨、硝酸盐、亚硝酸盐、氯化物、硫酸盐、重金属（如铅、镉、砷）、不挥发物残留等，确保纯化过程有效去除杂质。

特定项目：可能还包括对某些特定离子或化合物的监测，依据所采用的纯化技术（如反渗透、离子交换等）和生产需求而定。

3.**注射用水的监测指标**　应以纯化水作为原水，经特殊设计的蒸馏器蒸馏，冷凝冷却后经膜过滤制备而得的水。

微生物指标：除了菌落总数，还需检测细菌内毒素（使用凝胶法或光度法），要求每

1ml 注射用水中含细菌内毒素应小于 0.25EU，确保无热原。

物理化学指标：延续纯化水的监测指标，重点在于严格控制电导率、pH 值、TOC 等，以确保水质高度纯净。

特殊要求：可能还需要监测氧气含量、二氧化碳含量等，以防止对敏感药物配方产生不利影响。

156 制药用水和原水的水质监测应该多久进行一次？是否有特定的时间间隔或条件触发监测？

一、制药用水和原水的水质监测频率和时间间隔

1.法规要求 不同国家和地区对制药用水的水质监测有不同的法规要求。例如，在我国，根据《中国药典》（2020年版）的规定，制药用水的水质应至少每季度监测一次。

2.风险评估 制药企业应根据原水来源、制水工艺、储存和输送系统等因素进行风险评估，确定合适的监测频率。风险较高的情况可能需要更频繁的监测。

3.制水工艺的变化 当制水工艺发生变化，如设备维护、更换耗材或原水来源变化等，应进行水质监测以确保水质符合要求。

4.历史数据趋势 通过长期监测积累的数据，可以分析水质的稳定性和变化趋势。如果水质稳定，监测频率可以适当降低；如果水质波动较大，则需要增加监测频率。

二、监测频率

1.原水（饮用水） 原水的监测频率通常较低，但仍需定期进行，以确保其符合制药用水系统的进水要求。

根据 GMP 和《中国药典》的要求，原水应至少每年送相关部门检测一次。然而，为了更严格地控制水质，推荐做法是每月或每季度进行一次检测，特别是对于那些用作纯化水制备的原水。

2.纯化水 纯化水的监测频率较高，通常建议每天进行监测，特别是在使用频繁的情况下。

通常建议每月进行一次全面监测。这包括对电阻率、微生物限度、内毒素以及其他化学指标的检测。某些关键指标，如电导率，可能需要更频繁的监测，如每 2 小时一次。

3.注射用水 注射用水的监测要求更为严格，通常每日或更频繁地监测关键指标如电导率、pH值等，甚至在某些关键参数上进行连续监测，以确保水质持续符合要求。

三、特定条件触发的监测

1.每次系统清洁、消毒或维修后应进行水质监测，以验证处理系统性能未受影响。

2.当监测数据偏离正常范围，或系统出现故障、断电、漏水等情况后，需立即增加监测频次，评估水质是否受到影响。

3. 当生产工艺发生变化可能影响水质时。

4. 季节变换可能导致原水水质波动，此时应增加监测频次，确保水质稳定。

5. 按照 GMP 要求，进行定期的性能确认时，也需全面监测水质。

6. 法规或标准有更新要求时，需按新要求调整监测频率和项目。

157 对于制药用水中微生物污染的警戒限度和纠偏限度是如何设定的？

企业在设定制药用水中微生物污染的警戒限度和纠偏限度时，通常会考虑以下几个方面的因素和方法。

1. 历史数据分析法 企业可以根据过去一段时间内制药用水微生物污染的历史数据进行统计和分析。

通常采用阈值法，即将所有数据由小到大排列，以 95% 的数据作为警戒限，99% 的数据作为纠偏限。这意味着 95% 的历史数据低于警戒限，而 99% 的历史数据低于纠偏限。

2. 数理统计方法 利用数理统计的方法，企业可以设定合理的警戒限度和纠偏限度。

正态分布法是一种常用的方法，通过转换原始数据为正态分布数据，然后利用标准差和平均值来确定警戒限和纠偏限。

例如，可以将平均值加上 2 倍的标准差作为警戒限度，平均值加上 3 倍的标准差作为纠偏限度。

3. 行业标准和法规 企业在设定警戒限和纠偏限时，还需参考相关的行业标准和法规要求。

这些标准和法规通常会提供微生物污染的限值和指导原则，企业可以在此基础上设定更为严格的内部标准。

4. 风险评估 企业还可以根据自身的风险评估来设定警戒限和纠偏限。

风险评估可能包括考虑水质来源、处理工艺、使用目的等多个因素，以确定微生物污染对产品质量和患者安全的影响。

5. 实践经验 企业在实际操作中积累的经验也是设定警戒限和纠偏限的重要参考。

通过长期监测和记录微生物污染数据，企业可以根据实际情况调整警戒限和纠偏限的设定。

6. 设定警戒限度 警戒限度是指系统的关键参数超出正常范围，但尚未达到必须立即采取纠正措施的程度。对于微生物污染，警戒限度可能设定在接近但低于法规要求的限值，如纯化水的微生物计数略高于 100CFU/ml，但低于纠偏限度。

7. 设定纠偏限度 纠偏限度则是指当达到这一限度时，必须立即采取纠正和预防措施以防止产品质量受损。纠偏限度应设定在确保产品安全性和质量不被微生物污染威胁的最低水平，比如显著低于警戒限度，确保有足够的时间和空间采取行动。

8. 验证与调整 设定好限度后，需要通过实际操作验证这些限度的合理性，并根据后续监测数据和系统性能的反馈进行适时调整。

9.书面记录与执行　将警戒限度和纠偏限度写入企业的标准操作规程（SOP），确保所有相关人员了解并遵守，同时建立相应的超标调查和纠正措施流程。

158　当发现制药用水微生物污染达到警戒限度或纠偏限度时，制药企业应采取哪些措施进行处理？

当制药用水微生物污染达到警戒限度或纠偏限度时，制药企业应采取以下措施进行处理。

1.立即启动微生物污染应急预案，组织专业人员对污染情况进行分析和评估。对受影响的区域进行隔离，防止污染扩散到其他区域。

2.暂停使用受污染的水源进行生产活动，以确保产品质量和患者安全，同时，对已经生产的产品进行质量评估，确保没有受到污染。

3.启动调查以确定污染源。调查应包括但不限于检查最近的维护活动、水处理系统的完整性、操作人员的合规性、原水质量变化等。

4.增加对水源的监测频率，密切关注水质变化。定期检测水中的微生物含量，确保水质稳定并符合生产要求。

5.如果微生物污染达到纠偏限度，需要对水源、水处理设备、输送管道等进行全面检查。找出污染源头，并采取有效措施进行整改，如更换滤芯、清洗消毒管道等。

6.根据调查结果，对受污染的系统进行全面的清洁和消毒。这可能涉及使用适宜的清洁剂和消毒剂，以及必要的拆卸和深度清洁措施，确保清除所有生物膜和微生物污染。

7.完成清洁和消毒后，通过微生物负载测试、ATP生物荧光测试或其他适用的方法验证清洁消毒效果，确保达到预定的无菌标准。

8.根据调查结果和处理经验，修订操作规程和维护计划，加强员工培训，避免未来再次发生类似事件。可能包括改进清洁和消毒程序、增强监控系统、调整设备布局以减少死角等。

9.详细记录污染事件的处理过程，包括采取的措施、效果评估等。及时向相关部门报告污染事件及处理情况，以便得到专业指导和支持。

10.在完成所有必要的处理和验证后，应由质量管理部门复核，确认系统已恢复至可接受状态，并批准重新启用。

11.重新启用后，继续密切监控水质，可能在一段时间内增加监测频率，以确保水质稳定且符合标准。

第六章　物料与产品

第一节　原　则

159　如何确保药品生产所用的油墨符合食用标准要求?

为了确保药品生产所用的油墨符合食用标准要求,企业需要采取一系列严格的质量控制措施。

1.选择合格供应商　选择有良好信誉且具备相应资质的油墨供应商,确保其具备生产符合食用标准油墨的能力,确保其拥有食品安全相关的认证,如ISO 22000、FSSC 22000或其他国际认可的食品安全管理体系认证。

应对油墨供应商进行严格的资质评估,评估内容包括但不限于供应商的生产资质、质量管理体系、历史供货记录及产品质量稳定性等。

审核供应商的质量管理体系,包括其原材料来源、生产流程、质量控制及成品检测标准。

2.油墨成分审核　确认油墨成分符合食用标准,不含对人体有害的重金属(如铅、汞、镉)、有机溶剂、塑化剂等物质,且应易于分解,无毒副作用。

要求供应商提供详尽的成分列表、安全数据表(MSDS)及符合食用标准的证明文件。

确保油墨的成分列表清晰,不含有害物质。

3.油墨性能测试　对购入的油墨进行理化性质和微生物指标的检测,包括但不限于溶剂残留、迁移性试验、重金属含量、微生物污染检测等,确保符合相关食品安全标准。

对每批次的油墨进行合规性验证,确保其符合国家或国际的食用标准,如GB 31604系列标准。

定期送样至第三方检测机构进行独立验证,增加检测的客观性和权威性。

4.建立接收与验收标准　制定详细的接收与验收标准操作程序,包括油墨的入库前外观检查、批次验证、合格证明文件审核等。

实施抽样检验,按照GB/T 2828.12003/ISO 28591:1999等国家标准或行业标准执行,确保AQL值(可接受质量限)满足要求。

对每批次购入的油墨进行严格的验收检验,包括外观、颜色、气味、重金属含量、微生物指标等,确保其各项指标均达到食用标准要求。

5.存储与使用管理　油墨应存放在符合GMP标准的环境下,防止污染和变质,温度、湿度需控制在适宜范围内。

制定严格的油墨使用管理制度,确保只有经过培训合格的人员才能操作和使用油墨。

同时，使用过程中需严格遵守操作规程，避免油墨与其他非食用物质发生交叉污染。

6.**生产过程中的控制** 在生产过程中，确保油墨的正确使用和存储，避免污染和变质。

实施严格的操作规程，包括油墨的配制、印刷工艺参数的控制等。

定期对生产设备进行清洁和维护，防止交叉污染。

7.**记录与追溯** 建立完整的油墨采购、验收、使用及销毁记录，确保全程可追溯。

记录应包括供应商信息、批次号、生产日期、检测报告、使用产品批次等关键信息。

8.**员工培训与意识提升** 定期对涉及油墨使用的员工进行食品安全和GMP规范培训，提高他们对油墨安全性的认识和操作技能。

9.**持续监控与评估** 定期评估供应商表现，包括油墨质量稳定性、服务响应速度等，确保持续符合食用标准要求。

参与行业协会或关注行业动态，了解最新的食品安全标准和技术发展，适时调整内部控制标准。

160 如何确保进口原辅料符合国家的进口管理规定？有哪些具体的检查或认证程序？

确保进口原辅料符合国家的进口管理规定是药品生产企业的法定义务，这涉及一系列的检查、认证和合规性评估程序。

一、进口前准备

1.**了解法规** 熟悉国家药品监督管理局（NMPA）和其他相关部门发布的进口管理规定，包括但不限于《药品注册管理办法》《药品进口管理办法》等。

2.**资质审核** 审核国外供应商的资质，包括生产许可证、GMP证书、产品质量认证等。

确认供应商是否在NMPA认可的供应商名录中。

3.**合同约定** 在采购合同中明确原辅料的质量标准、检验方法、交货期限、责任条款等。

二、进口申报与检验

1.**进口申报** 向海关提交进口申报，包括商业发票、装箱单、提单、合同、原产地证明等相关文件。

提供原辅料的详细信息，如品名、规格、数量、用途等。

2.**检验检疫** 根据海关和检验检疫部门的要求，对进口原辅料进行抽样检验。

检验项目可能包括外观、含量、纯度、微生物限度、重金属含量等。

3.**合规性评估** 对原辅料的检验报告进行评估，确保其符合《中国药典》（ChP）和相关国家标准的要求。

如有必要，进行额外的实验室测试以验证原辅料的质量。

三、进口后管理

1.入库检验 在原辅料入库前进行企业内部的进货检验，包括外观检查、重量核对、标签核对等。

对关键质量属性进行检验，确保与进口检验报告一致。

2.记录保存 保存所有进口相关的文件和记录，包括海关申报文件、检验报告、运输记录等。

建立完整的追溯体系，确保原辅料的来源可追溯。

3.持续监控 对进口原辅料进行定期的质量回顾，监控其长期稳定性。

与供应商保持沟通，及时更新供应商信息和产品变更通知。

四、特殊程序

1.注册证申请 对于首次进口的原辅料，可能需要在NMPA申请注册证。

提交包括产品资料、生产工艺、质量控制、临床试验数据等在内的完整申请文件。

2.GMP符合性检查 对于某些高风险的原辅料，NMPA可能会要求对其国外生产场所进行GMP符合性检查。

161 药品生产所用的原辅料和包装材料应当符合哪些标准？

药品生产所用的原辅料和包装材料应当符合一系列严格的标准和要求，以确保药品的质量、安全性和有效性。具体来说，这些标准包括但不限于以下几个方面。

1.质量标准 原辅料和与药品直接接触的包装材料应当符合相应的质量标准。这通常包括国家标准、行业标准或企业自定的标准，确保其安全性、纯度和有效性。

2.食用标准要求 药品上直接印字的油墨应当符合食用标准要求，这意味着油墨应当无毒、无害，不会对药品的安全性产生影响。

3.进口管理规定 进口原辅料应当符合国家相关的进口管理规定。这可能包括进口许可、质量检验报告、原产地证明等文件要求，以确保进口原辅料的质量和合规性。

这些标准的具体要求如下。

1.原辅料标准

（1）国家标准：原辅料应符合国家标准（GB标准），包括《中国药典》、国家药品监督管理局颁布的药品标准以及进口药品注册标准等。

（2）国际标准：对于进口原辅料，应符合国际公认的标准，如美国药典（USP）、欧洲药典（EP）或国际药典（Ph.Int.）。

（3）行业标准：国家药品监督管理部门发布的相关行业标准，如《药品生产质量管理规范》（GMP）等。

（4）企业内部标准：高于法定标准的内部质量标准，包括纯度、杂质限度、微生物限度等，确保原辅料的质量符合药品生产的特定要求。

（5）进口管理规定：对于进口原辅料，还需符合国家相关的进口管理规定，如海关检验检疫要求、进口许可证等。

（6）特殊要求：对于某些特殊类型的原辅料，如生物制品生产用原材料、药用辅料等，还应当符合相应的特殊要求和指导原则。

2.包装材料标准

（1）直接接触药品的包装材料标准：与药品直接接触的包装材料，如铝箔、玻璃瓶、塑料瓶等，其质量直接影响药品的稳定性和安全性。这些材料必须符合 GB 9685—2016《食品接触材料及制品用添加剂使用标准》《国家药包材标准》、国家药品监督管理局颁布的药包材标准等相关国家标准，确保无毒、无害、不与药品发生化学反应，确保不会对药品产生不良影响。

（2）非直接接触药品的包装材料：也应符合相应的国家标准，如 GB/T 10004—2008《普通用途聚乙烯薄膜》等。

（3）相容性要求：包装材料应当与所包装的药品相容，不影响药品的稳定性、有效性和安全性。

（4）安全性要求：包装材料应当符合安全性要求，不释放有害物质，不与药品发生反应，不影响患者的健康。

（5）功能性要求：包装材料应当具备适当的保护功能，如防潮、避光、防震等，以确保药品在运输、储存和使用过程中的质量。

包装材料应具有良好的密封性、阻隔性、耐腐蚀性等特点，以保护药品免受外界因素的影响。

（6）特殊要求：对于特殊药品（如生物制品、疫苗等），包装材料还应符合更严格的标准和要求，如无菌要求、生物相容性等。

（7）印刷油墨标准：如果包装材料上需要印刷文字或图案，所使用的油墨必须符合食用标准要求。这是为了防止油墨中的有害物质迁移到药品中，对人体健康造成危害。

油墨的选择和使用应经过严格的质量控制和安全性评估。

为了确保原辅料和包装材料符合上述标准，企业应采取以下措施。

1.供应商评估　对供应商进行评估和审计，确保其有能力提供符合质量标准的物料。

2.质量检验　对进厂的原辅料和包装材料进行严格的质量检验，包括外观、纯度、微生物限度等指标。

3.合格证明　要求供应商提供合格证明或第三方检测报告，证明物料符合规定的质量标准。

4.储存条件　确保原辅料和包装材料在适宜的条件下储存，防止变质或损坏。

5.追溯系统　建立物料追溯系统，记录物料的来源、批次号、检验结果等信息，以便于追踪和管理。

6.风险管理　对可能影响物料质量的风险进行评估和管理，采取预防措施减少风险。

162 如何防止物料和产品在接收、贮存、发放、使用和发运过程中发生污染、交叉污染、混淆和差错?

为了确保物料和产品在接收、贮存、发放、使用和发运过程中不发生污染、交叉污染、混淆和差错,企业需要实施一系列严格的管理措施和操作规程。

一、建立严格的操作规程

制定详细的物料和产品接收、贮存、发放、使用和发运操作规程,确保每一步操作都有明确的指导。

操作规程应涵盖从物料进厂到产品出厂的全过程,明确各环节的责任人员、操作步骤和注意事项。

二、接收环节

1.供应商资质审核　仅与经过资质审核、符合GMP要求的供应商合作,确保物料来源可靠。

2.入厂检验　对每批物料进行严格的质量检验,包括外观、标识、批号、合格证明、COA(Certificate of Analysis)等,必要时进行全检。

3.去污染处理　对运输容器进行清洁消毒,避免外部污染物带入。

4.精确记录　详细记录接收日期、时间、数量、检验结果和接收人员,确保可追溯。

三、贮存环节

1.分区存放　根据物料性质(如原料、辅料、包装材料、成品)和状态(待验、合格、不合格、退货)实行物理隔离,防止交叉污染。

2.环境控制　保持仓库温湿度符合物料储存要求,使用空气净化系统(如需要)。

3.先进先出原则　遵循物料效期管理,确保先到期的物料先被使用。

4.定期盘点与清洁　定期进行库存盘点,确保账物相符,同时保持存储区域的清洁卫生。

四、发放环节

1.双人复核制度　发放前由两人分别核对物料名称、批号、数量等信息,确保准确无误。

2.专用工具和容器　使用清洁、干燥的容器和工具,避免交叉污染。

3.电子系统辅助　采用计算机化仓储管理系统(WMS),实现物料发放的电子化控制,减少人为错误。

五、使用环节

1.操作规程　遵循详细的书面操作规程,确保操作步骤标准化。

2.标识清晰　生产过程中,对各工序中的物料和产品进行明确标识,防止混淆。

3.交叉污染控制　不同产品或不同批次的生产操作应分隔开,使用专用设备或进行彻底清洁消毒。

六、发运环节

1.包装控制 确保包装材料符合质量标准，防潮、防尘、防破损，且标识清晰、完整。

2.装载规范 按照药品的稳定性要求进行合理装载，避免运输过程中的物理损坏或环境因素影响。

3.发货复核 发货前进行最终复核，包括核对发货单、数量、批次等信息，确保信息准确无误。

4.记录与追溯 从接收至发运的每一个环节，都应有详细记录，建立完整的可追溯系统。

163 物料供应商的质量评估应包括哪些内容，以确保供应商的可靠性？

为了确保物料供应商的可靠性，物料供应商的质量评估应包括以下内容。

1.供应商资质审查 审查供应商的营业执照、生产许可证、GMP证书等相关资质文件，确保其合法合规经营。

评估供应商的生产规模、技术水平、质量管理体系等，确保其具备相应的生产能力和质量保证能力。

2.产品质量评估 对供应商提供的样品进行全面的质量检验，包括物理性质、化学成分、微生物限度等指标。

分析供应商产品的历史质量数据，评估其产品质量的稳定性和一致性。

3.质量管理体系评估 审查供应商的质量管理体系文件，包括质量手册、程序文件、操作规程等，确保其体系完善且有效运行。

实地考察供应商的生产现场，评估其生产环境、设备设施、人员操作等是否符合GMP要求。

4.供应能力评估 评估供应商的生产能力，包括产能、交货周期、应急响应能力等，确保其能够满足企业的采购需求。

分析供应商的供应链管理，包括原材料采购、库存管理、物流配送等，确保供应链的稳定性和可靠性。

5.合规性评估 审查供应商的合规记录，包括是否存在违法违规行为、是否受到过监管部门的处罚等。

评估供应商的合规管理，包括对法规政策的了解和遵守情况，确保其合规经营。

6.风险评估 对供应商进行风险评估，包括质量风险、供应风险、合规风险等，识别潜在的风险点并制定相应的风险控制措施。

建立供应商风险管理机制，定期对供应商进行风险评估和监控，及时发现并应对风险。

7.技术支持能力评估 评估供应商在技术改进、新产品开发方面的能力，能否提供技术支持和合作。

8.**售后服务与沟通能力评估** 考察供应商的售后服务能力，包括产品退换货处理、质量问题解决等，确保在出现问题时能够得到及时有效的支持。

评估供应商的沟通能力，确保双方在合作过程中能够保持良好的信息交流和协作。

评估供应商的服务水平，包括交货期、售后服务、技术支持等。

9.**审计与现场考察** 必要时，对供应商进行现场审计和考察，实地验证上述评估内容的真实性和有效性。

组织评估小组到供应商现场进行实地考察，核实其生产条件、质量管理体系运行情况与书面资料的一致性。

10.**历史业绩和信誉评价** 收集供应商与其他客户的合作记录，了解其服务质量和交货准时率。

搜集市场对供应商及其产品的反馈，包括客户满意度、产品投诉情况等。

164 如何选择合适的运输方式和运输服务提供商以确保物料和产品的质量？

选择合适的运输方式和运输服务提供商是确保物料和产品质量的关键环节。以下是选择过程中的关键步骤和考虑因素。

一、运输方式的选择

1.**产品特性评估** 详细分析物料和产品的性质，如温度敏感性、湿度敏感性、易碎性、易腐性等。对于需要严格温度控制的生物制品或疫苗，应选择冷链运输方式；对于易受潮的物料，应避免选择湿度控制不佳的运输方式。

考虑产品的价值和紧急程度。高价值且紧急的产品可能更适合航空运输，以减少运输时间和降低风险。

2.**运输距离和时间** 评估运输目的地的距离和预计运输时间。长途运输可能需要更可靠和稳定的运输方式，如铁路或航空运输，以减少运输途中的不确定性。

对于时间敏感的产品，如有效期较短的药品，应选择能够快速到达的运输方式，以确保在有效期内使用。

3.**环境条件要求** 某些物料和产品可能对运输过程中的环境条件有特定要求，如避光、防震、防电磁干扰等。选择运输方式时，要确保能够提供相应的环境控制措施。

4.**成本效益分析** 比较不同运输方式的成本，包括运输费用、保险费用、包装成本等。但不能仅仅以成本为唯一决定因素，而应在保证质量的前提下寻求最佳的成本效益平衡。

二、运输服务提供商的选择

1.**资质与认证** 审查运输服务提供商的营业执照、运输许可证等相关资质文件，确保其合法经营。

核实其是否通过了相关的质量认证，如 ISO 9001 质量管理体系认证、ISO 22000 食品安全管理体系认证（如适用）等。

2.经验与声誉 了解运输服务提供商在医药行业的经验，特别是在运输类似物料和产品方面的业绩。

调查其在市场上的声誉，包括客户评价、行业口碑等，以评估其服务质量和可靠性。

3.设施与设备 考察运输服务提供商的运输设施和设备，如冷藏车、保温箱、气垫车等是否符合运输要求。

检查设备的维护记录和校准情况，确保其处于良好的运行状态。

4.质量控制体系 评估运输服务提供商的质量控制体系，包括人员培训、操作流程、监控措施、应急预案等。

了解其如何对运输过程中的温度、湿度、振动等关键参数进行监测和记录。

5.保险与赔偿政策 确认运输服务提供商是否购买了足额的货物运输保险，以保障在运输过程中发生意外损失时能够得到合理赔偿。

审查其赔偿政策和流程，确保在出现质量问题时能够及时、有效地进行处理。

6.服务能力与灵活性 考察运输服务提供商的服务能力，如能否按时提货和送货，能否根据客户需求调整运输计划。

了解其在应对突发事件和特殊情况时的灵活性和处理能力。

7.合同条款 在签订运输合同前，仔细审查合同条款，明确双方的权利和义务，包括运输条件、运输方式、运输时间、风险分担、质量责任、赔偿条款、保密条款等。

确保合同条款符合 GMP 要求和企业的利益。

8.实地考察与审计 如有必要，对运输服务提供商进行实地考察和审计，直观了解其运营情况和管理水平。

可以要求其提供运输过程的模拟演示或实际案例分析。

165 对于有特殊运输要求的物料和产品，应当如何确认其运输条件？

对于有特殊运输要求的物料和产品，确认其运输条件是一个系统的过程，需要综合考虑物料或产品的特性、运输过程中的潜在风险以及相关的法规要求。以下是确认运输条件的具体步骤。

1.确定特殊运输要求 需要明确物料或产品在运输过程中有哪些特殊要求，如温度控制、湿度控制、防震、防光等。

这些特殊要求通常来源于物料或产品的物理化学性质、稳定性数据、历史运输问题记录等。

特殊运输要求可能包括但不限于以下情况：

·需要控制温度的物料或产品，如疫苗、生物制品等。

·需要避光的物料或产品，如某些药物制剂。

·需要防震的物料或产品，如某些医疗器械。

·需要防潮的物料或产品，如某些化学原料药。

2.制定运输标准 根据识别的特殊要求，制定详细的运输标准，包括运输工具的选择、包装材料的要求、运输过程中的监控措施等。

运输标准应当具体、明确，能够指导实际的运输操作。

根据特殊运输要求，制定详细的运输条件确认方案。

·明确需要确认的运输条件，如温度、湿度、光线、震动等。

·确定合适的确认方法，如使用温度记录仪、湿度计、光照度计等。

·确定确认的周期，如在运输过程中的特定时间点进行确认。

·明确确认的标准，即在运输过程中需要满足的条件。

3.选择合适的运输工具和包装 根据运输标准，选择合适的运输工具，如冷藏车、保温箱、防震包装等。

设计或选择合适的包装材料，确保在运输过程中能够保护物料或产品不受损害。

根据确认方案，在实际运输过程中进行确认。

·在运输容器或车辆上安装温度计、湿度计、光照度计等监测设备。

·在运输过程中，定期记录监测设备的数据，如温度、湿度、光照度等。

·根据记录的数据，评估运输过程中是否满足了确认标准。

4.进行运输条件确认试验 在实际运输前，进行运输条件确认试验，模拟实际运输过程中的各种条件，如温度变化、震动、湿度变化等。

通过试验，评估物料或产品在模拟运输条件下的稳定性，确保其在实际运输过程中能够保持质量稳定。

选择典型的运输路线和条件进行实际运输测试，监测产品在整个运输过程中的质量变化。

5.建立监控和记录系统 在实际运输过程中，建立有效的监控系统，如温度记录仪、GPS定位系统等，实时监控运输条件。

对运输过程中的关键数据进行记录，包括温度、湿度、位置、时间等，以便于后续的追溯和分析。

6.制定应急预案 针对可能出现的运输问题，制定应急预案，如温度失控、交通事故、包装破损等。

应急预案应当包括应对措施、责任人、联系方式等，确保在出现问题时能够及时有效地处理。

7.定期回顾和更新 定期回顾运输条件的确认结果和实际运输过程中的表现，评估运输条件的有效性。

根据回顾结果和新的法规要求，及时更新运输条件和相关操作规程。

8.选择合格承运商 选择具有相应资质和经验的物流承运商，确保他们能提供符合

GMP要求的运输服务，包括培训过的员工、合规的运输车辆和设备、有效的追踪系统等。

与承运商签订详细的服务协议，明确运输条件、责任分配、紧急应对措施等条款。

166 原辅料接收的检查内容是什么？

原辅料接收的检查内容是确保物料质量符合要求、与订单一致并得到质量管理部门批准的关键步骤。

1.**订单一致性检查** 核对交货单上的物料名称、规格、数量、型号等信息与订单是否完全一致。

确认交货的批次和数量符合采购要求。

2.**供应商批准状态确认** 核实供应商是否已经过质量管理部门的批准，具有合法的供应资格。

3.**外包装检查** 查看外包装是否完整，无破损、变形、受潮、受污染等情况。

检查标签的完整性和准确性，标签上应注明物料的名称、规格、批号、生产日期、有效期、储存条件等规定的信息。

4.**清洁状况评估** 必要时，检查物料外包装的清洁程度，有无异物附着、污渍等。

5.**标识和代码核对** 确认企业内部所用物料名称和（或）代码与交货单和包装容器上的标识相符。

6.**批号检查** 核对供应商和生产商（如不同）标识的批号，确保清晰可辨且符合相关规定。

7.**数量核查** 仔细清点接收的总量和包装容器数量，确保与交货单一致。

8.**质量初步判断** 通过观察外包装、气味、颜色等初步判断物料是否存在异常，如有可疑情况，应及时向质量管理部门报告。

9.**特殊要求检查** 对于有特殊储存条件要求（如温度、湿度、避光等）的原辅料，检查运输过程中的条件是否得到满足。

10.**包装状况说明** 详细记录包装的状况，包括包装的材质、封口情况、防护措施等。

11.**记录接收信息** 每次接收均应当有详细的记录，包括接收日期、接收总量和包装容器数量。

记录接收后企业指定的批号或流水号，便于后续的追溯和管理。

记录有关说明，如包装状况、异常情况等，确保信息的完整性和可追溯性。

12.**进行质量检验** 对到货物料进行必要的质量检验，包括外观检查、物理性质测试、化学成分分析、微生物限度检查等。

根据检验结果，判断物料是否符合质量标准，确保物料的质量符合生产要求。

13.**处理异常情况** 对于接收过程中发现的任何异常情况，如包装损坏、标识不清晰、数量不符等，应当及时处理。

向质量管理部门报告异常情况，并进行调查和记录，确保问题得到妥善解决。

167 在接收物料时，如果发现外包装损坏，具体应采取哪些步骤来报告和调查？

在接收物料时，如果发现外包装损坏，应采取以下步骤来报告和调查。

1.立即停止接收 一旦发现外包装损坏，应立即停止接收该批物料，避免进一步的污染或质量问题。

2.隔离受损物料 将受损的物料与其他物料分开存放，并进行明显的标识，以防止混淆或误用。

3.初步评估 对损坏的外包装进行初步评估，判断损坏的程度和可能对物料质量造成的影响。

检查物料是否有明显的污染、变质或其他异常情况。

4.记录详细信息 记录损坏的具体情况，包括损坏的位置、程度、发现时间、发现人员等。

记录物料的相关信息，如物料名称、批号、供应商信息、接收日期等。

5.报告质量管理部门 立即向质量管理部门报告外包装损坏的情况，提供详细的记录信息。

报告应包括损坏的描述、初步评估结果以及可能的影响。

6.启动调查程序 质量管理部门应启动调查程序，指定专人负责调查。

调查人员应收集所有相关证据，包括损坏的外包装、物料样品、运输记录等。

7.分析原因 调查人员应分析损坏的原因，可能包括运输过程中的不当操作、包装材料的质量问题、储存条件不当等。

分析应基于事实和数据，确保客观性和准确性。

8.评估影响 根据损坏的程度和原因，评估对物料质量的潜在影响。

必要时，进行进一步的质量检验，如微生物限度检查、化学成分分析等。

9.制定应对措施 根据调查结果，制定相应的应对措施，如退货、重新包装、隔离存放等。

应对措施应确保物料的质量和安全，避免对生产造成影响。

10.记录调查结果 将调查过程和结果详细记录在案，包括调查人员、调查时间、分析结果、应对措施等。

记录应保存备查，确保信息的完整性和可追溯性。

11.通知相关方 根据需要，通知供应商和运输服务提供商，共同分析原因并采取改进措施。

确保所有相关方了解情况，并采取必要的预防措施，避免类似问题再次发生。

12.制定预防措施 针对导致外包装损坏的原因，制定和实施相应的预防措施，以避免类似问题再次发生。

对预防措施的执行效果进行跟踪和评估，不断完善物料接收和存储管理流程。

168 什么是"待验管理"，它是如何确保物料和成品质量的？

待验管理是 GMP 体系中的一个重要环节。"待验管理"是指物料（包括原辅料、包装材料、中间产品、待包装产品）和成品在接收或生产完成后，至放行前所处的特定管理状态。在此状态下，物料和成品需采用物理手段或其他有效方式进行隔离或区分，以防止其被误用或混入其他合格批次中。待验管理的目的是确保物料和成品在放行前得到充分的检验和评估，从而保障其质量符合既定标准。

一、待验管理的具体措施

1.**物理隔离** 通过设置专门的待验区或使用隔离设施（如围栏、货架等），将待验物料和成品与合格品、不合格品有效分隔开来。这种方式能够直观地展示物料的状态，减少混淆的风险。

2.**状态标识** 对待验物料和成品进行明确的状态标识，如使用不同颜色的标签（通常为黄色）来区分待验品与合格品（绿色）和不合格品（红色）。标识上应包含物料或成品的名称、批号、数量、待验状态等信息，以便追溯和管理。

3.**记录管理** 建立完整的待验记录系统，记录物料和成品的接收时间、待验状态、检验结果等信息。这些记录不仅有助于追溯物料和成品的流向，还能为质量评估和改进提供依据。

4.**取样检验** 在物料和成品处于待验状态时，按照既定的取样规程进行取样检验。检验结果将作为物料和成品是否放行的关键依据。

二、待验管理如何确保物料和成品质量

1.**防止混淆和误用** 通过物理隔离和状态标识等措施，待验管理能够有效防止待验物料和成品与合格品、不合格品发生混淆，从而避免误用导致的质量风险。

2.**控制差错** 严格的待验流程有助于及早发现错误或不符合项，避免不合格物料或成品进入生产或市场，减少质量风险。

3.**质量保证** 待验管理要求物料和成品在放行前必须经过充分的检验和评估。这一要求有助于及时发现潜在的质量问题，并采取相应的处理措施，确保只有符合质量标准的物料和成品才能放行使用。

4.**提供可追溯性** 完整的待验记录系统为物料和成品的追溯提供了有力支持。一旦出现质量问题，企业可以通过查阅待验记录迅速定位问题源头，并采取有效的纠正和预防措施。

5.**确保合规性** 按照规定程序进行待验管理，是遵守GMP规范的重要体现，有助于企业保持良好的法规符合性。

6.**促进持续改进** 待验管理过程中收集的数据和信息，如检验结果、不合格原因等，可以为企业持续改进质量管理体系提供宝贵参考。通过分析这些数据，企业可以发现质

量管理中的薄弱环节，并制定相应的改进措施，不断提升产品质量和管理水平。

169 如何实施先进先出和近效期先出的原则，以确保物料和产品的有效管理？

实施先进先出（First In, First Out, FIFO）和近效期先出（First Expire, First Out, FEFO）的原则是确保物料和产品有效管理的关键措施。以下是实施这些原则的具体步骤和方法。

1. 分类存储和标识 根据物料和产品的性质、用途、批号和有效期等因素，将其有序地存储在仓库中，便于管理和追踪。

为每个存储单元（如货架、托盘）设置清晰的标识，标明物料或产品的批号、入库日期和有效期等信息，以便于识别和区分。

2. 仓储管理 仓库应合理规划布局，设置不同的存储区域，如待验区、合格品区、不合格品区、近效期产品区等，确保物料和产品的有序存放。

利用库存管理系统（WMS）或手工记录方式，对物料和产品的库存情况进行动态监控，及时更新库存信息。

3. 先进先出 采用流动式货架或托盘系统，使得新入库的物料自动放置在最后，而最早入库的物料位于最前面，便于先取出使用。

定期进行库存盘点，确保物料的实际存储顺序与 FIFO 原则相符。

在发放物料时，严格按照入库顺序进行，确保先入库的物料先被使用。

4. 近效期先出 对于有明确有效期的物料和产品，优先发放那些有效期较近的批次。

建立有效的有效期监控系统，实时跟踪物料和产品的剩余有效期，提醒即将到期的物料。

设置预警机制，当物料或产品的有效期接近时，自动发出警报，促使相关部门采取行动。

5. 系统支持 使用先进的库存管理系统，自动记录物料的入库、出库和存储位置，支持 FIFO 和 FEFO 原则的实施。

采用电子标签技术，实时更新物料的位置和状态，提高库存管理的准确性和效率。

通过数据分析工具对库存情况、有效期分布等进行定期分析，为库存管理和采购计划提供依据。

6. 培训与执行 对仓库管理人员进行 FIFO 和 FEFO 原则的培训，确保他们理解和执行这些原则。

在日常工作中监督物料的发放和存储，确保操作符合既定原则。

7. 持续改进 建立反馈机制，收集关于 FIFO 和 FEFO 实施过程中的问题和建议，不断优化流程。

关注新技术的发展，如 RFID（无线射频识别）技术，以提高库存管理的自动化和智能化水平。

170　使用计算机化仓储管理系统时，如何防止因系统故障、停机等特殊情况而造成物料和产品的混淆和差错？

在使用计算机化仓储管理系统（WMS）时，为了防止因系统故障、停机等特殊情况导致物料和产品的混淆和差错，应当采取以下措施。

1.建立备份系统　建立并维护一个或多个备份系统，确保在主系统故障或停机时能够迅速切换，保证仓储管理的连续性。

定期进行数据备份，并确保备份数据的可恢复性，以便在系统故障时快速恢复数据。

制定详细的灾难恢复计划，包括系统恢复的步骤、时间目标和责任分配。

2.冗余与容错设计　设计包含冗余组件的系统，包括服务器、数据库和网络设备的冗余配置，以减少单点故障的风险，以提高系统的可靠性和容错能力。

采用冗余设计，如使用双服务器、双电源等，确保系统在硬件故障时仍能继续运行。

选择稳定可靠的软件系统，并定期进行软件更新和维护，减少系统故障的风险。

配置容错机制，如磁盘阵列的冗余、服务器的热备或集群等，确保系统在部分组件出现故障时仍能持续运行。

3.应急电源保障　安装不间断电源（UPS）系统，以在市电中断时为计算机化仓储管理系统提供临时电力支持，保证系统有足够的时间进行正常关机或维持关键操作。

4.应急预案与演练　制定并维护一套完整的手动操作流程，以便在WMS无法正常工作时，仍然能够进行基本的仓储操作，如接收、存储、发放等。

即使使用完全计算机化仓储管理系统进行识别，也应准备一套备用的标识系统，如打印标签或手写标签，以便在系统故障时能够继续标识物料和产品。

定期进行应急演练，验证应急预案的有效性，提高团队对突发事件的应对能力。

5.系统监控与维护　实施对WMS的实时监控，及时发现并处理潜在的系统问题。

定期对WMS进行维护和升级，确保系统的稳定性和安全性。

建立系统性能监控体系，对关键参数如服务器负载、网络状况等进行实时监控，一旦出现异常立即触发警报，及时采取应对措施。

与WMS供应商建立紧密的合作关系，确保在系统出现问题时能够及时获得技术支持和解决方案。

6.离线操作与手工记录　配备必要的离线操作工具和设备，如手持式扫码设备、纸质记录表格等。

培训员工在系统故障时能够切换到离线操作模式，记录物料和产品的出入库等关键信息。

设计离线工作模式，即使在系统无法联机的情况下，也能通过手持终端或纸质记录继续执行关键操作，之后同步数据。

尽管第一百零九条允许在完全计算机化系统下不强制书面标记，但仍可保留一定量的关键物料和产品的纸质标签或清单作为应急备份，以防万一。

7.数据同步与校验　在系统恢复正常运行后，及时将离线操作期间记录的数据与系统中的数据进行同步和校验，确保数据的一致性和准确性。

8.员工培训　定期对仓库操作人员和技术支持团队进行系统操作、故障排查和应急响应的培训，提升人员技能和意识。

9.确认与审计　对WMS进行全面的确认，包括安装确认（IQ）、运行确认（OQ）和性能确认（PQ），确保系统符合GMP要求。

定期对WMS进行审计，检查系统的运行状况和数据的准确性，确保系统的合规性和有效性。

10.变更管理　对WMS的任何变更都应遵循严格的变更控制程序，评估变更对系统稳定性和数据准确性的影响。

171 如果物料、产品等相关信息不以书面可读的方式标出，企业应如何确保在系统故障时仍能快速准确地识别和追踪物料和产品？

如果物料、产品等相关信息不以书面可读的方式标出，企业可以通过以下措施来确保在系统故障时仍能快速准确地识别和追踪物料和产品。

1.建立备份系统　定期备份计算机化仓储管理系统中的数据，包括物料和产品的库存信息、批次信息、发放记录等。这样在系统故障时，可以通过恢复备份数据来快速获取物料和产品的相关信息。

准备备用的硬件设备，如服务器、网络设备等，以便在系统故障时能够迅速切换到备用设备，从而保证物料和产品相关信息的可访问性。

2.制定应急操作规程　制定详细的应急操作规程，明确在系统故障时如何使用备份识别系统进行物料和产品的识别和追踪。

规程应包括如何扫描备份标签、如何记录和核对信息、如何进行手动发放等步骤。

3.使用辅助标识　在计算机化仓储管理系统的基础上，使用物理标识（如标签、货架标识等）来加强物料和产品的可追溯性。这些标识应包含足够的信息，以便在系统故障时能够独立地识别和追踪物料和产品。

使用可视化标识（如颜色编码、图形符号等）来辅助识别和追踪物料和产品。这些标识应与计算机化仓储管理系统中的信息保持一致，以便在系统故障时能够快速准确地进行匹配。

4.保持书面记录的备份　尽管不以书面可读的方式标出物料和产品信息，但企业应保持关键信息的书面备份，如物料清单、批号记录、有效期记录等。

书面备份应定期更新，并与计算机化系统保持一致，以便在系统故障时提供参考。

5.培训相关人员　对相关人员进行系统操作培训，包括如何使用计算机化仓储管理系统进行物料和产品的识别、追踪和管理。这样在系统故障时，相关人员能够熟练地使用辅助标识进行操作。

对相关人员进行应急预案培训，包括在系统故障时如何使用辅助标识进行物料和产品的识别、追踪和管理。这样在系统故障时，相关人员能够迅速采取正确的行动。

6.定期演练和测试 定期进行应急演练，模拟系统故障等特殊情况，测试相关人员使用辅助标识进行物料和产品识别、追踪和管理的能力。这样可以及时发现问题并进行改进。

定期进行系统测试，包括对备份系统的测试和对辅助标识的测试，以确保在系统故障时能够快速准确地获取物料和产品的相关信息。

7.持续改进 建立问题反馈机制，鼓励相关人员及时报告在使用辅助标识过程中遇到的问题或困难。这样可以及时发现问题并进行改进。

定期评估计算机化仓储管理系统和辅助标识的使用情况，包括在系统故障时的应对能力，并根据评估结果进行持续改进。

第二节 原辅料

172 在核对或检验包装内原辅料时，采取了哪些具体措施来确认包装内的原辅料正确无误？

在核对或检验包装内原辅料时，为了确保每一包装内的原辅料正确无误，可以采取以下具体措施。

1.制定详细的操作规程 企业应制定详细的操作规程，明确规定如何接收、存储、取样、检验和记录原辅料的每个步骤。这些规程应符合GMP标准，并确保所有操作的一致性和可追溯性。

2.核对标签信息 仔细核对包装上的标签信息，包括物料名称、批号、生产日期、有效期、供应商信息等，确保与实际需求相符。这一步骤是基础性的核对工作，可以防止错误的物料被接收和使用。

3.外观检查 对原辅料的外观进行检查，如颜色、形状、颗粒大小等，与历史数据或标准样品进行对比，确认无异常。外观检查可以发现一些明显的质量问题，如变色、结块等。

4.取样检验 按照预定的取样计划和操作规程，从每个包装中抽取代表性样品进行检验，包括化学成分分析、微生物限度测试、物理性质检查等。取样检验是确保原辅料质量的重要手段，可以检测出不符合标准的物料。

5.重量核对 对于定量包装的原辅料，可以通过称重的方式来核对包装内的实际重量是否符合标签标注的重量。这一步骤可以发现包装不足或过量的情况。

6.**条形码或RFID扫描**　使用条形码扫描器或RFID阅读器对包装上的条形码或RFID标签进行扫描，自动核对信息。

通过计算机系统验证扫描结果，确保信息的准确性和一致性。

7.**使用计算机化管理系统**　利用计算机化管理系统来跟踪和记录原辅料的所有相关信息，包括批号、数量、检验结果和存储条件。

8.**批次追溯**　通过批次追溯系统，核实原辅料的来源和历史记录，确保其来源可靠，历史质量记录良好。批次追溯有助于了解物料的完整历史和质量控制情况。

9.**双人复核制度**　实行双人复核制度，即由两名经过培训的员工分别独立进行核对或检验，确保结果的准确性。双人复核可以减少人为错误的发生。

10.**使用专用工具**　使用专用的开包工具和取样器具，避免交叉污染和混淆。专用工具的使用有助于保持操作的准确性和卫生性。

11.**记录和报告**　详细记录核对或检验的过程和结果，并及时向质量管理部门报告任何异常情况。记录和报告是质量管理体系的重要组成部分，有助于追踪和解决问题。

12.**异常情况处理**　对于在核对和检验过程中发现的任何异常情况，如标识错误、质量问题等，应立即将相关物料隔离。

向质量管理部门报告异常情况，并进行调查和记录，确保问题得到妥善解决。

13.**定期审核和改进**　定期对核对或检验的操作规程进行审核和更新，以提高其有效性和适应性。定期审核和改进有助于不断完善质量管理体系，适应生产和管理的变化。

173　如果发现包装内的原辅料有误，企业应采取哪些纠正措施？

如果发现包装内的原辅料有误，企业应采取以下纠正措施。

1.**立即停止使用**　一旦发现包装内的原辅料有误，应立即停止使用该批物料，避免错误物料进入生产流程。

2.**隔离和标识**　将错误物料隔离存放，并使用明显的标识，如"不合格"、"待处理"等，防止误用。

隔离区域应远离正常物料存放区，确保不会对其他物料造成污染或混淆。

3.**调查和分析**　启动内部调查程序，分析错误物料的来源、原因和影响范围。

调查应包括物料接收、标识、贮存、发放等环节，确保全面了解错误发生的原因。

4.**记录和报告**　对错误物料的情况进行详细记录，包括发现时间、发现人员、错误描述、影响范围等。

向质量管理部门报告错误情况，并提供调查和分析结果。

5.**制定纠正措施**　根据调查结果，制定具体的纠正措施，如退货、重新检验、重新标识等。

纠正措施应确保错误物料得到妥善处理，并防止类似错误再次发生。

6.**实施纠正措施**　实施制定的纠正措施，如将错误物料退回供应商、对物料进行重新检验等。

纠正措施的实施应有明确的操作步骤和责任人，确保措施得到有效执行。

7.验证纠正效果　对纠正措施的效果进行验证，确保错误物料得到正确处理，且生产流程恢复正常。

验证应包括对物料的重新检验、对操作规程的审查等。

8.更新操作规程　根据错误发生的原因和纠正措施的效果，更新相关的操作规程，加强质量控制。

更新后的规程应包括预防措施，如加强标识管理、增加核对步骤等。

9.培训和沟通　对相关人员进行培训，确保他们了解错误情况和纠正措施，提升质量意识。

与供应商沟通，共同分析错误原因，并采取改进措施，防止类似问题再次发生。

10.持续监控　在纠正措施实施后，持续监控物料接收、贮存、发放等环节，确保操作规程得到有效执行。

监控应包括定期检查、随机抽查等，确保质量管理体系的持续改进。

174　对于一次接收数个批次的物料，如何确保按批取样、检验、放行？

对于一次接收数个批次的物料，确保按批取样、检验、放行是药品生产企业质量控制的重要环节。以下是实现这一目标的关键步骤和措施。

一、物料接收

1.清晰标识与记录　确保每批次物料均有清晰的标识，包括批号、生产日期、有效期、供应商信息等。

接收时详细记录每批物料的数量、包装状态及任何异常情况。

2.隔离存放　将不同批次的物料隔离存放，避免混淆。

设立专门的接收区域或货架，用于暂存待检物料。

二、取样

1.取样计划　制定详细的取样计划，明确每个批次物料的取样点、取样量、取样工具和方法。

取样计划应遵循《中国药典》（ChP）或其他相关标准的规定。

2.独立取样　对每个批次的物料进行独立取样，避免不同批次间的交叉污染。

使用一次性取样器具或在每次取样前后彻底清洁取样工具。

3.取样记录　详细记录每个批次的取样信息，包括取样日期、时间、地点、取样人、批次号等。

取样记录应作为质量文件的一部分保存。

三、检验

1.检验规程　根据物料的性质和用途，制定相应的检验规程，包括检验项目、方法、判定标准等。

检验规程应符合《中国药典》（ChP）、行业标准或企业内部标准的要求。

2.**独立检验** 对每个批次的物料进行独立检验，确保检验结果的准确性和可靠性。

使用合格的检验设备和试剂，并确保设备的校准和维护。

3.**检验记录** 详细记录每个批次的检验结果，包括检验日期、时间、检验人、结果等。

检验记录应作为质量文件的一部分保存。

四、放行

1.**放行审批** 建立放行审批流程，由质量管理部门负责审核每个批次的检验结果和相关记录。

只有在所有检验项目均符合质量标准的情况下，才能批准放行。

2.**放行记录** 详细记录每个批次的放行信息，包括放行日期、时间、审批人、批次号等。

放行记录应作为质量文件的一部分保存。

3.**不合格品处理** 对于检验不合格的批次，应立即启动不合格品处理程序，包括隔离、调查、纠正措施和预防措施。

不合格品的处理记录也应作为质量文件的一部分保存。

五、持续改进

定期对取样、检验、放行流程进行回顾分析，评估其有效性和适用性。

加强员工培训，提高其对 GMP 规范的理解和执行能力。

关注行业动态和技术发展，及时引入新技术、新方法，提升物料质量管理水平。

175 仓储区内的原辅料应当有哪些标识？

仓储区内的原辅料应当具备以下标识，以确保物料管理的准确性和可追溯性。

1.**指定的物料名称和企业内部的物料代码** 物料名称应与质量标准、生产指令中的名称一致，确保使用的准确性。

企业内部物料代码是为每种物料分配的唯一编码，便于信息系统管理和快速检索。

2.**企业接收时设定的批号** 批号是原辅料追溯的关键，应与供应商提供的批号一致，记录在接收记录中，并在物料标识上清晰标注，便于追踪每一批次的来源、使用情况和质量状态。

3.**物料质量状态** 应明确标注物料当前的质量状态，包括但不限于"待验"（尚未完成检验）、"合格"（已通过检验）、"不合格"（未通过检验）、"已取样"（已抽取样品准备检验）等。这有助于防止误用未经检验或不合格的物料，确保生产过程中的物料均符合质量要求。

4.**有效期或复验期** 明确标注物料的有效期限或复验日期，对于有保质期的原辅料，确保在有效期内使用；对于需定期复验的物料，应有明确的复验提醒，以确保物料始终处于受控状态，符合质量标准。

除上述基本要求外，企业还可以根据自身管理需求，增加其他标识信息。

1.**供应商信息**　包括供应商名称、地址等，便于追溯和质量控制。

2.**到货日期和接收人员**　记录物料入库的具体日期和接收责任人，强化责任追溯。

3.**存储条件**　明确标注物料应存储的条件，如温度、湿度要求，确保仓储环境符合规定。

4.**使用于何项目或产品**　对于特定用途的原辅料，标注其预期用途，有助于防止交叉使用和混淆。

5.**安全警示信息**　对于易燃、有毒或其他有特殊安全要求的物料，应有明确的安全警示标识。

为了确保这些标识的准确性和一致性，企业应当采取以下措施。

1.**制定标识标准**　制定详细的标识标准和操作规程，明确标识的内容、格式、位置和更新要求。

2.**使用标准化标签**　使用标准化的标签或标识系统，确保每个物料的标识都符合既定的标准。

3.**定期检查和更新**　定期对仓储区内的物料标识进行检查，确保标识的准确性和完整性，并及时更新过期或变更的信息。

4.**培训操作人员**　对仓储管理人员和质量控制人员进行培训，确保他们了解标识的重要性和正确的标识操作方法。

5.**建立追溯系统**　建立完善的物料追溯系统，确保每个物料的标识信息都能与企业的质量管理系统和生产记录相匹配。

176　如何确保仓储区内的原辅料有适当的标识？

确保仓储区内的原辅料有适当的标识是药品生产企业质量管理的基本要求，有助于实现物料的正确识别、追踪和控制。以下是确保原辅料适当标识的关键措施。

一、制定标识标准和操作规程

制定详细的标识标准和操作规程，明确标识的内容、格式、位置和更新要求。

规程应包括标识的制作、粘贴、检查和维护等步骤，确保标识的一致性和准确性。

二、标识设计

1.**统一标识系统**　设计一套统一的物料标识系统，确保所有原辅料的标识格式和内容一致。

标识系统应包括易于识别的颜色编码、条形码或二维码等。

2.**标识内容**　根据GMP规定，标识至少应包含指定的物料名称、企业内部物料代码、接收时设定的批号、物料质量状态（如待验、合格、不合格、已取样）以及有效期或复验期。

标识内容应清晰、准确，不易褪色或磨损。

三、标识应用

1.标识位置 标识应贴在原辅料包装的显眼位置，便于仓库管理人员和操作人员快速查看。

对于大型容器或托盘，可以在多个侧面贴上相同的标识，以防某个标识被遮挡。

2.标识更新 当物料状态发生变化时（如从待验转为合格），应及时更新标识，确保信息的实时性和准确性。

对于有效期或复验期即将到期的物料，应提前进行复验或处理，并在标识上做出相应标记。

四、标识管理

1.培训与沟通 对仓库管理人员和操作人员进行标识系统的培训，确保他们理解标识的含义和重要性。

定期沟通标识变更和更新，确保所有人员都能及时获取最新信息。

2.记录与追溯 建立完善的记录系统，记录每个批次原辅料的标识信息，包括标识创建、更新和移除的日期和原因。

通过标识信息，实现对原辅料的全程追溯，包括采购、接收、存储、使用等各个环节。

3.审计与改进 定期对仓储区的原辅料标识进行内部审计，评估标识的合规性和有效性。

根据审计结果，及时调整标识系统，解决存在的问题，持续改进标识管理流程。

177 质量管理部门如何进行原辅料的放行审批？

质量管理部门进行原辅料的放行审批是一个严谨的过程，旨在确保只有符合质量标准的原辅料才能用于药品生产。以下是质量管理部门进行原辅料放行审批的具体步骤和方法。

1.接收检验报告 质量管理部门接收来自质量控制实验室的检验报告，这些报告包含了原辅料的各项检验结果。

检验报告应包括物理性质、化学成分、微生物限度等关键指标的检验结果。

2.审核检验报告 质量管理部门对检验报告进行详细审核，确认检验结果是否符合既定的质量标准和规格要求。

审核应包括对检验方法、数据分析、结果解释等方面的评估。

3.评估物料质量 根据检验报告的结果，质量管理部门评估原辅料的质量状态，包括是否合格、是否存在偏差或异常。

评估应考虑物料的历史质量数据、供应商的质量表现等因素。

4.**决定放行或拒绝**　质量管理部门根据评估结果，决定是否放行原辅料。如果物料符合质量标准，则批准放行；如果物料不符合质量标准，则拒绝放行。

放行决策应基于充分的检验数据和评估结果，确保决策的科学性和合理性。

5.**发放放行证书**　对于批准放行的原辅料，质量管理部门发放放行证书，证明该物料已经过质量检验并符合使用要求。

放行证书应包含物料名称、批号、有效期、放行日期、放行人员等信息。

6.**记录和存档**　质量管理部门对放行审批的过程和结果进行详细记录，包括检验报告的审核、质量评估、放行决策等。

记录应保存备查，确保信息的完整性和可追溯性。

7.**通知相关部门**　质量管理部门将放行结果通知相关部门，如仓储管理、生产部门等，确保他们及时了解物料的质量状态和使用限制。

通知应包括放行证书的副本或相关记录的摘要。

8.**监控和反馈**　在原辅料使用过程中，质量管理部门持续监控其质量表现，收集反馈信息，评估放行决策的有效性。

监控应包括定期检查、随机抽查等，确保质量管理的持续改进。

9.**建立放行标准与程序**　质量管理部门应根据企业内控标准和国家相关法规要求，制定明确的原辅料放行标准。标准应涵盖原辅料的检验项目、合格限值、有效期或复验期等方面的要求。

编制详细的放行程序文件，明确放行审批的流程、职责、时限等要求。程序文件应易于理解、操作性强，确保放行审批工作的规范性和一致性。

设立专门的审批团队，负责原辅料的放行审批工作，确保审批人员具备相应的专业知识和经验。

178 原辅料在贮存期间如发现对质量有不良影响的特殊情况，应当如何处理？

原辅料在贮存期间如发现对质量有不良影响的特殊情况，药品生产企业必须迅速采取行动，以防止潜在的质量问题影响最终药品的安全性和有效性。以下是应对这种情况的具体步骤。

一、初步评估

1.**识别特殊情况**　首先，需要明确识别导致质量不良的具体情况，如温度异常、湿度超标、包装破损、异物混入等。

2.**紧急隔离**　一旦发现特殊情况，应立即将受影响批次的原辅料从正常库存中隔离出来，以防止进一步扩散。

3.**初步调查**　启动初步调查，收集相关信息，包括事件发生的时间、地点、可能的原因、受影响的范围等。

二、复验程序

1.制定复验计划 根据初步调查的结果，制定详细的复验计划，包括复验的项目、方法、标准和时间表。

2.执行复验 由质量控制部门按照复验计划对受影响的原辅料进行复验，重点关注可能导致质量问题的指标。

3.复验结果评估 对复验结果进行评估，判断原辅料是否仍符合质量标准。

如果复验结果显示原辅料不符合标准，则不得使用，并需进一步调查原因。

三、后续处理

1.不合格品处理 对于复验不合格的原辅料，应按照不合格品处理程序进行处理，可能包括销毁、退回供应商等。

2.根本原因分析 进行根本原因分析，找出导致特殊情况的真正原因，如设备故障、人为错误、环境条件变化等。

3.纠正和预防措施 根据根本原因分析的结果，制定并实施纠正和预防措施，以防止类似问题再次发生。

措施可能包括改进存储条件、更新 SOP、加强员工培训、升级监控系统等。

4.记录和报告 详细记录整个处理过程，包括调查、复验、评估、处理和采取的措施。

向管理层和相关部门报告事件的处理情况和结果。

5.跟踪和验证 对实施的纠正和预防措施进行跟踪和验证，确保其有效性。

179 在进行配料时，如何确保操作人员正确核对并精确称量物料？

在进行配料时，确保操作人员正确核对并精确称量物料是确保药品生产质量的关键环节。

1.制定详细的操作规程 制定详细的配料操作规程，明确配料的步骤、方法、注意事项和质量控制点。

规程应包括物料的核对、称量、记录和标识等环节，确保每个步骤都有明确的指导。

2.指定合格的操作人员 指定经过培训并考核合格的操作人员进行配料工作，确保他们具备必要的技能和知识。

操作人员应熟悉操作规程，了解物料的特性和称量要求。

3.使用合格的称量设备 使用经过校准并处于良好状态的称量设备，确保称量的准确性和可靠性。

称量设备应定期进行校准和维护，确保其性能符合要求。

4.进行物料核对 在称量前，操作人员应核对物料的名称、批号、有效期等信息，确保使用正确的物料。

核对应包括视觉检查和系统记录比对，确保物料的准确性。

5.精确称量物料 操作人员应按照操作规程精确称量物料，确保称量结果符合配方要求。

称量过程中应注意避免误差，如避免震动、保持环境稳定等。

6.环境控制 确保配料区域的环境条件（如温度、湿度、洁净度）符合物料存储和处理的要求。

7.防止交叉污染 采取措施防止不同物料之间的交叉污染，如使用专用的工具和容器，或在不同的操作区域进行。

8.记录和标识 操作人员应对称量结果进行详细记录，包括物料名称、批号、称量数量、操作人员、日期等信息。

记录应保存备查，确保称量过程的可追溯性。

对已称量的物料进行明确的标识，包括批号、称量数量、有效期等，防止混淆和误用。

9.实施双人复核制度 实施双人复核制度，即在称量和配料过程中，由两名操作人员分别进行核对和确认，确保操作的准确性。

复核人员应独立进行核对，确保称量结果的正确性。

10.过程监控 对配料过程进行实时监控，包括视频监控、数据记录等，以便及时发现和纠正偏差。

定期回顾监控数据，评估操作的合规性和一致性。

11.定期培训和考核 定期对操作人员进行培训和考核，确保他们持续掌握正确的操作方法和质量意识。

培训应包括操作规程的更新、新物料的特性、称量技术的改进等内容。

12.异常处理与反馈 建立偏差处理程序，对配料过程中发现的任何异常情况立即报告，采取纠正措施，并记录偏差及处理结果。

通过定期回顾配料操作的偏差和问题，实施持续改进措施，不断提升配料操作的准确性和效率。

180 配料过程中的复核是如何进行的？复核记录包括哪些内容？

在药品生产过程中，配料过程的复核是确保最终产品质量的关键环节。这一过程涉及对配制的每一物料及其重量或体积进行独立复核，并由他人记录复核结果。

一、复核过程

1.独立复核人员 复核工作必须由另一名未参与配料操作的独立人员执行。此人员应具备相应的专业知识和经验，能够准确判断配料的正确性，确保复核的客观性和公正性。

复核人员不应是原始配料操作的责任人，以避免同一人的主观偏差。

2.复核前准备 复核员在复核前应熟悉配料指令、物料清单、标准操作规程及相关的质量标准。

3.**核对物料信息**　复核员需仔细核对配料所用每种物料的名称、批号、规格、有效期以及供应商信息，确保与配料指令一致。

4.**称重或量取复核**　对已称量或量取的物料重量或体积进行独立复核，使用经过校准的计量器具重新测量，确保数值的准确性。

5.**复核时机**　复核应在配料完成后立即进行，以确保在物料使用前发现任何潜在的错误。

对于连续或批量操作，应在每个关键步骤或批次完成后进行复核。

6.**比对与确认**　将复核结果与初操作者的记录进行比对，确认无误后签字认可。若有差异，需立即调查原因，必要时采取纠正措施。

如果复核过程中发现任何偏差或错误，应立即采取措施，如重新配料或调整，并记录在复核记录中。

7.**确认和放行**　只有当复核确认无误后，配料才能被确认和放行用于下一步的生产。

8.**记录复核**　复核员还需检查配料记录的完整性、准确性，确保所有必要的信息都被正确记录。

9.**双人复核制度**　对于关键物料或高毒性、高致敏性物料，建议采用双人复核制度，即由两名复核人员分别进行复核，确保结果的可靠性。

二、复核记录的内容

复核记录是确保配料过程可追溯性的重要文件。

1.**基本信息**　产品名称和批号；配料日期和时间；配料人员和复核人员的姓名。

2.**物料信息**　物料的名称、批号、规格；理论配料量（重量或体积）；实际配料量（重量或体积）。

3.**称量信息**　称量器具的型号、编号及校准状态。

原始称量结果及复核称量结果（如适用）。

4.**异常记录**　任何偏差或异常情况的记录及处理措施。

如有偏差，需详细记录偏差的性质、原因分析、采取的纠正措施及最终处理结果。

5.**复核结果**　复核过程中发现的任何偏差或异常；复核结论（如"合格"或"不合格"）。

6.**签名和日期**　配料人员的签名；复核人员的签名；复核完成的日期和时间。

7.**备注**　记录复核过程中发现的任何特殊情况或需要说明的信息，如环境条件、设备状态、后续处理措施等。

181　如何确保用于同一批药品生产的所有配料集中存放并正确标识？

为了确保用于同一批药品生产的所有配料能够集中存放并正确标识，药品生产企业需要实施一系列严格的管理措施和操作规程。

一、集中存放管理

1.专用区域 为同一批次药品生产的配料设立专用存放区域，确保不同批次的配料不会混淆。

根据物料的性质、存储要求以及生产流程，合理规划存放区的布局。确保物料的存取方便、有序，减少搬运过程中的差错风险。

存放区域应有足够的空间和适宜的环境条件，如温度、湿度控制，以保护物料不受损害。

2.先进先出原则 实施先进先出的库存管理原则，确保最早进货的物料最先使用，避免过期。

使用货架、标签或其他物理指示器来辅助实现FIFO。

3.批次隔离 对于不同批次的配料，应采取隔离措施，如使用隔离带、隔离柜或隔离区域。

隔离措施应确保不同批次的配料不会相互接触或混杂。

二、标识管理

1.统一标识系统 建立统一的物料标识系统，包括标识的格式、内容和粘贴位置。

标识应清晰、耐用，能够在整个存放期间保持可读性。

根据物料的特性和存放环境，选择合适的标识方式，如标签、标牌、色标等。确保标识在恶劣环境下仍能保持清晰可读。

2.标识内容 标识应包含必要的信息，如物料名称、批号、有效期或复验期、数量、规格等。

对于关键物料，可以增加条形码或二维码，以便于快速扫描和记录。

3.标识更新 当物料信息发生变化时，如批号更改或有效期更新，应及时更新标识。

更新标识时，应保留原有信息，以便追溯。

三、操作规程与培训

1.操作规程 制定详细的操作规程，指导员工如何进行配料的集中存放和标识管理。

规程应包括存放区域的布局、标识的制作和更新、物料的移动和使用等。

2.员工培训 对所有涉及配料存放和标识管理的员工进行培训，确保他们理解并能够正确执行操作规程。

定期进行复习培训和考核，以维持员工的技能水平。

四、监控与记录

1.监控系统 建立监控系统，定期检查存放区域和标识的状态，确保符合GMP要求。

监控可以包括定期的自检、互检和专项检查。

2.记录保存 详细记录每次配料的存放和标识情况，包括检查日期、检查人员、检查结果等。

记录应作为质量文件保存，便于未来的审计和追溯。

五、技术支持

利用信息化管理系统，如企业资源计划（ERP）系统，实时监控配料的存放和使用情况，提高管理效率。

使用自动化设备，如自动配料系统和智能货架，减少人为错误，提高标识和存放的准确性。

第三节　中间产品和待包装产品

182　中间产品和待包装产品应在什么样的条件下贮存？

为符合 GMP 要求，药品生产企业在药品生产过程中，中间产品和待包装产品应在以下条件下贮存。

1.温度控制　根据产品的稳定性研究结果和注册资料中的要求，确定适宜的贮存温度。

使用恒温设备，如冷藏室、冷冻室或恒温仓库，确保温度波动在允许范围内。

定期监测和记录温度，必要时配备自动报警系统，以便及时发现并处理温度异常。

例如，某些产品可能需要冷藏（2~10℃）或阴凉贮存（20℃以下），而常温贮存则通常指 10~30℃。

2.湿度控制　根据产品特性设定适宜的相对湿度范围，防止产品吸潮或干燥过度。

使用除湿或加湿设备，保持稳定的湿度环境。

定期监测和记录湿度，确保其符合规定的标准。

相对湿度一般应控制在 45%~75% 之间，除非产品有特殊要求。

3.光照控制　对于对光敏感的产品，应采取避光措施，如使用不透光的容器或贮存在避光的环境中。

控制贮存区域的光照强度，避免直射日光或其他强光源。

4.洁净度控制　维持贮存区域的清洁卫生，定期进行清洁和消毒，减少微生物污染的风险。

控制空气中的颗粒物含量，必要时使用高效空气过滤器（HEPA）。

5.通风与防尘　确保贮存区域有良好的通风条件，避免有害气体或异味物质的积聚。

应采取必要的防尘措施，确保药品免受灰尘等杂质的污染。

监测空气质量，特别是对于可能释放有害气体的化学品或生物制品。

6.防虫防鼠　采取有效措施防止昆虫、啮齿动物等侵入贮存区域，损害产品或引入污染物。

7.包装与密封性　中间产品和待包装产品在贮存过程中应保持适当的包装和密封性，

以防止污染和交叉污染。包装材料的选择应考虑产品的特性及贮存条件。

8.清洁与卫生 贮存区域应定期清洁和维护，确保无尘埃、无虫鼠等污染源，以维护产品的卫生质量。

9.空间与隔离 贮存区应有足够的空间，确保中间产品和待包装产品有序存放，避免混淆和交叉污染。不合格的产品应有明确的标识，并隔离存放。

10.安全与防护 对于易燃、易爆或有其他特殊安全要求的中间产品，应采取相应的安全防护措施。

配备适当的消防设施和个人防护装备。

11.标识与追溯 中间产品和待包装产品应有明确的标识，包括产品名称、企业内部产品代码、产品批号、数量或重量、生产工序以及产品质量状态等信息，以便于追溯和管理。

12.记录与监控 对贮存条件进行详细记录，包括温度、湿度、光照等参数的监测数据。

定期审核记录，确保所有操作符合 GMP 要求。

183 企业应如何确保中间产品和待包装产品的标识清晰、准确，并符合 GMP 要求？

为了确保中间产品和待包装产品的标识清晰、准确，并符合 GMP 的要求，企业应采取以下措施。

1.制定明确的标识管理制度 根据 GMP 第一百一十九条的规定，企业应制定详细的中间产品和待包装产品标识标准，明确标识应包含的内容，如产品名称、企业内部产品代码、产品批号、数量或重量、生产工序（必要时）、产品质量状态等。

对标识的生成、审核、使用、维护等环节进行明确的责任划分。

设计统一的标识模板，确保所有中间产品和待包装产品的标识格式一致，便于识别和追溯。

2.实施严格的标识操作规范 指定专人负责标识的制作和粘贴工作，确保标识内容的准确无误，并在生产过程中及时、正确地粘贴到产品或包装上。

选用高质量、耐用且符合药品生产环境要求的标识工具和材料，如耐磨损、耐化学腐蚀、不易脱落的标签和记号笔。确保标识工具能够清晰、持久地标记相关信息。

选择易于观察、不易被遮挡和损坏的位置进行标识，确保在产品的搬运、贮存和使用过程中标识始终可见。

在产品进入中间阶段或待包装状态时，及时生成标识，并由指定的质量控制人员进行审核。审核内容包括标识信息的完整性、准确性和合规性。

随着生产过程的推进，产品状态可能发生变化（如从待验变为合格或不合格），企业应建立动态更新机制，及时更换或补充标识信息，确保标识与产品实际状态相符。

定期检查标识的完整性和清晰度，如有损坏或模糊，立即进行修复或重新标识。

3.**加强培训与监督**　定期对生产人员和质量管理人员进行GMP相关知识和标识管理制度的培训，提高其对标识重要性的认识，确保能够正确执行标识操作规范。

建立监督检查机制，定期对生产现场进行检查，核实中间产品和待包装产品的标识是否符合GMP要求。对于发现的问题，及时采取措施进行整改。

4.**利用信息化手段提升管理水平**　利用电子标签、数据库等信息化手段辅助标识管理，实现标识信息的实时记录和跟踪。

通过引入电子追溯系统，将中间产品和待包装产品的标识信息录入系统，实现标识信息的电子化管理和追溯。这不仅可以提高标识的准确性，还可以提高追溯效率。

考虑引入智能化标识设备，如自动打印、粘贴标识的机器人等，减少人为错误，提高标识的准确性和效率。

5.**持续改进与完善**　建立反馈机制，收集生产人员、质量管理人员以及外部审计机构的意见和建议，对标识管理制度和操作规范进行持续改进。

定期对标识管理制度的执行情况进行评估，分析存在的问题和不足，制定改进措施，确保标识管理制度的有效性和适用性。

184　当发现中间产品和待包装产品的标识信息不完整或不准确时，应采取哪些措施？

当发现中间产品和待包装产品的标识信息不完整或不准确时，企业应采取以下措施。

1.**立即隔离**　一旦发现标识问题，应立即停止该批次产品的所有生产、包装和分发活动。立即隔离有问题的产品，防止其被误用或混淆。

2.**调查原因**　启动调查程序，查明标识信息不完整或不准确的原因。这可能包括人为错误、系统故障、流程缺陷等。调查可能涉及生产记录审查、人员访谈、设备检查等。

3.**风险评估**　对问题的影响进行风险评估，确定其对产品质量和患者安全的潜在风险。评估问题的严重性和潜在影响，确定是否已影响到其他批次或产品。确定标识问题的具体性质、范围以及对产品质量和后续生产流程可能产生的影响。

4.**通知相关部门**　及时通知质量保证、生产管理、质量控制等相关部门，确保各部门了解情况，协同配合解决问题。

5.**记录和报告**　详细记录问题的发现、隔离、调查、风险评估和采取的措施，并根据企业内部规定和监管要求，报告给相应的管理层和监管机构。

6.**纠正和预防**　根据调查结果，采取纠正措施，修复或更新标识信息。同时，实施预防措施，防止类似问题再次发生。考虑引入辅助工具或设备，如自动标识系统、条形码扫描等，以减少人为错误。

7.**培训和教育**　对相关人员进行培训和教育，强化标识的重要性，提高他们对标识管理规程的理解和执行能力。

8.**系统回顾**　回顾和优化标识管理系统，包括标识的设计、制作、使用、控制和维护等环节，确保系统的有效性和适应性。

9.**跟踪审核**　对纠正和预防措施的实施效果进行跟踪审核，确保问题得到妥善解决。

10.**持续改进**　将此次事件作为一个学习机会，纳入持续改进计划中，不断提升标识管理水平。

第四节　包装材料

185　与药品直接接触的包装材料和印刷包装材料在管理和控制方面有哪些具体要求？

为了符合 GMP 的规定，与药品直接接触的包装材料和印刷包装材料在管理和控制方面应遵循以下具体要求。

1.**质量标准与批准**　企业应建立严格的质量控制体系，确保所有与药品直接接触的包装材料和印刷包装材料符合预定的质量标准和要求。这包括材料的物理性能、化学稳定性、微生物限度等方面的检测和控制。

必须符合药用要求，确保不与药品发生化学反应，不影响药品的安全性、有效性及稳定性。

包装材料和印刷包装材料的规格和标准需经药品监督管理部门审批，未经批准的材料不得使用。

2.**供应商管理**　对供应商进行资质审核，包括营业执照、生产许可证、质量管理体系认证等，确保其具备合法的生产资质和良好的质量管理体系。

对供应商进行现场审计，评估其生产环境、设备、工艺、人员等是否符合 GMP 要求，以及是否具备持续稳定供应合格产品的能力。

对供应商提供的样品进行检验，确认其质量符合要求，并建立供应商档案，记录相关信息。

3.**采购管理**　制定详细的采购规格，包括材料类型、规格、质量标准等。

采购订单应明确要求供应商提供质量证明文件，如 COA。

确保采购的材料符合既定的质量标准和规格要求。

4.**物料管理**　对接收的包装材料和印刷包装材料进行检验，包括外观检查、理化指标检验、微生物限度检验等，确保其质量符合要求。

根据包装材料和印刷包装材料的特性，选择合适的储存条件，如温度、湿度、光线等，并定期进行检查，防止其变质或污染。

建立物料发放管理制度，确保发放的包装材料和印刷包装材料正确无误，并记录发放信息，包括批号、数量、使用部门等。

5. 生产管理　对用于包装材料和印刷包装材料生产的设备、容器、工具等进行清洁验证，确保其清洁度符合要求，不会对药品质量产生影响。

对包装材料和印刷包装材料的生产过程进行控制，包括工艺参数的监控、人员操作的规范性等，确保其质量符合要求。

建立包装材料和印刷包装材料的生产批记录，记录生产过程中的关键信息，如工艺参数、人员操作、异常情况等，以便追溯和调查。

6. 质量控制　建立包装材料和印刷包装材料的质量标准，包括外观、理化指标、微生物限度等，并定期进行修订和更新。

建立包装材料和印刷包装材料的检验方法，包括取样方法、检验项目、检验频率等，并确保其科学性和准确性。

根据需要，对包装材料和印刷包装材料进行稳定性研究，评估其在储存过程中的质量变化趋势，确保其在有效期内保持稳定。

7. 变更管理　对包装材料和印刷包装材料的变更进行评估，包括供应商变更、工艺变更、质量标准变更等，确保变更不会对药品质量产生不利影响。

对评估通过的变更进行审批，并记录审批信息，包括变更内容、评估结果、审批意见等。

对批准的变更，根据需求实施，并确保相关人员知晓和执行变更内容，同时对变更实施后的效果进行验证。

8. 偏差管理　对包装材料的质量偏差进行管理，包括偏差的识别、调查、评估、处理和记录等。

9. 文件与记录管理　建立完善的文件体系，包括质量标准、检验操作规程、供应商档案、采购合同、验收记录、检验报告、仓储记录等。

确保文件和记录的真实性、完整性和可追溯性。

10. 不合格品管理　对检验不合格的包装材料进行标识、隔离和处理，防止混入合格品中。

分析不合格的原因，采取纠正和预防措施。

11. 培训与人员管理　对涉及包装材料管理和控制的人员进行培训，使其熟悉相关法规、质量标准和操作流程。

明确人员的职责和权限，确保工作的有效执行。

12. 投诉与召回　对于因包装材料导致的药品投诉，应迅速响应，追溯相关批次，必要时启动召回程序。

分析投诉原因，采取纠正和预防措施，防止问题再次发生。

186　在发放包装材料时，应采取哪些措施来避免混淆和差错，确保用于药品生产的包装材料正确无误？

为了符合 GMP 的规定，在发放包装材料时，应采取以下措施来避免混淆和差错，确保用于药品生产的包装材料正确无误。

一、专人负责发放

企业应指定专人负责包装材料的发放工作，该人员需经过专业培训，熟悉各种包装材料的特性、用途及发放流程。

明确发放人员的职责和权限，确保其在发放过程中能够严格按照操作规程执行，并对发放结果负责。

二、遵循操作规程

企业应制定详细的包装材料发放操作规程，这些规程应包括包装材料的接收、检查、存储、发放和记录等各个环节，明确发放流程、核对内容、记录要求等。

发放人员应严格按照操作规程执行发放任务，确保每一步操作都符合规定要求。

三、采取防混淆和差错措施

1.**标识清晰**　包装材料应具有明显的标识，包括名称、规格、批号、有效期等信息，以便于发放人员核对和识别。

2.**分区存放**　将不同种类、规格的包装材料分区存放，避免混淆。同时，对于相似度较高的包装材料，应采取额外的区分措施，如使用不同颜色的标签或标识。

3.**批次管理**　严格按照批次管理原则进行发放，确保每一批包装材料都能追溯到具体的生产批次。

记录每一批包装材料的发放情况，包括发放日期、数量、接收部门等。

4.**双人复核**　在发放过程中，可以实行双人复核制度，即由另一名经过培训的人员对发放结果进行复核，确保无误。

5.**使用先进先出原则**　遵循先进先出原则发放包装材料，防止过期或长时间存放导致的质量问题。

6.**记录完整**　发放过程中应详细记录发放时间、数量、种类、接收人员等信息，以便于追溯和核查。

7.**限制访问**　限制对存储区域的访问，只有授权人员才能进入，以减少非授权人员可能引起的混淆和差错。

8.**加强发放前的检查和核对**　在发放前，对包装材料进行检查，包括外观、标识、数量等，确保其完好无损且符合要求。

根据生产计划和需求，核对包装材料的种类、规格、数量等是否与要求一致，避免错发或漏发。

9.**使用防混淆措施和工具**　使用颜色、形状、大小等不同的标识来区分不同的包装材料，减少混淆的风险。

使用专门的工具或设备，如料斗、料箱等，来盛放和传递包装材料，减少人为错误的可能性。

四、加强培训和监督

对发放人员进行定期培训，提高其专业素养和操作技能，确保能够胜任发放工作。

质量管理部门应定期对包装材料的发放过程进行监督检查，发现问题及时纠正并采取相应措施。

五、引入技术手段辅助管理

1.使用信息系统　引入物料管理系统（如ERP、WMS等）对包装材料进行信息化管理，通过条形码、RFID等技术手段实现快速、准确的识别和追踪。

2.智能仓储　利用智能仓储设备和技术，如自动化立体仓库、智能分拣系统等，提高包装材料的储存和发放效率，减少人为错误。

187 如何确保印刷包装材料的内容与药品监督管理部门核准的一致？保存的原版实样如何管理？

为了确保印刷包装材料的内容与药品监督管理部门核准的一致，并妥善管理保存的原版实样，应采取以下措施。

一、确保印刷包装材料内容一致的措施

1.建立操作规程　制定详细的操作规程，明确印刷包装材料设计、审核和批准的职责、流程和要求。确保所有相关人员都了解并遵循这些规程。

2.设计控制　在设计阶段，确保印刷包装材料的内容与药品监督管理部门核准的信息完全一致。这包括但不限于药品名称、批准文号、适应证、用法用量、禁忌证、注意事项等。

设计环节应确保所有印刷内容（如药品名称、规格、用法用量、生产批号、有效期、生产企业信息等）准确无误，并符合药品监督管理部门的要求。

3.审核和批准　审核环节应对设计稿进行全面细致的审查，核对所有信息是否与药品监督管理部门核准的一致。

建立多级审核和批准制度，确保印刷包装材料的内容在每个阶段都经过适当的审核和批准。

审核人员应具备相关知识和经验，能够识别和纠正任何不一致之处。

最终设计需经企业质量负责人或其授权人员批准，确保责任明确，审批流程完整。

每一步审核和批准过程均应有书面记录，包括电子记录和纸质记录，详细记录审核意见、修改内容及批准日期。

4.校对和验证　在印刷前，对印刷包装材料的最终版本进行校对和验证，确保其内容与药品监督管理部门核准的信息完全一致。这可以包括与原始批准文件的逐字比对。

与选定的印刷厂商签订协议，明确规定必须依据经批准的设计原稿进行印刷，不得擅自更改。

在印刷过程中，派遣质量管理人员现场监督，完成首件确认，并对成品进行抽样检

验，确保印刷质量与内容的准确性。

5.培训与沟通 对所有参与印刷包装材料设计、审核和批准的人员进行培训，提高他们对一致性要求的意识和理解。

建立有效的内部沟通机制，确保所有相关人员都能及时了解印刷包装材料的最新要求和变更信息。

二、原版实样的管理措施

1.专门存放 企业应设立专门的区域或设施用于存放印刷包装材料的原版实样，该区域应满足防火、防潮、防虫等要求。

存放环境应保持适宜的温度和湿度，避免原版实样受损或变质。

2.标识与分类 每份原版实样都应具有唯一的标识，包括产品名称、规格、版本号、批准日期等信息，以便于查找和追溯。

标识应清晰、耐久，不易褪色或脱落。

根据产品类别、剂型等进行分类存放，便于查找和管理。

3.定期检查 企业应定期对存放的原版实样进行检查，确保其状态良好、信息完整。

如发现原版实样有损坏或信息不清的情况，应及时采取措施进行修复或更换。

4.电子化管理 除了纸质原版实样外，企业还可以考虑将电子版原版实样进行保存和管理。

电子版原版实样应存储在安全可靠的系统中，并定期备份以防止数据丢失。

5.版本控制 为每个印刷包装材料的版本建立唯一的标识符，并记录其修订历史。确保只有经过批准的版本被保存为原版实样。

6.访问控制 企业应建立严格的访问控制制度，确保只有经过授权的人员才能访问和使用原版实样。

未经授权人员不得擅自进入存放区域或访问电子版原版实样。

7.文档记录 建立原版实样的管理文档，记录实样的接收、保存、检查、变更等情况。确保文档的完整性和准确性，以便进行追溯和审计。

8.备份和复制 对原版实样进行备份，以防原始样本损坏或丢失。

备份样本应与原始样本分开存放，并进行同样的管理。

9.销毁程序 对于超过保存期限或不再使用的原版实样，按照规定的销毁程序进行处理，并记录销毁过程。

10.应急计划 制定应急计划，以应对原版实样文档的丢失、损坏或不可用情况。这可以包括备份副本、替代来源或重新创建程序。

188 在印刷包装材料版本变更时，应采取哪些措施确保产品所用版本正确无误？

根据 GMP 的规定，在印刷包装材料版本变更时，应采取以下措施确保产品所用版本正确无误。

1.严格的版本审核与批准流程 设立专门的审核团队，对新版印刷包装材料进行全面审核，确保其内容、格式及各项指标均符合药品监督管理部门的要求及药品生产企业的内部标准。

审核通过后，需经授权领导批准，方可正式投入生产使用。

新版包装材料首次印刷时，应进行首件检验，确认印刷内容无误后方可批量生产。

2.全面的版本变更通知与培训 在版本变更前，及时通知所有相关部门及人员，确保他们了解并掌握新版本的详细情况。

对涉及印刷包装材料使用的员工进行专项培训，包括新版本的特点、使用方法及注意事项等，确保其能够正确无误地应用新版本。

3.细致的版本标识与追溯 在新版印刷包装材料上明确标注版本信息，便于生产过程中的识别与追溯。

建立完善的版本追溯体系，记录每一批次印刷包装材料的版本信息，以便在必要时进行准确追溯。

4.严格的库存管理与旧版回收 对库存中的旧版印刷包装材料进行严格管理，确保其不被误用。

设立专门的旧版回收渠道，对旧版印刷模版及剩余材料进行及时回收，并制定相应的销毁计划，防止旧版材料混淆到新版本中。

5.持续的质量监控与验证 在新版印刷包装材料投入使用后，进行持续的质量监控，确保其质量稳定且符合要求。

定期组织验证活动，对新版本印刷包装材料在实际应用中的性能进行评估，确保其满足药品生产的需求。

189 当印刷包装材料版本变更时，如何处理作废的旧版印刷模版？

当印刷包装材料版本变更时，处理作废的旧版印刷模版是确保药品包装准确性和质量控制的重要环节。为了符合 GMP 的规定，以下是处理作废旧版印刷模版的详细步骤。

1.版本变更确认 首先，应确认印刷包装材料的版本变更已经得到相关部门的批准，并且新版本已经准备好投入使用。

明确新旧版本的切换时间点，确保生产线上无混合使用不同版本的风险。

2.收回与清查 制定详细的收回计划，明确负责收回工作的人员及职责。

对所有可能存有旧版印刷模版的场所进行全面清查，包括生产车间、仓库、印刷部门等。

3.隔离与标识 收回的旧版印刷模版应立即进行隔离存放，与新版模版严格区分。

在隔离存放区域设置显著的标识，注明"作废旧版"字样，以防止误拿误用。

4.记录与统计 对收回的每一块旧版印刷模版进行详细记录，包括模版的名称、版本号、数量、收回日期等信息。

统计收回的旧版模版总数，与预计应收回的数量进行核对，确保无一遗漏。

5.**销毁审批**　填写销毁申请单，详细说明销毁的原因、模版的相关信息以及拟采取的销毁方式。

提交给质量管理部门和相关负责人进行审批，确保销毁程序的合法性和合规性。

6.**销毁方式选择**　根据模版的材质和特点，选择合适的销毁方式，如粉碎、焚烧、化学处理等。

确保销毁方式能够彻底破坏模版，使其无法再被使用。

7.**销毁过程监督**　销毁过程应由专人进行监督，确保销毁工作按照预定的方式和程序进行。

记录销毁过程中的关键步骤和参数，如销毁时间、地点、操作人员等。

8.**销毁结果确认**　销毁完成后，对销毁结果进行确认，检查模版是否已被完全销毁，无残留可用部分。

拍摄销毁后的照片或留存其他相关证据，作为销毁完成的证明。

9.**文档保存**　将与旧版印刷模版收回和销毁相关的所有文件、记录、审批单、证据等进行整理归档。

按照规定的保存期限妥善保存这些文档，以备日后查阅和监管检查。

190　**如何管理和维护印刷包装材料的专门存放区域，以确保安全和防止未经授权的访问？**

为了管理和维护印刷包装材料的专门存放区域，确保安全和防止未经授权的访问，药品生产企业需要实施一系列严格的管理措施。

1.**区域划分与管理**　明确划定印刷包装材料的专门存放区域，并设置清晰的标识牌，该区域应与生产区、办公区等其他区域物理隔离，以防止未经授权的人员进入。

根据物料的性质、存储要求及使用频率，合理规划区域内的货架布局和通道设置，确保物料存取方便且安全。

2.**门禁系统**　在存放区域的入口处安装门禁系统，如电子锁、密码门、刷卡系统或生物识别技术等，确保只有获得授权的人员才能进入。

3.**标识和警示**　在存放区域明显位置设置标识牌和警示标志，明确指出"未经授权人员禁止入内"。

4.**视频监控**　安装视频监控系统，对存放区域进行24小时实时监控，以便及时发现和处理任何未经授权的访问行为。

5.**人员培训**　对有权限进入存放区域的人员进行培训，让他们了解区域的重要性、安全规定和操作流程。

6.**出入登记**　建立出入登记制度，记录每次进出存放区域的人员和时间，以便于追踪和管理。

7.定期检查 定期对存放区域的安全措施进行检查和维护，确保门禁系统、视频监控等设施正常运行。

8.应急预案 制定应急预案，一旦发生安全事故或未授权访问事件，能够迅速响应和处理。

191 切割式标签和散装印刷包装材料的储运过程中如何防止混淆？

在储运过程中，切割式标签和散装印刷包装材料的混淆风险较高，因为它们通常以散装形式存放，容易在外观上难以区分。为了符合 GMP 的规定，在切割式标签和散装印刷包装材料的储运过程中，应采取以下措施来防止混淆。

1.专用存储区域 为切割式标签和散装印刷包装材料设置专门的存储区域，该区域应有明确的标识，并限制未经批准人员的进入。

存储区域应保持清洁、干燥、适宜的温湿度，并远离可能导致污染或损坏的来源。

2.密闭容器储存 切割式标签和其他散装印刷包装材料应分别放置在密闭的容器内，如塑料袋、密封盒或桶等，以防止材料散落和混淆。

容器应贴有清晰的标签，标明材料名称、规格、批号、数量和有效期等信息。

3.标识和分类 对不同类型、批次或用途的切割式标签和散装印刷包装材料进行明确的标识和分类，避免混用。

使用颜色编码、条形码或 RFID 技术等手段，提高材料识别的准确性和效率。

4.出入库管理 建立严格的出入库管理制度，记录每次材料的进出情况，包括时间、数量、操作人员等信息。

采用先进先出（FIFO）的原则，确保材料在有效期内使用。

5.定期盘点 定期对存储的切割式标签和散装印刷包装材料进行盘点，核对实际库存与记录是否一致。

发现差异时，应立即调查原因并采取纠正措施。

6.运输管理 在运输过程中，确保切割式标签和散装印刷包装材料保持在密闭容器内，防止在运输途中的移动和混淆。

运输车辆应清洁，避免与其他非药品物料混装。

7.培训与监督 对负责存储和运输切割式标签和散装印刷包装材料的员工进行专门的培训，提高他们对防止混淆重要性的认识。

实施日常监督和定期审计，确保所有操作符合 GMP 规定。

8.记录和追溯 建立详细的记录系统，记录切割式标签和散装印刷包装材料的储存、运输和使用情况。

确保记录的完整性和可追溯性，以便在需要时能够快速查找和核对。

9.应急预案 制定应对突发事件的应急预案，如材料混淆、丢失或损坏等情况，以便迅速采取措施减少损失。

10.使用自动化系统　使用条码扫描系统来跟踪和验证切割式标签和散装印刷包装材料的发放和使用。

考虑使用自动化存储系统（如自动化立体仓库）来减少人为错误的风险，并提高储运过程的效率和准确性。

192　如何确定印刷包装材料的需求量，并确保按需发放？

为了确定印刷包装材料的需求量并确保按需发放，药品生产企业需要建立一套科学的需求预测和发放管理体系。

1.需求预测　分析历史销售数据、生产计划和市场趋势，预测未来一段时间内各类药品的生产量。

考虑产品的有效期、季节性波动、促销活动和市场需求变化等因素，调整预测模型。

与销售、市场和生产部门紧密合作，获取最新的市场信息和生产计划，提高需求预测的准确性。

2.库存管理　设定合理的安全库存水平，以应对需求波动和供应延迟。

采用经济订货量（EOQ）模型或类似的库存优化工具，平衡库存成本和缺货风险。

定期审查库存水平，确保库存量既能满足生产需求，又不会造成过度积压。

3.发放操作规程　制定详细的印刷包装材料发放操作规程，包括发放流程、审批权限、记录要求等。

规程应明确规定发放的依据，如生产订单、批次生产计划或最小包装单位的需求量。

4.专人管理　指定专人负责印刷包装材料的保管和发放工作，确保责任明确。

专人应具备相关的专业知识和经验，能够准确理解和执行发放规程。

5.发放控制　实施严格的发放控制，确保每次发放的数量与生产需求相匹配。

使用电子发放系统或手工记录，详细记录每次发放的日期、数量、接收人和用途等信息。

定期对发放记录进行审计，确保发放活动的合规性和准确性。

6.培训与沟通　对负责发放的员工进行GMP和操作规程的培训，提高他们的专业能力和合规意识。

建立有效的内部沟通机制，确保生产、仓储和质量控制等部门之间的信息流通畅通。

7.信息化系统支持　采用先进的企业资源规划（ERP）或物料需求计划（MRP）系统，实现对生产计划、库存水平、采购订单等数据的集成和分析。

通过系统的运算和模拟功能，准确计算印刷包装材料的需求量，并生成采购和发放计划。

8.持续改进　定期回顾和评估需求预测和发放管理的效果，识别存在的问题和改进机会。

根据反馈和数据分析结果，调整需求预测模型和发放规程，不断提升管理效率和准确性。

193 如何实现每批或每次发放的包装材料或印刷包装材料的有效识别？

为了符合 GMP 的规定，实现每批或每次发放的包装材料或印刷包装材料的有效识别，应采取以下措施。

1.标识系统 建立统一的标识系统，对每批或每次发放的包装材料或印刷包装材料进行唯一标识。

制定统一且明确的标识设计标准，包括标识的内容、格式、字体、颜色和尺寸等。

标识应包含必要的信息，如产品名称、批号、有效期、规格、数量等，以便快速识别和追溯。

采用高质量的标识生成设备和材料，如激光打标机、喷码机、耐用的标签纸或印刷油墨等。

在包装材料或印刷包装材料生产完成后，立即按照规定的标识设计标准进行标识的生成和附着。

2.条形码或RFID技术 使用条形码或射频识别（RFID）技术对包装材料进行标记，提高识别的准确性和效率。

条形码或 RFID 标签应牢固地附着在包装材料上，防止在物流过程中脱落或损坏。

3.批次管理 对包装材料实行批次管理，确保每个批次都有独立的标识和记录。

在接收、存储、发放和使用过程中，严格执行批次管理制度，防止不同批次的材料混淆。

利用先进的批次管理系统，自动追踪包装材料的接收、存储、发放全过程，确保信息的准确性和实时性。

包括原材料的采购批次、生产过程中的工艺参数、质量检验结果等信息，与标识的批号相关联，实现可追溯性。

系统应能够生成详细的批次报告，方便查询和追溯。

4.发放记录 建立详细的发放记录，记录每次发放的包装材料的详细信息，包括发放日期、数量、接收人、使用的产品名称和批号等。

发放记录应便于查询和审计，确保信息的完整性和准确性。

5.存储管理 在存储区域对包装材料进行合理的分类和分区，使用货架、托盘或容器等辅助工具，确保材料有序存放。

在存储区域设置清晰的标识，指示不同产品或批次的存储位置，便于快速定位和取用。

6.使用控制 在生产线上设置专门的接收和检查点，确保只有正确标识的包装材料被用于相应的产品。

对生产线上的操作人员进行培训，使他们能够正确识别和使用包装材料。

7.**培训与沟通** 对所有涉及包装材料管理的员工进行专门的培训，提高他们对标识系统和批次管理制度的认识。

通过内部沟通渠道，及时通知所有相关部门和人员关于包装材料标识和使用的最新要求。

8.**审计与改进** 定期对包装材料的标识和使用情况进行内部审计，评估其合规性和有效性。

根据审计结果和员工反馈，不断改进标识系统和批次管理制度，提升整体管理水平。

194 过期或废弃的印刷包装材料销毁的具体流程是什么？销毁过程需要记录哪些关键信息？

过期或废弃的印刷包装材料的销毁流程需要严格遵守 GMP 的规定，确保过程的安全、合规和可追溯。以下是具体的销毁流程和需要记录的关键信息。

一、销毁流程

1.**识别与隔离** 对过期或废弃的印刷包装材料进行彻底清点，确保所有需销毁的材料均已识别并分类。

将过期或废弃的印刷包装材料与正常使用的材料分开存放，并进行明确的标识，如使用特定的容器或区域进行隔离。

核实每批材料的名称、规格、批号、数量及过期或废弃原因，确保信息无误。

2.**制定销毁计划** 根据销毁的数量和特性，选择合适的销毁方式，如粉碎、焚烧、化学处理等，确保过程环保且彻底。

选择具备合法资质的废物处理单位进行合作，确保其符合环保及安全法规要求。

3.**审批与授权** 销毁计划需经过质量管理部门的审核批准，并确保所有环节符合GMP及公司内部政策。

获取必要的外部监管机构批准，如果适用。

4.**记录准备** 准备详细的销毁记录表格，包括但不限于材料名称、规格、批号、数量、销毁方式、日期、地点、执行人及监督人等信息。

5.**现场销毁** 在指定日期，由专业人员执行销毁作业，确保过程安全可控。

若有必要，安排内部或第三方监督人员现场见证，拍摄照片或视频作为证据。

6.**环保与安全措施** 在销毁过程中采取必要的环保措施，如控制粉尘、有害气体排放等，确保不对环境造成污染。

确保人员安全，使用适当的个人防护装备。

7.**最终确认与记录** 销毁完成后，对销毁现场进行检查，确认无遗留物。

完成销毁记录，所有参与人员签字确认，记录归档保存。

8.**后续处理** 废弃物处理单位应提供销毁证明或完成报告，作为销毁活动的正式凭证。

对销毁记录进行定期回顾，作为持续改进的一部分。

二、销毁过程需要记录的关键信息

销毁日期和时间；销毁原因；销毁地点；销毁方法和使用的设备；参与销毁的人员名单；将要销毁的印刷包装材料的详细信息，包括产品名称、批号、数量等；销毁前的审批记录；销毁过程中的观察和异常情况记录；销毁后的验证结果；任何相关的照片或视频证据；销毁后的废物处理情况；签名和日期；销毁过程影像资料。

第五节　成　品

195　成品在放行前待验贮存的条件和要求是什么？

成品在放行前待验贮存的条件和要求主要包括以下几个方面。

一、待验区设置

企业应当设立专门的待验区域，用于存放尚未经过质量部门放行审核的成品。

待验区应当有明显标识，使用围栏、门禁系统等措施与其他区域如合格品区、不合格品区等区分开来，以防止混淆和差错。

待验区域应有足够的空间来容纳所有待验的成品，并应有适当的标识和控制措施，以确保只有授权人员能够进入该区域。

二、贮存条件

1.环境要求　成品应贮存在干燥、通风、避光、清洁的环境中，以防止受潮、霉变、污染和虫蛀。

待验贮存的区域应远离污染源，如灰尘、化学气体等。同时，该区域应保持相对稳定的温湿度，以确保药品在适宜的环境中保存。

仓库的温度和湿度应得到有效控制，通常建议温度保持在 20~25℃，相对湿度保持在45%~65%，以确保药品的稳定性和有效性。待验贮存的成品应存放在符合其特定要求的温度和湿度条件下。例如，某些药品可能需要冷藏或冷冻，而其他药品则可能需要控制在一个特定的相对湿度范围内。

某些药品对光照敏感，因此需要存放在避光的环境中。

确保贮存区域有适当的通风，以防止污染和交叉污染。

洁净度要符合相关标准，防止外界污染影响成品质量。

2.设施要求　贮存设施应具有良好的密封性，防止空气和水分侵入。

贮存区域应具备良好的通风设施，保证空气流通，避免异味和有害气体积聚。

配备足够的货架或托盘，确保成品能够合理摆放，避免挤压和碰撞。

照明设施应充足，便于检查和管理。

仓库应设有防火、防盗、防鼠、防虫等设施，确保成品在贮存期间的安全。此外，对于有特殊要求的药品（如易燃、易爆、有毒等），还应采取相应的安全措施进行防护。

如果成品对贮存条件有特殊要求，如需要冷藏或冷冻，应确保待验区域具备相应的设施和设备，并进行定期的维护和校准。

3.标识与记录 待验成品应当有明显的待验标识，标明"待验"字样，以便于识别和管理。

每个待验成品都应清晰标识其批次号、生产日期等信息，并记录其入库时间和预计检验完成时间，与已放行成品严格区分开来，防止混淆。

三、管理要求

待验贮存区域应由专人负责管理，确保只有经过授权的人员才能进入。

管理人员应定期对贮存区域进行巡查，检查药品的存放状态和环境条件是否符合要求。

不同批次、不同品种的药品应分开存放，避免混淆。如有必要，可使用物理隔离措施。

四、检验要求

在成品进入待验贮存前，应制定详细的检验计划，包括检验项目、检验方法和检验时间表等。

检验人员应按照检验计划对成品进行逐项检验，确保每一批次的药品都符合质量标准。

检验过程中应详细记录检验数据和结果，以便后续分析和追溯。

五、放行要求

只有当所有检验项目均符合标准时，成品才能被认定为合格，并准予放行。

放行前需经相关负责人审批，确保每一批次的药品在质量上得到严格把控。

放行后，相关检验记录和审批文件应归档保存，以备后续审计或查询。

196 如何确保成品的贮存条件完全符合药品注册批准的要求？

确保成品的贮存条件完全符合药品注册批准的要求，需要建立并执行一套严格的管理体系，涵盖从设计、实施到监控和改进的全过程。

1.理解注册批准的具体要求 首先，企业必须仔细审查药品注册文件，了解针对每种药品的特定贮存条件要求，包括温度、湿度、光照条件、通风需求、是否需要避光或冷藏等。这一步是确保后续工作符合要求的基础。

确保所有相关记录和文件是最新的，并反映最新的注册变更。

确保所有相关人员都理解并熟悉这些规定，包括生产、质量控制和仓储人员。

2.设计合理的贮存设施 根据药品的贮存要求设计和建造仓库，如仓库、冷库、阴凉库等，配备必要的环境控制系统，如温湿度控制设备、照明控制、通风系统等。

安装自动监测和报警系统，实时监控贮存环境的各项参数，并在偏离设定值时及时报警。

对贮存设施进行验证，以确保其能够满足规定的贮存条件。验证应包括温度、湿度、光线、空气质量等参数的测试和监控。

对温度控制、湿度控制等关键设备进行定期维护和校准，确保其准确性和可靠性。

3.建立严格的贮存管理制度 制定详细的成品贮存管理制度，明确贮存过程中的各项操作规程，包括药品的摆放、温湿度的监测与调控、防虫防鼠等措施的执行等。

确保贮存制度的有效执行，通过定期的培训和考核，提升员工对贮存条件的认知和执行能力。

设立专门的药品贮存区域，实行分区管理，确保不同种类的药品有适宜的贮存环境。

定期对贮存环境进行监测和记录，确保环境参数在规定范围内。

4.加强人员培训与管理 对药品贮存管理人员进行定期培训，提高其对药品贮存条件和要求的认识，不断提升员工的业务能力和合规意识。

制定严格的出入库管理制度，确保药品在贮存过程中的安全性和可追溯性。

定期对贮存管理人员进行考核，确保其能够熟练掌握贮存管理规程。

5.采用先进的贮存设备和技术 选用符合GMP标准的贮存设备，如恒温恒湿柜、冷藏设备等，确保药品在贮存过程中保持稳定的质量。

引入智能化管理系统，实时监测和调控贮存环境的温度、湿度等参数。

采用物联网技术，实现药品追溯和远程监控，提高贮存管理的效率和准确性。

6.强化监督检查与应急处理 定期对药品贮存区域进行监督检查，确保各项贮存管理制度得到有效执行。

建立应急处理机制，对突发的贮存环境问题进行及时处理，防止药品质量受损。

与质量管理部门密切配合，定期对贮存药品进行质量抽检，确保药品质量符合注册批准要求。

7.内部审计与自检 定期开展内部审计和自检，评估成品贮存条件的合规性，识别潜在风险点，并采取预防和纠正措施。自检操作规程应根据GMP要求制定，并严格执行。

8.持续改进 基于自检、审计、投诉和市场反馈等信息，不断评估和优化成品的贮存管理流程，确保系统能够适应变化，持续符合药品注册批准的要求。

第六节　特殊管理的物料和产品

197 **对于麻醉药品、精神药品、医疗用毒性药品（包括药材）、放射性药品、药品类易制毒化学品及易燃、易爆和其他危险品，在验收、贮存、管理方面应当执行哪些规定？**

为了确保麻醉药品、精神药品、医疗用毒性药品（包括药材）、放射性药品、药品类易制毒化学品及易燃、易爆和其他危险品的安全管理和合规性，企业需要执行一系列严格的规定和操作程序，严格遵守《中华人民共和国药品管理法》《麻醉药品和精神药品管理条例》《医疗用毒性药品管理办法》等相关法律法规和国家药品监督管理局发布的相关行业标准和指南。

1.验收规定　严格执行国家药品监督管理部门颁布的验收标准和程序，严格审查供应商的资质和相关合法证明文件，确保其具备合法的生产、经营资格，确保每批特殊药品均来自合法渠道，具有完整的检验证书和合格证明。

实施双人复核制度，由至少两名经过专门培训的员工共同完成验收工作，确保数量、规格、包装、标签等符合规定。

对特殊药品进行详细的记录，包括但不限于药品名称、生产企业、批号、数量、有效期、验收日期和验收人员等信息。

对于麻醉药品、精神药品等，需双人同时在场进行验收，并在专用记录上签字确认。

检查药品的外观、性状，如有异常应及时报告并处理。

对于放射性药品，需配备专业的检测设备，检测其放射性剂量是否符合标准。

2.贮存规定　特殊药品应存放在专用区域或专库，与普通药品隔离，区域应设有明显的警示标志。

设立专门的贮存区域，该区域应具备必要的安全防护措施，如防火、防盗、防潮、防辐射等，并配备相应的监控和报警系统。

根据药品特性设定适宜的贮存条件，如恒温、恒湿、避光、通风等，并定期检测环境参数，确保药品质量不受影响。

对不同类别的特殊药品进行分类存放，使用明显的标识区分，避免交叉污染和错误使用。

仓库应实行双人双锁管理制度，防止非法取用或误用。

根据法规要求，限制储存量，防止大量储蓄增加风险。

麻醉药品、精神药品应实行双人双锁管理，库房的门窗等应具备防盗功能。

医疗用毒性药品（包括药材）应根据其毒性大小和类别，分别存放于不同的专柜或库房，并加锁保管。

放射性药品应存放在具有防护设施的专用库房，防止射线泄漏。

药品类易制毒化学品应按照规定的储存条件存放，注意防潮、防火、防爆等。

易燃、易爆和其他危险品应按照其特性，选择符合安全要求的储存场所，如防爆库房、防火库房等，并配备相应的消防器材和通风设备。

3.管理规定　制定详细的特殊药品管理规程，包括但不限于采购、验收、贮存、发放、使用、退回、销毁等各个环节的操作程序和记录要求。

实施严格的出入库管理，每次出入库都必须有书面记录，并由授权人员签字确认，确保药品流向可追溯。

对特殊药品的库存进行定期盘点，确保账物相符，及时发现并纠正差异。

对员工进行定期的特殊药品管理和安全知识培训，提高他们的专业技能和风险意识。

建立与监管部门的沟通机制，及时报告特殊药品的相关信息和变动情况，接受监管部门的监督检查。

4.应急管理 制定特殊药品泄漏、火灾等紧急情况的应急预案，并定期组织演练，确保员工熟悉应急处置流程。

配备必要的应急救援设备和物资，如灭火器材、个人防护装备、急救药品等。

5.废弃物处理 制定特殊药品废弃物的处理程序，确保废弃物按照国家规定的方式进行安全销毁，防止二次污染和非法流通。

198 怎样对特殊药品进行有效的库存管理？

对特殊药品进行有效的库存管理，需要遵循以下几个关键步骤。

1.明确特殊药品的范围和分类 特殊药品包括麻醉药品、精神药品、医疗用毒性药品（包括药材）、放射性药品、药品类易制毒化学品及易燃、易爆和其他危险品。这些药品因其特殊性，需要在库存管理中给予特别关注。

2.执行国家有关规定 特殊药品的库存管理必须遵守国家药品监督管理局和相关政府部门制定的规定。这包括但不限于《中华人民共和国药品管理法》和《麻醉药品和精神药品管理条例》等。

3.建立完善的管理体系 制定针对特殊药品的库存管理制度，明确各部门职责，确保从采购、验收、贮存到出库的每个环节都符合规定。

设立专门的特殊药品管理部门或小组，负责统筹管理，确保各环节的顺畅衔接。

4.建立专门的储存设施 对于麻醉药品、精神药品、医疗用毒性药品、放射性药品等，应设立专门的仓库或储存柜进行存放，这类设施应具备适宜的温度、湿度控制，以确保药品的稳定性和安全性。

储存设施应采用双人双锁管理制度，确保只有授权人员能够接触这些药品，从而防止非法获取或滥用。

所有特殊药品的包装、容器及储存区域应有明显的警示标识，注明药品名称、性质、危险等级和储存条件。

5.实施严格的验收与出入库管理 特殊药品的验收应坚持双人验收复核制度，确保药品的数量和质量与采购订单一致，并填写详细的验收记录。

出入库时，必须有专门的人员对药品的名称、规格、数量、批号、有效期等信息进行仔细核对，并确保这些信息被准确记录在专门的账目中。

对验收过程中发现的问题及时处理并记录，不合格的特殊药品严禁入库。

入库时，按照药品的类别、剂型、批次等进行分类存放，做好清晰明确的标识。

建立库存台账，实时掌握特殊药品的库存数量和状态，定期进行库存盘点，确保账物相符。

严格控制特殊药品的库存数量，避免积压和短缺，根据使用情况合理制定采购计划。对临近有效期的特殊药品进行预警管理，及时采取处理措施。

6.强化安全管理措施　储存区域应具备符合要求的防火、防爆、防盗、防潮、防虫等设施。

仓库内应安装报警器和监控器，以确保药品的安全。同时，应定期进行安全检查，及时发现并处理潜在的安全隐患。

对于过期、破损或不可用的特殊药品，应建立专门的登记和销毁制度。销毁过程应在药品监督管理部门的监督下进行，并确保相关记录被妥善保存。

7.确保可追溯性　建立完善的特殊药品追溯系统，确保每一批药品的来源、去向和状态都能被准确追踪。

在药品的包装或标签上应清晰标明药品的名称、规格、批号、生产日期和有效期等信息，以便于识别和管理。

建立完整、准确的特殊药品库存管理文件体系，包括采购记录、验收记录、出入库记录、库存盘点记录等。

确保所有记录真实、完整、可追溯，按照规定的保存期限妥善保存。

采用电子记录时，应保证数据的安全性和完整性，具备防篡改和备份恢复功能。

8.加强人员培训和管理　对涉及特殊药品管理的人员进行定期培训，提高他们的专业素养和安全意识。

确保每位员工都明确自己的职责和权限，并严格遵守特殊药品的管理规定。

建立严格的人员出入登记制度，限制无关人员进入特殊药品储存区域。

9.建立应急响应机制　制定应急响应计划，应对特殊药品在存储和运输过程中的突发事件，如药品泄漏、火灾等，确保能够迅速有效地处理此类事件，减少人员伤亡和财产损失。

第七节　其　他

199 如何确保不合格物料和产品的包装容器上有清晰醒目的标志？隔离区的管理措施有哪些？

为了确保不合格物料和产品的包装容器上有清晰醒目的标志，并妥善管理隔离区，企业应采取以下措施。

一、确保不合格物料和产品的包装容器上有清晰醒目的标志

1.制定标志标准　企业应制定详细的标志标准，包括标志的颜色、形状、尺寸和位置等，确保标志的清晰醒目。通常，不合格品标志应与合格品标志明显区分，如使用红色标签或贴纸。

2.**标志内容** 标志应包含不合格原因、判定人、处理措施、隔离日期等信息，确保信息的准确性和可追溯性。

3.**标志材质** 选择耐久性强、不易褪色的材料制作标志，确保在储存期间标志的清晰度，如专用标签、色带或印章等。

4.**自动化贴标系统** 采用自动化贴标设备，确保每次贴标的准确性和一致性。自动化系统还可以记录贴标的时间和操作人员，便于追溯。在自动化贴标后，应有专人进行视觉检查，确认标志的正确性和清晰度。

5.**员工培训** 对员工进行GMP和标志管理培训，确保他们理解标志的重要性，能够正确执行标志操作。

6.**监督和检查** 定期对标志操作进行监督和检查，确保标志的准确性和醒目性。

二、隔离区的管理措施

1.**物理隔离** 不合格物料和产品应存放在专门的隔离区内，该区域应与合格物料和产品完全隔离，避免混淆。

2.**限制访问** 隔离区应设置访问控制，只允许授权人员进入，以减少交叉污染的风险。

3.**明确标识** 隔离区应有明确标识，标明为"隔离区"或"不合格品存放区"，并有明确的警告信息。

4.**存储条件** 根据物料和产品的特性，维持隔离区内的温湿度等环境条件，确保不合格品不会因存储条件不当而进一步恶化。

5.**记录和文档管理** 建立隔离区管理记录，包括不合格品的接收、存储、处理和移除记录，确保可追溯性。

6.**定期审查** 定期审查隔离区内的不合格品，评估其处理进度和最终处理方案。定期对隔离区内的不合格物料和产品进行盘点，核对数量和状态，确保账物相符。

7.**防止误用** 采取措施防止不合格物料和产品被误用或非法转移。

8.**安全措施** 隔离区应配备必要的安全设施，如消防器材、安全淋浴等，确保应急情况下的安全。

9.**清洁和维护** 保持隔离区的清洁和良好维护，防止污染和交叉污染。

200 **不合格物料和产品的处理流程是什么？如何确保处理过程有记录并经过质量管理负责人的批准？**

为了符合GMP中关于不合格物料和产品的处理规定，以下是不合格物料和产品的处理流程，以及如何确保处理过程有记录并经过质量管理负责人的批准。

一、不合格物料和产品的处理流程

1.**发现与标识** 在生产过程中，一旦发现不合格的物料、中间产品、待包装产品或成品，应立即停止使用或加工。

对不合格品进行明确标识，通常是在包装容器上贴上醒目的不合格标签，并注明不合格原因、发现日期等信息。

2.隔离存放　将不合格品移至指定的隔离区域存放，以防止与合格品混淆或交叉污染。

隔离区域应有明确的标识，并仅限授权人员进入。

3.报告与评估　发现不合格品的部门或个人应及时向质量管理部门报告。

质量管理部门对不合格品进行评估，确定不合格的原因、性质、程度及其对产品质量的影响。

确保评估过程是全面的、基于风险的，并能够确定适当的纠正措施。

4.提出处理意见　根据评估结果，质量管理部门提出不合格品的处理意见，如返工、重新加工、降级使用、销毁等。

处理意见应明确、具体，并符合 GMP 要求。

5.审批　处理意见需经质量管理负责人审批。质量管理负责人应认真审查处理意见的合理性和可行性，确保符合 GMP 规定和企业内部标准。

6.执行处理　经审批同意后，由相关部门按照处理意见执行不合格品的处理工作。

处理过程中应严格遵守操作规程，确保处理效果和安全。

7.记录与存档　对不合格品的发现、评估、处理及审批等全过程进行详细记录。

记录应真实、准确、完整，并符合 GMP 要求和企业内部标准。

记录应妥善存档备查，以便日后追溯和审计。

二、如何确保处理过程有记录并经过质量管理负责人的批准

1.建立记录管理制度　企业应建立完善的记录管理制度，明确记录的种类、格式、内容、保存期限等要求。

确保所有与不合格品处理相关的活动都有相应的记录支持。

2.审批流程控制　制定严格的审批流程，明确质量管理负责人的审批权限和责任，确保其对处理意见的审批具有权威性和有效性。

质量管理负责人应认真履行职责，对处理意见进行严格把关，确保符合 GMP 规定和企业内部标准。

要求审批必须基于充分的信息和评估，审批意见应清晰、明确地记录在相关文件中。

3.强化培训与教育　对参与不合格品处理的人员进行GMP培训和教育，使其充分了解记录的重要性和必要性。

提高员工的记录意识和能力，确保能够准确、完整地记录处理过程。

4.实施监督与检查　质量管理部门应定期对不合格品处理记录进行检查和审核，确保记录的真实性和准确性。

对发现的问题及时整改，并对相关人员进行教育和处罚。

5.利用信息化手段　采用信息化手段（如ERP系统、LIMS系统等）对不合格品处理过程进行记录和跟踪。

提高记录的效率和准确性，同时便于后续的数据分析和追溯。

201 产品回收过程中，如何进行质量风险评估，并决定是否进行回收？

在药品生产过程中，产品回收是一项极为关键的操作，它涉及产品质量的安全性和有效性。为了确保这一过程符合 GMP 的相关规定，我们需要在产品回收前进行详尽的质量风险评估，并基于此评估结果来决定是否进行回收。以下是产品回收过程中进行质量风险评估和决策的详细步骤和方法。

1. 确定回收原因和范围 在考虑产品回收之前，首先需要明确回收的原因和范围。

（1）发现产品存在质量问题，如污染、成分错误、稳定性问题等。

（2）需要改进产品的质量或生产工艺，以提高产品的质量标准。

（3）其他原因，如市场反馈、监管要求等。

2. 进行初步评估 在确定回收原因和范围后，需要进行初步评估，以确定是否需要进行进一步的回收行动。

（1）问题的严重程度和影响范围：问题是否对患者安全或产品疗效产生严重影响？是否涉及多个批次或产品类型？

（2）问题的可控性和可纠正性：问题是否可以被控制或纠正？是否需要对生产工艺、质量标准或操作规程进行修改？

（3）回收的可行性和成本效益：回收是否可行？是否会对生产计划、供应链或成本产生重大影响？

3. 制定回收计划 如果初步评估表明需要进行回收，则需要制定详细的回收计划。

（1）回收范围：明确需要回收的产品批次、数量和类型。

（2）回收方法：确定如何回收产品，包括物流安排、隔离措施、重新检验等。

（3）纠正措施：制定纠正措施，以解决导致回收的问题，并防止类似问题再次发生。

（4）沟通和通知：确定如何与相关方（如监管机构、供应商、客户）进行沟通和通知。

4. 进行质量风险评估 在制定回收计划后，需要进行质量风险评估，以确定回收对产品质量、患者安全和产品疗效的潜在影响。

（1）问题的性质和原因：问题是如何发生的？是否与生产工艺、质量标准或操作规程有关？

（2）回收对产品质量的影响：回收是否会对产品质量产生负面影响？是否需要对回收后的产品进行重新检验或稳定性研究？

（3）回收对患者安全的影响：回收是否会对患者安全产生负面影响？是否需要采取额外的措施来保护患者安全？

（4）回收对产品疗效的影响：回收是否会对产品疗效产生负面影响？是否需要对回

收后的产品进行重新评估或临床试验？

5.做出回收决策 根据质量风险评估的结果，需要做出是否进行回收的决策。

（1）质量风险评估的结果：回收是否会对产品质量、患者安全或产品疗效产生不可接受的风险？

（2）纠正措施的有效性：是否已经制定了有效的纠正措施来解决导致回收的问题，并防止类似问题再次发生？

（3）其他利益相关方的意见：是否已经考虑了其他利益相关方（如监管机构、客户）的意见和要求？

6.记录和报告 无论是否进行回收，都需要记录和报告相关的决策和行动。

（1）回收原因和范围：明确回收的原因和范围，包括问题的性质、批次、数量等。

（2）质量风险评估：记录质量风险评估的过程和结果，包括考虑的因素、决策的依据等。

（3）回收行动：记录回收行动的执行情况，包括回收方法、纠正措施、沟通和通知等。

（4）决策依据：记录做出回收决策的依据，包括质量风险评估的结果、纠正措施的有效性等。

202 在什么情况下允许制剂产品进行返工？返工过程如何记录和管理？

根据 GMP 的规定，制剂产品原则上不得进行重新加工，不合格的制剂中间产品、待包装产品和成品一般也不得进行返工。然而，在特定情况下，如果满足以下条件，可以允许返工处理。

一、允许制剂产品进行返工的情况

1.不影响产品质量 返工必须确保不会对制剂产品的质量产生任何不良影响，返工处理后的产品必须能够符合预定的质量标准，这包括但不限于产品的纯度、稳定性、活性成分含量等关键质量指标。这需要通过科学的数据和实验来证明返工过程不会降低产品的效力、安全性和稳定性。

2.符合相应质量标准 返工后的产品必须能够满足既定的质量标准，这包括化学、物理、微生物等各项质量指标，以及产品特定的属性，如溶解度、纯度、活性成分含量、杂质限度、微生物限度等。

3.有预定、经批准的操作规程 返工操作必须遵循预先制定的、经验证的、批准的操作规程。这些规程应详细说明返工的步骤、条件、控制措施等，以确保返工过程的合规性和可重复性。

4.充分评估相关风险 在决定返工前，必须对相关风险进行充分评估，包括但不限于对产品质量、生产流程、设备条件等方面的影响，评估返工操作可能引入的新风险，以及返工对最终产品质量的潜在影响。只有当评估结果显示返工风险可控时，方可进行返工。

二、返工过程的记录和管理

为了确保返工过程的合规性和可追溯性，必须对返工过程进行详细的记录和管理，具体要求如下。

1.记录要求 明确记录导致产品不合格的具体原因，以便后续分析和改进。

详细记录返工操作的每一个步骤，包括使用的设备、物料、工艺参数等。

对返工处理后的产品进行必要的检验，并记录检验结果，以确认其是否符合质量标准。

记录返工前的风险评估过程和结论，以便后续审核和追溯。

2.管理要求 企业应建立完善的返工管理制度，明确返工操作的流程、责任部门、人员职责等。

返工操作应经过严格的审批流程，确保每一步骤都符合规定要求。

参与返工操作的人员应接受专业培训，确保其对返工流程、质量标准和操作规程有充分的理解。

确保返工过程中使用的设备处于良好状态，定期进行维护和校验。

对返工过程中使用的物料进行严格管理，确保其符合质量标准且可追溯。

对返工处理后的产品进行持续监控，包括稳定性考察和市场反馈等，以确保其长期质量稳定性。

203 对于返工或重新加工后的成品，需要进行哪些额外的检验和稳定性考察？

对于返工或重新加工后的成品，质量管理部门应当考虑进行额外的相关项目的检验和稳定性考察。这些额外的检验和稳定性考察旨在确保返工或重新加工后的成品符合预定的质量标准和要求，并保证患者的安全和疗效。

一、额外的检验项目

对于返工或重新加工后的成品，可能需要进行以下额外的检验项目。

1.**含量测定** 对有效成分的含量进行精确测定，确保其符合规定的标准。

2.**杂质测试** 包括已知杂质和未知杂质的测试，确保杂质水平在可接受范围内。

3.**微生物限度检查** 确认产品符合微生物污染的控制标准。

4.**内毒素测试** 对于注射剂等需要控制内毒素的产品，进行内毒素测试。

5.**物理和化学属性** 如pH值、溶解度、旋光度等，确保产品符合既定的物理和化学属性。

6.**重金属和残留溶剂检测** 对可能含有的重金属和生产过程中使用的溶剂残留进行检测。

7.**颗粒大小分布** 对于固体制剂，可能需要进行颗粒大小分布的测试。

8.**晶型分析** 对于固体制剂，可能需要进行晶型分析，以确保晶型的稳定性。

9.**硬度和脆碎度测试** 对于片剂，可能需要进行硬度和脆碎度测试。

10.**包衣完整性** 对于有包衣的制剂，需要进行包衣完整性的测试。

二、稳定性考察

对于返工或重新加工后的成品，可能需要进行以下额外的稳定性考察。

1.**加速稳定性试验** 在加速条件下（如提高温度和湿度）进行稳定性试验，以预测产品的有效期。

2.**长期稳定性试验** 在正常储存条件下进行长期稳定性试验，以监测产品在整个预期有效期内的稳定性。

3.**开封稳定性** 对于需要在开封后一段时间内使用的产品，进行开封稳定性试验。

4.**配伍稳定性** 对于与其他药物混合使用的产品，进行配伍稳定性试验。

5.**光照稳定性** 对光敏感的产品进行光照稳定性试验。

6.**特殊储存条件的稳定性** 如果产品需要在特殊条件下储存，如冷藏，应进行相应的稳定性试验。

7.**物理稳定性** 对于乳剂、混悬剂等，进行物理稳定性试验，如分层、沉淀、乳化性能等。

8.**化学稳定性** 评估产品在储存期间可能发生的化学变化，如氧化、水解等。

9.**包装材料相容性** 评估产品与包装材料之间的相容性，确保包装材料不会对产品质量产生影响。

10.**多批次数据比较** 对返工或重新加工后的产品与正常生产的产品进行多批次比较，以评估返工过程的影响。

三、实施流程

1.**制定计划** 根据返工的具体情况，质量管理部门应制定详细的额外检验和稳定性考察计划。

2.**执行检验** 按照计划进行各项检验，确保使用适宜的检验方法和设备。

3.**记录和文档** 所有额外的检验和稳定性考察应有详细记录，包括测试方法、结果、结论和任何采取的措施。

4.**数据分析** 对检验和稳定性考察的数据进行统计分析，以确定产品的质量趋势和稳定性。

5.**报告和审查** 将检验和稳定性考察的结果报告给质量管理部门，并进行定期审查。

6.**决策放行** 基于检验和稳定性考察结果，质量管理人员决定是否放行产品，并记录决策依据。

204 如何管理同一产品同一批号不同渠道的退货？

管理同一产品同一批号不同渠道的退货是确保药品质量控制和产品追溯性的关键步

骤。根据 GMP 的规定，以下是管理这些退货的具体措施。

1.建立退货操作规程　企业应当制定详细的药品退货操作规程，明确退货处理的流程、职责和要求。操作规程应当包括但不限于以下内容。

（1）退货接收和记录：规定如何接收退货产品，包括接收的时间、地点、人员和记录要求。

（2）退货调查和评估：规定如何调查和评估退货的原因，包括调查的人员、方法和记录要求。

（3）退货处理和决策：规定如何处理和决策退货产品，包括处理的人员、方法、标准和记录要求。

（4）退货存放和处置：规定如何存放和处置退货产品，包括存放的地点、条件、标识和记录要求。

2.记录退货信息　对于每一笔退货，企业都应当进行详细的记录，包括但不限于以下内容。

（1）产品名称、批号、规格和数量：记录退货产品的详细信息，以便进行追踪和追溯。

（2）退货单位及地址：记录退货产品的来源，包括退货单位的名称、地址和联系方式。

（3）退货原因及日期：记录退货的原因和日期，以便进行调查和评估。

（4）最终处理意见：记录对退货产品的最终处理意见，包括是否重新加工、重新包装、销毁或其他处理方式。

3.分别记录、存放和处理不同渠道的退货　对于同一产品同一批号不同渠道的退货，企业应当分别进行记录、存放和处理，以防止混淆和交叉污染。具体要求如下。

（1）分别记录：对于不同渠道的退货，应当在记录中明确标识其来源渠道，以便进行区分和追踪。

（2）分别存放：对于不同渠道的退货，应当在存放时进行物理隔离，如使用不同的货架、仓库或区域进行存放。

（3）分别处理：对于不同渠道的退货，应当根据其具体情况进行分别处理，如对于来自不同医疗机构的退货，应当根据其使用情况和储存条件进行分别评估和处理。

4.严格检验和评估　对退货进行严格的质量检验和评估，以确定其是否仍然符合质量标准。

检验应包括外观检查、含量测定、微生物限度检查等，具体项目根据产品特性确定。

5.分类处理和决策　根据检验结果和退货原因，对退货进行分类处理。

对于质量合格的退货，可以考虑重新销售或用于生产；对于质量不合格的退货，应按照不合格品处理程序进行销毁或返工。

6.加强沟通和协作　与退货单位保持密切沟通，了解退货的具体原因和背景，以便更好地处理退货问题。

与质量管理部门、生产部门、销售部门等内部相关部门保持协作，确保退货处理的顺利进行。

7.持续监控和改进 对退货管理过程进行持续监控，确保每一步都符合GMP要求。

定期对退货管理过程进行回顾和分析，总结经验教训，不断改进和优化退货管理流程。

205 在退货重新包装和发运前，质量管理部门如何进行检查、检验和调查？

在退货重新包装和发运前，质量管理部门需要进行一系列的检查、检验和调查，以确保退货产品的质量未受影响，并符合重新包装和发运的要求。以下是质量管理部门在退货处理过程中应采取的具体步骤和措施。

一、制定详细的检查与检验计划

1.明确检查目标 确定退货药品的具体检查项目，如外观、包装完整性、标签准确性等。

2.制定检验方案 根据药品性质和退货情况，制定具体的检验方案，包括检验方法、抽样计划、检验周期等。

3.设定调查要点 针对退货原因，明确调查的重点，如生产过程、储存条件、运输环节等。

二、执行严格的检查与检验操作

1.外观检查 对退货药品进行细致的外观检查，确保无破损、污染等明显质量问题。

2.理化性质检验 按照预定方案进行药品的理化性质检验，如纯度、含量、杂质分析等，确保药品质量达标。

3.微生物检测 根据药品特性，进行必要的微生物检测，确保药品未受微生物污染。

4.数据记录与分析 详细记录检查与检验数据，并进行深入分析，以评估退货药品的整体质量状况。

三、开展全面深入的调查

1.收集与退货药品相关的生产、储存、运输等背景资料，为调查提供基础。

2.利用统计分析和数据挖掘技术，探究退货药品质量问题的根本原因和可能趋势。

3.基于调查结果，评估退货药品重新包装和发运后可能带来的风险和影响，为决策提供依据。

四、综合评价与决策

1.质量管理部门评价 质量管理部门应根据检查、检验和调查结果，对退货药品的质量进行全面评价。评价过程中应综合考虑药品的性质、所需的贮存条件、药品的现状和历史，以及发运与退货之间的间隔时间等因素。

2.**不符合要求的处理** 若评价结果显示退货药品存在质量问题或不符合贮存和运输要求，应在质量管理部门监督下予以销毁，并详细记录销毁过程。

3.**符合要求的决策** 只有当评价结果显示退货药品质量未受影响，且满足重新包装和发运的条件时，方可考虑进行后续操作。

五、详细记录与报告

1.形成完整的检查、检验和调查报告，详细记录每一步的操作和发现。

2.将质量管理部门的评价结果和处理决策报告给上级管理层和相关利益相关者，确保信息的透明度和可追溯性。

206 当对退货药品的质量存有怀疑时，应采取哪些措施？

当对退货药品的质量存有怀疑时，企业应采取以下措施来确保药品的质量和患者的安全。

1.**立即隔离存放** 首先，应将怀疑存在质量问题的退货药品从其他药品中隔离出来，放置于专门的、标识明显的区域，防止混淆或误用。

2.**停止进一步处理** 停止任何可能改变药品状态或导致质量进一步受损的操作，包括重新包装或发运。

3.**报告质量管理部** 及时向质量管理部报告疑似质量问题，由质量管理部门主导后续的评估与处理。

4.**质量评估与调查** 开展全面的质量评估和调查，包括但不限于以下内容。

（1）物理检查：检查药品外观、包装完整性、有无破损、污染或异常。

（2）追溯历史：回顾药品的历史记录，包括生产、存储、运输及以往退货情况。

（3）环境因素分析：考虑药品所需的储存条件，分析退货期间的环境条件是否可能导致药品质量变化。

（4）时间因素考量：评估从发运到退货之间的时间间隔，是否超出了产品稳定性要求。

5.**检验与分析** 根据药品性质和怀疑的具体问题，进行必要的实验室检验，包括但不限于鉴别试验、含量测定、杂质分析、微生物检查等，以科学数据判断药品质量状况。

6.**风险评估** 基于上述调查和检验结果，进行风险评估，考虑药品对患者安全的潜在影响。

7.**质量管理部门决策** 质量管理部门根据评估和检验结果，决定是否可以重新发运，或是否需要采取其他措施如返工、销毁等。

8.**记录与文档** 详细记录整个处理过程，包括调查、检验、评估、决策及其依据，确保所有操作均可追溯。

9.**不符合销毁** 若退货药品被确认不符合储存和运输要求，或存在明显质量风险，应在质量管理部门监督下进行销毁，并确保销毁过程符合环保和安全要求。

10.**持续监控与改进** 分析退货原因，总结经验，改进退货处理流程，减少未来类似问题的发生。

第七章　确认与验证

207　确认或验证工作的目的是什么？

在药品生产企业进行药品生产质量管理过程中，确认或验证工作的主要目的包括以下几点。

1.**确保工艺和设备的可靠性和稳定性**　通过对工艺参数、设备性能等进行确认或验证，可以确保生产过程中的各个环节都能够稳定、可靠地运行，从而保证药品的质量和安全性。

2.**评估和控制风险**　确认或验证过程中，企业会对生产过程中可能存在的风险进行评估，并制定相应的控制措施，这有助于及时发现并解决问题，防止潜在的质量问题对药品造成不良影响。

3.**满足法规要求**　GMP对药品生产过程中的确认或验证工作有明确的要求，通过进行这些工作，企业可以确保其生产过程符合相关法规的规定，避免因违规而受到处罚。

4.**提高生产效率**　通过对生产过程和设备的确认或验证，企业可以优化生产流程，提高生产效率，降低生产成本。

5.**提高产品质量的可控性**　通过确认和验证工作，可以建立有效的质量控制体系，确保整个生产过程处于可控状态，提高产品质量的可控性。

6.**增强市场竞争力**　高质量的药品是企业赢得市场信任的关键。通过严格的确认或验证工作，企业可以生产出高质量、安全有效的药品，从而提升其市场竞争力。

例如，通过对无菌制剂生产环境的确认，确保环境能满足无菌生产要求；对某一特定药品生产工艺的验证，确保每一批产品的质量均一性和稳定性。这样能有力地保障患者用药的安全、有效和质量可控。

208　企业如何进行风险评估以确定需要进行的确认或验证工作的范围和程度？

药品生产企业进行风险评估以确定确认或验证工作的范围和程度是一个系统性和结构化的过程，企业通常采取以下步骤来进行这一风险评估。

1.**建立风险评估小组**　企业应组建一个多学科的风险评估小组，包括生产、质量、技术、研发等相关部门的专业人员。

小组成员应具备相关的专业知识和经验，以便全面、准确地评估风险。

2.**识别风险源**　通过审查生产工艺、设备、原料、包装材料等方面，识别出可能对产品质量产生不利影响的风险因素。

考虑历史数据、行业经验和相关文献，以及产品特性和生产过程中的关键点。

3.评估风险的大小和可能性 对每个识别的风险因素，评估其发生的可能性和可能造成的后果严重性。

可以使用风险评估工具，如风险矩阵，来量化和定性评估风险。

4.确定风险优先级 根据风险评估的结果，对风险进行排序，确定哪些风险是需要优先处理的。

高风险项应被重点关注，并可能需要更深入的确认或验证工作。

5.制定确认或验证计划 基于风险评估的结果，制定详细的确认或验证计划，明确哪些工艺步骤、设备、清洁方法、分析方法等需要进行确认或验证，以及这些活动的深度和广度。

计划应包括确认或验证的目标、范围、方法、时间表和资源需求。

6.实施确认或验证工作 按照计划执行确认或验证活动，收集和分析数据。

确保活动涵盖了风险评估中确定的关键点和高风险区域。

7.记录和报告 详细记录确认或验证的过程和结果，包括数据、观察和分析。

编写报告，总结确认或验证的发现和结论。

8.持续改进 根据确认或验证的结果，对生产过程进行调整和优化。

定期进行风险评估的复查和更新，确保持续符合 GMP 要求。

在整个过程中，企业应保持与监管机构的沟通，确保风险评估和确认或验证工作符合相关法规和指导原则的要求。此外，企业还应建立有效的监控和纠正措施系统，以便在发现问题时能够及时响应和调整。

209 为什么企业的厂房、设施、设备、检验仪器以及生产工艺、操作规程、检验方法都需要经过确认或验证并保持持续的验证状态？

在药品生产质量管理过程中，企业的厂房、设施、设备、检验仪器以及生产工艺、操作规程、检验方法都需要经过确认或验证并保持持续的验证状态。

1.保障药品质量与安全 确认和验证是确保药品生产全过程，从原材料到成品，每一步都能达到预定的质量标准，从而保障药品的安全性和有效性，保护公众健康。

2.遵守法规要求 GMP明确规定了药品生产企业在厂房、设施、设备、检验仪器以及生产工艺、操作规程、检验方法等方面需要满足的条件。这些要求是为了确保药品生产过程的合规性，防止因生产条件不达标而导致的质量问题。

3.降低风险 通过确认和验证，企业可以识别并消除潜在的风险点，如设备老化、工艺不稳定等，提前采取措施进行控制，降低不合格产品产生的概率，实现风险管理的前移，确保生产过程的稳定性和可靠性。

4.提高生产效率 经过确认和验证的厂房、设施、设备、检验仪器以及生产工艺、操作规程、检验方法，能够更高效地运行。这不仅可以减少浪费，提高生产效率，还有助于降低生产成本。

5.**持续改进**　保持持续的验证状态意味着企业需要对生产过程进行持续的监控和评估。这有助于企业及时发现并解决问题，实现生产过程的持续改进和优化。

6.**增强市场竞争力**　药品生产企业通过严格遵循GMP要求，确保药品质量，可以赢得市场和消费者的信任，从而增强市场竞争力。

7.**保护企业声誉**　一旦药品出现质量问题，不仅会对消费者造成损害，也会严重影响企业的声誉和未来发展。通过持续验证和维护生产过程的稳定性，企业可以保护自身的声誉和利益。

8.**与国际接轨**　符合GMP的确认和验证要求，有助于药品生产企业的产品进入国际市场，因为大多数国家和地区都要求进口药品遵守相应的GMP标准。

总之，只有经过确认或验证并保持持续验证状态，才能从各个方面为药品生产质量提供坚实的保障，确保患者用药的安全、有效和可靠，同时也有助于企业在市场竞争中树立良好的质量信誉。

210　企业应如何保持生产工艺、操作规程和检验方法的持续验证状态？

为了保持生产工艺、操作规程和检验方法的持续验证状态，药品生产企业在进行药品生产过程中，应采取以下措施。

1.**建立定期验证计划**　制定详细的年度验证计划，明确各生产工艺、操作规程和检验方法的验证周期和验证项目。

确保验证计划的全面性和可执行性，覆盖所有关键的生产和质量控制环节。

2.**实施持续的监控与评估**　对生产工艺、操作规程和检验方法进行持续的监控，收集实时数据，评估其稳定性和有效性。

建立关键性能指标（KPI），用于衡量上述过程的性能，并及时发现问题。

3.**定期回顾与再验证**　根据监控数据和评估结果，定期（如每季度或每年）回顾生产工艺、操作规程和检验方法的有效性。

一旦发现性能下降或存在偏离验证状态的趋势，立即启动再验证程序。

4.**变更管理与控制**　建立严格的变更管理流程，确保任何对生产工艺、操作规程和检验方法的更改都经过充分的评估和批准。

变更实施后，必须重新验证以确保更改不会对产品质量产生不利影响。

5.**文档记录与审核**　完整记录验证过程、数据和结论，确保验证活动的可追溯性。

定期对验证文档进行内部审核和外部审计，以检查验证活动的有效性和合规性。

6.**人员培训与技能提升**　定期对生产人员进行GMP和验证相关的培训，提高其操作技能和验证意识。

鼓励员工参与验证活动，培养其主动发现和解决问题的能力。

7.**与监管机构沟通**　在必要时，就持续验证计划和重大变更的验证结果与药品监督管理部门沟通，确保符合监管要求。

8.**持续改进** 根据验证结果和生产实践中的反馈,不断优化生产工艺、操作规程和检验方法。

引入新的技术和设备时,确保其经过充分的验证并符合 GMP 要求。

211 如果发现生产工艺、操作规程或检验方法不再符合验证状态,企业应采取哪些措施?

如果药品生产企业发现生产工艺、操作规程或检验方法不再符合验证状态,应立即采取以下措施以确保符合 GMP 的要求。

1.**立即停止受影响的生产活动** 一旦发现不符合验证状态的情况,首先应暂停相关生产操作,避免生产出不符合质量标准的产品。

2.**启动调查** 组织相关部门(如质量保证、生产、技术等)进行根本原因分析,确定导致验证状态失效的原因,是否为设备故障、原材料变化、操作失误、环境变化或其他因素。

3.**评估影响范围** 评估此问题对已生产批次的影响,包括在库产品、已发运产品及潜在的患者风险,并记录评估结果。

4.**采取纠正和预防措施** 根据调查结果,制定并实施纠正措施以解决当前问题,并实施预防措施以防止类似情况再次发生。这可能包括修订操作规程、调整生产工艺参数、重新培训员工、维修或更换设备等。

5.**重新验证** 对于受到影响的生产工艺、操作规程或检验方法,需进行重新验证或部分验证,以证明在采取纠正和预防措施后,能够恢复到符合要求的验证状态。重新验证应涵盖必要的范围,确保所有关键参数和质量属性均得到验证。

6.**更新文件记录** 修订相关的操作规程、工艺规程、验证文件等,并确保所有更改都经过正式批准,并及时通知相关人员。同时,详细记录整个事件处理过程,包括调查、评估、采取的措施和验证结果。

7.**向监管机构报告** 根据具体情况和当地法规要求,可能需要向药品监督管理部门报告此次事件及采取的措施,特别是当存在产品召回或对公共健康有潜在影响时。

8.**加强培训和沟通** 针对此次事件,企业应对相关人员加强培训,提高其对 GMP 要求的理解和执行力。同时,加强企业内部各部门之间的沟通,确保信息及时、准确传递,共同维护药品生产质量。

9.**预防措施** 制定预防措施,防止类似问题再次发生。

10.**持续监控和审查** 在问题解决后,加强对相关工艺、操作和检验方法的监控,定期审查验证状态,确保持续符合 GMP 要求。

例如,某企业发现某一药品的检验方法不再符合验证状态,经过调查发现是检验设备出现漂移,企业立即暂停该药品的检验和放行,对已检验的批次进行复查,同时对检验设备进行校准和重新验证,更新检验操作规程,并对检验人员进行设备操作和方法培训，还将情况通报给监管部门，最后制定定期对检验设备进行维护和校准的预防措施，以避免类似问题再次发生。

212 企业应如何管理和维护确认与验证的文件和记录，以确保其完整性和可追溯性？

为了确保确认与验证的文件和记录的完整性和可追溯性，企业应当按照GMP的相关规定，采取以下措施来管理和维护这些文件和记录。

一、建立文件管理体系

1.制定确认与验证相关的管理规程，明确文件的编制、审核、批准、分发、保存和销毁等流程，确保所有确认与验证的文件和记录都有明确的来源和去向，便于追踪和管理。

2.确保所有确认与验证活动都有相应的文件记录，包括设计确认、安装确认、运行确认、性能确认和工艺验证等。

二、文件记录的要求

1.文件记录应清晰、准确、完整，不得随意涂改。如需修改，应采用杠改方式，并注明修改人、修改日期及修改原因。

2.文件记录应使用规定的格式和模板，确保信息的统一性和规范性。

3.文件记录应包含足够的信息，以便于后续的追溯和分析。

三、文件记录的存储与保管

1.文件记录应分类存放，便于检索。同时，应定期对文件记录进行盘点，确保其完整性。

2.文件记录的保管期限应符合相关法规要求。在保管期限内，应确保文件记录的安全、防潮、防虫蛀等。

四、文件记录的追溯性管理

1.建立文件记录的追溯体系，确保每一份文件记录都能追溯到其来源和去向。

2.在文件记录中明确标识关键信息，如设备编号、操作人员、操作时间等，以便于后续的追溯。

3.定期对文件记录进行回顾和分析，及时发现潜在问题并采取相应措施。

五、电子化管理系统

1.采用电子化管理系统（如ERP、LIMS等）来存储和管理文件和记录，以提高效率和准确性。

2.通过电子签名和时间戳等技术手段，可以确保文件的真实性、完整性和不可篡改性。

3.确保电子系统的安全性，包括数据备份、权限控制和审计追踪功能。

六、版本控制与变更管理

1.实施严格的版本控制，每次文件和记录的变更都应有明确的版本号和变更记录。

2. 任何变更都应经过审批，并记录变更的理由、内容和影响。

七、定期审核与更新

1. 定期对确认与验证的文件和记录进行审核，确保其与实际生产情况相符。

2. 根据审核结果及时更新文件和记录，以保持其准确性和时效性。

八、备份与灾难恢复

1. 对重要的文件和记录进行定期备份，以防数据丢失。

2. 制定灾难恢复计划，确保在发生意外情况时能够及时恢复文件和记录。

九、培训与责任

1. 对相关人员进行文件管理和记录方面的培训，提高其意识和能力。

2. 明确各部门和人员在文件管理和记录方面的职责，确保责任的明确性和可执行性。

十、审计与自查

1. 定期进行内部 GMP 审计和自查，检查文件和记录管理的合规性。

2. 针对审计和自查中发现的问题，及时采取纠正和预防措施。

十一、第三方审计和监督

1. 定期邀请第三方机构进行审计，以验证文件和记录管理系统的有效性和合规性。

2. 接受监管机构的监督检查，确保符合 GMP 要求。

---

213 企业在采用新的生产处方或生产工艺前，如何验证其常规生产的适用性？

企业在采用新的生产处方或生产工艺前，验证其常规生产的适用性应遵循一套严谨的程序，以确保新工艺能够稳定、持续地生产出符合预定用途和注册要求的产品。

1. **明确验证目标与范围** 确定新处方或工艺的预期目标，包括产品质量、收率、安全性等方面的要求。

界定验证的范围，明确哪些环节和因素需要纳入验证过程。

2. **组建验证团队** 成立由多部门专业人员组成的验证团队，包括研发、生产、质量控制、设备等部门代表。

确保团队成员具备相应的专业知识和经验。

3. **风险评估** 首先对新处方或生产工艺进行全面的风险评估，包括对新处方或工艺的原理、关键参数、潜在影响等进行深入分析，识别可能影响产品质量的关键因素和潜在风险点。

4. **制定验证计划** 基于风险评估的结果，制定详细的验证计划，该计划应包括验证的目的、范围、方法、接受标准、职责分配和时间表，确保验证活动的针对性和有效性。

5. **工艺设计与开发** 实验室小试：在实验室规模进行小试研究，测试新处方或工艺的可行性，优化参数。

中试放大试验：在接近生产规模的条件下进行中试，评估工艺的可放大性及稳定性。

6.**工艺验证** 验证批生产：选择代表性批次进行验证生产，记录所有关键参数和质量指标。

数据分析：对验证批次的数据进行统计分析，包括但不限于工艺参数稳定性、产品一致性、杂质水平等，确保符合既定标准。

持续工艺确认（CPV）：在连续几个生产批次中进一步验证工艺的稳定性和一致性。

7.**偏差处理与改进** 如果在验证过程中发现偏差或不符合项，应进行深入调查并采取相应的纠正措施。

根据验证结果对处方或工艺进行优化和改进。

8.**记录和报告** 详细记录验证过程中的所有数据、分析结论、偏差处理及纠正措施等，并编制验证报告。报告应包括验证的结论、建议和改进措施等。

9.**审批和放行** 验证报告应由质量管理部门审核批准，并在确认新处方或生产工艺符合GMP要求后，方可用于常规生产。

10.**持续监控** 即使在验证通过后，也应持续监控新处方或生产工艺的表现，确保其在日常生产中持续稳定地生产出符合要求的产品。

11.**变更控制与持续改进** 任何对新处方或工艺的调整均需遵循变更控制程序，评估对产品质量的潜在影响。

生产过程中持续监控关键参数，定期回顾生产工艺，根据需要进行再验证或调整。

通过上述步骤，企业可以确保新的生产处方或工艺不仅在实验室条件下有效，而且在实际的生产环境中也能够持续地生产出符合预定用途和注册要求的产品。这一过程体现了GMP对药品生产全过程质量控制的严格要求，确保了患者用药的安全性和有效性。

214 当生产过程中涉及的影响产品质量的主要因素发生变更时，企业应如何进行确认或验证以确保产品质量？

为了符合GMP的规定，当生产过程中涉及的影响产品质量的主要因素发生变更时，企业应当采取以下步骤进行确认或验证，以确保产品质量。

1.**变更评估** 当识别到可能影响产品质量的变更时，首先进行全面的评估，确定变更的性质、范围和潜在影响。

评估应包括对变更可能导致的所有风险进行分析，包括对产品安全性、有效性和质量的影响。

2.**变更控制程序** 根据变更的性质和影响，启动变更控制程序，确保变更得到适当的管理和控制。

变更控制程序应包括变更的提出、评估、批准、实施、验证和最终批准的整个流程。

3.**确认或验证计划** 制定详细的确认或验证计划，明确验证的目标、方法、接受标准和所需资源。

确认或验证计划应针对变更的具体内容，如原辅料变更可能需要进行新的供应商评估和物料稳定性研究；生产设备变更可能需要进行新的安装确认（IQ）、运行确认（OQ）和性能确认（PQ）；生产工艺变更可能需要进行工艺验证（PV）等。

4. 实施确认或验证 按照验证计划执行确认或验证活动，确保所有测试和评估按照既定程序进行。

记录所有相关的测试数据和观察结果，确保验证过程的可追溯性。

5. 结果评估和报告 对确认或验证的结果进行评估，确保变更后的系统、设备或工艺能够持续生产出符合预定用途和注册要求的产品。

编写验证报告，总结验证活动的结果，包括任何偏差和采取的纠正措施。

6. 批准和实施变更 根据验证结果，如果确认变更不会对产品质量产生负面影响，可以批准变更并实施。

如果验证结果显示需要进一步的调整或改进，应采取相应的措施，并重新进行验证。

7. 监管机构沟通 对于可能需要药品监督管理部门批准的变更，应及时与监管机构沟通，提交必要的文件和信息，以获得批准。

8. 培训和沟通 对受变更影响的员工进行培训，确保他们了解变更的内容和影响，以及如何在新条件下操作。

在企业内部沟通变更的细节和重要性，确保所有相关部门和人员都了解变更的影响。

主要因素发生变更时需要确认或验证的内容如下。

1. 原辅料变更 对新的原辅料进行全面的质量检测和分析。

比较新旧原辅料在物理、化学等方面的差异。

进行小试和中试，观察对产品质量的影响。

2. 与药品直接接触的包装材料变更 评估新包装材料与药品的相容性。

考察其对药品稳定性、保质期等方面的影响。

3. 生产设备变更 确认新设备的性能符合要求。

进行运行测试和参数验证。

对比使用新旧设备生产的产品质量。

4. 生产环境（或厂房）变更 监测新环境的各项指标，如洁净度、温湿度等。

验证环境对产品质量和生产过程的影响。

5. 生产工艺变更 详细分析变更的具体内容和潜在影响。

重新设计验证方案，涵盖关键工艺参数。

进行多批次验证以确认工艺的稳定性。

6. 检验方法变更 验证新检验方法的准确性、精密度等。

对比新旧方法对产品质量判断的一致性。

例如，某药企在更换一种关键原辅料供应商时，对新供应商的产品进行了全面检测，并通过多批次生产验证其对最终产品质量的影响；又如，当生产车间进行扩建改造时，对新环境进行了长时间的监测和验证，以确保符合药品生产要求。

215　企业在进行清洁方法验证时，如何验证清洁方法，以证实其清洁效果并确保其能够有效防止污染和交叉污染？

企业在进行清洁方法验证时，为了证实清洁方法的有效性并确保其能有效防止污染和交叉污染，应遵循以下步骤和要点。

一、制定清洁验证计划

1.明确验证的目的、范围、方法和标准，确保验证活动的针对性和有效性。

2.确定需要验证的设备和生产线，特别是那些生产不同产品或具有不同活性成分转换的设备。

3.设计详细的清洁程序，该程序应包括清洁的步骤、使用的清洁剂和消毒剂、清洁的频率、清洁工具的处理等。

4.确定清洁过程中的关键参数（CPP），这些参数将影响清洁效果，需要在验证过程中监控和控制。

二、选择合适的清洁剂和消毒剂

1.根据设备材质、产品特性和清洁需求，选择合适的清洁剂和消毒剂。

2.评估清洁剂和消毒剂的兼容性，确保其不会对产品或设备造成损害。

三、设定取样方法和位置

1.根据设备的结构和清洁过程，合理设定取样点和取样方法，以确保能够准确反映设备的清洁状态。

2.考虑设备的不同部位，如内表面、外表面、难以触及的区域等，确保取样的代表性。

四、确定取样回收率和残留物限度

1.通过实验确定合适的取样回收率，以准确评估实际清洁效果。

2.根据产品特性和安全性要求，设定合理的残留物限度，确保清洁后的设备符合预定标准。

五、建立灵敏的残留物检验方法

1.选择或开发能够准确检测残留物的分析方法，确保其灵敏度和准确性满足验证要求。

2.对分析方法进行验证，包括线性、准确度、精密度等，以确保其可靠性。

六、执行清洁验证

1.按照预定的清洁程序进行清洁操作，并在关键时间点进行取样。

2.使用建立的检验方法对样品进行分析，评估清洁效果是否符合预定标准。

七、分析验证结果

1.收集并整理验证过程中的数据，包括清洁前后的样品检测结果、设备使用情况等。

2. 分析数据，判断清洁方法是否能够达到预期的清洁效果，并有效防止污染和交叉污染。

八、编写清洁验证报告

1. 根据验证结果，编写详细的清洁验证报告，报告中应包含验证目的、方法、过程、结果及结论等内容。

2. 报告需经过审核和批准，确保其真实性和准确性。

九、持续监控与再验证

1. 在日常生产过程中持续监控清洁效果，确保清洁方法的有效性。

2. 根据实际情况，如设备变更、清洁剂更换等，适时进行再验证，以确保清洁方法始终符合要求。

例如，某药厂在验证一种新的清洁方法时，对不同生产阶段后的设备进行全面取样，分析各种残留物的含量，同时比较不同清洁剂的效果，最终确定了最适合的清洁方案，有效防止了污染和交叉污染。

216 关键的生产工艺和操作规程多久进行一次再验证？

GMP 第一百四十四条规定，"确认和验证不是一次性的行为…关键的生产工艺和操作规程应当定期进行再验证，确保其能够达到预期结果。"但是，该条款并没有明确规定再验证的具体的时间间隔，因为再验证的频率取决于多种因素，包括但不限于产品的性质、工艺的复杂性、历史数据、设备和系统的稳定性以及法规要求等。

以下是一些可能影响再验证频率的因素。

1. **产品质量回顾分析**　定期进行产品质量回顾分析，评估产品质量数据、工艺性能和稳定性数据等，以确定是否需要进行再验证。如果回顾分析显示工艺性能下降或产品质量出现偏差，可能需要提前进行再验证。

2. **工艺稳定性**　如果生产工艺历史上表现出稳定性问题，可能需要更频繁地进行再验证。

3. **生产工艺的复杂性**　更复杂的生产工艺可能需要更频繁的验证以确保其稳定性。

4. **产品性质**　对于高风险产品（如生物制品、无菌产品等），再验证的频率可能更高。

5. **设备和设施的稳定性**　如果设备和设施的使用寿命较长，可能需要定期进行再验证以确认其性能未发生变化。

6. **变更管理**　如果生产工艺、原材料、设备或生产环境发生了重大变更，即使未到预定的再验证周期，也应立即进行再验证。

7. **生产量**　生产量大的产品或工艺可能需要更频繁的再验证，因为它们的使用频率更高。

8. **法规要求**　某些产品或工艺可能有特定的法规要求，规定了再验证的频率。

9.**问题反馈**　如果通过市场反馈或质量监控发现产品存在质量问题，可能需要重新评估并可能进行再验证。

10.**环境变化**　生产环境的变化（如洁净室改造、工艺流程调整等）可能需要再验证。

11.**历史数据和经验**　根据历史数据和经验，评估工艺和操作规程的稳定性和可靠性，以确定再验证的频率。

12.**风险评估**　企业应依据生产工艺的复杂性、产品的敏感性、潜在风险的高低等因素进行风险评估，高风险的工艺和操作规程可能需要更频繁的再验证。

通常，药品生产企业会根据上述因素制定再验证的计划，并对其进行风险评估，以确定恰当的再验证频率。企业还应定期进行产品质量回顾分析，以确定是否需要对关键的生产工艺和操作规程进行再验证。再验证的频率可能从每年到每几年不等，具体取决于上述风险评估的结果。

总之，关键的生产工艺和操作规程的再验证频率应由企业根据具体情况和风险评估来确定，并确保这些工艺和规程能够持续达到预期结果。

一般来说，以下情况可能需要更频繁地进行再验证。

1.产品质量出现波动或异常时，可能提示生产工艺或操作规程存在潜在问题，需要及时进行再验证。

2.当生产工艺或操作规程发生重大变更时，应尽快进行再验证。

3.对于一些对产品质量影响较大、较为关键的工艺和规程，可能每隔1~3年进行一次再验证。

4.如果在定期的产品质量回顾分析中发现与该工艺或规程相关的风险增加，也需要考虑提前进行再验证。

然而，也有一些相对稳定的生产工艺和操作规程，可能每隔3~5年甚至更长时间进行一次再验证。

重要的是，企业需要建立有效的监控机制和评估体系，持续关注生产工艺和操作规程的有效性和稳定性，结合实际情况来合理确定再验证的时间间隔。同时，要确保再验证工作严格按照规定的程序和要求进行，以保证生产过程持续符合GMP要求和产品质量标准。例如，某些高风险的无菌制剂生产工艺可能每2年就需要进行一次全面的再验证，而一些普通口服固体制剂的关键工艺可能每3~4年进行一次再验证。

217 **首次确认或验证后，如何根据产品质量回顾分析情况进行再确认或再验证？**

首次确认或验证后，根据产品质量回顾分析情况进行再确认或再验证的过程，可以按照以下步骤进行。

1.全面收集和整理产品质量回顾分析的相关数据和信息，包括但不限于各批次产品的质量指标、关键工艺参数的监测数据、偏差和变更记录等。

2. 仔细评估这些数据。

（1）查看是否有质量指标不稳定或超出标准范围的情况，若有，分析其与特定生产工艺或操作规程的关联。

（2）检查关键工艺参数的波动情况，判断是否存在异常偏离。

（3）对出现的偏差和变更进行深入研究，确定其对工艺和规程的潜在影响。

3. 根据分析结果确定再确认或再验证的重点。

（1）如果质量问题明确指向某一工艺环节，重点针对该环节进行再验证。

（2）对于工艺参数异常的部分，着重验证该参数相关的操作和控制。

在再确认或再验证过程中：

（1）严格按照既定的方案和标准执行，确保全面性和准确性。

（2）使用合适的方法和技术，如重新检测、模拟试验等。

（3）与首次确认或验证的数据进行对比，查找差异和变化。

4. 根据再确认或再验证的结果采取相应措施。

（1）如果验证结果符合预期，继续维持现有工艺和规程。

（2）若发现问题，及时进行调整和改进，并重新验证，确保其能够达到预期结果。

例如，在产品质量回顾中发现某段时间内多个批次产品的含量均匀度有下降趋势，通过分析可能是混合工艺环节存在问题，那么就针对混合工艺进行再验证，包括检查混合设备的运行状态、混合时间和转速等参数是否准确，以及不同物料投入顺序对混合效果的影响等。再如，发现因设备老化导致关键工艺参数不稳定，可能需要对设备进行维修或更换后再进行再确认。

218 企业制定的验证总计划应包含哪些关键信息？

为了符合 GMP 的规定，企业制定的验证总计划应包含以下关键信息。

1. **验证目标和范围** 明确验证计划的目的，即确保生产过程中的关键要素（如设备、工艺、系统、清洁方法等）能够稳定地生产出符合预期质量标准的产品。

界定验证计划覆盖的范围，包括哪些生产线、设备、工艺或系统将被验证。

2. **验证原则与方法** 阐述验证工作的基本原则，如科学性、全面性和可追溯性。

描述将采用的验证方法，如前验证、同步验证、回顾性验证或再验证等。

3. **验证项目清单** 列出所有需要验证的项目，包括但不限于设备性能验证、工艺验证、清洁验证、分析方法验证等。

对每个验证项目进行简要描述，包括验证的目的、关键参数和预期结果。

4. **验证时间表与资源计划** 制定详细的验证时间表，包括各项验证活动的开始和结束时间。

规划所需资源，如人员、设备、材料、外部支持等，并确保资源的合理分配和有效利用。

5.风险评估与应对措施 对验证过程中可能遇到的风险进行评估，如设备故障、工艺偏差、物料问题等。

针对每种风险制定相应的预防和应对措施，确保验证活动的顺利进行。

6.文件记录与数据管理 规定验证过程中文件记录的格式、内容和保存方式。

明确数据管理的要求，包括数据的收集、整理、分析和报告。

7.偏差处理与变更控制 制定偏差处理流程，确保在验证过程中发现的任何偏差都能得到及时、有效的处理。

规定变更控制程序，以确保在验证过程中对任何变更进行适当的管理和记录。

8.验证报告的编制与审批 说明验证报告的编制要求和内容，包括验证结果的总结、分析与结论。

规定验证报告的审批流程和责任人，确保报告的准确性和有效性。

9.培训与沟通计划 制定培训计划，确保参与验证工作的人员具备必要的知识和技能。

建立有效的沟通机制，确保验证过程中的信息能够及时、准确地传递给相关人员。

验证总计划是一个动态文件，应根据企业的发展、工艺变更、法规更新和质量管理体系的变化进行定期审查和更新。通过制定和执行详细的验证总计划，企业可以确保验证活动的系统性和完整性，从而符合 GMP 要求并保证产品质量和患者安全。

以下是一个验证总计划的模板，可供参考。

验证总计划模板

一、引言
1.1 验证总计划的目的和背景
1.2 验证工作的重要性和意义

二、验证目标与范围
2.1 验证目标
明确本次验证的具体目标，如确保设备、工艺、系统的稳定性和可靠性，保证产品质量等。

2.2 验证范围
列出本次验证涉及的生产线、设备、工艺、系统或清洁方法等。

三、验证原则与方法
3.1 验证原则
阐述验证工作的基本原则，如科学性、系统性、全面性和可追溯性等。

3.2 验证方法
描述将采用的验证方法，如安装确认（IQ）、运行确认（OQ）、性能确认（PQ）等。

四、验证项目与计划

4.1 验证项目清单

列出所有需要验证的项目，包括设备、工艺、清洁方法等。

4.2 验证计划

制定每个验证项目的具体计划，包括验证的时间表、资源需求、人员分工等。

五、风险评估与应对措施

5.1 风险评估

对验证过程中可能遇到的风险进行评估，如设备故障、工艺偏差等。

5.2 应对措施

针对每种风险制定相应的预防和应对措施。

六、文件记录与数据管理

6.1 文件记录

规定验证过程中需要记录的文件和表格，以及它们的格式和内容。

6.2 数据管理

明确数据的管理要求，包括数据的收集、整理、分析和存档等。

七、偏差处理与变更控制

7.1 偏差处理

制定偏差处理流程，包括偏差的发现、报告、调查和处理等。

7.2 变更控制

规定验证过程中对任何变更进行管理和记录的程序。

八、验证报告的编制与审批

8.1 验证报告的编制

说明验证报告的编制要求和内容，包括验证结果的总结、分析与结论等。

8.2 验证报告的审批

规定验证报告的审批流程和责任人，确保报告的准确性和有效性。

九、培训与沟通计划

9.1 培训计划

制定培训计划，确保参与验证工作的人员具备必要的知识和技能。

9.2 沟通计划

建立有效的沟通机制，确保验证过程中的信息能够及时、准确地传递给相关人员。

十、附录

列出与验证总计划相关的附录，如验证项目清单、风险评估表、验证报告模板等。

请注意，这只是一个基本的模板，具体内容可能需要根据企业的实际情况进行调整和完善。在制定验证总计划时，建议与相关部门和人员进行充分沟通和协调，以确保计划的可行性和有效性。

219　如何确保验证总计划或其他相关文件中的规定能够有效地保持厂房、设施、设备、检验仪器、生产工艺、操作规程和检验方法的持续稳定性？

为了确保验证总计划或其他相关文件中的规定能够有效地保持厂房、设施、设备、检验仪器、生产工艺、操作规程和检验方法的持续稳定性，企业应采取以下措施。

1.定期审查和更新验证总计划　验证总计划应定期审查并根据实际情况进行更新，以反映任何新的法规要求、技术进步或内部变更。

对验证总计划及相关文件进行严格的版本管理，确保所有人员使用的是最新且有效的文件。

2.建立有效的监控系统　实施连续的质量监控系统，定期检查厂房、设施和设备的运行状况，确保它们处于良好的工作状态。一旦发现异常，立即采取措施进行调整和优化。

制定详细的监控计划，明确监控项目、频次、方法和标准。

设立专门的监控团队，负责执行监控计划并记录监控结果。

3.执行预防性维护计划　对设备和仪器执行预防性维护计划，定期对关键设备和系统进行检查和维护，以减少故障发生的可能性，并保持其性能稳定。

建立维修响应机制，确保设备故障时能够及时修复。

4.进行定期校准和验证　确保所有的检验仪器都按照规定的周期进行校准和验证，以保证测量结果的准确性。

5.持续培训和教育　对员工进行持续的培训和教育，确保他们熟悉并遵守操作规程和检验方法。

对于新员工和转岗员工，进行针对性的岗位培训，确保其熟悉操作方法和工艺要求。

6.实施变更控制　对所有可能影响产品质量的变更实施严格的变更控制程序，确保任何变更都经过充分的评估和批准。

实施变更后，应进行必要的验证活动，以确保变更不会对产品的稳定性和质量造成不良影响。

7.偏差和异常处理　建立偏差和异常处理机制，确保任何偏离预定标准的情况都能被及时识别、记录、调查和纠正。

8.产品质量回顾　定期进行产品质量回顾，分析生产数据和产品质量趋势，以识别潜在的改进领域。

根据质量回顾的结果，及时调整和优化生产工艺、操作规程等。

9.再验证和再确认　根据产品质量回顾的结果和风险评估，定期对关键设备、生产工艺、清洁方法等进行再验证或再确认，确保其持续符合验证状态。

设定合理的再验证周期，对于高风险领域应更加频繁。

10.**文档管理** 保持良好的文档管理，确保所有相关的操作规程、检验方法和验证记录都是最新且易于获取的。

保持所有与验证、操作、维护相关的文件和记录的完整性和可追溯性，便于审计和回顾。

确保文件的定期复审。

11.**建立有效的沟通机制** 促进跨部门之间的沟通与协作，确保信息及时传递，问题得到快速响应和解决。

定期召开质量会议，讨论验证活动、工艺性能、变更管理等问题，形成持续改进的文化。

220 在制定确认或验证方案时应该注意什么？方案中应明确哪些内容？

一、制定确认或验证方案时应注意的内容

为确保符合《药品生产质量管理规范》的规定，应注意的内容如下。

1.**针对性** 确保方案针对特定的确认或验证对象，如设备、工艺或清洁程序等。

2.**全面性** 方案应覆盖所有需要验证或确认的关键环节和参数，确保无遗漏。

3.**可操作性** 方案应具体、明确，步骤和方法应描述清晰，易于理解和执行。

4.**合规性** 确保方案符合GMP及其他相关法规和标准的要求。

5.**科学性** 方案应基于科学的方法和原则，确保验证或确认的结果可靠、有效。

6.**风险评估** 对可能出现的风险进行评估，并制定相应的应对措施。

二、方案中应明确的内容

1.**验证目的** 清晰阐述确认或验证的目的和预期结果。

2.**范围与对象** 明确确认或验证的范围，包括涉及的系统、设备、工艺等。

3.**职责与分工** 详细列出各参与部门及人员的职责和任务，确保责任明确。

4.**验证方法与步骤** 具体描述将采用的验证方法、步骤和程序。

5.**时间安排与进度** 制定详细的时间表，明确各阶段的开始和结束时间。

6.**验收标准与准则** 设定明确的验收标准和判断准则，用于评估验证结果。

7.**所需资源与条件** 列出验证所需的资源，如人力、物资、设备等，并确保这些条件得到满足。

8.**偏差处理** 制定在验证或确认过程中出现偏差时的处理措施和程序，包括如何记录、调查、处理验证或确认过程中出现的偏差，以及采取的纠正和预防措施。

9.**风险管理与应对措施** 识别潜在风险，并提出相应的预防和应对措施。

10.**记录与报告要求** 规定验证过程中的记录和报告要求，确保数据的完整性和可追溯性。

11.**审批与签字程序** 明确方案的审批流程和签字程序，确保方案的正式性和权威性。

12.**培训要求** 确认参与确认或验证的员工已经接受了适当的培训，并具有执行相关

活动的资质。

13.**持续监控和再确认/再验证**　说明如何在确认或验证后对系统、工艺或产品进行持续监控，以及再确认或再验证的条件和频率。

221　确认或验证工作中应该注意哪些要求？工作完成后需要做什么？

确认或验证工作应当遵循一系列严格的要求，并在完成后进行相应的记录和报告。以下是确认或验证工作中的注意事项以及工作完成后的必要步骤。

一、确认或验证工作中应注意的要求

1.**遵循方案**　所有确认或验证活动都应严格按照预先制定、审核和批准的方案进行，确保不偏离方案要求，任何变更都应经过适当的审批程序。

方案应详细描述活动的所有方面，包括职责、步骤、接受标准、时间表和所需资源。

2.**记录详实**　整个确认或验证过程中的所有关键数据和观察结果都应详细记录，并按照GMP文件管理要求进行存档。

要保证实施过程中数据和记录的准确性、完整性和真实性，如实记录所有相关信息，包括操作步骤、观察结果、测试数据等。

3.**合规操作**　确保所有操作均符合GMP规范及其他相关法规和标准的要求，避免违规操作。

4.**人员培训**　明确参与人员的职责，确保各环节都有专人负责，相互协作、监督。

确保参与确认或验证工作的人员具有适当的培训和资质，理解其职责和任务要求。

5.**过程控制**　使用合适的监控设备和方法，确保测试和观察的准确性和可重复性。

6.**风险管理**　识别和评估确认或验证过程中可能出现的风险，并采取措施以控制这些风险。

7.**质量控制**　在验证或确认活动中，应有质量管理人员参与或监督，确保活动符合GMP标准和质量要求。

8.**数据完整性**　确保数据的完整性，包括防止数据丢失、篡改和未经授权的访问。

9.**偏差处理**　在确认或验证过程中，任何偏差都应记录、调查并采取适当的纠正和预防措施（CAPA）。

10.**控制变更**　如果在确认或验证过程中需要变更，应通过变更控制程序进行管理，确保任何变更都经过适当的评估、批准和记录。

11.**审计跟踪**　保持审计跟踪，包括方案的修改历史、执行过程中的变更和相关通信记录。

12.**团队协作**　加强团队间的沟通与协作，确保各部门和人员能够协同完成确认或验证任务。

二、工作完成后需要做的事项

1.**报告编写**　完成确认或验证工作后，应编写一份综合报告，总结结果、分析和结论。报告应包括验证或确认的目的、方法、结果、结论以及所有相关的数据和观察记录。

2.报告审核和批准 报告需经过质量管理部门或指定的审核人员审核，并由有权批准的人员（如质量负责人）批准，确保报告的准确性和合规性。

3.记录保存 将所有相关记录、报告和数据按照GMP文档管理要求进行保存，确保数据的可追溯性，以便未来查阅和审计需要。

4.CAPA实施 如发现任何问题，应实施纠正和预防措施，并记录这些措施的执行情况。

5.评价和建议 报告中应包含对确认或验证结果的评价和建议，特别是如果需要进一步的行动或改进。

6.持续监控 在确认或验证工作完成后，继续对相关生产过程或系统进行持续监控，确保其稳定性和可靠性。

222 企业如何根据验证的结果确认和调整工艺规程和操作规程？

企业在根据验证结果确认和调整工艺规程和操作规程时，企业应遵循以下步骤。

一、全面分析验证结果

详细审查验证过程中收集到的所有数据、观察结果、测试报告等。从多个角度评估工艺和操作的实际表现，包括产品质量的关键指标、生产过程的稳定性、资源利用效率、安全性等方面。找出验证结果中体现出的优势部分，明确需要改进或优化的具体环节。

二、确认现行规程或考虑调整

1.直接确认 若验证结果表明当前的工艺规程和操作规程完全满足预期，在产品质量、性能、安全等各方面都没有问题，且达到了既定的目标，那么可直接正式确认现行规程无需修改。

2.规划调整 当发现存在一些可以进一步提升或完善的地方时，比如某些工艺参数可以在合理范围内进行微调以优化产品质量，或者某些操作步骤可以进行简化或改进以提高生产效率，此时就需要组织相关的技术专家、生产管理人员、质量控制人员等进行深入研讨，共同制定出具体的调整方案。在制定调整方案时，要充分考虑到可能带来的影响，如对其他相关工艺环节的连锁反应、对产品质量稳定性的潜在风险等，确保调整方案是经过充分论证且风险可控的。

三、严格审核调整内容

对拟定的调整后的工艺规程和操作规程进行严格的审核。审核团队应由具备丰富专业知识和经验的人员组成，从科学性、合理性、可行性等多个角度进行评估，确保调整后的规程符合相关法规要求、行业标准以及企业自身的质量目标。

四、组织针对性培训

完成审核并确定新的工艺规程和操作规程后，及时组织相关人员进行培训。培训内容应涵盖调整的具体内容、原因以及操作要点等，确保操作人员、技术人员和管理人员等都能清楚了解并准确执行新的规程要求。

五、持续跟踪监测效果

在实施新的工艺规程和操作规程后，要持续对实际生产过程进行跟踪和监测。观察新规程的执行情况以及对产品质量、生产效率等方面的实际效果，与预期目标进行对比。如果发现存在问题或不足之处，及时进行分析和调整，不断完善工艺和操作。

例如，在对某药品的合成工艺进行验证时，发现通过稍微提高反应温度并延长反应时间，可以显著提高产品的纯度和收率，同时对其他方面没有明显不良影响。经过充分评估和研讨后，决定对工艺规程中反应温度和时间的参数进行相应调整。在调整操作规程时，发现某个设备的清洗步骤可以通过使用新的清洗试剂来简化操作流程，同时保证清洗效果，那么就对该操作步骤进行优化调整。在整个过程中，要将所有的调整细节、原因、参与人员等详细记录并存档，形成完整的变更记录，以便后续查阅和应对监管检查。通过这样系统而严谨的过程，企业能够更好地根据验证结果来合理确认和调整工艺规程和操作规程，确保药品生产的质量和效率。

第八章 文件管理

第一节 原 则

223 **企业在制定书面质量标准、生产处方和工艺规程、操作规程以及记录等文件时，如何确保其内容的正确性？**

企业在制定书面质量标准、生产处方和工艺规程、操作规程以及记录等文件时，可以通过以下措施来确保其内容的正确性。

1.**基于科学和法规** 所有文件的制定都应基于科学原理、行业最佳实践和现行的法规要求，确保其内容符合最新的法律和指南标准。所有文件的制定应以现行的药品生产许可、药品注册标准、国家药品标准、国际标准（如适用）以及相关的法律法规为基础，确保内容的合法性和合规性。

2.**专业知识与经验** 利用企业内部专家和有经验的工作人员的知识，结合实际生产经验和历史数据，来制定和改进文件内容。

3.**风险评估** 通过风险评估的方法来确定关键质量属性和工艺参数，从而设定合理的质量标准和操作条件。

4.**验证和确认** 通过验证和确认活动来证实工艺规程和操作规程的可行性和准确性，确保生产过程可控且可重复。

5.**数据支持** 制定文件时应依据充分的数据，如研发阶段的实验数据、历史生产记录、质量控制数据等，以支持文件中的决策和规定。

6.**专家审核** 聘请或指定具有相应专业背景的专家进行文件的审核，确保内容的科学性和技术准确性，特别是对于复杂或高风险的生产过程。

7.**试行与反馈** 在正式定稿前，对文件进行试行，收集操作人员的反馈，根据实际操作中的问题和建议进行必要的修订，确保文件的可操作性。

8.**审核与批准** 所有文件在发布前都应经过多部门的审核和最终的批准，确保各方面的考虑都被纳入其中。

9.**变更控制** 建立文件的变更控制程序，对文件的任何修订都应经过提议、评估、审批、实施和再验证的过程，确保每次变更都有据可循，且不影响产品质量和生产安全。

10.**定期复审与更新** 根据法规变化、技术进步、产品质量回顾分析结果以及生产经验，定期复审文件，及时进行必要的更新，保持文件的时效性和准确性。

11.**定期回顾** 实施定期回顾程序，对文件进行审视和更新，以确保它们始终反映最新的生产和质量控制要求。

12.**持续改进** 鼓励员工提出改进建议，通过持续改进流程，不断优化文件内容和生产过程。

13.**培训与沟通** 对员工进行充分的培训，确保他们理解文件内容，并能够正确执行。同时，保持良好的沟通机制，以确保员工的意见和问题得到反馈。

14.**记录与档案管理** 建立完善的文件记录和档案管理制度，确保所有文件的版本控制、批准记录、分发记录以及历史变更记录完整可追溯。

224 除了书面文件，企业是否可以采用其他形式的质量标准、生产处方和工艺规程、操作规程以及记录？

根据 GMP 的规定，企业必须有内容正确的书面质量标准、生产处方和工艺规程、操作规程以及记录等文件。这里的"书面"一词指的是文档化形式，它可以是纸质的，也可以是电子的。

随着信息技术的发展，许多药品生产企业已经开始使用电子信息系统来管理和执行各种生产和质量控制任务。这意味着，除了传统的纸质文件之外，企业还可以采用电子文件管理系统来创建、存储、分发和管理这些重要的质量文件。电子文件可以包括电子文档、数据库、软件应用程序等。使用电子文件管理系统可以提高效率、便于检索和更新，并且可以实现更好的版本控制和权限管理。

例如，企业可以使用计算机化系统来制定和维护生产处方、工艺规程、操作规程等，这些系统可以提供更高效的版本控制、权限管理、审计追踪等功能。此外，电子记录和报告系统可以帮助企业更有效地收集、分析和归档生产过程中的数据。

但是，企业在采用电子文件形式的质量标准、生产处方和工艺规程、操作规程以及记录时，必须确保以下几点：

1.**合规性** 电子文件必须符合GMP规定和相关法规的要求，包括数据完整性、安全性和可追溯性。

2.**准确性** 电子文件的内容必须准确无误，与书面文件保持一致。

3.**可访问性** 所有授权人员必须能够方便地访问和使用电子文件。

4.**安全性** 电子文件管理系统必须具备足够的安全措施，防止未授权访问、数据篡改和丢失。

5.**备份和恢复** 必须定期备份电子文件，并确保在系统故障时能够迅速恢复数据。

6.**审计追踪** 电子文件管理系统应具备审计追踪功能，记录所有对文件的访问、修改和删除操作。

7.**培训** 所有使用电子文件管理系统的员工必须接受适当的培训，了解系统的操作和安全要求。

8.**验证** 电子文件管理系统在投入使用前必须经过验证，确保其满足GMP要求。

9.**文档化** 电子文件的使用、管理和维护必须有详细的书面程序和记录。

10.**监管机构的认可** 在使用电子文件之前，企业应确保监管机构认可电子文件作为书面文件的替代形式。

无论是纸质文件还是电子文档，关键的是要确保所有文件的正确性、完整性和安全性，并且便于使用和查阅。因此，在实际应用中，只要能满足这些基本要求，企业可以选择最适合自身需求的文档管理和保存形式。

因此，虽然书面文件是基础，但在符合 GMP 要求和确保数据完整性、安全性的前提下，企业可以采用电子形式的质量标准、生产处方和工艺规程、操作规程以及记录。

225 企业在建立文件管理操作规程时，质量管理部门的审核具体包括哪些步骤和内容？

在建立文件管理操作规程时，质量管理部门的审核是一个关键步骤，确保文件的合规性和有效性。以下是质量管理部门审核文件管理操作规程的具体步骤和内容。

一、审核步骤

1.接收与登记 质量管理部门接收待审核的文件，并进行登记，确保文件来源和接收时间可追溯，确认文件的完整性和相关性。

2.初步审查 对文件的基本信息（如标题、编号、版本等）进行初步审查，检查文件是否完整，是否包含了必要的信息，如文件标题、目的、范围、责任、程序、附录等。检查文件是否符合GMP要求，是否涵盖了所有必要的操作步骤和控制点，确认文件类型和适用范围。

3.详细审核 对文件的内容进行深入审核，包括文件的逻辑性、完整性、准确性和合规性等方面。

对文件中的操作步骤、控制参数、质量标准等进行逐一核对，确保其科学性和可操作性。

评估文件中涉及的安全措施和应急预案是否充分，能否确保生产过程的安全性和产品质量。

检查文件是否包含必要的记录、报告和监控要求，以便追踪和监控生产过程的合规性。

4.征求意见 在必要时，向相关部门或专家征求意见，以确保文件内容的全面性和合理性。

5.审核结论 根据审核结果，形成审核结论，指出文件是否符合要求以及是否需要修改。

二、审核内容

1.文件内容的合规性 核实文件内容是否严格遵守国家法律法规、行业标准和GMP等要求。

2.文件结构的逻辑性 检查文件的结构是否清晰，各章节之间的逻辑关系是否合理。

3.文件信息的准确性 验证文件中的数据、图表、公式等信息的准确性，确保无误导性陈述。

4.文件描述的完整性　评估文件是否全面描述了药品生产质量管理的各个方面，包括工艺流程、质量控制、设备操作等。

5.文件的可操作性　判断文件中的操作指南是否明确、具体，是否便于员工理解和执行。

6.文件间的协调性　检查新文件与现有文件之间是否存在冲突或不一致之处，确保文件体系的整体协调性。

7.文件的版本控制　确认文件的版本号、修订记录和分发状态等信息是否准确无误。

通过以上步骤和内容的审核，质量管理部门可以全面评估文件的质量和合规性，确保文件管理操作规程的有效性和可靠性。这有助于提升药品生产企业的质量管理水平，确保药品生产活动的规范性和安全性。

226　企业如何确保文件内容与药品生产许可、药品注册等相关要求一致？

以下是一些企业确保文件内容与药品生产许可、药品注册等相关要求一致的方法。

1.首先，建立严格的文件审核机制。在文件起草和修订时，组织包括法规事务、质量控制、生产技术等多部门人员参与审核，对照药品生产许可和注册的具体要求进行逐一核对。

2.安排专人负责跟踪和更新相关法规及注册信息，确保企业能及时了解变化，并相应地调整文件内容。建立一个持续跟踪国家药品监管政策和法规变化的机制，确保企业的文件管理系统始终与最新的法律法规保持一致。

3.设立专门的部门或指定专人负责定期审查和比对企业文件内容与药品生产许可、药品注册证书及其他相关法规要求的一致性。定期对文件进行全面审查，与最新的生产许可和注册资料进行对比，发现不一致之处及时纠正。

4.在必要时，可以寻求外部专家或顾问的帮助，对企业的文件内容进行专业审查，确保其符合所有相关的法规要求。

5.加强与监管部门的沟通，在有疑问或不确定时，及时咨询以确保理解准确。

6.在编制文件时，应参照药品生产许可和药品注册的相关要求，确保文件的格式、内容和流程与这些要求相匹配。在文件编写过程中，积极参考行业标准和国内外同行业的最佳实践，确保文件内容的先进性和实用性。

7.在文件中明确标注与药品生产许可、药品注册证书等相关的条款，并建立交叉引用机制，便于快速定位和核对。

8.对涉及药品生产许可和注册的关键文件，如工艺规程、质量标准等，实施重点监控和定期评估。

9.建立信息共享平台，使各部门都能及时获取最新的许可和注册信息，共同参与文件内容的一致性维护。与生产、研发、质量、注册等部门保持密切沟通，确保文件内容能够及时反映最新的法规要求和注册信息。

10. 培训员工，提高他们对药品生产许可和注册要求的认识，以及对文件一致性重要性的理解。

11. 当药品生产许可、药品注册证书或其他相关要求发生变化时，应及时启动变更控制程序，对受影响的文件进行修订。建立文件变更的审批流程，确保任何变更都经过充分论证和审核，以避免与许可和注册要求冲突。

12. 在引入新产品或变更生产工艺时，同步更新相关文件，确保从一开始就符合要求。

13. 与外部合作伙伴（如供应商、研发机构等）明确文件一致性的要求，确保相关文件也符合规定。

14. 保留所有文件审查、修订和批准的记录，以及与药品生产许可、药品注册相关的通信和决策证据，以证明企业对法规要求的遵守。

227　文件分发、撤销、复制、销毁记录应包括哪些内容？

为了确保药品生产过程中的文件管理符合 GMP 的规定，文件分发、撤销、复制、销毁等环节都需要有详细的记录。这些记录应包括以下内容。

一、文件分发记录

文件名称和编号：清晰记录分发的文件名称及其唯一编号。

分发日期：记录文件分发的具体日期。

分发对象：列出接收文件的部门、人员或岗位。

分发数量：记录分发的文件份数。

分发方式：说明分发途径，如电子邮件、纸质副本、内部网络共享等。

分发人及接收人签名：确保分发和接收过程有明确的责任人。

二、文件撤销记录

撤销文件名称和编号：详细记录被撤销的文件名称和编号。

撤销日期：注明文件撤销的具体日期。

撤销原因：说明撤销该文件的原因，如内容更新、错误等。

撤销通知对象：列出所有需要通知的接收者或部门，确保旧版文件不再使用。

替代文件信息（如有）：如果有替代该文件的新文件，应记录其名称和编号。

执行人及监督人签名：确保撤销过程有明确的执行和监督责任人。

三、文件复制记录

复制文件名称和编号：记录被复制的文件名称和编号。

复制日期：注明文件复制的具体日期。

复制份数：记录复制的文件份数。

复制目的：说明复制文件的原因或用途，如备份、分发等。

使用或分发去向：记录复制文件的使用情况或分发对象。

复制人及核对人签名：确保复制过程准确无误，并有明确的责任人。

四、文件销毁记录

销毁文件名称和编号：详细记录被销毁的文件名称和编号。

销毁日期：注明文件销毁的具体日期。

销毁方式：描述文件的销毁方式，如焚烧、碎纸机等。

销毁原因：说明销毁该文件的原因，如过期、内容不再适用等。

见证人：如果有，记录销毁过程的见证人姓名，以确保透明度和合规性。

销毁清单：详细列出所有被销毁文件的清单，确保可追溯性。

监督人及执行人签名：确保销毁过程在监督下进行，并有明确的执行责任人。

所有这些记录都应当按照 GMP 文件管理的要求进行保管，以便在需要时可以追溯和审计。记录应保持清晰、准确，并应当由相关的责任人进行签字确认。通过这些详细的记录，药品生产企业可以确保文件的每一次分发、撤销、复制和销毁都是受控的、可追溯的，从而符合 GMP 的规定。

228 **在文件的起草、修订、审核和批准过程中，如何确保适当人员的签名和日期的准确性？**

为了确保在文件的起草、修订、审核和批准过程中适当人员的签名和日期的准确性，药品生产企业应当采取以下措施。

1.**明确责任分配**　在企业的质量管理体系中明确规定哪些人员负责文件的起草、修订、审核和批准，并确保这些人员具备相应的资质和权限。

2.**使用标准模板**　为文件的起草、修订、审核和批准提供标准化的模板，模板中应包含签名和日期栏，以便于统一格式和记录，签名和日期栏应设计得足够大，以便书写清晰、不易出错。

3.**培训与指导**　对相关人员进行培训，确保他们了解文件管理流程和签名日期的填写要求。提供指导手册或操作指南，帮助他们正确执行流程。

4.**实时记录**　要求相关人员在完成各自职责时立即在文件上签名并注明日期，避免事后补签或填写日期。

5.**审核与验证**　在文件流转过程中，下一环节的责任人应审核前一环节的签名和日期是否完整、准确，并在自己的环节完成后同样进行签名和日期记录。

6.**电子签名系统（如适用）**　如果使用电子文件管理系统，应采用电子签名技术，确保签名的真实性和不可否认性。电子签名系统应能自动记录签名时间和日期，减少手动输入错误的可能性。电子签名应与个人身份绑定。

7.**定期审计**　定期对文件管理流程进行审计，检查签名和日期的准确性和合规性。审计结果应记录并用于改进流程。

8.**异常处理**　如果发现签名或日期记录有误，应立即进行调查，并采取纠正措施。所有异常处理的过程和结果都应详细记录。

9.**文件存档**　确保所有文件按照规定的期限妥善保存，便于未来的追溯和审查。存档的文件应包含完整的签名和日期记录。

10.**实施文件管理系统**　采用专业的文件管理系统，自动记录文件的修改历史，包括修改时间、修改人和修改内容。系统应能自动生成日期和时间戳，以确保时间的准确性。

11.**制定严格的流程**　制定文件管理的标准操作流程（SOP），明确每一步骤的具体要求和责任人。确保流程中包括签名和日期的验证环节。

12.**物理签名与电子签名的双重确认**　在关键步骤或重要文件中，可采用物理签名与电子签名相结合的方式，增加签名的可信度。物理签名应妥善保存，以备后续查验。

13.**持续改进**　根据审计结果和内部反馈，不断优化文件管理流程，提高签名和日期记录的准确性和效率。

229　如何确保文件文字的准确性、清晰性和易懂性？

为了确保药品生产质量管理文件的文字准确性、清晰性和易懂性，药品生产企业应当采取以下措施。

1.**建立文件编写规范**　制定明确的文件编写指南，包括语言风格、术语使用、句式结构等方面的规定。强调使用专业且准确的术语，避免使用模糊或具有歧义的语言。

2.**进行专业培训**　对文件编写人员进行专业培训，提升他们的语言表达能力和专业知识水平。确保编写人员熟悉GMP要求和行业标准，以便在文件中准确使用相关术语。

3.**实施文件审核制度**　建立文件审核流程，确保所有文件在发布前都经过严格的审核。审核人员应具备丰富的专业知识和语言素养，能够识别和纠正文件中的语言问题。

4.**使用清晰简洁的语言**　鼓励使用简短、直接的句子，避免复杂冗长的句式。尽量使用日常用语，避免过于专业的术语或行话，以减少误解。避免使用复杂的句子结构和专业术语，除非必要时提供解释。

5.**提供解释和示例**　对于文件中可能难以理解的部分，提供解释或示例以帮助读者更好地理解。使用图表、流程图等可视化工具来辅助说明复杂的过程或概念。

6.**统一术语和缩略语**　在全公司范围内统一使用术语和缩略语，并在文件中首次出现时进行定义，以避免混淆和误解。

7.**标准化模板**　开发标准化的文件模板，包括标题、目录、章节划分、字体大小和样式等，保持文档风格的一致性，便于阅读和查找信息。

8.**多级审核机制**　实施多级审核制度，包括起草人自查、同行评审、质量管理部门审核等，确保文件内容的准确性和逻辑性。

9.**用户测试**　在文件正式发布前，选取目标用户群体进行试读和反馈收集，确保文件的实际可读性和易懂性，根据反馈进行调整。

10.**定期更新和修订文件** 随着技术和标准的更新，定期检查和修订文件，确保其内容的准确性和时效性。鼓励员工提供反馈，以便不断完善文件内容。

11.**建立多语种文件管理机制（如适用）** 如果企业有多语种员工，应确保文件在不同语种中的表达均准确无误。使用专业的翻译服务，确保翻译的准确性。

12.**设立文件管理专员或团队** 设立专门的文件管理团队或专员，负责文件的编写、审核、更新和发布。确保文件管理团队具备足够的专业知识和语言技能。

230 如何有效地分类和存放文件以便于快速查阅？

为了符合GMP关于文件管理的规定，药品生产企业应当采取以下策略有效地分类和存放文件，以确保文件条理分明且便于快速查阅。

1.**建立科学的文件分类体系** 根据文件的性质、内容和用途，将文件分为不同的类别，例如，根据GMP规定的文件大类（如文件管理、机构与人员、厂房与设施、设备、物料与产品、确认与验证、生产管理、质量管理等），进一步细化子类别，形成层次清晰的文件分类体系。例如，生产管理下可细分批生产记录、生产指令、生产日志等。为每个类别设定明确的命名规则和编号系统，确保每个文件都有唯一的标识符。

2.**物理与电子文件并行管理** 对于纸质文件，使用标准化的文件夹、标签和归档箱，按分类体系排列存放于防火、防潮、防虫的文件室或文件柜中。对于电子文件，建立相应的文件夹结构，在服务器或云存储平台上实施同样分类逻辑，利用命名规则和元数据（如文件类型、创建日期、关键词等）优化搜索。

3.**编制文件索引和目录** 为每一大类和子类文件编制索引或目录，包括文件名称、版本号、存放位置（物理或电子路径）、负责人等信息，便于快速定位。

4.**实施颜色编码或标签系统** 对文件夹或文件封面使用颜色编码或专用标签，根据文件的性质或紧急程度区分，如红色代表重要或紧急文件，绿色为常规文件，便于视觉识别。

5.**定期审核与整理** 定期对文件进行审核，剔除过期或失效文件，更新目录和索引，确保文件的时效性和准确性。同时，对文件存放区域进行整理，保持整洁有序。

6.**培训员工** 对员工进行文件管理培训，包括文件分类规则、存放位置、查阅和借阅流程等，提升全员的文件管理意识和效率。

7.**权限管理** 对于敏感或关键文件，实施访问权限控制，确保只有授权人员能够查阅或修改，维护文件安全性。

8.**采用文档管理系统** 考虑使用专业的文档管理系统（DMS），该系统能够提供版本控制、权限管理、全文搜索等功能，极大地提高文件的管理和查阅效率。

231 在复制原版文件时，应采取哪些措施以防止差错？

为了确保在复制原版文件时不产生任何差错，药品生产企业应当采取以下措施。

1.**使用高质量的复制设备**　确保使用高分辨率、高精度的复印机或打印机进行文件复制，以保证复制文件的清晰度和准确性。避免使用低质量或老旧的设备，以减少复制过程中可能出现的失真或模糊。

2.**预先检查设备**　在复制前仔细检查复印设备是否正常工作，有无故障或异常。

3.**由专人操作**　指定经验丰富、责任心强的人员负责文件复制操作。

4.**仔细核对原版**　在复制前认真核对原版文件，确保内容完整准确。

5.**校对复制文件**　在复制文件后，应立即进行校对，将复制件与原版文件进行逐页对比，检查是否有遗漏、错位或模糊不清的情况，确保所有内容、格式和标识都完全一致。

6.**培训操作人员**　对负责文件复制的员工进行专门的培训，确保他们了解复制过程中的注意事项和操作规程，确保员工了解复制过程中的潜在风险以及如何避免这些风险。

7.**使用标准操作程序**　制定并严格执行文件复制的标准操作流程（SOP），包括复制前的准备、复制过程中的注意事项以及复制后的核对步骤，确保每次复制都遵循相同的规范。

8.**版本控制**　在复制文件时，确保使用的是最新批准的文件版本，避免使用过时或错误的文件进行复制。

9.**双人复核制度**　实施双人复核制度，在复制过程中由两人共同操作，一人负责操作设备，另一人负责核对内容，以确保复制的准确性。

10.**限制复制数量**　为防止过度复制导致文件管理混乱，应限制每次复制的数量，并确保多余文件的处理得到妥善处理。

11.**使用防错技术**　利用现代科技手段，如条形码、二维码扫描、数字水印等，来帮助识别和验证文件的真实性，减少人为错误。

12.**清晰的复制标识**　在复制文件上明确标识"复制"字样，以便区分原版文件和复制文件。

13.**定期维护设备**　对复制设备进行定期维护和校准，确保其处于良好的工作状态。设备的故障或老化可能会导致复制质量下降，从而增加出错的风险。

14.**限制复制权限**　对文件复制权限进行严格控制，只有授权人员才能进行文件复制操作。

15.**记录复制过程**　记录每次文件复制的时间、操作人员、使用的设备和复制结果，以便追溯和审计。

16.**异常处理**　如果在复制过程中发现任何差错，应立即停止复制，并调查原因。对于有问题的复制文件，应立即销毁，并重新进行复制。

17.**使用电子版文件**　如果条件允许，可以考虑使用电子版文件进行传递和存储，以减少物理复制过程中可能出现的误差。同时，电子版文件也便于版本控制和更新。

232 文件修订后，企业应如何管理以防止旧版文件的误用？

为了防止旧版文件的误用，药品生产企业在文件修订后应采取以下管理措施。

1.建立文件修订控制程序 制定详细的文件修订和控制流程，明确文件修订的触发条件、审批流程、修订记录、培训安排等，确保文件修订工作的系统性和规范性。

2.版本控制 对每份文件实施严格的版本控制，每次修订后应赋予新的版本号或修订号，确保文件的最新状态一目了然。旧版文件应明确标记为"已作废"或"无效"。

3.及时通知与培训 文件修订后，应及时通知所有相关人员，组织必要的培训或会议，确保员工了解文件的变更内容及其对工作的影响，增强员工对新文件的熟悉度和执行力。

4.回收与销毁旧版文件 及时、全面地回收旧版文件，从各个工作现场、部门及相关人员手中收回。在确保已保存必要的归档副本用于历史追溯后，从工作现场和电子系统中彻底回收和销毁（或安全存档且限制访问）所有旧版文件，避免误用。

5.集中保管 将回收的旧版文件进行集中、妥善保管，建立专门的旧版文件存档区域。将旧版文件存档于专门的档案室或数据库中，仅供查阅，确保不在工作现场出现。

6.访问控制 对旧版文件存档区域设置严格的访问权限，只有特定授权人员可以接触。

7.审计追踪 使用电子文档管理系统时，开启审计追踪功能，记录文件的每一次访问、修改和分发，以便于追踪文件的使用情况和历史变动，及时发现和纠正问题。

8.文件分发与登记 建立文件分发记录，记录文件的发放范围、接收人、发放日期等信息。确保分发的均为批准的现行文本，并要求接收人确认收到新版文件。

9.定期审查与自我检查 实施文件管理的定期审查机制，结合内部审计和自我检查，评估文件管理系统的有效性，及时发现并纠正文件管理过程中的缺陷和不合规行为。

10.异常处理 如果发现旧版文件被误用，应立即采取措施纠正，并对相关人员进行再培训。同时，应调查原因，防止类似事件再次发生。

233 如何确保记录的准确性、真实性和可追溯性？

为确保药品生产质量管理过程中记录的准确性、真实性和可追溯性，药品生产企业可以采取以下措施。

1.建立标准操作程序 制定详细的记录管理标准操作程序，规定记录的格式、内容、填写要求和保存方法。

2.使用预印表格 设计预印的记录表格，确保有足够的空格填写必要的数据，避免记录时遗漏关键信息。

3.培训员工 对所有涉及记录填写的员工进行培训，强调记录的重要性和正确填写方法。

4.实时记录 强调记录的及时性，确保在活动发生后立即填写记录，减少记忆错误。

5.**确保字迹清晰** 要求员工在填写记录时使用不易擦除的墨水，并保证字迹清晰、易读。

6.**数据审核** 建立数据审核机制，通过第二人复核或通过自动化系统检查数据的一致性和准确性。

7.**使用电子记录系统** 采用电子记录系统，利用技术手段减少人工填写错误，提高记录的准确性和可追溯性。

8.**版本控制** 对所有记录表格进行版本控制，确保使用的是最新版本，并记录变更历史。

9.**记录的存储和保管** 确保记录的妥善存储和保管，防止损坏、丢失或未授权访问。

10.**审计准备** 定期进行内部审计，检查记录的准确性和完整性，为外部审计做好准备。

11.**异常处理** 建立异常或偏差处理流程，任何记录中发现的问题都应被调查并记录。

12.**追溯性链接** 确保记录之间存在清晰的追溯性链接，如批号、日期和操作员标识等。

13.**保留原始记录** 尽可能保留记录的原始副本，避免过度依赖复印件或电子格式。

14.**数据完整性政策** 制定和执行数据完整性政策，防止数据的篡改、删除或丢失。

15.**监管合规性** 确保记录管理流程符合监管机构的要求和指导原则。

16.**持续改进** 基于审计和反馈结果，持续改进记录管理流程。

17.**记录的可访问性** 确保所有相关人员能够方便地访问和检索记录。

18.**记录的保密性** 对于包含敏感信息的记录，确保其保密性，限制未授权访问。

234 企业在使用生产和检验设备自动打印的记录时，如何确保记录的准确性和可追溯性？

为了确保生产和检验设备自动打印的记录的准确性和可追溯性，药品生产企业在使用这些记录时，可以采取以下措施。

一、确保准确性方面

制定详细的标准操作规程（SOP），指导员工如何正确操作设备以及处理打印记录，确保员工严格遵守 SOP，以减少人为错误。

设立专门的数据审核流程，对自动打印的记录进行及时审核，确保数据的准确性和完整性。审核人员应具备相应资质，能够识别并纠正可能的错误或异常数据。

设计标准化的记录格式，确保记录中包含所有必要的信息，如产品名称、批号、生产日期、操作员等。

定期对生产和检验设备进行校准和维护，确保其输出数据的准确性。

建立与设备相关的验证程序，验证自动打印功能的准确性和可靠性。

对比自动打印记录与其他独立监测数据或标准值，进行合理性检查。

对设备设置参数进行严格管控，防止参数被误改导致记录错误。

二、确保可追溯性方面

为每一次自动打印记录赋予唯一的标识，如批次号、时间戳等。

将自动打印记录与对应的产品批次、生产流程等关键信息紧密关联。

建立完善的记录管理系统，能够方便地检索和查询特定的自动打印记录。

确保设备本身具备记录其操作历史和参数变更历史的功能。

在记录中明确记录设备的编号、型号等信息，以便追溯到具体的设备。

培训相关人员，使其熟悉设备自动打印记录的流程和要求，确保操作正确。

与设备供应商建立良好合作关系，及时获取技术支持和解决可能出现的问题。

235 如何防止记录被撕毁或任意涂改？

为了防止记录被撕毁或任意涂改以符合 GMP 要求，药品生产企业可以采取以下措施。

首先，建立严格的记录管理制度，明确规定记录的保管、使用和维护要求。对记录存放区域进行严格管控，限制人员进入，确保只有授权人员能够接触到记录。

加强员工培训，使员工清楚认识到保持记录完整和准确的重要性，以及随意撕毁或涂改记录的严重性和后果。

在记录的设计和制作上，为药品生产过程中的关键步骤和质量控制点设计专用的记录本或表格。这些记录本可以采用不易被撕毁或涂改的材质，如高质量的纸张或特殊的记录簿。

设置记录审核机制，定期对记录进行检查，及时发现并处理任何疑似被撕毁或涂改的情况。

对违反记录管理规定的行为制定明确的处罚措施，起到警示作用，促使员工严格遵守规定。

在记录填写区域设置监控设备，对记录的使用过程进行实时监控，以便追溯和监督。

考虑采用电子记录系统来替代或辅助纸质记录。电子系统可以设置权限控制，确保只有特定人员能够编辑和查看记录。此外，电子系统可以自动记录更改历史，包括更改人、更改时间和更改内容，从而提供更高的可追溯性。

安排专人负责记录的管理和维护工作，确保记录始终处于良好的保管状态，防止意外损坏或人为破坏。

记录应当存放在安全、干燥、防火的地方，远离潮湿、污染和其他可能损坏记录的环境。只有授权人员才能接触这些记录，以减少被非授权更改或破坏的风险。

制定针对记录被撕毁或涂改的应急预案，确保在发生此类事件时能够迅速响应并采取有效措施。

最后，通过内部审计和外部检查等方式，不断强化对记录管理的监督和改进，持续提高记录管理的水平和质量。

236 文件保存中的"长期保存"具体是如何规定的？

"长期保存"一词在 GMP 中通常指保存期限应当超出药品的有效期，以确保在药品有效期后仍然能够追溯和审查药品的生产、检验等相关活动。具体的时间根据不同国家的规定和企业的质量管理体系来决定。在没有明确规定的情况下，通常认为长期保存至少应当是自产品生产之日起保存十年以上。

在 GMP 中，并没有给出"长期保存"的具体年限，但提到了"至少保存至药品有效期后一年"。这表明，企业应在药品有效期过后继续保存相关文件至少一年。至于超过这个时限之后的保存期限，则可能需要参考其他相关规定或企业自己的质量管理体系来确定。

长期保存的文件通常包括但不限于以下内容。

1.质量标准 药品的质量标准文件，包括注册批准的质量标准和企业内部的质量控制标准。

2.工艺规程 药品的生产工艺规程，包括生产过程中的操作步骤、参数控制等。

3.操作规程 药品的生产、检验等操作规程，包括设备操作、清洁消毒、环境监测等。

4.稳定性考察 药品的稳定性考察报告，包括长期稳定性考察、加速稳定性考察等。

5.确认和验证 药品生产设备、工艺、清洁方法等的确认和验证报告。

6.变更 药品生产过程中的变更记录，包括工艺变更、设备变更、供应商变更等。

药品生产企业应当确保这些重要文件的安全、完整，并且易于检索，以便在需要时能够迅速查阅。同时，企业还应当定期对文件进行审核，确保其持续符合 GMP 的要求。

总的来说，"长期保存"强调的是文件保存的持久性，以确保在产品生命周期内的任何时候，都能够查阅到这些关键的文件和记录。

237 在使用电子数据处理系统时，企业应如何确保数据的准确性和安全性？

为了符合 GMP 的要求，药品生产企业在使用电子数据处理系统时，应采取以下措施确保数据的准确性和安全性。

一、确保数据准确性

1.操作规程明确 建立详尽的操作规程，指导员工正确使用电子数据处理系统，包括数据输入、处理和输出的标准操作流程。

2.数据核对机制 实施数据输入后的交叉核对制度，关键数据须由另一授权人员独立复核确认，以减少错误。

3.变更控制 对数据的任何更改和删除均需记录，包括更改原因、时间、操作人等信息，确保数据变动的可追溯性。

二、确保数据安全性

1.权限管理　实行严格的用户权限管理，仅授权特定人员进行数据的输入、更改和删除操作，确保责任到人。

2.登录控制　采用密码、生物识别等多重身份验证方式控制系统登录，防止未经授权的访问。

3.数据加密　对敏感数据进行加密处理，无论是传输过程还是存储状态，确保数据的保密性。

4.系统安全维护　定期进行系统安全检查和软件更新，修复潜在漏洞，防止外部攻击和内部滥用。加强电子数据处理系统的安全防护措施，包括安装防火墙、使用加密技术保护数据传输和存储等，以防止外部攻击和内部泄露导致的数据安全问题。

5.安全培训　定期对操作人员进行数据安全培训和意识提升活动，让他们了解数据安全的重要性并掌握正确的数据操作方法。这有助于减少人为因素导致的数据安全问题。

6.物理安全与环境控制　确保服务器和网络设备的物理安全，防止设备被盗或遭受破坏。控制数据中心的环境条件，如温度、湿度和火灾报警系统等，以保护硬件免受损害。

三、数据备份与恢复

1.备份策略　定期对电子数据进行备份，可采用磁带、光盘、云端存储等多种形式，确保数据在遭遇灾难性事件时可恢复。

2.备份存档　备份数据应异地存放，确保主数据丢失时，备份数据仍然安全可用。

3.查阅便利性　备份数据应易于检索和查阅，确保在保存期内数据可随时调用，支持药品的全生命周期管理。

238　使用电子数据处理系统、照相技术或其他可靠方式记录数据资料时，应注意哪些问题？

在药品生产过程中，为了确保符合 GMP 的要求，当使用电子数据处理系统、照相技术或其他可靠方式记录数据资料时，药品生产企业应注意以下问题。

1.应当制定详细的操作规程，明确电子数据处理系统、照相技术或其他记录方式的使用方法、维护要求和安全管理措施，确保所有操作均有章可循。

2.实施数据录入后的核对程序，确保记录的准确性。这可能包括但不限于自动校验、双重数据录入验证或与原始数据的手工记录比对。

3.仅授权特定人员进行数据的输入或更改，并确保每次数据的更改、删除都有详细的记录和可追溯的审计追踪。使用密码保护、生物识别或其他身份验证方式控制系统的登录权限，以限制未授权访问。

4.关键数据输入后，应由另一位授权人员进行独立复核，以减少错误和欺诈行为，增加数据的可靠性。

5. 采用磁带、缩微胶卷、纸质副本或云存储等方法对电子批记录进行定期备份，确保数据的安全性，并确保在数据保存期内，即使原始数据丢失也能迅速恢复和查阅。

6. 确保电子数据处理系统的网络安全，防止数据泄露或被非法篡改。定期进行系统维护和性能检查，确保系统的稳定运行和数据的完整性。采取措施保护电子记录系统免受未经授权的访问和恶意攻击，如使用防火墙、加密技术等。

7. 系统变更、升级或退役时，应遵循严格的变更控制程序，确保数据的连续性、完整性和可追溯性不受影响。

8. 对使用电子数据处理系统的员工进行充分的培训，确保他们理解并遵守操作规程，能够正确使用系统并识别潜在的数据完整性风险。

9. 建立应急机制，以应对可能出现的数据丢失或系统故障等情况，从而全方位保障数据资料记录和保存的合规性与可靠性。

10. 在数据资料的保存期内，应确保这些数据能够被方便地查阅，以满足未来可能的审计、质量回顾或法规要求。

11. 定期对电子数据处理系统和记录过程进行监控和评估，以确保持续符合 GMP 标准，并及时发现并解决潜在问题。

通过以上措施，药品生产企业可以有效提升数据管理的合规性，保证药品生产记录的真实、准确、完整和可追溯，从而符合 GMP 的高标准要求。

第二节　质量标准

239　必要时，中间产品或待包装产品应包括哪些质量标准？

为了符合 GMP 的规定，药品生产企业应确保中间产品或待包装产品满足一定的质量标准。这些标准可能包括但不限于以下几点。

1. **活性成分或主药含量测定**　确保中间产品含有足够的活性成分，符合预期的药效要求。

2. **杂质控制**　包括有机杂质、无机杂质、残留溶剂等，应符合相应标准，确保不超出安全限量，避免对最终产品质量和安全性造成影响。

3. **微生物限度**　对产品进行微生物污染的检测，包括细菌、霉菌、酵母菌等的数量。根据产品特性和后续处理情况，设定微生物控制标准，防止微生物污染。

4. **水分含量**　控制水分含量在一定范围内，过高或过低的水分都可能影响产品的稳定性、物理性质或后续加工。

5. **物理性质**　如粒度分布、晶型、溶解度、色泽等，这些可能影响产品的生物利用度和稳定性。

6.化学稳定性　通过稳定性研究确定关键质量属性在储存过程中的变化情况，确保中间产品在进一步加工前保持稳定。

7.残留溶剂　如果生产过程中使用了有机溶剂，需确保其残留量低于规定限值。

8.重金属及有害元素　控制重金属和其他有害元素的含量，确保不会对人体造成伤害。

9.外观与感官检查　包括颜色、形态、气味等，确保产品符合预期且无异物。

10.包装材料相容性　对于待包装产品，还需考虑包装材料与产品的相容性，避免相互作用影响药品质量。

11.标识和追溯性　确保中间产品和待包装产品具有清晰的标识，便于追溯批次、生产日期、有效期等信息。

12.装量差异　对于待包装的药品，应检查其装量差异，确保每批次产品的装量一致，符合规定的剂量要求。

13.无菌检查　对于无菌药品或需要无菌保证的药品，必须进行无菌检查，确认产品无微生物污染。

14.热原检查　对于注射剂等需要严格控制热原的产品，应进行热原检查，以确保产品不引起发热反应。

15.鉴别试验　通过特定的化学或物理方法对产品进行鉴别，以确认其身份和真实性。

这些标准的设定应基于风险评估，考虑物料的特性和生产工艺，确保中间产品或待包装产品在进入下一步生产流程前，其质量能够满足后续加工和最终成品质量控制的需求。同时，企业应建立相应的检验方法和程序，对中间产品和待包装产品进行定期检测和记录，以证明其符合既定的质量标准。

240　如何确保物料和成品的质量标准是经过批准且更新的？

为了确保物料和成品的质量标准是经过批准且更新的，以下是一些建议措施。

首先，药品生产企业应建立一套完善的质量管理体系，其中包括明确的质量标准制定、审批和更新流程。这个流程应确保所有物料和成品的质量标准都是经过相关部门审批的，并且定期进行评估和更新。

其次，企业应设立专门的质量管理部门或委员会，负责审核和批准物料和成品的质量标准。这些标准应基于科学的数据和临床试验结果，以确保产品的安全性和有效性。

在质量标准更新方面，企业应定期对现有的质量标准进行审查和修订。当新的法规、技术要求或市场需求出现时，也应及时对质量标准进行更新。此外，如果生产过程中出现任何问题或不良事件，企业也应立即审查并更新相关质量标准。

为了确保质量标准的严格执行，企业应定期对员工进行培训和考核，确保他们了解并遵循最新的质量标准。同时，建立有效的内部沟通和反馈机制，以便员工能够及时反馈生产过程中的问题，并对质量标准进行持续改进。

最后，企业应建立完善的记录和档案管理系统，保存所有与质量标准相关的文件、数据和审批记录。这些记录应易于查询和追溯，以便在需要时能够提供充分的证据来证明产品质量的合规性。

241 确定物料的有效期或复验期的依据是什么，有哪些因素需要考虑？

药品生产企业在药品生产过程中，确定物料的有效期或复验期的依据及需要考虑的因素如下。

一、确定依据

1.供应商提供的信息 首要依据是物料供应商提供的官方文件，如COA（certificate of analysis，分析证书）或COC（certificate of conformity，合格证书），其中应包含物料的有效期信息。物料供应商通常会提供物料的有效期或复验期建议。这些信息是基于供应商的稳定性研究和质量控制数据。

2.物料的特性 物料的化学性质、物理稳定性以及生物活性等特性是确定有效期或复验期的重要考虑因素。不同物料在相同条件下可能表现出不同的稳定性，因此需要根据物料的特性来制定相应的有效期或复验期。

3.以往的使用经验 企业可以根据过去使用该物料的经验来评估其稳定性和使用期限。如果历史数据显示物料在特定时间内能够保持其质量和性能，那么这些数据可以作为确定有效期或复验期的参考。

4.产品的工艺要求 生产过程中对物料的具体要求也会影响有效期或复验期的确定。例如，某些工艺可能需要物料在特定时间内保持一定的活性或稳定性，这就要求对物料的有效期或复验期进行相应调整。

5.稳定性实验结果 通过对物料进行稳定性实验，可以了解物料在不同条件下的变化情况，从而更准确地确定其有效期或复验期。稳定性实验通常包括加速实验和长期实验，可以模拟物料在实际情况下的变化情况。

6.法规和标准要求 在确定物料的有效期或复验期时，还需要考虑国家和行业的相关法规和标准要求。《中国药典》及国家药品标准中对特定物料可能有明确的有效期规定，企业需遵照执行。这些要求可能规定了物料的最长使用期限、贮存条件等，企业必须遵守这些规定以确保产品的质量和安全性。

二、需要考虑的因素

1.贮存条件 物料的贮存条件对其稳定性有重要影响。温度、湿度、光照等因素都可能影响物料的质量和性能。因此，在确定有效期或复验期时，需要考虑物料在特定贮存条件下的变化情况。

2.包装材料 包装材料对物料的保护效果也会影响有效期或复验期的确定。合适的包装材料可以延长物料的使用寿命，而不良的包装则可能导致物料在短时间内失效。

3.运输和搬运过程 物料在运输和搬运过程中可能会受到振动、冲击等因素的影响，这些因素也可能对物料的质量和性能产生影响。因此，在确定有效期或复验期时，需要考虑这些外部因素对物料稳定性的影响。

综上所述，药品生产企业在确定物料的有效期或复验期时，需要综合考虑物料的特性、以往的使用经验、产品的工艺要求、稳定性实验结果以及法规和标准要求等多个因素。同时，还需要注意贮存条件、包装材料以及运输和搬运过程等外部因素对物料稳定性的影响。

242 对于物料的质量标准，企业是如何设定定性和定量的限度要求的？这些要求是基于什么考虑或数据来确定的？

药品生产企业在药品生产过程中，对于物料的质量标准，设定定性和定量的限度要求是一个严谨且关键的过程。以下是企业如何设定这些要求以及这些要求的确定依据。

一、定性限度要求的设定

1.**法规与指导原则** 企业首先会参考国家和行业的法规、标准以及GMP，确保设定的定性标准符合相关要求。遵循《中国药典》、国家药品监督管理局发布的标准以及其他适用的法规要求，这些标准通常规定了物料的鉴别试验方法和要求，确保物料的真实性和纯度。

2.**供应商提供的COA** 参考物料供应商提供的认证分析报告（COA），确认物料的化学身份和物理形态等定性特征。

物料性质与用途根据物料的性质、用途以及在药品生产中的作用，来设定其必须具备的特定属性。例如，某些物料需要是无毒、无污染的。

3.**历史数据与经验** 基于企业对物料的历史使用数据和行业经验，确定适合的定性测试方法和标准。

4.**安全性与有效性** 考虑物料的安全性，如对人体的潜在危害，以及物料对药品有效性的影响。

二、定量限度要求的设定

1.**活性成分含量** 对于原料药，需根据活性成分的含量进行量化，设定含量限度，确保药物的有效性。这通常基于药效学和药动学研究，确定有效且安全的剂量范围。

2.**杂质限度设定** 杂质（包括有机杂质、无机杂质、残留溶剂、微生物等）的最大允许限量，确保不会对患者健康造成风险。这基于毒理学研究、杂质谱分析以及国际通行的指导原则（如ICH指南）。

3.**稳定性数据** 通过对物料进行稳定性研究，了解其在不同条件下的变化情况，从而设定合理的定量限度。例如，某些物料在特定条件下可能会降解，产生有害物质，因此需要严格控制其含量。

4.**生产工艺需求** 根据生产工艺的要求，设定物料的定量限度。不同的生产工艺可能对物料的纯度、粒度等有不同的要求。

5.**临床试验与毒理学数据**　参考相关的临床试验和毒理学研究数据，了解物料的安全性和有效性范围，以此为依据设定定量限度。

三、确定限度要求的考虑和数据来源

1.**法规与行业标准**　确保所有限度要求均符合国家和行业的法规与标准。

2.**历史数据与文献研究**　参考历史上的生产数据、行业内的相关研究以及公开发表的文献资料，为设定限度要求提供科学依据。

3.**实验数据与稳定性研究**　通过实验室测试、稳定性研究以及临床试验等方式获取实际数据，这些数据是设定合理限度要求的关键依据。

4.**供应商信息与质量控制**　与供应商密切合作，了解其生产工艺和质量控制体系，确保所提供的物料符合企业设定的限度要求。

例如，对于一种原料药，定性限度可能包括明确规定的外观特征、结晶形态等。而定量限度可能包括主成分的含量范围、特定杂质的限量等。这些限度的确定可能基于对该原料药的稳定性研究，发现主成分含量在一定时间内不能低于某个值；或者基于安全性数据，规定杂质不得超过特定浓度。同时，也会结合药典和行业内的普遍标准进行综合考量，以确保物料质量符合生产要求且保障患者安全。

243　如何制定与成品质量标准相对应的中间产品质量标准？

在制定与成品质量标准相对应的中间产品质量标准时，药品生产企业应遵循以下步骤和原则。

一、明确中间产品的定义与重要性

中间产品是指在药品生产过程中，从原材料到最终成品之间的各个阶段的产品。这些中间产品的质量直接关系到最终成品的质量，因此制定严格的中间产品质量标准是至关重要的。

二、以成品质量标准为基准

1.**参照成品的质量标准**　在制定中间产品质量标准时，应首先参照成品的质量标准，确保中间产品的质量能够满足最终成品的要求。

2.**分析生产流程**　深入了解生产流程，确定关键控制点，针对这些关键控制点制定中间产品的质量标准。

三、制定中间产品质量标准的具体步骤

1.**确定关键质量属性**　根据成品的质量标准和生产流程，确定中间产品的关键质量属性，如纯度、杂质含量、溶解度等。

2.**设定合理的限度**　针对每个关键质量属性，设定合理的限度，确保中间产品的质量在可控范围内。

3.**制定检验方法和程序**　明确中间产品的检验方法和程序，包括取样、测试、记录等步骤，以确保质量标准的可执行性。

4.编写标准文件　按照GMP要求的格式和内容，起草中间产品质量标准文件。文件应包含制定依据、产品描述、适用范围、具体标准内容（包括检测项目、方法、限值）、变更历史、附件等，并明确起草、审核、批准人的信息以及生效日期和分发范围。

5.评审与批准　由质量管理部门和相关部门对中间产品质量标准进行评审，确保其科学合理、符合法规要求。经批准后，文件正式生效，并分发至相关部门。

6.培训与教育　对操作人员进行培训，确保他们理解中间产品质量控制规程的内容和要求。

7.建立质量监控体系　通过定期的质量检查和抽样检验，对中间产品的质量进行持续监控，及时发现并处理质量问题。

四、注意事项

1.与生产工艺相匹配　中间产品质量标准应与生产工艺相匹配，确保生产过程中的每个环节都有明确的质量控制要求。

2.考虑稳定性和贮存条件　在制定标准时，应充分考虑中间产品的稳定性和贮存条件，确保产品在生产、贮存和运输过程中保持稳定。

3.持续改进和优化　根据实际生产情况和质量监控结果，持续改进和优化中间产品质量标准，提高产品质量的稳定性和可靠性。

244　如何科学地确定产品的有效期，并确保在有效期内产品的稳定性和有效性？

为了科学地确定产品的有效期并确保在有效期内产品的稳定性和有效性，药品生产企业应遵循以下步骤和原则。

1.稳定性研究　进行全面的稳定性研究，包括加速稳定性试验和长期稳定性试验。这些试验应按照ICH的指导原则Q1A（R2）进行。

在不同的温度和湿度条件下测试产品，以模拟实际的贮存条件。

定期评估产品的物理、化学、生物学和微生物学特性，以确定其稳定性。

2.数据分析　分析稳定性研究数据，确定产品在不同条件下的降解速率和可能的降解途径。

使用统计方法和模型预测产品的有效期，确保有效期基于充分的数据支持。

3.有效期设定　根据稳定性研究的结果，设定产品的有效期。有效期应确保在正常贮存条件下，产品在有效期内保持其规定的质量标准。

有效期通常设定为稳定性数据表明产品仍能满足质量标准的最早时间点。

4.质量控制　在生产过程中实施严格的质量控制，确保每一批产品都符合既定的质量标准。

对关键质量属性进行监测，如活性成分含量、杂质水平、溶解度、pH值等。

5.**包装选择** 选择适当的包装材料和设计，以保护产品免受光照、湿度、氧气和其他环境因素的影响。

确保包装能够维持产品的完整性和稳定性。

6.**标签和说明书** 在产品标签和说明书中明确标注有效期和贮存条件。

提供正确的使用和贮存指导，以确保消费者和医疗专业人员能够正确使用产品。

7.**持续监测** 在产品上市后，继续进行稳定性监测，以验证有效期的准确性。

如果监测结果表明产品的稳定性不如预期，应及时调整有效期，并通知相关监管机构和市场。

245 **在制定贮存条件和注意事项时，应如何考虑不同环境因素对产品质量的影响？**

在制定贮存条件和注意事项时，为确保产品质量，必须综合考虑不同环境因素对产品的影响。以下是根据 GMP 的要求，对不同环境因素影响产品质量的考虑。

1.**温度与湿度** 温度：温度是影响药品稳定性的关键因素之一。企业应根据药品的敏感性，设定具体的贮存温度范围，并确保仓库和运输过程中的温度控制。药品的贮存温度通常应控制在一定范围内，以避免因温度过高或过低导致药品变质。例如，某些药品可能需要冷藏（2~8℃）或阴凉处（不超过20℃）保存。

湿度：湿度对药品的稳定性也有重要影响。过高的湿度可能导致药品吸湿、潮解，而过低的湿度则可能使某些药品失水、干裂。因此，应根据药品的性质，将贮存环境的湿度控制在适宜范围内。

2.**光照** 光照对某些药品的稳定性有显著影响，特别是对那些对光敏感的药品。因此，在制定贮存条件时，应考虑采取遮光措施，如使用遮光包装材料或将药品存放在阴暗处。

3.**空气** 空气中的氧气、二氧化碳以及微生物等也可能对药品质量产生影响。例如，氧气可能导致药品氧化变质，而微生物则可能引起药品污染。因此，应采取适当的措施，如使用密封包装、定期清洁和消毒贮存环境等，以减少空气中有害因素对药品质量的影响。

4.**通风条件** 良好的通风有助于维持仓库的空气质量，防止因空气不流通导致的药品变质。

5.**振动和冲击** 振动和冲击可能导致药品包装破损或药品本身受到损伤。应根据药品的特性确定是否需要采取防振动和防冲击的措施，如使用缓冲材料、固定装置等，以减少振动和冲击对药品的影响。

6.**微生物污染** 微生物污染可能导致药品变质或产生有害代谢物。企业应采取适当的消毒和清洁措施，以防止微生物污染。

7.**交叉污染** 应考虑不同药品之间可能发生的交叉污染。应采取相应的隔离措施，如使用专用贮存区域、专用设备等，以防止交叉污染。

8.防虫防鼠 采取措施防止昆虫和啮齿类动物进入贮存区域，这些生物可能污染产品或破坏包装。

9.贮存时间和包装容器 贮存时间：药品的贮存时间也是影响产品质量的重要因素。长期贮存的药品应定期进行质量检查，以确保其仍然符合质量标准。

包装容器：包装容器的选择也会影响药品的质量。应选择密封性好、防潮、防光、防氧化的包装材料，以确保药品在贮存过程中的稳定性。

第三节 工艺规程

246 如果在生产过程中需要对工艺规程进行临时性的微调，应该如何操作？

以下是药品生产企业在生产过程中对工艺规程进行临时性微调时的操作建议。

1. 首先，应明确微调的必要性和合理性，并由相关技术人员提出书面申请，详细说明微调的具体内容和原因。

2. 进行风险评估，确定微调可能带来的潜在影响，包括对产品质量、安全性等方面的影响。

3. 召集相关专业人员，如工艺、质量等人员进行讨论和评估，确保微调方案的可行性。

4. 在确保不会影响产品质量的前提下，根据协商结果，制定临时的操作规程或指导书，详细描述微调后的操作步骤、控制参数及质量监控措施。此规程应经质量管理部门审阅同意。

5. 在微调实施前，对相关操作人员进行简短但有效的培训，使其清楚微调的内容和注意事项。

6. 在微调过程中，要密切监控生产过程和产品质量指标，做好详细记录，包括时间、参数变化、操作人员等信息。

7. 生产结束后，及时对微调效果进行总结和评估，判断是否达到预期目的，以及是否对产品质量产生了不良影响。

8. 如果微调是临时性的，一旦问题解决或达到微调的目的，应立即恢复标准的工艺规程。

9. 如果微调效果良好且未产生不良影响，应将相关记录整理归档，并根据实际情况考虑是否需要将此次微调纳入正式的工艺规程修订中。

10. 企业应建立相应的制度和流程，明确临时性微调的权限、范围和报告要求等，以确保操作的规范性和可控性。

11. 要随时准备接受药品 GMP 检查和药品监管部门的监督检查，能够清晰地说明临时性微调的情况和依据。

247 如果需要更改工艺规程，企业应遵循哪些步骤来确保更改的合规性和有效性？

药品生产企业在进行药品生产过程中，如果需要更改工艺规程，应遵循以下步骤来确保更改的合规性和有效性。

1.**变更申请**　由相关部门或个人提出变更申请，说明变更的原因、目的、预期效果及可能的影响。变更申请应详细记录，包括变更的范围、涉及的产品、生产工艺的具体改动内容等。

2.**变更评估**　企业应成立变更评估小组，通常包括质量管理部门、生产部门、研发部门等关键职能代表。该小组负责评估变更的必要性、可行性及其对产品质量、安全性、有效性和生产过程控制的影响，进行风险评估。

3.**制定变更计划**　基于评估结果，制定详细的变更实施方案，包括变更的具体步骤、所需资源、时间表、预期完成日期、应急计划等。此外，还应明确变更实施前后的验证计划，以证明变更后的工艺仍然能够生产出符合质量标准的产品。

4.**审批流程**　变更计划需经过企业内部的正式审批流程，通常包括部门负责人、质量负责人、企业负责人等多级审批。对于重大变更，可能还需要提交给药品监督管理部门进行审查批准。

5.**实施变更**　在获得所有必要的批准后，按照变更计划实施。实施过程中应有详细的记录，确保每一步操作都可追溯。

6.**验证与确认**　变更实施后，必须进行充分的验证和确认活动，如工艺验证、稳定性考察、批次试验等，以证明变更后的工艺能够持续生产出符合注册要求和质量标准的产品。

7.**培训与沟通**　对涉及变更的员工进行必要的培训，确保他们了解变更内容、操作方法及变更对产品质量的潜在影响。同时，与供应链上的相关方（如原料供应商、合同制造商等）进行有效沟通，确保他们了解变更信息并作出相应调整。

8.**文件更新**　根据变更结果，更新相关的文件，包括工艺规程、质量标准、操作规程、培训材料等，并确保所有相关文件的版本控制得到妥善管理。

9.**后续监控与评估**　实施变更后，应持续监控产品和工艺的表现，定期评估变更的效果，确保长期的合规性和产品质量。

10.**记录和文档管理**　所有变更相关的活动、决策、验证结果和监控数据应详细记录，并按GMP要求进行存档，以便于审计和未来参考。确保这些文档可供监管机构随时查阅，以证明企业的合规性和工艺更改的有效性。

248　如何确定原辅料的用量，以及在需要折算用量时，计算方法的选择依据是什么？

为了符合 GMP 的规定，在确定原辅料的用量以及需要折算用量时的计算方法选择依据，可以按照以下步骤进行。

一、确定原辅料的用量

原辅料的用量首先应根据产品的处方和生产工艺来确定。处方中会明确列出每种原辅料的用量比例或者具体重量、体积等参数。

原辅料的用量还需要根据生产的批量和规模来调整。大批量生产时，原辅料的用量会相应增加。

通过小试、中试等阶段的实验验证，观察不同用量对产品质量和工艺的影响，从而确定合适的用量范围。

参考以往类似产品的生产经验和数据，进行优化和调整。

在确定原辅料用量时，必须遵循相关的法规和标准，确保用量在安全、有效的范围内。

二、用量折算时计算方法的选择依据

1.原辅料性质　不同的原辅料有不同的物理和化学性质，这会影响到用量的折算。例如，一些原辅料可能含有结晶水，其实际有效成分的含量会低于总重量，因此需要进行折算。

2.产品质量要求　产品的质量标准是选择折算方法的重要依据。为了保证产品的质量和疗效，需要确保折算后的原辅料用量能够满足产品的质量标准。

3.生产工艺需求　生产工艺对原辅料的用量也有影响。在某些生产工艺中，可能需要对原辅料进行预处理或者稀释，这会影响到原辅料的实际用量。因此，在选择折算方法时需要考虑生产工艺的需求。

4.法规和标准要求　相关的法规和标准也会对折算方法的选择产生影响。例如，药典中可能对某些原辅料的用量有具体规定，或者对折算方法有明确要求。

5.稳定性和可行性　在选择折算方法时，还需要考虑方法的稳定性和可行性。稳定的方法能够确保生产过程的可控性和产品质量的稳定性；可行的方法则能够在实际生产中顺利实施，不会给生产带来过大的负担。

6.统计分析和历史数据　分析以往生产中类似情况的处理方法和效果。

三、折算用量计算方法

1.活性成分计算　如果原辅料用量基于活性成分，需先计算所需活性成分总量，再根据原料中活性成分的含量比例折算原辅料总用量。

2.溶剂或载体调整　对于溶剂、填充剂等辅助物料，其用量可能需根据主药或其他关键成分的实际用量按比例调整。

3.**固定比例法** 在某些情况下，原辅料之间存在固定比例关系，依据此比例直接计算各自的用量。

4.**损耗率考虑** 在折算时，应将生产过程中的平均损耗率纳入计算，确保最终产品能够满足预定的批量要求。

249 **如何设定预期的最终产量限度，中间产品的产量限度，以及物料平衡的计算方法和限度？**

为了符合 GMP 的规定，在设定预期的最终产量限度、中间产品的产量限度，以及物料平衡的计算方法和限度时，企业应遵循以下步骤。

一、设定预期的最终产量限度

1.**参考注册批准的生产规模** 根据药品注册申请时提交并获得批准的生产工艺和规模，确定预期的最终产量。

2.**基于历史数据分析** 企业应首先分析过去生产批次的数据，了解平均产量及其波动范围。这有助于设定一个既实际可行又能保证生产效率的产量限度。

3.**考虑工艺能力和设备效率** 评估当前生产工艺的稳定性和设备性能，以确保设定的产量限度在实际操作中可达到。

4.**设定合理的限度范围** 根据历史数据和工艺评估，设定一个合理的预期最终产量限度。这个限度应该既不过于宽松，导致资源浪费，也不过于紧张，影响产品质量和生产效率。

二、设定中间产品的产量限度

1.**识别关键中间产品** 分析生产工艺流程，确定哪些中间产品对最终产品质量和产量有关键影响。

2.**基于工艺步骤设定限度** 针对每个关键中间产品，根据其在生产流程中的作用和转化效率，设定合理的产量限度。

3.**收率考虑** 基于历史数据和工艺研究，设定合理的中间产物收率范围，作为产量限度的依据。

4.**监控和调整** 在实际生产过程中，密切监控中间产品的产量，并根据实际情况进行必要的调整，以确保生产过程的稳定性和最终产品的质量。

三、物料平衡的计算方法和限度

1.**物料平衡计算** 物料平衡是指投入与产出之间的数量关系。计算方法通常是将实际产出的重量或数量与理论产出的重量或数量进行比较。具体公式为：物料平衡＝（实际产出量/理论产出量）×100%。

2.**设定物料平衡限度** 根据历史数据和工艺特点，设定一个合理的物料平衡限度。这个限度应反映出生产过程中的正常波动和损耗，同时避免过多的浪费。

3.**监控和记录** 在生产过程中，定期计算并记录物料平衡数据。如果发现物料平衡超出设定限度，应立即调查原因并采取相应的纠正措施。

250 企业如何确定以最终包装容器中产品的数量、重量或体积表示的包装形式，以及如何确保这些形式的合理性？

为了确定以最终包装容器中产品的数量、重量或体积表示的包装形式并确保其合理性，企业可以采取以下步骤。

首先，需要充分考虑产品的特性，如物理状态、稳定性、使用便利性等。对于固体药品，可能更倾向于以重量或数量来确定包装形式；对于液体药品，则可能更适合以体积来表示。

进行市场调研，了解目标市场的需求和常见的包装规格。考虑不同地区、不同客户群体对于包装形式的偏好和习惯。

结合生产工艺和设备能力，确保所选择的包装形式能够在现有生产线上高效地实施，不会造成生产瓶颈或操作困难。

对包装成本进行分析，在保证质量和满足市场需求的前提下，选择经济合理的包装形式。

与质量部门紧密合作，评估不同包装形式对产品质量的影响，包括对稳定性、保质期等方面的考量。

进行小范围的试验和验证，实际测试所确定的包装形式在储存、运输等环节中的表现，观察是否存在问题。

定期回顾和评估已确定的包装形式，根据实际情况的变化，如市场反馈、技术进步等，适时进行调整和优化。

例如，可以组织跨部门的团队，包括生产、质量、市场等人员，共同讨论和确定包装形式。在试验阶段，可以模拟不同的储存和运输条件，来验证包装形式的合理性。或者参考同行业的先进经验和做法，借鉴其在包装形式选择上的成功案例。通过这些方法的综合运用，可以较为准确地确定合理的包装形式，并确保其符合 GMP 的规定和企业的实际需求。

第四节 批生产记录

251 如何确保批生产记录能够真实、完整地反映该批次产品的生产历史和质量相关情况？

确保批生产记录能够真实、完整地反映该批次产品的生产历史和质量相关情况是药品生产过程中遵守 GMP 的关键要求。以下是一些措施，以帮助药品生产企业实现这一目标。

1.严格培训操作人员　确保他们清楚记录的重要性和具体要求，培养认真、准确记录的习惯。

2.**实时记录** 要求操作人员在进行每一个操作步骤的同时就进行记录，避免事后回忆和补记。

3.**明确记录内容和标准** 详细规定记录应包含的所有关键信息，以及记录的格式、单位等标准。

4.**审核机制** 建立多层次的审核流程，包括操作人员自审、班组长审核、质量管理人员审核等，确保记录准确无误。

5.**记录工具和设备** 使用可靠的记录工具，如不易损坏、篡改的记录簿或电子记录系统，并定期维护和校准相关设备。

6.**与工艺规程紧密结合** 使记录内容与实际的生产工艺和操作流程完全匹配。

7.**强调准确性和真实性** 树立正确的企业文化，让员工明白提供虚假记录的严重后果。

8.**现场监督** 安排监督人员在生产现场，及时发现和纠正不规范的记录行为。

9.**关联其他记录** 与其他质量相关记录，如检验记录、设备维护记录等相互关联和印证。

10.**数据备份和保存** 对批生产记录进行安全的备份和妥善保存，防止丢失或损坏。

11.**定期回顾和分析** 定期对批生产记录进行回顾和分析，发现可能存在的遗漏或错误并及时改进。

12.**质量意识教育** 通过培训和宣传不断强化员工的质量意识，从思想根源上重视记录工作。

例如，在生产现场设置专门的记录区域，配备必要的文具和记录工具，方便操作人员实时记录。利用电子记录系统时，设置权限管理，确保记录的不可篡改性。对审核人员进行培训，提高他们的审核能力和责任心，确保审核的有效性。通过这些措施的综合实施，可以最大限度地确保批生产记录真实、完整地反映该批次产品的生产历史和质量相关情况。

252 批生产记录的设计应该考虑哪些因素，以避免填写差错？

为了符合GMP的规定，批生产记录的设计应当考虑以下因素，以避免填写差错。

1.**清晰的设计布局** 记录的布局应当清晰、有序，确保所有必要的信息都能一目了然。

使用表格、框线等视觉元素来区分不同的数据区域，减少混淆。

2.**明确的填写指导** 在记录中提供明确的填写说明，包括填写的位置、格式和要求。

使用示例或模板来指导操作人员如何正确填写记录。

3.**标准化数据项** 对于重复出现的数据项，如日期、时间、批号等，应使用标准化的格式。

对于需要选择的数据项，如操作步骤的状态（完成/未完成），应提供明确的选项。

4.**防止误填的措施**　设计时应考虑防止误填的措施，如使用复选框、下拉菜单等，减少手动输入错误。

对于关键数据项，可以设置验证规则，如数值范围、逻辑关系等，以自动检查填写错误。

5.**易于阅读的字体和格式**　使用易于阅读的字体和字号，确保记录的可读性。

保持足够的空白区域，避免信息过于拥挤，导致阅读和填写困难。

6.**标注产品信息**　每一页都应当标注产品的名称、规格和批号，确保记录与特定批次的产品关联。

7.**审核与复核机制**　设计审核和复核环节，确保记录中的数据经过多人核对，降低填写差错的风险。

审核人员应对记录进行逐项检查，并在审核通过后签字确认。

8.**电子化辅助系统**　考虑引入电子化批生产记录系统，通过预设的验证规则和逻辑检查来自动识别和纠正填写错误。

电子系统还可以提供实时提醒和警告功能，帮助操作人员及时发现问题并更正。

9.**审核和批准**　记录的设计应当经过生产管理负责人和质量管理负责人的审核和批准，确保符合工艺规程的要求。

10.**培训和沟通**　对操作人员进行培训，确保他们理解记录的重要性和正确地填写方法。

定期沟通和反馈，根据实际操作中遇到的问题对记录设计进行优化。

253 原版空白的批生产记录经审核和批准后，在复制和发放过程中应该如何控制和记录？

为了符合规定，在原版空白批生产记录经审核和批准后，在复制和发放过程中应采取以下控制和记录措施。

1.**复制控制**　复制过程应由专人负责，确保复制件的准确性和完整性。

复制前，应核对原版空白批生产记录的内容，确保无误。

复制设备应定期维护和校准，保证复制质量。

复制件应清晰可读，不得有任何涂改或模糊不清的情况。

2.**发放控制**　每批产品的生产只能发放一份原版空白批生产记录的复制件。

发放前，应由质量管理部门审核复制件的准确性。

发放时，应记录接收人的姓名、职位、接收日期和时间，以及复制件的唯一标识（如编号）。

发放记录应存档，便于追溯。

3.**记录管理**　应建立详细的操作规程，明确复制和发放的流程、责任人和记录要求。

所有复制和发放活动都应有书面记录，包括复制时间、复制人、审核人、发放时间、接收人等信息。

记录应保存至产品有效期后一定时间，通常为产品有效期加一年。

定期对记录进行审核，确保所有操作符合GMP要求。

4.培训与监督　相关人员应接受GMP培训，了解批生产记录复制和发放的重要性及操作规程。

定期对操作规程的执行情况进行监督检查，确保规程得到有效执行。

254　在生产过程中，如何确保每项操作都被及时记录，并由相关人员确认和签注？

以下是一些确保在药品生产过程中每项操作都被及时记录并由相关人员确认和签注的方法。

1.建立严格的记录管理制度和流程，明确规定记录的具体要求、时间节点和责任人员。

2.对生产操作人员进行全面的培训，使其深刻理解及时记录以及确认签注的重要性和操作规范，提高他们的责任意识和执行力。

3.在生产现场设置明显的提示标识和记录区域，便于操作人员随时进行记录。

4.利用信息化系统来辅助记录，设置操作提醒功能，确保操作人员不会遗漏记录事项。

5.安排专门的监督人员定期巡查生产现场，检查记录的及时性和完整性，对发现的问题及时纠正和指导。

6.将记录的及时性和准确性纳入绩效考核体系，对表现优秀的人员给予奖励，对不规范操作的人员进行相应惩处。

7.建立复核机制，由班组长或其他指定人员对记录进行复核，确保记录准确无误。

8.对于关键操作或容易出现问题的环节，增加多层确认和签注，以提高可靠性。

9.每一批次生产开始前，强调记录要求，使操作人员在思想上高度重视。

通过以上多种方式的结合，可以较为有效地确保每项操作都能被及时记录，并由相关人员确认和签注，从而保障药品生产的质量和可追溯性。

255　如果在生产过程中发现某项操作记录遗漏，应该如何补救？

药品生产企业在药品生产过程中，如果发现某项操作记录遗漏，应该采取以下补救措施。

1.立即停止相关生产活动　在发现操作记录遗漏后，应立即暂停与该操作相关的生产活动，以确保问题得到妥善处理，防止问题扩大或影响产品质量。

2.评估遗漏记录的影响　对遗漏的操作记录进行详细评估，确定其对产品质量、安全性和生产过程的影响。这包括分析遗漏记录的具体内容、涉及的生产环节以及可能产生的后果。

3.**补充完整记录**　根据评估结果，尽快补充遗漏的操作记录。补充记录时应确保信息的真实性、准确性和完整性，包括操作的具体内容、时间、操作人员等信息。同时，应在补充的记录上明确标注为"补记"，并注明补记的时间和原因。

4.**审核与批准**　补充完整记录后，应由相关负责人进行审核和批准。审核人员应仔细检查补充的记录是否真实反映了当时的操作情况，并确保其与其他相关记录保持一致。批准后，该记录方可正式归入生产记录档案。

5.**采取预防措施**　针对此次遗漏记录的原因进行深入分析，识别出管理体系或操作流程中存在的漏洞。根据分析结果，制定相应的预防措施，如加强员工培训、优化操作流程、完善记录管理制度等，以避免类似问题的再次发生。

6.**文档保存与备案**　将补充完整且经过审核批准的记录进行妥善保存，并按照规定进行备案。确保这些记录在需要时能够迅速提供，以满足监管部门或客户的查询需求。

256　主要生产设备编号的记录对于生产管理和质量控制有何重要性？

记录主要生产设备编号在药品生产过程中对于生产管理和质量控制具有多方面的重要性。

一、生产管理方面

1.便于准确追溯特定批次产品所使用的设备，当出现问题时能快速定位相关设备进行检查和维护。

2.有助于设备的资产管理和调度，清楚了解各设备的使用情况和状态，合理安排生产任务。

3.能建立设备与生产批次的关联，为设备的维护计划和更新换代提供依据。

二、质量控制方面

1.如果产品质量出现问题，可以迅速排查是否与特定设备相关，例如设备故障、参数异常等。

2.确保生产过程中使用的设备符合要求，通过编号可以核对设备是否经过验证和校准。

3.对不同设备生产的产品质量进行对比分析，发现设备对产品质量的潜在影响因素。

例如，在某次药品质量调查中，通过批生产记录中设备编号迅速找到生产该批次产品的设备，检查发现设备当时存在故障，从而确定了导致质量问题的原因。又如，通过长期记录分析发现某编号的设备生产的产品在某些指标上稳定性更好，可为后续生产选择设备提供参考。

257　记录不同生产工序所得产量及物料平衡计算的目的是什么，它们如何帮助评估生产效率和物料使用？

药品生产企业在药品生产过程中，记录不同生产工序所得产量及进行物料平衡计算的目的主要有以下几点。

1.**监控生产效率**　通过记录每个生产工序的产量，企业可以清晰地了解各工序的生产能力，从而监控整个生产流程的效率。这有助于发现生产瓶颈，优化生产布局，提高生产效率。

2.**确保物料充分利用**　物料平衡计算可以反映原料的投入与产品的产出之间的关系。通过对比计划用量与实际用量，可以评估物料的利用率，减少浪费，并帮助企业更好地控制成本。

3.**质量控制与追溯**　产量记录和物料平衡计算是产品质量控制的重要环节。如果出现产品质量问题，这些记录可以帮助企业迅速定位问题来源，进行有效的质量追溯。

4.**符合法规要求**　按照GMP，详细的生产记录和物料平衡计算是企业合规生产的重要证明。这有助于企业在面对监管审计时，提供必要的文档支持。

这些记录和计算如何帮助评估生产效率和物料使用呢？

1.**生产效率评估**　通过对比不同工序的产量数据，可以分析出哪些工序效率高，哪些工序存在改进空间。企业可以据此调整生产流程，优化资源配置，提高整体生产效率。

2.**物料使用评估**　物料平衡计算能够揭示出原料转化为产品的效率。如果物料平衡计算结果与预期有较大差异，可能表明生产过程中存在物料浪费或损耗过大的问题。企业可以针对这些问题进行改进，如优化工艺参数、提高设备效率等，以降低物料成本。若发现物料平衡异常，能及时追溯原因，如是否存在物料泄漏、计量错误等问题，及时采取纠正措施。

例如，当记录显示某工序的产量连续多个批次都低于平均水平时，可能提示该工序存在操作不熟练、设备故障等影响效率的因素。而物料平衡计算发现某批次物料投入与产出差距过大，经调查发现是称量不准确或在生产过程中有物料损失，从而可以针对性地解决这些问题，确保生产效率和物料使用的合理性。

258　批生产记录中对偏离工艺规程的偏差情况应该如何记录和处理？

在药品生产过程中，当遇到偏离工艺规程的偏差情况时，药品生产企业应按照以下指导原则进行记录和处理。

一、记录要求

1.一旦发现偏离工艺规程的情况，操作人员应立即停止相关操作（除非继续操作不会增加风险），并在批生产记录中详细记录偏差发生的时间、地点、涉及的操作步骤、偏差的具体内容及其可能的原因，以确保信息的及时性和准确性。

2.偏差记录应包括所有相关的数据和观察结果，比如设备故障、原料问题、操作失误等，并尽可能量化偏差的程度，如超出的工艺参数范围、实际与预期的差异等。

3.初步评估该偏差对产品质量的潜在影响，记录下任何可能受影响的产品批号、物料批次以及已经采取的临时控制措施。

4.由发现偏差的操作人员签名确认，并注明发现时间。如有复核人员，也应由其签名确认。记录中应明确指出导致偏差的责任人或责任团队，以及他们当时的操作情况。

5.如有可能，附上与偏差相关的照片、图表或其他证据，以便后续分析和调查。

二、处理步骤

1.一旦发现偏差，应立即停止相关工序的生产，并将涉及的产品进行隔离，防止问题产品流入下一工序或市场。

2.对偏差进行初步评估，判断其对产品质量、安全性以及生产效率的可能影响。

3.成立专门的调查小组，对偏差产生的原因进行深入调查。这包括但不限于设备故障排查、原料质量分析、操作流程审查等。

4.根据调查结果，制定相应的纠正措施以消除偏差产生的影响，并采取预防措施以防止类似偏差再次发生。这些措施可能包括设备维修、原料更换、操作流程优化等。

5.将调查过程、原因分析、采取的纠正和预防措施以及最终的处理结果详细记录在批生产记录中。这些记录应清晰、完整，可供后续审查。

6.处理结果需经质量管理部门审核并批准后方可实施。必要时，还需经过相关监管部门的批准。

7.根据偏差调查结果，对相关人员进行针对性的培训，提高员工对 GMP 要求的理解和执行能力，同时，总结经验教训，在企业内部进行交流分享。

8.在处理完偏差后，应持续监控相关工序的运行情况，确保纠正措施的有效性。同时，定期对生产过程进行回顾和总结，以便及时发现并改进潜在的问题。

第五节　批包装记录

259 如何确保批包装记录能够完整追溯每批产品的包装操作及与质量相关的情况？

为确保批包装记录能够完整追溯每批产品的包装操作及与质量相关的情况，药品生产企业应采取以下措施：

1.**详细记录所有操作**　精确记录包装过程中的每一个具体步骤，包括设备的使用、参数设置等。对任何与包装相关的调整、变更都要如实记录。

2.**准确记录时间节点**　明确标注每一个操作开始和结束的具体时间，对于关键步骤的时间点要特别强调。

3.**关联质量数据**　将包装过程中进行的质量检查结果与批包装记录相关联，如包装完整性检查、标签内容核对等质量相关数据。

4.**记录人员信息**　注明执行每个包装操作的具体人员，以便追溯操作责任。

5.**使用唯一标识**　为每批产品分配唯一的批号、序列号等标识，确保在批包装记录中准确体现这些标识。

6.**记录包装材料信息** 详细记录所使用的包装材料的批次、供应商等信息，以便在出现问题时能追溯到源头。

7.**实时记录** 要求操作人员在进行操作的同时及时进行记录，避免事后补记导致的遗漏或错误。

8.**审核与复核机制** 建立严格的审核和复核程序，确保记录的准确性和完整性。由不同人员进行审核和复核。

9.**电子记录系统** 采用可靠的电子记录系统，确保数据的安全性和可追溯性。具备数据备份和恢复功能。

10.**培训与教育** 加强对操作人员关于记录重要性和规范的培训，提高他们准确记录的意识和能力。

11.**与其他记录衔接** 确保批包装记录与生产过程其他环节的记录相互衔接、呼应，形成完整的产品生产质量记录链条。

12.**处理偏差和异常事件** 在批包装记录中及时记录任何偏差或异常事件，并启动调查程序，详细记录问题的原因、影响及采取的纠正预防措施。相关记录必须得到质量部门负责人的审核和签字批准，确保处理措施的正确实施及其记录的准确性。

13.**维护记录的完整性和可追溯性** 确保物理和电子记录的安全存储，防止数据丢失和未授权访问。对于电子记录，应使用备份和恢复系统保护数据不受损坏。建立有效的文件管理与检索系统，确保在需要时能迅速获取历史记录，支持生产和合规性审核。

14.**定期检查与回顾** 定期对批包装记录进行检查和回顾，发现问题及时纠正和完善记录体系。

260 批包装记录的每一页标注产品信息有什么作用？

药品生产企业在药品生产过程中，批包装记录的每一页标注产品信息具有以下重要作用。

1.**明确产品身份** 确保在查看记录的任何时候都能迅速且准确地识别所涉及的具体产品，避免混淆。

2.**保障一致性** 有助于保证整批包装记录始终与特定的产品相对应，防止与其他产品的记录相混淆。

3.**便于追溯** 在出现问题或需要进行质量追溯时，能快速定位到相关产品的具体包装记录。

4.**防止记录错用** 避免因记录页面混杂导致将错误的信息关联到特定产品上。

5.**增强准确性** 时刻提醒操作人员当前操作所针对的产品，减少填写错误或张冠李戴的可能性。

6.**快速检索** 方便在大量的包装记录中快速找到特定产品的相关页面，提高查询效率。

7.**强化责任意识**　使操作人员更清楚地意识到其操作与特定产品的紧密关联，增强责任意识。

8.**审核与检查便利**　便于审核人员和检查人员快速确认记录与产品的匹配性，确保合规性。

9.**生产过程明晰**　有助于全面了解特定产品包装过程中的各个环节和详细信息。

10.**跨部门沟通协作**　不同部门在涉及该产品时能通过标注快速理解和获取相关信息，利于沟通协作。

11.**符合GMP要求**　根据GMP的规定，批包装记录需要详细且规范。每一页标注产品信息不仅是规范操作的一部分，也是确保药品生产符合GMP标准的重要举措。

12.**增强质量控制**　清晰、准确的批包装记录是质量控制体系的重要组成部分。通过每一页的标注，可以确保每一步包装过程都有明确的记录，从而增强对整个生产流程的质量控制。

261　工艺规程中与包装相关的内容应该包括哪些方面？

工艺规程中与包装相关的内容通常应包括以下方面。

1.**包装材料要求**　明确规定所使用的包装材料的种类、规格、质量标准等，例如特定材质的容器、瓶盖、标签等具体要求。

2.**包装操作步骤**　详细描述包装的先后顺序、操作方法等，如产品的放置方式、封口方式等具体操作细节。

3.**包装设备使用**　指明所需使用的包装设备及其参数设置，包括设备的型号、运行速度、压力等设定。

4.**包装环境要求**　规定包装场所的温度、湿度、洁净度等条件，以确保产品在适宜的环境中进行包装。

5.**包装规格和数量**　确定每一批产品的包装规格及数量要求，例如每盒、每瓶或每箱中产品的数量。

6.**标签和标识内容**　清楚说明产品标签上应包含的信息，如药品名称、规格、有效期等，以及外包装上的标识要求。

7.**质量检查点**　标注在包装过程中需要进行质量检查的关键环节，例如包装完整性检查等，如果适用，应包括对包装密封性的测试方法和标准，确保药品在有效期内不受外界环境影响。

8.**中间控制**　应包含中间控制的详细操作，包括取样方法及标准，这可以确保在包装过程中及时发现并处理问题，保证产品质量。

9.**物料平衡计算**　应提供待包装产品、印刷包装材料的物料平衡计算方法和限度，这有助于监控包装过程中物料的使用情况，防止浪费和损失。

10. **包装数量与装量控制**　明确每种包装形式下的产品数量、净重或容积，以及装量控制的公差范围，确保符合标签声明。

11. **包装批号管理**　规定批号的分配、记录和管理方式，确保每批产品可追溯。

12. **标签和说明书管理**　规定标签和说明书的设计、内容、审核、印制、发放和使用的控制程序，确保信息的准确无误，符合法律、法规要求。

13. **清洁验证和清场程序**　包装线的清洁验证方案，以及每次生产前后清场的程序和检查标准，防止批次间的交叉污染。

14. **异常处理和偏差管理**　明确在包装过程中遇到异常情况或偏差时的处理程序，包括记录、报告、调查、纠正和预防措施。

15. **包装后的处理**　说明包装完成后产品的存放、转运等后续处理方式，以及相应的注意事项。

16. **包装废弃物处理**　规定包装过程中产生的废弃物（如破损包装材料、剩余标签等）的处理方法，确保符合环保和安全要求。

17. **特殊包装要求**　针对特定产品或特殊情况的特殊包装要求，如易碎品的特殊防护措施等。

18. **人员资质要求**　明确执行包装操作的人员应具备的资质或培训要求，以保证操作的正确性和规范性。

262　批包装记录计划数量与实际数量不一致时应该如何处理？

在药品生产过程中，如果批包装记录中的计划数量与实际包装数量不一致，药品生产企业应采取以下步骤进行处理。

1. **立即停止包装**　一旦发现计划数量与实际数量不一致，应立即停止包装过程，防止差异进一步扩大。

2. **通知质量管理部门**　将此不一致情况迅速报告给质量管理部门，由质量管理人员介入调查。这一步骤非常重要，因为任何数量上的差异都可能影响到药品追溯、患者安全及合规性。

3. **调查原因**　对不一致的原因进行彻底调查，可能的原因包括计数错误、设备故障、人为失误等。

4. **记录差异**　详细记录实际包装数量与计划数量之间的差异，并记录调查过程中发现的所有相关信息。

5. **评估影响**　评估数量不一致对产品质量的潜在影响，确定是否需要对已包装的产品进行重新检查或测试。

6. **偏差处理**　根据企业的偏差管理程序，对发现的数量不一致问题进行正式的偏差处理。

7.纠正措施　根据调查结果，采取适当的纠正措施，如调整设备、重新培训员工或改进包装流程。

8.重新审核　对批包装记录进行重新审核，确保所有数据准确无误，并与实际包装的产品相符。

9.批准和放行　在问题得到妥善解决并记录后，重新进行批包装记录的审核和批准流程。

10.质量保证部门审核　确保质量保证部门对整个处理过程进行审核，并在必要时进行监督。

11.更新批记录　在问题解决后，更新批包装记录，包括实际包装数量和任何采取的纠正措施。

12.预防措施　根据偏差调查结果，制定并实施预防措施，防止类似问题在未来再次发生。

13.报告和记录　将整个事件的调查、处理过程和结果详细记录，并按照规定报告给相关的监管机构。

14.员工培训　如果调查发现问题是由于员工操作不当引起的，应对相关人员进行再培训，确保他们理解并遵守正确的包装程序。

15.持续改进　将此次事件作为持续改进的机会，评估和优化现有的包装和记录流程。

263　在包装过程中，如何确保每项操作都能及时记录并由包装操作人员确认和签注？

药品生产企业在药品生产过程中，为了确保每项包装操作都能及时记录并由包装操作人员确认和签注，可以采取以下措施。

1.建立明确的操作规程　企业应制定详细的包装操作规程，明确指出哪些操作步骤需要记录，以及记录的内容、格式和时机。这包括但不限于产品批次信息、包装材料使用情况、操作人员标识、操作时间等关键信息。

2.建立详细的批包装记录模板　依据GMP要求，设计包含所有必要信息的批包装记录模板，如产品名称、规格、包装形式、批号、生产日期、有效期、操作日期和时间等，确保记录内容的全面性和准确性。

3.培训包装操作人员　对包装操作人员进行GMP培训，特别强调记录及时性和签名确认的重要性，确保每位员工都理解其责任，并掌握正确的记录方法和格式。

4.实施在线记录系统　鼓励或要求使用电子记录系统（如MES，制造执行系统），在操作的同时实时录入数据，减少纸质记录的延迟和错误，系统自动提醒操作人员完成确认和签名。

5.设置明确的记录点　在包装流程的关键步骤设置记录点，明确指出何时何地需进行记录，如在开始包装、更换物料、结束操作等关键时刻。

6.设置提醒机制　在操作现场设置明显的提醒标识，提示操作人员进行记录。可以采用定时提醒装置或软件提醒。

7.监督与审核　质量管理人员或监督人员应定期审核包装记录，确保记录的及时性、完整性和准确性，并对发现的问题及时反馈，进行纠正和培训。

8.实行签名责任制　明确每位包装操作人员对其签名确认的记录负责，确保记录的真实性。对未按要求记录或签名的行为设立相应的问责机制。

9.建立复核机制　实行操作人员之间或上下级之间的记录复核，确保记录无误后才进行下一步操作或关闭批次。

10.持续改进　定期回顾包装操作记录的过程和结果，通过数据分析发现记录流程中的不足，不断优化记录方法和管理制度。

264　如何记录包装操作的异常事件？

在药品生产过程中，记录包装操作的异常事件是至关重要的，这不仅有助于企业及时发现问题、分析原因并采取纠正措施，还是确保药品质量和安全性的重要环节。以下是根据 GMP 的相关规定，提出的关于如何记录包装操作的异常事件的建议。

一、建立异常事件记录制度

企业应制定明确的异常事件记录制度，规定记录的内容、格式、保存方式和期限等。制度应确保每个员工都了解并遵循。

二、明确异常事件的定义和范围

异常事件包括但不限于包装材料破损、标签贴错、包装过程中出现的任何不符合标准操作程序（SOP）的情况等。企业应明确这些异常事件的具体定义和范围，以便员工能够准确识别和记录。

三、记录异常事件的具体步骤

1.发现异常　在包装操作过程中，操作人员或质量监控人员应密切观察，及时识别任何异常事件，如设备故障、包装材料问题、操作失误等，一旦发现任何异常情况，应立即停止操作并报告给上级或质量管理部门。

2.详细记录　在专门的异常事件记录本上详细记录异常事件的情况，包括发生的时间、地点、涉及的产品名称、规格、批号、具体异常情况描述等。如果可能的话，附上照片或视频作为证据。

3.初步分析　对异常事件进行初步分析，判断可能的原因和影响范围。这有助于企业迅速采取措施，防止问题扩大。

4.偏差处理　若事件构成对工艺规程的偏离，应启动偏差处理程序，详细记录偏离的性质、程度及对产品质量的潜在影响评估。这可能需要包括对原料、半成品或成品的隔离、检验或重新加工的决定。

5.**签字确认** 记录完成后，由发现异常的员工和上级或质量管理部门负责人签字确认，以确保记录的准确性和完整性。

6.**后续处理** 质量管理部门应组织相关人员对异常事件进行深入调查，找出根本原因，并制定纠正和预防措施。同时，将异常事件及处理结果报告给企业高层管理者和相关部门。

7.**归档保存** 异常事件记录应归档保存，以备后续查阅和分析。保存期限应符合GMP规定和相关法律法规的要求。

四、加强培训和监督

企业应定期对员工进行异常事件记录的培训，确保员工能够熟练掌握记录方法和要求。同时，质量管理部门应加强对包装操作的监督，及时发现并纠正存在的问题。

265 在批包装记录中，如何确保每一项内容（如产品名称、规格、包装形式等）都能准确无误地记录？

为确保批包装记录中的每一项内容都能准确无误地记录，药品生产企业在药品生产过程中可以采取以下措施。

1.**制定详细记录规程** 制定明确的批包装记录标准操作规程，详细说明记录的流程、责任人、记录内容和要求。

2.**培训与教育** 对包装操作人员进行培训，确保他们理解记录的重要性、准确记录的要求和SOP的内容。

3.**预填写和审核** 在包装操作开始前，由专人负责预填写批包装记录的模板，并由另一责任人审核，确保所有必要信息都已包含且准确无误。

4.**实时记录** 在包装过程中，操作人员应实时记录相关信息，如包装操作日期和时间、所用包装材料的名称和批号等。

5.**双重检查** 实施双重检查机制，即操作人员填写后，由另一名负责人或质量监控人员进行复核，确保记录的准确无误。

6.**签名确认** 包装操作负责人和操作人员应在记录上签名，以确认记录的准确性和完整性。

7.**使用控制表格** 使用预先设计的控制表格或电子记录系统，帮助操作人员准确记录每一项内容。

8.**使用自动化系统** 尽可能采用自动化和数字化的记录系统，减少人为错误。利用条形码、RFID等技术手段对物料和产品进行追踪和识别，确保记录与实际操作一致。

9.**中间控制和检查** 在包装过程中进行中间控制和检查，确保记录与实际操作相符，并及时纠正任何偏差。

10.**记录审核** 包装完成后，由质量管理部门对批包装记录进行审核，确保所有信息准确无误。

11.**物料平衡检查** 对印刷包装材料和待包装产品的发放、使用、销毁或退库的数量进行物料平衡检查，确保记录的准确性。

12.异常事件记录 对任何特殊问题或异常事件进行详细记录，包括偏离工艺规程的偏差情况的说明或调查报告，并经签字批准。

13.记录的保存 按照规定的保存期限，妥善保存批包装记录，以便于未来的审查和追溯。

14.定期审计和检查 定期对批包装记录进行审计和检查，确保记录的完整性和准确性。审计和检查应由独立于生产部门的人员进行，以确保客观公正。

第六节　操作规程和记录

266 **操作规程的正文应如何编写，以确保清晰、完整、准确、易于理解和执行？**

编写操作规程正文时，为了确保其清晰、完整、准确、易于理解和执行，应遵循以下原则和步骤。

1.结构化编写 操作规程应有清晰的结构，通常包括标题、编号、生效日期、修订记录、目的、适用范围、职责分配、所需材料/设备、操作步骤、注意事项、异常处理、参考资料和附件等部分。

2.目的和范围 在文档开始部分明确操作规程的目的和适用范围，让读者快速了解文件的主要内容和应用场景。

3.结构清晰 使用清晰的结构，如引言、正文、附录等，使文件内容条理化。

4.详细操作步骤 操作规程的核心部分是操作步骤，应详细描述每一步骤，包括但不限于：

准备工作：所需材料、设备、环境条件等。

操作方法：具体的操作步骤，应详细到操作人员可以按照规程一步一步执行。

检查和确认：每一步骤完成后的检查点和确认方法。

异常处理：遇到异常情况时的处理流程。

5.参数和条件 明确列出操作过程中需要控制的关键参数和条件，如温度、压力、pH值等。

6.术语定义 对专业术语和缩写进行定义，确保所有读者都能理解。

7.图表和插图 使用图表、流程图、示意图等辅助说明，帮助读者更直观地理解操作过程。

8.安全和预防措施 详细说明在操作过程中应注意的安全事项和预防措施，确保操作人员的安全。

9.**质量控制点** 明确指出操作过程中的质量控制点，以及如何进行质量检查和记录。

10.**异常处理** 提供异常情况的处理指南，指导操作人员在遇到问题时如何正确应对。

11.**版本控制** 记录操作规程的版本信息，包括修订日期、修订人和修订内容。

12.**附录** 提供相关的支持性文档或数据，如设备操作手册、材料规格书等。

13.**语言和格式** 使用标准化、规范化的语言和格式，避免使用模糊不清的表达。

14.**审核和批准** 确保操作规程经过严格的审核和批准流程，以保证其准确性和合规性。

15.**培训和考核** 制定与操作规程相关的培训计划和考核标准，确保操作人员能够熟练掌握。

16.**持续改进** 鼓励操作人员提出改进建议，不断优化操作规程。

例如，一个操作规程正文的示例结构可能如下：

1.目的和范围

2.术语定义

3.操作步骤

3.1 准备阶段

3.2 操作过程

3.3 结束阶段

4.关键参数和条件

5.安全和预防措施

6.质量控制点

7.异常情况处理

8.记录和文档管理

9.附录

9.1 设备操作手册

9.2 材料规格书

9.3 相关法规和标准

10.审核和批准

267 操作规程的标题应如何设计，以确保操作规程的题目准确反映文件内容，又便于快速识别和检索？

在设计药品生产操作规程的标题时，药品生产企业应确保标题既准确反映文件内容，又便于快速识别和检索。以下是一些建议。

1.**明确性** 标题应直接反映操作的主要内容，避免使用模糊或含糊不清的词汇。例如，针对特定的生产步骤或设备操作，可以直接命名为"××设备标准操作规程"或

"××工艺步骤操作指南"。

2.**包含关键信息** 可以加入关键的设备、工艺参数、操作对象等信息，例如"××压片机压力调节操作规程""××原料提取温度控制操作规程"。

3.**简洁性** 标题应简短明了，避免冗长和复杂的语句，如"包装封口操作规程"而不是"关于产品包装封口具体操作步骤及要求的规程"。

4.**规范性** 遵循企业内部或行业的命名规范，确保标题格式统一，比如"［操作名称］操作规程"或"操作规程：［操作名称］"，便于快速识别。若企业有文件系统或文档管理标准，应与之保持一致。

5.**可检索性** 在标题中使用关键词，便于在电子文档系统中进行搜索和检索。考虑将操作规程进行分类编号，如"SOP-生产-001"，以便于管理和查找。

6.**版本控制** 如果操作规程会有更新或修订，可以在标题或副标题中注明版本号或修订日期，例如，"××设备标准操作规程（v1.2）"或"××工艺步骤操作指南（2023年修订）"。

7.**安全性相关** 对于涉及安全或重要质量控制的操作，可以在标题中加以强调，如"关键质量控制点操作规范"或"安全操作指南——高温灭菌过程"。

8.**避免重复** 确保每个操作规程的标题都是唯一的，避免与其他文件混淆。如果存在相似或相关的操作规程，可以通过副标题或编号来区分。

9.**体现适用范围** 对于一些有特定适用范围的操作规程，可以在标题中说明，例如"特定车间××操作规程"。

10.**使用特定术语** 依据行业通用术语来设计标题，方便专业人员快速理解和检索，比如"除菌过滤操作规程"。

11.**结合功能** 如果操作规程有特殊功能或重点，可在标题中体现，比如"关键质量控制点操作规程"。

12.**语言规范** 使用规范的书面语言，避免口语化表达和非正式用语。

例如，一个操作规程的标题可以设计为：

"［产品名称］-［关键工艺步骤］操作规程 V［版本号］-［修订日期］"

或者

"［设备类型］维护和校准操作规程 V［版本号］-［修订日期］"

这样的标题设计不仅有助于快速识别和检索，也便于监管和审计时的文件审查。

268 在制定编号（或代码）的操作规程时，如何确保编号（或代码）的唯一性？

药品生产企业在制定编号（或代码）的操作规程时，需要确保编号（或代码）的唯一性，以避免混淆和错误，确保产品质量和安全。以下是确保编号（或代码）唯一性的一些关键措施。

1.制定明确的编号规则　制定一套清晰、明确的编号规则，确保每个产品、批次、原料、生产设备等都有唯一的标识码。编号应包含足够的信息，以便于追溯和识别，如产品名称、剂型、规格、生产日期、批号等。

2.使用标准化的编码规则　采用标准化的编码规则，例如国际通用的EAN13条形码或其他行业标准。这有助于避免重复和混淆，同时便于与其他国家或地区的药品生产企业进行交流和合作。

3.使用计算机系统管理　利用计算机化系统来分配和管理编号，确保每个编号的生成都是自动的、不可重复的。通过软件验证，确保计算机系统的准确性和可靠性。

4.权限控制　对编号的分配和修改进行权限控制，确保只有授权人员才能进行编号的操作。这样可以减少人为错误和滥用编号的可能性。

5.实施严格的控制措施　设立专门的部门或人员负责编号的管理和审核，确保编号的分配和使用符合规定。对违反编号管理规定的行为进行严格的处罚，以确保规定的严肃性。

6.定期检查和审计　定期对编号管理系统进行检查和审计，确保其持续有效运行。审计结果应记录在案，并作为企业质量管理体系的一部分。

7.培训和教育　对所有涉及编号分配和使用的人员进行充分的培训，确保他们理解编号的重要性和唯一性的要求。培训内容应包括编号的分配规则、管理流程以及违规后果等。

8.记录和追溯　所有编号分配和修改的操作都应有详细的记录，包括操作人员、操作时间、修改内容等。这些记录应可追溯，以便在出现问题时能够快速定位和纠正。

9.变更控制　任何对编码规则或系统的变更都应遵循变更控制程序，确保变更不会影响编号的唯一性和系统的稳定性。

10.异常处理　制定应对编码冲突或错误的应急措施，一旦发现重复或错误的编码，应立即采取措施纠正，并防止类似问题再次发生。

11.与监管机构沟通　在制定或修改编号规则时，主动与药品监管机构沟通，确保符合最新的法规要求。及时向监管机构报告任何可能影响编号唯一性的变更。

269　如何确保操作规程有效实施？

药品生产企业要确保操作规程有效实施，以符合GMP的规定，需遵循以下几个关键步骤。

1.制定详细的操作规程　企业应根据药品的生产工艺和质量要求，制定详细、明确且可操作的标准操作规程（SOP）。这些规程应涵盖所有关键生产步骤和质量控制点。规程应当易于理解，并能够被操作人员正确执行。

2.员工培训　定期对员工进行GMP和相关操作规程的培训，确保每位员工都理解并能够正确执行这些规程。培训应包括理论知识和实际操作技能的考核。

3.**监督和指导** 建立一套有效的监督机制，定期检查操作规程的执行情况，并对发现的问题及时进行纠正和预防措施的实施。在生产过程中，应当有经验丰富的监督人员对操作规程的执行进行监督和指导，确保规程得到正确执行。

4.**记录和文档管理** 确保所有的生产活动都有完整的记录，包括批生产记录和批包装记录，确保数据的真实性和可追溯性，并由指定人员审核后送交质量管理部门。记录应清晰、完整，易于查阅，以备审核和追踪。

5.**偏差管理** 建立偏差管理系统，对生产过程中出现的任何偏离操作规程的情况进行记录、调查和处理，并采取纠正和预防措施。

6.**内部审计与自检** 定期进行内部GMP审计和自检，评估操作规程的执行情况和生产质量管理的有效性，及时发现问题并采取措施纠正。

7.**实施纠正和预防措施** 一旦发现操作规程执行不当或存在偏差，应立即采取纠正措施，并调查原因，防止问题再次发生。定期对生产过程进行风险评估，识别潜在的风险点，并制定预防措施。

8.**持续改进和优化** 鼓励员工提出改进操作规程的建议，以促进生产过程的持续优化。根据行业发展和法规变化，及时更新和修订操作规程，确保其始终保持与GMP要求的一致性。

第九章　生产管理

第一节　原　则

270 如何确保所有药品的生产和包装活动都严格遵循已批准的工艺规程和操作规程进行操作？

为确保所有药品的生产和包装活动都严格遵循已批准的工艺规程和操作规程进行操作，应采取以下措施。

1.建立完善的文件管理体系　制定标准操作规程（SOP）和工艺规程，明确生产和包装各环节的操作要求。

确保SOP和工艺规程经过审核和批准，并定期评审和更新。

建立文件控制程序，确保现场使用的文件为最新版本。

2.加强人员培训和考核　对生产和包装人员进行SOP和工艺规程的培训，确保其熟悉并掌握操作要求。

定期对人员进行技能考核，持续提升其操作水平。

建立人员培训档案，记录培训和考核情况。

3.强化现场管理和监督　生产和包装操作应由经过培训合格的人员按照SOP和工艺规程进行。

操作过程应有复核人员进行核对和确认，确保无误。

质量管理部门应对生产和包装过程进行监督和检查，及时发现和纠正偏差。

指定专人负责监督生产和包装过程，确保操作严格按照规程进行。

采用实时监控系统，对关键参数和操作步骤进行跟踪和记录。

4.执行偏差和变更管理　建立偏差处理流程，对生产和包装过程中出现的偏差进行调查和评估，制定纠正和预防措施。

对工艺规程和操作规程的变更应进行严格的评估和审批，确保变更后仍符合质量标准的要求。

5.完善生产和包装记录　生产和包装全过程应进行详细和及时的记录，确保可追溯。

批生产记录和包装记录应经过复核，确保内容完整、准确和合规。

建立记录保存档案，妥善保管记录，以备查阅。

6.开展自检和审计　定期对生产和包装操作进行自检，评估SOP和工艺规程执行情况，发现问题及时整改。

邀请第三方开展外部审计，全面评估生产质量管理体系运行情况，推动持续改进。

例如，在培训方面，通过理论讲解、实际操作演示、案例分析等多种方式让员工深刻理解操作规程。在文件管理上，采用电子文档管理系统，确保文件的版本控制和快速检索。在生产过程中，利用在线监测仪器实时记录温度、压力等关键参数。质量人员每天进行现场巡查，及时发现和纠正不规范操作。对新设备安装后进行全面验证，确保其符合工艺要求。变更操作规程后，及时组织相关人员培训并考核。通过这些全面而系统的措施，可以最大限度地确保所有药品的生产和包装活动都严格按照已批准的工艺规程和操作规程进行，从而保障药品的质量和合规性。

271 在划分产品生产批次时，如何确保同一批次产品质量和特性的均一性？

以下是在划分产品生产批次时确保同一批次产品质量和特性均一性的方法。

一、明确批次划分的目的和原则

1.确立批次划分的根本目的是确保产品质量和特性的均一性，以便于质量控制、追溯和监管。

2.遵循GMP的基本原则，结合产品的特性和生产工艺，制定科学合理的批次划分方案。

二、制定详细的批次划分操作规程

1.根据产品的生产周期、生产量、工艺流程等因素，明确批次的界定方式，如按生产日期、生产线、原料批次等划分。

2.确定批次划分的具体操作流程，包括标识、记录、隔离等环节，确保每个批次的独立性。

三、严格控制原料质量

1.对每批原料进行严格的质量检验和验收，确保其符合规定的质量标准。

2.记录原料的来源、批次、检验结果等信息，便于追溯和关联分析。

3.确保使用同一批次、质量稳定的原材料。

4.对原材料的储存和管理进行规范，防止不同批次原材料的混淆。

四、强化生产过程控制

1.严格按照批准的工艺规程进行生产操作，保证每个生产步骤的参数和条件一致，确保各工序的稳定性和一致性。

2.采用自动化控制系统，减少人为操作误差，提高生产过程的精确度。

3.对关键工艺参数进行实时监控和记录，及时发现并调整偏差。

五、实施有效的中间控制

1.在生产过程中设置关键控制点，对中间产品进行质量检验，确保其符合规定的质量标准。

2.根据检验结果调整生产参数，确保产品质量的持续稳定。

六、加强设备管理和维护

1. 定期对生产设备进行清洁、消毒和维护，确保其处于良好的工作状态。

2. 记录设备的运行状态和维护保养情况，便于分析和改进。

3. 使用经过验证的设备进行生产，确保设备在批次生产期间的稳定性和可靠性。

4. 对关键设备进行校准，保证其准确性和可靠性。

七、环境控制

1. 维持稳定的生产环境，包括温度、湿度、洁净度等。

2. 对环境进行监测和控制，防止环境因素对产品质量产生影响。

八、中间品和成品检验

1. 在生产过程中对中间品进行检测，确保每一阶段的产出都符合质量标准。

2. 对成品进行全面的检验，包括外观、含量、纯度、微生物限度等，以确保批次内产品的均一性。

九、及时处理偏差和不合格品

1. 一旦发现生产过程中出现偏差或产品不合格，应立即采取措施进行调查和处理。

2. 防止不合格品混入合格批次中，确保每个批次产品的均一性。

十、记录与追溯

1. 详细记录生产过程中的操作、检查和检验结果，确保所有操作可追溯。

2. 记录应由相关人员签名确认，并由质量保证部门审核。

十一、完善质量监控体系

1. 建立完善的质量监控体系，对每个批次的产品进行全面的质量检验和评估。

2. 采用统计过程控制（SPC）等方法，对产品质量进行趋势分析和预测，及时发现并解决潜在问题。

十二、强化培训和人员管理

1. 对操作人员进行全面的 GMP 培训和岗位技能培训，确保他们熟练掌握批次划分和产品质量控制的相关知识和技能。

2. 加强对操作人员的考核和管理，确保他们严格遵守操作规程和质量标准。

272　在哪些情况下，生产日期可以晚于产品成型或灌装（封）前经最后混合的操作开始日期？

通常情况下，生产日期不得迟于产品成型或灌装（封）前经最后混合的操作开始日期。然而，在某些特定情况下，生产日期可能会晚于这一时间点。

以下是可能允许生产日期晚于产品成型或灌装（封）前经最后混合的操作开始日期的一些情况。

1. **法定要求**　根据相关法律法规，某些药品可能需要经过特殊的处理或测试，这些处理或测试可能会导致生产日期晚于最后混合的操作开始日期。

在某些情况下，可能存在特定的法定要求，例如某些国家或地区的法规可能允许或要求在特定条件下推迟生产日期的记录。这种情况下，生产日期可以根据具体的法规要求进行调整。

2.**稳定性测试**　为了评估产品的稳定性，可能需要在成型或灌装（封）前对产品进行额外的稳定性测试，这些测试可能需要一段时间来完成，从而导致生产日期晚于最后混合的操作开始日期。

3.**特殊生产工艺**　某些药品的生产工艺可能非常复杂，可能涉及多个阶段的生产和混合，其中每个阶段都可能对最终产品的质量产生重要影响。在这些情况下，生产日期可能会被定义为完成所有关键生产阶段的日期，这可能晚于最初的混合开始日期。

对于一些特殊的生产工艺，如缓释制剂的生产，可能会涉及多个生产阶段，其中某些阶段可能对产品的最终质量有决定性影响，这时可能会选择该阶段作为生产日期。

4.**质量控制和检验需求**　在药品生产完成后，可能需要进行一系列的质量控制和检验步骤，以确保产品符合安全性和有效性标准。如果这些检验过程需要较长时间，并且其结果是产品放行到市场的必要条件，那么生产日期的确定可能会考虑这些检验的完成时间。

5.**特殊情况**　在某些特殊情况下，如自然灾害、设备故障或其他不可预见的事件，可能导致生产过程暂停，此时生产日期可能会晚于最后混合的操作开始日期。

6.**连续生产**　在连续生产过程中，如果产品在成型或灌装（封）后需要进一步处理或加工，如包装、贴标签或分装等，这些后续操作可能需要一段时间来完成，从而导致生产日期晚于最后混合的操作开始日期。

7.**追溯性需求**　为了确保产品的追溯性，有时可能会选择一个特定的日期作为生产日期，以便于在产品出现问题时能够快速追溯到具体的生产批次。

8.**后续关键步骤显著影响产品稳定性**　如果产品在最终混合后还需经过一个对产品稳定性有重大影响的特定加工步骤（例如，特定的灭菌程序），并且该步骤显著延长了产品有效期或改变了其物理、化学性质，生产日期可能会被界定为该关键步骤完成的日期。

9.**生物制品和疫苗的特殊考虑**　生物制品和疫苗等产品的生产过程复杂，可能包含长时间的培养、纯化等步骤，生产日期的确定可能依据关键的生物反应完成或最终有效成分形成的时间点。

10.**返工或重新加工**　当产品在成型或灌装（封）后发现存在一些不影响质量的缺陷，需要进行返工或重新加工处理，且这种处理需要经过严格评估和批准，在返工或重新加工完成后确定的生产日期可能会晚于最初的混合操作开始日期。

11.**质量改进措施**　如果在后续发现产品存在一些潜在的质量风险或为了进一步提升产品质量，进行了额外的工艺步骤或处理，且该处理对产品的性质和质量有重要影响，经过相关程序批准后，最终确定的生产日期可能会有所延迟。

12.**法规变更或特殊要求**　当出现新的法规要求或有特殊的行业规定，导致需要对产品进行额外的处理或操作，且这种处理是在最后混合操作之后进行的，在符合法规和程序要求的情况下，生产日期可以相应调整。

需要注意的是，即使在这些情况下，生产日期的确定也必须遵循 GMP 的原则和要求，确保日期的准确性和真实性，不得误导消费者或监管部门。此外，任何与常规做法不同的生产日期确定方法都应该有明确的记录和合理的解释，并且在必要时获得相关监管部门的批准。

需要强调的是，这些情况都是极为罕见且需要经过严格的评估、审批和记录，以确保产品质量和可追溯性不受影响。同时，任何对生产日期的特殊处理都必须有充分的依据和理由，并严格按照规定的程序进行操作和记录，以避免可能出现的混淆和质量风险。在实际生产中，应尽可能遵循常规的生产日期确定原则，以确保生产过程的有序性和产品质量的稳定性。

273　如果物料平衡不符合设定的限度，应该采取哪些措施？

如果物料平衡不符合设定的限度，应采取以下全面而深入的措施。

1.立即停止生产　在第一时间果断暂停当前批次的生产活动，这是非常关键的一步，能有效遏制可能因持续生产而引发的问题进一步恶化和扩大，避免产生更多不合格产品或潜在质量风险。

2.详细调查与分析　对原材料的领用与使用记录展开缜密审查，确保每一份原材料的流向和使用量都清晰可查，不放过任何一个可能出现异常的细节。

针对生产操作的每一个步骤进行逐一复核，检查是否存在操作失误、遗漏或不规范的情况，因为任何一个细微的操作偏差都可能导致物料不平衡。

对设备的运行状态进行全面检测，包括设备的性能、参数设置等，排查是否因设备故障或不稳定而影响了物料的投入或产出。

仔细检查计量器具的准确性，通过校准或与标准器具对比等方式，确认是否存在测量误差，如果是计量器具的问题，及时进行修正或更换。

深入分析工艺参数是否存在异常波动，例如温度、压力、时间等关键参数，同时确认是否有工艺执行不到位的情况，如未严格按照规定的顺序或时间进行操作。

3.追溯相关批次　不仅仅局限于当前批次，还要广泛查看与该批次相关的前后批次是否也存在类似问题。通过对相关批次的全面追溯，能够更准确地确定问题的范围和影响程度，避免遗漏潜在的风险。

4.评估潜在质量风险　组织质量、生产、技术等相关专业部门的人员组成专家团队进行综合评估。结合产品的具体性质、用途、质量标准等多方面因素，运用专业知识和经验，全面、深入地判断物料不平衡对产品质量可能产生的影响，不放过任何一个潜在的风险点。

对于复杂的情况，可能需要进行实验验证或模拟分析，以更准确地评估质量风险。

5.采取纠正措施 根据详细的调查分析结果，制定具有针对性和有效性的纠正措施。例如，如果是设备问题，就对设备进行及时的维修或校准；如果是人员操作问题，就对相关人员进行再培训和考核，提高其操作技能和规范意识；如果是工艺问题，就对生产工艺进行优化和完善。

实施纠正措施后，要对其效果进行严格验证，通过重复生产或其他验证手段，确保能够有效解决物料不平衡的问题，避免问题的再次发生。

6.记录与报告 将整个调查过程、分析结果、采取的措施以及评估结论等详细、准确地记录在案，形成完整的档案资料，便于后续查阅和追溯。

按照规定的程序和要求，向上级管理部门和监管机构如实报告该物料不平衡事件及处理情况，保持信息的透明和公开。

7.重新评估产品处理方式 若经过全面评估确定产品不存在潜在质量风险，可按照正常产品处理，但需在记录中明确说明情况，包括评估的依据和过程，确保处理方式有充分的合理性和合法性。

若存在质量风险，可能需要采取报废、返工、重新检验等多种措施，确保产品质量符合要求。对于报废的产品，要按照规定的程序进行处理，避免对环境造成污染；对于返工的产品，要制定详细的返工方案并严格执行；对于需要重新检验的产品，要选择合适的检验方法和标准，确保检验结果的准确性。

例如，当发现某批次物料平衡超出限度时，立即发出明确的停止生产指令，确保生产线立刻停止运作。接着，迅速组织跨部门团队，包括质量管理人员、生产技术人员、设备工程师等，对原材料的领用量、剩余量、生产过程中的损耗等进行细致入微的核对。对每一台相关的计量设备进行严格检查，若发现有偏差，立即安排专业人员进行校准或更换。对可能受影响的前后批次产品进行全面评估，包括产品的外观、性能、质量指标等方面。若确定是设备故障导致的物料不平衡，立即组织设备维修人员对设备进行抢修，并在维修后进行严格的性能验证。将所有相关信息，如调查的过程、发现的问题、采取的措施、评估的结果等，都详细地记录在专门的文档中，并向公司内部的高层管理部门和外部的监管机构及时报告。通过以上这一系列严谨、全面、深入的措施，确保物料不平衡问题得到妥善解决，最大限度地保障药品生产的质量和合规性，为患者提供安全、有效的药品。

274 **如何检查每批产品的产量和物料平衡，并确保物料平衡符合设定的限度？**

以下是关于如何检查每批产品的产量和物料平衡，并确保物料平衡符合设定的限度的详细步骤。

1.制定物料平衡标准 根据产品的生产工艺和特性，制定每批产品的物料平衡标准，包括理论产量、允许的正常偏差范围等。

基于产品配方和生产工艺流程，预先计算出理论上的物料投入量与预期产出量，包括原料、辅料、溶剂等所有物料的输入输出量。

根据产品特性和生产过程的实际情况，设定物料平衡的可接受偏差范围，这通常涉及百分比或者具体数量的允许误差。

确保这些标准能够反映生产过程中的物料损耗、转换率和收率等关键参数。

2.制定操作规程 制定详细的操作规程，明确检查产量和物料平衡的步骤、方法、记录要求等。

确保规程经过充分的验证，并得到相关监管机构的批准。

3.实际数据收集 使用高精度的称重设备和测量工具，对生产过程中的所有物料进行精确计量和记录，包括原材料的接收、发放、消耗及成品产出等。

确保所有物料流动和生产活动均有详细记录，包括生产批记录、物料转移记录、损耗记录等，这些记录需准确无误且可追溯。

4.强化生产过程控制 监控生产过程中的关键控制点，如原料投入、工艺参数、设备运行状况等。

采用自动化控制系统来辅助监控，减少人为误差。

5.物料平衡计算 将实际使用的物料量与最终产品的实际产量进行汇总对比，计算物料平衡。

将实际物料平衡结果与理论值进行比较，计算偏差值，并判断是否在设定的容差范围内。

6.差异调查与处理 一旦发现物料平衡超出设定限度，应立即启动偏差调查程序。

查明差异原因，并采取相应的纠正和预防措施，确保问题得到妥善处理。

7.审核与批准 只有在物料平衡差异得到合理解释，确认不存在潜在质量风险，并且所有必要的纠正措施已经完成的情况下，才能批准产品放行。

根据物料平衡检查结果，不断优化生产工艺和设备性能，降低物料损耗，提高产量和物料平衡的符合度。

8.记录与报告 所有物料平衡检查的过程、结果、差异分析、纠正措施及其效果验证均应形成书面报告，并归档保存，以便于审计和未来参考。

例如，在生产开始前，由工艺部门制定详细的产量和物料平衡计划，明确各阶段的目标和要求。操作人员在投料时，严格按照规定用量进行操作，并使用高精度电子秤准确称量物料。生产过程中，安排专人负责记录各环节的产出和物料消耗情况。批次结束后，由质量部门组织对产量和物料平衡进行核算和审核，若发现偏差及时组织调查团队进行深入分析，确定原因后采取相应措施，如对设备进行校准、对人员进行再培训等，同时将此次事件作为案例进行分享和学习，以避免类似问题的再次发生。通过以上全面而系统的方法，可有效检查每批产品的产量和物料平衡，并确保其符合设定的限度，保障药品生产的质量和合规性。

275 在哪些情况下可以在同一生产操作间同时进行不同品种和规格药品的生产操作？

在解答这个问题时，我们首先要明确 GMP 的核心要求，原则上禁止在同一生产操作间同时进行不同品种和规格药品的生产操作，这是为了避免混淆和交叉污染的风险，确保药品质量。然而，该规定也留有一定的灵活性，即"除非没有发生混淆或交叉污染的可能"。

在实际生产过程中，可能会遇到一些特定情况，经过严格的风险评估和控制措施后，可以允许在同一生产操作间进行不同品种和规格药品的生产操作。以下是一些可能的情况。

1.完全物理隔离的生产线 如果生产操作间内设置了完全物理隔离的生产线，使得不同品种和规格的药品生产在空间上完全分隔开，那么理论上可以在同一操作间内进行不同的生产操作。这种情况下，各生产线之间的隔离必须确保气流、粉尘、人员等不会相互干扰，从而避免混淆和交叉污染。

2.使用高效的清洁和验证程序 在更换生产批次或品种时，如果能进行彻底的清场、清洁和验证，确保上一批次的产品残留、粉尘等被完全清除，并且生产线经过严格验证确认无残留，那么理论上也可以在同一操作间进行不同品种的生产。这要求有严格的清洁标准操作程序（SOP）和验证流程。

3.生产设备的高度自动化和封闭性 对于高度自动化的封闭生产设备，如流水线式的灌装、封装设备，其设计能够有效防止不同批次或品种的药品在生产过程中发生混淆或交叉污染。在这种情况下，只要设备的设计和验证能够满足 GMP 要求，也可以在同一操作间进行不同品种的生产。

4.生产不同品种的非活性成分药品 对于不含有药理活性成分或药理活性极低的辅助性药品（如赋形剂、填充剂等），由于不存在药物间的相互作用或交叉污染的风险，理论上可以在同一操作间内进行生产。

5.严格的批次管理和记录系统 如果企业拥有严格的批次管理系统和完善的记录系统，能够确保每一批次、每一种药品的生产、存储、运输等各环节都严格分开，并且有详尽的生产记录和质量控制记录，那么也可以考虑在同一操作间进行不同品种的生产。

6.特殊工艺需求且严格监控 某些特殊的生产工艺要求必须在同一操作间进行，但同时有严格的在线监控措施，实时监测是否有混淆或交叉污染的迹象。监控系统灵敏且可靠，能够及时发现问题并采取措施。

例如，对于两种具有相似成分和性质的外用软膏剂，经过详细的风险评估后，确认在特定的生产条件下不会产生混淆或交叉污染，可以在同一操作间依次进行阶段性生产。在生产一种药品后，立即对操作间进行全面清洁和消毒，更换物料容器等，然后再开始下一种药品的生产。对于共用的混合设备，通过多次清洁验证，证明使用特定的清洁程序和清洁剂后，残留量极低，不会影响后续不同品种和规格药品的质量。在某些需要连续生产且工艺特殊的情况下，如一些生物制品的发酵过程，采用高度灵敏的在线监测设备，实时检测生产环境和产品中的杂质情况，确保没有混淆或交叉污染的发生。总之，在这些特殊情况下，必须以极其严谨的态度和措施来确保符合 GMP 规定，保障药品生产的质量和安全。

然而，尽管存在上述可能性，企业在实际操作中仍应谨慎行事。GMP 的规定强调的是"除非没有发生混淆或交叉污染的可能"，这是一个非常严格的标准。因此，企业在决定是否在同一生产操作间同时进行不同品种和规格药品的生产操作时，必须进行全面的风险评估，并确保所有操作和流程都符合 GMP 的严格要求。

实际上，大多数药品生产企业为了确保合规性和降低风险，会倾向于避免在同操作间内同时生产不同品种和规格的药品，即使理论上可行。这是因为混淆和交叉污染的风险控制成本可能远高于单独安排生产时段或使用不同操作间所带来的成本。因此，此规定更多的是作为一种原则性指导，鼓励企业采取更为保守和安全的生产策略。

276　如何防止在同一生产操作间同时进行不同品种和规格药品生产时的混淆或交叉污染？

以下是为了防止在同一生产操作间同时进行不同品种和规格药品生产时的混淆或交叉污染的具体措施。

一、严格的区域划分

1. 明确划分不同品种和规格药品的专属生产区域，通过物理隔离（如隔墙、隔断等）等方式确保界限清晰。

2. 对每个区域进行明确标识，包括品种、规格等信息，一目了然。

二、生产计划与安排

1. 精心制定生产计划，明确各品种和规格药品的生产时间、顺序和区域，避免不同品种和规格药品的生产时间重叠。

2. 优先安排相同品种和规格的连续生产，减少切换频次。

3. 避免在不具备条件的情况下，随意调整生产计划，增加混淆的风险。

三、人员培训与管理

1. 对操作人员进行全面的培训，使其深刻理解混淆和交叉污染的危害以及防范措施。

2. 明确规定操作人员在进入不同区域时的更衣、清洁等操作流程。

3. 强化人员的责任意识，确保严格按照规定执行操作。

四、设备与器具管理

1. 为不同品种和规格的药品配备专用的生产设备和器具，避免混用。

2. 每次生产结束后，对设备和器具进行彻底清洁、消毒和验证，确保无残留。

3. 定期对设备进行维护和保养，保证其性能稳定。

五、有效的清洁与消毒程序

1. 在切换不同品种或规格药品生产前，严格执行设备和环境的清洁与消毒程序。

2. 定期对生产操作间进行消毒处理，以杀灭可能存在的微生物，减少交叉污染的风险。

3. 确保清洁消毒效果达到预定标准，防止残留物造成交叉污染。

六、物料管理

1. 对不同品种和规格的物料进行明确区分和标识，防止误用。

2. 严格控制物料的流向和储存，避免交叉污染。

3. 采用色标管理、防差错系统等措施，降低物料混淆的可能性。

七、环境监测

1. 定期对生产操作间的空气质量、表面微生物等进行监测。

2. 根据监测结果及时采取改善措施，保持环境的洁净度。

八、文件与记录

1. 建立详细的生产记录和设备使用记录等，便于追溯和审查。

2. 确保文件的准确性和完整性，如实反映生产过程中的情况。

九、监督与审核

1. 设立专门的监督人员或团队，对生产过程进行实时监控。

2. 定期进行内部审核和外部检查，发现问题及时整改。

例如，在生产车间内，用不同颜色的标线和标识牌将各个区域严格划分开，红色区域用于 A 品种，蓝色区域用于 B 品种等。在安排生产计划时，合理安排 A 品种生产完后再安排 B 品种，中间留出足够的时间进行清洁和准备。对操作人员进行定期培训和考核，确保他们清楚地知道进入不同区域的具体要求。对于关键设备，如混合机，为每个品种配备单独的设备，并有明显的标识。每次生产结束后，按照清洁验证的程序，使用特定的清洁剂和方法对设备进行彻底清洁，然后通过检测残留量来验证清洁效果。对进入车间的物料，根据品种和规格分类存放，并做好标识。定期对车间内的空气质量进行检测，发现超标及时采取空气净化措施。每一批生产都有详细的记录，包括人员操作、物料使用、设备运行等信息。监督人员随时在车间内巡查，确保各项规定得到严格执行，通过以上全面的措施来有效防止混淆和交叉污染。

277 在生产的每一阶段，采取哪些措施可以有效保护产品和物料免受微生物和其他污染？

为了保护产品和物料免受微生物和其他污染，企业应在生产的每个阶段采取一系列的预防措施，具体包括以下内容。

1. 人员管理　对所有进入生产区域的人员（包括员工和访客）进行适当的卫生培训。所有进入生产区域的人员必须穿戴洁净服、头罩、鞋套，并经过严格的洗手和消毒程序。

2. **生产环境控制** 维持生产区域严格的洁净度要求，通过高效空气过滤系统等确保空气的洁净。

定期监测和验证环境的微生物水平、尘埃粒子数等指标。

严格控制人员和物料的进出，采用合适的净化措施，如风淋、传递窗等。

3. **洁净室环境控制** 维持洁净室的适当等级和状态，控制温湿度和气流以减少微生物生长。

定期对洁净室进行清洁和消毒，尤其是在生产前后。

4. **物料管理** 对原料、辅料和包装材料进行严格的供应商评估和质量控制。

对接收的物料进行必要的微生物检测和净化处理。

对物料的传递过程进行严格控制，避免交叉污染。

5. **设备管理** 选择易于清洁和消毒的生产设备，减少设备内部的死角和难以清洁的区域。

每次生产后进行彻底的清洁和消毒，采用合适的清洁剂和消毒方法，并验证其效果。

对关键设备进行微生物监测。

定期对生产设备进行清洗、消毒和维护，确保设备的正常运行和卫生状况。

采用自动化、封闭式的生产设备，减少人工操作环节，降低污染风险。

6. **生产过程控制** 在生产过程中实施必要的卫生措施，如使用消毒剂和无菌操作技术。

对生产设备进行彻底清洁和必要的消毒处理，避免产品残留和微生物滋生。

采用无菌生产工艺或终端灭菌，减少生产过程中的微生物暴露。

设备、容器具在使用前后进行彻底的清洁和消毒，必要时进行灭菌处理。清洁和消毒程序需经过验证。

确保生产用水（如纯化水、注射用水）符合药典标准，定期监测水质微生物指标。

7. **中间产品保护** 对于生产过程中产生的中间产品，应采取措施防止其受到污染，如合适的容器密封和存储条件。

8. **质量监控** 实施全过程的质量监控，包括对生产环境、操作过程和最终产品的微生物检测。

9. **虫害控制** 建立完善的虫害控制体系，包括定期消杀、封堵入口等措施。

监测虫害活动情况，及时采取应对措施。

10. **废弃物处理** 合理处理生产过程中产生的废弃物，防止其成为污染源。

11. **产品防护** 在储存和运输过程中，确保产品得到适当的保护，防止污染。

12. **变更控制** 对于生产过程中的任何变更，应评估其对产品微生物控制策略的影响。

例如，在洁净车间内安装高效空气过滤器，定期检测空气中的微生物和尘埃粒子数，一旦超标及时采取措施改善。对关键生产设备，如灌装机，在每次使用后用75%酒精进行擦拭消毒，并通过微生物检测验证消毒效果。对进入车间的人员进行严格的卫生培训和考核，要求他们必须按照规定的程序洗手、更衣、佩戴口罩和手套。对进入车间的物料，在入口处进行表面消毒处理，并存放在规定的洁净区域。在一些高风险的工艺环节，如无菌制剂的生产中，采用无菌隔离技术。选择不会残留且对产品无害的清洁用品，并将其存放在专门的区域。对生产用水的水质进行定期检测，确保符合标准，每月对水系统进行消毒处理。在车间周围设置防虫设施，定期进行虫害消杀，每天检查车间内是否有虫害活动迹象，发现后立即处理。通过以上全面系统的措施来切实有效地保护产品和物料免受微生物和其他污染。

278 在干燥物料或产品，尤其是高活性、高毒性或高致敏性物料或产品生产过程中，应该采取哪些特殊措施来防止粉尘的产生和扩散？

在干燥物料或产品，特别是高活性、高毒性或高致敏性物料或产品的生产过程中，防止粉尘的产生和扩散至关重要，因为这不仅关乎产品质量，还直接影响操作人员的安全和健康。为了符合 GMP 的规定，以下是一些应当采取的特殊措施。

1.生产区域隔离 将干燥区域与其他生产区域隔离，确保干燥物料或产品的粉尘不会污染其他产品或环境。

采用物理隔离手段，如设置隔离罩、隔离间等，将干燥区域与其他区域隔离开来。

对于高风险物料，考虑使用负压隔离系统，确保粉尘不会扩散到外部环境。

2.封闭式操作 使用封闭式设备和系统进行物料的干燥，如密闭的干燥器、真空干燥箱、流化床干燥机等，以减少粉尘的产生和扩散。

确保所有操作都在封闭的环境中进行，如使用手套箱或隔离器。

确保所有物料转移点都采用密封设计，包括料斗、输送带和管道连接。

对于高风险物料，干燥设备应设计为负压操作，以防止粉尘外溢至洁净区或环境。

3.局部排风系统 在干燥设备附近安装局部排风系统，以及时抽走产生的粉尘，减少其在空气中的停留时间。

排风系统应具备高效过滤功能，确保排出的空气不含有害粉尘。

干燥设备排气口安装如高效空气过滤器（HEPA）、风机过滤单元（FFU）或其他适宜级别的过滤系统，确保排放气体中的粉尘含量低于规定限值。

合理设计车间内的气流走向，避免干燥区域的空气流向低风险区域，采用层流或逆流等气流方式减少粉尘扩散。

4.粉尘收集与处理 安装高效的粉尘收集装置，如布袋除尘器、静电除尘器、旋风分离器等，及时收集干燥过程中产生的粉尘。

对收集到的粉尘进行妥善处理，按照相关规定进行安全处置（用安全的方法进行处置或回收利用），防止二次污染。

5.设备选型与优化 选用专门设计的低粉尘产生的干燥设备，如密封性能良好的真空干燥机、流化床干燥器等。

对现有设备进行改造和升级，增强其密封性能，减少粉尘逸出的可能。

设计干燥设备时，考虑物料的流动性和粉尘的产生，采用减少粉尘扩散的设计，如防尘密封和低扬尘技术。

定期对设备进行维护和清洁，确保设备性能符合规程要求。

改进设备设计，减少物料在干燥过程中的摩擦和碰撞，从而降低粉尘的产生。

6.**工艺优化**　优化干燥工艺，降低粉尘产生的可能性，例如通过调整干燥温度、湿度和时间等参数。

选择适宜的温度和湿度参数，避免因过度干燥导致物料破碎产生更多粉尘。

缓慢加入待干燥的物料，以减少粉尘的产生。

在干燥前，对某些物料采用预湿润或包衣等技术，减少干燥过程中粉尘的产生。

使用粉尘抑制剂或湿润剂（水或其他溶剂）来减少粉尘的形成。

7.**加强环境监控和管理**　对干燥区域的空气质量进行实时监测，确保粉尘浓度控制在安全范围内。

定期对干燥区域进行清洁和消毒，减少粉尘的沉积和滋生。

8.**物料处理**　采用无尘操作技术，如真空输送、自动称重等，减少人工操作过程中粉尘的产生。

对物料进行密封包装，减少在运输和储存过程中的粉尘扩散。

9.**人员防护**　为操作人员配备合适的个人防护装备，如防尘口罩、护目镜、防护服等。

对人员进行严格的培训，使其了解粉尘的危害及正确的操作和防护方法。

例如，在生产高活性物料时，选用全封闭的真空干燥机，并对设备的各个接口和缝隙进行严格密封处理。在干燥过程中，通过精确控制温度和风速，减少物料的破碎和粉尘的产生。在干燥高毒性物料的区域设置负压隔离间，确保内部的粉尘不会泄漏到外界。在干燥设备的出风口安装布袋除尘器，有效收集干燥产生的粉尘。操作人员进入该区域时，必须穿戴全套防护装备，并严格按照操作规程进行操作。每次生产结束后，对干燥区域进行全面的清洁，使用吸尘器等工具清理粉尘。同时，安装粉尘浓度监测仪，实时监测环境中的粉尘浓度，一旦超标立即采取应急措施，如暂停生产、加强通风等。通过这些综合措施的实施，能够有效地防止粉尘的产生和扩散，保障生产的安全和环境的健康。

279　在第一百九十一条中所说的"必要的操作室"具体是指哪些操作室？

在 GMP 中提到的"必要的操作室"通常指的是那些在药品生产过程中直接参与产品加工、处理、包装或存储的关键区域。这些操作室对于保证产品质量和防止交叉污染至关重要。具体而言，"必要的操作室"可能包括但不限于以下几类。

1.**原料准备区**　称量室：用于精确称量原料的操作室，需要确保原料的准确性和避免污染。

混合室：用于将原料混合均匀的操作室，混合过程可能会影响产品的最终质量。

2.**制剂加工区**　制粒室：进行颗粒制备的操作室，如湿法制粒、干法制粒等。

压片室：用于将颗粒压制成片剂的操作室。

胶囊填充室：用于填充胶囊的操作室，需要精确控制填充量。

包衣室：用于对片剂或颗粒进行包衣处理的操作室，包衣材料和工艺的选择对产品稳定性有重要影响。

3.**提取车间**　提取操作室：涉及提取工艺的操作室，标识能准确反映正在进行的提取任务。

发酵操作室：对于发酵类产品的生产，标识对于区分不同批次和产品至关重要。

过滤/分离室：在生产过程中，对溶液或悬浮液进行过滤、离心分离等操作的房间。明确标识有助于追踪和控制不同批次的物料流动。

4.**合成车间**　结晶操作室：在结晶过程中，标识可明确具体的产品和参数。

干燥操作室：干燥物料的区域，清晰的标识有助于防止错误操作和混淆。

5.**无菌/洁净操作区**　无菌灌装室：用于无菌产品的灌装操作室，如注射剂、眼药水等的灌装。

灭菌室：用于对产品或物料进行灭菌处理的操作室，确保产品无菌。

6.**包装区**　内包装室：进行产品初级包装的操作室，如瓶装、袋装等。

外包装室：进行产品次级包装的操作室，如装箱、封箱等。

7.**质量控制实验室**　虽然不是直接的生产区域，但在样品分析、检验过程中使用的容器和设备也需要标识，清晰的标识有助于实验室人员准确地追踪和记录每个样品的信息，确保样品的正确处理和测试。

8.**存储区**　原料仓库：存放原料的仓库，需要分类存放并标识清楚。

中间产品库：存放生产过程中的中间产品。

成品仓库：存放成品的仓库，需要按照批号和有效期进行管理。

9.**辅助操作室**　清洗消毒室：用于生产设备和容器的清洗、消毒处理。

更衣室：生产人员在进入洁净区前需更换工作服并进行必要的清洁处理。

缓冲间：连接不同洁净级别的区域，用于人员或物料的过渡。

10.**安全与环保操作室**　危险品库：存放生产过程中涉及的有毒有害、易燃易爆等危险品。

废气处理室：用于处理生产过程中产生的废气，确保其达标排放。

废水处理室：对生产过程中产生的废水进行处理，以满足环保要求。

在这些必要的操作室中，所有的物料、中间产品或待包装产品的容器及主要设备都需要进行明确的标识，包括产品或物料的名称、规格、批号，以及在必要时标明生产工序。这样的标识有助于确保生产过程中的正确追踪和识别，防止混淆和错误，同时也是GMP合规性的一个重要方面。

需要注意的是，具体的操作室类型和数量可能会根据企业的生产规模、产品类型和工艺流程的不同而有所差异。因此，企业在实施 GMP 时，应根据自身的实际情况来确定哪些操作室属于"必要的操作室"，并确保这些操作室满足 GMP 的相关要求。

280 在何种情况下需要在标签上额外标明生产工序，以及如何执行这一要求？

一、需要在标签上额外标明生产工序的情况

1.**多步骤生产工艺** 当产品需要经过多个生产步骤或阶段时，每个步骤都可能对产品的质量和纯度产生影响。因此，在标签上标明生产工序可以帮助确保每个步骤都得到适当的控制和记录。

2.**关键控制点** 某些生产步骤可能包含关键控制点，即对产品质量有显著影响的操作或参数。通过在标签上标明这些关键控制点，可以提醒操作人员注意并确保它们得到适当的监测和控制。

3.**特殊操作要求** 某些生产步骤可能需要特殊的操作要求，如无菌操作、低温操作或特定设备的使用。通过在标签上标明这些特殊要求，可以确保操作人员了解并遵守它们，以减少污染或混淆的风险。

4.**可追溯性要求** 在某些情况下，监管机构或客户可能要求能够追溯产品到其生产过程中的特定步骤或操作。通过在标签上标明生产工序，可以提供必要的信息来支持这种可追溯性要求。

5.**多品种共线生产** 在同一生产线上生产多种药品时，为了避免混淆和误操作，标明生产工序可以清晰地区分各个产品的生产状态。

6.**特殊工艺要求** 某些药品生产可能涉及特殊的工艺要求，如特定的混合、发酵、提取等步骤，这些关键工序需要在标签上明确标注，以确保操作的准确性和可追溯性。

7.**产品特性需求** 对于具有特殊性质的产品，如生物制品、高活性药物或易变质产品，其生产工序可能对产品质量有决定性作用。因此，这些产品的标识应更加详尽，包括关键生产工序，以确保生产过程的严格控制。

二、如何执行标签上额外标明生产工序的要求

1. 在设计生产工艺和标签时，评估是否需要在标签上额外标明生产工序。这可能涉及与工艺开发团队、质量控制团队和监管事务团队的合作。

2. 制定明确的标识规范和标准操作程序，详细规定在何种情况下需要标明生产工序以及具体的标注方式。

3. 如果确定需要在标签上标明生产工序，则设计适当的标签格式和内容。这可能包括选择适当的字体、颜色和布局，确保标签内容清晰、易读，且不易脱落。除了文字说明外，还可以考虑使用不同的颜色、符号或条形码等辅助手段来区分不同的生产工序，提高标识的清晰度和可读性。

4. 确保所有相关人员都接受过适当的培训，了解在标签上标明生产工序的要求以及

如何正确地应用和读取这些信息。

5.实施适当的控制措施，以确保在生产过程中正确地应用和维护标签信息。这可能包括使用防篡改标签、定期检查和更新标签信息，以及在发生变更时进行适当的记录和沟通。

6.维护适当的记录，包括标签设计、人员培训和控制措施的实施情况。定期审核这些记录，以确保符合 GMP 要求并识别任何潜在的改进机会。

例如，在生产一种需要经过多步化学反应的药物时，可能需要在标签上标明具体的反应工序，如"第一步反应""第二步反应"等。操作人员在进行每个工序时，按照规范要求在相应的容器或设备上贴上准确的标签。在记录文件中详细记录每个工序的执行情况。质量管理人员定期检查标签和记录，确保工序标注的准确性。如果后续发现产品存在质量问题，可以通过标签上的生产工序信息快速追溯到具体的问题环节，进行针对性的分析和改进。通过这样严格的执行要求，确保在需要时能够准确地标明生产工序，从而更好地保证药品生产的质量和可追溯性。

281 容器、设备或设施所用标识应该如何设计？

根据 GMP 的规定，容器、设备或设施所用的标识设计应当遵循以下 5 个核心原则。

1.清晰性　标识必须足够清晰，以便于快速识别和理解。这意味着字体大小应适中，对比度要高，确保在不同光线条件下都能清楚阅读。

2.一致性　标识的格式和内容应经过企业内部相关部门的批准，并在整个生产过程中保持一致。这有助于减少混淆，提高工作效率。

3.区分性　除了文字说明外，应采用颜色编码来区分不同状态，如待验、合格、不合格或已清洁。颜色的选择应符合行业标准或企业内部的统一规定，以确保所有员工都能理解和遵守。

4.耐久性　由于药品生产环境可能存在化学品、湿度、温度变化等因素，标识材料的选择应考虑到其耐久性和适应性，确保标识在整个使用周期内保持完好。

5.合规性　标识的设计和使用必须符合国家相关法规和标准的要求，以及企业的内部质量管理体系。

在具体实施时，标识的设计可以包括以下 5 个方面。

1.使用简洁明了的文字来说明容器的用途、设备的型号、设施的功能等关键信息。

2.根据状态的不同，使用不同的颜色来标记。例如，绿色可能代表合格，红色代表不合格，黄色代表待验，蓝色代表已清洁等。

3.可以使用国际通用的图形符号来辅助说明，特别是在多语言环境中，图形符号能跨越语言障碍，提供更直观的指示。

4.对于需要追踪的物品，可以附加条形码或二维码，方便通过扫描获取更详细的信息，如批次号、有效期、责任人等。

5.标识的位置应易于观察，且不影响正常操作。对于移动设备，标识的方向应始终保持一致，以便无论设备处于何种位置，都能正确读取信息。

综上所述，容器、设备或设施的标识设计是一项细致且专业的工作，它不仅关系到生产现场的安全与效率，也是企业质量管理体系的重要组成部分。因此，企业在设计和实施标识系统时，应充分考虑上述因素，确保标识既符合GMP，又能满足实际生产的需要。

例如，在设计容器标识时，采用较大字号清晰地写上物料名称，下方用稍小字号注明规格和批号。对于待验状态的容器，使用醒目的黄色标签，并在标签上配以"待验"字样和相关图标。标识粘贴在容器的正面上方，牢固且不易脱落。设备标识同样采用规范格式，包含设备编号、名称等信息，合格状态用绿色标识，贴在设备显眼处。设施的标识也遵循统一风格，颜色鲜明地指示其状态。通过精心设计这些标识，使其能够准确、高效地传达信息，满足GMP的要求，保障药品生产的顺利进行和质量安全。

282 如何检查产品从一个区域输送至另一个区域的管道和其他设备连接，确保连接正确无误？

确保产品从一个区域输送至另一个区域的管道和其他设备连接正确无误，可以采取以下检查步骤。

一、制定检查计划

1.确保所有涉及产品输送的管道和设备连接均正确无误。

2.列出所有需要检查的管道和设备连接点。

3.根据生产实际情况，确定合适的检查频次（如每日、每周或每月等）。

二、检查前的准备工作

1.熟悉设计图纸和相关技术资料，了解管道和设备的布局、走向及连接方式。

2.准备必要的检查工具和仪器，如手电筒、放大镜、测量工具等。

三、实施现场检查

1.**视觉检查**　对管道和设备连接进行目视检查，观察是否存在明显的连接松动、错位或损坏现象。

2.**手动检查**　对可触及的连接部位进行手动拧紧或摇晃，确认连接是否牢固。

3.**使用工具**　借助扳手、螺丝刀等工具，对关键连接部位进行紧固检查，确保连接紧密无泄漏。

四、管道与设备连接的检查要点

1.**核对连接方式**　确认管道与设备之间的连接方式是否符合设计要求，如法兰连接、螺纹连接、焊接等。检查连接处是否牢固、紧密，无泄漏现象。

2.**检查密封性能**　对于需要密封的连接点，应使用合适的密封材料，并确保密封严实，防止产品泄漏或外界污染物进入。

3.确认连接方向 检查管道与设备的连接方向是否正确，确保产品能够顺畅地从一个区域输送至另一个区域。

4.检查支撑和固定 确保管道和设备连接处有适当的支撑和固定措施，防止因振动或温度变化导致的连接松动或损坏。

5.验证清洁度 检查连接处是否干净、无杂质，确保在输送过程中不会对产品造成污染。在投入使用前，对管道系统进行彻底的清洗和消毒，确保无残留物和微生物污染。

五、验证连接正确性

1.系统测试 对产品输送系统进行整体测试，观察产品是否能够顺利从一个区域输送至另一个区域，同时检查是否有泄漏或回流现象。

2.压力测试 对管道系统施加适当的压力，验证连接部位的密封性能，确保在正常工作压力下无泄漏。

3.真空测试 对于某些不允许有空气进入的产品，进行真空测试以验证密封性能。

4.功能测试 模拟实际操作条件，检查管道和设备的运行是否正常，如阀门的开关、泵的输送能力等。

5.清洁验证 在更换产品或清洗管道后，进行清洁验证，确保连接部位无残留物，防止交叉污染。

六、记录与报告

1. 详细记录每次检查的过程和结果，包括发现的问题和整改措施。

2. 定期汇总检查结果，编写检查报告，向相关部门和管理层汇报。

七、持续改进

1. 针对检查中发现的问题，深入分析原因，制定有效的改进措施。

2. 根据检查结果和经验教训，更新相关操作规程，提高操作人员的意识和技能水平。

3. 定期对操作人员进行管道和设备连接方面的培训，提高他们的检查和维护能力。

283 每次生产结束后，如何进行清场以确保没有遗留物料、产品和文件？

每次生产结束后进行清场是确保生产设备和工作场所没有遗留与本次生产有关的物料、产品和文件的关键步骤。以下是进行清场的详细步骤和措施。

一、制定清场程序

制定详细的清场标准操作规程（SOP），包括清场的步骤、人员职责和记录要求。SOP应明确规定清场的范围、频率和方法。

确保所有相关人员都接受过清场程序的培训，包括生产线操作员、设备维护人员和质量控制人员等。

二、执行清场操作

1.物料清理 检查并清理生产设备和工作场所，确保没有遗留的物料、产品或包装材料。这包括检查料斗、料仓、输送带、容器和包装设备等。生产剩余的原料、中间体和成品应按照规定退回仓库或妥善处理，确保生产区域内无遗留。生产过程中产生的废弃物应分类收集，按照环保要求进行处置，避免污染。

2.文件清理　收集并整理与本次生产有关的所有文件，包括生产记录、批记录和检验报告等。确保文件的完整性和准确性，并将其存放在适当的文件柜或数据库中。非必要的临时记录或废纸应销毁或妥善处理，确保工作场所无遗留文件。

3.设备清理　根据需要，对生产设备进行适当的清理、消毒或维护，以确保其清洁、完好并准备好进行下一次生产。使用专用的清洁工具和清洁剂，对设备的内部和外部进行全面清洁，去除所有残留物料和产品。特别注意清洁设备的角落和缝隙，确保无死角。检查设备的所有部件，确认无物料、产品残留。对于不易清洁的部分，可以拆卸下来进行单独清洁。清洁完成后，对设备进行干燥处理，防止残留水分对设备造成损害。

三、记录清场情况

填写清场记录表格，包括清场日期、时间、执行人员和清场结果等信息。清场记录应与批记录和其他相关文件一致，并作为生产记录的一部分进行保存。

清场完成后，由负责清场的人员在清场记录上签名确认，以证明清场操作已正确执行。

四、确认清场结果

在下次生产开始前，由指定的人员进行目视检查，确认清场操作已正确执行，并且没有遗留的物料、产品或文件。

审查清场记录和其他相关文件，确保清场操作已按照SOP的要求正确执行，并且没有遗漏或错误。

必要时，使用适当的检测仪器对设备和工作场所进行残留物检测，确保清洁效果符合要求。

五、纠正措施

如果在清场过程中发现任何问题或异常情况，应立即报告给相关负责人，并采取适当的纠正措施。

定期审查清场程序和记录，识别任何潜在的问题或改进机会，并采取适当的行动来解决或改进清场操作。

例如，在物料清理时，操作人员使用专用的铲子和扫帚将设备角落的物料清扫出来，装入规定的容器中。对于产品，逐一检查工作台上、传输带上是否有遗漏的产品，并将其妥善放置。文件方面，仔细核对每一份记录，确保都被收集齐全。设备清洁时，针对不同类型的设备采用合适的清洁方法，如对于精密设备使用柔软的擦拭布。工作场所清扫时，不放过任何一个角落。检查人员使用强光手电筒仔细检查设备内部和难以到达的区域。最后，将清场的详细信息如实记录在清场记录表中，包括发现的任何问题和解决措施。通过严格按照这些步骤进行清场操作，能够有效确保没有遗留物料、产品和文件，为下一次生产做好准备，保障药品生产的合规性和质量安全。

284 如何避免出现任何偏离工艺规程或操作规程的偏差？

为了避免出现任何偏离工艺规程或操作规程的偏差，企业需要采取一系列预防措施和质量管理策略。以下是具体的建议和步骤。

1.完善的规程制定 首先，企业需要制定详细、准确的工艺规程和操作规程，确保工艺规程和操作规程（SOP）详尽、准确、易于理解，并且与实际生产流程相匹配。规程应涵盖所有关键步骤、操作条件、设备设置、物料规格、质量控制点等。同时，规程应该及时更新，以适应生产工艺和设备的变化。

2.规程的审核与批准 所有规程在实施前应由相关部门（如质量保证部门、生产部门、工程部门等）的专业人员进行审核和批准，确保其科学性和合规性。

3.员工培训 员工是生产过程中最重要的因素之一。企业应该定期对员工进行工艺规程和操作规程的培训，确保他们完全理解并能正确执行规程。培训应包括理论学习和实践操作，特别是对新员工和转岗员工的培训更为重要。此外，建立严格的考核和奖惩机制，激励员工遵守规程，提高生产过程的合规性。

4.过程监控 在生产过程中实施有效的监控措施，实时跟踪生产参数，确保其符合工艺要求，包括实时监控关键工艺参数、定期检查操作人员的执行情况、使用自动化控制系统减少人为错误等。

指定质量监督人员或生产主管在现场监督，确保规程的正确执行。

使用现代化的监控系统，如 SCADA 系统，实时监控生产过程，及时发现和纠正偏差。

5.变更管理 任何对工艺规程或操作规程的变更都应经过严格的变更管理程序，包括变更申请、评估、批准、实施、验证和后续监控。

在实施变更后，及时更新相关的工艺规程、操作规程和培训材料，以确保所有相关人员都了解并遵守新的程序。

确保所有相关人员都及时收到变更通知，并了解变更的原因、影响和新的程序要求。

6.质量风险管理 运用质量风险管理（QRM）原则，识别潜在的偏差点，并采取预防措施降低风险。例如，对于历史数据中频繁出现的偏差，应分析原因并制定针对性的改进措施。

制定应急计划，以便在出现偏差时能够迅速有效地响应。

7.良好的沟通机制 建立有效的内部沟通机制，确保生产、质量控制、工程等各部门之间信息流通顺畅，及时发现并解决问题。

鼓励员工报告任何偏离工艺规程或操作规程的情况，并提供适当的反馈机制。这可以包括匿名报告系统、定期的员工会议和开放的沟通渠道。

8.建立偏差处理机制 建立鼓励报告偏差的文化，确保任何偏差都能被及时识别并上报，避免隐瞒不报。

一旦发现偏差，立即启动偏差处理程序，对偏差进行调查、分析和纠正。

对发生的偏差进行深入调查，采用鱼骨图、5Why等工具进行根本原因分析，避免重复发生。

针对历史偏差数据，制定偏差预防计划，分析偏差的根本原因，采取纠正和预防措施（CAPA），防止类似偏差的再次发生。

将偏差调查结果和改进措施纳入知识管理系统，供全体员工学习和借鉴。

9.应急预案 制定应急预案，对于可能发生的突发事件或异常情况，提前规划应对措施，减少对生产流程的干扰。

10.审计与自检 定期进行内部审计和自检，检查规程的执行情况，识别潜在的问题点，并及时纠正。

285 如何定义"经批准的人员"，他们需要满足哪些条件才能被允许出入生产厂房？

一、"经批准的人员"定义

"经批准的人员"指的是那些经过企业正式授权，具备必要资质和知识，且通过相关培训和考核，被允许进入生产厂房进行工作或参观的人员。这些人员包括但不限于生产操作人员、质量控制人员、设备维修人员、管理人员以及经特别许可的访客等。

二、出入生产厂房的条件

1.身份认证与授权 所有人员在进入生产厂房前，必须通过企业的身份认证系统，确认其身份和访问权限。这通常涉及员工工卡、指纹识别、面部识别等身份验证手段。

2.培训与考核 相关人员应接受GMP知识、卫生规范、安全操作等方面的培训，并通过考核，确保他们了解并遵守生产厂房的各项规定。

3.健康与安全要求 人员需符合特定的健康标准，例如，不能患有传染性疾病。此外，他们应穿戴符合规定的洁净服，并遵守所有的安全规程。

4.行为准则 经批准的人员必须遵守生产厂房的行为准则，包括但不限于保持个人卫生、不携带违禁品进入生产区、不随意触碰与生产无关的设备等。

5.保密协议 对于涉及敏感信息或知识产权的生产区域，进入人员可能需要签署保密协议，保证不泄露任何机密信息。

6.临时出入人员的特殊审批 对于因特殊原因需要临时进入的人员，如参观人员、外部专家等，需经过特别的审批程序，明确其活动范围和监督要求。对于临时访客，应有专人陪同，并提供必要的培训和指导，确保他们遵守GMP规定。

7.监督与记录 所有进入生产厂房的人员应受到监督，并且其进出记录需要被严格保存和管理，以便在必要时进行追溯。

三、管理与执行

企业应建立一套完善的管理制度来确保只有经批准的人员才能进入生产厂房。这包括制定明确的准入流程、培训和考核机制、监督措施以及应急预案等。此外，定期的内部审核和外部审计也是确保制度有效执行的重要手段。

综上所述，"经批准的人员"不仅是一个简单的身份标识，更代表了一系列严格的资质认证、培训、健康和安全标准。这些标准的严格执行，是确保药品生产质量、安全和合规性的关键。

286 应如何实施和维护生产厂房的出入控制系统，以确保只有经批准的人员能够出入？

为了实施和维护生产厂房的出入控制系统，确保只有经批准的人员能够出入，应遵循以下措施。

1. 制定出入控制规程 制定详细的出入控制规程，明确进入生产厂房的人员资格要求、审批流程、出入权限管理、访客管理等。

2. 人员分类 对人员进行分类，如生产人员、质量控制人员、维修人员、管理人员等，并根据其职责确定访问权限。

3. 身份验证系统 实施电子或生物识别的身份验证系统，如门禁卡、指纹扫描、面部识别等，以控制对生产区域的物理访问。

4. 访问记录 维护详细的访问记录，包括访问者的身份、访问时间、访问目的和访问时长。

5. GMP培训 确保所有经批准的人员都接受了GMP培训，了解生产区域的安全和卫生要求。

6. 个人防护装备 要求所有进入生产区域的人员穿戴适当的个人防护装备（PPE），如工作服、手套、口罩、帽子等。

7. 更衣程序 制定严格的更衣程序，确保人员在进入生产区之前更换为清洁的工作服。

8. 健康检查 定期对生产人员进行健康检查，确保他们没有传染病或其他可能影响产品质量的健康问题。

9. 清洁和消毒 确保所有人员在进入生产区之前遵守清洁和消毒程序。

10. 访问权限审核 定期审核和更新访问权限，确保它们与人员当前的职责和工作需求相符。

11. 安全教育 对所有人员进行安全教育，强调遵守出入控制程序的重要性。

12. 监控系统 安装监控摄像头，以监控生产区域的出入情况，确保访问控制措施得到遵守。集成报警系统，一旦检测到未经授权的出入尝试，立即触发警报。

13. 应急计划 制定应急计划，以便在发现未授权访问时迅速采取行动。制定针对出入控制系统故障或安全事件的应急计划。确保在发生紧急情况时，能够迅速响应并采取适当的措施。

14.定期审计　定期进行内部审计，检查出入控制系统的有效性，并根据审计结果进行改进。

15.标识和指示　在生产区域的入口处设置明显的标识和指示，提醒只有经批准的人员才能进入。

16.访问权限的撤销　在人员离职、职责变更或发现违反GMP规定时，及时撤销或调整其访问权限。

17.技术支持和维护　确保所有出入控制设备得到适当的技术支持和定期维护。

18.物理安全措施　在关键区域安装额外的物理安全措施，如锁具、报警系统和围栏。定期进行安全检查，确保没有未经授权的入口或潜在的安全隐患。

19.法规遵从性　确保出入控制系统符合所有相关的法规和行业标准。

第二节　防止生产过程中的污染和交叉污染

287 **在采取各种措施防止污染和交叉污染时，如何确保这些措施的有效性和可操作性？**

为了确保污染和交叉污染预防措施的有效性和可操作性，药品生产企业应采取以下措施。

1.风险评估先行　在实施任何措施前，首先进行全面系统的风险评估，识别可能的污染源和交叉污染的风险点。

根据风险评估的结果，制定相应的预防和控制策略，确保这些策略能够针对性地解决潜在的风险。

根据风险级别确定重点关注领域和优先采取的措施。

2.设施设计和布局　设计和布局生产设施，以实现物理分离和气流控制，防止不同品种药品之间的交叉污染。

分配专用区域用于不同品种药品的生产，并采取措施防止人员和物料交叉流动。

设计专门的隔离区域或使用封闭系统进行生产，以减少污染的可能性。

3.生产计划和调度　制定生产计划和调度，以避免不同品种药品同时或连续生产，从而最大限度地减少交叉污染的风险。

采用阶段性生产方式，在生产同品种药品之间进行彻底的清洁和消毒。

4.设备和工艺控制　使用专用设备和工艺，防止不同品种药品之间的交叉污染。

实施严格的清洁和消毒程序，以确保设备和工艺在生产不同品种药品之间保持清洁。

5.**操作控制与程序化管理**　制定严格的操作程序和工作指导书，确保每一步操作都能按照GMP要求执行，减少人为操作错误导致的污染风险。

6.**人员培训和管理**　对人员进行培训，使其了解污染和交叉污染的风险以及预防措施的重要性。

实施人员管理措施，防止人员在不同品种药品的生产区域之间交叉流动。

7.**监控和记录**　建立监控系统，定期检查和记录生产过程中的关键参数，以确保预防措施的有效性。

保留详细的记录，记录生产过程中的所有预防措施和监控结果。

8.**持续改进**　定期审查和评估污染和交叉污染预防措施的有效性。

根据风险评估和监控结果，持续改进预防措施，以提高其有效性和可操作性。

288　如何验证分隔区域内生产不同品种药品的有效性？

为了验证分隔区域内生产不同品种药品的有效性，确保符合GMP的规定，可以采取以下措施进行全面、系统和深入的验证。

1.**物理屏障验证**　验证分隔区域之间的物理屏障，如墙壁、天板和地板，是否能有效防止交叉污染。

使用烟雾发生器或其他可视化技术，观察空气流和交叉污染的可能性。

2.**空气流验证**　验证分隔区域内的空气流是否定向且受控，以防止交叉污染。

用风速计和烟雾发生器，测量空气流速和方向，并评估交叉污染的风险。

3.**微生物监测**　分隔区域内进行微生物监测，以检测是否存在交叉污染。

采集空气和表面样品，并在培养基中培养，以检测微生物污染。

4.**产品残留分析**　分析不同品种药品的残留物，以评估交叉污染的可能性。

使用色谱法或其他分析技术，检测药品残留物，并评估其浓度是否超过可接受的限度。

5.**清洁验证**　验证分隔区域的清洁程序是否能有效去除不同品种药品的残留物。

使用拭子采样和分析技术，检测清洁后残留物的浓度，并评估其是否符合可接受的限度。

6.**人员和物料流动管理的验证**　验证分隔区域内的人员流动是否受控，以防止交叉污染。

观察人员流动模式，并评估交叉污染的风险。

对人员和物料的流动路线进行设计和管控，并进行验证，确保不同品种的生产人员和物料不会发生交叉污染。

验证更衣程序、人员进出管理、物料传递等措施的有效性，必要时进行模拟测试。

7.**工艺验证和产品质量监测**　对分隔区域内生产的不同品种药品进行工艺验证，确保关键工艺参数和操作步骤能够稳定地生产出符合质量标准的产品。

对产品进行质量监测，包括理化检验、微生物限度检查等，持续评估分隔措施对产品质量的影响。

8.人员操作与管理验证 验证操作人员是否接受了充分的GMP培训，并能够正确执行生产操作。定期对操作人员进行考核，确保其具备必要的技能和知识。

检查生产过程中的各项操作流程是否符合GMP要求，如物料进出、设备清洁与消毒、生产记录等，以确保操作的规范性和可追溯性。

9.持续监测 定期进行验证研究，以持续监测分隔区域内交叉污染的有效性。

根据验证结果，调整控制措施，以确保持续符合GMP要求。

例如，在某药品生产企业中，对分隔区域的气流进行了详细的评估和监测，确定了合理的换气次数和气流方向。同时，对清洁验证进行了严格的实施和检测，确保清洁后无残留。通过对生产的产品进行长期的质量监测，发现与在其他区域生产的产品质量相当，且未出现交叉污染的迹象。此外，定期进行风险评估，根据评估结果不断优化分隔区域的管理措施和操作流程。通过这些综合的验证方法，能够有力地证明分隔区域内生产不同品种药品的有效性，确保符合GMP的要求。

289 阶段性生产方式具体包括哪些步骤？

阶段性生产方式，作为防止污染和交叉污染的重要策略之一，是指在药品生产过程中，通过时间上或空间上的分隔，将不同生产阶段或不同产品的生产活动有序安排，确保各阶段或各产品间不会相互影响。具体来说，阶段性生产方式包括以下9个关键步骤。

1.生产计划的制定 首先，根据药品的特性、生产需求及厂房设备条件，精心规划生产日程表。这一步骤需要考虑不同产品的生产批次、工艺流程、清洁验证周期等因素，确保在时间安排上避免交叉污染风险。

2.生产区域的划分与隔离 在物理空间上，通过建造独立的生产区域或使用可移动隔断、空气净化系统等手段，实现不同生产阶段或不同产品的严格分隔。对于多功能生产区，需确保在不同生产批次之间有充分的清洁和消毒，有时还需进行必要的改造或调整布局。

3.生产设备的专用或清洁验证 针对共用设备，制定详细的清洁验证方案，确保在生产不同产品或批次之间，通过有效的清洁和消毒程序去除前一批次的残留物，防止交叉污染。必要时，使用专用设备以降低风险。

4.物料与产品的管理 在阶段性生产中，对原料、辅料、中间体及成品进行严格管理，确保它们在存储、转移、使用过程中不会混淆。这包括使用明确标识、封闭式转移系统、清洁的容器和工具等措施。

5.人员培训与着装 对参与生产的人员进行严格培训，确保他们了解不同阶段或产品的生产要求、清洁规程及个人卫生标准。同时，通过穿戴适当的洁净服、手套、口罩等，防止人员成为污染源。

6.环境监控与控制 对生产环境进行持续的监控，包括空气洁净度、温湿度等，确保符合相应药品的生产要求。在生产转换期间，实施额外的环境监测，验证清洁效果。

7.清洁与消毒程序 制定详尽的清洁与消毒SOP（标准操作规程），包括使用的清洁剂、消毒剂的选择、清洁方法、验证标准等。生产转换时，执行这些程序，确保生产区域、设备和器具的清洁状态。

8.记录与文件管理 详细记录每个生产阶段的操作过程、清洁验证结果、环境监测数据等，确保所有活动均可追溯。文件管理应符合GMP要求，包括电子记录的管理与备份。

9.风险评估与持续改进 定期进行生产过程的风险评估，识别可能的污染和交叉污染风险点，根据评估结果调整生产策略和控制措施。持续优化生产流程，提高防止污染的效率和效果。

290 如何定义"定期"检查防止污染和交叉污染的措施，以及应如何确定检查的频率？

在药品生产过程中，确保质量管理的全面性与合规性至关重要。针对GMP中关于"定期检查防止污染和交叉污染的措施"的要求，这里的"定期"并没有给出一个具体的时间间隔，而是留给企业根据自身的实际情况和风险评估来决定。以下是对"定期"的定义及检查频率确定方法的详细阐述。

一、"定期"的定义

在药品生产领域，"定期"一词通常指的是按照既定的时间间隔或根据特定的触发条件进行的检查。这种安排旨在确保防止污染和交叉污染的措施持续有效，且能够及时发现并纠正潜在问题。因此，"定期"不仅指固定周期的检查，还可能包括基于生产活动变化、设备状态、环境监测结果等因素触发的非常规检查。

二、确定检查频率的因素

检查频率的确定应综合考虑以下因素。

1.风险评估 企业应当首先对生产过程中可能出现的污染和交叉污染风险进行全面的评估。这包括但不限于原材料的性质、生产工艺的特点、设备的清洁程度、操作人员的培训和管理、生产环境的控制等因素。根据风险评估的结果，企业可以确定哪些环节需要更频繁的检查，哪些环节可以适当延长检查周期。

2.历史数据分析 企业应当收集和分析历史上的污染事件记录，以及以往检查的数据。通过这些数据的分析，可以发现污染事件的规律和趋势，从而为确定检查频率提供依据。如果历史数据显示某些环节容易发生污染，那么这些环节就需要更频繁的检查。

3.法规与标准要求 虽然GMP没有明确规定"定期"的具体含义，但企业还需要参考相关的法规、行业标准和指南。例如，某些特殊类型的药品可能有额外的监管要求，或者某些国际组织发布的指南可能会提供更为详细的建议。

4.生产工艺和设备特性　考虑生产工艺的复杂性和设备的维护状况，这些因素可能影响污染的风险。

对于高复杂性或维护需求较高的工艺和设备，增加检查的频率。

5.产品特性　考虑产品的特性，如敏感性、稳定性和对污染的抵抗力，以确定检查的严格程度。

6.环境监控数据　利用环境监控数据，如空气质量检测结果，来评估污染控制措施的有效性，并据此调整检查频率。

7.生产线的复杂性　复杂的生产线可能涉及更多的污染和交叉污染风险点，因此需要更频繁的检查。

8.变更管理　当生产过程、设备、原料或人员等发生变更时，重新评估污染风险并调整检查计划。

确保变更后的措施能够得到有效监控和验证。

9.技术和设备的发展　随着技术和设备的不断进步，新的清洁和消毒技术可能会出现，这可能会影响到检查的频率。企业应当关注这些新技术的发展，并在必要时调整检查计划。

10.质量回顾　通过年度或周期性的质量回顾，评估污染控制措施的有效性，并根据回顾结果调整检查计划。

11.内部审计和外部审核的结果　企业内部的审计和外部的GMP审核也会对检查频率的确定产生影响。如果审计或审核中发现存在污染和交叉污染的风险，企业应当相应地增加检查的频率。

三、建议的检查频率

一般情况下，建议对防止污染和交叉污染的措施进行以下频率的检查。

实时监测：对于关键参数，如空气质量，实施实时监测，以便及时发现问题。

每月：对关键控制点（如洁净室、隔离器、灭菌设备）进行检查。

每季度：对非关键控制点（如生产区域、设备、人员）进行检查。

每年：对整个生产过程进行全面评估，包括污染和交叉污染风险评估。

四、应当加大检查频率的情形

1. 更复杂的生产环境可能需要更频繁的检查。

2. 如果历史上有污染或交叉污染事件，应增加检查频率。

3. 生产高风险药品（如注射剂）的设施可能需要更频繁的检查。

4. 任何重大的工艺或设备变更后，应进行额外的检查以确认新系统的有效性。

综上所述，"定期"检查防止污染和交叉污染的措施是一个动态的过程，需要企业根据自身情况和外部环境的变化不断调整和优化。通过科学合理的设定检查频率，并严格执行相应的检查程序，企业可以有效地降低污染和交叉污染的风险，确保药品生产的质量和安全。

291 如何评估防止污染和交叉污染措施的适用性和有效性？包括使用哪些标准和方法？

为了评估防止污染和交叉污染措施的适用性和有效性，可以从以下两个方面入手。

一、评估标准

1.是否符合相关法规和指导原则的要求，如GMP、《药品共线生产质量风险管理指南》等。

2.是否满足产品质量标准和工艺规程的要求，确保产品质量安全。

3.是否能有效预防和控制各类污染和交叉污染风险，包括微生物污染、化学污染、颗粒污染和交叉污染等。

4.是否具备可操作性和可持续性，便于现场落实和长期维护。

5.评估措施是否基于科学原理和风险控制理念，能否有效降低污染和交叉污染的风险。

6.在评估有效性时，还需考虑措施实施的成本，包括设备投入、人员培训、运行维护等费用，以确保其在经济效益上的可行性。

二、评估方法

1.**文件审核** 全面审阅污染和交叉污染防控相关的程序文件、操作规程、记录表单等，评估其完整性、合规性和科学性。

2.**现场检查** 实地检查污染和交叉污染防控措施的落实情况，重点关注洁净室和隔离设施、人员和物料流向、清洁和消毒、更衣和卫生等关键环节的控制措施。可采用目视检查、环境监测、人员监测等方式。

3.**数据分析** 收集和分析与污染控制相关的环境监测数据、偏差和变更数据、不合格品数据、投诉和召回数据等，评估防控措施的有效性。

4.**风险评估** 利用风险评估工具，如故障模式与影响分析（FMEA）、危害分析与关键控制点（HACCP）等工具，系统识别污染和交叉污染的风险因素，评估现有防控措施应对风险的充分性，必要时制定改进方案。

5.**模拟演练** 针对某些特殊情况，如人员或物料交叉、设备故障、污染事故等，开展模拟演练，检验应急预案和防控措施的有效性和可操作性。

6.**内审或第三方审计** 由内审员或外部专业机构，对污染和交叉污染防控措施开展系统的审核评估，识别改进机会。

7.**员工访谈** 与操作人员、质量控制人员等进行深入交流，了解他们对措施的看法和经验。收集一线员工的反馈，作为评估的重要依据。

8.**趋势分析** 观察一段时间内与污染和交叉污染相关的数据趋势，评估措施的持续有效性。

例如，在文件审查中，仔细核对清洁程序是否详细且符合规范，设备维护计划是否完善。现场观察时，注意不同区域之间的隔离是否有效，人员着装和操作是否规范。通过对产品质量数据的分析，若发现某段时间内杂质含量异常增加，可能提示相关措施有效性不足。在清洁验证中，检测清洁后表面的残留物质含量来验证清洁措施的有效性。模拟试验可以包括故意引入一些模拟污染物，观察防护措施能否有效阻止其扩散。通过这些标准和方法的综合运用，可以全面、准确地评估防止污染和交叉污染措施的适用性和有效性，及时发现问题并采取改进措施，以确保药品生产的质量和安全。

第三节　生产操作

292 **在生产开始前进行检查时，如何确保检查的全面性和准确性？对于检查结果的记录，应包括哪些必要的信息？**

为确保在生产开始前检查的全面性和准确性，可以采取以下措施。

一、全面性方面

为确保检查的全面性，企业应制定一份详尽的检查清单，该清单应涵盖所有可能的区域和项目，包括设备的各个部位、工作场所的各个角落、文件存放处等，如设备内外表面、工作台、地面、工具、容器、管道系统等，以及相关的工作区域。这个清单应该包括设备和工作场所的清洁状态、上批产品的遗留物、文件的归档情况以及与本批生产无关的物料等。

由生产、质量、设备等多个相关部门组成联合检查组，从不同角度对生产现场进行全面检查，以确保无遗漏。

划分检查区域，安排不同人员负责不同区域，确保无遗漏。

采用系统的检查方法，按照一定顺序依次检查，避免跳跃和遗漏。

对于以往容易出现问题或遗漏的地方重点关注和复查。

除了每次生产前的常规检查外，还应定期进行全面的自查和互查，以及不定期的抽查，以持续保持生产环境的合规性。

二、准确性方面

根据 GMP 要求，明确各项检查的具体标准和判定准则，使检查人员能够准确判断是否符合要求。

对检查人员进行充分培训，使其熟悉检查标准和要求，提高检查的准确性。

根据需要，使用适当的检测工具和方法进行检查，如视觉检查、仪器检测等，以确保检查结果的准确性。

实施双人复核制度，即一人检查后，另一人独立复核，以减少人为错误。

对于检查中发现的问题，应立即采取整改措施，并对整改效果进行验证，确保问题得到彻底解决。

定期回顾检查结果，分析错误或不准确的情况并加以改进。

对于检查结果的记录，应包括以下必要信息。

1.检查日期和时间　记录检查的具体日期和时间，以便追溯。

2.检查人员签名　记录执行检查的人员姓名或工号，并签名确认，以确保责任可追溯。

3.检查项目　列出根据检查清单执行的所有检查项目，明确指出被检查的设备、工作场所或物料的具体信息，包括名称、编号、位置等。

4.检查结果　记录每个检查项目的具体结果，包括是否发现上批遗留的产品、文件或与本批产品生产无关的物料，设备是否处于已清洁及待用状态，合格项和不合格项等。

5.异常情况及处理　如发现任何异常情况，应详细记录，并说明所采取的纠正措施和预防措施。

6.复核人员签名　如果有复核环节，复核人员也需签名确认复核结果。

7.审核和批准　记录审核人员的姓名或编号，以及审核和批准的时间。

8.备注信息　记录检查过程中的任何特殊情况或需要额外说明的事项。

293　企业在生产过程中如何进行中间控制和环境监测？这些监测的具体项目和频率是什么？

企业在生产过程中进行中间控制和环境监测是为了确保产品质量和生产环境的稳定性。以下是具体的实施方法和监测项目及频率的建议。

一、中间控制

中间控制是指在生产过程中进行的、旨在对生产过程中关键步骤或关键质量参数进行监控、确保产品质量的一系列操作。

1.确定控制项目　根据生产工艺的特性和产品的质量要求，确定需要控制的中间产品、工艺参数等。例如，原料药的纯度、制剂的装量差异、关键设备的温度和压力等。

2.制定控制标准　为每个控制项目设定明确的控制标准或范围，如含量、pH值、粒度等，以确保产品质量的一致性和稳定性。

3.实施控制措施　在生产过程中，按照预定的频次和时间点进行取样、检测，并根据检测结果调整生产过程，确保实际生产条件符合预定的控制标准。

4.记录与评估　详细记录每次中间控制的结果，并进行趋势分析，以评估生产过程的稳定性和产品质量的可靠性。

二、环境监测

环境监测是为了评估生产环境对产品质量的影响而进行的一系列检测和监控活动。

1.确定监测项目　根据生产环境的特性和产品的质量要求，确定需要监测的环境因素，如空气洁净度、温湿度、压差、微生物污染等。

2.制定监测计划　根据监测项目的特性和风险等级，制定合理的监测计划，包括监测点位的布置、监测方法的选择、监测频次和采样数量的确定等。

3.**实施监测活动**　按照监测计划，使用合适的监测设备和工具，在生产环境中进行定期的监测和检测活动。

4.**数据处理与记录**　收集、整理和分析监测数据，形成环境监测报告，并详细记录监测过程中的所有活动和发现。

三、监测的具体项目和频率

中间控制和环境监测的具体项目和频率应根据产品的特性和生产工艺的复杂程度来确定。通常，以下是一些常见的监测项目和频率的例子。

1.**中间控制**　物料和中间产品的重量、质量、纯度等。

关键工艺参数，如温度、压力、时间、速度等。

关键设备的运行状态和性能。

2.**环境监测**　洁净室空气质量（悬浮粒子、微生物等）。

温度和湿度。

静电放电、振动、噪音等。

3.**监测频率**　频率通常由风险评估来确定，例如，高风险的生产步骤可能需要更频繁的监测。企业应根据GMP要求和自身的风险评估结果来设定合适的监测频率。

监测频率应根据风险评估和历史数据来确定，通常包括以下内容。

日常监测：对于关键参数和环境条件，可能需要每天或每批进行监测。

定期监测：对于非关键参数或环境条件，可以设定固定的监测周期，如每周、每月或每季度。

事件驱动监测：在发生设备更换、工艺变更、环境异常等情况时，应立即进行监测。

294　在填写清场记录时，如何确保记录的及时性和准确性？清场记录应该由谁来复核，以确保其可靠性？

在填写清场记录时，确保记录的及时性和准确性，以及有效复核以保证可靠性，可以采取以下措施。

一、确保记录的及时性和准确性

1.**即时清场与记录**　生产操作人员在完成每一生产阶段后，应立即进行清场操作，并同步填写清场记录。避免拖延导致记忆模糊或信息丢失。

2.**设置提醒机制**　如在生产流程中设置特定节点提醒操作人员进行清场记录填写。

3.**明确记录要求**　使用标准化的记录表格，明确各项内容的填写方式和要求。在清场记录模板中明确标注各项记录内容，如操作间编号、产品名称、批号等，确保记录人员能够准确、全面地填写所需信息。

4.**培训记录人员**　定期对生产操作人员进行GMP知识和清场记录填写的培训，提高他们的记录能力和准确性。

5.**使用电子记录系统**　如果可能，使用电子记录系统来提高记录的准确性和追溯性。

电子记录系统可以设置校验和批准流程，确保记录在提交前得到适当的审核。

6.审核与反馈　建立清场记录的即时审核机制，确保记录内容准确无误。如发现问题，及时反馈给记录人员进行修正。

二、确保清场记录的可靠性

1.明确复核责任　清场记录应由指定的复核人员进行复核，确保记录的准确性和完整性。复核人员通常是与清场操作人员不同的责任人，如班组长、质量检查员或质量保证人员。

2.复核内容与要点　复核人员应重点复核清场记录中的关键信息，如产品名称、批号、生产工序等，确保这些信息与实际生产情况一致。同时，检查记录中的检查项目是否完整，结果是否准确。

3.复核后的签字确认　复核人员在确认清场记录无误后，应在记录上签字，以表明其已履行复核职责，并确认记录的可靠性。

4.记录存档与追溯　将清场记录妥善存档，确保在需要时能够迅速追溯。存档期限应符合GMP规定的相关要求。

清场记录通常应该由质量管理人员或指定的监督人员来复核，以确保其可靠性。这样做的原因如下。

1.质量管理人员具备专业知识和经验，能够从质量控制的角度更准确地评估记录的完整性和准确性。

2.他们相对独立于生产操作，可以更客观地进行审核。

3.通过复核，可以进一步强化对清场工作的监督，确保清场工作切实按照要求完成。

复核人员需要仔细检查记录中的各项信息是否准确无误，包括操作间编号、产品名称、批号、生产工序、清场日期等关键信息，以及检查项目及结果是否符合清场标准。只有经过严格复核并确认无误的清场记录，才能真正纳入批生产记录，为药品生产的质量和可追溯性提供有力保障。

第四节　包装操作

295　**包装操作规程中，规定了哪些措施来降低污染、交叉污染、混淆或差错的风险？**

在包装操作规程中，通常规定以下措施来降低污染、交叉污染、混淆或差错的风险。

一、降低污染风险的措施

1.严格控制包装环境的洁净度，通过空气净化系统、定期消毒等措施减少尘埃、微生物等污染物的存在。

2.要求操作人员穿戴合适的洁净服、手套等防护装备，并定期进行手部消毒，以防止人为污染。

3. 对包装设备进行定期清洁和消毒。

4. 对进入包装区域的物料进行必要的净化处理，如去除外包装、除尘等，确保物料的清洁度。

5. 包装开始前应当进行检查，确保工作场所、包装生产线、印刷机及其他设备已处于清洁或待用状态，无上批遗留的产品、文件或与本批产品包装无关的物料。这一措施旨在防止上一批次或其他无关物料的污染。

二、降低交叉污染风险的措施

1. 采用专用的包装设备和工具，避免不同产品共用。

2. 合理安排生产计划，避免不同产品同时在相近区域进行包装。

3. 在更换产品或批次前，对包装设备进行彻底的清洁和消毒，确保设备表面不残留前一批次的产品成分。

4. 将不同产品或不同批次的包装操作安排在独立的区域进行，避免不同产品间的交叉污染。

5. 有数条包装线同时进行包装时，应采取隔离或其他有效防止污染或交叉污染的措施。

三、降低混淆风险的措施

1. 明确标识包装材料和产品，包括名称、规格、批号等信息。每一包装操作场所或包装生产线，应有标识标明包装中的产品名称、规格、批号和批量的生产状态。这有助于操作人员清晰识别当前正在包装的产品信息，减少混淆的可能性。

2. 建立严格的物料领用和核对制度，确保使用正确的包装材料。包装操作前，应检查所领用的包装材料正确无误，核对待包装产品和所用包装材料的名称、规格、数量、质量状态，且与工艺规程相符。这一步骤可以确保包装材料与待包装产品相匹配，避免混淆。

3. 对包装过程进行全程监控，及时发现和纠正可能的混淆情况。

四、降低差错风险的措施

1. 设计清晰、准确的包装操作流程和指导文件。

2. 对操作人员进行充分的培训和考核，确保其熟悉操作流程。

3. 使用自动化设备和防差错系统，如条形码扫描、重量检测等，减少人为差错的可能性。

4. 建立双人复核制度，对关键操作和信息进行再次确认。

296 **药品生产企业在生产过程中，包装开始前的检查流程具体包括哪些步骤？**

药品生产企业在生产过程中，包装开始前的检查流程具体包括以下步骤。

一、准备工作

1.**确认检查人员** 指定负责包装前检查的工作人员，确保他们具备相关的专业知识和技能。

2.**准备检查工具** 准备必要的检查工具，如手电筒、放大镜、清洁用具等，以便进行细致的检查工作。

二、检查工作场所

1.**确认工作场所的洁净度** 检查工作场所是否已进行清洁，确保无尘埃、污渍等污染物。

2.**检查工作场所的布局** 确认工作场所的布局合理，无杂物堆积，确保物流通道畅通无阻。

三、检查包装生产线

1.**确认生产线状态** 检查包装生产线是否已启动并处于待运行状态，各部件运行正常无异响。

2.**检查设备清洁度** 仔细检查生产线上的设备，确保设备表面无残留物、无油污，达到清洁或待用状态。

3.**检查设备的关键部件** 如输送带、封口装置等，确保其处于正常工作状态且无异物。

4.**确认设备的参数设置** 是否符合本批产品包装要求。

四、检查印刷机及其他设备

1.**确认印刷机状态** 检查印刷机的墨盒、印版等部件是否完好无损，确保印刷质量。核实印刷内容是否正确，无错误或模糊的信息；检查印刷机周围有无遗留的印刷品或其他无关物料。

2.**检查其他辅助设备** 检查与包装相关的其他设备，如封口机、贴标机等，确保它们也处于良好状态。

五、核对物料与文件

1.**核对物料信息** 仔细核对所使用的包装材料、标签等与生产指令是否一致，确保物料的正确性。

2.**检查文件完整性** 检查相关的生产记录、检验报告等文件是否齐全、准确。确认现场无遗留的上批产品相关文件，只有与本批产品包装相关的文件。

六、记录检查结果

1.详细记录检查过程中的发现，包括设备状态、清洁度、物料信息等。

2.确保记录的真实性、准确性和完整性，以便后续追踪和审计。

七、问题处理与反馈

1.如果在检查过程中发现问题，应立即向相关负责人报告，并采取相应的整改措施。

2.整改完成后，重新进行检查，确保问题已得到妥善解决。

在整个检查过程中，检查人员要认真记录检查结果，包括发现的问题、处理措施以及最终的结论等。检查记录应详细、准确、清晰，以便追溯和审核。最后，检查小组负责人对检查结果进行审核确认，确保检查的全面性和准确性。

297　在包装操作前，如何确保所领用的包装材料与工艺规程相符？

在包装操作前，确保所领用的包装材料与工艺规程相符是至关重要的，这有助于防止产品混淆、污染和质量问题。以下是一些具体的步骤和措施，可帮助你在包装操作前确保所领用的包装材料与工艺规程相符。

一、包装材料的核对

1.核对名称和规格　在领用包装材料之前，仔细核对包装材料的名称和规格，确保其与工艺规程中的要求完全一致。这包括检查包装材料的类型、尺寸、颜色和其他相关特征。

2.核对数量　根据工艺规程中规定的数量，核对所领用的包装材料的数量是否准确。确保没有领用过多或过少的材料，以避免浪费或短缺。

3.核对质量状态　检查包装材料的质量状态，确保其符合工艺规程中的要求。这可能包括检查材料的外观、完整性、清洁度和任何其他相关的质量标准。

二、工艺规程的确认

1.审查工艺规程　在包装操作前，仔细审查相关的工艺规程，确保熟悉其要求和指导方针。这包括了解所需的包装材料类型、规格、数量和其他相关细节。

2.确认包装要求　根据工艺规程中的包装要求，确认所领用的包装材料是否满足这些要求。这可能包括检查材料的兼容性、稳定性和任何其他相关的包装标准。

三、文件记录

1.记录核对结果　在核对包装材料后，记录核对结果，包括所领用材料的名称、规格、数量、质量状态和核对日期。这将提供一个可追溯的记录，以证明所领用的材料与工艺规程相符。

2.保存文件记录　将核对记录和其他相关文件保存在安全、可访问的位置，以便在需要时进行审查和审计。

四、借助信息化管理系统

1. 建立完善的信息化管理平台，将包装材料的数据库与工艺规程进行关联。当领取材料时，系统能够自动弹出提示，显示所领材料与工艺规程的匹配情况。

2. 系统还可以设置权限，只有经过授权的人员才能进行包装材料的领取操作，避免误操作或违规领取。

五、培训和沟通

1.培训相关人员　确保参与包装操作的人员接受过适当的培训，了解工艺规程的要求以及如何核对和确认包装材料。这将有助于减少人为错误的风险。

2.沟通和协作　促进包装团队内部的沟通和协作，确保每个人都了解自己的职责以及如何共同努力确保所领用的包装材料与工艺规程相符。

六、现场指导与监督

1. 在包装操作前，安排经验丰富的技术人员在现场进行指导和监督。他们可以及时发现操作人员在领取和核对包装材料过程中可能出现的问题，并给予纠正和指导。

2. 监督人员还可以随机抽查已领取的包装材料，确保其与工艺规程的严格相符。

七、建立追溯机制

1. 为每一批包装材料建立唯一的追溯码，一旦发现包装材料与工艺规程不相符，可以通过追溯码快速找到问题包装材料的来源、流向等信息。

2. 根据追溯信息，迅速采取相应的整改措施，如更换正确的包装材料、调整操作流程等，同时对相关责任人进行问责。

八、定期检查与审核

1. 质量管理部门应定期对包装材料与工艺规程的相符性进行检查，检查范围包括仓库管理、领取流程、现场操作等各个环节。

2. 对检查结果进行分析和总结，发现问题及时整改，并将整改情况进行跟踪和验证。同时，根据检查结果不断完善相关管理制度和流程，持续提升管理水平。

298　每一包装操作场所或生产线应如何标识以显示包装中的产品信息？

每一包装操作场所或包装生产线必须清晰标识以显示包装中的产品信息。以下是如何实施这一规定的详细指南。

1. 标识的清晰度和可见性　标识应足够大且具有高对比度，以便在正常工作条件下易于阅读。

标识应放置在易于看到的位置，例如在生产线的起点或终点，或在操作员的视线水平上。

标识应使用清晰、简洁的语言和符号，以减少误解的风险。

2. 标识的内容　标识应包括产品名称、规格、批号和批量等关键信息。这些信息应与相关的生产记录和文件一致。

如果适用，标识还应包括其他相关信息，如有效期、储存条件或特殊处理要求。

标识应明确指示产品的生产状态，例如"正在包装""已完成包装"或"待处理"。

3. 标识的耐久性和持久性　标识应具有耐久性，能够承受正常的工作条件，如温度、湿度和机械应力。

标识应具有持久性，能够在产品的整个生产周期内保持可读性，包括储存、运输和使用阶段。

如果标识需要更新或更换，应建立适当的程序来管理这一过程，以确保不会丢失或混淆信息。

4. 标识的可追溯性　标识应与相关的生产记录和文件建立明确的链接，以便在需要时能够快速、准确地追溯产品的生产历史。

标识应包括唯一的标识符，如批号或序列号，以促进可追溯性并防止混淆。

如果产品需要重新包装或重新贴标，应建立适当的程序来管理这一过程，以确保不会丢失或混淆原始标识信息。

5. 标识的培训和沟通　应对相关人员进行培训，使他们熟悉标识系统的要求和操作程序。这包括操作员、质量控制人员和维护人员等。

应建立适当的沟通机制，以确保所有相关人员都意识到标识的重要性，并鼓励他们报告任何丢失、损坏或混淆标识的情况。

6. 标识方式　物理标识可以使用标牌、标签或电子显示屏等方式进行标识。

颜色编码可以采用颜色编码系统来区分不同产品或批次的包装区域。

数字和文字标识应使用清晰、易读的数字和文字，避免使用可能导致混淆的字体或格式。

7. 更新与维护　当产品更换或批号变更时，应及时更新标识信息。

定期检查标识的完整性和清晰度，确保其长期可读性和准确性。

8. 多语言考虑　如果生产现场有多语言交流需求，标识内容应考虑使用双语或多语种，确保所有工作人员都能准确理解。

9. 定期审核　将标识管理纳入日常 GMP 检查和内部审计范围，定期检查标识系统的有效性，及时纠正不规范行为，持续改进标识管理流程。

10. 电子化辅助　鼓励使用电子显示屏或信息化系统辅助标识，实现实时更新、远程监控和数据跟踪，特别是在高度自动化和连续生产的环境中。

11. 应急处理　制定标识错误或混淆的应急处理程序，一旦发生错误，立即停止作业，评估影响，采取补救措施，并记录整个事件及处理过程。

通过以上措施，确保包装操作场所或生产线的标识能够有效地传达产品信息，减少混淆或差错的风险，提升药品生产过程的合规性和安全性。

299　当有数条包装线同时进行包装时，应该采取哪些措施来防止污染、交叉污染或混淆？

在药品生产中，当有数条包装线同时进行包装时，为防止污染、交叉污染或混淆，应采取一系列严密而有效的措施，以下是一些建议的措施，可帮助确保同时运行的包装线之间的分离和控制。

1. 物理隔离　分开的工作区域：为每条包装线提供单独的工作区域，包括独立的生产线、包装设备和存储区域。这有助于减少不同生产线之间人员、材料和设备的交叉流动。

屏障或屏风：在包装线之间设置物理屏障（如隔断、挡板、透明塑料帘等）或屏风，以减少灰尘、颗粒物和其他污染物的传播。这些屏障可以是固定结构，也可以是可移动的屏风或帘子。

正压控制：使用正压控制措施，例如空气幕或正压通风系统，以防止不同生产线之间的空气交叉污染。

2.时间隔离 若物理隔离不可行，可通过时间安排来实现隔离，即错开不同产品或批次的包装时间，确保同一时间段内只有一种产品在包装，通过错峰生产，可以减少因操作重叠而导致的混淆和污染风险。

3.空间布局优化 设计合理的生产线布局，确保各包装线之间有足够的缓冲区域，以便在必要时进行清洁和消毒工作。同时，应确保人流、物流和设备流线的合理性，避免不必要的交叉路径。

4.洁净区划分 根据产品的特性，将包装区域划分为不同的洁净级别，并实施相应的洁净控制措施。例如，无菌产品包装区域应达到更高的洁净标准，并配备适当的空气过滤系统和压差控制。

5.人员管理措施 为每条包装线配备固定的操作人员，避免人员在不同包装线之间随意流动。

对操作人员进行严格的培训，使其明确不同产品的特性和防止污染、交叉污染、混淆的重要性，确保他们了解污染防控的重要性，并掌握正确的操作方法。

要求操作人员穿戴适当的工作服，并遵守个人卫生规范，如佩戴口罩、手套等。

6.标识与区分措施 在每条包装线及其周边区域，明确标识所包装产品的信息，包括名称、规格、批号等。

使用不同颜色的标识或标记来区分不同的包装线和产品。

7.专用设备与工具 为不同产品或包装线配置专用的生产设备和工具，避免共用可能引起交叉污染的设备，特别是直接接触产品的部件。对于共用设备，必须制定严格的清洁程序，并进行有效的清洁验证。

8.物料管理措施 对不同包装线所需的物料进行严格区分和管理，确保不会错用或混用。

建立物料进入和退出包装线区域的特定通道，避免与其他包装线的物料交叉。

9.清洁和消毒措施 制定每条包装线的专门清洁和消毒计划，确保包装环境的洁净。

每条包装线应定期进行彻底的清洁和消毒，特别是在换批或更换产品时。

在包装线转换前后执行彻底的清场和清洁，确保无上一批次的残留。转换检查应包括对设备、工器具、工作台面的检查，确保无交叉污染风险。

10.生产安排措施 合理规划生产安排，尽量避免容易产生污染、交叉污染或混淆的产品同时在相邻包装线生产。

对于高风险的产品，优先安排在相对独立和受控的包装线进行包装。

11.监控与检测措施 建立环境监测体系，定期对包装线区域的空气质量、表面洁净度等进行检测。

对包装后的产品进行抽样检查，及时发现可能存在的污染、交叉污染或混淆问题。

12.**设备维护措施**　定期对包装线设备进行维护和保养，确保设备运行正常，不会产生额外的污染物。

对设备的易损部件及时更换，防止因设备故障导致的污染风险。

13.**文件记录措施**　详细记录每条包装线的生产过程、物料使用、清洁消毒等信息，以便追溯和分析。

确保文件记录的准确性和完整性，为管理和监督提供有力依据。

通过上述措施的综合运用，可以在多条包装线同时运行的情况下，有效控制风险，确保药品包装过程的合规性及产品质量的安全性。

300　在分装前，如何保持待用分装容器的清洁并避免污染物的存在？

在分装前，保持待用分装容器的清洁并避免污染物的存在，是确保药品生产质量和安全的关键环节。以下是实施这一规定的详细步骤和措施。

1.**容器接收与检查**　在接收容器时进行目视检查，以确保它们没有明显的损坏、腐蚀、裂纹或污染迹象。如果容器不符合要求，应将其隔离并进行适当的评估和处理。

2.**建立严格的清洗和消毒程序**　制定详细的清洗与消毒规程，明确清洗剂、消毒剂的种类、浓度、使用方法及接触时间，确保能有效去除容器内的杂质和微生物。

确保每个容器都经过彻底的清洗和消毒，不留死角。

清洗后，使用纯化水或其他适当的溶剂进行冲洗，确保清洗剂残留符合规定限度。

操作人员严格按照清洁程序进行操作，确保每个环节都执行到位。

3.**干燥过程**　清洗后的容器应进行彻底干燥，以防止水分引入新的污染物。

使用热风循环干燥箱或其他适宜的设备进行干燥，确保容器内外表面干燥无水迹。

4.**容器的储存与保护**　清洁后的容器应妥善储存，应存放在洁净、干燥、通风的环境中，避免受到外界污染，如灰尘、昆虫等。

将待用容器储存在适当的条件下，以减少污染的风险。这可能包括在清洁、干燥的环境中储存容器，可以使用密封的容器或包装材料（如袋子）进行保护。

5.**清洁环境的控制**　清洁工作应在专门的、洁净的区域进行，避免外界污染物的带入。

保持该区域的良好通风和适当的湿度、温度，减少灰尘等杂质的积聚。

6.**清洁工具的管理**　使用合适的清洁工具，如专用的刷子、抹布等，并确保其本身清洁无污染。

对清洁工具进行定期检查、清洗和更换，防止其成为污染源。

7.**异物检测**　在分装前，对容器进行异物检测，包括玻璃碎屑、金属颗粒等。

可采用目视检查、自动异物检测系统或结合使用多种方法，提高检测的准确性和效率。

8.容器的处理和使用　使用专用设备：使用专用的设备来处理和使用容器，以减少交叉污染的风险。这可能包括使用专用的输送带、漏斗或勺子来转移产品。

遵循无菌技术：如果产品需要无菌处理，则应遵循适当的无菌技术，以减少微生物污染的风险。这可能包括使用无菌手套、无菌空气过滤器或无菌灌装设备。

进行定期检查：定期检查容器的清洁度和完整性，包括在分装过程中和之后。如果发现任何问题，应立即采取纠正措施。

9.培训操作人员　对操作人员进行专业的清洗和消毒培训，确保他们熟悉整个流程，并能正确执行。

强调个人卫生和操作规程的重要性，减少人为因素引入的污染。

10.引入自动化设备　考虑引入自动化设备，如自动清洗机和消毒机，以提高清洗和消毒的效率和一致性。

自动化设备还可以减少人为错误和污染的风险。

11.建立记录和监控机制　对每个容器的清洗、消毒和使用情况进行详细记录。

定期对清洗和消毒过程进行监控和评估，确保过程的有效性。

12.应对特殊情况　若发现容器存在污染，应立即停止使用，并进行彻底的清洗和消毒。

若清洗和消毒无效，应及时更换新的容器。

301　在产品分装、封口后，如果未能及时贴签，应该如何操作来避免发生混淆或贴错标签等差错？

在产品分装、封口后，如果未能及时贴签，为了避免发生混淆或贴错标签等差错，应该遵循以下操作规程。

1.临时标识　在未能及时贴签的情况下，应立即在分装后的产品上施加临时标识，注明产品的相关信息，如产品名称、批号、规格等，确保产品的可追溯性。

临时标识应放置在产品上或附近，以确保其清晰可见且不易移除。这可能涉及使用黏性标签、系绳标签或直接标记在产品容器上。

2.专区存放　将未贴签的产品存放在指定的区域内，该区域应有明显的标识，并与已贴签的产品严格区分开来，以防混淆。这可能涉及使用单独的存储区域、货架或容器。

建立明确的程序来控制未贴签产品的处理，包括谁可以访问这些产品、如何记录它们的移动以及在贴签之前需要采取的任何特殊处理或测试。

3.记录管理　详细记录未贴签产品的信息，包括产品详情、未贴签原因、临时标识信息和预计贴签时间等。

确保所有记录准确无误，便于后续追踪和审计。

4.时间限制　设定明确的时间限制，规定产品在暂存区的最长存放时间，超过该时间的产品需重新评估其质量状况，并按相应规程处理。

5.**特殊审批**　对于需要延迟贴签的情况，应事先获得质量管理部门的批准，并明确记录延迟的原因、预期贴签时间及批准人信息。

6.**防混淆措施**　在临时存放区域实施严格的物料管理，避免不同产品之间的交叉污染或混淆。

定期对临时存放区域进行检查，确保产品的标识和存放状态符合规定。

7.**贴签前的复核与确认**　在准备贴签前，对产品的临时标识和相关记录进行复核，确保信息的准确无误。

复核无误后，按照操作规程进行贴签操作，并在贴签完成后再次确认标签内容的正确性。

8.**先进先出原则**　按照先进先出的原则安排贴签顺序，避免产品积压导致混乱。

9.**人员培训与监督**　对操作人员进行贴签操作及临时存放管理的培训，确保他们熟悉并掌握相关操作规程。

质量管理部门应对贴签过程和临时存放区域进行定期的监督检查，确保操作符合 GMP 要求。

10.**制定应急预案**　针对可能出现的贴签延误情况，制定应急预案，明确在不同情况下应采取的应对措施。

11.**持续改进**　定期评估贴签流程的效率和准确性，识别潜在的改进点，不断优化操作规程。

302　对于单独打印或包装过程中在线打印的信息，如何进行检查以确保其正确无误？

对于单独打印或包装过程中在线打印的信息，如产品批号或有效期，进行检查以确保其正确无误的方法如下。

1.**制定严格的检查规程**　制定详细的检查规程，明确规定检查的具体步骤、方法、顺序和责任人，确保每个环节都不被遗漏。

制定详细的操作指南，使检查人员清楚知道应该检查什么、如何检查。

2.**明确检查标准**　制定详细的检查标准，包括信息的清晰度、完整性、准确性等要求。

确保检查标准与产品技术要求及 GMP 规定相一致。

3.**实施打印信息的预检查**　在打印之前，验证电子或物理模板的准确性，应由专人核对打印模板或指令中的信息，包括产品批号、生产日期、有效期等，确保与生产指令或产品标签设计一致。

在正式打印前，先打印少量样本进行仔细检查，确认打印质量和信息的准确性。

4.**使用辅助工具**　利用放大镜、比对模板等辅助工具辅助检查，提高检查的准确性和效率。

对于某些难以直接观察的打印信息，可使用特殊的检测设备或技术进行验证。

5.使用先进的技术手段 引入自动识别和验证系统，如条形码、二维码等，通过扫描和比对来确保打印信息的准确性。

利用图像处理技术，对打印的信息进行自动识别和校验，提高检查的效率和准确性。

6.质量抽样检查 在生产过程中实施随机抽样，抽取一定比例的成品进行详细检查，确认打印信息的正确性。抽样频率可根据生产批次大小、历史质量数据和风险评估确定。

7.记录和报告 对每次检查的结果进行详细记录，包括检查的时间、地点、人员、检查项目以及检查结果等。

如发现打印信息有误，应立即报告并采取相应的纠正措施，同时对错误原因进行调查和分析，防止类似错误的再次发生。

8.增加手工打印的检查频次 如涉及手工打印的情况，由于手工操作的不稳定性，应增加检查频次，确保手工打印信息的准确性。

对于手工打印，实施二次确认程序，即至少两名操作人员独立检查打印信息，以降低错误发生的概率。

质量控制部门应进行随机抽查，以增加发现潜在错误的可能性。

9.培训和考核 定期对检查人员进行培训和考核，确保他们熟悉检查标准和流程，掌握必要的检查技能。

培训内容可包括打印信息的识别、常见错误类型及预防措施等。

10.环境因素控制 确保检查环境光线充足、适宜，便于清晰地查看打印信息。

避免环境中的干扰因素，如噪音、震动等对检查工作的影响。

11.持续监控和改进 通过收集和分析检查数据，识别潜在的问题和改进点。

定期回顾检查流程和标准，根据实际情况进行调整和优化。

303 **使用切割式标签或在包装线以外单独打印标签时，应该采取哪些措施来防止混淆？**

使用切割式标签或在包装线以外单独打印标签时，采取适当的措施来防止混淆是确保产品正确标识和可追溯性的关键。以下是一些建议的措施，以帮助防止在使用切割式标签或单独打印标签时发生混淆。

1.物理隔离 单独的工作区域：为切割式标签或单独打印标签的工作区域提供物理隔离，以减少与包装线或其他生产区域的交叉污染风险。这可能包括使用单独的房间、工作台或围栏。

专用设备：使用专用的设备进行切割式标签或单独打印标签的操作，以减少与其他生产操作的交叉污染风险。这可能包括使用专用的打印机、切割机或贴标机。

2.明确标识与分类 切割式标签和单独打印的标签在储存和处理前应有明确的标识，按照产品名称、批号、规格等进行分类存放，使用颜色编码或物理隔离措施，确保不同产品的标签易于区分。

3.颜色和设计区分　设计独特的标签样式或特征，使其易于与其他标签区分，例如特定的颜色、形状或图案。

在标签上设置明显的标识，如产品名称、规格的突出显示。

4.专岗专人负责　指定专人负责标签的管理和使用，确保从打印到应用的全程控制。操作人员应经过专业培训，了解混淆风险和预防措施。

5.批次追溯系统　建立完善的批次追溯系统，对切割式标签和单独打印标签的批次信息进行记录，包括打印时间、使用时间、操作人员等，确保每一批标签都能追溯到源头。

6.顺序控制　对于切割式标签，确保按照正确的顺序进行切割和使用，避免混乱。

对单独打印的标签，建立有序的打印和分发流程。

7.防混淆设计　标签设计上应包含独特的识别特征，如条形码、二维码或特定图案，利用自动化设备进行扫描验证，避免错误标签的使用。

8.双重检查制度　实施标签使用前的双重检查，首先是操作人员自检，随后由另一位独立的质控人员进行复核，确保标签信息的准确无误。

9.限量领用与及时更新　标签的领用应遵循"先进先出"原则，按需限量发放，减少库存量，同时确保旧标签的及时清理，防止与新标签混淆。

10.环境控制　单独打印标签的区域应保持适宜的清洁度，避免灰尘和其他污染物影响标签质量，同时控制进入该区域的人员和物品，减少混淆风险。

11.设备验证与校准　定期对打印设备进行校准和验证，确保打印质量和一致性，避免因设备问题导致的标签错误。

12.应急响应计划　制定标签混淆的应急响应计划，一旦发现混淆立即启动预案，隔离可能受影响的产品，评估影响范围，采取纠正措施。

13.持续改进与培训　定期回顾标签管理流程，根据实际情况进行持续改进。对相关人员进行定期培训，增强GMP意识和混淆风险防控能力。

通过上述措施的综合运用，可以有效地防止在使用切割式标签或在包装线以外单独打印标签时发生混淆，确保药品包装的准确性和合规性，保障药品质量和患者安全。

304　如何检查电子读码机、标签计数器或其他类似装置的功能并确保其准确运行？

为了确保电子读码机、标签计数器或其他类似装置的准确运行，需要进行定期的功能检查。以下是一些建议的步骤和措施，以确保这些装置的功能得到适当的检查和验证。

1.制定检查规程　根据设备类型和生产需求，制定详细的检查规程，明确检查项目、标准、频率、责任人以及检查方法，确保检查工作的系统性和规范性。

2.日常操作检查　操作人员在每次使用前后应进行基本功能检查，如开启设备进行自我诊断，检查显示是否正常、按钮反应是否灵敏、机械部件是否运转顺畅等，并做好记录。

3.功能检查 （1）对电子读码机进行以下检查

读取准确性：使用已知编码的样品进行测试，确保读码机能够准确识别和读取编码信息。

读取速度：评估读码机在单位时间内读取编码的数量，判断是否符合生产需求。

抗干扰能力：在不同环境下（如强光、振动等）测试读码机的稳定性。

（2）对标签计数器进行以下检查

计数准确性：通过实际计数和预设值对比，验证计数器的准确性。

计数速度：评估计数器在单位时间内的计数能力，确保满足生产节奏。

防误操作功能：测试计数器的防误操作设计，如防重复计数、防漏计等。

（3）对其他类似装置进行检查

根据装置的具体功能，设计相应的测试方案。

验证装置在预设条件下的性能和准确性。

4.运行稳定性测试 让装置持续运行一段时间，观察其是否能稳定、不间断地工作。检查是否存在异常的停顿、错误或波动情况。

5.兼容性测试 验证装置与其他相关设备或系统的兼容性，确保数据传输和交互的准确无误，例如与包装线控制系统、数据库等的协同工作情况。

6.环境适应性测试 模拟不同的环境条件，如温度、湿度、电磁干扰等，检查装置在这些条件下的性能，确保其在实际生产环境中的可靠性。

7.故障模拟测试 进行故障模拟测试，比如故意设置错误的标签或条码，观察设备是否能正确识别错误并报警，以此验证设备的故障检测和预防功能。

8.定期校准 按照规定的时间间隔，使用标准器具或参考标准对这些装置进行校准。校准过程应严格遵循相关的标准操作程序（SOP），并记录校准的结果和细节。

9.性能验证 定期进行性能验证，这包括但不限于准确性验证（如读码机的识别率、标签计数器的计数准确性）、稳定性验证（长时间连续运行下的性能表现）、重复性验证（多次读取同一标签的重复性）等。

10.软件验证 如果装置包含软件，对软件进行版本控制和验证，确保其无漏洞和错误。

定期更新软件以适应新的需求和改进。

11.清洁与维护 按照设备维护手册进行定期清洁与维护，防止灰尘、污渍等影响设备性能，同时检查电气连接、传感器、镜头等易损部件，确保其处于良好状态。

12.变更控制 对设备的任何软件或硬件变更实施严格控制，变更前进行风险评估，变更后重新验证设备性能，确保变更不会影响设备的准确性。

13.培训与考核 定期对操作、维护及质量管理人员进行设备操作、校准、维护及故障排除等方面的培训，并通过考核验证培训效果，确保员工具备必要的技能。

14.记录与报告　所有检查、验证、校准、维护、故障处理等活动均应有详细记录，包括日期、时间、操作内容、结果、采取的措施及执行人签名等，形成书面或电子档案，便于追踪和审核。

305　如何确保包装材料上印刷或模压的内容清晰，不易褪色和擦除？

确保包装材料上印刷或模压的内容清晰、不易褪色和擦除，是药品生产过程中的一项重要质量控制环节。以下是一些关键措施，可以帮助药品生产企业在这方面达到 GMP 的要求。

1.选择合适的包装材料　选择适合印刷或模压的包装材料，这些材料应具有良好的印刷保持性和耐磨性，例如，使用高质量的纸张、塑料或金属箔等，确保材料本身不易褪色、磨损或受潮变形。

选择有良好信誉和质量认证的供应商，确保材料质量的一致性和可靠性。

2.选择合适的印刷或模压技术　采用适当的印刷工艺，确保印刷效果的持久性和清晰度，如热转印、柔版印刷、丝网印刷或凹版印刷等技术可能比传统油墨印刷更耐久。

选择适合所使用包装材料的印刷或模压技术。某些技术可能更适合塑料、玻璃或金属等特定材料。

3.油墨和颜料的选择　使用高质量的油墨和涂料，这些油墨和涂料应具有优异的附着力、耐光性和耐化学性，以防止褪色和擦除。

考虑其与包装材料的兼容性以及抗褪色和擦除性能。

考虑使用防伪技术，如荧光油墨、水印、全息图等，这些技术可以提高印刷内容的耐磨性和防伪能力。

4.工艺验证　在正式生产前，对印刷或模压工艺进行严格的验证，包括但不限于印刷压力、温度、速度、油墨配比等参数的优化，确保在不同批次间的一致性和稳定性。

5.色彩管理与对比度控制　实施严格的色彩管理，确保文字和图案的对比度足够高，易于辨识。使用专业的色彩测量仪器监控印刷品的颜色和密度，避免因颜色偏差影响内容清晰度。

6.干燥和固化　确保印刷后的油墨或涂层有足够的时间进行干燥和固化，以增强油墨或模压图案的附着力和稳定性，从而提高其耐久性。

7.质量检验　在印刷或模压后，对包装材料进行质量检验，检查内容是否清晰、是否有可能褪色或擦除的风险。

8.耐磨性测试　采用标准测试方法（如 Taber 耐磨试验、摩擦系数测试等）对印刷或模压内容进行耐磨性测试，模拟实际使用条件，如摩擦、揉搓、水洗等，以验证印刷或模压内容的持久性。

9.环境适应性测试　测试包装材料在不同环境条件下的表现，如温度、湿度、光照等，确保印刷或模压内容在各种环境下保持清晰。

10.供应商评估和审计 对包装材料和印刷耗材的供应商进行严格筛选和定期评估，确保其提供的材料和油墨符合质量标准，必要时索取相关认证和检测报告。

11.储存和运输管理 控制包装材料的储存环境，避免高温、潮湿等不利条件，以减缓油墨褪色和材料老化。

在运输过程中，采取适当的防护措施，防止包装材料受到挤压、摩擦等损伤。

12.使用前的检查 在使用包装材料前，进行目视检查，确保印刷或模压内容清晰，无褪色或擦除现象。

13.员工培训 对操作人员进行培训，确保他们了解包装材料的质量要求，以及在操作过程中注意保护印刷或模压内容。

14.持续监控和改进 建立持续监控机制，定期评估包装材料的性能，并根据监控结果进行必要的改进。

306 药品在包装期间，如何定期检查和维护在线监控装置，以确保其功能正常？

在药品包装期间，定期检查和维护在线监控装置是确保药品生产质量的重要环节。以下是一些建议的步骤和方法，以符合 GMP 的规定，确保在线监控装置功能正常。

1.制定检查和维护计划 根据在线监控装置的使用频率和重要性，制定合理的定期检查计划。这包括每日、每周或每月的检查。

维护计划应包括预防性维护和应急维护流程，以确保设备在出现故障时能够及时修复。

2.日常检查 在每次使用前，操作员应对在线监控装置进行简单的功能测试，确保其处于正常工作状态。

检查设备的显示屏、传感器和其他关键部件是否有损坏或异常。

3.检查内容与要点 （1）硬件检查

检查监控装置的传感器、摄像头、显示器等硬件设备是否完好无损，无松动或脱落现象。

检查电源线、信号线等连接部件是否连接牢固，无破损或腐蚀。

（2）软件检查

检查监控软件的运行是否稳定，界面显示是否清晰，数据记录是否准确。

验证软件的各项功能，如实时监控、录像回放、报警提示等是否正常工作。

（3）系统性能检查

测试监控装置的数据采集和处理能力，确保其能够及时准确地反映生产现场情况。

检查系统的抗干扰能力和容错能力，确保其在复杂环境下仍能稳定工作。

（4）环境适应性检查

确认在线监控装置在包装现场的环境条件下能正常工作，如温度、湿度、振动等。

采取必要的防护或调整措施。

（5）与包装设备的协同性检查

验证在线监控装置与包装生产线的其他设备和系统之间的协同工作是否正常。确保数据传输和交互的顺畅。

4.维护与保养　定期对监控装置进行清洁，去除灰尘和污垢，保持其良好的工作环境。

对易损件进行定期更换，如传感器、摄像头等，确保其始终处于最佳状态。

定期对软件进行升级和补丁修复，以适应不断变化的生产需求和技术进步。

5.培训与人员管理　对操作人员进行专业培训，确保其熟悉监控装置的操作方法和维护流程。

建立人员考核机制，确保操作人员具备相应的专业知识和技能。

6.记录与档案管理　详细记录每次检查和维护的过程和结果，形成完整的档案资料。

对档案资料进行妥善保管，以便日后查询和追溯。

7.应急预案　制定针对在线监控装置故障的应急预案，确保在出现问题时能够迅速响应和处理。

定期组织应急演练，提高操作人员的应急处理能力和协同作战能力。

8.审计与改进　定期进行内部审计，检查在线监控装置的维护计划执行情况和效果。

根据审计结果和实际操作经验，不断改进维护计划，提高设备的可靠性和稳定性。

307　取样过程中，如何确保样品从包装生产线取走后不返还，以防止产品混淆或污染？

为了确保样品从包装生产线取走后不返还，以防止产品混淆或污染，应采取以下措施。

1.建立严格的取样管理制度和操作规程　制定详细的取样管理制度和SOP，明确规定取样人员的资质要求、取样方法、取样数量、样品标识、样品流向等，确保取样过程规范有序，样品不返回生产线。

2.设置专门的样品存放区域　应在包装车间外设立与生产区隔离的样品存放区，对样品进行妥善保存，并设专人管理，严防样品返回生产线。

避免在包装生产线附近进行可能导致样品混淆或返还的操作。

样品存放区应有足够的空间，拥有适宜的温湿度条件，确保样品质量稳定。

3.对样品进行唯一性标识管理　取样后，应立即对样品进行标识，标识内容包括取样时间、批号、数量、取样人等信息，并采用唯一性条形码或二维码等防混淆、防错放技术手段，确保样品身份唯一、可追溯，杜绝返回生产线的可能。

确保标识清晰、不易脱落且具有可追溯性。

4.严格样品登记和流向管控　建立样品登记台账，如实记录样品的产品名称、批号、规格、数量、取样时间、取样人员等信息，并跟踪记录样品流向和最终去向。样品登记和流向信息应妥善保存，确保可追溯。

5.**明确样品处置规定，防止混入合格产品** 取走的样品严禁再返回生产线，检验合格的样品应按规定销毁或做其他处置，不合格的样品应隔离存放，并尽快查明原因，采取纠正措施。

样品处置应有记录，定期核查，确保处置到位，防止混入合格产品。

6.**物理隔离措施** 采用物理屏障或限制装置，防止已取走的样品意外返回包装生产线，如设置门禁、隔离栏等。

7.**监控与监督** 在取样区域和包装生产线周围安装监控设备，实时监控取样过程。

安排专人进行监督检查，确保规定得到严格执行。

8.**加强人员培训，提升质量意识** 组织开展GMP相关法规和内部管理制度的培训，强化员工的质量意识和法规意识，严格按照规程操作，自觉遵守样品不返回生产线的规定，形成人人参与、人人负责的质量文化氛围。

9.**风险评估与预防** 定期进行风险评估，识别可能导致样品返还的潜在风险因素。

针对风险制定预防措施并持续改进。

只有采取严格的样品管理措施，从制度、设施、标识、流向、处置、人员等方面进行全方位管控，才能有效防止样品返回生产线，避免产品混淆或污染，确保产品质量安全，维护企业声誉和公众健康。

308 在因包装过程产生异常情况而需要重新包装产品时，如何进行专门检查、调查并由指定人员批准？

在因包装过程产生异常情况而需要重新包装产品时，进行专门检查、调查并由指定人员批准的流程通常包括以下几个步骤。

1.**问题识别** 首先，包装操作人员或质量监督员需识别出包装过程中的异常情况，如标签错误、封口不严、破损、设备故障、材料缺陷、操作错误等。

2.**立即隔离与记录** 一旦发现异常情况，应立即将受影响的产品从正常流程中隔离出来，并对其进行明确标记，防止其进一步流通。

详细记录发现的异常情况，包括时间、地点、涉及的产品批次、已包装的数量、异常现象的描述等。

3.**初步评估** 对隔离的产品进行初步评估，确定问题的性质和可能影响的产品范围。

4.**专门检查** 由质量保证部门或专门的检查团队对隔离的产品进行详细的检查，以确认问题的具体情况。

物理检查：对隔离的异常产品进行物理检查，确认包装缺陷的性质、程度和可能的原因。

设备检查：检查相关的包装设备，确认是否有设备故障或设置不当导致的问题。

物料检查：核实包装材料是否存在质量问题，如材质、尺寸、印刷错误等。

操作复盘：回顾操作记录，询问操作人员，分析是否存在操作失误或培训不足的问题。

5.调查原因　启动根本原因分析（RCA），调查导致包装异常的原因，这可能涉及设备故障、操作失误、物料问题等。

6.风险评估　对受影响的批次进行风险评估，确定是否需要召回或采取其他紧急措施。

7.制定纠正措施　基于调查结果，制定相应的纠正措施和预防措施，以防止问题再次发生。

8.审批流程　将检查结果、调查报告和纠正措施提交给指定的批准人员，通常为质量负责人或更高级别的管理层进行审批。

9.重新包装批准　只有在经过彻底检查和调查，并由指定人员批准后，才能进行重新包装的操作。

10.重新包装　按照批准的方案进行重新包装，确保新的包装符合所有质量标准和规范。

11.详细记录　对重新包装的全过程进行详细记录，包括重新包装的原因、涉及的批次、采取的措施、重新包装的过程和结果等。

12.后续监控　对重新包装后的产品进行额外的监控和检查，确保问题已得到妥善解决。

13.文档存档　将所有相关文件和记录存档，以备未来的审计和追溯。

14.培训和沟通　对事件进行内部通报，对相关人员进行培训，以提高其对类似问题的识别和处理能力。

15.持续改进　根据此次事件的经验教训，更新操作规程和质量管理系统，以防止类似问题再次发生。

309　在物料平衡检查中，发现待包装产品、印刷包装材料以及成品数量有显著差异时，应如何进行调查处理？

在 GMP 的指导下，当在物料平衡检查中发现待包装产品、印刷包装材料以及成品数量出现显著差异时，必须立即启动一个系统的调查流程，以确定差异的原因，并在问题解决之前暂停成品的放行。以下是一套详细的调查处理流程。

1.初步评估和记录差异　当检测到数量差异时，首先应记录差异的具体情况，包括差异的数量、比例以及涉及的产品批次或包装材料编号。

初步评估差异可能的原因，包括计算错误、记录错误、设备故障、人为失误或其他异常情况。

2.暂停相关操作　在调查期间，应暂停与差异相关的所有生产和包装操作，以防止问题产品流入市场。

封存相关批次的产品和材料，确保它们的完整性和可追溯性。

3.**启动调查团队**　组建由质量保证、生产、工程和仓储等部门成员组成的跨部门调查小组。

指定一名负责人领导调查，并确保调查的独立性和公正性。

4.**收集和分析数据**　收集所有相关的生产记录、检验报告、物流记录、物料接收和发放记录、包装操作记录、成品入库记录等相关文件。

使用统计工具和方法分析数据，以确定差异的模式和趋势，确定差异的具体情况和可能的影响范围。

5.**现场检查和设备校验**　对生产现场进行详细检查，包括生产线、包装区域、仓储设施等，以及生产设备、称重和计量设备的状态和校准情况，以寻找可能的差异原因。

对可能影响物料平衡的关键设备进行校验和重新校准。

6.**人员访谈和培训**　与直接参与生产和包装操作的员工进行访谈，了解他们的操作流程和可能的异常情况。

访谈应记录详细，包括访谈时间、对象、内容和发现的问题。

对员工进行额外的 GMP 培训，特别是关于物料管理和记录保持方面。

7.**分析原因**　结合收集的数据和现场检查结果，分析导致数量差异的可能原因。

可能的原因包括计算错误、记录不准确、物料损耗、盗窃、设备故障等。

8.**制定纠正措施**　根据调查结果，制定相应的纠正措施，以防止类似差异再次发生。

纠正措施可能包括改进记录系统、加强操作培训、更新设备、优化流程等。

9.**实施纠正措施**　立即实施纠正措施，并对实施效果进行跟踪评估。

确保纠正措施得到有效执行，并对相关人员进行必要的培训和指导。

10.**编写调查报告**　调查小组应编写一份详细的调查报告，包括差异的原因、影响范围、已采取的临时措施和建议的纠正措施。

报告中应包含证据和数据的分析，以及对差异影响的评估。

11.**审查和批准放行**　在完成所有必要的纠正措施后，由质量部门审查调查报告和纠正措施的执行情况。

只有在质量部门确认问题已得到妥善解决，且成品符合所有质量标准后，成品才能被批准放行。

12.**跟踪和监控**　对实施的纠正和预防措施进行跟踪，确保其有效性。

在后续的生产周期中加强对物料平衡的监控，以验证问题的解决情况。

通过上述流程，药品生产企业能够系统地处理物料平衡检查中的显著差异，确保产品的质量和安全，同时也符合 GMP 的严格要求。重要的是，这些调查和处理措施应成为企业质量管理体系的一部分，以确保持续的质量控制和合规性。例如，在某制药企业中，发现一批成品数量与预期有较大差异，通过仔细的调查发现是在某一工序中设备的计量装置出现故障，导致部分物料未被准确计量。采取更换计量装置并重新校准后，解决了问题，并通过后续的验证确保不再出现类似情况。

310　包装结束时，已打印批号的剩余包装材料销毁的目的是什么？

包装结束时，已打印批号的剩余包装材料销毁的目的主要有以下几点。

1.防止混淆　已打印批号的包装材料若不被销毁，有可能在未来的生产中被误用，从而导致产品批号混淆，严重影响药品的追溯性和质量控制。销毁这些材料可以确保每个批次的包装材料都是专一和准确的。

2.确保追溯性　在药品生产中，追溯性是至关重要的。每个批次的产品都应有完整的生产记录和使用记录，确保出现问题时能够迅速追溯到具体批次。若剩余批号包装材料不被销毁而被误用于其他批次，会破坏批次间的清晰界限，影响追溯体系的有效性，不利于质量问题的调查和处理。销毁已打印批号的包装材料可以确保每个批次的记录是完整和准确的，便于在必要时进行追溯。

3.遵守GMP规定　许多国家和地区的药品监管机构都要求药品生产严格遵守批次管理原则，已打印批号的包装材料销毁是遵循GMP及相应法律法规的具体体现，旨在确保生产活动合法合规。

4.避免交叉污染　如果剩余的包装材料被重新使用，可能会导致不同批次的产品之间发生交叉污染，尤其是当产品具有不同的活性成分或敏感性时。销毁这些材料可以防止潜在的交叉污染风险。

5.风险控制　销毁已打印批号的包装材料是风险控制的一部分，有助于减少潜在的质量风险，确保产品的质量和安全性。通过制度化销毁流程，可以减少因人为疏忽或故意违规使用错误包装材料的风险，提高生产过程的可控性和安全性。

6.保证药品安全　药品的包装上印有批号、生产日期、有效期等关键信息，这些信息对于药品的安全使用至关重要。若剩余包装材料流落到非法渠道或被不法分子利用，可能会产生假冒伪劣药品，从而威胁公众健康。销毁这些剩余材料可以从源头上减少这种风险。

7.维护品牌信誉　错误使用已打印批号的包装材料可能会导致产品召回或法律诉讼，损害企业的品牌信誉和市场地位。通过销毁这些材料，企业可以维护其品牌形象和消费者信任。

8.资源管理与成本控制　虽然销毁看似造成资源浪费，但实际上，它是一种风险管理策略，通过避免潜在的更大损失（如召回、法律诉讼、品牌声誉损害等），实现了长远的成本节约和资源有效配置。

311　在包装结束时，如何确保已打印批号的剩余包装材料由专人负责计数销毁，并记录这一过程？

以下是为确保已打印批号的剩余包装材料由专人负责计数销毁并记录这一过程可采取的措施。

1.制定销毁规程 制定详细的销毁规程，包括销毁的程序、负责人员、销毁方法、记录要求等。

2.指定专人 明确指定具备相应资质和责任心的人员专门负责此项工作，该人员应接受过相关培训并熟悉销毁操作流程。

3.严格计数 在销毁前，仔细清点剩余包装材料的数量，确保准确无误。

可以采用逐件清点或称重等方法进行计数，根据包装材料的特点选择合适的方式。

4.规范销毁方式 制定详细的销毁操作规程，如采用粉碎、焚烧等安全且不可恢复的方式。

确保销毁过程彻底，防止包装材料被重新利用。

5.详细记录 记录销毁的时间、地点、参与人员等基本信息。

明确记录剩余包装材料的批号、数量等具体数据。

记录所采用的销毁方式和过程细节。

6.使用专门记录表单 设计专门的表单用于记录销毁情况，确保记录内容的完整性和规范性。

表单应包含所有必要的信息字段，并要求负责人员签字确认。

7.监督与复核 安排上级或质量监督人员对销毁过程和记录进行监督和复核。

及时发现并纠正可能存在的问题或错误。

8.保存记录 将记录妥善保存，按照规定的期限进行存档。

便于后续查阅和追溯。

9.定期审核与改进 内部审核质量管理部门应定期对销毁过程的执行情况进行审核，评估操作规程的有效性。

根据审核结果和实际操作经验，不断优化销毁流程，提高效率和合规性。

例如，在某药品生产企业中，专门指定一名资深员工负责此项工作。该员工在每次包装结束后，认真清点已打印批号的剩余包装材料数量，并在专门的销毁记录表单上详细记录相关信息，包括具体批号、数量、销毁时间、销毁方式等，然后由质量管理人员进行复核确认。所有记录都被妥善保存，以备日后检查和追溯。通过这些措施的严格实施，有效地保证了已打印批号的剩余包装材料的计数销毁过程符合 GMP 要求。

第十章 质量控制与质量保证

第一节 质量控制实验室管理

312 如何确保质量控制实验室的人员、设施和设备与产品性质和生产规模相适应？

在药品生产过程中，药品生产企业可以通过以下方法来确保质量控制实验室的人员、设施和设备与产品性质和生产规模相适应。

一、人员方面

首先，根据产品性质和生产规模，明确所需的专业技能和知识领域。例如，对于生物制品的生产，可能需要具备微生物学、免疫学专业知识的人员；对于化学合成药物，可能需要有机化学、分析化学方面的专业人才。

基于工作量和检测项目的复杂性，合理确定人员数量。考虑到轮班、假期和应急情况，确保有足够的人手来完成日常检测任务以及应对突发的质量控制需求。

定期对人员进行培训和继续教育，使其熟悉最新的检测方法、法规要求和质量管理理念。培训内容应与产品性质和生产过程中的质量控制要点紧密相关。

建立人员考核和评估机制，以确保其具备相应的能力和资质来执行质量控制任务，包括操作技能、数据分析和结果判断等方面。

二、设施方面

根据产品的特性和生产规模，设计合理的实验室布局。例如，对于需要无菌检测的产品，应配备无菌操作室；对于有毒有害物质的检测，应有专门的通风和防护设施。

确保实验室的环境条件符合检测要求，如温度、湿度、光照等的控制。对于特殊的检测项目，可能需要建立专门的环境控制区域。

规划充足的样品存储区域，包括常温、冷藏和冷冻等不同条件的存储空间，以满足大量样品的保存需求。

三、设备方面

根据产品的质量标准和检测项目，选择合适的检测设备。例如，高效液相色谱仪、气相色谱仪、原子吸收光谱仪等，并确保其精度和性能能够满足检测要求。

考虑生产规模，确定设备的数量和产能。对于大规模生产，可能需要多台相同设备或更高效率的自动化设备来满足检测需求。

建立完善的设备维护、校准和验证计划，确保设备始终处于良好的运行状态，并且检测结果的准确性和可靠性得到保证。

定期评估设备的性能和适用性，根据技术发展和产品变化，及时更新和升级设备，以适应新的质量控制要求。

313 质量控制负责人需要具备哪些具体的资质和经验才能胜任管理多个实验室的职责？

在药品生产过程中，质量控制负责人若要胜任管理同一企业的一个或多个实验室的职责，通常需要具备以下具体的资质和经验。

一、资质方面

相关专业的高等教育背景，如药学、化学、生物学、医学等，通常要求至少拥有本科及以上学位。

持有相关的专业认证或资格证书，例如注册质量工程师、注册执业药师等。

熟悉国内外药品质量管理的相关法规、指南和标准，如我国的 GMP、ICH（国际人用药品注册技术协调会）指南等。

二、经验方面

具有丰富的实验室工作经验，在药品质量控制实验室中从事分析检测、方法验证、质量标准制定等工作多年，熟悉各类检测仪器和分析方法。

成功领导或参与过药品质量控制项目，包括新产品的质量研究、工艺验证中的质量控制、稳定性研究等，能够熟练处理各类质量控制相关的问题和挑战。

具备管理实验室团队的经验，包括人员招聘、培训、绩效管理、团队建设等，能够有效地激励和引导团队成员达成质量控制目标。

熟悉实验室的质量管理体系，如 ISO 17025 等，并有建立、维护和改进质量管理体系的经验，能够确保实验室的运作符合相关标准和规范。

拥有处理实验室质量事故和偏差调查的经验，能够迅速准确地判断问题根源，并采取有效的纠正和预防措施。

具备与其他部门（如生产部门、研发部门、法规事务部门等）进行有效沟通和协作的经验，能够协调各方资源，确保药品生产全过程的质量控制工作顺利进行。

了解实验室的成本管理和资源优化配置，能够在保证质量的前提下，合理控制实验室的运行成本。

三、其他能力

1.领导能力 质量控制负责人应具备出色的领导能力，能够带领团队高效地完成各项检验任务和质量管理工作。

能够制定科学合理的工作计划和目标，并督促团队成员认真执行。

2.沟通协调能力 应具备良好的沟通协调能力，能够与不同部门、不同实验室之间进行有效的沟通和协作。

能够妥善处理各种突发情况和问题，确保实验室工作的顺利进行和药品质量的稳定可靠。

3.技术能力 能够独立进行实验数据的分析、处理和解读，为决策提供科学依据。具备开发和验证新的质量控制方法的能力，以适应生产需求的变化。

4.问题解决能力 出色的问题解决和决策制定能力，能够在复杂和压力环境下迅速作出判断。

能够有效地解决实验室中出现的问题，并采取措施预防问题的再次发生。

5.持续学习能力 对新知识、新技术和新法规保持开放和学习的心态。

愿意参加专业培训和继续教育，不断提升自己的专业技能。

314 对于质量控制实验室的检验人员，除了学历要求外，还应该具备哪些素质和能力，以确保检验工作的准确性和可靠性？

在药品生产过程中，对于质量控制实验室的检验人员，除了学历要求外，他们还需要具备一系列关键的素质和能力，以确保检验工作的准确性和可靠性。这些素质和能力对于保障药品质量、符合 GMP 至关重要。

一、专业技能与知识

1.扎实的专业知识 检验人员应具备药学、化学、生物学等相关专业的扎实基础知识，包括药理学、药剂学、药物化学等。这些知识是他们进行药品检验工作的基础。

2.熟悉检验技术和方法 检验人员需要熟练掌握各种药品检验技术和方法，如化学成分分析、微生物限度检查、抗生素效价测定等。同时，他们还应了解最新的检验技术和标准，确保检验工作的科学性和先进性。

3.仪器操作能力 现代药品检验离不开各种精密仪器的支持。因此，检验人员需要具备熟练操作各种检验仪器的能力，如高效液相色谱仪（HPLC）、气相色谱仪（GC）等。他们需要了解仪器的原理、性能和维护方法，确保仪器在检验过程中的准确性和稳定性。

4.问题解决能力 在检验工作中遇到问题时，能够迅速判断问题的性质和来源，并采取有效的解决措施，必要时及时向上级报告。

二、法规意识与质量管理

1.强烈的法规意识 检验人员必须熟悉并严格遵守国家药品管理法律法规以及相关的技术标准，如 GMP、《中国药典》、《药品注册管理办法》等，确保检验活动符合法定标准和要求。

2.质量意识 具备强烈的质量意识，理解检验工作对药品质量的直接影响，对待检验工作严谨认真，坚持高标准，确保检验结果的准确无误。

3.质量管理能力 检验人员应了解质量管理体系的基本要求，能够参与制定和执行质量控制计划。他们应具备对检验数据进行统计分析的能力，以及发现和处理检验过程中异常情况的能力。

4.记录管理能力 检验人员应能准确、及时地记录检验过程和结果，为后续的质量追溯和分析提供有力支持。

三、责任心与职业道德

1.**高度的责任心**　药品质量直接关系到患者的生命安全和健康。因此，检验人员必须具备高度的责任心，对待每一项检验工作都要认真负责、一丝不苟。

2.**崇高的职业道德**　检验人员应坚守职业道德底线，保持公正、客观、严谨的工作态度。他们应拒绝任何形式的利益诱惑，确保检验结果的准确性和可靠性。

四、学习能力与团队协作

1.**持续学习能力**　随着科技的发展和医药行业的不断创新，新的检验技术和标准不断涌现。检验人员需要具备持续学习的能力，关注行业动态和技术进展，不断提升自己的专业素质和技能水平。

2.**良好的团队协作能力**　药品检验工作往往需要多个部门和人员的协同配合。因此，检验人员需要具备良好的团队协作能力，能够与生产、研发、销售等部门密切沟通协作，共同保障药品质量安全。

315　**质量控制实验室应如何确保所配备的药典和标准图谱是最新版本？**

在药品生产过程中，质量控制实验室确保所配备的药典和标准图谱是最新版本至关重要，因为这直接关系到药品质量检测的准确性和合规性。以下是确保药典和标准图谱更新的关键措施。

1.**建立定期更新制度**　指定专人负责跟踪药典和标准图谱的发布动态，可通过订阅相关专业机构的通知服务、关注权威网站的更新信息等途径，获取最新版本的发布时间和内容变化。

2.**定期审核与比对**　实验室应设立专人或小组负责定期（如每年或每季度）审核现有药典和标准图谱，与官方发布的最新版本进行比对，确认是否需要更新。利用专业网站或数据库（如药标网、中国食品药品检定研究院官网）进行在线比对和确认。一旦发现新版本发布，应立即替换旧版本，并作废旧版本。

3.**订阅更新服务**　订阅药典和标准图谱的出版机构提供的更新服务，确保第一时间获得最新版本。

设置自动提醒功能，以便在新版本发布时及时通知相关人员。

4.**官方渠道购买**　通过官方或授权的渠道购买药典和标准图谱，以确保获得正版和最新版本。

避免使用盗版或过时的资料，以免影响检验结果的准确性。

5.**参与行业会议和研讨会**　参加药品质量控制相关的行业会议和研讨会，了解药典和标准图谱的最新动态。

通过这些活动，可以与同行交流，获取最新的信息和资源。

6.**建立内部通知系统**　建立内部通知系统，当药典和标准图谱有新版本时，能够迅速通知到实验室人员。

确保所有相关人员都了解新版本的发布，并按照规定的时间表进行替换。

7.在内部建立版本控制和文档管理系统 对每一次药典和标准图谱的更新进行详细记录，包括更新日期、版本号、变更内容等，以便追溯和查询。

8.培训和教育 对实验室人员进行培训，强调使用最新版本药典和标准图谱的重要性。教育员工如何识别和获取最新的药典和标准图谱。

9.与监管机构沟通 与当地药品监管机构保持沟通，了解药典和标准图谱的最新要求和更新。

遵循监管机构的建议和指导，确保实验室的资料始终符合法规要求。

316 除了与批记录相关的资料信息外，质量控制实验室还需要保存哪些类型的原始资料或记录？

为了符合GMP的规定，质量控制实验室除了与批记录相关的资料信息外，还需要保存以下类型的原始资料或记录。

1.仪器和设备相关的原始记录 仪器校准记录：记录仪器的校准时间、方法、标准、结果以及校准后的状态。

设备使用记录：详细记录每次使用设备的日期、时间、操作人员及使用目的。

设备维护记录：包括设备的维护计划、执行记录、维护人员以及维护后的状态。

设备清洁记录：记录设备清洁的时间、方法、人员以及清洁效果验证。

2.检验操作相关的原始记录 检验操作规程（SOP）：详细描述所有检验方法和操作步骤，确保一致性和可重复性。

检验记录或实验室工作记事簿：记录每次检验的具体操作步骤、使用的试剂和仪器、检验结果及任何偏差和处理措施。

3.环境监测相关的原始记录 环境监测操作规程：包括监测方法、频次、位置、设备及参数等。

环境监测记录：记录实验室环境参数（如温度、湿度、洁净度）的监测数据。

环境监测报告：定期总结环境监测数据，分析趋势和变化，提出改进建议。

4.检验方法验证相关的原始记录 检验方法验证报告：包括方法验证的设计、实施、结果及结论，确保检验方法的可靠性和准确性。

方法验证记录：详细记录验证过程中使用的材料、设备、步骤及数据。

5.样品管理相关的原始记录 取样操作规程：描述取样的方法、设备、频次、人员及取样点。

取样记录：记录每次取样的日期、时间、地点、取样量、取样人员及样品编号。

样品处理和存储记录：包括样品的接收、处理、存储条件及保存期限。

6.培训和人员资质相关的原始记录 培训记录：记录实验室人员的培训计划、内容、参与人员及培训效果评估。

人员资质认证记录：包括实验室人员的教育背景、专业资质、技能评估及认证记录。

7.偏差和纠正预防措施相关的原始记录　偏差记录：详细记录检验过程中出现的偏差、调查过程、原因分析及处理措施。

纠正预防措施记录：记录CAPA的实施过程、效果评估及改进措施。

8.实验室审核和内部检查相关的原始记录　内部审核记录：包括审核计划、执行记录、发现的问题及整改措施。

审计报告：记录外部审计的结果、发现的问题及改进建议。

9.其他与实验室管理相关的原始记录　实验室安全记录：包括安全检查、事故记录及改进措施。

化学品和试剂管理记录：包括化学品和试剂的采购、接收、存储、使用及处置记录。

317　在取样过程中，可能产生哪些风险，应如何采取预防措施以降低这些风险？

在药品生产的取样过程中，可能产生多种风险。这些风险包括但不限于污染、交叉污染、样品不具代表性、取样器具不洁、样品标识错误、样品贮存条件不当等。为了确保取样的质量和安全，需要采取一系列预防措施。以下是详细分析和建议。

一、污染和交叉污染的风险

风险描述：

1.污染　取样过程中，样品可能被环境、取样器具或操作人员污染。

2.交叉污染　不同样品之间可能发生污染，影响检测结果。

预防措施：

1.无菌取样　在取无菌或高风险样品时，使用无菌取样器具和容器，操作人员应穿戴无菌服装和手套。

2.专用取样器具　不同物料或产品使用专用取样器具，避免交叉使用。

3.定期清洁和消毒　取样前后对取样器具和工作区域进行清洁和消毒。

4.取样环境控制　在洁净区或指定取样区进行取样，保持环境清洁，减少空气中微粒和微生物的污染。

二、样品不具代表性的风险

风险描述：

样品不能代表整个批次产品或物料，导致检测结果不准确。

预防措施：

1.科学合理的取样方法　根据取样操作规程，采用随机取样、分层取样或其他适当的方法，确保样品具有代表性。

2.样品量充足　根据规程规定的样品量进行取样，避免样品量不足影响检测结果。

3.分样方法规范　在取样后，按照规定的方法进行分样，确保每个样品的一致性和代表性。

三、取样器具不洁的风险

风险描述：

取样器具不洁净或残留上次取样的物料，导致样品污染。

预防措施：

1.清洁方法标准化　制定并严格执行取样器具的清洁操作规程，确保每次取样前后器具的洁净。

2.定期维护和校准　定期检查和校准取样器具，确保其处于良好状态。

四、样品标识错误的风险

风险描述：

样品标签信息不完整或错误，导致样品混淆或数据无法追溯。

预防措施：

1.标签信息规范　在样品容器上贴标签，注明样品名称、批号、取样日期、取自哪一包装容器、取样人等信息。

2.双人核对　取样后由两人核对标签信息，确保准确无误。

五、样品贮存条件不当的风险

风险描述：

样品在贮存过程中因温度、湿度等环境因素发生变化，影响检测结果。

预防措施：

1.贮存条件控制　根据样品特性，制定并严格执行贮存条件（如温度、湿度、光照等）要求。

2.定期检查　定期检查样品贮存环境，确保符合要求。

六、取样操作不规范的风险

风险描述：

取样操作不按照规程执行，导致样品不合格或检测结果不准确。

预防措施：

1.操作规程培训　对取样人员进行操作规程的培训，确保其熟悉并遵守规程要求。

2.操作监督和记录　在取样过程中进行监督，记录取样操作的每个步骤，确保操作规范。

通过上述预防措施，可以有效降低取样过程中可能产生的各种风险，确保样品质量符合 GMP 要求，保障药品生产和质量控制的可靠性和准确性。

318　对于不需要进行验证的检验方法，企业应如何进行确认，以确保检验数据的准确性和可靠性？

对于不需要进行验证的检验方法，企业需要进行确认，以确保检验数据的准确性和可靠性。确认过程旨在证明现有方法在实际操作中的有效性和稳定性，确保其能够产生一致且可靠的结果。以下是详细的步骤和要求。

1.确认计划的制定 企业应首先制定一个详细的确认计划，包括以下内容。

确认目标：明确确认的目的和预期结果。

确认范围：确定需要确认的检验方法及其应用范围。

确认标准：定义确认的接受标准和判定准则。

2.确认方法的选择 根据检验方法的特点和使用情况，选择适当的确认方法。常用的确认方法包括以下3种。

重复性测试：在相同条件下，多次重复测试，评估方法的重复性。

精密度测试：在不同时间、不同操作者、不同设备下进行测试，评估方法的精密度。

比对测试：将确认方法的结果与已验证方法或标准方法的结果进行比对。

3.确认实验的实施 根据确认计划，进行具体的确认实验，确保实验条件和操作步骤严格按照确认计划执行。以下是具体步骤。

准备工作：准备所需的样品、试剂、对照品、仪器设备等。

实验操作：按照检验操作规程进行实际操作，记录每次实验的详细数据。

数据记录：详细记录实验过程中的所有数据，包括环境条件、操作人员、仪器设备状态等。

4.数据分析与评估 对确认实验的数据进行详细分析和评估，确保方法的可靠性和一致性。

数据统计：采用适当的统计方法，对实验数据进行分析，包括均值、标准差、变异系数等。

结果评估：根据确认标准，评估实验结果是否符合要求，判断方法的重复性和精密度。

5.确认报告的编制 编制详细的确认报告，记录确认过程和结果，确保所有步骤都有据可查。报告内容应包括以下内容。

确认计划和实验设计：详细描述确认计划和实验设计。

实验过程和数据：记录每次实验的具体操作和数据。

数据分析和结果：统计分析结果和评估结论。

确认结论和建议：根据数据分析结果，得出确认结论，并提出改进建议（如有必要）。

6.确认报告的审批 确认报告应经过相关部门和人员的审批，包括以下内容。

操作人员和实验人员：确保实验数据真实可靠。

质量管理部门：确保确认过程和结果符合GMP要求。

高层管理人员：确保确认过程得到管理层的认可和支持。

7.持续监控和维护 确认方法后，企业应对检验方法进行持续监控和维护，以确保其长期的准确性和可靠性。

定期复核：定期对检验方法进行复核，确保其性能稳定。

持续改进：根据实际使用情况和质量管理要求，不断改进和优化检验方法。

319　如何实施有效的记录复核和计算核对程序，以防止数据错误和确保结果的准确性？

为了实施有效的记录复核和计算核对程序，以防止数据错误和确保结果的准确性，可以采取以下步骤和措施。

一、建立完善的复核制度

制定详细的复核操作规程，明确复核的范围、内容、方法、职责和要求。

建立多级复核机制，包括自查、交叉复核和主管复核等。

明确规定复核人员的资质要求，确保复核人员具备相应的专业知识和经验。

制定复核时限要求，确保及时发现和纠正错误。

二、实施全面的记录复核

1.原始记录复核　检查记录的完整性、准确性、一致性和可追溯性。

2.数据转录复核　核对数据从原始记录到检验报告的转录是否准确。

3.计算过程复核　重新进行所有计算，核对计算公式和结果。

4.判定结果复核　核对检验结果与质量标准的符合性判定是否正确。

5.签名和日期复核　确保所有必要的签名和日期齐全、有效。

三、采用先进的计算核对方法

使用经过验证的电子数据处理系统，减少人为计算错误。

采用双人双机独立计算再比对的方法进行关键数据计算。

利用统计学方法对计算结果进行合理性分析。

对异常或临界值结果进行重点核查。

四、加强培训和考核

定期对相关人员进行 GMP、SOP 操作和专业知识培训。

开展复核技能实操培训，提高复核的准确性和效率。

定期组织复核能力考核，及时发现和改进问题。

五、实施有效的质量监控

建立复核效果评估机制，定期分析复核发现的问题和趋势。

开展定期和不定期的质量审计，评估复核程序的执行情况。

实施复核差错率统计分析，持续改进复核质量。

六、利用信息化手段

采用实验室信息管理系统（LIMS），实现数据自动采集和传输。

使用电子批记录系统，减少人工录入错误。

应用人工智能技术辅助数据审核，提高复核效率和准确性。

七、建立纠错机制

制定明确的纠错程序，规范更正方法和审批流程。

建立错误分析和预防机制，避免类似错误再次发生。

保存完整的纠错记录，确保数据可追溯性。

八、强化文件管理

实施严格的文件版本控制，确保使用最新有效的操作规程和质量标准。

建立完善的记录保存系统，方便随时调阅和核查。

通过以上措施的综合实施，可以有效防止数据错误，确保检验结果的准确性和可靠性，符合 GMP 对记录复核和计算核对的要求。企业应根据实际情况，制定详细的实施方案和考核标准，并持续改进，不断提高质量管理水平。

320 如何对实验室使用的玻璃仪器、试剂、试液、对照品以及培养基进行质量检查？

对实验室使用的玻璃仪器、试剂、试液、对照品以及培养基进行质量检查是确保实验室数据准确性和可靠性的关键步骤。以下是具体的质量检查方法和步骤。

一、玻璃仪器质量检查

1.外观检查　检查玻璃仪器是否有裂纹、气泡、划痕等缺陷。

2.洁净度检查　确保玻璃仪器清洗干净，无残留物。

3.刻度检查　对于容量玻璃仪器，检查刻度是否清晰、准确。

4.校准　定期对容量玻璃仪器进行校准，确保测量准确性。

5.材质检查　确认玻璃材质符合要求，如硼硅玻璃等。

6.耐热性检查　对需要加热的玻璃仪器进行耐热性测试。

二、试剂质量检查

1.标签检查　检查试剂标签是否完整、清晰，包含名称、规格、批号、有效期等信息。

2.外观检查　观察试剂的颜色、澄清度、有无沉淀等。

3.纯度检查　根据试剂等级要求进行相应的纯度测试。

4.含量测定　对主要成分进行含量测定。

5.杂质检查　检测可能存在的杂质。

6.稳定性检查　评估试剂在储存条件下的稳定性。

7.功能性检查　进行相关的功能性测试，如 pH 值、密度等。

三、试液质量检查

1.配制记录审核　检查试液配制记录的完整性和准确性。

2.浓度验证　对配制的试液进行浓度验证。

3.pH值测定　测定试液的 pH 值是否符合要求。

4.**澄清度检查**　观察试液是否澄清，有无沉淀或浑浊。

5.**稳定性评估**　评估试液在使用期间的稳定性。

6.**功能性检查**　进行相关的功能性测试，确保试液满足预期用途。

四、对照品质量检查

1.**证书审核**　检查对照品的质量证书，确认来源合法、可靠。

2.**标签检查**　核对对照品标签信息的完整性和准确性。

3.**外观检查**　观察对照品的物理状态、颜色等。

4.**含量验证**　必要时进行含量验证测试。

5.**纯度检查**　进行纯度测试，确保符合要求。

6.**稳定性评估**　评估对照品在储存条件下的稳定性。

7.**使用记录审核**　检查对照品的使用记录，确保可追溯性。

五、培养基质量检查

1.**采购和来源确认**　培养基应当来自合规的供应商，并提供符合标准的质检报告。

2.**成分检查**　确认培养基的配方和成分与相关标准一致，确保原料的来源和质量符合要求。

3.**外观检查**　检查培养基是否有变色、沉淀、浑浊等异常现象，确保其物理状态符合要求。

4.**无菌检查**　对培养基进行无菌检查，确保其无微生物污染。

5.**生长性能检查**　使用标准菌株对培养基进行生长性能测试，确保其能够支持目标微生物的生长。

6.**pH值检查**　检测培养基的pH值，确保符合标准范围。

7.**储存条件检查**　确保培养基按照规定的储存条件（如温度、湿度、避光等）进行储存，并定期检查储存条件是否符合要求。

六、通用质量管理要求

1.**建立标准操作规程**　制定详细的质量检查SOP，确保检查过程的一致性和可重复性。

2.**人员培训**　定期对相关人员进行培训，确保其具备足够的专业知识和技能。

3.**记录管理**　保存完整的质量检查记录，确保可追溯性。

4.**偏差处理**　制定偏差处理程序，及时发现和解决质量问题。

5.**定期审核**　定期对质量检查程序进行审核和更新，确保其持续有效性。

6.**供应商管理**　对相关物料的供应商进行严格的评估和管理。

7.**环境监控**　监控实验室环境条件，确保符合质量检查要求。

321　如何对实验动物进行标识，并保存其使用的历史记录？

对实验动物进行标识并保存其使用的历史记录是确保实验数据准确性和可追溯性的

关键步骤。以下是具体的方法和步骤。

一、实验动物的标识方法

1.标识类型选择 耳标：常用于小型啮齿类动物，如大鼠、小鼠。耳标上通常刻有唯一的识别号码。

脚环：适用于鸟类或其他需要特定标识的动物。

皮下植入：适用于长期实验和大中型动物。植入的芯片可通过扫描仪读取。

文身：适用于一些特殊品种和长期实验的动物。

尾标：用于一些小型动物，通过染色或打孔的方式进行标识。

2.标识信息内容 动物编号：唯一的识别编号，确保每只动物有唯一的标识。

品种和性别：标注动物的品种和性别信息。

出生日期：记录动物的出生日期，以便于年龄相关实验的数据分析。

供应商信息：记录动物的供应商，确保供应链可追溯。

二、实验动物使用历史记录的保存

1.记录内容 动物基本信息：包括动物编号、品种、性别、出生日期、供应商等。

实验项目：详细记录每次实验的项目名称、实验目的、实验方案等。

实验日期：记录每次实验的开始日期和结束日期。

实验操作记录：包括实验过程中使用的所有药品、剂量、操作步骤、操作人员等。

健康状况：详细记录动物的健康状况变化、疾病情况、治疗措施等。

实验结果：记录实验的初步结果、观察数据、测量数据等。

死亡或安乐死记录：如动物在实验过程中死亡或进行安乐死处理，应记录时间、原因和处理方式。

2.记录保存方式 纸质记录：传统的实验记录本，适用于小规模实验室，但需要定期备份和防护。

电子记录系统：采用实验动物管理系统进行电子化管理，方便数据存储、检索和分析。

双重备份：无论是纸质记录还是电子记录，都应进行双重备份，以防数据丢失。

定期审核：定期对记录进行审核，确保数据完整、准确。

三、确保标识和记录的规范性

1.标识规范 对相关人员进行标识方法的培训，确保操作规范。

配备合适的标识设备和工具，确保标识清晰、持久。

制定详细的标识操作规程，并严格执行。

2.记录规范 使用标准化的记录表格，确保信息完整和一致性。

定期更新记录，确保数据实时准确。

每次记录更新应由责任人签名，确保记录的责任追溯性。

四、特殊情况处理

1.标识丢失或损坏 如发现标识丢失或损坏，应立即进行重新标识，并更新记录。建立标识丢失或损坏的报告机制，分析原因并改进。

2.动物转移或借用 详细记录动物转移的原因、转移日期、接收人等信息。如动物借用给其他实验室，应签订借用协议，并记录相关信息。

322 在进行检验结果超标调查时，应记录哪些内容，以确保调查的完整性和可追溯性？

为了确保检验结果超标调查的完整性和可追溯性，应当详细记录以下内容。

1.基本信息 超标样品的完整信息（批号、名称、规格等）。

检验项目及超标指标。

超标发现时间、报告人。

调查启动时间、调查负责人。

2.超标情况描述 具体超标数值及允许限度。

超标程度评估。

历史检验数据对比分析。

3.可能原因分析 样品相关：取样、运输、储存等环节。

检验方法相关：方法适用性、操作规程执行情况等。

仪器设备相关：校准、维护状态等。

试剂耗材相关：质量、效期等。

环境条件相关：温湿度、洁净度等。

人员操作相关：培训、执行情况等。

生产过程相关：工艺参数、原辅料等。

4.调查过程 调查步骤及方法。

取样、复检情况。

相关记录审核情况。

现场考察情况。

人员访谈情况。

5.原因确认 导致超标的直接原因。

潜在的根本原因。

原因确认的依据和证据。

6.影响评估 对产品质量的影响。

对其他批次／产品的影响。

对质量体系的影响。

7.纠正和预防措施 短期纠正措施。

长期预防措施。

措施的执行计划和责任人。

措施有效性的验证方案。

8.**类似事件防范** 相似产品/过程的排查计划。

质量体系相关文件的修订建议。

9.**结论和处置意见** 调查结论概述。

超标批次的处置意见。

是否需要召回或市场通报。

10.**审核批准** 调查报告的审核过程。

质量管理部门的意见。

企业负责人的批准意见。

11.**附件** 相关原始记录复印件。

检验报告单。

仪器设备使用记录。

相关图片、数据等支持性文件。

通过全面、系统地记录上述内容，可以确保检验结果超标调查的完整性，并为后续的质量改进和监管检查提供可靠的依据。这种详细的记录不仅符合 GMP 的要求，也体现了企业对产品质量的高度重视和负责任的态度。

323 留样观察应如何记录，以及记录的内容应包括哪些？

为了符合 GMP 的规定，留样观察记录应详细、完整，确保所有观察到的情况均有据可查。记录内容应涵盖样品的各个方面，从基本信息到观察结果，确保留样的质量可追溯，并能够为潜在的质量问题提供线索。以下是留样观察记录应包括的内容。

1.**留样信息** （1）样品名称。（2）批号。（3）生产日期。（4）留样日期。（5）样品数量。（6）包装形式。

2.**观察日期和人员** （1）观察日期。（2）观察人员签名和日期。（3）复核人员签名和日期（如适用）。

3.**外观检查** （1）样品外观（颜色、形状、大小等）。（2）包装完整性（是否有破损、漏气等）。（3）标签和标识（是否清晰、完整）。

4.**物理特性** （1）状态变化（如粉末是否结块，液体是否沉淀）。（2）气味（是否有异常气味）。（3）触感（如片剂是否发黏、软化）。（4）其他物理特性（如溶解度、黏度等）。

5.**化学特性（如适用）** （1）pH 值变化。（2）含量测定。（3）杂质检查。（4）其他化学特性。

6.**特殊检查项目（根据药品特性）** （1）如注射剂的澄明度。（2）片剂的崩解性。（3）软膏剂的均匀性等。

7.**包装材料检查** （1）与药品直接接触的包装材料状况。（2）包装密封性。（3）任何与包装材料相关的变化。

8.**稳定性数据（如适用）** （1）与稳定性相关的任何观测结果。（2）是否符合稳定性考察要求。

9.**异常情况处理** （1）异常描述。（2）可能的原因分析。（3）采取的调查措施。（4）处理结果。（5）预防措施。

10.**结论** （1）观察结果总结。（2）是否符合质量要求。（3）是否需要进一步检测或处理。

11.**审核与批准** （1）观察人员签名。（2）质量管理部门审核人员签名。（3）批准人员签名。（4）审核、批准日期。

12.**相关文件索引** （1）相关SOP编号。（2）留样管理记录编号。（3）异常情况调查报告编号（如有）。

13.**附件** （1）必要时附上留样观察的照片或其他证明材料。（2）电子记录要求（如适用）：

确保电子记录系统符合数据完整性要求。

记录操作人员、时间戳、审计跟踪等信息。

14.**趋势分析** 定期对留样观察结果进行趋势分析，以识别潜在的质量问题。

通过详细、准确的记录，不仅可以满足 GMP 的要求，还能为药品质量追溯和调查提供可靠的依据。同时，这些记录也是企业质量管理体系有效运行的重要证据，有助于持续改进产品质量和生产过程。

324　在保存期间内，应如何对留样进行目检观察，如有异常，应如何进行彻底调查并采取相应的处理措施？

为符合 GMP 的规定，企业在保存期间内，应定期对留样进行目检观察，并在发现异常时进行彻底调查和采取相应的处理措施。以下是具体的操作流程和内容。

一、目检观察频率和方法

1. 至少每年对留样进行一次目检观察。

2. 制定标准操作规程（SOP），明确目检观察的具体步骤、内容和标准。

3. 由经过培训的质量管理人员执行目检观察。

4. 重点观察包装完整性、外观、颜色、气味等可感官检查的项目。

5. 使用放大镜等辅助工具提高观察的准确性。

6. 对比原始留样记录，评估是否存在变化。

二、异常情况的调查

如发现异常，应立即启动全面调查，包括但不限于以下内容。

1. 成立调查小组，由质量保证部门牵头，生产、仓储等相关部门参与。

2. 详细记录异常现象，包括发现时间、异常描述、影响范围等。

3. 回顾该批次产品的生产记录、检验记录、储存条件记录等。

4. 分析可能的原因，如生产过程偏差、储存条件异常、包装材料问题等。

5. 必要时进行实验室检测，评估产品质量是否受影响。

6. 评估是否存在系统性问题，是否影响其他批次。

7. 制定详细的调查报告，包括原因分析和整改措施。

三、处理措施

根据调查结果，采取相应的处理措施，可能包括以下内容。

1. 如确认为个别样品问题，更换留样并记录。

2. 如涉及整批次产品，评估召回的必要性。

3. 改进生产工艺或包装方式，防止类似问题再次发生。

4. 加强储存条件管理，确保符合要求。

5. 修订相关 SOP，完善质量管理体系。

6. 对相关人员进行再培训。

7. 评估是否需要向药品监督管理部门报告。

四、文件记录

1. 详细记录每次目检观察的结果，包括观察人、日期、结果等。

2. 对于异常情况，保存完整的调查报告和处理措施记录。

3. 建立留样观察和异常处理的档案管理系统。

五、持续改进

1. 定期分析留样观察结果，识别潜在的质量风险。

2. 将留样观察纳入质量管理体系的定期回顾中。

3. 根据观察结果和行业最新要求，不断优化留样管理流程。

325 如何计算和确定物料留样的数量，以确保其足以进行鉴别测试？

为了确保物料留样足以进行鉴别测试，企业需要制定合理的留样数量计算方法，以符合 GMP 的要求。关于物料留样数量的要求，需要综合考虑多个因素来确定和计算适当的留样数量。

1. **鉴别测试方法分析**　首先需要分析该物料的鉴别测试方法，包括以下内容。

（1）化学鉴别（如薄层色谱、高效液相色谱等）。

（2）光谱鉴别（如红外光谱、紫外光谱等）。

（3）物理鉴别（如熔点测定、显微镜观察等）。

（4）生物学鉴别（如微生物限度试验等）。

根据不同的鉴别方法，所需的样品量会有所不同。

2. **最小取样量确定**　对每种鉴别方法，确定完成一次测试所需的最小取样量。通常包括以下 3 种。

（1）主测试所需量。

（2）平行测试所需量。

（3）重复测试预留量。

3. 留样次数考虑　考虑留样可能需要进行的鉴别次数，一般至少应能完成以下鉴别。

（1）常规鉴别 1 次。

（2）复检鉴别 1 次。

（3）争议时的第三方检测 1 次。

4. 安全系数　为应对意外情况，建议在计算结果基础上增加 20%~50% 的安全系数。

5. 物料特性考虑　某些物料可能具有特殊性质，如：挥发性强、吸湿性强、光敏感、热不稳定。

这些特性可能导致储存过程中的损耗，需要适当增加留样量。

6. 包装形式影响　考虑物料的包装形式对留样量的影响，包括以下两种情况。

（1）散装物料可精确称量。

（2）预包装物料可能需要保留完整包装单元。

7. 留样量计算　基于以上因素，可采用如下公式计算留样量：

留样量 =（单次鉴别所需量 × 鉴别次数 + 额外损耗量）×（1+ 安全系数）

示例计算：

假设每次 HPLC 测试所需样品量为 0.5 克，每批次需进行 2 次全检测试，考虑 1.5 的安全系数：

留样量 =0.5 克 ×2 次 ×1.5=1.5 克

8. 最终确定　将计算结果向上取整到便于操作的数值，如整数克、整袋/瓶等。

9. 定期评估　建议每年评估一次留样量的合理性，根据实际鉴别需求和物料特性变化及时调整。

10. 文件化管理　将留样量的确定依据、计算过程和最终结果形成文件，纳入质量管理体系。

11. 特殊情况处理　对于贵重、稀缺或高活性物料，可适当减少留样量，但应有充分的风险评估和控制措施。

通过以上系统性的方法，可以科学、合理地确定物料留样量，既能满足 GMP 要求，又可避免过度留样造成的浪费。这种方法既体现了质量风险管理的理念，又符合现代制药行业的实际需求。

326　**在管理试剂、试液、培养基和检定菌时，质量控制实验室应该建立哪些制度和规程，以确保其质量和可靠性？**

为了确保试剂、试液、培养基和检定菌的质量和可靠性，符合 GMP 的要求，质量控制实验室应建立以下制度和规程。

1.供应商评估制度 制定评估供应商的标准和程序，包括供应商的资质、生产能力、质量管理体系、供货历史等。

定期对供应商进行评估和审查，确保其仍然符合质量要求。

2.试剂、试液、培养基接收记录 建立接收记录表格，记录每次接收的试剂、试液、培养基的批号、数量、接收日期等信息。

在试剂、试液、培养基容器上标注接收日期和必要信息。

3.配制、贮存和使用规程 制定详细的配制操作规程，包括配制方法、所需材料、配制日期、配制人员等。

标注试液和已配制培养基的配制批号、配制日期、配制人员姓名，并记录配制过程中的操作细节和灭菌记录。

对不稳定的试剂、试液和培养基标注有效期及特殊贮存条件，并在贮存过程中进行监控和维护。

4.培养基适用性检查和使用记录 对每批次配制的培养基进行适用性检查，记录检查结果和使用情况。

建立培养基使用记录，包括使用日期、使用用途、使用部门等信息。

5.检定菌管理制度 建立检定菌的管理制度，包括保存、传代、使用和销毁的操作规程。

每株检定菌应有适当的标识，内容至少包括菌种名称、编号、代次、传代日期和操作人员。

确定检定菌的贮存条件，确保不会影响其生长特性和检验使用。

6.质量控制实验室操作规程 编制详细的操作规程（SOP），包括供应商评估、试剂接收、配制、使用、检定菌管理等环节的具体步骤和要求。

各项操作规程应当符合 GMP 要求，并定期进行审查和更新。

7.培训和记录 对实验室工作人员进行相关 SOP 的培训，包括操作规程、质量要求和安全操作。

记录培训内容和参与人员的信息，确保培训的全面性和持续性。

通过建立上述制度和规程，质量控制实验室能够有效管理试剂、试液、培养基和检定菌，确保其质量和可靠性，符合 GMP 的要求，同时为药品生产的质量控制提供了可靠的支持和依据。

327 **对于企业自制的工作标准品或对照品，企业应该采取哪些措施，以确保其质量和稳定性，并与法定标准品或对照品相一致？**

为了确保企业自制的工作标准品或对照品的质量、稳定性，并与法定标准品或对照品保持一致，企业应采取以下措施。

1.**建立完善的管理体系**　制定工作标准品或对照品管理程序，明确职责分工、操作流程和质量要求。

建立工作标准品或对照品的质量标准，包括理化性质、纯度、含量、效价等关键指标。

制定详细的制备、鉴别、检验、批准和贮存的标准操作规程（SOP）。

2.**严格控制制备过程**　选用高纯度原料，采用适当的制备工艺，确保工作标准品或对照品的纯度和均一性。

制备过程中采取防止污染和交叉污染的措施。

对制备环境、设备、人员等进行严格管控。

详细记录制备全过程，保证可追溯性。

3.**全面鉴别和检验**　采用多种分析方法对工作标准品或对照品进行鉴别，如光谱法、色谱法等。

进行全面的理化性质检验，包括熔点、旋光度、紫外吸收等。

采用高效液相色谱法（HPLC）或气相色谱法（GC）等精确测定含量或效价。

进行杂质分析，确定杂质种类和含量。

4.**与法定标准品或对照品进行标化**　每批工作标准品或对照品必须用法定标准品或对照品进行标化。

采用适当的分析方法，如 HPLC、GC 等，进行平行测定。

计算工作标准品或对照品的含量或效价，确保其与法定标准品或对照品的一致性。

详细记录标化过程和结果。

5.**稳定性研究和有效期确定**　进行实时稳定性考察，在预定贮存条件下定期检测。

进行加速稳定性试验，预测长期稳定性。

根据稳定性研究结果确定合理的有效期。

6.**定期重新标化**　在有效期内定期用法定标准品或对照品进行重新标化。

通过重新标化证明工作标准品或对照品的效价或含量在有效期内保持稳定。

详细记录重新标化的过程和结果。

7.**严格贮存管理**　根据工作标准品或对照品的特性确定适宜的贮存条件。

采取防光、防潮等必要的保护措施。

严格控制贮存环境的温湿度，并持续监测。

建立库存管理系统，实现先进先出。

8.**规范使用管理**　制定工作标准品或对照品的使用规程。

建立使用记录，包括使用人员、日期、用途等信息。

采取措施防止使用过程中的污染和变质。

9.**完善的文件管理**　建立工作标准品或对照品的档案，包括制备、检验、标化、稳定性研究等全过程资料。

保存所有批次的原始记录，确保可追溯性。

定期进行文件审核和更新。

10.人员培训和考核　对相关人员进行专业培训，包括理论知识和操作技能。

定期进行考核，确保人员具备相应的专业能力。

通过以上措施，企业可以确保自制的工作标准品或对照品质量可靠、稳定性良好，并与法定标准品或对照品保持一致，从而满足 GMP 要求，为药品质量控制提供可靠的依据。

第二节　物料和产品放行

328　除了操作规程，物料和产品批准放行还需要哪些文件？

在药品生产过程中，除了操作规程外，物料和产品批准放行还需要一系列的文件来确保药品的质量和安全。这些文件旨在明确批准放行的标准、职责，并提供相应的记录，以便追溯和监控整个放行过程。以下是物料和产品批准放行所需的文件和记录。

一、物料批准放行所需文件

1.物料质量标准　详细规定物料的质量要求，包括物理性质、化学性质、微生物限度等，作为物料批准放行的重要依据。

2.物料检验报告　由质量控制部门出具的，证明物料符合质量标准的检验报告。报告中应包含检验方法、检验结果、结论等信息。

3.供应商审计报告　对物料供应商进行定期审计，评估其质量管理体系、生产条件、产品质量等，确保物料来源的可靠性。审计报告应作为物料批准放行的参考。

4.物料接收记录　记录物料的到货情况，包括到货时间、数量、批号、有效期等信息，以及初步的外观检查和核对供应商资质的情况。

5.物料放行审核记录　由质量管理部门对物料检验报告、供应商审计报告、物料接收记录等进行综合审核，确认物料符合放行标准后，签署的放行审核记录。

二、产品批准放行所需文件

1.产品质量标准　明确产品的各项质量指标，包括活性成分含量、有关物质限度、微生物限度等，作为产品批准放行的主要依据。

2.批生产记录　详细记录每批产品的生产过程，包括原辅料使用、生产操作、关键工艺参数控制、中间产品检验等信息，作为评估产品质量的重要资料。

3.成品检验报告　由质量控制部门出具的，证明成品符合质量标准的检验报告。报告中应包含检验项目、检验方法、检验结果、结论等信息。

4.稳定性考察报告　对于需要稳定性考察的产品，应提供稳定性考察报告，评估产品在规定条件下的质量变化情况，确保产品在有效期内质量稳定。

5.产品放行审核记录　由质量管理部门对批生产记录、成品检验报告、稳定性考察报告等进行综合审核，确认产品符合放行标准后，签署的放行审核记录。

6.清洁验证报告　特别是对于共用生产线生产的不同产品，证明清洁程序能够有效防止交叉污染。

7.环境监测报告　确保生产环境符合药品生产的要求，包括洁净区的尘埃粒子数、微生物限度等。

验证和确认文件，如工艺验证、设备验证、清洁验证等，证明生产工艺和设备能够持续稳定地生产出符合质量要求的产品。

三、其他相关文件

1.变更控制文件　如物料或产品生产工艺、质量标准等发生变更，应提交变更控制文件，经过评估、审核和批准后，方可实施变更，并更新相应的操作规程和质量标准。

2.偏差处理记录　在生产过程中如发生偏差，应及时记录并进行调查，分析偏差原因，采取纠正措施和预防措施，确保产品质量不受影响。偏差处理记录应作为产品放行审核的参考。

3.培训记录　与物料和产品批准放行相关的操作人员和质量管理人员应接受必要的培训，并保留培训记录，以证明其具备相应的知识和技能。

4.风险评估报告　对于可能影响物料和产品质量的因素进行评估，如工艺变更、设备故障等，并说明采取的控制措施。

329　物料质量评价的结论除了批准放行和不合格之外，还有哪些可能？

药品生产企业在药品生产过程中，物料质量评价的结论除了常见的"批准放行"和"不合格"之外，还可能存在其他决定，具体可以根据物料的具体情况和企业的质量管理体系灵活性来确定。这些可能的结论包括但不限于以下内容。

1.有条件放行　当物料虽有轻微不符合规定的情况，但预期不会对产品质量造成负面影响，且通过额外的监控或限制性使用条件可以确保产品质量时，可能会给出有条件放行的结论。例如，可能要求该物料仅用于非关键生产步骤或需进行额外的检验确认。

2.返工/重新加工　如果物料存在可纠正的缺陷，企业可能会决定对该物料进行返工或重新加工，以使其符合质量标准。此结论要求明确返工或重新加工的方案，并在完成这些操作后重新进行质量评价。

3.让步接收　在某些特殊情况下，尽管物料未完全符合既定标准，但由于供应短缺或其他紧急情况，企业可能在经过风险评估并获得相应批准后，选择让步接收该物料。这通常需要详细的书面理由、风险缓解措施和高层管理的批准。

4.限制使用　物料可能只适用于某些特定用途或生产线，不适用于所有常规应用。这种情况下，质量评价结论可能会指出物料的使用限制，确保其在可控范围内使用。

5.退回供应商　如果物料不符合质量标准且无法通过返工或其他措施纠正，或者不符合合同规定，企业可能决定将物料退回给供应商，并要求替换或退款。

6.**留样观察/进一步测试**　对于某些检验结果不明确或存在争议的物料，企业可能会决定留样进一步观察或进行更详细的测试，推迟最终的放行决定，直至获取更多数据。

7.**销毁/废弃**　对于严重不符合质量标准或存在安全隐患的物料，最合适的决定可能是将其销毁或废弃，以防止其流入生产流程，确保产品质量安全。

8.**降级使用**　对于某些特定物料，如果其质量虽有所下降但仍满足最低使用要求，可以考虑降级使用。例如，将原本用于高规格产品的原料降级用于低规格产品。在这种情况下，质量评价结论会注明"降级使用"。

9.**待验**　当物料刚到达企业，尚未完成所有必要的检验和测试时，其质量评价结论可能为"待验"。这表示物料处于等待进一步检验和评估的状态。

10.**复验**　如果物料的初步检验结果显示某些参数接近合格标准的边缘，或者存在可疑的不合格情况，质量评价结论可能为"复验"。这意味着需要对物料进行进一步的检验或测试，以确认其质量状态。

11.**进一步处理**　如果物料被发现存在可以通过额外处理或加工来纠正的问题，质量评价结论可能为"进一步处理"。这表示物料在放行前需要进行额外的操作或处理，以满足质量标准。

这些结论都需要在质量评价报告中明确记录，并由指定的、具备相应权限的人员进行签名批准，确保每一步决策都有据可依，符合 GMP 要求。

330　在批准放行药品前，如何进行质量评价以确保药品符合注册和 GMP 要求？

在药品生产过程中，为确保药品在批准放行前符合注册和 GMP 要求，药品生产企业需要进行细致而全面的质量评价。以下是质量评价的关键步骤和要点。

一、质量评价的基本流程

1.**资料整理与核实**　质量控制部和质量保证部负责整理每批药品放行前的所有相关资料，包括但不限于原辅料、包装材料的检验记录，生产过程操作记录，设备及各个系统监控记录，清洁消毒记录，检验过程的记录和判定结果，以及临床用药反应评价和产品稳定性相关记录等。

重点核实批生产记录、批检验记录等相关文件的真实性、完整性和准确性，确保所有记录均符合 GMP 要求。

2.**生产工艺与检验方法验证**　确认主要生产工艺和检验方法已经过验证，确保其科学、合理、稳定、可靠，能够满足药品生产的质量控制需求。

3.**检查与检验完成情况**　确保所有必需的检查、检验项目均已完成，并且这些检查、检验活动综合考虑了实际生产条件和生产记录，以全面评估药品质量。

4.**生产与质量控制签名确认**　验证所有必需的生产和质量控制活动均已完成，并由相关主管人员签名确认，以确保每一步骤都符合规定要求。

5.**变更与偏差处理**　对生产过程中发生的所有变更或偏差，按照相关规程进行处理，并完成所有必要的取样、检查、检验和审核。对于需要药品监督管理部门批准的变更，必须确保已获得批准。

对于所有与该批产品有关的偏差，必须有明确的解释或说明，或者已经过彻底调查和适当处理。如果偏差还涉及其他批次产品，应一并处理。

二、质量评价的结论与放行

在完成上述所有质量评价活动后，药品生产企业会对每批药品给出明确的质量评价结论。这些结论通常包括"批准放行""不合格"或其他特定决定。

对于符合注册和GMP要求的药品，由质量受权人签名批准放行。对于疫苗类制品、血液制品、用于血源筛查的体外诊断试剂以及国家药品监督管理局规定的其他生物制品，放行前还需取得批签发合格证明。

第三节　持续稳定性考察

331　持续稳定性考察如何帮助发现药品的稳定性问题？

药品生产企业在遵循GMP时，持续稳定性考察（continuous stability testing，CST）是确保药品在整个有效期和市场流通期间维持其预定质量的关键环节。这一过程通过系统而持续的监测，为药品的稳定性提供了科学依据，以下是其帮助发现药品稳定性问题的具体方式。

1.**定期监测关键质量指标**　通过定期检测药品的关键质量指标，如杂质含量、溶出度特性、有效成分含量等，可以直观地了解药品在贮存过程中的质量变化。这些指标的变化趋势能够反映出药品是否受到光、热、湿度等环境因素的影响，从而及时发现潜在的稳定性问题。

2.**对比分析历史数据**　将当前检测数据与历史数据进行对比分析，可以发现药品质量随时间的变化规律。若某项指标出现异常波动或趋势性变化，则可能表明药品存在稳定性问题。通过深入分析这些数据，可以定位问题的根源，为后续的整改工作提供有力支持。

3.**模拟实际贮存条件**　持续稳定性考察通常会在模拟实际贮存条件的环境下进行。这意味着考察过程中所获得的数据能够更真实地反映药品在市场上的实际质量状况。通过这种方式，企业可以在药品上市前及时发现并解决潜在的稳定性问题，确保药品在消费者手中的质量。

4.**触发条件与风险评估**　在持续稳定性考察过程中，通常会设定一些触发条件，一旦检测数据达到或超过这些条件，便会触发进一步的评估和调查。这种机制有助于企业及时发现问题，并采取相应的措施来评估风险、控制风险，从而确保药品的质量安全。

5. **指导产品改进与工艺优化**　持续稳定性考察的结果反馈到生产工艺的优化中，如果发现特定批次或时间段内的稳定性问题，可以追溯到生产过程中的特定步骤或原材料，从而针对性地调整工艺参数、改进配方或更换供应商，以提高产品的整体稳定性。

6. **长期监测与数据分析**　持续稳定性考察涉及在药品的整个生命周期内，定期抽取代表性样品，按照预定的时间点（如每3个月、6个月或12个月）进行检测。这些检测覆盖了影响药品稳定性的关键指标，包括但不限于含量、杂质（特别是降解产物）、溶出度、pH值、微生物限度等。通过对这些数据的长期跟踪和统计分析，可以揭示药品随时间推移的质量变化趋势。

7. **早期预警系统**　一旦检测数据偏离设定的标准或出现异常趋势，持续稳定性考察系统能迅速发出预警，使企业能够及时介入调查，识别是否为生产过程中的变异或配方设计的问题，或是存储条件的不适宜。这有助于提前发现并解决潜在的稳定性问题，避免药品在市场上的大规模召回事件。

332　对于长期贮存的待包装产品，评估其对包装后产品稳定性的影响主要考虑哪些因素？

对于长期贮存的待包装产品，评估其对包装后产品稳定性的影响时，应主要考虑以下因素。

1. **贮存条件**　确保待包装产品在贮存期间的环境条件（如温度、湿度、光照）符合或模拟最终包装产品的标示储存条件。长期高温、高湿或光照可能加速产品降解，影响稳定性。

2. **包装材料相容性**　评估待包装产品与预期包装材料之间的相容性，包括潜在的化学迁移（如塑料中的塑化剂迁移到产品中）、吸附作用或物理相互作用（如透气性导致的水分或氧气渗透），这些都可能影响最终产品的稳定性。

3. **包装材料的选择**　评估包装材料对待包装产品的保护作用，如阻隔性、透气性等。确保包装能够有效隔绝外界空气、水分和其他潜在污染物。

4. **微生物污染风险**　分析长时间贮存过程中微生物生长的风险，特别是对于无菌或低微生物限度要求的产品。需确保贮存条件能够有效防止微生物污染。

5. **物理变化**　观察产品在长期贮存期间是否会发生物理变化，如结晶形态改变、颗粒大小分布变化、沉淀或分层等，这些变化可能影响产品的溶解性、均匀性及药效。

6. **化学稳定性**　定期检测产品中活性成分和关键杂质的含量变化，以及可能的降解产物形成，以评估化学稳定性。采用高效液相色谱（HPLC）、气相色谱（GC）等分析手段监控关键质量属性。

7. **生物活性与效力**　对于生物制品或含有生物活性成分的药物，需评估长期贮存对其生物活性和效力的影响，确保活性不降低至低于药效水平。

8.包装过程的影响 考虑长期贮存后产品特性变化对后续包装过程的影响，如流动性变差可能导致填充难度增加，或产品粘连影响计数准确度。

9.运输条件 如果待包装产品需要在生产厂和包装厂之间运输，运输过程中的条件变化也可能影响其稳定性。稳定性考察应考虑运输过程中的振动、冲击、压力变化、温度波动等因素。

10.货架期预测 基于上述分析，运用数学模型（如Arrhenius方程）预测长期贮存对最终产品的有效期或货架期的影响，确保产品在有效期内保持稳定。

11.历史数据与经验 参考类似产品在长期贮存过程中的稳定性数据和经验，为当前产品的稳定性评估提供参考。

12.数据管理与趋势分析 建立完善的记录系统，对所有监测数据进行管理和趋势分析，及时发现并解释任何偏离正常的变化，必要时采取纠正和预防措施。

13.风险评估与管理 实施全面的风险评估，识别对产品稳定性构成威胁的因素，并制定相应的风险管理计划，确保风险得到控制和最小化。

14.法规遵从性 确保所有的稳定性评估活动符合国家药品监管机构的相关法规和指南，如国家药监局发布的《化学药物稳定性研究技术指导原则》等。

333 持续稳定性考察的结果报告应当如何编制，包括哪些内容？

为了符合GMP的规定，持续稳定性考察的结果报告应当全面、准确地记录和反映考察过程中的发现和结论。以下是一份持续稳定性考察结果报告的编制指南，包括报告应包含的内容和注意事项。

1.标题和标识 标题：应清晰地标识报告的主题，例如"×××药品持续稳定性考察报告"。

标识：包括报告的版本号、编制日期、编制人、审核人等信息。

2.摘要 目的：简要说明持续稳定性考察的目的和范围。

方法：简要描述考察方案的设计和实施方法。

结果：简要总结考察过程中的发现和结论。

结论：简要陈述考察结果对药品质量和稳定性的总体影响。

3.引言 背景信息：提供药品的基本信息，如名称、剂型、规格、批准文号等。

法规要求：引用相关的法规和指南，如GMP第二百三十三条等。

4.方法 方案设计：详细描述考察方案的设计过程，包括取样计划、分析方法、贮存条件等。

样品信息：提供每个样品的详细信息，如批号、生产日期、取样日期等。

分析方法：详细描述每个分析方法的原理、操作步骤、质量控制等。

5.结果 数据记录：详细记录每个样品的分析数据，包括测定值、标准值、偏差等。

趋势分析：对数据进行统计分析和趋势分析，包括平均值、标准差、相关性等。

异常情况：记录和解释任何异常情况或超出预期的结果。

6.讨论　结果解释：根据数据分析结果，解释药品的质量和稳定性情况。

影响因素：讨论可能影响药品稳定性的因素，如原料质量、生产工艺、包装材料等。

风险评估：评估药品稳定性风险，并提出相应的控制措施和建议。

7.结论　总体结论：根据考察结果，得出药品质量和稳定性的总体结论。

建议措施：提出改进药品质量和稳定性的建议措施。

8.附录　原始数据：提供所有原始数据的记录和备份。

图表和照片：提供支持报告结果的图表、照片或其他可视化资料。

参考文献：列出报告中引用的所有文献和资料。

9.**审核与批准**　列出参与审核的人员及其意见，最终由质量管理部门或授权负责人批准签字，附上日期。

注意事项：

1.报告中的所有数据和结论应准确无误，并经过适当的质量控制和验证。

2.报告的格式和内容应与企业的标准操作规程（SOP）和其他相关文件保持一致。

3.报告应提供足够的细节和上下文，以便读者能够追溯和理解每个结果和结论的来源。

4.报告中可能包含敏感的药品质量信息，应采取适当的措施来保护这些信息的机密性。

5.确保报告语言清晰、逻辑严谨，数据准确无误，符合科学报告的撰写标准。

报告的编制应遵循清晰、逻辑性强、易于理解的原则，确保所有相关方都能够准确把握产品的稳定性状况。此外，报告应及时更新，以反映最新的考察结果，并在必要时提交给监管机构作为产品注册或变更申请的一部分。

总之，持续稳定性考察结果报告是药品质量保证体系的重要组成部分，它不仅证明了产品质量的持续性，也是企业遵守 GMP 规定、履行社会责任的具体体现。因此，报告的编制必须严谨、细致，确保每一项内容都经得起审查和验证。

334 在制定持续稳定性考察方案时，如何确定每种规格和每个生产批量药品的考察批次数，以确保数据的代表性和充分性？

在 GMP 的指导下，制定持续稳定性考察方案时，确定每种规格和每个生产批量药品的考察批次数是一个关键步骤，以确保数据的代表性和充分性。以下是确定考察批次数的详细步骤和方法。

一、考察批次数的确定原则

1.**代表性**　选择的批次应能代表该规格和批量的药品，包括不同生产时间、不同生产设备或不同生产工艺的批次。

2.**充分性**　考察的批次数量应足够多，以确保能够反映药品在整个有效期内的稳定性变化。

3.科学性 基于科学依据和历史数据，合理确定考察批次数。

二、考察批次数的确定方法

1.基于历史数据 历史稳定性数据：分析历史稳定性考察数据，了解药品的稳定性趋势和变化规律。

批次间差异：评估不同批次间的差异，确定是否需要增加考察批次数以覆盖所有可能的变异。

2.基于法规和指南 GMP要求：参考GMP和相关法规的要求，确定最低考察批次数。

行业指南：参考国内外行业指南和最佳实践，如ICH Q1A（R2）《新原料药和制剂的稳定性试验》。

适应监管要求：根据监管机构的要求调整考察批次数，确保稳定性研究计划满足审评审批的需求。

3.基于统计学方法 样本量计算：使用统计学方法计算所需的样本量，确保数据具有足够的统计学效力。

置信区间：确定置信区间，评估所需的最少批次数以达到预定的置信水平。

4.基于产品风险评估 产品分类：根据药品的性质（如化学药品、生物制品、中药等）、治疗领域、剂量形式及给药途径进行分类，高风险产品（如生物制品、创新药）可能需要更广泛的考察。

稳定性历史：考虑已有的稳定性数据，包括研发阶段的数据，对于已知稳定性良好的产品，可以适当减少考察批次，反之则增加。

5.基于生产批次的代表性 生产规模：确保所选批次覆盖不同的生产规模，包括最大和最小批量，以评估生产规模对稳定性的影响。

工艺变更：若生产过程中有重大工艺变更，变更后的批次应纳入考察，以验证变更对稳定性的影响。

季节性因素：考虑到生产过程中可能受季节变化（如温度、湿度）的影响，应选择不同季节生产的批次进行考察。

6.基于市场需求和重要性 对于市场需求大、临床应用广泛且对患者健康至关重要的药品，应增加考察批次数，以确保其稳定性和质量的可靠性。每种规格和每个生产批量可能需要考察三个以上的批次。

7.基于产品特性 考虑产品的复杂性和关键质量属性。对于成分复杂、易受环境影响或具有特殊质量属性的产品，应增加考察批次数以充分评估其稳定性。

8.基于生产工艺与质量控制 考察批次数应与生产工艺的稳定性及质量控制水平相匹配。若生产工艺成熟且质量控制严格，可适当减少考察批次；反之，若工艺不稳定或质量控制存在薄弱环节，则应增加考察批次以监控潜在的质量波动。

9.**基于成本效益分析**　在满足数据代表性和充分性要求的前提下，还需考虑考察方案的成本效益。过多的考察批次可能增加不必要的成本负担，而过少的考察批次则可能无法确保数据的可靠性。因此，应在保证质量的前提下寻求成本与效益之间的平衡点。

三、考察批次数的具体确定步骤

1.**初步评估**　评估药品的特性，如剂型、活性成分、稳定性等。

评估生产工艺的复杂性和变异性，确定是否需要增加考察批次数。

2.**批次选择**　选择具有代表性的批次，包括不同生产时间、不同生产设备或不同生产工艺的批次。

对于关键变更后的批次，应增加考察批次数，以评估变更对稳定性的影响。

3.**批次数确定**　根据法规和指南要求，确定最低考察批次数。

根据产品特性和生产工艺的变异性，确定是否需要增加额外批次数。

4.**考察批次数的验证**　对选择的批次进行稳定性考察，分析数据以验证批次数的充分性和代表性。

对潜在的风险进行评估，确定是否需要调整考察批次数。

5.**持续改进**　定期回顾稳定性考察结果，评估考察批次数的合理性，并根据需要进行调整。

积累稳定性考察的经验，不断优化考察批次数的确定方法。

通过上述方法，药品生产企业可以科学、合理地确定每种规格和每个生产批量药品的考察批次数，确保数据的代表性和充分性，从而保障药品的质量和安全性。

335　在确定稳定性考察的试验间隔时间时，哪些因素需要考虑？如何选择适当的测试时间点以确保数据的代表性？

在确定稳定性考察的试验间隔时间时，为了确保数据的代表性和符合GMP的要求，需要综合考虑多个因素。以下是对这些因素的详细分析和适当测试时间点的选择建议。

一、考虑因素

1.**药品特性**　（1）药品的剂型、配方和包装系统。

（2）药品的化学稳定性和物理稳定性特征。

（3）可能的降解途径和速率。

（4）药品的有效期长短。

2.**贮存条件**　贮存条件对药品的稳定性有重要影响。根据GMP规定，贮存条件应当采用与药品标示贮存条件相对应的《中国药典》规定的长期稳定性试验标准条件。这意味着，在设定试验间隔时间时，需要参考药典中规定的贮存条件，并考虑这些条件对药品稳定性的影响。

3.**历史数据**　分析历史稳定性考察数据，了解药品的稳定性趋势和变化规律，作为确定试验间隔时间的参考。

评估不同批次间的稳定性差异，确定是否需要调整试验间隔时间以覆盖所有可能的变异。

4.加速试验结果　利用加速稳定性试验预测产品在正常贮存条件下的稳定性变化。根据加速试验的结果，推断出在长期稳定性试验中可能出现显著变化的时段，并在这些时段设置测试时间点。

5.统计学考量　运用统计学原理确定测试时间点的数量和间隔，确保数据的统计学意义和可靠性。例如，可以使用序贯设计或适应性设计来优化测试时间点的布局。

6.风险评估　进行风险评估，识别可能影响产品稳定性的高风险因素，并在这些风险较高的时段增加测试时间点。

7.关键质量属性　考虑产品的关键质量属性（critical quality attributes，CQAs），如活性成分含量、降解产物、溶解度、pH值等，这些属性可能在特定时间点发生显著变化。

8.包装形式和密封系统　需要考虑药品的包装形式和密封系统对稳定性的影响。某些包装材料或密封系统可能提供更好的保护，从而影响药品的降解速率。因此，需要在与预期包装形式和密封系统相一致的条件下进行测试。

9.法规要求　除了GMP规定外，还需要考虑其他相关法规的要求。例如，有些法规可能对特定类型药品的稳定性考察有更具体的时间点要求。

ICH Q1A（R2）《新原料药和制剂的稳定性试验》等法规和指南提供了稳定性考察的通用要求，包括推荐的测试时间点。这些要求应作为确定测试时间点的参考。

10.实际操作可行性　在设定试验间隔时间时，还需要考虑实际操作的可行性。过于频繁的取样和检测可能会增加工作量和成本，而过长的间隔时间则可能无法及时发现问题。因此，需要在保证数据代表性的同时，合理安排试验间隔时间。

二、选择适当的测试时间点

基于以上因素，一般可采用如下原则选择适当的测试时间点。

初期阶段（0~12个月）采用较密集的检测频率，如0、3、6、9、12个月。这有助于及早发现潜在的稳定性问题。

中期阶段（12~24个月）可适当降低频率，如18、24个月。

后期阶段（24个月以后）可进一步降低频率，如每12个月一次，直至覆盖整个有效期。

对于某些特殊药品（如生物制品），可能需要更频繁的检测。

在预期的关键时间点增加检测，如在预计可能出现显著变化的时间点。

确保在有效期结束时有一个检测点。

对于加速和中间条件下的稳定性试验，可采用更密集的检测频率，如0、1、2、3、6个月。

考虑设置额外的时间点用于确认性检测或趋势分析。

对于长效制剂，可能需要延长考察时间并增加后期的检测频率。

根据初步稳定性数据，适时调整后续的检测时间点。

通过科学合理地选择测试时间点，可以确保获得具有代表性和预测性的稳定性数据，为药品质量控制和有效期确定提供可靠依据。同时，还应注意在整个稳定性考察过程中保持时间点的一致性，以便进行批次间和年度间的比较分析。

336　在确定考察批次数和检验频次时，如何确保数据的充分性以进行趋势分析？

为确保符合 GMP 的要求，在确定考察批次数和检验频次时，应当采取以下措施来确保数据的充分性以进行趋势分析。

1.风险评估与分层　首先应基于产品特性、工艺复杂性、历史数据等因素进行风险评估，对产品进行分层。高风险或关键产品可能需要更频繁的考察和检验。

2.统计学方法的应用　采用适当的统计学方法，如功效分析（power analysis）来确定最小样本量，以确保数据具有统计学意义。这有助于确定能够检测到显著变化的最小批次数。

3.历史数据分析　分析历史生产和质量数据，识别关键质量属性（CQAs）的变异程度。对于变异较大的属性，可能需要增加考察批次数和检验频次。

4.生产频率考量　考虑产品的生产频率。对于生产频率较高的产品，可以考虑增加考察批次数，以更好地反映整个生产周期的变化。

5.季节性因素评估　对于可能受季节性因素影响的产品，应考虑在不同季节进行考察，以捕捉潜在的季节性变化。

6.工艺变更后的考察　在发生重大工艺变更后，应增加考察批次数和检验频次，以确保变更后的工艺稳定性。

7.趋势分析方法的选择　选择适当的趋势分析方法，如控制图、回归分析等，并根据所选方法的要求确定最小数据点数量。

8.关键工艺参数监控　识别并监控关键工艺参数（CPP），增加对这些参数的检测频次，以更好地理解工艺变异对产品质量的影响。

9.稳定性考察计划的整合　将年度考察与稳定性考察计划相结合，可以提供更全面的产品质量信息。

10.持续过程验证的实施　实施持续过程验证（CPV）策略，通过实时数据采集和分析，提高数据的代表性和及时性。

11.新产品或新工艺的特殊考虑　对于新产品或新工艺，在初期阶段可能需要更频繁的考察和检验，直到建立足够的数据基础。

12.供应商变更的影响评估　当原料或包材供应商发生变更时，应考虑增加考察批次数，以评估变更对产品质量的潜在影响。

13.检验项目的全面性　确保考察涵盖所有关键质量属性，包括物理、化学和微生物指标，以及功能性测试（如适用）。

14.自动化数据采集系统的应用　利用自动化数据采集系统，增加数据采集的频率和准确性，从而提供更丰富的数据用于趋势分析。

15.定期审核和调整　定期审核考察计划的有效性，根据趋势分析结果和新出现的质量问题及时调整考察批次数和检验频次。

16.法规要求的遵循　除满足每年至少考察一个批次的基本要求外，还应关注国际和国内最新的法规指南，及时调整考察策略。

17.专家意见的征询　在制定考察计划时，可征询统计学家、质量专家等的意见，以确保计划的科学性和合理性。

通过综合考虑上述因素，并结合具体产品和生产实际，制定科学、合理的考察计划，可以确保获得足够的数据进行有意义的趋势分析，从而持续监控和改进产品质量，符合GMP 的相关要求。

337　在持续稳定性考察过程中，如果遇到重大变更或生产包装偏差，额外增加的考察批次数应该如何确定？

在持续稳定性考察过程中，当遇到重大变更或生产包装偏差时，额外增加的考察批次数应通过以下综合考量来确定。

1.评估变更或偏差的性质和程度　如果变更涉及关键的原材料、生产工艺、关键设备或主要的包装材料等重要方面，且这种变更可能对药品的质量和稳定性产生显著影响，那么应增加较多的考察批次。例如，对于可能导致药品化学性质、物理性质或微生物性质发生重大改变的变更，可能需要增加三至五个额外的考察批次。

2.考虑药品的复杂性和风险级别　对于复杂剂型的药品（如脂质体、微球制剂等）或治疗严重疾病、高风险患者群体的药品，由于其质量和安全性要求更高，需要增加更多的考察批次以充分评估变更或偏差的影响。在这种情况下，额外增加的批次数可能在三至四个。

3.分析历史数据和经验　回顾以往类似变更或偏差的情况以及相应的稳定性考察结果。如果历史上类似情况显示需要较长时间和较多批次才能充分评估质量稳定性，那么应相应增加当前的考察批次数。

4.参考行业标准和监管指南　遵循相关的法规要求、行业共识和技术指南中关于类似情况的建议。某些特定类型的变更或偏差可能有明确的批次数建议，应予以参考和遵循。

5.考虑变更或偏差的可追溯性和可控性　如果变更或偏差能够被清晰地追溯和控制，且初步评估认为其影响相对较小，那么可以适当减少额外增加的批次数，但至少应增加一至两个批次。

6.评估企业的资源和能力　在确定批次数时，需考虑企业能够承担的检测成本、时间和人力等资源，但不应以资源限制为主要决定因素而牺牲数据的充分性和可靠性。

综合以上因素，通过全面的风险评估和科学的判断，合理确定额外增加的考察批次数，以确保能够充分评估重大变更或生产包装偏差对药品稳定性的影响，为药品的质量和安全性提供有力保障。

338 当持续稳定性考察不在待包装产品和成品的生产企业进行时，书面协议应包含哪些关键要素，以确保各方责任的明确和合规性？

当持续稳定性考察不在待包装产品和成品的生产企业进行时，书面协议是确保各方责任明确、操作合规的关键文件。该协议应包含以下关键要素。

1.**协议目的** 明确协议的目的，即确保持续稳定性考察的有效执行和结果的准确记录，以满足GMP和监管要求。

2.**参与方身份** 列明参与协议的所有相关方，包括委托方（药品生产企业）、受托方（进行稳定性考察的企业或机构）以及可能的第三方（如检验机构），以及各自的法律地位和联系信息。

3.**职责分配** 详细说明各方的职责和义务，包括委托方提供产品信息、样品和必要的支持，受托方负责执行稳定性考察、记录结果和报告等。

4.**考察范围和内容** 定义稳定性考察的具体范围，包括考察的产品规格、批次数、测试项目、测试方法、测试时间点和贮存条件等。

5.**数据管理和报告** 约定数据收集、处理、存储和报告的标准和程序，确保数据的完整性、准确性和可追溯性。

6.**保密条款** 明确双方对涉及的商业秘密和技术信息的保密责任，保护知识产权和商业利益。

7.**质量保证和合规性** 约定质量保证措施，包括对受托方资质的审核、考察过程中的质量控制以及对不符合项的处理机制。

8.**样品管理** 规定样品的准备、运输、接收、储存、处理及销毁的程序和责任，确保样品的完整性和代表性。

9.**沟通与报告机制** 明确各方之间的沟通渠道、频率和内容，包括定期进度报告、异常情况即时通报、年度总结报告等，确保关键人员，尤其是质量受权人，能及时了解考察结果。

10.**变更控制** 规定变更控制流程，包括对考察方案、测试方法或任何相关操作的变更，需经双方同意并记录。

11.**争议解决** 设定争议解决机制，包括协商、调解或仲裁等方式，以便在发生分歧时迅速解决问题。

12.**责任与赔偿** 明确各方在协议执行过程中违反约定的责任承担方式，包括违约责任、赔偿机制和争议解决办法。

13.**费用和支付方式** 说明委托服务的费用构成、金额以及支付的方式和时间，避免在费用方面产生争议。

14.**监管审查和合规性** 明确双方对药品监督管理部门审查的准备和配合责任，包括提供必要的文件和信息。

15.**协议期限和终止** 规定协议的有效期限、续签条件和终止条款，以及在终止后双方的责任和义务。

16.**附件和支持文件** 附上所有相关的支持文件，如考察方案、测试方法、标准操作程序（SOPs）等。

17.**签字和日期** 协议应由双方的授权代表签字，并注明签署日期，以证明双方的同意和承诺。

339 对持续稳定性考察中发现的不符合质量标准的结果或重要的异常趋势，应采取什么措施？

对持续稳定性考察中发现的不符合质量标准的结果或重要的异常趋势，应采取一系列系统性的措施来确保药品的质量和安全性。以下是应采取的措施。

一、立即启动调查程序

1.**组建专项调查组** 成立由质量、生产、研发等相关部门专家组成的调查组，全面负责不符合质量标准结果或异常趋势的调查工作。

2.**收集并分析数据** 迅速收集相关批次的稳定性考察数据，包括检验结果、生产工艺参数、原材料信息等，进行深入的数据分析以确定不符合质量标准的原因。

二、评估影响范围与风险

1.**评估对已上市药品的影响** 基于调查结果，科学评估不符合质量标准的结果或异常趋势是否可能对已上市药品造成不良影响。

2.**确定风险等级** 根据评估结果，划分风险等级，为后续措施提供决策依据。

三、采取针对性措施

1.**制定纠正与预防措施** 针对调查中发现的问题，制定具体的纠正措施以消除不符合质量标准的原因，并预防类似问题的再次发生。

2.**必要时实施召回** 若评估结果显示已上市药品存在安全风险，企业应严格按照相关程序实施召回，并及时向公众通报召回信息。

四、报告与记录

1.**向药品监督管理部门报告** 按照GMP的要求，将调查结果及采取的措施详细报告给当地药品监督管理部门。

2.**完善内部记录** 详细记录整个调查过程、发现的问题、采取的措施及效果等，形成完整的质量档案，以备后续审计或核查。

五、持续监控与改进

1.**加强后续监控** 在采取措施后，继续对受影响批次或相关产品进行稳定性考察，以确保其质量稳定可靠。

2.**持续改进质量管理体系** 将此次调查作为改进质量管理体系的契机，深入分析问题根源，优化流程与制度，提升整体质量管理水平。

340 在撰写总结报告之前，企业是如何确保所收集的所有数据资料都是完整且准确的？是否有相应的数据管理和审核流程来支持这一点？

在 GMP 的指导下，确保所收集的所有数据资料的完整性和准确性是撰写药品持续稳定性考察总结报告的基础。以下是企业如何确保数据完整性和准确性的详细步骤和方法，以及相应的数据管理和审核流程。

一、数据收集和记录

1.**数据收集**　制定标准化的数据收集流程，确保所有数据按照既定方法和标准进行收集。

确保所有数据都被完整记录，包括取样时间、检验结果、检验方法等。

2.**数据记录**　使用电子记录系统，如实验室信息管理系统（LIMS），确保数据的实时记录和存储。

对于纸质记录，确保记录的清晰、完整，并由授权人员签字确认。

二、数据管理和审核

1.**数据管理**　对数据进行分类管理，如生产数据、检验数据、稳定性考察数据等。

确保数据的安全存储，包括电子存储和纸质存储，防止数据丢失或损坏。

定期进行数据备份，确保数据的完整性和可恢复性。

2.**数据审核**　在数据收集过程中进行实时审核，确保数据的准确性和合规性。

定期对数据进行审核，包括内部审核和外部审核，确保数据的完整性和准确性。

详细记录数据审核的过程和结果，确保可追溯性。

三、数据完整性和准确性的保障措施

1.**培训和教育**　对员工进行数据收集、记录和管理的培训，确保他们了解并遵循相关流程和标准。

提高员工的质量意识，确保他们认识到数据完整性和准确性的重要性。

2.**质量控制**　实施严格的质量控制措施，如方法验证、设备校准、样品复核等，确保数据的准确性。

对异常数据进行识别和处理，确保数据的可靠性。

3.**文档化**　制定详细的SOP，明确数据收集、记录、管理和审核的流程和标准。

确保所有数据记录和审核记录都被妥善保存，便于后续的审查和追溯。

四、数据管理和审核流程

1.**数据收集流程**　制定详细的取样流程，确保取样的代表性和一致性。

制定详细的检验流程，确保检验的准确性和重复性。

2.**数据记录流程**　制定记录标准，确保记录的格式、内容和时间的一致性。

制定记录审核流程，确保记录的准确性和完整性。

3.**数据管理流程**　制定数据分类和存储流程，确保数据的有序管理和安全存储。制定数据备份和恢复流程，确保数据的完整性和可恢复性。

4.**数据审核流程**　制定实时审核流程，确保数据的及时审核和纠正。制定定期审核流程，确保数据的定期审核和改进。

第四节　变更控制

341　变更控制系统中，哪些类型的变更需要药品监督管理部门的批准？

以下是一些通常需要药品监督管理部门批准的变更类型，这些变更因其潜在对产品质量、安全性和有效性的重要影响而被视为关键或重大变更。

一、关键生产要素的变更

1.**原料变更**　包括主要原料、辅料或包装材料的供应商、质量标准、来源等发生重大变化。

2.**生产设备变更**　涉及生产设备的型号、规格、生产厂家或关键部件的更换等。

3.**生产工艺变更**　包括生产工艺路线、关键工艺参数、生产方式等的重大调整。

二、质量控制方法的变更

1.**检验方法变更**　涉及药品质量检验的关键方法、步骤或仪器设备的更改。

2.**质量标准变更**　包括药品质量标准中的项目、指标或限度的调整。

三、影响药品安全性的变更

1.**药品处方变更**　涉及药品处方中药物成分、比例或剂型的调整。

2.**药品使用说明变更**　包括药品的使用方法、剂量、适应证或禁忌证等重要信息的更改。

四、可能影响药品有效期的变更

1.**储存条件变更**　涉及药品储存环境的温度、湿度、光照等条件的调整。

2.**有效期延长或缩短**　基于稳定性研究结果，对药品有效期的调整。

五、产品注册相关变更

1.**药品注册批准证明文件及其附件载明的技术内容和相应管理信息的变更**　这些变更可能包括但不限于药品的成分、配方、生产工艺、质量控制标准、说明书、标签等。

2.**药品生产许可证载明的许可事项变更和登记事项变更**　许可事项变更可能包括生产地址、生产范围的改变等。

登记事项变更可能包括企业名称、法定代表人、企业负责人等信息的更改。

3.**已批准或备案的药品注册所有变更**　任何对已批准药品注册内容的变更，都需要经过药品监督管理部门的审批。

六、其他重大变更

1.药品上市后研究相关的变更 包括药品全生命周期管理中的新生产技术、新方法、新设备、新科技成果的应用。

2.委托生产或检验的技术合同履行情况 如果涉及委托生产或检验的变更，可能需要重新评估和批准。

342 在变更控制中，为什么需要指定专人负责？他们的职责和权限是什么？

在 GMP 中，指定专人负责变更控制是为了确保变更管理过程的系统性、规范性和有效性。这一要求体现了对药品生产质量管理的高度重视，旨在通过专业人员的介入，确保所有变更都能得到适当的评估、审核和实施，从而保障药品质量和患者安全。

一、为什么需要指定专人负责变更控制？

1.确保专业性 变更控制是一个复杂的过程，需要深入理解药品生产的各个方面，包括生产工艺、设备、质量控制等。指定专人负责可以确保处理变更的人员具有足够的专业知识和经验。

2.确保合规性 专人负责可以确保变更过程符合 GMP 和相关法规的要求。

3.提高效率 有明确的责任人可以加快变更流程，提高决策和执行的效率。

4.减少错误 专人负责可以减少因沟通不畅或理解不一致而导致的错误。

5.增强责任 明确的责任分配有助于增强个人对变更流程的责任感。

6.记录和追踪 专人负责有助于记录变更的详细信息，便于追踪和审计。

7.高效沟通与协调 变更管理涉及跨部门沟通，专人作为协调中心，能有效促进信息流通，确保所有相关方及时了解变更进展和要求。

8.确保系统性与连贯性 变更控制涉及多部门协作，指定专人可以确保变更管理过程的系统性和连贯性，避免信息遗漏或重复工作。

9.风险管理与质量保证 专人负责有助于进行深入的风险评估，确保变更对产品质量的潜在影响得到充分识别和控制，符合 GMP 的质量保证原则。

二、负责人的职责

1.制定和更新变更控制程序 负责制定、维护和更新变更控制的 SOP（标准操作程序），确保变更控制流程的适用性和有效性。

2.变更申请的接收和记录 负责接收变更申请，并记录变更的详细信息。

3.初步评估 对变更申请进行初步评估，判断其合理性和必要性。

4.风险评估 进行风险评估，确定变更可能对产品质量和生产过程的影响。

5.协调沟通 与相关部门协调沟通，确保变更的可行性和安全性。

6.审核和批准 负责变更的审核流程，确保所有变更都经过适当的批准。

7.实施监督 监督变更的实施过程，确保变更按照既定计划和标准执行。

8. **文件管理** 管理所有与变更相关的文件和记录，确保文档的完整性和准确性。

9. **培训和指导** 对相关人员进行变更流程的培训和指导。

10. **偏差处理** 在变更实施过程中，如发现偏差，负责偏差的记录、评估和处理。

11. **效果评估** 评估变更实施后的效果，确保变更达到了预期目标。

12. **报告和沟通** 向管理层报告变更控制的概况，包括变更的数量、类型、实施情况等，并在必要时与外部监管机构沟通。

13. **持续改进** 基于变更实施的结果，提出改进建议，优化变更流程。

三、负责人的权限

1. **决策权** 负责根据评估结果做出批准或拒绝变更申请的决策。在做出决策时，应考虑所有相关因素，包括但不限于法规要求、质量标准、生产需求和风险评估结果。

2. **审核权** 对变更申请和相关文件进行审核，确保符合GMP和公司标准。

3. **批准权** 在获得必要的信息和评估后，有权批准或拒绝变更。

4. **监督权** 有权监督变更实施的全过程，确保变更按照既定方案执行。

5. **协调权** 负责协调和监督变更管理过程中的各个环节和相关人员。这包括组织评估会议、分配任务和资源、解决冲突和问题等。

6. **培训权** 负责对相关人员进行变更管理的培训和指导。这包括制定培训计划、提供培训材料、评估培训效果等。

7. **文件管理权** 负责管理与变更相关的文件和记录。这包括起草、审查、批准和分发变更文件，以及确保文件的可追溯性和完整性。

343 企业应如何根据变更的性质、范围和对产品质量潜在影响的程度进行分类，并确定分类标准？

为了符合GMP的规定，企业应根据变更的性质、范围以及对产品质量潜在影响的程度对变更进行科学合理的分类。以下是一些关键步骤和考虑因素来帮助企业建立变更分类体系。

1. **建立变更评估小组** 首先，企业应成立一个由多部门组成的变更评估小组，包括质量管理、生产、工程、研发等部门的代表。该委员会负责评估变更请求，并决定其分类。

2. **制定评估标准** 企业需要制定详细的评估标准，这些标准应基于变更对产品质量、安全性和有效性可能产生的影响。评估标准应涵盖变更的性质（如原材料替换、工艺参数修改等）、变更的范围（如单个工序、整个生产线或多个产品等）及变更的潜在影响程度。

企业应当根据以下三个主要依据对变更进行分类。

（1）变更的性质

包括技术变更（如生产工艺、设备、原辅料等的变更）、管理变更（如质量管理体系、组织结构等的变更）等。不同性质的变更可能对产品质量产生不同的影响。

（2）变更的范围

涉及单个环节还是多个环节，影响局部还是全局。范围越广，对产品质量潜在影响的可能性越大。

（3）对产品质量潜在影响的程度

这是分类的核心依据。企业需要评估变更是否可能改变产品的关键质量属性，如活性成分含量、杂质水平、稳定性等，以及这些变化是否可能对患者产生不良影响。

3.变更分类原则 通常，变更可以分为三类：主要变更、次要变更和微小变更。

（1）主要变更

这类变更可能对产品质量有显著影响，需要进行全面的验证和批准。例如引入新原料、改变生产工艺的关键参数或修改最终产品的规格。

（2）次要变更

这些变更对产品质量的影响较小，可能需要有限的验证工作。例如，改变辅助材料的供应商或调整非关键工艺参数。

（3）微小变更

这类变更对产品质量没有影响或影响可忽略不计，一般不需要验证。例如，生产设备的维护或更换同型号的设备。

4.制定验证要求 根据变更分类，确定所需的验证活动。主要变更通常需要完整的验证，包括稳定性测试、加速退化试验等，以证实变更不会对产品质量产生负面影响。

5.文档和记录 所有变更请求、评估、分类和相关的验证活动都应有详细记录。这包括变更申请表格、评估报告、验证协议和报告以及最终的变更批准文件。

6.培训员工 确保所有相关人员了解变更控制流程和分类标准。对于负责实施变更的员工，应提供具体指导和培训，确保他们理解变更的影响和相关要求。

7.持续审查 定期审查和更新变更控制流程和分类标准，以确保它们仍然适用并符合当前的产品和生产过程。

8.风险管理 将质量风险管理原则应用于变更控制过程，确保识别、评估和控制因变更而可能出现的风险。

9.沟通与透明度 在变更控制过程中保持透明和开放的沟通，确保所有利益相关者，特别是质量管理部门，都了解变更的状态和结果。

10.监管合规性 最后，确保变更控制流程和分类标准符合当地法规和GMP要求。

通过以上步骤，企业可以建立一个科学的变更分类体系，确保对变更的有效管理，从而保护产品质量和遵守GMP标准。

344 在判断变更所需的验证、额外的检验以及稳定性考察时，应如何确保有充分的科学依据？

在药品生产过程中，确保变更管理有充分的科学依据是保障产品质量和合规性的关键步骤。以下是如何确保变更所需的验证、额外的检验以及稳定性考察具有充分科学依据的方法。

1.**建立科学评估体系**　建立一个基于科学原理和方法的评估体系，用于分析变更对产品质量的潜在影响。

2.**收集历史数据**　利用历史生产和质量控制数据，评估变更与产品质量之间的关系。

3.**风险评估**　进行风险评估，识别变更可能带来的风险，并评估这些风险对产品质量的潜在影响。

4.**变更影响分析**　对变更进行详细的影响分析，包括变更对生产工艺、设备性能、原材料特性、产品稳定性等方面的影响。

5.**设计实验研究**　设计和执行实验研究，以收集数据支持变更的科学评估。

6.**使用统计学方法**　应用统计学方法分析数据，确保评估结果的可靠性和有效性。

7.**专家评审**　邀请具有相关专业知识的专家对变更进行评审，确保评估结果的权威性。

8.**文献回顾**　进行文献回顾，参考行业内类似变更的案例和研究，以支持变更评估。

9.**与监管机构沟通**　与监管机构沟通，了解其对变更的期望和要求，确保评估结果符合监管标准。

10.**验证计划**　制定详细的验证计划，包括验证的范围、方法、标准和时间表。

11.**额外检验**　根据变更的评估结果，确定是否需要进行额外的检验，以确保产品质量。

12.**稳定性考察**　对于可能影响产品稳定性的变更，进行稳定性考察，评估变更对产品有效期的影响。

13.**变更控制记录**　记录所有与变更相关的评估、验证和检验活动，确保有完整的文档支持。

14.**持续改进**　基于变更评估的结果，不断优化变更管理流程，提高评估的科学性和准确性。

15.**培训和教育**　对相关人员进行培训，提高他们对科学评估方法的理解和应用能力。

16.**质量管理体系整合**　将变更管理流程整合到企业的质量管理体系中，确保评估活动的系统性和连贯性。

17.**技术文件和标准**　参考国际和国内的相关技术文件和标准，确保评估方法和结果的一致性和标准化。

18.**审计准备**　准备充分的技术文件和记录，以备内部和外部审计时使用。

345　企业是如何定义"与产品质量有关"的变更，以及这些变更如何由申请部门提出的？

企业定义"与产品质量有关"的变更时，通常会考虑变更是否可能影响产品的安全性、有效性或质量特性。这些变更可能涉及原材料、生产工艺、设备、检验方法、包装材料、标签说明书、生产环境、计算机系统等方面。以下是企业如何定义这类变更以及如何由申请部门提出的详细说明：

一、定义"与产品质量有关"的变更

在药品生产过程中，"与产品质量有关"的变更指的是任何可能影响药品安全性、有效性和质量可控性的变更。这些变更包括但不限于以下几个方面。

1.**生产工艺的变更**　如原料药的合成路线、关键工艺参数、反应条件（温度、压力、时间）、溶剂种类或比例、过滤或干燥方法等的改变。

2.**原辅料的变更**　包括原料药的来源、质量标准、供应商等的变更，以及辅料的种类、用量、质量标准的调整。

3.**包装材料的变更**　直接接触药品的包装材料（容器、密封件、标签或说明书）的材质、规格、供应商等的变更。

4.**设备和设施的变更**　关键生产设备的更换、升级或改造，可能影响产品质量的设备参数的调整。

5.**生产环境的变更**　生产车间的布局、洁净度等级、温湿度控制等的改变。

6.**产品注册标准的变更**　产品注册标准的调整，包括检验项目、检验方法、限度要求等的变更。

7.**检验方法的变更**　检测项目、方法灵敏度、检测限的变动，或采用新的分析技术。

8.**生产控制参数的变更**　关键工艺参数（CPP）的调整，如湿度、温度等。

9.**软件和自动化系统的变更**　涉及生产、检验、数据处理等计算机软件的升级或修改。

10.**质量控制方法的变更**　检验方法、分析仪器、检测限度、抽样计划等的变化。

11.**产品有效期和贮藏条件的变更**　延长或缩短有效期、更改贮藏要求（温度、湿度、光照等）。

12.**生产场地的变更**　生产地址的迁移、不同生产车间之间的转换。

13.**质量标准的变更**　改变产品放行或拒绝的标准、修订检验方法等。

14.**法规或标准的变更**　适用的法律法规或行业标准有所变化，需要对生产活动进行相应的调整。

15.**人员的变更**　关键岗位的人员变动，可能影响生产过程的控制和产品质量。

16.**其他相关变更**　任何可能影响产品质量、安全性和有效性的其他变更。

二、变更的提出流程

1.**识别变更需求**　申请部门（通常是生产、研发、质量控制或工程部门等）在实际工作中识别出需要进行的变更，这可能是基于技术创新、效率提升、成本控制、合规要求或问题解决的需求。

2.**初步评估**　申请部门进行初步评估，确定变更的性质（如是否属于紧急变更）、潜

在影响范围及对产品质量的预期影响。如果初步判断变更可能影响产品质量，应立即启动正式变更流程。

3.**填写变更申请** 使用标准化的变更申请表，详细描述变更内容、变更理由、预期效果、初步风险评估及建议的实施计划。申请表应包含足够的信息以便质量管理部门和其他相关部门进行评估。

4.**提交申请** 申请部门将变更申请提交给质量管理部门，有时还需抄送相关部门，如生产管理、供应链管理等，以确保所有受影响方的知情和参与。

346 在实施影响药品质量的重大变更后，如何进行后续的药品质量评估？

药品生产企业在实施影响药品质量的重大变更后，应进行后续的药品质量评估，以确保变更对产品质量的影响符合预期，并符合注册批准的要求。以下是进行后续药品质量评估的步骤。

1.**变更实施后的监控** 对变更实施后的最初至少三个批次进行跟踪，收集所有相关的生产和质量控制数据。

如果发生偏差，应立即进行调查，并采取相应的纠正和预防措施。

2.**质量评估的实施** 对每个批次的产品进行完整的成品检验，包括所有注册批准的检验项目。

特别关注那些可能受到变更影响的关键质量属性，并进行额外的评估和测试。

3.**稳定性考察** 如果变更可能影响药品的有效期，应制定稳定性考察计划，包括考察的类型（如加速、长期、中间）和时间点。

按照计划进行稳定性考察，并收集相关的数据和结果。

4.**评估报告的编制** 基于收集到的数据和稳定性考察结果，编制质量评估报告。

报告应包括变更的性质、实施情况、评估方法、评估结果、结论和建议等。

5.**报告的审核和批准** 将评估报告提交给质量管理部门进行审核。

经过审核后，由质量管理部门批准评估报告。

6.**记录的保存** 所有与变更实施和质量评估相关的记录应按照规定的保存期限进行保存。

7.**沟通和报告** 将评估结果和报告传达给相关部门和人员。

根据需要，向药品监督管理部门报告评估结果。

8.**持续监控与验证** 制定变更后的药品质量持续监控计划，定期对药品质量进行检测和分析。

在必要时，开展额外的验证活动，如工艺验证、设备验证等，以确保变更的稳定性和可靠性。

通过这些步骤，药品生产企业能够确保在实施影响药品质量的重大变更后，进行充分的药品质量评估，并及时采取必要的措施，以保障产品质量和患者安全。同时，这也是企业履行持续改进和质量管理体系的重要部分。

347 变更实施时需要修订哪些文件?

在药品生产过程中，根据 GMP 的规定，当实施变更时，药品生产企业需要确保与变更相关的文件均已得到修订。这些文件通常涵盖了药品生产的全过程，包括但不限于以下几个方面。

1.生产工艺文件 工艺规程：如果变更涉及生产工艺的调整或修改，需要修订相关的工艺规程，以反映新的工艺步骤、参数或要求。

工艺验证报告：如果变更需要进行工艺验证，需要修订或更新工艺验证报告，以记录验证活动的结果和结论。

批生产记录：修订批生产记录模板，包括变更后的原辅料、包装材料、生产设备等信息，以便准确记录变更后的生产过程。

2.质量标准文件 药品标准：如果变更涉及质量标准的修订，需要更新相关的药品标准文件，以反映新的质量指标、检验方法或要求。

检验操作规程：如果变更涉及检验方法的调整或修改，需要修订相关的检验操作规程，以确保检验结果的准确性和可靠性。

偏差管理、CAPA（纠正和预防措施）文件：如果变更导致了偏差的发生，需要记录偏差并启动 CAPA 程序。此时，可能需要修订偏差管理、CAPA 相关的文件，以反映变更后的实际情况和处理措施。

稳定性研究方案：如果变更影响产品的稳定性，需要更新稳定性研究方案和相关的稳定性数据记录。

3.设备操作文件 设备操作规程：如果变更涉及生产设备的调整或更换，需要修订相关的设备操作规程，以确保设备的正确使用和维护。

设备验证文件：包括设备的安装确认、运行确认和性能确认等。如果变更涉及设备性能的改变，需要重新进行验证并修订验证文件。

设施布局图：若变更涉及设施布局的调整，需更新设施布局图，以准确反映变更后的设施状况。

4.物料管理文件 物料管理规程：如果变更涉及原辅料或包装材料的调整或更换，需要修订相关的物料管理规程，以确保物料的正确接收、储存和使用。

供应商评估报告：如果变更涉及新的供应商，需要更新供应商评估报告，以记录对供应商的评估和批准过程。

供应商信息：若变更涉及供应商的更换或物料来源的变化，需更新供应商资质证明和物料质量标准。

物料使用记录：修订物料使用记录模板，以反映变更后的物料种类和使用情况。

物料清单：包括原料、辅料、包装材料的清单，确保所有物料信息与变更后的要求一致。

5.环境控制文件　环境控制规程：如果变更涉及生产环境的调整或修改，需要修订相关的环境控制规程，以确保生产环境的适宜性和稳定性。

环境监测记录：如果变更需要进行环境监测，需要更新环境监测记录，以记录监测活动的结果和结论。

6.其他相关文件　培训计划：根据变更内容，更新员工培训计划，包括变更后操作技能、质量控制要求等方面的培训。

培训记录：如果变更需要对员工进行培训，需要更新培训记录，以记录培训活动的内容和参与人员。

变更管理记录：需要更新变更管理记录，以记录变更的申请、评估、批准和实施过程。

注册文件：如果变更影响产品的注册信息，需要更新相关的注册文件，并向药品监督管理部门申报变更。

GMP 合规文件：包括 GMP 自查报告、审计报告等，确保所有文件反映最新的 GMP 合规状态。

348　质量管理部门应该保存哪些变更的文件和记录？

质量管理部门在药品生产过程中负责保存所有变更的文件和记录，以确保变更管理的透明性、可追溯性和合规性。以下是需要保存的变更文件和记录的详细列表。

1.变更申请文件　变更申请表：记录变更的性质、范围、原因、预期影响等。

变更申请评估报告：记录变更申请的初步评估结果、评估依据等。

2.变更评估文件　变更评估报告：详细记录变更的评估过程、评估依据、评估结论等。

变更分类记录：记录变更的分类（如主要变更、次要变更）及其依据。

风险评估记录：记录变更可能带来的风险及其评估结果。

3.变更实施文件　变更实施计划：记录变更的实施步骤、时间表、责任人等。

变更实施记录：记录变更的实施情况、实施结果、偏差处理等。

变更验证记录：记录变更实施后的验证活动、验证结果等。

4.变更批准文件　变更批准记录：记录变更的批准过程、批准人、批准日期等。

变更批准通知：通知相关部门和人员变更的批准情况。

5.变更影响评估文件　产品质量评估报告：记录变更实施后对产品质量的评估结果。

稳定性考察记录：记录变更实施后产品的稳定性考察数据、考察周期、考察结果等。

批次质量记录：记录变更实施后生产的批次产品的质量数据。

6.变更相关文件修订记录　文件修订记录：记录与变更相关的文件修订情况，包括修订内容、修订日期、修订人等。

文件版本控制记录：记录文件的版本号、修订历史、生效日期等。

7.**变更培训文件**　变更培训计划：记录针对变更的培训计划、培训内容、培训对象等。

变更培训记录：记录变更培训的实施情况、培训效果、参与人员等。

8.**变更相关的沟通记录**　内部沟通记录：记录变更在企业内部的沟通情况，包括会议记录、通知等。

外部沟通记录：如果变更需要对外部（如监管机构、客户）进行沟通，需要保存相关的沟通记录。

9.**变更回顾和总结文件**　变更回顾报告：记录变更实施后的回顾分析、经验总结、改进建议等。

变更总结记录：记录变更实施的整体效果、存在的问题、后续措施等。

10.**其他相关文件**　变更审计记录：记录对变更实施情况的审计结果、审计意见、改进措施等。

自查报告：企业内部对变更管理进行自查的报告，确保变更管理的有效性。

法规更新：记录与变更相关的法规和指南的更新情况，确保变更的合规性。

电子记录：如使用电子系统进行变更管理，需保存电子记录并确保其可追溯性和完整性。

会议纪要：记录与变更相关的会议讨论内容和决策的文档。

第五节　偏差处理

349　如何确保所有人员正确执行生产工艺、质量标准、检验方法和操作规程，防止偏差的产生？

为了确保所有人员正确执行生产工艺、质量标准、检验方法和操作规程，防止偏差的产生，药品生产企业需要采取一系列综合措施，包括但不限于以下 7 个方面。

1.**建立健全的质量管理体系**　制定明确的质量政策和目标，确保全员理解并致力于实现这些目标。

编制详细的质量手册，阐述质量管理体系的框架和运作方式。

建立和维护一套完整的程序文件，包括生产工艺规程、质量标准、检验方法和操作规程等。

2.**人员培训和资质认证**　对新员工进行全面的入职培训，包括GMP基础知识、岗位职责、操作技能等。

定期对在职员工进行培训，更新他们的知识和技能，确保他们掌握最新的生产工艺和操作规程。

对关键岗位的员工进行资质认证，确保他们具备执行特定任务的能力。

3.明确的责任分配 为每个岗位制定明确的职责说明书，确保每位员工清楚自己的工作职责和期望。

明确各级管理层的责任，特别是部门负责人，他们需要监督和指导下属正确执行各项规程。

4.严格的操作规程执行 确保所有操作都按照既定的规程进行，不允许随意更改。

通过现场巡查、视频监控等方式，监督员工的操作是否符合规程要求。

要求员工详细记录操作过程和结果，以便追溯和分析。

5.偏差管理和纠正措施 建立偏差报告机制，鼓励员工及时上报任何偏差或异常情况。

对偏差进行彻底的调查和分析，找出根本原因。

根据调查结果，制定并实施纠正措施，防止偏差再次发生。

6.持续改进 定期进行产品质量回顾，分析生产过程中的问题和改进机会。

基于回顾结果，制定改进计划，并跟踪实施效果。

建立有效的反馈机制，收集员工的意见和建议，不断优化操作规程。

7.技术和设备支持 利用自动化设备和信息化系统减少人为错误的可能性。

定期对生产设备和检验仪器进行校准和维护，确保其准确性和可靠性。

350 企业建立偏差处理的操作规程应包括哪些内容？

企业建立偏差处理的操作规程应全面覆盖偏差管理的各个关键环节，确保在药品生产过程中任何偏离预定规程、标准或既定条件的情况都能被有效识别、报告、记录、调查、处理和预防。以下是建立偏差处理操作规程应包含的主要内容。

1.偏差的定义与分类 明确定义何为偏差，包括但不限于工艺、质量、设备、物料、文档、人员行为等方面的偏离。

建立偏差分类体系，如根据严重程度、对产品质量的潜在影响分为关键、主要和次要偏差，便于优先级排序和资源分配。

2.偏差的报告程序 规定发现偏差的员工必须立即报告给直接上级或指定的偏差管理人员。

明确报告的时限要求，确保快速响应。

设立匿名报告渠道，鼓励员工无顾虑报告偏差。

3.记录与文档管理 建立偏差记录表格，记录偏差发生的时间、地点、涉及的产品批号、描述、初步评估等信息。

保存所有与偏差相关的证据和文档，包括照片、视频、通讯记录等。

4.偏差的调查流程 细化调查小组的组成，通常包括质量、生产、工程、物料管理等部门的代表。

制定详细的调查步骤，包括面谈、现场查看、数据复核、根本原因分析等。

使用合适的工具和方法，如 5Why 分析、鱼骨图分析等，确保调查的深度和广度。

5.纠正措施与预防措施 明确纠正措施的制定与执行流程，确保问题得到及时纠正。

制定预防措施，防止类似偏差再次发生，包括对规程、培训、设备等方面的改进。

设定 CAPA 的跟踪与验证机制，确保措施的有效性。

6.偏差的审批与关闭 规定偏差报告、调查报告和CAPA计划的审批层级和流程。

确定偏差关闭的标准和程序，包括所有 CAPA 措施的完成和验证。

7.偏差的定期回顾 安排定期的偏差回顾会议，分析偏差趋势，识别系统性问题。

将回顾结果用于持续改进生产和质量管理体系。

8.培训与沟通 制定针对全体员工的偏差管理培训计划，确保员工理解其职责和操作规程。

促进跨部门间的沟通与合作，确保偏差处理的高效协同。

9.与变更控制的关联 明确偏差调查过程中发现需要变更控制的情况，确保与变更管理规程的无缝对接。

10.记录的存档 规定偏差处理的所有记录应如何保存，包括保存的期限和方式。

确保所有相关记录都得到妥善存档，便于未来查询和审计。

351 如何根据偏差的性质、范围、对产品质量潜在影响的程度对偏差进行分类？

根据偏差的性质、范围和对产品质量潜在影响的程度对偏差进行分类是确保偏差得到适当处理的关键步骤。以下是如何进行分类的建议方法。

一、偏差分类原则

偏差分类应基于其对产品质量潜在影响的程度，同时考虑偏差的性质（如人为因素、设备故障、原材料问题等）和范围（如单个批次、多个批次或整个生产线）。分类的目的是为了确保对不同类型的偏差采取适当的管理措施，以保障产品质量。

二、偏差分类标准

根据偏差的性质、范围和对产品质量潜在影响的程度，可以将偏差分为以下三类。

（一）重大偏差

1.定义 重大偏差是指那些可能对产品的质量、安全性或有效性产生严重后果的偏差，可能导致产品的报废或返工。

2.特征 偏差范围广泛，可能涉及多个批次或整个生产线。

对产品质量有直接影响，可能导致产品不符合质量标准或存在安全隐患。

可能需要采取紧急措施，如隔离受影响的产品批次、停止生产等。

3.评估要点 评估偏差对产品质量的具体影响,包括物理性质、化学性质、生物学活性等方面的变化。

考虑是否需要对产品进行额外的检验,如稳定性考察、微生物限度检查等。

评估偏差对产品有效期的影响,必要时进行加速稳定性试验或长期稳定性试验。

(二)主要偏差

1.定义 主要偏差是指对产品的质量产生实际或潜在影响,但尚未达到重大偏差程度的偏差。

2.特征 偏差范围可能限于单个批次或局部生产区域。

对产品质量的影响需要深入调查才能确定,但存在潜在风险。

需要采取纠正措施以防止偏差扩大或再次发生。

3.评估要点 详细调查偏差产生的原因,包括人员操作、设备状态、原材料质量等方面。

评估偏差对产品质量的具体影响,并制定相应的纠正措施。

对纠正措施的有效性进行验证,确保偏差得到根本解决。

(三)次要偏差

1.定义 次要偏差是指那些对产品质量不足以造成影响的细小偏离,属于对标准操作程序的轻微偏离。

2.特征 偏差范围小,通常限于单个操作环节或个别记录。

对产品质量无直接影响,但可能反映出生产管理的某些不足。

需要立即采取纠正措施以防止偏差扩大。

3.评估要点 确认偏差对产品质量无实质性影响。

记录偏差情况,分析产生原因,制定并立即实施纠正措施。

定期对次要偏差进行总结分析,识别潜在的系统性问题并加以改进。

三、偏差分类的流程

1.即时报告与记录 发生偏差时,立即记录偏差详情,包括时间、地点、涉及的人员、设备、物料等。

2.初步评估 由直接负责人或质量管理人员进行初步评估,确定偏差的初步分类。

3.深入调查 依据初步分类,组织跨部门团队进行全面调查,包括根本原因分析。

4.正式分类 基于调查结果,综合考虑偏差的性质、范围和对产品质量潜在影响的程度,对偏差进行正式分类。

5.制定纠正与预防措施 根据偏差分类,制定相应的CAPA计划,对于重大偏差,还需考虑是否需要额外的检验或稳定性考察。

6.审批与执行 CAPA计划需经过相应管理层审批后执行,并追踪其实施效果。

7.记录与归档 所有偏差处理过程及结果应详细记录,并按规定存档,以备审查和未来回顾。

352 重大偏差发生时，企业应如何进行彻底调查，并确保调查结果的准确性和完整性？

当重大偏差发生时，企业应按照以下步骤进行彻底调查，以确保调查结果的准确性和完整性。以下是企业应遵循的步骤。

一、立即报告与记录

1.即时报告 一旦发现重大偏差，应立即报告给主管人员及质量管理部门。报告内容应包括偏差发生的时间、地点、具体情况、初步评估结果等关键信息。

2.详细记录 对偏差的发生过程、涉及的产品批次、物料、设备、人员等信息进行详细记录，确保信息的可追溯性。记录应清晰、准确，便于后续调查和分析。

二、组建调查小组

1.跨部门协作 由质量管理部门牵头，会同生产技术部、工程设备部、生产车间等相关部门组成调查小组。小组成员应具备丰富的专业知识和实践经验，能够全面、深入地开展调查工作。

2.明确职责 调查小组应明确各成员的职责分工，确保调查工作的有序进行。质量管理部门负责整体协调和监督，其他部门根据各自的专业领域提供技术支持和数据分析。

三、彻底调查

1.收集证据 调查小组应全面收集与偏差相关的证据，包括批生产记录、设备使用日志、环境监测记录、检验报告等。同时，通过面谈、现场观察等方式获取第一手资料。

2.分析原因 运用质量风险管理工具（如失败模式影响分析FMEA）对收集到的证据进行分析，识别偏差的根本原因。分析过程中应注重科学性和客观性，避免主观臆断和片面性。

3.评估影响 评估偏差对产品质量、安全性和有效性的潜在影响。必要时，应对涉及重大偏差的产品进行额外的检验和稳定性考察，以验证产品质量是否受到影响。

4.制定纠正与预防措施 针对偏差的根本原因和影响范围，制定切实可行的纠正措施和预防措施。纠正措施旨在消除偏差的直接影响，而预防措施则旨在防止类似偏差的再次发生。

四、编写调查报告

调查报告应包含偏差的基本情况、调查过程、原因分析、影响评估、纠正与预防措施等内容。报告应条理清晰、逻辑严密，确保读者能够全面了解调查情况。

调查报告应由质量管理部门的指定人员进行审核并签字确认。审核过程中应注重报告的准确性和完整性，确保调查结果的科学性和权威性。

五、实施与跟踪

1.执行纠正措施 按照调查报告中的纠正措施要求，立即组织相关部门和人员进行实施。实施过程中应注重时效性和有效性，确保偏差得到及时纠正。

2.跟踪预防措施 对预防措施的执行情况进行跟踪和监督，确保预防措施得到有效落实。同时，定期对预防措施的有效性进行评估和调整，以持续改进质量管理体系。

六、总结与改进

对重大偏差的调查和处理过程进行总结和分析，提炼经验教训和改进建议。通过总结偏差管理经验，不断完善企业的偏差管理体系和质量保证体系。

将偏差管理纳入企业的持续改进计划之中，通过不断优化生产工艺、加强人员培训、完善设备维护等措施，降低偏差发生的概率和风险水平。

353 质量管理部门在偏差管理中的职责有哪些？

质量管理部门在偏差管理中的职责是确保偏差得到及时、正确地识别、评估、调查、处理和记录，以维持和提升产品质量，符合 GMP 要求。以下是质量管理部门在偏差管理中的主要职责。

1.负责偏差的分类 根据偏差的性质、范围和对产品质量潜在影响的程度，质量管理部门应负责将偏差分为微小偏差、一般偏差和重大偏差等不同类别。

通过科学的分类，为后续的调查、处理及预防工作提供准确的指导。

2.保存偏差调查、处理的文件和记录 质量管理部门应建立完善的文件管理系统，确保所有与偏差相关的调查、处理文件和记录得到妥善保存。

这些文件和记录包括但不限于偏差报告、调查报告、处理方案、纠正措施执行记录等，应为后续的质量审计和问题追溯提供有力支持。

3.监督偏差处理过程 质量管理部门应监督偏差处理的全过程，确保各项纠正措施得到有效执行，并对执行情况进行跟踪和验证。

对于未能及时处理的偏差，质量管理部门应及时跟进，查明原因，并督促相关部门尽快落实整改措施。

4.参与制定预防措施 基于偏差调查的结果，质量管理部门应参与制定针对性的预防措施，以降低类似偏差再次发生的风险。

通过改进工艺流程、优化设备设施、加强人员培训等手段，提升生产过程的稳定性和可靠性。

5.提供技术支持与指导 质量管理部门应具备专业的技术知识和经验，能够为其他部门提供偏差处理的技术支持和指导。

通过组织培训、分享最佳实践等方式，提升整个企业应对偏差的能力。

6.定期回顾与总结 质量管理部门应定期对偏差管理过程进行回顾和总结，识别存在的问题和改进空间。

通过持续改进，不断完善偏差管理体系，提高药品生产的质量管理水平。

7.外部监管沟通 在必要时，作为与药品监管机构沟通的桥梁，就重大偏差事件的处理情况和改进措施与监管机构保持透明、及时的沟通。

8.法规符合性保障　确保偏差管理工作符合国家相关法规、行业标准和企业内部的质量管理规范要求。

随时关注法规变化，及时调整偏差管理策略和流程，以保持合规性。

第六节　纠正措施和预防措施

354　如何确保纠正措施和预防措施系统能够增进对产品和工艺的理解，并促进产品和工艺的持续改进？

药品生产企业在药品生产过程中，要确保纠正措施和预防措施系统（CAPA）能够增进对产品和工艺的理解，并促进产品和工艺的持续改进，需要从多个方面入手，构建一套科学、系统且高效的管理体系。以下是一些关键步骤和要点。

首先，建立完善的数据收集和分析机制。全面收集与投诉、召回、偏差、自检或外部检查结果、工艺性能和质量监测趋势等相关的数据，并运用先进的数据分析工具和技术，对这些数据进行深入挖掘和分析，以准确识别问题的根本原因和潜在风险。

在调查问题时，采用科学的方法，如鱼骨图、故障树分析等，确保调查的深度和广度与风险级别相匹配。对于高风险的问题，进行详尽的多因素分析，包括人员操作、设备性能、物料质量、工艺方法、环境条件等方面，以全面理解问题的本质。

组织跨部门的团队参与 CAPA 的制定和实施。包括生产、质量控制、工程技术、研发等部门的专业人员，共同探讨解决方案，充分利用各部门的专业知识和经验，从不同角度评估措施的有效性和可行性，促进对产品和工艺的综合理解。

在实施纠正措施的过程中，严格遵循变更控制程序，对任何可能影响产品质量的变更进行充分的评估和验证。通过对比变更前后的数据和结果，评估纠正措施对产品和工艺的影响，为进一步优化提供依据。

针对预防措施，开展前瞻性的风险评估。运用失效模式与影响分析（FMEA）等工具，预测潜在的问题和风险，并制定相应的预防策略。定期对预防措施的效果进行监测和评估，根据实际情况进行调整和优化。

建立有效的培训和沟通机制。将 CAPA 的相关知识和经验及时传递给全体员工，提高员工对产品和工艺的认识水平。同时，鼓励员工积极参与 CAPA 的制定和改进，收集他们的意见和建议，形成全员参与质量改进的良好氛围。

定期回顾和总结 CAPA 的实施情况。对已采取的纠正和预防措施进行效果评估，分析其对产品质量、工艺稳定性和生产效率的影响。将成功的经验和案例纳入企业的知识管理体系，为后续的决策和改进提供参考。

加强与行业内其他企业和专业机构的交流与合作。了解最新的技术发展和行业最佳实践，借鉴先进的管理理念和方法，不断完善自身的CAPA系统，推动产品和工艺的持续创新和优化。

通过以上综合性的措施，药品生产企业能够充分发挥CAPA系统的作用，不断增进对产品和工艺的理解，实现产品和工艺的持续改进，提高药品生产的质量和效率，保障公众用药的安全和有效。

355 企业如何确保纠正和预防措施操作规程的各个步骤（如分析质量数据、调查原因、确定措施、评估合理性、记录变更、信息传递）都得到有效执行？

药品生产企业确保纠正和预防措施（CAPA）操作规程有效执行，需构建一个系统化、流程化的管理框架，具体措施如下。

1.制定详细的操作规程　首先，应根据GMP要求，制定详尽的纠正和预防措施操作规程SOP，明确每个步骤的具体要求、执行标准、责任主体和完成时限。SOP应涵盖数据收集与分析、原因调查、措施制定与实施、效果评估等关键环节。

2.培训与教育　对所有相关人员，特别是质量管理人员、生产人员、质量保证（QA）和质量控制（QC）人员进行定期培训，确保他们充分理解SOP内容，掌握必要的统计学方法和问题解决技巧。

3.质量数据系统化管理　采用先进的信息化系统（如ERP、LIMS）收集、存储和分析质量数据，自动化追踪质量监测趋势，及时发现异常。利用统计过程控制（SPC）、六西格玛等工具进行数据分析，提高问题识别的准确性。

4.根因分析与问题追溯　建立严格的根因分析流程，鼓励使用5W、鱼骨图等工具，确保调查深入到问题根源。同时，利用批次追踪系统追溯涉及产品的原料、生产过程、设备状态等，全面分析问题原因。

5.CAPA措施的科学制定　基于根本原因分析，组织跨部门团队讨论，确保纠正措施能够直接解决问题，预防措施能从根本上防止问题再次发生。措施应具体、可行，并经过风险评估和成本效益分析。

6.执行与跟踪　实施CAPA措施时，应有明确的执行计划，包括时间表、责任人、资源分配。实施过程中，通过定期进度会议和现场审核监督执行情况，确保措施得到有效执行。

7.效果评估与验证　制定评估标准和方法，通过前后对比、数据统计分析等手段，验证纠正和预防措施的有效性和合理性。必要时，进行持续监控，确保长期效果。

8.变更控制管理　实施CAPA过程中涉及的任何变更，均应遵循变更控制程序，记录变更详情、评估变更影响，并经过批准后实施。变更记录应完整、可追溯。

9.信息传递与沟通　建立高效的信息传递机制，确保纠正和预防措施的相关信息、执行进展及结果及时传达给质量受权人、直接负责人及高层管理人员。利用会议、报告、内部通讯等多种方式，保证信息的透明度。

10.**高层评审与持续改进** 高层管理人员应定期参与CAPA评审会议，了解实施效果，提供资源支持，并决策重大改进事项。将CAPA活动纳入企业持续改进计划，形成闭环管理，持续优化生产过程和质量管理体系。

通过以上措施，药品生产企业能够确保CAPA操作规程的每个步骤得到有效执行，不断提升产品质量和生产管理水平，符合GMP要求。

356 企业在实施纠正和预防措施后，质量管理部门应当保存的实施纠正和预防措施的文件记录有哪些？

药品生产企业在实施纠正和预防措施（CAPA）后，质量管理部门应当保存的文件记录应全面、详实，确保所有活动均可追溯，具体包括但不限于以下内容。

1.**纠正和预防措施申请表** 记录提出纠正和预防措施的申请，包括申请日期、申请人、问题描述、初步评估结果等。

2.**问题描述和风险评估报告** 详细描述发现的问题，包括问题的性质、影响范围、风险等级等。

风险评估报告，包括运用统计学方法和风险评估工具（如FMEA）的结果。

3.**根本原因分析报告** 记录运用根本原因分析（RCA）方法，如鱼骨图、5Why分析等，得出的根本原因分析结果。

4.**纠正和预防措施计划** 详细记录制定的纠正和预防措施，包括措施的具体内容、执行步骤、责任人、预期效果等。

5.**实施记录** 记录纠正和预防措施的实施过程，包括实施日期、执行人员、实施情况、遇到的问题及解决方案等。

6.**效果评估报告** 记录对纠正和预防措施实施效果的评估，包括效果验证的方法、结果、结论等。

7.**变更记录** 记录实施纠正和预防措施过程中所有发生的变更，包括变更的内容、时间、责任人等。

8.**沟通记录** 记录与纠正和预防措施相关的内部和外部沟通情况，包括沟通的对象、时间、内容、结果等。

9.**管理评审记录** 记录高层管理人员对纠正和预防措施的评审情况，包括评审的日期、参与人员、评审意见、决策结果等。

10.**培训记录** 记录与纠正和预防措施相关的员工培训情况，包括培训的日期、内容、参与人员、培训效果等。

11.**附件和相关文件** 包括所有相关的附件和文件，如检测报告、生产记录、质量控制记录、供应商信息等。

12.**归档记录** 记录文件的归档情况，包括归档的日期、归档人员、文件编号、存放位置等。

13.**持续监控与评估记录**　跟踪审查记录，对CAPA实施效果的定期评估记录。持续改进记录，包括后续发现的新问题、新措施及其效果评价。

第七节　供应商的评估和批准

357　企业如何确保法定代表人、企业负责人及其他部门的人员不干扰或妨碍质量管理部门独立进行物料供应商的质量评估？

确保企业法定代表人、企业负责人及其他部门的人员不干扰或妨碍质量管理部门独立进行物料供应商的质量评估，是维护药品生产质量管理体系有效性的关键。以下是一些建议的措施和实践，以促进独立、客观的质量评估。

1.**建立独立的质量管理部门**　企业应建立一个独立的质量管理部门，该部门直接向企业最高管理层报告，以确保其在质量决策上的独立性和权威性。

2.**明确职责与权限**　在企业内部管理制度中明确质量管理部门的独立地位及其对供应商质量评估的专属权限，规定其他部门和个人不得干涉质量评估过程。确保质量管理部门的决定不受外部影响。

3.**建立独立的质量管理体系**　建立独立的质量管理体系，确保质量管理部门在组织结构、人员配置、资源分配等方面具有独立性。

培养和强化质量文化，提高全员对质量管理独立性的认识和支持。

4.**建立隔离机制**　建立严格的组织架构隔离机制，确保质量管理部门与其他部门（特别是采购、销售等部门）在供应商评估工作中保持独立性，避免利益冲突。

5.**制定政策和工作程序**　制定并发布关于供应商质量评估的书面政策和程序，明确评估流程、标准、参与人员及其角色与责任，同时强调非质量管理部门人员不得干预评估过程。

6.**高层领导的承诺和支持**　企业的高层领导应公开承诺支持质量管理部门的工作，并在必要时为其提供保护，防止来自其他部门的压力和干预。

7.**透明化与记录保持**　确保评估过程的透明化，所有的评估标准、过程记录、审计报告和决策依据均应详细记录并归档，以便追溯和审查，增加评估过程的公信力。

8.**培训和沟通**　对企业的法定代表人、企业负责人及其他部门的人员进行GMP培训和沟通，强调质量管理部门独立性的重要性，以及干预质量评估可能带来的风险。

9.**审计和监控**　定期对质量管理部门的运作进行内部和外部审计，以确保其独立性和有效性。同时，建立监控机制，如设立举报渠道，允许员工匿名报告任何干预质量评估的行为。

10.**纪律和处罚**　对于任何试图干扰或妨碍质量管理部门独立进行物料供应商质量评

估的行为，应制定明确的纪律和处罚措施，确保有据可依，有责必究。

11.建立申诉和反馈机制　为供应商和其他部门提供申诉和反馈渠道，确保他们可以在不干扰质量评估的前提下提出关切和建议。

358　在确定主要物料时，如何综合考虑企业所生产的药品质量风险、物料用量以及物料对药品质量的影响程度等因素？

在确定主要物料时，企业应采用系统化和科学化的方法，综合考虑药品质量风险、物料用量以及物料对药品质量的影响程度等因素。具体操作可遵循以下步骤。

1.药品质量风险评估　对所生产药品进行全面的质量风险分析，识别出可能影响药品质量的关键因素，如原料的纯度、稳定性等。

根据药品的质量特性，如有效性、安全性和稳定性等，评估各物料对药品整体质量的影响程度。

将物料的质量风险与药品的整体质量风险进行关联分析，确定哪些物料是影响药品质量的关键因素。

2.物料用量评估　统计分析各物料在药品生产中的实际用量，包括单批次用量和年用量等。

评估物料用量的稳定性，分析其是否会对生产造成波动，从而影响药品质量。

结合物料的采购周期、库存管理等因素，评估物料供应的及时性和可靠性。

3.物料对药品质量的影响程度评估　深入研究各物料的化学性质、物理性质以及生物活性等，分析其对药品内在质量的影响。

通过实验室试验和临床试验等手段，验证物料对药品质量的具体影响，如杂质含量、制剂稳定性等。

参考国内外相关法规和标准，对比分析不同物料在相同条件下对药品质量的影响程度。

4.综合分析与决策　建立一个综合评估模型，将药品质量风险、物料用量和对药品质量的影响程度等因素量化，并进行加权评分。

使用评分模型或决策树等工具，对每种物料进行综合评估，考虑所有相关因素的影响。

将上述三个方面的评估结果进行汇总分析，形成全面的物料评估报告。

组织专家小组对评估报告进行评审，确保评估结果的客观性和准确性。

基于评估结果，确定主要物料名单，并制定相应的质量控制策略和措施。

359　如果需要采用现场质量审计方式进行质量评估，应如何确定审计内容、周期、审计人员的组成及资质要求？

为了确保现场质量审计的科学性、全面性和有效性，企业在制定供应商评估操作规程时，对于现场质量审计部分，应细致规划审计内容、周期、审计人员的组成及资质要求，具体如下。

一、审计内容的确定

1.质量管理体系　评估供应商是否建立了符合GMP要求的质量管理体系，包括质量控制、质量保证、变更控制、偏差处理、纠正和预防措施（CAPA）系统等。

2.生产设施与设备　检查生产环境、设施布局、清洁消毒程序、生产设备的适宜性、维护保养记录以及防止交叉污染的措施。

3.物料控制　审查物料接收、检验、储存、发放的流程，以及供应商的资质审核情况，确保物料来源的可靠性。

4.生产过程控制　评估生产过程的控制措施，包括生产指令、操作规程、中间控制、成品检验及放行标准。

5.生产工艺和控制　评估供应商的生产工艺和控制措施，包括工艺流程、工艺参数、过程控制等。

6.实验室控制　检查实验室的资质、仪器校验、检验方法的验证、记录与报告的准确性及完整性。

7.人员与培训　评估人员资质、培训记录，确保员工具备必要的GMP知识和操作技能。

8.文件记录与追溯性　审查文件记录的完整性、准确性和可追溯性，包括批生产记录、质量控制记录等。

9.投诉与召回系统　评估供应商对产品投诉和召回的处理流程，确保其能够迅速有效地应对市场上的质量问题。

10.变更控制和偏差处理　审查变更控制和偏差处理程序及其执行情况。

11.自检和持续改进　评估供应商的自检程序和持续改进措施。

二、审计周期的设定

审计周期的确定要基于以下原则。

1.风险基础　根据供应商提供物料的风险等级确定审计频率。高风险物料的供应商需要更频繁的审计。

2.历史表现　考虑供应商的历史质量和合规表现，表现良好的供应商可能减少审计频率。

3.变化情况　任何质量管理体系、生产地点、工艺或材料的改变都应触发审计。

审计周期一般是这样确定的：

1.初始审计　在供应商首次选用前进行全面审计。

2.定期审计　根据供应商的评估风险等级、历史表现及物料对产品质量影响程度设定审计周期，通常低风险供应商可每三年一次，中高风险供应商每年或更频繁。

3.变更审计　在供应商发生重大变更（如生产工艺、质量管理体系等）时，应进行变更审计。

三、审计人员组成

应组建跨职能团队，包括但不限于质量保证（QA）、质量控制（QC）、生产、采购、法规事务等领域的专业人员。

根据审计内容的需要，可邀请外部专家参与，如特定设备或工艺领域的专家。

四、审计人员资质要求

所有审计人员应接受 GMP 审计技巧和相关法规的培训，具备良好的审计知识和实践经验。

审计人员应具备相关的资质认证，如 GMP 培训证书、质量管理体系内审员证书等。

主审人员应具有丰富的 GMP 审计经验，熟悉相关法规要求，具备良好的沟通协调能力。

特定领域的审计人员应具备相关专业知识背景，如化学、药学、微生物学等。

360 物料供应商的质量评估方式应如何确定?

物料供应商的质量评估方式应根据物料的性质、用途以及对最终产品质量的影响来确定。以下是一些常见的质量评估方式及其确定方法。

1.文件审核 对于非关键物料或已有良好合作历史的供应商，可以通过审核供应商提供的质量手册、生产记录、检验报告等文件进行评估。

确保文件齐全、更新及时，并与实际生产情况相符。

2.样品检测 对于新引入的物料或关键物料，要求供应商提供样品进行检测，以验证其是否符合预定的质量标准。

样品检测应在企业内部的实验室或认可的第三方实验室进行。

3.现场质量审计 对于关键物料或高风险物料，应进行现场质量审计，以直观地评估供应商的质量管理体系。

审计内容包括但不限于供应商的生产设施、设备、环境控制、人员培训、变更管理等。

4.小批量试生产 对于直接影响药品性能的关键物料，可采用小批量试生产的方式进行评估。

试生产过程中应严格按照预定的生产工艺和质量标准进行，并对试生产的产品进行全面的检测和稳定性考察。

5.供应商问卷调查 设计详细的供应商问卷，涵盖供应商的基本信息、生产能力、质量控制措施等方面。

通过供应商的回复，初步筛选符合条件的供应商。

6.历史绩效评估 分析供应商的历史供货记录，包括交货时间、产品质量、服务响应等。

基于历史绩效数据，评估供应商的稳定性和可靠性。

7. 同行评审和推荐 参考行业内其他企业的评价和推荐，了解供应商的市场声誉。

结合自身的评估结果，决定是否与供应商建立合作关系。

通过综合运用以上评估方式，企业可以对物料供应商进行全面的质量评估，确保选用的供应商能够满足药品生产的质量要求。

361 负责物料供应商质量评估和现场质量审计的人员应具备哪些条件？

负责物料供应商质量评估和现场质量审计的人员应具备以下条件。

1. 法规和专业知识 深入掌握药品相关的法律法规，熟悉国内外药品生产质量管理相关的法律法规、规章和规范性文件，包括但不限于《中国药品管理法》《中国药品管理法实施条例》、GMP以及国际通行的药品质量标准和指导原则。

了解药品监管部门对物料供应商管理的要求和最新动态，能够确保评估和审计工作符合法规的规定。

2. 专业教育背景 通常应具备药学、化学、生物学、质量管理或相关领域的本科及以上学历，确保其具备扎实的专业理论基础。

熟悉物料的性质、特点、生产工艺和质量控制要点。掌握质量评估的方法和技术，包括统计学原理在质量数据分析中的应用。

3. 实践经验 具有丰富的药品生产质量管理经验，特别是在物料供应商评估、质量审计、风险评估和质量控制方面。至少应有几年从事相关工作的实践经验，包括成功完成多个供应商质量审计案例。

能够独立完成质量评估报告，提出明确的审计意见，并追踪审计结果的整改情况。

具有丰富的物料管理经验，了解各类物料在药品生产中的作用和潜在风险。熟悉不同类型物料的采购流程、储存要求和质量标准。

4. 审计技能 熟练掌握质量审计技巧，包括计划编制、现场审计执行、审计证据收集、缺陷识别与分类、审计报告编写等，能够独立或带领团队完成复杂审计任务。

5. 沟通协调能力 具备出色的沟通技巧，能够与供应商有效交流，解释审计发现，推动供应商改进质量管理体系。同时，能够与企业内部各部门协作，确保审计结果得到有效运用。

6. 问题解决能力 面对供应商质量管理体系中存在的问题，能够快速识别根本原因，提出有效的纠正和预防措施（CAPA）建议。

7. 持续学习能力 持续关注药品质量管理领域的最新动态、技术进展和法规变化，不断更新知识结构，参加相关培训和研讨会，保持专业能力的领先。

8. 道德与诚信 具备高度的职业道德和诚信意识，确保审计过程的公正、客观，不受外部因素干扰，维护审计结果的真实性和可靠性。

9. 风险评估能力 能够基于供应商的质量历史、生产条件、管理能力等因素，进行科学的风险评估，合理划分供应商风险等级，制定相应的审计频率和深度。

10.**计算机与信息管理能力**　熟悉使用质量管理软件、审计跟踪系统、电子文档管理系统等现代信息技术工具，有效管理审计数据和报告。

综上所述，负责物料供应商质量评估和现场质量审计的人员应是具备深厚专业知识、丰富实践经验、强大技术能力、良好职业素养和持续学习精神的专家。

362 在进行现场质量审计后，如何编写现场质量审计报告？报告中是否包含了发现的问题、建议的改进措施以及后续的纠正行动计划？

在进行现场质量审计后，编写现场质量审计报告是一个至关重要的环节，它不仅要全面反映审计过程与结果，还应包含发现的问题、建议的改进措施以及后续的纠正行动计划。以下是一个现场质量审计报告的编写指南。

一、报告结构与内容

1.**报告标题与基本信息**　报告标题应明确表明审计对象、审计类型（如现场质量审计）及审计日期。

基本信息包括审计团队成员、审计时间范围、审计目的与依据等。

2.**审计概述**　简要描述审计的背景、目的和范围。

概述审计过程中采用的方法、标准和程序。

3.**供应商资质与检验条件核实**　列出并核实供应商提供的资质证明文件和检验报告的真实性。

评估供应商是否具备必要的检验条件，包括人员、设备、设施等。

4.**质量保证系统评估**　详细描述对供应商人员机构、厂房设施和设备、物料管理、生产工艺流程和生产管理、质量控制实验室的设备、仪器、文件管理等方面的检查结果。

对每一方面进行评估，指出存在的优势与不足。

5.**发现的问题**　客观、准确地列出审计过程中发现的所有问题，包括不符合GMP规定的具体事项。

对每个问题进行详细描述，包括问题性质、可能的影响范围等。

6.**建议的改进措施**　针对发现的问题，提出具体、可行的改进措施建议。

强调改进措施的必要性和预期效果。

7.**后续的纠正行动计划**　与供应商共同制定纠正行动计划，明确纠正措施、责任部门／人员、完成时限等。

强调纠正行动计划的跟踪与验证要求。

8.**审计结论与建议**　总结审计结果，对供应商的整体质量保证系统进行评价。

提出后续合作或监管的建议。

9.**附件**　附上审计过程中收集的相关证据材料，如照片、文件复印件等。

如有需要，可添加附录对报告中的某些内容进行详细解释或补充。

10.审核与批准　报告完成后，应由审计团队负责人审核，并提交给质量管理部门高级管理人员批准，确保报告的正式性和权威性。

二、报告的编写要求

1.专业性　报告应使用专业术语，准确描述审计过程与结果。

2.权威性　报告应基于客观事实，避免主观臆断，体现审计的公正性与权威性。

3.全面性　报告应涵盖审计的所有方面，不遗漏任何重要信息。

4.技术性　在描述问题、提出建议时，应注重技术细节，确保建议的可行性与有效性。

综上所述，编写现场质量审计报告是一个系统而复杂的过程，需要审计团队具备丰富的专业知识与实践经验。通过遵循上述指南，可以确保报告的专业性、权威性、全面性和技术性，从而有效指导后续的改进与监管工作。

363　进行小批量试生产的目的是什么？

进行小批量试生产的目的，在于验证新物料供应商或变更物料供应商后的原料在实际生产条件下的适用性、稳定性和一致性，确保药品质量和患者安全，具体目标包括但不限于以下几点。

一、验证物料供应商的可靠性

1.质量验证　通过对主要物料供应商提供的样品进行小批量试生产，可以实际检验该供应商物料的质量水平，包括其纯度、活性成分含量、杂质水平等关键指标是否符合药品生产要求。

2.工艺适应性　试生产过程也是验证供应商物料与生产工艺兼容性的重要环节，确保物料在生产过程中能够稳定表现，不产生不良反应或影响最终产品质量。

二、评估生产过程的稳定性

1.工艺稳定性　小批量试生产模拟了实际生产环境，有助于评估生产工艺的稳定性，包括设备性能、操作参数、生产周期等对产品质量的影响。

2.风险控制　通过试生产，可以提前发现并解决潜在的生产问题，如设备故障、操作失误等，从而有效控制生产过程中的风险。

3.生产过程中的可操作性和可控性　包括物料的投放、加工处理、中间产品的控制等环节，确认操作人员是否能够熟练、准确地执行生产流程，生产设备是否能够正常运行和易于控制。

三、进行药品稳定性考察

1.质量稳定性　对试生产的药品进行稳定性考察，是评估药品在特定储存条件下质量变化情况的关键步骤。这有助于确定药品的有效期，确保药品在有效期内质量稳定可靠。

2.安全性评估　稳定性考察还包括对药品安全性的评估，如是否有降解产物产生、降解产物的毒性等，以确保药品在使用过程中不会对患者造成潜在危害。

四、为大规模生产提供依据

1.数据支持　小批量试生产积累的数据和经验，为后续的大规模生产提供了重要的参考依据。这些数据包括物料消耗、生产成本、生产效率等，有助于企业优化生产流程，提高生产效益。

2.决策支持　基于试生产的结果，企业可以做出是否采用该供应商物料、是否需要调整生产工艺等决策，以确保药品生产的顺利进行和最终产品的质量达标。

3.评估生产成本和效率　通过小批量试生产，初步估算物料在大规模生产中的成本消耗，以及对生产周期、产能等效率指标的影响，为成本控制和生产计划提供参考。

364　在什么情况下需要对主要物料供应商提供的样品进行小批量试生产和稳定性考察?

以下是需要对主要物料供应商提供的样品进行小批量试生产和稳定性考察的情况。

1.新物料引入　当企业计划引入新的主要物料供应商或新品种时，由于缺乏历史数据和经验，需要通过小批量试生产来评估新物料的质量和适用性。

2.物料来源变更　如果现有主要物料供应商的生产工艺、原材料来源或质量标准发生重大变更，可能影响物料的质量和稳定性，此时应进行小批量试生产以验证变更后的物料是否仍满足要求。

3.关键工艺参数调整　当药品生产工艺中的关键参数进行调整时，需要验证调整后的工艺是否能够稳定地生产出符合质量标准的药品。小批量试生产有助于评估这一调整的效果。

4.质量波动或投诉　如果近期内主要物料出现质量波动，或者收到关于药品质量的投诉，应进行小批量试生产以查明原因，并验证解决方案的有效性。

5.法规要求　法规或药品注册要求发生变化，需要对物料进行额外的验证时，应进行小批量试生产和稳定性考察。

根据相关法规和监管机构的要求，可能需要对主要物料供应商提供的样品进行小批量试生产和稳定性考察。

6.原辅料变更　如果药品中原辅料的来源或质量标准发生变更，也需要通过小批量试生产来评估变更后的原辅料对产品质量的影响。

7.产品配方或生产工艺微调　即便物料本身未变，但若产品配方有微调，或者生产工艺有改变，使用新供应商物料进行小批量试生产并考察稳定性，是评估调整后整体产品性能和稳定性的重要步骤。

8.药品注册或生产许可变更要求　在药品注册或生产许可的变更过程中，监管部门可能要求企业对新的物料供应商进行试生产验证，以确保变更后的物料仍能满足药品生产的质量要求。

9.技术转移 在技术转移过程中,为确保物料的兼容性和产品质量的一致性,需要进行试生产和稳定性考察。

10.扩大生产规模 当计划扩大生产规模或改变生产批量时,需要验证物料在新的生产条件下的性能。

11.长期合作供应商的定期审核 即使是长期合作的供应商,也可能需要定期进行小批量试生产和稳定性考察,以确保持续的质量保证和风险管理。

进行小批量试生产和稳定性考察的目的是为了确保药品生产过程中的每一个环节都符合质量要求,从而保障最终产品的质量和安全性。这些措施是药品生产质量管理规范(GMP)的重要组成部分,旨在确保药品的质量可控性和疗效可靠性。在进行这些活动时,应遵循科学的方法和标准操作程序(SOP),记录和分析数据,以便在必要时采取适当的纠正措施。

365 在对物料供应商进行评估时,应如何确保供应商的资质证明文件的真实性和有效性?

确保物料供应商的资质证明文件的真实性和有效性是药品生产质量管理中的关键环节,应当采取以下专业且全面的方法。

1.官方验证 直接向发证机关或官方平台查询,确认供应商提供的资质证明文件如营业执照、生产许可证、GMP证书等的真实性。利用政府公开数据库、官方网站或电话查询服务进行核验。

2.原件审核 要求供应商提供资质证明文件的原件进行现场审核,避免复印件或扫描件可能存在的篡改风险。对于关键文件,应坚持原件审核原则。

3.交叉验证 将供应商提供的资质文件与过往合作记录、历史审计报告或其他第三方机构的认证报告进行对比,检查信息的一致性。

4.定期复审 供应商的资质证明文件具有有效期,应建立定期复审机制,确保所有文件都在有效期内,并及时更新过期或变更的信息。

5.现场质量审计 通过现场审计,直接观察供应商的生产环境、质量控制体系和管理实践,验证其资质证明文件的实际应用情况。审计时,可现场核对文件原件,并观察其合规运作情况。

6.第三方验证 利用第三方机构对供应商进行独立审计或认证,第三方机构的报告可以作为资质验证的补充证据。特别是对于国际供应商,可以考虑采用国际认可的第三方审核机构。

7.供应商自我声明 要求供应商提供关于资质文件真实性的自我声明,声明中应包含对所提供信息真实性负责的承诺,并明确违规的法律后果。

8.持续监控 加入行业协会或利用行业资源,持续关注供应商的信誉和合规状况,及时了解行业内的负面信息或预警信号。

9.**资质变更通知**　与供应商建立良好的沟通机制，要求供应商在资质变更时立即通知，以便及时进行重新评估和验证。

10.**电子验证系统**　利用数字化手段，如电子验证平台或区块链技术，对资质证明文件进行加密存储和验证，提高验证效率和安全性。

366　在审查供应商提供的检验报告时，应关注哪些关键点以确保报告的准确性和可靠性？

在审查供应商提供的检验报告时，为了确保报告的准确性和可靠性，应关注以下关键点。

1.**报告完整性**　确认检验报告是否包含了所有必要的部分，如报告标题、样品信息、检验方法、检验结果、结论、检验日期、检验员签名、审核和批准签名或盖章等。

2.**样品信息**　核对样品的名称、批号、规格、数量、接收日期等是否与采购订单或合同一致。

确认样品的取样方法和取样量是否符合规定的标准和程序。

3.**检验方法**　检查所使用的检验方法是否科学、合理，是否符合药典、行业标准或企业内部标准。

确认是否有方法验证或确认的数据支持检验方法的适用性和准确性。

4.**检验结果**　仔细审查检验数据，确认数据的准确性和一致性，注意是否有异常值或偏差。

核对检验结果是否符合规定的质量标准，包括主成分含量、杂质限度、微生物限度、重金属限度等。

细致审查检验结果，关注数据的精确度，检查是否有异常值或数据矛盾，同时评估结果是否符合预期范围，对异常结果需追查原因。

5.**结论和判定**　确认检验报告中的结论是否明确，是否清楚地表明样品是否合格。

检查判定标准是否与约定的质量标准一致。

6.**签名和日期**　确认检验报告上有检验员、审核人和批准人的签名，以及相应的日期。

确认签名人员具有相应的资质和授权。

7.**附录和参考文献**　如果有的话，检查报告是否附有原始数据、色谱图、光谱图等支持性材料。

确认参考文献是否是最新的，是否涵盖了所有相关的法规和标准。

8.**报告的时效性**　确认检验报告的日期是否在物料使用期限内，确保报告反映的是最新的检验结果。

9.**异常情况的说明**　检查报告中是否有关于异常情况的说明，如检验过程中的问题、样品的特殊处理等。

10.**一致性和可追溯性** 确认检验报告中的信息与供应商的其他文件（如COA、批次记录等）一致，确保信息的可追溯性。

11.**仪器校准与维护记录** 要求供应商提供用于检验的仪器设备的校准记录和维护记录，确认这些设备处于良好校准状态，且在检验前后的校准证书有效。

12.**实验室资质与能力** 评估出具报告的实验室是否具备相应的资质认证，如CNAS认可、ISO/IEC 17025等，同时考察实验室技术人员的资质和经验。

13.**质量控制体系** 了解供应商的质量管理体系，包括质控流程、偏差处理、OOS/OOT（检验结果超出标准或趋势）管理程序等，以判断其质量控制体系的健全性。

通过关注这些关键点，企业可以有效地评估供应商提供的检验报告的准确性和可靠性，从而确保所采购的物料符合药品生产的质量要求。如果发现任何疑问或不符合项，应及时与供应商沟通，要求澄清或提供额外的支持性证据。

367 如何确定和评估供应商提供的质量标准，以确保其符合药品生产的要求？

确定和评估供应商提供的质量标准，以确保其符合药品生产的要求，是一个系统化的过程，涉及多个步骤和考虑因素。以下是评估供应商质量标准的详细步骤。

1.**收集和审查供应商资料** 获取供应商提供的资质证明文件，包括但不限于营业执照、生产许可证、GMP证书、ISO认证等。

审查供应商的质量管理体系文件，如质量手册、程序文件、作业指导书等。

2.**比较质量标准** 将供应商提供的质量标准与企业内部设定的质量标准进行比较，确保供应商的标准至少达到或超过企业的要求。

对比国际、国家和行业的相关标准，如USP、EP、ChP等，以评估供应商标准的合规性和先进性。

3.**检验报告的审查** 仔细审查供应商提供的检验报告，确认检验项目、方法、结果和判定标准是否符合要求。

确认检验报告中的数据是否完整、准确，并与供应商的质量标准相符。

4.**样品检验** 对供应商提供的样品进行独立检验，以验证供应商的检验结果和质量标准。

使用企业内部的检验方法和设备，或者委托第三方实验室进行检验。

5.**现场质量审计** 对供应商进行现场质量审计，直接评估其质量控制实验室的设备、仪器、文件管理、人员操作等是否符合质量标准的要求。

审计过程中，重点关注供应商的质量控制流程和实际操作是否与其提供的质量标准一致。

6.**小批量试生产和稳定性考察** 进行小批量试生产，评估物料在实际生产中的表现和产品质量。

对试生产的药品进行稳定性考察，以验证物料的长期稳定性和药品的有效期。

7.综合评估　结合以上所有信息，进行综合评估，确定供应商提供的质量标准是否满足药品生产的要求。

如果发现不符合项，与供应商协商制定改进措施，并跟踪实施情况。

8.持续监控　建立持续监控机制，定期对供应商的质量标准进行复审，确保其持续符合要求。

根据市场变化、法规更新和企业发展需求，适时调整对供应商质量标准的要求。

368 改变主要物料供应商时，为什么需要对产品进行相关的验证？产品相关验证包括哪些方面或测试？

改变主要物料供应商时，需要对产品进行相关的验证，以确保新供应商提供的物料不会对产品的质量和安全性产生不利影响。以下是改变主要物料供应商时需要进行验证的原因和包括的方面或测试。

一、为什么需要对产品进行相关的验证？

1.确保产品质量一致性　不同供应商提供的物料可能在质量、纯度、杂质含量等方面存在差异，这些差异可能对产品的最终质量产生显著影响。因此，通过验证可以确保使用新供应商物料生产的产品质量与原产品保持一致。

2.稳定性影响　新供应商的物料可能对产品的稳定性产生影响，包括加速降解、吸湿等。验证可以评估产品在预期储存条件下的稳定性。

3.降低风险　物料供应商的变更可能引入新的未知风险，如生产工艺的适应性、物料间的相互作用等。验证过程有助于识别并解决这些潜在问题，降低因物料变更带来的质量风险。

4.符合法规要求　GMP明确要求对主要物料供应商的变更进行产品验证，以确保生产过程的合规性和产品的质量可控性。

二、产品相关验证包括哪些方面或测试？

产品相关的验证通常包括以下几个方面。

1.物料质量验证　对新供应商提供的物料进行全面的质量检验，包括外观、理化性质、纯度、杂质含量等关键指标的检测，确保其符合企业内控标准和国家药品标准。

2.工艺适应性验证　将新供应商的物料用于实际生产过程中，评估其对生产工艺的适应性。这包括观察物料在生产过程中的行为表现、考察工艺参数的稳定性、评估生产效率和收率等指标。

3.产品质量对比验证　使用新旧供应商的物料分别生产一批产品，对产品进行全面的质量对比测试。这些测试可能包括含量测定、有关物质检查、微生物限度检查等关键质量指标的对比，以验证新供应商物料生产的产品质量是否与原产品一致。

4.**稳定性考察** 对使用新供应商物料生产的产品进行稳定性考察，包括加速稳定性试验和长期稳定性试验。这些试验有助于评估产品在不同存储条件下的质量稳定性，确保产品在有效期内保持稳定的质量。

5.**包装材料相容性验证（如适用）** 如果物料变更涉及包装材料的变更，还需要进行包装材料与药品的相容性验证。这包括评估包装材料对药品质量的影响、考察包装材料的密封性、渗透性等关键指标。

6.**无菌/灭菌验证（如适用）** 对于无菌产品或需要灭菌处理的产品，需要验证新物料是否会影响灭菌效果或无菌保障水平。

7.**性能验证** 对使用新供应商物料的药品进行性能测试，如溶出度、含量均匀性、生物利用度等，以确保药品的性能符合预定要求。

8.**安全性验证** 如果新供应商的物料可能影响药品的安全性，应进行相应的安全性测试，如毒理学研究、刺激性测试等。

9.**环境影响验证** 如果新物料的生产或处置对环境有潜在影响，需要进行环境影响评估。

10.**生物活性测试** 对于生物制品或含有生物活性成分的药品，需要进行生物活性测试，确保新物料不影响药品的生物学效价。

11.**清洁验证** 如果新的物料可能对生产设备造成污染，需要进行清洁验证，确保设备清洁后不会对产品质量产生影响。

12.**临床评估（如果适用）** 对于直接影响疗效和安全性的物料变更，可能需要进行临床评估，以确保患者的安全和产品的有效性。

369 更换供应商的流程中如何确保生产过程的连续性和产品质量的一致性？

在药品生产过程中更换供应商时，确保生产过程的连续性和产品质量的一致性是至关重要的。以下是确保这一点的关键步骤和措施。

首先，在决定更换供应商之前，进行充分的前期调研和评估。包括对新供应商的资质、生产能力、质量控制体系、行业声誉等方面进行全面审查，确保其具备可靠的供应能力和质量保障。

与新供应商建立有效的沟通机制。在签订合同前，明确双方的权利和义务，包括供应的物料规格、质量标准、交货时间、售后服务等关键条款，以避免后续可能的纠纷和误解。

在正式更换供应商前，安排小批量的物料试用。按照既定的质量标准和检验程序，对新供应商提供的物料进行严格检测和评估。同时，在小批量试用阶段，密切监测生产过程中的各项参数和指标，与使用原供应商物料时的数据进行对比分析。

制定详细的过渡计划。明确新旧物料切换的时间节点、库存管理策略、生产安排调整等具体事项，确保生产过程的平稳过渡。在过渡期间，适当增加质量检测的频率和范围，加强对中间产品和成品的质量监控。按照切换计划逐步实施供应商切换。在切换过程中，应密切关注生产数据，确保产品质量不受影响。同时，应保留足够数量的旧供应商物料作为应急储备，以防新供应商物料出现质量问题时能够及时替换。

对相关人员进行培训。包括采购人员、质量控制人员、生产操作人员等，使其熟悉新供应商物料的特性、使用方法和注意事项，提高对可能出现问题的识别和应对能力。

在更换供应商后，持续跟踪和评估新物料对产品质量的影响。通过对成品的质量检测、稳定性考察等手段，及时发现并解决可能出现的质量问题。同时，与新供应商保持密切合作，共同解决合作过程中出现的任何质量或供应方面的问题。

建立完善的风险管理机制。对更换供应商过程中可能出现的风险进行识别、评估和控制，制定相应的应急预案，以应对可能出现的生产中断或质量事故。

在整个更换供应商的过程中，应详细记录各项操作和数据，包括供应商评估报告、产品验证记录、稳定性考察报告、切换计划执行情况等。这些文件记录是确保生产过程可追溯性的重要依据。

建立完善的追溯体系，确保从物料入库到成品出库的每一个环节都能被有效追溯。这有助于在出现质量问题时迅速定位原因并采取相应措施。

370 质量管理部门如何确保合格供应商名单的准确性和及时更新？

质量管理部门在确保合格供应商名单的准确性和及时更新方面扮演着关键角色。以下是实现这一目标的关键步骤和措施：

1.建立供应商管理系统　建立一个全面的供应商管理系统，包括供应商评估、选择、批准、监控和更新的流程。

该系统应包含供应商档案，记录供应商的基本信息、质量评估报告、审计报告、质量协议等。

2.定期评估和审计　定期对供应商进行质量评估和现场审计，以确保其持续符合GMP要求。

审计结果应记录在案，并在必要时更新供应商名单。

3.供应商变更管理　建立供应商变更管理程序，任何供应商信息的变更，如地址、联系方式、质量标准等，都需经过质量管理部门的审核和批准。

变更请求应详细记录，并经过适当的评估和验证。

4.质量事件响应　对供应商发生的任何质量事件进行快速响应，包括不合格物料的处理、召回等。

根据质量事件的结果，决定是否需要更新供应商名单。

5.信息共享和沟通　与物料管理部门保持密切沟通，确保他们了解合格供应商名单的最新状态。

定期举行跨部门会议，讨论供应商的表现和名单的更新。

6.电子化管理系统 使用电子化管理系统来存储和管理供应商信息，以便于检索、更新和分发。

电子系统应具备权限控制，确保只有授权人员才能更新供应商信息。

7.培训和意识提升 对质量管理部门的工作人员进行培训，提高他们对供应商管理和GMP要求的理解。

增强全体员工对供应商名单重要性的认识，鼓励他们报告任何可能影响名单准确性的信息。

8.定期回顾和更新 定期回顾供应商名单，至少每年一次，或根据需要更频繁地进行。

更新应基于最新的评估结果、审计报告、质量事件处理和法规变化。

通过实施上述措施，质量管理部门可以确保合格供应商名单的准确性和及时更新，从而支持药品生产过程的合规性和产品质量的稳定性。这些措施有助于降低供应链风险，确保药品生产的安全性和有效性。

371 质量管理部门与主要物料供应商签订质量协议时，应明确哪些质量责任？

在药品生产过程中，质量管理部门与主要物料供应商签订质量协议时，明确双方所承担的质量责任是至关重要的。这些质量责任旨在确保物料的质量符合药品生产的要求，从而保障最终药品的质量和安全性。以下是一些应明确的质量责任。

一、供应商方面的质量责任

1.提供合格物料 供应商应确保其提供的物料符合预定的质量标准，包括化学性质、物理性质、微生物限度等，以满足药品生产的需求。

供应商应提供物料的合格证明文件，如检验报告、合格证书等，以证明物料的质量符合规定。

2.质量保证体系 供应商应建立并维护有效的质量保证体系，以确保其生产过程和物料质量的稳定性和可靠性。

供应商应接受药品生产企业的质量审计，以便药品生产企业评估其质量保证体系的有效性。

3.变更通知 当物料的配方、生产工艺、质量标准等发生变更时，供应商应及时通知药品生产企业，并提供变更后的相关资料和证明文件。

供应商应确保变更后的物料仍然符合预定的质量标准，不会对药品生产造成不良影响。

4.不良品处理 供应商应对其生产的不良品进行妥善处理，防止不良品流入药品生产企业。

若发现已交付的物料存在质量问题，供应商应立即通知药品生产企业，并采取有效措施进行召回或处理。

二、药品生产企业方面的质量责任

1.审核与验证　药品生产企业应对供应商的质量保证体系进行审核和验证，确保其符合GMP的要求。

药品生产企业应对供应商提供的物料进行抽样检验，以验证物料的质量是否符合预定的标准。

2.沟通与协作　药品生产企业应与供应商建立有效的沟通与协作机制，及时交流物料质量相关的信息。

双方应共同解决物料质量方面的问题，确保物料的质量符合药品生产的要求。

3.质量协议执行　药品生产企业应严格按照质量协议的规定执行，确保双方的质量责任得到落实。

若发现供应商违反质量协议的规定，药品生产企业应采取相应的措施进行处理，包括暂停合作、要求整改等。

三、双方共同的质量责任

1.改进合作　双方应共同努力，不断改进物料质量和生产过程，提高产品质量。

2.信息共享　双方应建立有效的信息共享机制，确保质量信息能够及时、准确地传递。

3.问题解决　双方应建立问题解决机制，对出现的质量问题进行及时、有效的处理。

4.培训支持　供应商应对药品生产企业的相关人员进行必要的物料知识和操作培训。

四、具体条款示例

在实际的质量协议中，可以明确以下具体条款来落实双方的质量责任。

1.物料质量标准　明确物料的具体质量标准，包括化学指标、物理指标、微生物限度等。

2.检验与放行　规定物料的检验方法和放行标准，以及不合格物料的处理方式。

3.变更管理　明确物料变更的通知程序、验证要求以及变更后的处理措施。

4.沟通与协作　建立定期沟通机制，明确双方在物料质量方面的协作方式和责任分工。

5.违约责任　规定双方违反质量协议时应承担的违约责任和赔偿方式。

372　对物料供应商定期评估或现场质量审计的频率如何确定？

根据GMP的规定，药品生产企业应定期对物料供应商进行评估或现场质量审计，以确保其持续符合质量要求。然而，具体的频率并没有明确的规定，应基于多种因素综合确定，以确保供应商持续符合药品生产的质量要求。以下是确定审计频率时应考虑的关键因素。

1.供应商的历史表现　对于历史表现良好、质量稳定的供应商，审计频率可以适当放宽，例如每年或每两年一次。

对于新供应商或有质量问题的供应商，审计频率应更加频繁，可能需要首次供应后不久进行审计，随后根据表现调整频率。

2.**物料的关键性** 对于直接影响药品质量的关键物料，如直接影响药品安全性和有效性的关键活性成分、对产品质量有重大影响且难以检测的物料等，评估或审计的频率应较高，可能每年进行一次甚至更频繁。

对于非关键物料，如包装材料，审计频率可以适当放宽。

3.**供应商的质量管理体系** 对于拥有完善质量管理体系并通过国际认证（如ISO9001、ICHQ7等）的供应商，审计频率可以相对较低。

对于质量管理体系不健全或未经认证的供应商，审计频率应增加。

4.**法规和行业标准** 遵守国家和国际的法规要求，如我国GMP、美国FDA、欧盟EMA等，这些法规可能对审计频率有特定要求。

参考行业最佳实践和指南，如国际制药工程协会（ISPE）、国际药品制造商协会联合会（IFPMA）等发布的建议。

如果行业内出现与物料供应相关的新的质量问题、技术发展或法规更新，可能需要更频繁地对供应商进行评估或审计，以确保其符合最新的要求。

5.**质量事件和变更** 如果供应商近期发生了质量事件，如批次不合格、召回等，应立即进行现场质量审计。

如果供应商的生产条件、工艺、质量标准和检验方法等关键因素发生重大改变，也应尽快进行审计。

6.**合作历史和信任度** 对于长期合作、建立了高度信任关系的供应商，审计频率可以适当放宽。

对于新合作的供应商或信任度较低的供应商，审计频率应增加。

7.**风险评估** 定期进行供应商风险评估，根据评估结果调整审计频率。

风险评估应考虑供应商的地理位置、供应链复杂性、自然灾害风险等因素。

8.**物料的供应规模和重要性** 如果某种物料的供应量较大，或者在药品生产中占据关键地位，评估或审计的频率应相应提高，以确保其质量的持续稳定。

9.**企业自身的资源和能力** 在确定评估或审计频率时，需要考虑企业内部质量管理部门的人力、时间和经费等资源是否能够支持较高频率的活动。但资源限制不应成为降低评估或审计频率从而影响物料质量保障的理由。

10.**市场变化与供应链风险** 根据市场变化情况，如原材料价格波动、供应链中断风险等，来调整评估或审计的频率。

综上所述，审计频率的确定应是一个动态的过程，需要根据供应商的具体情况和市场环境的变化进行适时调整。质量管理部门应制定明确的供应商管理政策和程序，确保审计活动的有效性和合规性。

373 如何确保质量档案中的信息是准确和最新的？

为了确保质量档案中的信息准确和最新，药品生产企业需要采取一系列的管理措施和流程控制。以下是关键步骤和措施。

1.建立明确的信息收集和更新流程 指定专人或专门的小组负责与供应商沟通，及时获取各类相关信息，如资质证明文件的更新、质量协议的变更、新的检验报告等，并规定明确的时间节点和传递途径。

2.实施严格的文件审核制度 对于纳入质量档案的每一份文件和数据，都要经过专业人员的仔细审核，核对其准确性、完整性和合规性。审核人员应具备相关的法规知识和专业技能，能够识别潜在的错误和不一致之处。

3.利用信息化管理系统 建立电子质量档案，并设置权限管理，只有授权人员能够录入、修改和查阅信息。系统应具备自动提醒功能，当某些信息接近有效期或需要更新时，及时向相关人员发送提醒。

4.定期与供应商进行信息核对 例如每半年或一年进行一次全面的信息核对，确保双方记录的关键信息一致，如供应商的生产地址、联系方式、质量标准的变更等。

5.在内部进行定期的质量档案审查 由质量管理部门组织，按照一定的周期（如季度或年度）对质量档案进行全面检查，验证其中信息的准确性和最新性，发现问题及时纠正。

6.加强人员培训 确保负责质量档案管理的人员熟悉相关法规要求和企业内部流程，明白准确和及时更新信息的重要性，提高其责任心和工作能力。

7.建立质量档案的变更控制程序 对于任何信息的变更，都要经过申请、审核、批准和记录的过程，确保变更的合理性和可追溯性。

8.与其他部门协同工作 如采购部门在与供应商签订新的质量协议或获取新的检验报告时，及时传递给质量管理部门更新档案；生产部门在使用物料过程中发现的质量问题及相关信息也应及时反馈。

374 质量档案在供应链管理和风险评估中扮演什么角色？

质量档案在供应链管理和风险评估中扮演着至关重要的角色，它为药品生产企业提供了关于物料供应商的全面、系统的信息，有助于确保供应链的透明度和可靠性，以及有效地识别和管理潜在的风险。以下是质量档案在供应链管理和风险评估中的主要作用。

一、在供应链管理中的作用

1.信息整合与共享 质量档案整合了供应商的资质、质量标准、检验报告等关键信息，为供应链管理提供了全面的数据支持。

质量档案中的更新记录和变更信息有助于供应链各环节之间的信息共享。

通过共享这些信息，药品生产企业能够更有效地与供应商进行沟通和协作，确保供应链的顺畅运作。

2.**供应商筛选与优化** 档案中的质量协议、样品检验数据和现场质量审计报告等材料有助于评估供应商的质量保证能力。

这些信息可作为筛选合格供应商的依据，帮助企业选择那些能够提供稳定且高质量物料的供应商。

定期的质量回顾分析报告有助于企业识别供应链中的潜在问题和风险，从而采取相应措施进行改进和优化。通过与供应商的紧密合作，企业可以共同提升供应链的整体效率和质量水平。

3.**风险预警与应对** 质量档案中的产品稳定性考察报告和定期的质量回顾分析报告可揭示潜在的质量风险。

一旦发现异常情况，企业可迅速启动应急预案，采取措施防止问题扩大，确保供应链的稳定性和安全性。

二、在风险评估中的作用

1.**风险识别** 质量档案中的详细记录有助于企业识别供应链中的潜在风险点，如供应商的质量波动、生产工艺的变化等。

这些风险点可通过数据分析进行归类和排序，以便企业优先处理那些对药品质量影响最大的风险。

2.**风险评估与量化** 利用质量档案中的数据，企业可以对供应链风险进行定量和定性的评估。

例如，通过分析供应商的不合格品率、返工率等指标，企业可以量化供应链的质量风险水平。

3.**风险控制措施制定** 基于风险评估的结果，企业可以制定针对性的风险控制措施。

这些措施可能包括加强供应商审核、增加检验频次、调整生产计划等，以确保药品质量不受影响。

第八节　产品质量回顾分析

375 如何对产品质量回顾分析的有效性进行自检？

药品生产企业在药品生产过程中，对产品质量回顾分析的有效性进行自检是确保质量管理体系持续改进和提升的关键环节。以下是对产品质量回顾分析有效性进行自检的方法和建议。

一、明确自检目的与范围

首先，应明确自检的目的，即评估产品质量回顾分析是否达到了预期的目标，是否有效地识别了潜在的质量风险，并采取了相应的改进措施。同时，确定自检的范围，包括回顾分析的覆盖范围、时间跨度和关键指标等。

二、制定自检计划

根据目的和范围，制定详细的自检计划，包括自检的时间表、检查项目、责任人和所需资源等。自检计划应确保全面、系统地覆盖产品质量回顾分析的各个方面。

三、实施自检

1.**检查回顾分析报告的完整性**　验证回顾分析报告是否完整，包括所有必要的信息和数据，如产品信息、生产工艺、质量控制指标、不良趋势分析等。

2.**评估分析方法的科学性**　审查回顾分析中使用的统计方法和工具是否科学、合理，能否准确反映产品质量的实际状况。

3.**核实改进措施的实施情况**　检查针对回顾分析中发现的问题所采取的改进措施是否已得到有效实施，并评估其效果。

4.**验证数据的真实性与准确性**　对回顾分析中使用的数据进行抽查和验证，确保数据的来源可靠、准确无误。

5.**检查自检历史的符合性**　对比历次自检的结果，检查当前自检结果是否与历史数据相符，以及是否存在持续改进的趋势。

四、编制自检报告

自检完成后，应编制详细的自检报告，总结自检过程中的发现、问题和改进建议。报告应客观、公正地反映自检结果，并提出明确的整改方案和实施计划。

五、持续改进与跟踪

根据自检报告中的问题和改进建议，制定针对性的改进措施，并跟踪其实施情况。同时，定期对自检流程进行复评，以确保自检的有效性和持续改进的持续性。

376　按照剂型分类进行质量回顾的科学依据通常包括哪些内容？

药品生产企业在药品生产过程中，按照剂型分类进行质量回顾时，其科学依据通常包括以下内容。

1.**剂型的物理化学特性差异**　不同剂型（如固体制剂、液体制剂和无菌制剂）在物理化学性质上有显著不同。例如，固体制剂的溶出度、稳定性受颗粒大小、晶型等因素影响；液体制剂的浓度均匀性、稳定性与溶剂性质、pH 值等相关；无菌制剂则对无菌保障水平、微粒控制等有严格要求。这些特性差异决定了它们在生产过程中的关键控制点和质量风险点不同。

2.**生产工艺的复杂性和特殊性**　每种剂型通常具有独特的生产工艺。固体制剂可能涉及粉碎、混合、制粒、压片等步骤；液体制剂常包括调配、过滤、灭菌等；无菌制剂则需要严格的无菌操作和环境控制。不同工艺的复杂性、对设备的依赖程度以及易出现偏差的环节各异，因此需要分类回顾以针对性地评估工艺稳定性。

3.**质量控制重点和检测方法的不同**　不同剂型的质量控制重点和采用的检测方法存在差别。固体制剂可能更关注含量均匀度、溶出曲线；液体制剂侧重 pH 值、渗透压、微生物限度；无菌制剂重点检测无菌性、热原等。分类回顾有助于集中分析特定剂型的关键质量指标和检测结果的趋势。

4.稳定性特点　不同剂型的稳定性表现不同。固体制剂对湿度、光照较敏感；液体制剂易受温度、氧化影响；无菌制剂的无菌保障随时间变化的风险较高。基于这些稳定性特点进行分类回顾，能更有效地评估产品在有效期内的质量状况。

5.法规和指南的要求　药品监管法规和相关指南可能对某些剂型有特定的要求和指导原则。例如，无菌制剂在生产环境、无菌检验方面有严格规定；某些液体制剂在防腐剂使用、包装材料选择上有特殊要求。遵循这些法规导向进行剂型分类回顾，确保符合监管期望。

6.风险评估结果　通过对不同剂型进行风险评估，可以识别出各自的高风险因素和潜在质量问题。例如，固体制剂的物料混合均匀度风险、液体制剂的微生物污染风险、无菌制剂的无菌保障风险等。依据风险评估结果分类回顾，有助于优先关注高风险剂型的质量状况。

7.历史质量数据的趋势和模式　对以往质量数据的分析可能显示出不同剂型具有特定的质量趋势和模式。例如，某种剂型可能更容易出现某类偏差或质量不合格情况，或者在特定季节或生产条件下表现出质量波动。利用这些历史数据的特征进行分类回顾，能够更精准地发现问题和改进方向。

8.市场反馈和临床应用特点　不同剂型在市场上的使用情况和临床应用特点也有所不同。某些剂型可能更适合特定患者群体或给药途径，其质量问题可能对患者的治疗效果和安全性产生不同程度的影响。考虑这些市场和临床因素进行分类回顾，有助于保障药品的质量与临床需求的匹配性。

9.技术进步与创新　随着制药技术的发展，某些剂型可能采用了新的制备技术或辅料，这些变化要求在质量回顾时特别关注新技术或新材料带来的影响。

通过对这些方面的科学依据进行综合分析，药品生产企业可以更好地评估不同剂型药品的质量和安全性，及时发现不良趋势，并确定产品及工艺改进的方向。同时，这也有助于企业持续改进质量管理体系，提高产品质量和患者安全。

377　产品质量回顾分析完成后，应如何编写和保存回顾分析报告？

药品生产企业在完成产品质量回顾分析后，应严格按照以下步骤编写和保存回顾分析报告。

一、编写回顾分析报告

1.明确报告结构　报告应包含标题、摘要、引言、正文（包括数据分析、问题讨论、改进建议等部分）和结论等部分，确保内容完整、条理清晰。

2.详细描述分析方法　在报告中详细描述回顾分析所采用的方法、数据来源、统计工具等，以确保分析的科学性和准确性。

3.**客观呈现分析结果** 报告应客观地呈现数据分析的结果,包括各项质量指标的变化趋势、异常情况等,避免主观臆断。

4.**深入讨论问题** 针对分析中发现的问题,进行深入讨论,探讨可能的原因、影响及改进措施,为后续改进工作提供明确方向。

5.**明确改进建议** 基于分析结果,提出具体的改进建议,包括优化生产工艺、完善质量控制标准、加强供应商管理等措施,以提高产品质量。

6.**总结报告要点** 在结论部分,简要总结报告的主要发现和改进建议,强调回顾分析的重要性和意义。

二、回顾分析报告的结构和内容

1.**封面** 包含报告标题、产品名称、剂型、回顾期间、编写日期和版本号等信息。

2.**目录** 列出报告的主要章节和页码,方便查阅。

3.**简介** 简要说明回顾的目的、范围和方法。

4.**正文** (1)数据汇总:提供关键数据和信息的汇总,如生产批次数量、合格率、偏差和变更次数等。

(2)质量趋势分析:分析产品质量数据的趋势,包括稳定性数据、检验结果、客户投诉等。

(3)问题和偏差:详细描述发现的问题、偏差及其调查和处理情况。

(4)变更管理:概述所有相关的变更,包括原辅料变更、工艺变更、设备变更等,以及变更的影响评估。

(5)改进措施:提出针对发现问题的改进措施,包括实施计划和预期效果。

(6)合规性评估:评估产品和工艺是否符合 GMP 要求和注册标准。

5.**结论与建议** 总结回顾分析的主要发现和建议。

6.**附件** 包括支持性数据、图表、详细调查报告等。

三、保存回顾分析报告

1.将回顾分析报告保存在企业内部的指定位置,如质量管理部或档案室等,确保报告的安全性和可访问性。

2.根据企业的实际情况和相关法规要求,设定回顾分析报告的保存期限。一般来说,应至少保存至药品有效期后一定时间,以确保在需要时能够随时查阅。

3.在保存过程中,应定期检查报告的完整性,包括检查报告是否齐全、是否有损坏或涂改等情况。如有问题,应及时进行处理。

4.为方便查阅和管理,企业可将回顾分析报告进行电子化扫描,并存储在企业的质量管理体系信息系统中。同时,应确保电子文档的安全性和保密性。报告应以电子和纸质两种形式保存,确保数据的安全性和长期可访问性。

5.对电子版报告应设置适当的访问权限,确保只有授权人员才能查阅和修改。

6. 建立版本控制系统，确保每一次修订都能被追踪，且只有经过批准的最终版报告用于正式记录。

378 对产品质量回顾分析结果的评估应当包括哪些内容？

药品生产企业在药品生产过程中，对产品质量回顾分析结果的评估应当包括以下内容。

1. **回顾分析的全面性** 评估回顾分析是否涵盖了规定的所有内容，如原辅料变更、检验结果、不合格批次、重大偏差、工艺变更、稳定性考察结果等。

2. **数据分析的深度** 评估对收集到的数据进行分析的深度，是否揭示了潜在的趋势和模式，以及是否对异常数据进行了深入调查。

3. **趋势和模式的识别** 评估是否识别出了任何不良趋势或模式，这些趋势或模式可能指示工艺不稳定、产品质量下降或其他潜在问题。

4. **根本原因分析** 对于识别出的问题，评估是否进行了根本原因分析，以确定问题的具体原因。

5. **风险评估** 评估回顾分析中进行的风险评估的合理性，包括对产品安全和有效性的潜在影响的评估。

6. **纠正和预防措施的必要性** 基于回顾分析的结果，评估是否需要采取纠正和预防措施，以防止问题的再次发生。

7. **再确认或再验证的必要性** 评估是否需要对生产工艺、检验方法、设备设施等进行再确认或再验证，以确保其持续适用性和有效性。

8. **整改计划的制定和执行** 对于需要采取的纠正和预防措施或再确认/再验证活动，评估整改计划的制定是否合理，包括整改措施的具体内容、负责人、完成时间等，并监控整改计划的执行情况。

9. **资源分配和优先级** 评估整改活动所需的资源分配是否合理，以及整改活动的优先级是否与风险程度相匹配。

10. **沟通和报告** 评估回顾分析结果的沟通和报告流程，确保所有相关方都能够及时获得信息，并采取适当的行动。

通过这些内容的评估，药品生产企业能够确保回顾分析的有效性，及时发现并解决潜在的质量问题，从而保障产品质量和患者安全。同时，这也是企业持续改进质量管理体系的重要环节。

379 委托方和受托方之间签订的技术协议中应如何规定各方在产品质量回顾分析中的责任？

在药品生产企业的药品生产过程中，委托方和受托方之间签订的技术协议中应当从以下这些方面规定各方在产品质量回顾分析（product quality review，PQR）中的责任。

一、委托方的责任

1. 提供准确、完整的产品相关信息，包括但不限于产品配方、工艺规程、质量标准、注册资料等，以确保受托方能够全面了解产品特性和质量要求。

2. 确定产品质量回顾分析的频率和时间节点，并通知受托方。

3. 审核和批准受托方制定的产品质量回顾分析计划，包括回顾的范围、重点内容和方法。

4. 对受托方提交的产品质量回顾分析报告进行最终的评估和决策，提出意见和建议。

5. 及时向受托方反馈市场上关于产品质量的投诉、退货等信息，以便纳入回顾分析。

6. 确保委托方提供必要的资源支持，如技术咨询、培训等。

7. 明确委托方在 PQR 结果评估和采取纠正措施方面的决策权。

二、受托方的责任

1. 按照委托方的要求和相关法规标准，制定详细的产品质量回顾分析计划，并提交委托方审核。

2. 负责收集、整理和分析生产过程中的各类数据，包括原辅料检验数据、生产工艺参数、中间产品和成品检验结果、偏差和变更情况等。

3. 对回顾分析中发现的问题进行深入调查，确定根本原因，并提出合理的纠正和预防措施。

4. 按时向委托方提交完整、准确的产品质量回顾分析报告，报告内容应包括数据分析结果、问题总结、改进措施及建议等。

5. 配合委托方进行报告的审核和评估，对委托方提出的疑问和要求提供及时、清晰的解释和回应。

三、共同责任

1. 双方应建立有效的沟通机制，及时交流产品质量回顾分析过程中的信息和问题。

2. 在必要时，共同对重大质量问题进行联合调查和处理。

3. 遵守相关法规和保密要求，确保产品质量回顾分析涉及的信息不被泄露。

4. 定期对产品质量回顾分析的流程和效果进行评估，共同改进和完善工作机制。

5. 约定双方在发现问题时的解决流程，包括调查、分析和采取纠正措施。

6. 共同承担对相关人员的培训和教育责任，以提高他们对 PQR 重要性的认识。

7. 规定双方应保存与 PQR 相关的所有记录和文件，确保可追溯性。

8. 明确双方在与药品监管机构互动时的角色和责任，包括准备和提交必要的文件。

9. 协议中应明确在出现紧急情况（如召回、严重不良事件）时双方的责任和应对流程。

通过在技术协议中清晰、详尽地规定委托方和受托方在产品质量回顾分析中的责任，能够确保各方协同合作，按时、高质量地完成产品质量回顾分析工作，保障药品质量和患者用药安全。

第九节 投诉与不良反应报告

380 建立药品不良反应报告和监测管理制度时，应考虑哪些关键因素以确保系统的有效运行？

建立药品不良反应（adverse drug reaction，ADR）报告和监测管理制度是药品生产企业确保产品质量和患者安全的重要组成部分。为了确保系统的有效运行，以下是关键因素和考虑点。

一、组织架构与职责

1.专门机构设置 设立专门的药品安全性监测部门，负责ADR的收集、评估、记录和报告。

该部门应与其他部门如质量保证、研发、市场等部门紧密合作，形成跨部门的工作网络。

2.专职人员配置 配备具有药学、临床医学、流行病学等相关背景的专职人员，负责日常的ADR监测和管理工作。

专职人员应接受相关的培训，具备处理ADR的专业知识和技能。

二、报告与监测流程

1.报告流程 建立明确的ADR报告流程，包括内部报告和外部报告（如向国家药品监督管理部门报告）。

流程应涵盖ADR的初步评估、详细调查、数据收集、报告编写和提交等步骤。

2.监测系统 建立有效的ADR监测系统，包括主动监测和被动监测。

主动监测可以通过临床试验、上市后监测研究等方式进行；被动监测则依赖于医疗保健提供者和患者的自愿报告。

三、数据管理与分析

1.数据收集 设计标准化的ADR报告表格，确保收集的数据全面、准确。

利用电子系统进行数据录入和管理，提高效率和数据质量。

2.数据分析 定期对收集到的ADR数据进行统计分析，识别潜在的安全信号。

运用适当的统计方法和软件工具，如比例失衡法（disproportionality analysis）等。

四、沟通与培训

1.内部沟通 建立内部沟通机制，确保ADR信息的及时传递和共享。

定期向企业内部通报ADR监测结果和相关风险管理措施。

2.外部沟通 与医疗机构、药品监管部门、患者组织等建立良好的沟通渠道，促进ADR信息的交流。

及时响应外部机构的查询和要求，提供必要的ADR相关信息。

3.培训计划 制定针对不同岗位的ADR培训计划，提高全体员工对ADR的认识和报告意识。

定期举办培训活动，更新员工的 ADR 知识和技能。

五、法律法规遵从

确保 ADR 报告和监测管理制度符合国家相关法律法规的要求，如《中华人民共和国药品管理法》《药品不良反应报告和监测管理办法》等。

定期审查和更新管理制度，以适应法规的变化。

六、持续改进

将 ADR 监测纳入企业的质量管理体系，作为持续改进的一部分。

根据 ADR 监测结果，调整药品的风险管理计划，优化药品说明书和患者用药指南。

381 企业应如何主动收集药品不良反应？

企业要主动收集药品不良反应（ADR），需要建立一套全面的监测和报告系统，确保能够及时、有效地获取 ADR 信息。以下是企业应采取的关键措施。

一、建立专门机构与配备专职人员

企业应设立专门的药品不良反应监测机构，并配备具有药学、医学或相关专业背景的专职人员。这些人员需经过专业培训，具备处理药品不良反应报告的能力，负责不良反应的收集、记录、评价、调查和处理工作。

二、建立多渠道收集机制

1.内部报告系统　建立内部 ADR 报告系统，鼓励员工，特别是临床研究团队、销售和市场人员、客户服务人员等，积极上报任何可疑的 ADR。

提供简单易用的报告工具，如在线报告表格、热线电话等。

2.医疗保健提供者网络　与医生、药师、护士等医疗保健提供者建立联系，鼓励他们直接向企业报告 ADR。

可以通过教育培训、提供报告指南和激励措施来提高他们的报告意愿。

3.患者和消费者　通过药品包装内的说明书、企业网站、社交媒体等渠道，告知患者和消费者如何报告 ADR。

提供便捷的报告途径，如免费电话、电子邮件、在线表格等。

4.合作伙伴和第三方　与药品分销商、药店、第三方监测机构等合作伙伴建立合作关系，共同收集 ADR 信息。

确保合作伙伴了解 ADR 报告的重要性，并提供相应的支持和资源。

5.文献检索　定期对国内外相关文献数据库进行检索，如中国知网、维普网、PubMed、Embase 等，收集有关药品不良反应的个案报道、病例系列、不良反应综述等文献。

对于首次上市或首次进口五年内的新药，应增加文献检索的频率，确保及时获取不良反应信息。

三、主动监测活动

1.上市后监测研究 开展上市后监测研究（post-marketing surveillance，PMS），特别是在药品首次上市或新适应证获批后。

通过观察性研究、队列研究、病例对照研究等方法，主动监测ADR的发生情况。

2.电子健康记录 利用电子健康记录（electronic health records，EHRs）和医疗数据库进行数据挖掘，识别潜在的ADR信号。

与医疗机构合作，获取去标识化的患者数据，进行大规模的ADR监测。

3.社交媒体和互联网监测 监测社交媒体、论坛、博客等网络平台上的药品讨论，捕捉公众提及的ADR信息。

使用文本挖掘和自然语言处理技术，从大量非结构化数据中提取有价值的ADR报告。

382 药品生产企业收集到药品不良反应信息后，如何及时采取措施控制可能存在的风险？

药品生产企业在收集到药品不良反应信息后，应迅速且有效地采取一系列措施来控制可能存在的风险。以下是一些关键步骤和建议。

一、立即启动应急响应机制

1.成立应急小组 一旦接收到药品不良反应信息，应立即组建由多部门专家组成的应急小组，负责协调和指导后续的风险控制工作。

2.评估风险等级 对收集到的药品不良反应信息进行初步评估，确定其风险等级，以便采取相应级别的应对措施。

二、深入调查与分析

1.详细记录不良反应 对不良反应进行详细记录，包括患者信息、用药情况、不良反应症状、发生时间等，以便进行深入分析。

2.追溯药品来源与流向 迅速追溯受影响药品的来源和流向，包括生产批次、销售渠道等，以准确掌握受影响范围。

3.开展关联性分析 分析不良反应与药品之间的可能关联性，探究不良反应产生的原因和机制。

三、采取风险控制措施

1.召回与停用 根据风险评估结果，若药品存在严重安全风险，应立即召回并停用相关批次产品，防止风险扩大。

2.修订药品说明书 若发现新的不良反应信息，应及时修订药品说明书，更新安全警示和用药建议。

3.改进生产工艺与质量控制 针对导致不良反应的潜在问题，改进生产工艺和质量控制措施，降低未来风险。

四、加强与监管部门沟通与合作

1.**及时上报不良反应信息**　按照 GMP 及相关法规要求，及时向药品监督管理部门报告药品不良反应信息。

2.**配合监管部门进行调查与处置**　积极提供所需资料和信息，配合监管部门开展调查与处置工作。

五、沟通和咨询

1.**与医疗机构沟通**　及时与发生不良反应的医疗机构沟通，了解详细情况，收集更多证据。

协助医疗机构对患者进行救治和处理，减轻不良反应对患者的影响。

2.**与公众沟通**　通过官方网站、媒体等渠道发布相关信息，向公众通报不良反应事件及处理情况。

加强公众对药品安全的认识和自我保护意识，减少类似事件的发生。

六、持续监测与评估

1.**建立长期监测机制**　在风险控制措施实施后，建立长期的药品不良反应监测机制，持续收集和分析数据。

2.**定期评估风险控制效果**　定期对已采取的风险控制措施进行评估，确保其有效性和持续性。

383　针对可能的产品缺陷发生投诉，企业应采取哪些措施？

针对可能的产品缺陷发生的投诉，企业需要建立一套系统的操作规程来确保能够及时、有效地响应和处理这些投诉。以下是企业在面对此类投诉时应采取的关键措施。

一、建立并完善操作规程

首先，企业应建立详细的操作规程，明确规定投诉登记、评价、调查和处理的程序。这些规程应详细列出每一步骤的具体操作要求，包括接收投诉的方式、投诉信息的记录、投诉的初步评估、调查取证的方法、处理决定的制定以及后续跟踪等。

二、迅速响应投诉

1.**立即登记投诉**　一旦接收到产品缺陷的投诉，企业应立即进行登记，确保投诉信息的完整性和准确性。

2.**初步评估**　对投诉进行初步评估，判断投诉的严重性和紧迫性，以确定后续处理措施的优先级。

三、深入调查与分析

1.**成立专项调查小组**　针对可能的产品缺陷投诉，企业应成立由质量管理、生产、研发等相关部门组成的专项调查小组。

2.**详细调查取证**　调查小组应详细收集与投诉相关的所有信息，包括投诉者的基本信息、投诉的具体内容、产品的生产批次、销售记录等。

对涉及的产品进行抽样检验，必要时进行第三方检测，以验证产品是否存在缺陷。

3.分析原因　根据调查结果，深入分析产品缺陷的原因，包括设计、生产、包装、运输等各个环节可能存在的问题。

四、制定并实施处理措施

1.通知相关方　及时将投诉及处理情况通知销售部门、经销商和医疗机构等相关方，以便他们采取相应的措施。

2.制定处理方案　根据缺陷的严重性和影响范围，制定具体的处理方案。处理方案可能包括退换货、赔偿损失、改进生产工艺、召回产品等。

3.实施召回措施（如必要）　如果经过评估认为产品缺陷可能对患者造成严重危害，企业应启动药品召回程序。召回措施应遵循相关法律法规的要求，确保召回工作的有序进行。

制定详细的召回计划，包括召回范围、召回方式、召回时限等，并向药品监督管理部门报告召回计划。

通过各种渠道发布召回信息，包括官方网站、媒体公告、销售点通知等，确保召回信息能够及时传达给消费者和医疗机构。

五、持续监测与改进

在采取控制措施后，持续监测产品缺陷的发生情况，评估措施的有效性。

继续监测产品的质量和安全性，收集新的数据和信息，以便进一步评估和控制风险。

根据监测结果和反馈，不断优化投诉管理和控制流程。

384　如何确保质量投诉调查和处理的人员配置充足并具备必要的专业能力？

在药品生产过程中，确保质量投诉调查和处理的人员配置充足并具备必要的专业能力，是维护药品质量、保障公众用药安全的关键环节。以下是药品生产企业在药品生产过程中，确保质量投诉调查和处理的人员配置充足并具备必要专业能力的一些方法。

首先，企业应设立专门的质量投诉处理团队，该团队应包括具备丰富质量管理经验的专业人员，他们熟悉药品生产流程、质量控制标准以及相关法律法规。这些专业人员将负责接收、登记、分类和初步评估质量投诉，确保每一起投诉都能得到及时、专业的回应。

其次，在人员配置上，企业应根据生产规模、产品种类及潜在的质量风险等因素，合理确定质量投诉处理团队的人员数量和结构。在药品生产过程中，质量投诉可能涉及多个方面，如原材料质量、生产工艺控制、成品检验等，因此，团队成员应具备多元化的专业背景，以便能够全面、深入地对投诉进行调查分析。

再者，为确保人员具备必要的专业能力，企业应定期组织内部培训和外部交流，提升团队的整体素质。培训内容应涵盖药品质量管理知识、投诉处理技巧、相关法律法规解读等，同时，鼓励团队成员参加行业研讨会和专业认证考试，以不断更新知识体系，保持与时俱进。

企业还应建立完善的激励机制和绩效考核体系，激发质量投诉处理团队的工作积极性和创造性。通过设立奖励制度，对在质量投诉处理过程中表现突出的人员给予表彰和奖励，从而提升整个团队的工作效能。

为确保质量投诉调查和处理工作的独立性、客观性和公正性，企业应赋予质量受权人相应的权力和责任。质量受权人应全程参与质量投诉的调查、分析和处理过程，并对处理结果进行审核和确认。同时，企业还应建立有效的内部沟通和报告机制，确保所有投诉、调查的信息能够及时、准确地传达给质量受权人，以便其做出正确的决策和应对。

要为质量投诉调查和处理工作提供一定的资源保障。要提供必要的技术和工具支持，如先进的调查软件、数据分析工具等，以提高调查效率和准确性。建立完善的信息管理系统，确保所有质量投诉信息能够被准确记录、跟踪和分析，同时向质量受权人及时通报。

385 在进行投诉审核时，应如何详细记录与产品质量缺陷相关的所有细节？

在药品生产过程中，进行投诉审核时，详细记录与产品质量缺陷相关的所有细节至关重要。以下是一些建议。

1.建立标准化的投诉登记表格　企业应设计并使用标准化的投诉登记表格，确保每一起投诉都能按照统一格式进行记录。表格内容应包括但不限于：投诉人信息、投诉日期、产品名称、批号、生产日期、投诉内容、初步处理意见等。

2.描述具体的产品质量缺陷　对于与产品质量缺陷有关的投诉，应详细记录缺陷的性质、出现的频率、严重程度、已采取的措施等。例如，如果投诉涉及药品变色，应记录变色的程度、变色发生的时间、是否伴有其他性状改变等。

3.记录投诉产品的相关信息　包括产品的名称、规格、生产批次、生产日期、有效期等，以及产品在市场上的分布情况，如销售区域、销售量等。

4.记录投诉人的详细信息　包括投诉人的姓名、联系方式、地址等，以及投诉人提供的相关证据材料，如产品照片、购买凭证等。

5.记录调查过程和结果　对投诉进行调查是处理投诉的关键步骤。应详细记录调查的过程，包括调查方法、参与人员、时间节点等。同时，应记录调查结果，包括原因分析、责任认定、已采取的措施等。

6.记录处理措施和跟进情况　根据调查结果，企业应制定相应的处理措施，并记录措施的内容、实施情况、效果评估等。同时，应记录对投诉人的反馈情况，如解释、道歉、补偿等。

7.建立投诉档案管理系统　企业应建立完善的投诉档案管理系统，将每一起投诉的详细记录归档保存。这有助于企业对投诉情况进行统计分析，找出问题的根源，制定改进措施。

利用电子化系统进行投诉信息的记录和管理，确保信息的准确性和可追溯性。

将投诉信息及时共享给相关部门和人员，如质量管理部门、生产部门、研发部门等。

8.保密和合规　在记录和处理投诉过程中，企业应遵守相关法律法规，保护投诉人的隐私。同时，确保记录内容真实、完整、可追溯。

在记录过程中，要求使用清晰、准确的语言，避免模糊不清或主观猜测的表述。同时，确保记录的完整性和可追溯性，每一项记录都应有记录人的签名和记录时间。对于记录的要求如下。

1.使用专业术语　在记录过程中，应使用准确、专业的术语来描述产品质量缺陷及相关症状，避免使用模糊或易产生歧义的表述。

2.数据准确可靠　所有涉及的数据（如产品批号、生产日期、检测结果等）应确保准确可靠，避免错误或误导性信息。

3.记录可追溯性　记录应具有可追溯性，能够清晰反映投诉处理的全过程及各环节之间的关联关系。

386 在怀疑某批药品存在缺陷时，如何有效地检查其他批次的药品以确认是否受到影响？

在药品生产企业的生产过程中，当怀疑某批药品存在缺陷时，为有效地检查其他批次的药品以确认是否受到影响，可采取以下措施。

一、立即启动应急响应机制

成立专项调查小组，由质量管理、生产、仓储、研发等部门的关键人员组成，明确各成员职责。

召开紧急会议，通报疑似缺陷批次药品的情况，讨论并确定检查范围、方法和流程。

二、确定检查范围

1.同品种、同生产线批次　首先检查与疑似缺陷批次同品种、同生产线生产的其他批次药品。

2.相似工艺批次　如果生产工艺相似，也应考虑检查其他相似工艺批次的药品。

3.关联物料批次　考虑检查使用了相同或相似关键物料的批次药品，因为这些批次可能受到相同质量问题的影响。

三、制定检查计划

1.明确检查标准　根据产品质量标准和GMP要求，明确检查的具体项目、方法和判定标准。

2.确定检查顺序　优先检查与疑似缺陷批次生产日期相近、库存量较大的批次。

3.分配检查任务　将检查任务分配到专项调查小组的各成员，确保检查工作的有序进行。

四、实施检查

首先，建立全面的批次追溯系统。这一系统应涵盖原材料采购、生产工艺参数、中间产品检测、成品检验以及存储和运输等各个环节的详细信息，确保能够准确追踪每一批次药品的完整生产流程。

对怀疑存在缺陷的批次进行深入分析，确定可能导致缺陷的潜在因素，如原材料质量波动、生产设备故障、工艺参数偏离、环境控制异常等。

依据所确定的潜在缺陷因素，制定针对性的检查方案。对于其他批次的药品，重点检查相同原材料的批次、在同一生产设备上生产的批次、采用相似工艺参数的批次以及在相近时间段生产的批次。

进行原材料检查，包括对原材料的供应商资质审核、原材料的检验报告复查、原材料的储存条件和使用记录的审查等，以确定原材料的质量一致性和稳定性。

针对生产过程，检查关键生产工艺参数的记录，对比不同批次之间的差异。同时，检查生产设备的维护保养记录、清洁消毒记录以及设备运行状况的监测数据，评估设备因素对产品质量的潜在影响。

对中间产品和成品的质量检测数据进行详细分析，包括物理性质、化学性质、微生物限度等检测项目。对于可疑批次，必要时重新进行检测，以验证检测结果的准确性。

进行留样复查，对其他批次的留样药品进行外观检查、理化性质检测和稳定性研究，与怀疑有缺陷批次的相关数据进行对比分析。

在检查过程中，充分利用质量风险管理工具，对可能受到影响的批次进行风险评估，确定重点检查的项目和批次。

组织跨部门的专家团队，包括质量控制人员、生产技术人员、工艺工程师等，共同参与检查和评估工作，确保从多个专业角度全面分析问题。

检查完成后，对所有数据和结果进行综合评估，形成详细的报告，明确其他批次药品是否受到影响，并制定相应的处置措施。

通过以上系统性、科学性和严谨性的检查方法，药品生产企业能够有效地确认其他批次药品是否受到怀疑有缺陷批次的影响，保障药品质量和患者用药安全。

387 投诉调查和处理的记录应当包括哪些内容？

在药品生产过程中，投诉的调查与处理是确保药品质量与患者安全的核心环节。药品生产企业在进行投诉调查和处理时，必须形成详尽的记录，并明确标注所查相关批次产品的信息。这些记录应当包括但不限于以下内容。

1.投诉基本信息 投诉编号与日期：为每一项投诉分配唯一编号，并记录投诉接收日期。

投诉者信息：投诉人的姓名、联系方式、地址等，保护个人隐私前提下尽可能详细。

产品信息：药品名称、规格、批号、生产日期、有效期、包装形式等。

购买信息：购买地点、购买日期、数量等。

2.投诉详情　投诉内容：详细描述投诉的具体问题，如药品外观、质量、效用、副作用等。

使用情况：患者使用药品的方式、剂量、频次、与其他药物联用情况等。

影响程度：记录投诉所称问题对患者健康的影响，包括实际或潜在的危害。

投诉来源：记录投诉的来源，如客户反馈、市场监测、内部检测等。

3.调查过程记录　调查负责人与团队：记录负责调查的人员姓名及其角色。

调查起始与完成日期：明确调查工作的开始和结束时间。

调查方法：说明采用的调查手段，如现场检查、实验室检测、文件审查、人员访谈等。

相关批次检查：记录被调查批次的详细检查情况，包括检查时间、地点、方法及结果。

4.相关批次产品信息　列出与投诉相关的所有批次，包括怀疑存在缺陷的批次和其他可能受影响的批次，包括生产日期、批号、数量等。

记录各批次在生产时间、原材料来源、生产设备、操作人员等方面的差异。

5.分析与评估　问题分析：对收集到的数据和信息进行分析，尝试找出问题的原因。

风险评估：评估问题对产品安全性和质量的潜在影响，以及可能波及其他批次的风险。

6.处理措施　采取的行动：记录对当前投诉的具体处理措施，如产品召回、补偿方案、改进措施等。

纠正与预防措施（CAPA）：针对发现的问题制定的纠正措施和预防未来发生的预防措施。

7.沟通与反馈　内部通报：向质量受权人及相关部门通报调查结果和处理决策的记录。

客户反馈：向投诉者反馈调查结果和处理情况的记录，包括沟通日期、方式及对方反应。

8.跟踪与验证　后续监控计划：制定并记录对实施的纠正与预防措施的后续监控计划。

效果验证：验证采取措施后的效果，包括复检结果、市场反馈等。

9.文件归档　记录完整性：确保记录完整、真实、准确，无遗漏。

存档与保密：记录应妥善保存，遵循相关法律法规关于数据保护和保密的要求。

388　如何定期回顾分析投诉记录？

药品生产企业在药品生产过程中，为了定期回顾分析投诉记录，应采取以下系统化和科学化的方法。

1.制定回顾计划　确定回顾分析的时间框架，如每月、每季度或每年进行一次回顾。

明确回顾分析的目标，如识别重复出现的投诉、潜在的市场风险、需要改进的环节等。

2.数据收集与整理 收集所有相关的投诉记录，包括投诉的基本信息、调查过程、处理措施、相关批次信息等。

将收集到的数据进行整理，建立统一的数据库或电子化系统，便于后续的分析和查询。

3.统计分析 分析投诉的频率，识别哪些类型的投诉出现次数较多，哪些批次或产品涉及的投诉较多。

运用统计学方法，如时间序列分析、回归分析等，分析投诉的趋势和模式。

4.根本原因分析 识别重复出现的投诉和潜在的问题，如产品质量缺陷、生产流程问题、原材料问题等。

运用根本原因分析（RCA）方法，如鱼骨图、5Why 分析等，深入挖掘问题的根本原因。

5.风险评估 评估投诉可能带来的风险，包括对产品质量、患者安全、市场声誉等方面的影响。

根据风险的大小和紧迫性，将风险分为高、中、低三个等级，以便确定优先处理的投诉。

6.制定改进措施 针对识别出的问题，制定具体的纠正措施，如改进生产流程、更换原材料供应商、加强员工培训等。

制定预防措施，以防止类似问题再次发生，如建立预警机制、加强质量控制、优化产品设计等。

7.实施与跟踪 确保制定的改进措施得到有效实施，并跟踪实施的效果。

建立持续监控机制，定期检查改进措施的执行情况和效果，及时调整和优化。

8.报告与沟通 将回顾分析的结果和改进措施形成报告，向管理层和相关部门进行汇报。

根据需要，与监管机构、客户、供应商等进行沟通，确保信息的透明度和及时性。

389 针对定期回顾分析投诉记录发现的问题应采取哪些措施？

药品生产企业在定期回顾分析投诉记录时，针对发现的问题应采取以下措施。

1.立即调查与确认 对于回顾分析中发现的问题，企业应立即组织相关部门和人员进行深入调查，确认问题的性质、严重程度和影响范围。

调查应涵盖生产、质量控制、包装、储存、运输等各个环节，确保问题的根源被准确识别。

2.问题识别与分类 明确识别出投诉记录中的关键问题，如产品质量缺陷、生产流程问题、原材料问题等。

根据问题的性质和严重程度，将问题分为高、中、低三个风险等级，以便确定优先处理的顺序。

3.根本原因分析 运用根本原因分析（RCA）方法，如鱼骨图、5Why分析等，深入挖掘问题的根本原因。

利用统计分析和数据挖掘技术，支持根本原因分析的准确性和可靠性。

4.制定纠正措施 针对高风险问题，立即采取行动，如暂停生产、隔离受影响批次、通知相关部门等。

制定具体的纠正措施，如改进生产流程、更换原材料供应商、加强员工培训等。

5.制定预防措施 制定长期改进措施，以防止类似问题再次发生，如建立预警机制、加强质量控制、优化产品设计等。

建立持续监控机制，定期检查改进措施的执行情况和效果，及时调整和优化。

6.实施与跟踪 确保制定的纠正和预防措施得到有效实施，并跟踪实施的效果。

定期评估措施的实施效果，如通过内部审计、客户反馈、市场表现等指标进行评估。

7.沟通与报告 将回顾分析的结果和采取的措施形成报告，向管理层和相关部门进行汇报。

根据需要，与监管机构、客户、供应商等进行沟通，确保信息的透明度和及时性。

8.培训与教育 针对发现的问题，对员工进行针对性的培训和教育，提高其对质量问题的认识和处理能力。

鼓励员工参加外部培训和专业认证，提升其专业能力和行业认知。

9.文档记录与管理 更新相关的操作规程、质量管理文件等，确保所有措施都有明确的记录和指导。

建立完善的文档管理系统，确保所有记录和文件的准确性和可追溯性。

390 企业在出现生产失误、药品变质或其他重大质量问题时应采取哪些措施？

在药品生产过程中，生产失误、药品变质或其他重大质量问题可能对患者安全构成直接威胁，因此药品生产企业必须迅速、果断地采取相应措施。

一、立即启动应急预案

1.组建应急小组 迅速组建由质量、生产、安全等关键部门成员组成的应急处理小组，负责统一指挥和协调应急工作。

2.评估风险 立即对生产失误或药品变质的情况进行全面评估，确定其对产品质量和患者安全的潜在影响。

二、采取紧急控制措施

1.隔离受影响产品 迅速隔离所有受生产失误或变质影响的产品，防止其流入市场或进一步污染其他产品。

2.停止相关生产活动 若生产失误涉及关键工艺或设备，应立即停止相关生产活动，以避免问题扩大。

三、开展调查与原因分析

1.深入调查 组织专业团队对生产失误或变质的原因进行深入调查，包括原料来源、生产工艺、质量控制等环节。

2.确定根本原因 运用科学的方法和技术手段，准确确定导致生产失误或变质的根本原因。

四、制定并落实纠正与预防措施

1.制定纠正措施 针对已发现的问题，制定具体的纠正措施，包括返工、重新检验、销毁不合格产品等。

2.实施预防措施 为防止类似问题再次发生，制定并实施预防措施，如改进生产工艺、加强员工培训、优化质量管理体系等。

五、及时向监管部门报告

在确认存在生产失误、药品变质或其他重大质量问题后，应立即向企业高层管理人员报告。

根据相关法律法规要求，及时向当地药品监督管理部门报告问题情况，提供详细的调查报告和纠正预防措施计划。

六、执行召回程序

若评估认为有必要，依据药品监督管理部门的指导和企业内部规程，迅速、有序地执行产品召回，确保召回的及时性和有效性。

七、持续监控与验证效果

对纠正与预防措施的实施情况进行持续监控，确保各项措施得到有效执行。

通过数据对比、现场评估等方式，验证纠正与预防措施的有效性，确保问题得到彻底解决。

第十一章　委托生产与委托检验

第一节　原　则

391　如何确保委托生产产品的质量和委托检验的准确性和可靠性？

为确保委托生产产品的质量和委托检验的准确性和可靠性，以下是一些关键措施。

一、委托生产产品的质量确保措施

1.**严格筛选受托方**　确保受托方具备《药品生产许可证》和相应的生产资质。

评估受托方的生产能力、质量管理体系和过往的生产记录。

2.**明确委托生产合同内容**　合同中应详细规定产品质量标准、生产流程、原料控制、产品检验和放行等关键环节。

双方的责任和义务，特别是质量方面的责任，应明确界定。

3.**实施全面的质量监控**　委托方应定期对受托方的生产过程进行质量审计和监督。

对生产出的产品进行全面检验，确保符合预定的质量标准。

4.**建立有效的沟通机制**　双方应建立及时、有效的沟通渠道，以便在出现问题时能够迅速响应和解决。

5.**定期审计受托方**　按照预定计划对受托方进行现场审计，检查其实际生产过程是否符合要求。

6.**物料控制**　确保委托生产使用的物料符合质量标准，对物料的采购、验收、储存等环节严格把关。

二、委托检验的准确性和可靠性保障措施

1.**选择合格的受托检验机构**　受托方应具有相应的检验资质和能力，包括但不限于通过实验室资质认定或实验室认可。

评估受托方的检验设备、人员专业水平和质量管理体系。

2.**签订详细的委托检验合同**　合同中应明确规定检验项目、方法、标准、周期以及双方的权利和义务。

对于检验结果的准确性和可靠性应有明确的责任划分。

3.**建立质量协议**　与受托检验机构签订质量协议，明确双方在检验过程中的责任和义务。

4.**验证检验方法**　对受托检验机构使用的检验方法进行验证，确保其准确性和适用性。

5.**加强样品管理和检验过程监督**　确保送检样品的代表性、真实性和完整性。

委托方可对受托方的检验过程进行监督或审计，以确保检验的准确性和公正性。

6.验证和复核检验结果　对受托方出具的检验结果进行验证和复核，包括但不限于与其他实验室的对比检验。

在必要时，可对检验方法进行确认或再验证。

7.数据管理　确保检验数据的准确记录、传输和保存，便于追溯和审查。

392　委托方如何选择合适的受托方，并确保受托方具备执行委托生产或委托检验的必要资质和能力？

药品生产企业在进行药品生产质量管理过程中，若需要委托其他企业进行生产或检验，选择合适的受托方并确保其具备必要的资质和能力是至关重要的。以下是一些关键步骤和建议，以确保合规性。

一、明确需求与评估标准

1.明确生产或检验需求　委托方应首先明确自身对于生产或检验的具体需求，包括产品类型、生产规模、质量标准等。

2.设定评估标准　根据需求，设定对受托方的评估标准，如生产设备、技术水平、质量管理体系等。

二、调查与筛选

1.市场调查　了解市场上的潜在受托方，收集相关信息，如企业规模、历史业绩、客户反馈等。

2.初步筛选　基于评估标准，对潜在受托方进行初步筛选，排除明显不符合要求的候选者。

三、深入评估与审核

1.现场考察　对筛选后的受托方进行现场考察，重点考察其生产设备、工艺流程、质量管理体系等。

2.资质审核　核实受托方的相关资质，如《药品生产许可证》、GMP认证等，确保其具备合法生产或检验的资格。

3.技术能力评估　评估受托方的技术水平和专业能力，包括研发能力、生产工艺控制、质量检验能力等。

4.人员与培训　考察受托方的员工队伍，包括其专业技能、培训情况等，确保受托方有足够的人力资源完成委托任务。

5.第三方审计　必要时，委托方可聘请第三方专业机构对受托方进行审计，借助外部力量对其资质条件、质量体系运行、技术水平等进行客观评价，以辅助选择合格的受托方。

四、签订合同与建立合作关系

1.明确合同条款　在合同中明确双方的权利和义务，包括产品质量标准、交货期限、价格条款等。

2.**建立沟通机制** 确保双方建立有效的沟通渠道，以便及时解决问题和分享信息。

3.**持续监督与评估** 在合作过程中，委托方应持续监督受托方的表现，并定期进行评估，确保受托方始终具备执行委托任务的能力。

393 在全球化背景下，如果委托方和受托方位于不同的国家或地区，应如何确保合同符合各方的法律法规要求？

在全球化背景下，当委托方和受托方位于不同国家或地区时，确保合同符合各方所在国的法律法规要求是一项复杂但至关重要的任务。以下是一些关键步骤和策略。

1.**法律咨询** 首先，建议双方各自咨询当地的法律顾问或国际法律专家，了解本国及对方国家的相关法律、条约和惯例，包括合同法、国际贸易法、数据保护法、知识产权法等。

2.**选择适用法律与争议解决机制** 合同中应明确规定适用的法律（通常为一方或双方熟悉的法律体系）以及争议解决方式（如诉讼地、仲裁机构等），确保双方对可能发生的法律争议有清晰的预期。

3.**合规审查** 在合同签订前，进行彻底的合规审查，包括对双方的业务活动、产品或服务是否符合当地法律法规进行评估。必要时，可进行尽职调查，以识别潜在的合规风险。

4.**明确双方责任与义务** 合同中应详细规定委托方和受托方的具体责任、义务、保密要求、数据传输标准、质量保证条款、违约责任等，确保双方权利义务的平衡与明确。

5.**考虑国际条约和标准** 利用国际条约（如WTO规则、双边或多边贸易协定）和国际标准（如ISO标准、GMP等），作为合同制定的基础，有助于增强合同的国际兼容性。

6.**文化与语言考量** 合同应考虑到双方的文化差异，使用双方都能理解的语言，并可能需要官方翻译版本。必要时，合同中可包含对特定术语的解释，以避免误解。

7.**持续合规监控** 合同执行过程中，双方应设立机制，定期检查合同履行情况，确保持续符合最新法律法规要求。这可能涉及定期审计、培训和合规更新通知。

8.**灵活性与适应性** 合同应留有一定的灵活性，以适应未来可能出现的法律变更或市场条件变化，比如设置合同修订的机制。

9.**保密与数据保护** 特别注意数据跨境传输的合规性，确保符合欧盟通用数据保护条例（GDPR）或其他国家的数据保护法律，通过合同条款明确数据处理和保护责任。

394 委托生产或委托检验时，如何确保所有活动符合药品生产许可和注册的有关要求？

确保委托生产或委托检验的所有活动符合药品生产许可和注册的有关要求，需要委托方和受托方共同协作，遵循一系列严谨的管理和控制措施，具体包括但不限于以下两个方面。

一、委托生产方面

1.严格筛选受托方　对潜在受托方进行全面深入的考察，包括审查其生产许可证的有效性和范围，确保涵盖委托产品的类别；了解其过往生产类似产品的经验和质量表现；评估其生产设施设备的先进性和维护状况，以判断是否能满足许可和注册要求下的生产需求。

2.明确合同条款　合同中应明确规定受托方必须严格按照注册批准的生产工艺、质量标准进行生产，任何变更都需经过双方同意并按照规定程序申报；详细规定生产过程中的关键参数、控制要点等，与许可和注册信息紧密对接；同时明确双方在质量问题上的责任和义务。

3.质量审计　定期或不定期对受托方进行全面的质量审计，包括对生产现场的检查，查看是否按照既定工艺和标准操作；审查文件和记录，如生产批记录、检验记录等，以验证实际生产操作与许可和注册规定的一致性；对人员培训和资质进行核实，确保员工具备相应能力。

4.技术转移　制定详细的技术转移计划，确保生产技术完整、准确地从委托方转移至受托方，包括工艺细节、关键控制点、常见问题及解决方法等；在转移过程中进行充分的培训和指导，使受托方充分理解并能正确执行，保证生产过程符合许可和注册要求。

5.物料管理　监控受托方对生产物料的采购来源，确保符合注册要求的质量标准和供应商资质；对物料的验收、储存、发放等环节进行监督，保证物料管理的合规性；定期对物料进行质量评估和审计。

6.生产过程监控　通过在受托方生产现场派驻质量监督人员，实时监督生产过程中的关键环节；或通过远程数据审核，对关键参数和数据进行实时监控，确保生产过程符合许可和注册要求；建立异常情况的报告和处理机制，及时发现和解决问题。

二、委托检验方面

1.选择合格的检验机构　仔细审查检验机构的资质证明，包括检验范围、认可证书等，确保其具备对委托产品进行检验的资格和能力；了解其在行业内的声誉和口碑，选择经验丰富且可靠的机构。

2.验证检验方法　与受托检验机构共同确认其使用的检验方法与注册资料中的方法完全一致，并经过必要的验证和确认；对方法的准确性、重复性、专属性等关键指标进行评估，确保方法的可靠性。

3.数据审核　建立严格的数据审核流程，对受托检验机构提供的数据进行仔细核对和分析，包括原始数据、计算过程、结果报告等，确保数据的准确性和完整性符合要求；对异常数据及时进行调查和处理。

4.质量协议　在质量协议中明确受托检验机构必须严格按照注册要求开展检验工作，遵守相关法规和标准；规定双方在检验过程中的沟通机制、问题处理流程等，确保责任和义务清晰明确。

5.**定期评估** 定期对受托检验机构的工作质量进行评估，包括检验结果的准确性、及时性、服务态度等方面；根据评估结果决定是否继续合作或采取改进措施。

6.**标准品对照** 确保受托检验机构使用的标准品来源合法、质量可靠，且与注册规定的标准品一致；对标准品进行严格管理和定期校准。

7.**记录保存** 要求受托检验机构妥善保存所有与委托检验相关的记录和文档，包括检验申请、原始记录、报告等，以备监管部门审查；委托方也应保存好与受托检验机构往来的文件和沟通记录。

395 在委托生产或委托检验过程中，如果需要进行技术或其他方面的变更，如何确保这些变更符合药品生产许可和注册的要求？

在委托生产或委托检验过程中，若需要进行技术或其他方面的变更，确保这些变更符合药品生产许可和注册的要求是至关重要的。以下是一些关键步骤和考虑因素。

1.**明确变更内容** 首先，需要明确变更的具体内容，包括技术参数、生产工艺、原材料更换等。

对变更可能带来的影响进行初步评估，确定是否触及药品生产许可和注册的核心要求。

2.**查阅相关法规和指导原则** 仔细研读国家药品监督管理局（NMPA）发布的相关法规和指导原则，了解变更所需遵循的具体要求和流程。

确保变更内容符合 GMP、《药品注册管理办法》等规定。

3.**与受托方沟通** 及时与受托方沟通变更需求，确保双方对变更内容达成共识。

讨论变更实施的可行性，以及可能需要对生产线、检验设备等进行的调整。

4.**提交变更申请** 按照药品监管部门的要求，准备相关申请材料，包括变更的具体内容、原因、影响分析等。

通过药品注册申请系统提交变更申请，并密切关注审核进度。

5.**审核与批准** 药品监管部门会对提交的变更申请进行审核，评估变更对药品安全性、有效性和质量可控性的影响。

一旦变更申请获得批准，即可按照变更后的内容进行生产或检验。

6.**更新相关文件和记录** 根据变更内容，及时更新生产工艺规程、检验方法、标准操作规程（SOP）等文件。

确保所有相关人员都了解并遵循更新后的文件和记录要求。

7.**培训相关人员** 确保涉及变更的相关人员都得到充分培训，了解变更内容和操作要求。

8.**持续监控与评估** 在变更实施后，进行持续的监控和评估，确保变更效果符合预期。

如发现任何问题，及时采取措施进行调整和优化。

9.**监管沟通**　与监管部门保持密切沟通，主动咨询变更的合规性，获取指导意见。

10.**风险再评估**　在变更实施一段时间后，进行风险再评估，确认变更效果符合预期。

11.**经验教训总结**　对变更过程进行总结，积累经验教训，以便今后更好地处理类似变更。

第二节　委托方

396　委托方在评估受托方时，具体需要考核哪些方面的条件和技术水平？

在药品委托生产或委托检验过程中，委托方对受托方的评估是一个关键环节，以确保药品的质量和安全。以下是委托方在评估受托方时需要考核的具体条件和技术水平。

一、条件方面

1.**生产资质**　核实受托方是否具有相应药品的生产许可证，且许可范围与委托生产内容相符。

2.**设施设备**　考察其生产设备的先进性、维护状况，能否满足生产需求；生产车间的洁净度等环境条件是否达标。

3.**人员情况**　评估员工的数量、专业背景、培训情况，特别是关键岗位人员的资质和经验。

4.**质量管理体系**　审查其质量管理体系是否健全，如质量手册、程序文件等，以及实际运行的有效性。

5.**合规历史**　了解受托方过往是否有违规行为或质量问题的记录。

6.**财务状况**　良好的财务状况能确保受托方持续稳定地开展生产。

7.**应急管理能力**　包括应对突发情况如设备故障、原料短缺等的能力。

8.**环境保护和安全生产**　检查受托方是否遵守环境保护法规和安全生产标准。评估受托方在环境保护和安全生产方面的记录和措施。

9.**历史业绩和信誉**　考察受托方的过往业绩、市场信誉和客户反馈。了解受托方在行业内的口碑和经验。

二、技术水平方面

1.**工艺掌握程度**　对委托产品生产工艺的熟悉程度、关键参数的控制能力。

2.**技术创新能力**　是否有能力对生产工艺进行优化和改进。

3.**检验技术能力**　自身的检验设施和人员技术水平，能否准确进行中间产品和成品的检测。

4.**稳定性研究能力**　对产品稳定性研究的经验和能力。

5.**问题解决能力**　面对生产过程中出现的技术问题的分析和解决能力。

6.**技术转移承接能力**　能否顺利接收并执行委托方的技术转移。

7.**与研发配合能力**　在新产品研发或工艺改进过程中与委托方研发团队配合的能力。

8.**技术保密能力**　对委托生产涉及的技术和信息的保密措施和执行情况。

397　委托方在进行现场考核时，应关注受托方的哪些关键技术水平指标，以确认其完成受托工作的能力？

委托方在进行现场考核时，为了确认受托方完成受托工作的能力，应关注以下6个关键技术水平指标。

一、生产工艺相关

1.**工艺稳定性**　观察受托方在多批次生产中工艺参数的波动情况，是否能稳定保持在规定范围内。

2.**工艺偏差处理能力**　查看其对工艺偏差的识别、记录、调查和处理流程及实际操作情况。

3.**关键工艺控制点监测水平**　确认对影响产品质量的关键工艺点的监测手段是否科学、有效。

二、设备与技术运用方面

1.**设备性能与维护**　检查设备的运行状态、维护保养记录，评估其对生产的保障能力。

2.**先进技术应用程度**　如自动化控制水平、新型生产技术的运用情况等。

3.**设备匹配性**　设备与委托生产任务的匹配程度，能否高效完成生产。

三、质量控制相关

1.**检验方法准确性**　验证受托方所使用的检验方法是否准确可靠，与委托方要求相符。

2.**质量指标把控能力**　对各项关键质量指标的监控能力，包括中间产品和成品的检测水平。

3.**不合格品处理流程**　考察不合格品的标识、隔离、调查和处置措施是否完善。

四、人员技术素养

1.**关键岗位技能水平**　如生产操作人员对工艺的熟悉程度、检验人员的专业技能等。

2.**培训体系与效果**　了解受托方针对员工技术提升的培训体系和实际效果。

3.**问题解决思维**　观察员工在面对技术问题时的分析和解决思路是否清晰合理。

五、技术创新与改进能力

1.**创新意识**　判断受托方是否有主动寻求技术改进和优化的意识。

2.**改进成果**　查看过往是否有成功的技术改进案例及其效果。

六、数据管理与分析能力

1.**生产数据完整性**　确保生产过程中各类数据的完整记录。

2.数据分析利用能力　查看其能否从数据中发现潜在问题并采取措施改进。

398 委托方应提供哪些必要的资料，以确保受托方能够正确实施所委托的操作？

委托方为了确保受托方能够正确实施所委托的药品生产操作，应提供一系列必要的资料，这些资料包括但不限于以下 7 种。

1.产品和工艺相关资料　工艺流程和操作规程：提供详细的生产或操作工艺流程，包括所有关键步骤、参数和控制点。同时，提供书面的操作规程，指导受托方如何执行各项任务。

产品质量标准：包括注册标准和企业内控标准，确保受托方了解产品的质量要求。

批生产记录模板：以往成功批次的生产记录，作为受托方记录填写的参考模板。

物料和包装材料规格：原料、辅料及包装材料的具体要求和标准。

产品使用说明书、标签和包装设计：确保产品标识的合规性与准确性。

历史批记录和报告：如有，提供过去生产的批记录和相关的检验报告、稳定性数据等，以帮助受托方理解产品的性能和生产过程中的关键控制点。

2.法律和注册文件　药品注册证/注册批件：证明药品已获得上市许可的官方文件。

生产批文：如有再注册或特殊批准要求的，需提供相应文件。

企业许可证：委托方的生产或经营许可证副本，证明其合法身份。

3.技术转移文件　技术转移报告：详细说明技术转移过程，包括知识转移、培训记录等。

验证和稳定性研究资料：支持生产工艺和产品质量的验证报告，以及稳定性研究数据。

4.质量管理体系文件　质量标准操作规程（SOP）：涉及生产、质量控制、物料管理等方面的作业指导书。

质量管理体系概述：介绍委托方的质量管理体系框架和关键控制点。

风险评估和安全措施：提供对产品或工艺的风险评估报告，以及必须采取的安全措施和应急处理程序。

变更控制和批准程序：明确变更控制的流程和审批权限，确保任何对工艺、原料、设备等的变更都经过适当的审核和批准。

5.环境、健康与安全要求　相关的环境、健康与安全（EHS）政策和程序，确保生产活动符合环境保护和工作安全标准。

6.委托生产合同　明确双方的权利、义务、责任划分、质量协议、保密条款、知识产权保护等。

7.其他辅助信息　送检批次的样品质量标准：用于检验的参考。

单位介绍信或法人委托书：证明委托关系的合法性。

设备和技术要求：明确所需的设备型号、技术参数和校准要求，以及任何特殊的技术要求或操作技巧。

培训材料和指导：提供必要的培训材料，包括产品知识、工艺理解、设备操作等，以确保受托方的员工能够胜任相关工作。

399 委托方向受托方提供必要资料时，还应让受托方了解哪些与产品或操作相关的问题？

在委托方向受托方提供必要资料时，除了提供上述提到的技术文件、质量标准、检验方法等，委托方还应让受托方了解以下与产品或操作相关的问题。

1.**产品的特性** 包括产品的理化性质、生物学特性、稳定性、有效期、生物活性以及任何潜在的风险。这有助于受托方更好地理解和处理产品，从而避免操作过程中的错误。

2.**产品的使用说明** 产品的使用方法、剂量、使用人群、禁忌证等。

3.**产品的质量控制要求** 产品的质量标准、检验流程、放行标准等。

4.**产品的生产工艺** 产品的生产流程、关键工艺参数、生产环境要求等。

5.**设备的操作指南** 设备的使用方法、操作流程、维护保养要求等。

6.**人员的培训需求** 委托方应告知受托方所需的人员技能水平和培训要求。操作人员所需具备的技能、资质、培训流程等。

7.**环境和厂房的要求** 委托方应说明产品或操作对受托方的环境、厂房、设备要求。这包括但不限于温度、湿度、洁净度、空气流通等环境条件，以及设备的配置和使用要求。

8.**安全和风险信息** 产品或操作可能带来的各种风险，包括对人员安全的影响、对环境的潜在污染、设备损坏等。

9.**应急预案** 针对可能出现的各种紧急情况，制定相应的应急预案和处理流程。

10.**遵循的法律法规** 明确需遵循的相关法律法规，确保生产和操作的合法性。

11.**操作的复杂性** 对于涉及复杂工艺或特殊技术的操作，委托方应详细解释其步骤、关键控制点和可能遇到的问题。这样，受托方可以提前做好准备，确保操作过程中的稳定性和可控性。

400 委托方如何对受托生产或检验的全过程进行有效监督？

为了对受托生产或检验的全过程进行有效监督，委托方可以采取以下措施。

1.**明确监督职责** 委托方应设立专门的监督部门或指定专人负责监督工作，并明确其职责和权限。

2.**制定监督计划** 监督部门应根据生产或检验项目的具体情况，制定详细的监督计划，包括监督的范围、内容、频率和方法等。

3.**实施现场监督** 监督人员应定期或不定期地对受托方的生产或检验现场进行实地考察，查看操作是否符合规定要求，设备是否正常运行，环境是否达标等。

4.**审查文件记录** 监督人员应审查受托方提供的生产记录、检验报告、质量控制文件等，确保其完整性和准确性。

5.**追踪问题解决** 如果在监督过程中发现问题，监督人员应追踪问题的处理过程，确保问题得到彻底解决。

6.**开展质量审计** 委托方应定期对受托方的质量保证体系进行审计，评估其稳定性和有效性。

7.**进行样品抽查** 委托方可以随机抽取样品进行复检，以验证受托方检验结果的准确性。

8.**跟踪偏差和变更** 密切关注受托方生产或检验过程中的偏差和变更处理情况。

9.**验证和确认活动监督** 确保受托方的设备验证、工艺验证等按规定执行。

10.**物料管理监督** 检查物料的采购、验收、储存、使用等是否符合GMP的要求。

11.**环境监测监督** 核实受托方生产或检验环境的监测数据。

12.**协调沟通机制** 建立有效的沟通机制，确保委托方和受托方之间的信息交流畅通，及时解决双方在生产或检验过程中遇到的问题。

13.**培训和指导** 委托方应对受托方的操作人员进行必要的培训和指导，提高他们的技能水平和质量意识。

14.**要求定期报告** 受托方定期向委托方汇报生产或检验进度及质量情况。

15.**评估和改进** 委托方应定期评估受托方的生产或检验效果，并提出改进意见，促使受托方不断提高生产或检验水平。

16.**引入第三方监督** 必要时借助专业的第三方机构进行监督和评估。

401 委托方应采取哪些措施来确保物料和产品符合相应的质量标准？

为了确保物料和产品符合相应的质量标准，委托方应采取以下措施。

1.**明确质量标准和要求** 委托方应明确物料和产品的质量标准，包括外观、纯度、含量、杂质、微生物限度等关键质量属性。

这些标准应基于药典、行业标准或企业内部标准来制定，并确保受托方充分了解并遵循这些标准。

2.**严格供应商管理** 选择合格的供应商并进行定期评估，确保物料来源的可靠性。要求供应商提供符合质量标准的证明文件，如分析证书（certificate of analysis，COA）、符合性声明或第三方检测报告，确保其具备提供合格物料和产品的生产能力。

3.**签订详细合同** 在委托生产合同中明确质量条款，包括物料和产品的质量标准、检验要求、不合格处理办法、质量争议解决机制等。

4.**物料验收** 对于受托方采购的物料，委托方应进行严格的验收，检查其是否符合质量标准，包括纯度、活性、杂质水平等。

5.**生产过程控制** 委托方应监督受托方的生产过程，确保其遵循既定的工艺规程，控制好生产过程中的每一个步骤，防止污染和交叉污染。

6.**质量控制检测** 委托方应要求受托方对产品进行必要的质量控制检测，包括物理、化学和生物属性的检测，确保产品符合预定的质量标准。

7.**放行标准** 设定明确的产品放行标准，只有当产品满足所有质量标准时，才能允许其放行并进入下一阶段或市场。

8.**回顾分析** 委托方应定期对生产过程和产品质量进行回顾分析，以发现潜在的问题，并采取预防性措施。

9.**记录保存** 确保所有的生产、检验和质量控制活动都有详细、准确的记录，并妥善保存这些记录以供追溯和审核。

10.**持续改进** 推动受托方实施持续的质量改进活动，不断提高生产过程和产品质量。

11.**应急响应计划** 制定应急响应计划，一旦发生质量问题，能够迅速采取措施使对最终产品的影响达到最小化。

第三节 受托方

402 受托方的厂房和设备需要达到什么样的标准才能被认为"足够"满足委托方的生产需求？

受托方的厂房和设备要达到以下标准才可能被认为"足够"满足委托方的生产需求。

一、厂房方面

1.厂房的布局和设计应符合药品生产流程，各功能区域划分明确，如生产区、仓储区、质量控制区等，避免交叉污染。

2.根据生产药品的要求，厂房达到相应的洁净级别，有完善的空气净化系统。

3.面积适宜，能够容纳所需的生产设备和操作人员，并有足够的操作空间和物料暂存空间。

4.厂房内部环境应满足药品生产的特殊要求，具备稳定的温度、湿度、压差等环境参数控制能力。

5.防虫、防鼠等措施完善，防止外界生物对生产环境造成污染。

6.人流、物流通道分开，减少人员和物料流动带来的污染风险。

7.厂房的建筑材料和装修应符合 GMP 标准，易于清洁和维护。

二、设备方面

1.设备性能稳定可靠，运行过程中不易出现故障，确保生产的连续性。

2.设备的功能和参数符合委托生产药品的具体工艺要求。

3.设备精度达标，如称量设备、检测设备等能提供准确的数据。

4. 设备自动化程度适宜，能提高生产效率和质量控制水平。

5. 有定期的维护计划和记录，设备状态良好。

6. 清洁消毒方便，便于在不同批次生产之间进行彻底的清洁和消毒。

7. 相关计量设备经过校准和验证。

8. 具备相应的辅助设施，如冷却系统、通风系统等以支持设备正常运行。

9. 安全防护设施完备，能够保障操作人员的安全。

10. 设备更新及时，能跟上技术发展和生产要求的变化。

11. 设备应具有足够的产能，以满足委托方的生产需求。

12. 对于关键设备，应建立设备档案，包括设备的购买、安装、调试、维修等记录。

403　在 GMP 中，受托方所需具备的知识和经验具体包括哪些方面？是否有特定的行业标准或指南可以参考？

在 GMP 中，受托方所需具备的知识和经验是确保其能够有效执行委托生产或检验任务的关键要素。具体包括以下 10 个方面。

1.**专业知识**　受托方团队应具备深厚的药学、化学、生物技术等领域的专业知识。

2.**GMP知识**　全面了解并熟练掌握GMP的各项要求，包括但不限于生产管理、质量控制、物料管理、文件记录、验证、变更控制、清洁与卫生、人员培训等方面的规定。

3.**生产技术知识**　涉及药品的生产工艺、设备操作、工艺控制、清洁和消毒程序、无菌技术等。

4.**检验技术知识**　拥有专业的实验室操作技能和分析方法验证能力，能够进行精确的产品检验和质量控制，确保检验结果的准确性与可靠性。包括药品的检验方法、仪器操作、数据分析、实验室管理等。

5.**设备操作和维护知识**　受托方的操作人员应熟练掌握生产设备的操作和维护知识，保证设备的正常运行。

6.**质量管理经验**　受托方应具备丰富的质量控制和质量保证经验，理解并能有效实施ISO或其他国际公认的管理体系标准，能够快速识别质量问题，并采取适当的纠正和预防措施。

7.**生产工艺经验**　受托方应有实际操作和优化生产工艺的经验，能够确保生产效率和产品质量。

8.**实践经验**　具备丰富的实际操作经验，尤其是在类似产品或生产工艺上的成功案例，能够有效识别并解决生产过程中可能出现的技术难题和质量问题。

9.**风险管理经验**　熟悉药品生产中的风险管理原则和工具，能够进行风险评估、控制和持续改进，确保生产活动符合预定的安全和质量标准。

10.**法规遵从性**　了解并紧跟国内外药品监管机构的最新法规动态，包括NMPA的指导原则、通知及要求，确保生产活动的合法性和合规性。

关于特定的行业标准或指南，受托方可以参考以下资料。

国家药品监督管理局发布的 GMP 相关解读和指导原则。

国内外药品生产行业的专业书籍、期刊和研究报告。

行业内公认的药品生产与检验操作规范和技术指南。

这些资料和指南可以为受托方提供更为详细和专业的知识与经验参考。请注意，虽然这些是非特定要求，但对于提升受托方的专业能力和满足 GMP 的要求有着重要作用。

受托方还应定期参加培训和研讨会，以更新其对最新 GMP 要求和行业发展趋势的了解。这不仅有助于提升其专业能力，也有助于确保其生产操作的持续改进和优化。

404 受托方在收到委托方提供的物料、中间产品和待包装产品后，应如何确保其适用于预定用途？

受托方可以采取以下措施来确保收到的物料、中间产品和待包装产品适用于预定用途。

一、对于物料

1.严格按照委托方提供的物料规格和质量标准进行验收，包括外观、标识、理化性质等方面的检查。

2.核对物料的来源、批号等信息是否与委托方要求相符。

3.进行必要的抽样检测，验证其关键质量指标。

4.对特殊储存条件的物料，检查储存环境是否符合要求。

二、对于中间产品

1.审查中间产品的生产工艺记录和质量控制数据，确保其符合规定。

2.进行现场检查，观察中间产品的状态、外观等是否正常。

3.对比委托方提供的中间产品标准，确认各项指标的符合性。

三、对于待包装产品

1.检查包装完整性和标识的准确性。

2.核实待包装产品与包装材料的兼容性。

3.按照预定的包装要求进行模拟操作，确认是否可行。

4.对包装后的产品进行初步的质量检查。

受托方还应建立完善的物料管理系统和质量追溯体系，以便在出现问题时能够及时追溯和处理。同时，与委托方保持密切沟通，及时反馈发现的任何异常情况，并共同协商解决办法。

405 受托方应避免从事哪些活动，以确保不会对委托生产或检验的产品质量产生不利影响？

受托方在进行委托生产或检验时，应避免从事以下可能对产品质量产生不利影响的活动。

1. 使用未经批准的原材料或供应商。

2. 违反规定的工艺参数和操作规程。

3. 忽视设备的维护和校准，导致生产过程不可控。

4. 缺乏对生产环境的控制，比如不维持洁净区的适当洁净级别。

5. 未执行必要的质量控制和质量保证程序。

6. 伪造或篡改生产数据和检验记录。

7. 未经授权擅自更改生产批记录或检验报告。

8. 忽视员工培训，导致操作人员缺乏必要的知识和技能。

9. 未能及时识别和处理生产过程中出现的问题。

10. 未实施有效的追溯系统，无法追踪物料和产品的来源及去向。

11. 超出生产能力或设备设计极限进行生产。

12. 避免不当存储和运输。

13. 不重视质量投诉和偏差处理。

14. 在生产或检验区域存放私人物品。

15. 未按规定处理不合格品或废品。

16. 不关注行业法规变化且不及时调整。

17. 不得从事对委托生产或检验的产品质量有不利影响的活动。

18. 不得擅自改变工艺、设备、测试方法、规格标准或其他合同要求，除非得到委托方的事先评估和批准。

19. 不得将合同中委托给受托方的工作转交给第三方，除非得到委托方的事先评估和批准。

20. 不得泄露或不当使用受托方从委托方获得的内部检验方法及数据。

21. 不得在未得到委托方同意的情况下，对产品进行抽样或检验。

22. 不得在未得到委托方同意的情况下，更改产品的生产、检验和发运记录及样品。

23. 不得在未得到委托方同意的情况下，对产品进行质量缺陷处理或召回。

24. 不得进行未经授权的变更。

25. 不得泄露委托方的商业秘密、技术资料或产品信息，保护知识产权。

第四节　合　同

406　合同中应如何详细规定委托方与受托方的产品生产和控制职责？

合同中详细规定委托方与受托方的产品生产和控制职责，可以从以下两个方面进行规定。

一、委托方的职责

1.提供明确的生产要求　委托方需向受托方提供详细的产品规格、质量标准、生产工艺要求等。

确保所提供的生产要求符合国家相关法律法规及药品注册的相关要求。

2.监督受托方的生产过程　委托方有权对受托方的生产过程进行监督，确保其按照合同规定的要求进行生产。

定期或不定期进行生产现场的检查，以验证生产过程的合规性。

3.负责产品的最终放行　委托方应确保产品在符合所有质量标准和注册要求后才可放行。

对受托方提交的产品检验报告进行审核，并决定是否放行。

4.处理质量问题　如发现产品质量问题，委托方应负责组织调查，并与受托方共同找出原因及解决措施。

对因受托方原因导致的质量问题，委托方有权要求受托方承担相应的责任。

二、受托方的职责

1.严格按照委托方的要求进行生产　受托方必须遵循委托方提供的生产工艺、质量标准和产品规格进行生产。

未经委托方同意，不得擅自更改生产方法和原料。

2.建立并维护质量管理体系　受托方应建立符合GMP要求的质量管理体系，并确保其有效运行。

定期对质量管理体系进行自查和更新，以适应新的法规和标准要求。

3.负责产品检验和质量控制　受托方应对生产过程中的原材料、半成品和成品进行严格的检验和控制。

确保产品质量符合委托方和国家相关法规的要求。

4.及时报告和处理质量问题　如发现任何可能影响产品质量的问题，受托方应立即停止生产，并及时向委托方报告。

配合委托方进行质量问题调查，并按照委托方的要求采取纠正和预防措施。

5.保存生产记录和文档　受托方应完整、准确地记录生产过程、检验结果和质量控制活动。

相关记录和文档应妥善保存，以备委托方和监管部门查阅。

通过明确规定上述职责，可以确保委托方和受托方在产品生产和控制过程中各自承担明确的责任，从而保障产品的质量和安全。

407 **合同中的技术性条款应如何拟订，以确保它们由具有相应专业知识的主管人员制定？**

为了确保合同中的技术性条款由具有相应专业知识的主管人员制定，药品生产企业应遵循以下步骤和原则来拟订这些条款。

1.组建专业团队　首先，应组建一个由制药技术专家、质量控制/保证主管、注册事务专员和熟悉GMP的法律顾问组成的跨职能团队。这个团队负责起草、审核并最终确定合同中的技术性条款，确保条款的专业性、合规性和可执行性。

2.**明确职责划分**　技术性条款应清晰界定委托方与受托方在药品生产、质量控制、检验、文件记录、变更控制、偏差管理、产品召回、稳定性考察等环节的具体职责和权限，确保每项任务都有明确的责任主体。

3.**遵守法规与标准**　所有技术性条款应严格遵守现行的药品生产许可要求、药品注册标准、GMP以及相关的法律法规，确保生产过程和产品质量控制的每个方面都与法定要求保持一致。

4.**详细规定技术要求**　条款中应详尽描述生产流程、所用设备、工艺参数、原材料与包装材料的标准、检验方法及标准、成品质量标准等，确保技术要求具体、量化、可追溯。

5.**制定质量协议**　作为合同的附件，制定详细的质量协议，涵盖从原材料到成品的全过程控制要求，包括但不限于质量风险管理、变更控制流程、不合格品处理、稳定性研究计划等。

6.**知识产权与保密条款**　明确涉及的知识产权归属、使用权许可、技术秘密保护以及双方的保密义务，确保技术交流和合作在法律框架内进行。

7.**验收标准与程序**　确立严格的成品验收标准和程序，包括样品抽样、检验方法、合格判定标准、不合格产品的处理流程等，确保产品质量符合注册要求。

8.**技术支持与培训**　规定受托方向委托方或其指定人员提供必要的技术培训、操作指导、技术支持的义务，以确保委托方能够有效监控生产质量和过程。

9.**合规性监督与审计**　确立双方在合同期内的合规性监督机制，包括定期审计、现场检查、记录查阅等权利，以及对不符合项的整改要求和流程。

10.**争议解决机制**　设置明确的争议解决条款，包括技术性争议的专家评审机制，确保任何技术分歧都能得到专业、高效地解决。

11.**记录和文档管理**　确保所有与技术性条款相关的记录和文档得到妥善保存，并可供监管部门审查。

12.**培训和知识转移**　如果合同涉及技术转让或知识转移，应确保合同中包含相关的培训要求和知识转移程序，以确保受托方能够正确理解和执行技术性条款。

408　合同中应如何确保委托生产及检验工作符合药品注册的相关要求？

合同中确保委托生产及检验工作符合药品注册的相关要求，可以从以下12个方面进行规定。

1.合同中应包含药品的注册批件、临床试验批件等相关注册文件的详细信息，确保受托方能够了解药品的注册状态和批准条件。合同中应详细列出药品的注册名称、规格、注册号、批准的生产工艺、质量标准、有效期等信息，确保双方对注册要求有清晰的理解和共识。

2. 将药品注册要求作为合同的技术性条款之一，明确受托方必须遵守的注册条件，包括但不限于药品名称、规格、批号、有效期、储存条件等。

3. 明确指出委托生产及检验的各项活动必须遵循现行的 GMP、药品注册批准文件中的生产要求以及相关的国家和国际标准。

4. 详细划分委托方和受托方在生产、检验过程中的具体职责，包括但不限于生产过程控制、质量监控、原料与成品检验、稳定性考察、变更控制、偏差处理等。

5. 要求受托方建立并维持与委托方相匹配的质量管理体系，确保生产过程和检验活动得到有效控制，包括人员资质、设备验证、校验、清洁验证、环境监测等。

6. 规定技术转移的程序和要求，确保受托方能够正确理解和执行注册批准的生产工艺。同时，约定对受托方员工进行必要的 GMP 培训和特定工艺操作培训。

7. 要求受托方提供完整、准确的批生产记录（BPR）和批包装记录，以及检验报告，确保所有批次的产品生产、检验数据可追溯，并符合药品注册文件的规定。

8. 明确质量受权人批准放行药品的详细程序，包括所有必要的审核步骤、标准和签字要求，确保每批药品在放行前都已满足所有注册和质量标准。

9. 合同应包含变更管理条款，规定任何对药品注册信息的变更都必须经过正式的变更程序，并经双方同意。

10. 签订详细的质量协议，明确产品质量责任、技术要求、质量控制、检验方法、变更管理、不良反应报告等方面的要求，确保受托方的生产活动符合注册要求。

11. 规定委托方有权对受托方的生产现场、质量体系进行定期或不定期的审计和监督，确保持续符合药品注册和 GMP 要求。

12. 明确违反药品注册要求或合同条款的后果，包括但不限于赔偿、合同终止等，并设定争议解决机制，如调解、仲裁或诉讼途径。

409 合同中应如何详细规定质量受权人的职责和批准放行程序，以确保每批药品的质量符合注册要求？

在合同中详细规定质量受权人的职责和批准放行程序，应确保遵循相关法规、药品注册要求和质量标准，以下是一些关键要素和建议。

一、质量受权人的职责

1. 明确质量受权人需具备的教育背景、工作经验、专业培训（特别是与产品放行相关的培训）及必要的法律和监管知识。

2. 规定质量受权人参与企业质量体系的建立、内部自检、外部质量审计、验证、药品不良反应报告、产品召回等质量管理活动的职责。

3. 详细说明质量受权人负责每批药品的放行决策，确保生产、检验均符合相关法规、药品注册要求和企业质量标准。

4. 要求在产品放行前，质量受权人需审核所有生产、检验记录和相关支持文件，出具产品放行审核记录，并将其纳入批记录中。

5. 确保质量受权人了解并监督生产过程的持续稳定性，参与产品质量趋势分析，以识别潜在的质量风险。

6. 规定质量受权人需接收并评估所有与质量相关的投诉、调查信息，以及在产品召回、委托生产合同中关于放行程序的详细规定。

7. 质量受权人应定期参加相关培训，以保持和更新专业知识。同时，需与生产、质量等相关部门保持密切沟通，确保质量信息的及时传递和处理。

8. 负责产品放行审核记录的出具，并将其纳入批记录。此外，还应定期向企业高层报告质量管理情况，包括产品质量状况、质量改进建议等。

9. 质量受权人负责审查和批准任何可能影响产品质量的变更。

二、批准放行程序

1. 合同中应详细列出产品放行的具体标准，包括但不限于完成所有必要的检查和检验、符合注册标准、稳定性考察结果等。

2. 设定一个明确的审核流程，包括但不限于核实所有生产记录的完整性、准确性。

确认所有检验结果符合标准，包括原料、中间体、成品的检验。

评估生产过程中的偏差、变更和 OOS/OOT 结果的处理情况。

确认稳定性数据支持产品的有效期。

3. 要求记录下放行决策的依据、审核过程中发现的问题及处理情况，以及最终的批准或拒绝放行的决定。

4. 如果药品不符合放行标准，质量受权人应有权拒绝放行，并规定后续的处理程序。

5. 在特殊情况下（如医疗紧急需求），可设立紧急放行程序，但需明确条件、审批层级及后续跟进措施。

6. 药品放行后，质量受权人仍需对产品进行质量跟踪和监督，确保产品在市场上的安全性和有效性。如发现质量问题，应及时采取措施，包括召回、处理等。

7. 质量受权人需确保放行程序持续符合最新的法规要求，包括定期更新知识、培训及审计。

410 质量受权人在批准放行药品时，应依据哪些关键的生产和检验记录？

质量受权人在批准药品放行时，应依据一系列关键的生产和检验记录，以确保每批产品的生产均符合相关法规、药品注册要求和质量标准。这些记录主要包括但不限于以下内容。

1. **批生产记录** 详细记录了每一批药品从原材料接收、配料、生产过程、关键工艺步骤，直至成品包装的全部操作细节，包括设备使用记录、生产参数（如温度、压力、湿度）、操作人员、物料平衡等。

2.**批包装记录**　记录药品包装过程的所有相关信息，包括包装材料的核对、包装操作、成品数量、标签和说明书的使用等。

3.**质量控制记录**　包含对原辅料、中间体、成品以及必要时的清洁验证样品的检测结果，确保每项指标符合质量标准，包括但不限于鉴别试验、含量测定、杂质检查、稳定性考察等。

4.**环境监测记录**　反映生产、包装及储存区域的环境条件，如温湿度、微生物监测、尘埃粒子数等，确保生产环境符合GMP要求。

5.**设备清洁验证记录**　证明生产设备在使用前后经过适当清洁，避免交叉污染，尤其是对于多产品共线生产的设施尤为重要。

6.**偏差记录与处理报告**　记录生产过程中发生的任何偏离预定规程的情况，以及针对偏差采取的调查、评估、纠正和预防措施。

7.**变更控制记录**　对于生产过程、检验方法或原材料等的任何变更，需有完整的记录，包括变更申请、评估、批准及实施后的效果跟踪。

8.**稳定性研究数据**　提供药品在规定条件下保持其物理、化学、生物和微生物稳定性的证据，确保产品在整个有效期内的质量。

9.**产品放行审核记录**　汇总以上所有相关记录和数据，进行综合评估，确保所有必要的检查和检验已完成，所有变更或偏差已妥善处理，并符合放行标准。

质量受权人在审查这些记录时，需要综合判断是否满足放行条件，必要时还需参考持续稳定性考察结果、产品历史数据及药品不良反应报告等信息。

411　如果产品未满足放行条件，合同中应如何规定处理程序？

如果产品未满足放行条件，合同中应当明确规定一系列详尽的处理程序，以确保产品质量问题得到妥善解决，同时保障双方权益。以下是一些建议的处理程序条款。

1.规定一旦发现产品未达到预定的放行标准，受托方需立即书面通知委托方，说明未满足的具体条件及初步分析的原因。

2.要求启动质量评审流程，由双方指派的专家或质量管理人员共同参与，评估问题的严重程度、影响范围及可能的后果。

3.明确不合格产品应立即被隔离，并以显著方式标记，防止其混淆或错误地进入下一步生产流程或市场。

4.规定进行根本原因分析的程序，包括但不限于鱼骨图、5Why分析等，以识别问题的根本原因并制定纠正措施。

5.要求受托方提出具体的纠正措施（CA）以解决当前问题，以及预防措施（PA）以避免类似问题再次发生，并经委托方同意后实施。

6.明确不合格产品经纠正措施处理后，需重新进行检验或试验，确保问题已解决并满足放行条件。

7. 要求整个处理过程，包括不合格品的发现、评审、处理措施及结果，都应详细记录，并形成报告提交给委托方。

8. 界定因产品未满足放行条件造成的额外成本（如重检费、延迟交货损失等）承担方，以及在特定情况下违约责任的处理方式。

9. 若因特殊紧急情况需考虑例外放行，应明确严格的审批流程、条件限制及后续监控措施，确保不会对消费者健康造成风险。

10. 在产品已流通至市场的极端情况下，规定双方如何协同进行客户通知、产品召回以及后续的客户满意度恢复措施。

412 合同中应如何明确规定委托方和受托方在物料采购、检验、放行、生产和质量控制方面的职责？

合同中明确规定委托方和受托方在物料采购、检验、放行、生产和质量控制方面的职责是非常关键的，以下是一个清晰的规定方式。

一、物料采购

1.**委托方职责** 负责确定物料规格和质量标准。

审核和批准物料供应商，提供合格的供应商名单。

监督物料采购过程，确保符合法规和质量要求。

2.**受托方职责** 按照委托方提供的规格和质量标准采购物料。

从委托方批准的供应商处购买物料。

保存物料采购记录和供应商资质文件。

对采购的物料进行初步的质量检验，确保符合委托方的要求。

向委托方报告物料采购情况和相关文件。

二、物料检验

1.**委托方职责** 提供物料检验的方法和接受标准。

对受托方的检验结果进行复核和确认。

对受托方的检验设施和能力进行评估。

2.**受托方职责** 按照委托方提供的检验方法和标准进行物料检验。

及时向委托方报告检验结果，并保留相关记录，及时向委托方报告异常情况。

三、物料放行

1.**委托方职责** 审核受托方的检验报告，决定是否放行物料。

对放行的物料质量负责。

2.**受托方职责** 根据检验结果，提出物料放行建议。

协助委托方进行物料放行决策，提供相关数据和资料。

确保放行物料的追溯性和可追溯性。

四、生产

1.委托方职责　提供生产工艺规程和质量控制标准。

监督生产过程，确保产品质量和安全。

2.受托方职责　按照委托方提供的工艺规程进行生产操作。

确保生产过程符合 GMP 要求，并及时报告生产中的问题。

五、质量控制

1.委托方职责　制定质量控制策略和计划。

对受托方的质量控制体系进行评估和监督。

2.受托方职责　建立和维护有效的质量控制体系。

执行质量控制计划，确保产品质量符合标准。

定期进行质量自查，并及时向委托方报告质量控制情况。

413　如果受托方在委托方的厂房内取样，合同中应如何规定取样的条件、安全要求和操作规程？

如果受托方在委托方的厂房内进行取样，合同中应当详细规定取样的条件、安全要求和操作规程，以确保取样活动的合规性、安全性和有效性。以下是一些关键点，这些点应在合同中明确规定。

一、取样条件

明确规定取样的目的、频率和数量。

指定取样的具体位置、时间以及适用的产品或材料。

如果有特定的取样标准或方法，应详细说明。

明确取样的环境要求，如温度、湿度、洁净度等。

规定样品的状态要求，例如是在生产过程中特定阶段还是成品状态。

说明对取样容器或工具的具体要求。

规定取样人员应具备的资质，如 GMP 培训证书、专业知识等，确保取样人员具有执行取样任务的专业能力。

二、安全要求

制定详细的安全协议，受托方必须遵守委托方厂房内的所有安全规则和程序。

受托方应接受必要的安全培训，包括了解潜在的危险、正确使用安全设备等。

规定必要的安全装备，如防护服、安全帽、眼镜、手套等，以及其在取样过程中的正确使用。

规定取样过程中的环境保护措施，防止样品泄漏或散落造成环境污染。

设定意外情况的应急处理程序，包括化学品溢出、人员受伤等情况的应对方案。

三、操作规程

取样前准备，包括取样前的环境和设备确认、取样工具的消毒或灭菌、取样计划的审核等。

详细描述取样的具体步骤和方法，包括样品的准备、采集、标记、处理和包装，如何选取样本点、取样量等。

明确标识样本的流程和要求，确保样本可追溯。

说明样本的储存和运输方式，以保证样本的完整性。

如果有特定的取样设备或工具，应说明其使用和维护方法。

规定取样过程中的卫生和清洁要求，以防止交叉污染。

规定受托方与委托方在取样过程中的沟通协调机制。

例如：

"受托方在委托方厂房内取样时，应满足以下条件：取样环境温度应保持在［具体范围］，湿度不超过［具体值］；取样应在产品达到［具体状态］时进行，使用委托方指定的［具体工具］。受托方人员进入厂房必须严格遵守安全规定，佩戴好［具体防护装备］，并知晓应对各类危险情况的预案。操作规程应包括：按照［具体位置或方式］选取样本，取样量为［具体数量］，样本应立即贴上［具体标识］，并使用［特定储存方式］保存和运输。双方应保持密切沟通，遇到问题及时协商解决。"或者"取样条件需满足厂房内［具体环境条件］，样品应为［具体状态的物品］。安全方面，受托方应遵守所有安全要求，配备［安全装备列举］。操作规程为：先进行［具体第一步操作］，然后［具体第二步操作］……最后妥善处理样本。"

414 受托方应保存哪些记录和样品，以便委托方随时调阅或检查？

受托方应保存以下记录和样品，以备委托方随时调阅或检查，确保生产活动的合规性、透明度和可追溯性。

1.生产记录 包括但不限于生产批记录、生产指令、设备使用记录、工艺参数记录（如温度、压力、时间等）、关键生产步骤的验证记录等，这些记录应详细反映生产过程的每一个关键环节。

2.质量控制和检验记录 原材料、中间产品、成品的检验报告（COA）、检验方法、检验数据、仪器校准记录、稳定性考察报告、微生物检测报告等，确保所有产品均经过严格的质量控制。

3.物料管理记录 原材料、包装材料的接收、检验、入库、领用、发放、退库及报废记录，以及相应的批次信息、有效期管理记录。

4.变更控制记录 任何生产过程、设备、原材料等方面的变更申请、审批、实施及后续评估记录，确保变更得到有效管理和控制。

5.偏差与异常处理记录 生产过程中出现的偏差、事故、故障及其调查、处理、纠正与预防措施（CAPA）的记录。

6.投诉与召回记录 产品上市后的用户投诉记录、调查处理过程、采取的纠正措施以及产品召回（如有）的相关文件。

7.培训记录　员工的GMP培训、岗位技能培训记录，证明员工具备执行其职责所需的知识和技能。

8.设备维护与校验记录　生产设备、检验仪器的维护保养计划、维护记录、校验或验证报告，确保设备处于良好的工作状态。

9.环境监控记录　生产环境（包括洁净室）的温湿度、尘埃粒子数、微生物监控等环境监测数据及记录，确保生产环境符合要求。

10.样品保留　按照规定保留一定数量的成品、中间产品和（或）原材料样品，以供未来可能需要的复验、调查或研究使用。

这些记录和样品应当按照相关法律法规、GMP以及双方合同约定的方式妥善保存，确保数据的真实、完整、可追溯，并在规定的时间内（如产品有效期后一年或更长）可被随时调阅或检查。

415　合同中应如何规定生产、检验和发运记录及样品的保存和查阅权限，以便在出现质量问题时能够方便地查阅相关记录？

在合同中明确规定生产、检验、发运记录及样品的保存和查阅权限，对于确保产品质量可追溯性、解决可能出现的质量争议至关重要。以下是一些关键条款的建议内容。

一、保存要求

1.记录保存　类型：明确规定需要保存的记录类型，包括但不限于生产记录、质量控制和检验记录、原材料及成品的检验报告、生产批记录、设备校验记录、环境监控记录、变更控制记录、偏差处理记录、投诉与召回记录等。

期限：根据产品特性和相关法律法规要求，设定记录保存的具体期限，例如，至少保存至产品有效期后一年，或满足更长期限的法定要求。

形式：记录应以纸质或电子形式妥善保存，确保数据的完整性和可读性，电子记录需有适当的安全措施以防篡改和丢失。

2.样品保留　样品类型：明确需要保留的样品类别，如成品、关键原材料、中间体等。

保存条件：详细描述样品的储存条件，确保样品在有效期内保持其代表性。

保存期限：根据产品特性，设定样品保留的期限，一般应覆盖产品有效期并额外延长一段时间，如产品有效期后一年。

二、查阅权限

1.查阅权利　明确委托方有权在提前通知的情况下，查阅或复制所有与生产、检验和发运相关的记录，以及查看保留的样品。

2.通知与安排　规定委托方需提前一定时间通知受托方查阅需求，受托方应在此期限内提供便利，不得无故拖延或拒绝。

3.保密协议　强调查阅过程中双方应遵守保密条款，不得泄露对方的商业秘密和敏感信息。

4.**费用与责任** 可约定查阅记录和样品的合理成本由哪方承担，以及因查阅导致的任何损坏或遗失的责任归属。

三、其他考虑

1.**争议解决** 包括在发现记录不符或样品问题时的沟通机制和解决流程。

2.**法律与合规** 确保所有条款符合相关法律法规要求，特别是涉及数据保护和隐私法规的部分。

3.**变更与更新** 设立记录保存和查阅权限随法律法规更新或双方协商一致时的修订机制。

416 委托方进行检查或现场质量审计的目的是什么？

委托方进行检查或现场质量审计的主要目的包括以下内容。

1. 验证受托方是否遵循了约定的质量标准、GMP（药品生产质量管理规范）及其他相关法规要求，确保生产过程和产品质量的合规性。

2. 识别生产过程中可能存在的风险点和控制措施的有效性，包括原料、生产环境、工艺过程、质量控制、包装和标签等环节，以预防质量问题的发生。

3. 评估受托方的生产管理、质量管理体系运行的效率和效果，包括人员培训、文件记录、变更控制、偏差处理等方面，以监控委托生产活动的绩效。

4. 增强委托方对受托方生产活动的信任，通过审计增加透明度，确保受托方的生产行为与双方合同约定及行业最佳实践一致。

5. 基于审计发现，提出改进建议，帮助受托方提升其质量管理体系，促使生产流程不断优化，提高产品质量和生产效率。

6. 及时发现潜在的质量问题和缺陷，要求受托方采取纠正和预防措施（CAPA），避免问题升级，保障患者安全和公众健康。

7. 遵循药品监督管理部门的要求，如药品 GMP 自检规定，确保受托生产活动能够顺利通过官方检查和认证。

8. 通过确保委托生产的产品质量，维护委托方的品牌形象和市场信誉，减少因质量问题引发的市场召回、法律诉讼等风险。

417 合同中应如何明确规定委托方对受托方进行检查或现场质量审计的权利和频次？

在合同中明确规定委托方对受托方进行检查或现场质量审计的权利和频次时，应包含以下关键要素，以确保双方权益得到保障，同时满足药品监督管理部门的要求。

1. 合同中应明确指出委托方有权定期或不定期对受托方进行质量体系的检查和（或）现场质量审计。这一权利应覆盖生产、检验、存储、包装、记录保存等所有与产品质量直接相关的环节。

2. 明确审计的目的，比如确保生产活动遵循 GMP，产品质量符合双方约定及法定标准。同时，应详细说明审计的范围，包括但不限于质量管理体系、生产设施、设备维护、人员培训、物料管理、生产过程控制、质量控制实验室、文件记录系统等。

3. 设定合理的审计频次，可以是每年一次、每两年一次或者根据具体情况（如产品风险等级、以往审计结果、监管要求变化等）灵活决定。合同中应明确审计的周期，并留有调整空间，以适应未来可能的变化。

4. 规定委托方在进行检查或审计前应给予受托方合理通知，以便受托方做好准备工作。同时，应确定双方在审计期间的协调机制，包括访问权限、陪同人员、资料提供等。

5. 确立审计结果的反馈机制，包括审计报告的提交时限、内容要求、问题整改的跟踪和验证程序。应明确双方就审计发现的不符合项进行沟通、纠正措施制定与实施的责任和时间表。

6. 强调受托方有义务接受药品监督管理部门的检查，并在合同中明确规定受托方需配合委托方以及监管机构的任何检查或审计活动。

7. 确保审计过程中涉及的敏感信息和商业秘密得到保护，明确双方在数据共享、使用和保密方面的责任。

8. 规定若受托方拒绝、阻碍或不充分配合检查或审计，应承担的违约责任，包括但不限于合同终止、赔偿损失等。

9. 规定如果双方对检查或审计结果有争议，应如何解决，可能包括第三方仲裁或调解。

418　委托检验合同应该如何明确受托方有义务接受药品监督管理部门检查？

委托检验合同是委托方和受托方之间就药品检验服务达成的法律文件。为了确保受托方有义务接受药品监督管理部门的检查，合同中应该包含以下 8 个关键要素。

1. 合同中应明确指出受托方有责任和义务接受药品监督管理部门的检查。

2. 详细说明受托方必须遵守的药品监督管理部门的法律法规和标准。

3. 受托方应承诺在药品监督管理部门检查前做好准备工作，包括提供必要的文件和记录，以及允许检查人员访问相关的设施和工作区域。

4. 受托方应同意在必要时向药品监督管理部门提供所需的信息和文件。

5. 受托方应承诺在检查过程中提供必要的配合，包括但不限于现场访问、员工访谈、文件审查等。

6. 如果检查中发现问题，受托方应承诺按照药品监督管理部门的要求采取整改措施。

7. 合同应规定如果受托方未能履行接受检查的义务或未能通过检查，将承担相应的违约责任。

8. 在允许药品监督管理部门检查的同时，合同中还应包含保密协议，保护双方的商业秘密和知识产权。

第十二章　产品发运与召回

第一节　原　则

419 企业应如何建立和维护一个有效的产品召回系统，以确保在必要时能够迅速召回存在安全隐患的产品？

药品生产企业在建立和维护一个有效的产品召回系统时，应遵循以下步骤和原则，以确保在必要时能够迅速召回存在安全隐患的产品。

1.组织架构和责任分配　企业应指定一名高级管理人员作为召回负责人，负责协调和管理召回活动。

建立一个跨部门的召回团队，包括质量保证、生产、物流、销售、市场、法务和公关等部门的人员。

2.政策和程序　明确召回的目的、原则、范围和流程。

详细描述召回的各个阶段和操作步骤，包括启动召回的条件、通知流程、产品追溯、召回实施、数据收集和分析、召回效果评估等。

3.产品追溯系统　确保能够追踪到每一批产品的生产、检验、放行、储存、运输和销售的详细记录。

通过批次号、条形码、二维码等方式，对产品进行唯一标识。

利用 ERP 等管理系统，建立完善的数据库，记录原材料采购、生产制造、仓储物流、销售配送等各个环节的信息。

确保产品可以追溯到具体的生产批次和原材料来源，以便在需要召回时能够准确识别受影响的产品范围。

4.培训和沟通　对召回团队成员进行专业培训，确保他们熟悉召回程序和操作。

建立有效的沟通机制，确保在召回过程中能够及时通知内部相关部门和外部利益相关者（如监管部门、客户、消费者等）。

5.模拟演练　定期进行召回模拟演练，以测试和改进召回系统的有效性和响应速度。

记录演练过程和结果，进行评估和总结，找出存在的问题并加以改进。

6.召回实施　一旦确定需要召回，应立即启动召回程序，迅速采取行动。

在召回过程中，采取措施控制风险，防止不合格产品进一步流通。

7.召回后的评估和改进　召回后，评估召回的覆盖率和有效性，确定是否所有受影响的产品都已被召回。

根据召回过程中的经验和教训，不断完善召回系统和相关流程。

8.法规遵从和报告　确保召回活动符合GMP以及相关法律法规的要求。

在规定的时限内向药品监督管理部门报告召回事件，并提供必要的支持和信息。

420 如果退货产品的质量未受影响，企业应如何处理这些产品？

如果退货产品的质量未受影响，药品生产企业应当遵循以下步骤来处理这些产品。

1.质量评估 首先，企业应进行全面的质量评估，包括但不限于对产品的物理外观、化学成分、微生物限度等方面进行检测，以确保产品符合原定的质量标准和规格。

2.重新检验 如果退货产品在运输或存储过程中可能受到了影响，企业应对其进行重新检验，以验证其稳定性、效价和安全性等关键质量属性是否仍然符合要求。

3.审核退货原因 企业应审查退货的原因，确认是否由于非质量因素（如订单错误、过期未使用等）导致的退货。如果退货原因与产品质量无关，且产品在退货过程中未受到损害，那么这些产品可以考虑重新投入市场。

4.重新包装和标签 如果退货产品需要重新包装或重新贴标签，企业应确保新的包装和标签符合GMP要求，且清晰地标明产品的正确信息，包括批次号、有效期等。

5.记录和追溯 在整个处理过程中，企业应保持详细的记录，包括退货产品的接收、评估、检验、处理和重新放行的每一个步骤。这有助于确保产品的可追溯性和透明度。

6.内部审批 在决定重新放行退货产品之前，应由质量部门进行内部审批，确保所有的评估和检验结果都符合GMP和企业的质量标准。

7.官方备案 如果退货产品需要重新放行，企业应在必要时向药品监督管理部门备案，提供相关的评估和处理报告。

8.通知客户 如果退货产品将被重新供应给原来的客户或其他客户，企业应事先通知客户关于产品的退货和重新放行的相关信息。

9.风险管理 在整个处理过程中，企业应持续进行风险管理，评估重新放行退货产品可能带来的风险，并采取相应措施以降低风险。

请注意，即使退货产品的质量未受影响，企业在处理这些产品时仍需严格遵守GMP和相关法规，确保所有操作都是为了保障患者安全和产品质量。任何处理决策都应以科学评估和合规性为前提。

421 对于因质量原因退货和召回的产品，在何种情况下可以不进行销毁处理？

对于因质量原因退货和召回的产品，在以下情况可以不进行销毁处理。

1.产品质量未受影响 如果经过严格的检查、检验和调查，有确凿的证据证明退货或召回的产品质量并未受到影响，那么这些产品可以不进行销毁处理。这种情况下，产品可能需要经过重新包装、重新发运销售等环节，但前提是必须符合相应的药品质量管理规范要求。

2.可以通过返工等处理消除隐患　对于某些不符合药品标准但尚不影响安全性、有效性的产品，例如中药饮片，如果能够通过返工等处理方式消除安全隐患，并且达到质量标准，那么这类产品也可以不进行销毁。但需要注意的是，相关处理操作必须严格遵守药品质量管理规范，且不得延长药品的有效期或保质期。

3.可通过再加工转化为其他合格产品　在某些情况下，产品可以通过特定的再加工流程转化为其他用途的合格产品，且这种转化是经过充分论证和批准的。

4.更换标签、修改说明书等能消除隐患　对于那些通过更换标签、修改并完善说明书、重新外包装等方式能够消除安全隐患的产品，企业可以在符合相关法规和质量标准的前提下，选择不进行销毁处理。

5.重新外包装　如果因外包装导致退货，可以重新进行外包装。

总的来说，对于因质量原因退货和召回的产品，是否进行销毁处理需要根据产品的实际情况和质量评估结果来决定。企业在处理这类产品时，必须严格遵守 GMP 的相关规定，确保产品质量和安全。同时，企业也应与药品监管部门保持密切沟通，按照监管部门的指导和要求进行操作。

无论在何种情况下，药品生产企业都必须确保所有处理措施符合国家药品监管部门的规定，并且所有非销毁处理的产品都必须有完整的记录和追踪系统，以确保其不会再次流入市场，对公众健康造成威胁。

但需要强调的是，这些情况都需要经过非常严格的评估、审批和监管。企业必须提供充分的证据和数据来证明不销毁的合理性，并且整个过程要在严格的质量控制和监管之下进行，以确保最终产品的质量和安全。同时，这种不销毁处理的决定必须基于科学依据和风险评估，不能随意为之。

例如，某批次药品因包装问题被退货，但经详细评估后发现，药品本身质量没有问题，只是包装存在瑕疵，企业可以在经过严格审批程序后，对包装进行重新处理，而不是直接销毁药品。或者某召回产品经研究可通过特定再加工流程制成另一种符合标准的药品，在严格监管下实施再加工，而不是简单销毁。但这些都必须确保符合所有相关规定和要求，以保障公众用药安全。

422　企业如何判断退货产品是否受质量影响？

药品生产企业在处理退货产品时，必须通过一系列的检查和评估程序来判断退货产品是否受到质量影响。以下是判断退货产品是否受质量影响的一般步骤。

1.详细调查退货原因　与经销商、客户等沟通，了解产品在使用过程中出现的具体问题，如外观变化、疗效异常等。

2.检验分析　对退货产品进行全面的质量检验，包括理化性质、微生物限度等关键指标的检测，与合格产品的标准进行对比。

3.批次追踪　追溯该批次产品的生产过程记录，查看是否存在可能影响质量的工艺偏差、设备故障等情况。

4.稳定性考察数据对比　将退货产品与同批次留样的稳定性考察数据进行比较，看是否有异常变化。

5.检查包装完整性　仔细检查退货产品的包装是否有破损、污染等情况，这可能暗示产品质量受到影响。

6.对比同期其他批次情况　了解同期生产的其他批次产品是否也有类似的退货或质量反馈。

7.专家评估　组织内部质量专家或邀请外部专家进行综合评估和判断。

例如，企业接到一批药品退货后，首先仔细询问退货方关于药品使用中的具体表现，同时对退货产品的包装进行细致检查。然后对该批次退货产品进行全面检测，包括各项指标的测定，并与该批次留样的稳定性数据进行对比分析。此外，还会查看该批次生产过程中的各项记录，从多方面来综合判断退货产品是否确实受到质量影响，从而采取恰当的处理措施，以确保符合 GMP 要求。

第二节　发　运

423　企业应如何确保发运记录的完整性和准确性？

确保发运记录的完整性和准确性是药品生产质量管理中的重要一环，它有助于维护供应链的透明度，便于产品追溯，并符合 GMP 的要求。以下是一些关键措施。

1.建立标准化记录系统　企业应制定一套完整的发运记录管理制度，包括纸质记录和电子记录的标准格式，确保记录内容全面、格式统一、易于理解。记录应至少包含产品名称、规格、批号、生产日期、有效期、数量、收货单位、发运日期、运输方式、承运人信息等关键信息。

2.实施条形码或二维码追踪　在产品包装上使用条形码或二维码，与发运记录系统集成，实现从生产到发运的全程追溯。这样不仅提高了数据录入的效率和准确性，也便于在需要时快速查询和追踪。

3.多级审核制度　发运前，由生产部门、质量控制部门和物流部门分别对发运信息进行核对，确保信息的准确无误。实施双人复核制度，即每份记录都需要经过至少两人独立核对确认。

4.电子化管理　利用企业资源规划（ERP）或仓库管理系统（WMS）等信息化工具，自动采集和处理发运数据，减少人为错误，同时提供实时的数据访问和分析能力。系统应具备权限管理功能，确保数据的安全性和准确性，防止数据丢失或未经授权的访问。

5.定期培训　对参与发运流程的员工进行定期培训，包括GMP要求、记录填写规范、追溯系统的操作等，增强员工的责任心和操作技能。

6.**存档与备份**　确保所有发运记录得到妥善保存，无论是纸质还是电子形式。纸质记录应存放在安全、防潮、防虫害的环境中，电子记录则需要定期备份，并采取适当的安全措施防止数据丢失或被篡改。

7.**内部审计与自我检查**　定期开展内部审计，检查发运记录的完整性、准确性和合规性，及时发现并纠正存在的问题。鼓励员工上报潜在的记录缺陷，建立一个持续改进的文化。

8.**应对紧急情况的预案**　制定应对自然灾害、系统故障等紧急情况的预案，确保在这些情况下也能维持发运记录的连续性和可追溯性。

424　企业如何确保必要时能够及时全部追回产品？

为了确保必要时能够及时全部追回产品，药品生产企业需要遵循 GMP 中的规定，并采取以下措施。

1.**建立追溯系统**　企业应建立一套完善的产品追溯系统，确保每批产品从生产到销售的每个环节都能被追踪和记录。

2.**详细记录**　保持详尽的生产、销售和发运记录，包括产品名称、规格、批号、数量、收货单位和地址、联系方式、发货日期、运输方式等。

3.**产品标识**　确保产品有清晰的标识，包括批号和有效期，以便于识别和追踪。

4.**召回计划**　制定详细的召回计划，包括召回的组织结构、流程、时限和责任分配。

5.**培训员工**　定期对员工进行召回流程和产品追溯方面的培训，确保他们了解如何在必要时迅速行动。

6.**模拟演练**　定期进行召回模拟演练，检验和评估召回计划的有效性，以及员工对召回流程的熟悉程度。

7.**快速响应机制**　建立快速响应机制，一旦发现产品存在质量问题或其他安全隐患，立即启动召回程序。

8.**沟通渠道**　确保与药品经营企业、使用单位以及监管机构之间有畅通的沟通渠道，以便在召回时迅速传达信息。

9.**监督和监控**　对召回过程进行严格监督和监控，确保召回指令得到有效执行。

10.**召回记录**　记录召回过程中的所有活动，包括召回通知的发送、产品回收的状态、已回收数量和未回收数量等。

11.**法规遵循**　严格遵守国家药品监督管理局发布的相关法规和指南，如《药品召回管理办法》等。

12.**技术投入**　采用先进的信息技术，如电子监管码、区块链等，以提高产品追溯的效率和准确性。

13.**保持媒体渠道畅通**　必要时通过媒体发布召回信息，扩大知晓范围。

425 **为什么药品发运的零头包装限制为两个批号合箱，这样做的目的是什么？**

在 GMP 中，药品发运的零头包装限制为两个批号合箱的规定，主要有以下目的。

1.**防止混淆**　限制合箱批号的数量可以减少混淆的风险，确保药品在发运过程中的准确性和可追溯性。

2.**易于追踪**　当合箱数量较少时，更容易追踪和管理每个批号的药品，确保在必要时能够迅速定位和采取相应措施。

3.**简化记录**　较少的批号合箱有助于简化记录和文档管理，使得发运记录更加清晰和易于审核。

4.**质量控制**　限制批号合箱可以更好地控制药品质量，因为每个批号的药品都应单独满足质量和合规要求。

5.**减少错误**　在药品分发过程中，批号越多，出错的可能性越大。限制合箱批号数量有助于减少发运错误。

6.**提高效率**　简化的合箱过程可以提高物流和仓储的效率，减少处理时间和成本。

7.**符合监管要求**　GMP规定旨在满足监管要求，确保药品供应链的透明度和合规性。

8.**安全性考虑**　在紧急情况下，如需要召回某一特定批号的药品，限制合箱批号可以更快地执行召回，减少对患者的影响。

9.**维护药品完整性**　确保药品在运输过程中的完整性，避免不同批号药品之间的潜在干扰或影响。

例如，在实际操作中，如果一个药品有多个零头包装且批号过多进行合箱，可能会导致在后续销售或使用时难以快速准确确定具体批次信息，而限制为两个批号合箱则能较好地解决这个问题，保证药品管理的有序性和质量控制的有效性。同时，也方便企业在面对市场需求时，能更有条理地安排发货，确保消费者或医疗机构能获得准确批号的药品。

426 **对于药品发运的零头包装，合箱外标明全部批号的目的是什么？合箱记录应包含哪些内容？**

一、合箱外标明全部批号的目的

在药品生产质量管理过程中，零头包装的合箱操作是一种常见做法，用于确保药品的有效期和批次信息的准确性。合箱外标明全部批号的主要目的包括以下内容。

1.**可追溯性**　便于在出现质量问题时，能够迅速追溯到所有相关批次，从而及时采取措施，防止问题扩大。

2.**质量控制**　确保合箱后的药品质量与单个批次保持一致，符合药品质量标准。

3. **避免混淆**　清晰地显示其来源，防止与其他批次混淆。

4. **提供全面信息**　让后续处理环节的人员能全面了解产品的批次构成情况。

5. **法规要求**　符合GMP的相关规定，确保药品生产过程的透明度和可追溯性。

二、合箱记录应包含的内容

合箱记录是药品生产质量管理中的重要文档，它记录了合箱操作的详细信息。合箱记录应至少包含以下内容。

1. **产品基本信息**　包括药品的名称、规格、有效期等。

2. **合箱日期和时间**　记录合箱操作的具体日期和时间。

3. **合箱前的批号**　详细列出合箱前每个零头包装的批号。

4. **合箱后的批号**　记录合箱后形成的完整批次的批号。

5. **数量信息**　记录合箱前各零头包装的数量以及合箱后的总数量。

6. **操作人员签名**　执行合箱操作的人员需在记录上签名，以确认操作的准确性和责任。

7. **复核人员签名**　对合箱操作进行复核的人员也需在记录上签名，以确保合箱操作的合规性。

8. **质量检验与放行情况**　如果可能的话，应记录合箱前各批次药品的质量检验报告和放行情况，以确保合箱内的药品均符合质量要求。

9. **存储和运输条件**　说明合箱后药品的存储条件和运输要求，以确保药品在流通过程中的质量稳定。

10. **其他相关信息**　根据具体情况，可能还需要记录合箱的原因、特殊注意事项、特殊储存条件要求、运输注意事项等信息。

例如，合箱记录中会明确写出在某日进行了合箱操作，涉及批号A、B、C，每个批号对应的零头包装数量分别为多少，操作人是张三，并且可能备注此次合箱是由于生产过程中的剩余零头包装整合等信息。这样详细的记录可以为质量管控和后续可能的调查提供准确而清晰的依据，符合GMP对于药品发运零头包装管理的要求。

427　为什么发运记录需要保存至药品有效期后一年？

发运记录需要保存至药品有效期后一年，主要是基于以下4个原因。

1. **可追溯性与召回管理**　在药品有效期内或有效期后，如果发现药品存在质量问题或安全隐患，企业需要能够迅速追溯到相关批次的药品流向，以便执行召回。发运记录提供了必要的信息，帮助企业精确识别受影响药品的发运地点和时间，及时采取行动，保护公众健康。

2. **质量监控与调查**　保留发运记录至药品有效期后一年，有助于在药品使用周期内进行质量监控，即使在药品消费后一段时间内出现不良反应或其他问题，也能通过这些记录回溯生产、存储、运输等环节，进行问题根源分析。

3.**法规要求**　GMP及国家药品监督管理局的相关规定要求发运记录至少保存至药品有效期后一年，这是为了确保药品全生命周期的质量管理和责任追溯体系健全，符合国家对药品安全管理的法律与规范要求。

4.**风险管理**　延长记录保存时间有助于企业更好地管理潜在的法律风险和声誉风险，特别是在发生药品安全事件时，完整、准确的发运记录可以作为企业履行质量责任的证据，减少法律纠纷。

综上所述，发运记录保存至药品有效期后一年是一项重要的质量管理措施，旨在加强药品供应链的透明度和安全性，确保在必要时能够迅速响应，有效保护患者安全和公共健康。

428　企业如何确保发运记录至少保存至药品有效期后一年，并在此期间保持记录的完整性和可追溯性？

为了确保发运记录至少保存至药品有效期后一年，并在此期间保持记录的完整性和可追溯性，企业可以采取以下措施。

1.**建立记录管理系统**　设计和实施一个有效的记录管理系统，确保所有发运记录都被妥善保存和管理。

制定明确的文件管理政策，包括记录的标识、贮存、检索、归档和销毁等环节。

设立专门的档案管理部门或指定负责人，负责监督和管理记录的保存工作。

2.**使用电子记录系统**　考虑采用电子记录系统来存储和管理发运记录，这样的系统通常具有更好的数据保护和备份功能。

确保电子记录系统的安全性，防止数据丢失或被未经授权的人员篡改。

3.**设置文件保留期限**　在文件管理系统中设定文件保留期限，确保所有发运记录在药品有效期后至少保留一年。

设置自动提醒功能，以便在记录即将到期时进行通知。

4.**备份和恢复计划**　制定并测试数据备份和恢复计划，以防原始记录损坏或丢失。

定期对发运记录进行备份，确保数据的安全性。

5.**权限管理**　对于记录的访问和修改权限进行限制，只有授权的人员才能访问和修改记录。

记录每一次访问和修改的操作，以便于事后追踪。

6.**培训和意识提升**　对员工进行培训，提高他们对记录完整性重要性的认识。

强调遵守GMP和公司内部政策的重要性。

7.**内部审计和自检**　定期进行内部审计和自检，以确保记录管理系统的有效运行。

对发现的问题进行纠正，并对系统进行持续改进。

8.**建立严格的档案借阅制度**　对于需要查阅发运记录的人员，应建立档案借阅制度，确保记录的安全性和完整性。

记录借阅情况，包括借阅人、借阅时间、归还时间等，以便追踪和管理。

9.**与监管部门保持沟通**　与药品监管部门保持密切联系，及时了解相关法规和政策的变化。

根据监管部门的要求，及时调整和完善记录保存和追溯的工作流程。

10.**采用先进的技术手段**　利用区块链等先进技术来确保记录的不可篡改性和安全性。

通过物联网技术对药品进行追踪和监控，提高追溯的效率和准确性。

第三节　召　回

429　召回操作规程应包括哪些关键内容，以确保召回工作的有效性？

召回操作规程是企业为确保在发现药品存在质量问题时能够迅速、有效地进行召回而制定的一系列规定和流程。一个有效的召回操作规程应包括以下关键内容。

1.**召回目标与范围**　明确召回的目标产品、批次、数量以及涉及的地域范围。

2.**召回启动条件**　设定触发召回的具体条件，如药品质量问题、不良反应报告、监管机构的要求等。

3.**职责分工**　明确各部门在召回过程中的职责，如质量部门负责评估和决策，生产部门协助产品溯源等。

确定召回负责人及其权限。

4.**召回计划**　根据安全隐患的严重程度，制定不同级别的召回计划，如一级召回、二级召回、三级召回等。

设定召回过程中的阶段目标和时间节点，确保召回工作按计划进行。

5.**召回流程**　详细规定召回的步骤，包括启动召回、通知相关方（如经销商、医疗机构、药店等）、产品回收、库存控制、物流安排等。

6.**风险评估与控制**　对召回过程中的潜在风险进行评估，并制定相应的控制措施，以确保召回工作的顺利进行。

7.**记录与报告**　要求详细记录召回过程中的各项活动，并及时向相关监管机构报告召回进展和结果。

8.**沟通与协调**　明确内部各部门之间以及企业与外部机构（如监管部门、行业协会等）之间的沟通渠道和协调方式。

9.**资源保障**　确保召回工作所需的人力、物力、财力等资源得到充分保障。

10.**培训与演练**　定期对相关人员进行召回操作培训，并进行模拟演练，以提高召回工作的响应速度和有效性。

11. **效果评估**　在召回完成后，对召回效果进行评估，总结经验教训，持续改进召回操作规程。

430　召回负责人在召回过程中的具体职责是什么？他如何与其他部门，特别是质量受权人，保持有效沟通？

一、召回负责人在召回过程中的具体职责主要包括以下 10 个方面

1. **启动召回**　在发现药品存在质量问题或安全隐患时，召回负责人需要根据公司的召回政策和程序，决定是否启动召回，并确定召回的级别和范围。

2. **制定召回计划**　召回负责人需要制定详细的召回计划，包括召回的时间表、召回的步骤、召回的沟通策略等。

3. **协调内部资源**　召回负责人需要协调公司内部各个部门，如生产、质量控制、销售、物流、法务、公关等，确保召回工作的顺利进行。

4. **执行召回**　召回负责人需要监督召回计划的执行，确保召回工作按照既定的时间表和步骤进行。

5. **记录和报告**　召回负责人需要记录召回过程中的所有关键信息，并向公司高层和监管机构提供召回进展的定期报告。

6. **沟通与协调**　召回负责人需要与外部利益相关者，如监管机构、分销商、医疗机构和消费者等，保持沟通，确保召回信息的准确传达。

7. **评估召回效果**　召回负责人需要评估召回的效果，包括召回的覆盖率、召回的速度、召回的成本等，并提出改进建议。

8. **召回后的处理**　召回负责人需要监督召回药品的处理，确保符合相关法规要求，并防止问题药品再次流入市场。

9. **信息发布**　通过官方渠道及时发布召回信息，以保障公众的知情权。

10. **持续监控与改进**　对召回过程中发现的问题进行持续监控，并提出改进建议，以预防未来类似事件的发生。

二、为了与其他部门特别是质量受权人保持有效沟通，召回负责人可以采取以下方式

1. **定期会议与交流**　召回负责人应定期组织与质量受权人等关键部门的会议，就召回进度、遇到的问题和需要的支持进行深入交流。

2. **信息共享**　建立有效的信息共享机制，确保质量受权人等部门能够及时获取召回相关的最新信息，以便做出相应的配合与调整。

3. **明确沟通渠道**　为了确保沟通的顺畅，应明确各部门之间的沟通渠道和方式，包括电子邮件、电话、即时通信工具等，以便在需要时能够迅速联系到对方。

4. **反馈与确认**　在沟通后，召回负责人应确保双方对沟通内容有共同的理解，并及时反馈和确认沟通结果，以避免误解和延误。

5.决策支持　在遇到重大决策或问题时，及时与质量受权人进行一对一的沟通和协商。邀请质量受权人参与召回过程中的关键环节和决策，确保其意见得到充分考虑。

431　产品召回负责人独立于销售和市场部门的重要性是什么，如何确保其独立性？

在 GMP 中，产品召回负责人独立于销售和市场部门是非常重要的，因为这有助于确保召回决策的客观性和公正性。销售和市场部门的主要目标是促进产品的销售和市场份额的增长，这可能与确保药品安全性和质量的召回决策存在潜在的利益冲突。

一、产品召回负责人独立于销售和市场部门的重要性

1.避免利益冲突　销售和市场部门的主要目标是促进产品销售和维护品牌形象，而产品召回往往涉及品牌形象受损和经济损失。独立的召回负责人可以不受销售业绩压力的影响，专注于保护消费者安全和遵守法规要求。

2.快速响应　独立的召回负责人可以迅速采取行动，不受销售和市场部门的干扰，确保召回过程的及时性和有效性。

3.确保公众安全优先　独立的召回负责人可以无偏见地评估产品缺陷和潜在风险，及时做出召回决定，避免因商业考虑延误召回，从而最大限度地减少对公众健康的威胁。

4.增强公信力　独立性有助于提高公众、监管机构及行业内部对召回行动的信任。当召回决定基于纯粹的安全考量而非商业利益时，能有效维护企业的长期声誉。

5.促进内部协作　虽然独立，但召回负责人需与其他部门（如质量、生产、法务等）紧密合作。这种结构设计可以确保召回活动在公司内部得到全面支持，同时保持决策的独立性。

二、如何确保产品召回负责人的独立性

1.在组织架构上，应确保产品召回负责人不隶属于销售和市场部门，而是直接向企业高层或质量管理部门报告。这样可以避免其受到销售和市场部门的直接压力或干扰。

2.应明确产品召回负责人的具体职责和权限，包括启动召回程序、组织召回工作、与监管部门沟通等。同时，赋予其足够的资源来支持召回工作的顺利开展。

3.给予产品召回负责人独立的办公区域和决策环境，避免受到销售和市场部门的直接干扰。

4.为召回活动提供独立的预算和必要的资源，确保召回工作不受财务或其他资源限制，能够迅速有效地执行。

5.通过建立信息隔离、流程隔离等机制，确保产品召回负责人在履行职责时不受销售和市场部门的影响。例如，可以设立独立的召回信息管理系统，避免销售数据等信息对召回决策产生干扰。

6.对召回负责人及其团队进行定期的专业培训，包括法律法规、风险管理、危机应对等，同时进行独立性方面的考核，确保其了解并坚持独立决策的原则。

7.设立内部或外部监督机制，如独立的审计或顾问团队，定期检查召回活动的独立性及有效性，确保程序不受不当影响。

432 为确保召回能够随时启动并迅速实施，企业应做好哪些准备工作？

为确保召回能够随时启动并迅速实施，企业应做好以下准备工作。

1.**制定召回计划**　建立详细的召回操作规程和计划，包括召回的组织结构、责任分工、流程步骤和时限要求。

2.**建立召回团队**　成立专门的召回团队，负责协调和执行召回活动，确保团队成员清楚自己的职责和行动方案。

3.**员工培训**　定期对员工进行召回流程的培训，确保他们了解召回程序并能够在必要时迅速行动。

4.**建立产品追溯系统**　建立和维护一个有效的产品追溯系统，确保能够快速识别和定位需要召回的产品批次及其流向，包括供应商、生产、仓储、分销、终端客户等信息。

5.**记录和文档管理**　保持详尽的记录和文档管理系统，包括生产、销售、发运和库存记录，以便于快速响应召回。

6.**沟通计划**　制定沟通计划，明确在召回过程中与内部员工、外部合作伙伴、药品经营企业、使用单位以及监管机构之间的沟通机制。

7.**模拟演练**　定期进行召回模拟演练，检验召回计划的有效性，评估并改进召回流程。

8.**预备通讯资源**　准备召回通知模板，包括给客户、分销商、监管机构的沟通材料，确保在召回启动时能迅速发出准确的信息。同时，维护好通讯录，确保通讯渠道畅通无阻。

9.**设立独立的召回基金或预算**　设立专项基金或预算，用于召回活动的开支，包括但不限于物流、销毁、赔偿、公关费用等，确保召回行动不会因资金问题而受阻。

10.**技术支持**　确保有足够的技术支持，包括信息技术系统，以便于快速处理和分析数据，支持召回决策。

11.**物流和仓储准备**　与物流和仓储合作伙伴建立紧密的合作关系，确保在召回时能够迅速配合，进行产品的回收和处理。

12.**法律和监管遵从**　熟悉并遵守与药品召回相关的法律法规，确保召回活动符合监管要求。

13.**召回信息公开**　准备在必要时向公众和相关方公布召回信息的机制，包括召回原因、影响范围和消费者应采取的措施。

14.**后续监控和评估**　建立召回后的监控和评估机制，跟踪召回效果，评估召回活动的影响，并采取必要的后续措施。

15.**风险评估与预防**　定期进行产品和过程的风险评估，识别潜在召回风险点，提前制定预防措施，降低召回发生的可能性。

433 企业在发现产品存在安全隐患并决定召回时，如何确保立即向当地药品监督管理部门报告？

企业可以采取以下措施来确保立即向当地药品监督管理部门报告。

1.**明确报告流程** 企业应制定明确的报告流程，包括报告的途径、责任人、时限要求等，确保在发现安全隐患时能够迅速行动。

2.**指定责任人** 指定专门的责任人或团队负责与药品监督管理部门的沟通和报告工作。

3.**建立联系网络** 建立与当地药品监督管理部门的联系网络，确保在紧急情况下能够快速取得联系。

4.**快速响应机制** 建立快速响应机制，一旦决定召回，立即启动报告流程。

5.**准备必要文件** 准备必要的文件和资料，如产品信息、安全隐患详情、已采取的措施等，以便向监管部门提供完整的信息。

6.**合规培训** 对相关人员进行合规培训，确保他们了解报告要求和流程。

7.**使用信息技术** 利用信息技术，如电子邮件、在线报告系统等，以加快报告速度。

8.**保持沟通渠道畅通** 确保与药品监督管理部门的沟通渠道24小时畅通，以便在非工作时间也能及时报告。

9.**记录报告行为** 记录报告的时间、方式和内容，以及监管部门的反馈信息。

10.**跟进和更新** 在报告后，继续与药品监督管理部门保持沟通，及时提供更新信息和召回进展。

11.**遵守法规要求** 严格遵守《药品召回管理办法》及其他相关法规的要求，确保报告的合规性。

12.**模拟演练** 定期进行召回和报告流程的模拟演练，以检验和优化流程。

例如，企业指定专门的合规专员负责报告工作，并为其配备24小时畅通的专用手机。内部制定了严格的2小时内报告的规定，并通过培训让所有员工都清楚这一要求。同时建立了产品监测系统，一旦发现异常自动预警并通知相关人员。定期组织报告演练，与当地监管部门也保持着定期的会议和沟通，确保报告的及时性和准确性。

434 在报告召回决定时，应向当地药品监督管理部门提供哪些关键信息？

在向当地药品监督管理部门报告召回决定时，企业应提供以下关键信息，以确保监管部门能够及时、准确地了解召回情况并采取相应措施。

1.**企业基本信息** 包括企业名称、地址、联系人信息等。

2.**召回决定详情** 召回的正式决定，包括召回的日期、召回级别（如一级、二级、三级）、召回的决定依据（如消费者投诉、内部检测结果、监管通知等）。

3.**产品详细信息** 被召回药品的名称、规格、批号、生产日期、有效期、包装形式、生产量、已分销数量、剩余库存量等。

4.**召回原因** 详细描述导致召回的缺陷或安全问题，包括可能的健康风险评估。

5.**召回范围** 受影响的产品分布情况，包括销售区域、分销商、医院、药店等具体名单。

6.**召回计划** 详细的召回操作方案，包括召回时间表、召回通知的方式（如邮件、电话、媒体公告等）、预计的召回完成时间、召回产品的处理方式（如退货、销毁、修复等）。

7.**消费者信息** 提供给消费者的指导信息，包括停止使用召回药品的建议、可能的健康影响、咨询热线或服务点等。

8.**企业内部措施** 企业已经或即将采取的纠正和预防措施，以防止同类问题再次发生。

9.**沟通策略** 与相关方（如医疗机构、分销商、患者）的沟通计划，确保信息传递的及时性和准确性。

10.**记录和文件** 提供相关的生产、销售、发运和库存记录，以及任何相关的测试或检验报告。

11.**后续报告计划** 承诺定期向药品监督管理部门报告召回进展，包括召回执行情况、召回效果评估的安排等。

435 在向当地药品监督管理部门报告召回决定时，应遵循哪些程序和时间要求？

在向当地药品监督管理部门报告召回决定时，应遵循以下程序和时间要求。

一、程序要求

药品生产企业在作出药品召回决定后，首先需要制定详细的召回计划。

紧接着，企业应按照计划组织实施召回，并确保相关药品经营企业、使用单位停止销售和使用被召回的药品。

在实施召回的同时，企业必须向所在地省、自治区、直辖市药品监督管理部门报告召回决定。

准备详细准确的报告材料，包括上述提到的各种关键信息，包括召回的原因、范围、预计的召回数量以及召回计划等详细信息。

以规定的方式提交报告，如书面报告、在线申报系统等。

二、时间要求

根据《药品召回管理办法》以及相关规定，药品生产企业应根据召回的级别在规定的时间内向药品监督管理部门报告。

对于一级召回是最紧急的情况，通常涉及严重健康风险的产品，药品生产企业应在1日内报告。

对于二级召回涉及可能导致暂时性或可逆性健康问题的产品，报告时间应在3日内。

对于三级召回则涉及不太可能引起健康问题，但仍需召回的情况，则需要在7日内完成报告。

436 企业如何确保产品召回负责人能够迅速查阅到药品发运记录？

为了确保产品召回负责人能够迅速查阅到药品发运记录，企业应当采取以下措施。

1. 企业应当建立电子化的药品发运记录管理系统，以便快速检索和查阅。该系统应当能够按照药品名称、批号、发运日期等关键信息进行查询。

2. 将发运记录按照批号、日期、产品名称等关键信息进行索引和分类，以便于快速查找。使用统一的命名和编号规则，以便于识别和检索。

3. 确保药品发运记录及时、准确地录入系统，并实时更新。这样，召回负责人可以查阅到最新的发运信息。

4. 为召回负责人设置相应的权限，使其能够快速访问药品发运记录。同时，确保只有授权人员能够修改或删除记录，以保证记录的安全性和准确性。

5. 如果使用纸质记录，应将发运记录存放在容易访问且受保护的地方，如档案室或专用存储柜。记录应按照逻辑顺序排列，并标明清晰的标识。

6. 定期对召回负责人进行培训，使其熟悉药品发运记录管理系统的操作。同时，进行召回演练，确保召回负责人能够在实际召回情况下迅速查阅到所需信息。

7. 定期备份药品发运记录，并确保在系统故障或数据丢失时能够迅速恢复。这样可以防止召回过程中因技术问题而延误查阅记录。

8. 制定灾难恢复计划，以应对可能的数据丢失或系统故障情况，确保在紧急情况下也能够迅速恢复和访问发运记录。

9. 确保药品发运记录管理系统与其他相关系统（如生产管理系统、销售管理系统等）的接口和集成，以便召回负责人可以从一个系统中查阅到所有相关的信息。

437 对已召回的产品，在等待最终处理决定期间，应采取哪些贮存和标识措施？

在等待最终处理决定期间，可以采取以下贮存和标识措施。

一、贮存措施

1.**设立专门的贮存区域**　划分出特定的、与正常产品隔离的区域用于存放召回产品。

2.**环境控制**　确保贮存区域的温度、湿度等条件符合产品要求，以维持产品质量。

3.**安全防护**　采取防火、防盗、防潮等安全措施，保护召回产品。

4.**定期检查**　安排专人定期对贮存的产品进行检查，查看包装是否完好、有无变质等情况。

二、标识措施

1.**明显标识**　在贮存区域的显著位置张贴"召回产品存放区"等标识。

2.**产品标识**　在每个召回产品的包装上做好清晰的标记，注明"召回产品"及相关信息。

3.**批次标识**　明确标识产品的批次，以便后续处理和追溯。

4.**信息记录标识**　建立相应的记录标识系统，记录每个产品的详细信息和存放位置。

比如，企业在仓库中划定一个独立且封闭的区域作为召回产品的贮存地，该区域配备了适宜的温湿度控制设备和安保设施。定期有仓库管理员进行巡查。在该区域入口处张贴了大型的"召回产品专区"标识，每个召回产品的外包装上都用醒目的标签标注了"召回产品"及详细批次等信息，同时还建立了电子记录系统，对每个产品的具体情况和存放位置进行准确记录和标识。

438　企业如何记录召回的进展过程，并在最终报告中详细说明产品发运数量、已召回数量以及数量平衡情况？

以下是企业可以采取的一些方法来记录召回的进展过程并在最终报告中详细说明相关情况。

一、记录召回进展过程

1. 建立专门的召回记录文档或电子表格，实时记录每一个关键步骤和事件的时间、具体情况。

2. 利用项目管理工具，将召回的各项任务、责任人、完成情况等进行清晰的展示和跟踪。

3. 每次与相关方的沟通、会议等都做好详细的会议纪要，包括讨论内容、决策结果等。

4. 对召回产品的接收、处理等操作进行详细记录，包括日期、数量、经手人等。

二、终极报告的编制

1.**概述**　简要介绍召回背景、召回决定的依据、召回级别及召回开始日期。

2.**产品信息**　详细列出召回产品的名称、规格、批号、生产日期、有效期、召回原因及潜在风险。

3.**发运与召回数量统计**　发运数量：明确指出问题产品最初发运的总量，按批次、地区或客户分类统计。

已召回数量：详细记录实际回收的产品数量，包括每一批次的具体回收数量和回收地点。

数量平衡：计算并解释召回数量与发运数量之间的差异，分析未召回的原因（如已消费、无法追踪、损坏等），并说明针对未召回部分的后续行动计划。

4.**召回过程描述**　详细叙述召回的整个执行过程，包括启动召回的决策过程、通知策略、合作的分销商和零售商的反应、消费者沟通情况、召回产品的收集和处理方式等。

5.**效果评估** 评估召回行动的有效性，包括对公众健康风险的控制、消费者满意度、市场反应等。

6.**后续措施** 提出针对本次召回发现的问题所采取的纠正和预防措施，以及如何避免类似事件再次发生的计划。

7.**附录** 包括所有支持性文件、数据分析图表、相关法律文件复印件等。

三、说明产品发运数量、已召回数量及平衡情况

从销售记录、生产记录等源头数据中准确获取产品发运数量信息，并在报告中明确列出。

通过召回实施过程中的统计，精确记录已召回的数量，包括从不同渠道召回的具体数据。

计算两者之间的差值，即未召回数量，并分析原因，如是否存在部分产品已使用、流失等情况。

在报告中以图表等直观形式呈现发运数量、已召回数量和数量平衡情况，便于理解。

439 企业应采取哪些方法对产品召回系统的有效性进行定期评估？评估的频率如何确定？

企业对产品召回系统的有效性进行定期评估是确保召回流程能够迅速、有效地响应潜在质量问题的重要措施。以下是企业应采取的方法和评估频率的确定方式。

一、产品召回系统有效性评估方法

1.**模拟召回演练** 定期组织模拟召回演习，模拟不同场景下的召回过程，从召回决策、通知流程、执行效率到消费者沟通等环节进行全面检验，评估系统的实际运行效能。

2.**数据分析与报告回顾** 分析历史召回案例，包括召回速度、召回完成率、消费者响应时间等关键指标，评估召回效率和效果。同时，回顾召回后的总结报告，识别存在的问题和改进点。

3.**内部审计** 通过内部审计团队或聘请第三方机构，对召回政策、程序、记录保存系统等进行审查，确保符合法规要求且运作高效。

4.**员工培训与考核** 定期对涉及召回流程的员工进行培训，并通过考核验证他们对召回程序的熟悉程度和执行力，确保人员素质满足召回要求。

5.**利益相关方反馈** 收集并分析分销商、零售商、消费者以及监管机构的反馈，了解他们对召回行动的感知和建议，评估外部沟通的有效性。

6.**技术与系统评估** 检查IT系统、通信工具和技术支持平台，确保它们能够有效支持召回行动，如快速精准地定位产品、高效传递召回信息等。

7.**对比行业标准** 将自身召回系统与行业内先进的标准和实践进行对比评估。

8.**外部审计** 定期进行外部审计，以获得独立的评估意见，确保召回系统符合行业标准和法规要求。

二、评估的频率

至于评估的频率，一般应考虑以下 7 个因素来确定。

1.**产品类型与风险等级**　高风险产品应更频繁地进行评估，可能是每季度或半年一次，而低风险产品则可适当延长评估间隔。

2.**产品生命周期**　新上市产品或经历重大变更的产品在初期应增加评估频率，成熟期产品则可适当降低频率。

3.**以往召回经验**　若企业有召回历史，尤其是召回过程中发现问题较多时，应提高评估频率，直至系统改进得到验证。

4.**行业动态**　行业内类似情况的评估频率也可作为参考。

5.**法规要求**　遵循当地药品监督管理部门或相关行业的具体规定，确保评估频率不低于法定要求。

6.**企业内部控制状况**　内部控制良好、风险管理能力强的企业，可根据自身情况适当调整评估周期和频率。

7.**外部环境变化**　如市场变化、技术更新、竞争对手的召回事件等，都可能影响召回系统的有效性，因此需要适时进行评估。

综上所述，评估频率可能设定为每年、每半年、每季度或根据需要随时进行，关键在于确保召回系统始终处于高效、合规的状态，能迅速有效地应对潜在的产品安全问题。

第十三章 自 检

第一节 总 则

440 质量管理部门定期组织自检的频率和范围如何确定？

质量管理部门定期组织自检的频率和范围可以通过以下方式确定。

一、自检频率的确定

1.**法规与标准要求** 首先，应参考相关行业的法规和标准，了解对自检频率的具体要求。例如，在药品生产行业，GMP可能规定了自检的最低频率。

2.**风险评估** 根据产品或服务的特点和质量要求，对生产过程中可能出现的风险进行评估。高风险或重要环节可能需要更高的自检频率。

3.**历史数据** 回顾过去的质量问题和自检记录，识别出问题频发的区域和环节，针对这些部分可以增加自检的频率。

4.**生产规模和复杂性** 生产规模大且工艺复杂的药品可能需要更频繁和更广泛的自检。

5.**企业自身质量管理水平** 企业的质量管理体系成熟度也会影响自检的频率和范围，质量管理体系较为完善的企业可能会有更高效的自检流程。

6.**变更管理** 任何生产过程、设备、人员或环境的变更都可能需要额外的自检来确保变更后的系统仍然符合GMP要求。

7.**供应商和原材料的稳定性** 如果供应商或原材料的质量不稳定，可能需要增加自检的频率来控制风险。

8.**客户反馈和市场反馈** 客户投诉或市场反馈中的问题可能提示需要调整自检的频率和范围。

9.**管理需求** 根据企业的管理需求，如持续改进、监控关键绩效指标（KPI）等，来确定自检的频率。

10.**外部环境变化** 包括市场动态、行业趋势、监管要求的变化等，当有较大变动时可能需要适当增加自检频率。

综上所述，自检的频率可能是每6个月、每年或根据具体情况而定，但应确保至少每年进行一次系统、全面的自检。

二、自检范围的确定

1.**法规与标准要求** 同样，首先要参考相关法规和标准，了解自检必须覆盖的范围。

2.**全面性与针对性** 自检范围应全面覆盖企业的各个关键环节，包括但不限于人员、厂房及设施、设备、物料与产品、确认与验证、文件管理、生产管理、质量控制与质量保证等。同时，针对历史上出现问题较多的环节或区域，应进行重点检查。

3.**重点关注高风险区域** 例如对产品质量影响较大的工艺步骤、容易出现偏差的环节等。

4.**持续改进** 自检不仅是为了满足法规要求，更是为了持续改进企业的质量管理体系。因此，自检范围还应包括对企业质量管理体系的有效性、适宜性和充分性进行评估。

441 企业如何评估自检结果，判断是否符合 GMP 的要求？

企业在评估自检结果以判断是否符合 GMP 的要求时，可以遵循以下步骤。

1.**收集和整理自检数据** 全面收集自检过程中形成的各类记录，包括现场观察记录、访谈记录、文件审查记录以及任何测试或检验的结果。这些数据是评估的基础。

2.**对比GMP标准** 将自检发现的实际情况与现行的GMP及相关法规要求进行详细对比，检查是否存在偏差或不符合项。这包括但不限于生产过程、质量控制、人员资质、设备维护、物料管理、文件记录等方面。

3.**分类和分级** 对发现的不符合项进行分类，如硬件、软件、人员、方法、环境等，并根据其对产品质量的潜在影响程度进行分级，比如轻微、一般、严重或关键。

4.**分析原因** 对于每个不符合项，进行根本原因分析，找出问题发生的深层次原因，可能是程序上的漏洞、人员培训不足、设备故障或是管理监督不到位等。

5.**制定纠正预防措施** 针对每个不符合项及其根本原因，制定具体的纠正措施以消除已发现的问题，并采取预防措施以防止类似问题再次发生。纠正预防措施应具体、可行，设定完成时间表，并指定责任人。

6.**实施与跟踪** 执行制定的纠正预防措施，并建立机制跟踪实施效果，确保所有措施得以有效落实。这包括验证纠正措施的有效性，必要时进行再评估。

7.**编制自检报告** 整理自检全过程，包括计划、实施、发现、分析、纠正预防措施及执行结果，形成正式的自检报告。报告应客观、全面，对不符合项的处理情况和改进措施有明确的记录。

8.**管理评审** 将自检报告提交至高层管理进行审核，讨论自检结果对整体质量管理体系的影响，以及可能需要的系统性改进措施。管理评审有助于确保资源的合理分配和持续改进。

9.**持续监控与改进** 自检不是一次性活动，而是持续循环的过程。企业应定期回顾自检计划和执行效果，根据内外部变化适时调整自检策略，以不断优化和提升GMP合规水平。

第二节 自 检

442 药品生产企业如何制定自检计划，确保涵盖药品生产质量管理的各个关键环节？

药品生产企业制定自检计划时，应确保涵盖药品生产质量管理的各个关键环节。以下是制定自检计划的一些建议。

1.确定自检目标 明确自检的目的，例如评估生产质量管理体系的有效性、发现潜在的质量风险、提高产品质量等。

2.制定自检范围 根据企业的生产流程、产品特性、设备设施、人员配置等因素，确定自检的范围，确保涵盖所有关键生产环节和质量控制点。自检范围应涵盖GMP的各个方面，包括但不限于以下内容。

机构与人员（培训、资质）

厂房与设施（设计、维护、清洁）

设备（校验、维护、使用记录）

物料管理（供应商审计、验收、存储）

生产管理（批记录、生产过程控制）

质量管理（检验、质量控制、稳定性考察）

文件系统（SOP、记录保持）

委托生产与委托检验（协议、控制）

发放与召回（程序、记录）

投诉与不良反应（处理、报告）

3.设定自检频率 根据企业的实际情况和需求，设定合适的自检频率。一般来说，自检频率应至少为每年一次，但在特定情况下，如重大变更、质量事故等，应增加自检频率。

4.确定自检方法 选择合适的自检方法，如现场观察、文件审查、人员访谈、抽样检测等，以确保自检结果的准确性和可靠性。

5.制定自检团队 组建一个具备相关专业知识和经验的自检团队，确保自检工作的高效进行。

6.制定自检计划 根据以上信息，制定详细的自检计划，包括自检的时间表、任务分配、检查内容、检查方法等。

7.实施自检 按照自检计划进行自检，记录自检过程中发现的问题和不足。

8.分析自检结果 对自检过程中发现的问题进行分析，找出原因，并提出改进措施。

9.跟进整改 对自检中发现的问题进行整改，并对整改效果进行跟踪验证。

10.持续改进 根据自检结果和企业实际情况，不断优化自检计划和流程，提高自检的有效性和针对性。

443 企业在指定自检人员时，如何确保这些人员具备足够的独立性和专业知识，以进行系统、全面的自检？

企业在指定自检人员时，确保他们具备足够的独立性和专业知识，是确保自检有效性的重要前提。以下是一些关键措施。

1.**独立性保障**　避免直接利益冲突：自检人员应与被检查的部门或操作无直接责任关系，避免个人利益影响检查的公正性。

跨部门抽调：可以从不同部门临时抽调人员组成自检团队，以增加独立性。

外部专家参与：考虑聘请外部独立顾问或利用第三方机构进行部分或全部自检工作，以增强客观性。

定期轮换机制：定期更换自检人员，避免长期负责同一区域或流程，减少潜在的熟视无睹现象。

2.**专业培训与认证**　专业培训：自检人员必须接受全面的GMP培训，包括但不限于GMP、质量管理体系、检查技巧和风险管理等。

持续教育：鼓励自检人员参加行业研讨会、专业课程，保持知识的最新状态。

资格认证：鼓励自检人员获取GMP自检员证书或其他相关专业资格认证，证明其具备执行自检的专业能力。

3.**明确职责与权限**　书面程序：制定清晰的自检程序文件，明确自检人员的职责、权利、工作范围和报告路径。

职责说明：为自检人员制定详细的职位描述，确保其理解自己的角色和期望成果。

4.**绩效考核与激励**　公正评价：建立公平、透明的绩效评估机制，对自检工作的质量和效率进行客观评价。

正向激励：对表现优秀的自检人员给予奖励，激励他们保持高标准的工作态度和专业精神。

5.**内部沟通与协作**　开放沟通渠道：鼓励自检人员与各相关部门之间建立开放的沟通机制，便于信息交流和问题解决。

团队建设：通过团队建设活动增强自检团队的凝聚力，培养良好的团队协作精神。

444　如果由外部人员或专家进行独立的质量审计，应如何选择这些外部人员或专家，并确保他们的资质和独立性？

如果由外部人员或专家进行独立的质量审计，企业应慎重选择这些外部人员或专家，并确保他们具备相应的资质和独立性。以下是一些建议措施。

1.**明确审计目标与要求**　在选择外部审计人员之前，企业应先明确审计的目标、范围和具体要求，据此设定选择外部审计人员的具体标准，包括专业资格、行业经验、特定技术或法规知识等。

2.**制定选择标准**　外部审计人员或专家应具备相关的专业背景、资质认证和行业经验。例如，他们可能需要拥有药学或相关专业背景，并具备质量审计或GMP认证等方面的专业资质。

确保外部审计人员或专家与被审计企业没有直接的利益关系，以保证审计结果的客观性和公正性。

3.建立选择程序 企业可以通过公开招标或发送邀请信的方式，广泛征集符合条件的外部审计人员或专家。

根据收到的申请或提名，对候选人的资质、经验和独立性进行综合评估，筛选出符合要求的外部审计人员或专家。

通过行业内的口碑、推荐和评价来筛选信誉良好的审计机构或个人。

要求提供过往审计项目的案例研究，评估其审计方法、报告质量及问题解决能力。

4.核实资质与独立性 要求候选人提供相关资质证书的复印件或官方证明，并通过官方渠道验证其真实性。

要求候选人签署独立性声明，确保其与被审计企业没有利益冲突。

5.签订合同与保密协议 在确定外部审计人员或专家后，应与他们签订正式的服务合同，明确双方的权利和义务。

同时，应签订保密协议，确保审计过程中涉及的敏感信息和数据不被泄露。

6.持续监督与评估 在审计过程中，企业应对外部审计人员或专家的工作进行监督，确保其按照合同要求执行审计任务。

审计结束后，企业应对外部审计人员或专家的工作进行评估，以便为未来选择审计人员提供参考。

445 在自检完成后，如何确保自检报告的内容详尽、准确，并且所提出的纠正和预防措施具有可操作性和有效性？

在自检完成后，为确保自检报告的内容详尽、准确，并且所提出的纠正和预防措施具有可操作性和有效性，可以采取以下措施。

一、确保自检报告内容详尽、准确

1.在进行自检之前，应对所需的数据、信息和工具进行充分准备，确保评估工具和指标的准确性和适用性。同时，对评估流程和方法进行详细规划，以收集全面、准确的数据。自检过程中，详细记录检查发现的问题，包括具体位置、时间、涉及的人员、现状描述及可能的原因分析。同时，收集相关的证据材料，如照片、文档副本、数据记录等，以支持发现的问题。

2.使用标准化的自检报告模板，确保报告结构完整，通常包括但不限于：引言、检查范围、检查方法、检查发现、根本原因分析、已实施的即时纠正措施、建议的纠正和预防措施、责任分配和完成时限。

3.通过多人合作编写自检报告，可以减少个人主观因素的影响。团队成员之间的交流和合作有助于提高报告的准确性和精确性。

4.在撰写自检报告时，应确保所使用数据的准确性和可靠性。数据的收集要标准化，避免主观性的干扰，并尽量使用来自可信渠道和权威机构发布的数据。

5.对数据的解读和分析需要特别审慎，应基于客观事实进行科学分析，避免主观偏见的影响。对每个发现的问题进行深入的根本原因分析，采用 5 Why 法、鱼骨图、流程图分析等工具，确保找到问题发生的根本原因，而不仅仅是表面现象。同时，对于数据中的不确定性和局限性也要有清晰的认识，并在报告中进行适当的说明和解释。

6. 自检报告和 CAPA 计划应由自检小组、相关部门负责人、质量管理负责人乃至高级管理层进行多轮评审，确保内容的准确性和可行性，同时收集各方反馈进行必要修正。

二、提出具有可操作性和有效性的纠正和预防措施

1. 在提出纠正和预防措施之前，应深入分析自检中发现的问题，明确问题的根本原因，以便针对性地制定措施。

2. 根据问题原因，制定具体的纠正措施。措施应明确、具体，并考虑到实际操作的可行性。CAPA 应明确指出哪些行动需要执行、谁来执行、何时完成、如何验证效果。确保每项措施都是可追踪、可衡量的。例如，针对某一生产环节的问题，可以制定详细的操作规范或改进工艺流程。

3. 除了纠正措施外，还应制定预防措施，以避免类似问题的再次发生。预防措施可以包括定期的培训、监控关键指标、优化管理体系等。

4. 制定纠正和预防措施后，应对其进行验证，确保其具有可操作性和有效性。可以通过实际操作、模拟测试或收集反馈等方式进行验证，并根据验证结果对措施进行调整和优化。

446 自检情况报告给企业高层管理人员时，应采用什么方式和频率，高层管理人员应如何跟进和落实报告中的建议？

在将自检情况报告给企业高层管理人员时，应考虑报告的方式、频率，以及高层管理人员如何跟进和落实报告中的建议。以下是一些建议。

一、报告方式与频率

1.**报告方式** 书面报告：定期提交详细的自检书面报告，包括关键发现、潜在风险及改进建议。

口头汇报：在定期的管理会议或董事会议上，对自检结果进行口头汇报，并现场解答高层管理人员的疑问。

数字化工具：利用企业内部的管理信息系统或平台，实时上传和更新自检报告，便于高层管理人员随时查阅。

2.**报告频率** 定期报告：如每季度、每半年或每年进行一次全面的自检报告。

不定期报告：在发现重大问题或风险时，及时提交特别报告，以便高层管理人员迅速做出反应。

二、高层管理人员的跟进与落实

1.**审阅与反馈** 高层管理人员应认真审阅自检报告，对报告中的关键问题和建议给予及时反馈。

组织专题会议，邀请相关部门负责人共同讨论报告内容，明确改进方向和具体措施。

2.**制定行动计划**　根据自检报告中的建议，制定具体的行动计划，包括改进措施、责任人、完成时间和预期效果等。

将行动计划纳入企业的战略规划或年度工作计划中，确保其与企业整体目标保持一致。

3.**资源支持**　确保提供必要的资源，包括资金、人力和技术支持，以消除障碍，推动问题解决和持续改进。

4.**监督与考核**　设立专门的监督机制，定期对行动计划的执行情况进行检查和评估。

将自检报告的落实情况与部门或个人的绩效考核挂钩，激励员工积极参与改进工作。

5.**持续改进**　鼓励员工提出改进意见和建议，不断完善自检流程和报告机制。

通过定期的自检和反馈循环，推动企业持续改进和提升管理水平。

附录

药品生产质量管理规范（2010 年修订）

第 79 号

《药品生产质量管理规范（2010 年修订）》已于 2010 年 10 月 19 日经卫生部部务会议审议通过，现予以发布，自 2011 年 3 月 1 日起施行。

部　长　陈　竺

二〇一一年一月十七日

第一章　总　　则

第一条　为规范药品生产质量管理，根据《中华人民共和国药品管理法》、《中华人民共和国药品管理法实施条例》，制定本规范。

第二条　企业应当建立药品质量管理体系。该体系应当涵盖影响药品质量的所有因素，包括确保药品质量符合预定用途的有组织、有计划的全部活动。

第三条　本规范作为质量管理体系的一部分，是药品生产管理和质量控制的基本要求，旨在最大限度地降低药品生产过程中污染、交叉污染以及混淆、差错等风险，确保持续稳定地生产出符合预定用途和注册要求的药品。

第四条　企业应当严格执行本规范，坚持诚实守信，禁止任何虚假、欺骗行为。

第二章　质量管理

第一节　原　　则

第五条　企业应当建立符合药品质量管理要求的质量目标，将药品注册的有关安全、有效和质量可控的所有要求，系统地贯彻到药品生产、控制及产品放行、贮存、发运的全过程中，确保所生产的药品符合预定用途和注册要求。

第六条　企业高层管理人员应当确保实现既定的质量目标，不同层次的人员以及供应商、经销商应当共同参与并承担各自的责任。

第七条　企业应当配备足够的、符合要求的人员、厂房、设施和设备，为实现质量目标提供必要的条件。

第二节　质量保证

第八条　质量保证是质量管理体系的一部分。企业必须建立质量保证系统，同时建立完整的文件体系，以保证系统有效运行。

第九条　质量保证系统应当确保：

（一）药品的设计与研发体现本规范的要求；

（二）生产管理和质量控制活动符合本规范的要求；

（三）管理职责明确；

（四）采购和使用的原辅料和包装材料正确无误；

（五）中间产品得到有效控制；

（六）确认、验证的实施；

（七）严格按照规程进行生产、检查、检验和复核；

（八）每批产品经质量受权人批准后方可放行；

（九）在贮存、发运和随后的各种操作过程中有保证药品质量的适当措施；

（十）按照自检操作规程，定期检查评估质量保证系统的有效性和适用性。

第十条　药品生产质量管理的基本要求：

（一）制定生产工艺，系统地回顾并证明其可持续稳定地生产出符合要求的产品；

（二）生产工艺及其重大变更均经过验证；

（三）配备所需的资源，至少包括：

1. 具有适当的资质并经培训合格的人员；

2. 足够的厂房和空间；

3. 适用的设备和维修保障；

4. 正确的原辅料、包装材料和标签；

5. 经批准的工艺规程和操作规程；

6. 适当的贮运条件。

（四）应当使用准确、易懂的语言制定操作规程；

（五）操作人员经过培训，能够按照操作规程正确操作；

（六）生产全过程应当有记录，偏差均经过调查并记录；

（七）批记录和发运记录应当能够追溯批产品的完整历史，并妥善保存、便于查阅；

（八）降低药品发运过程中的质量风险；

（九）建立药品召回系统，确保能够召回任何一批已发运销售的产品；

（十）调查导致药品投诉和质量缺陷的原因，并采取措施，防止类似质量缺陷再次发生。

第三节　质量控制

第十一条　质量控制包括相应的组织机构、文件系统以及取样、检验等，确保物料或产品在放行前完成必要的检验，确认其质量符合要求。

第十二条　质量控制的基本要求：

（一）应当配备适当的设施、设备、仪器和经过培训的人员，有效、可靠地完成所有质量控制的相关活动。

（二）应当有批准的操作规程，用于原辅料、包装材料、中间产品、待包装产品和成品的取样、检查、检验以及产品的稳定性考察，必要时进行环境监测，以确保符合本规范的要求。

（三）由经授权的人员按照规定的方法对原辅料、包装材料、中间产品、待包装产品和成品取样。

（四）检验方法应当经过验证或确认。

（五）取样、检查、检验应当有记录，偏差应当经过调查并记录。

（六）物料、中间产品、待包装产品和成品必须按照质量标准进行检查和检验，并有记录。

（七）物料和最终包装的成品应当有足够的留样，以备必要的检查或检验；除最终包装容器过大的成品外，成品的留样包装应当与最终包装相同。

第四节　质量风险管理

第十三条　质量风险管理是在整个产品生命周期中采用前瞻或回顾的方式，对质量风险进行评估、控制、沟通、审核的系统过程。

第十四条　应当根据科学知识及经验对质量风险进行评估，以保证产品质量。

第十五条　质量风险管理过程所采用的方法、措施、形式及形成的文件应当与存在风险的级别相适应。

第三章　机构与人员

第一节　原　　则

第十六条　企业应当建立与药品生产相适应的管理机构，并有组织机构图。

企业应当设立独立的质量管理部门，履行质量保证和质量控制的职责。质量管理部门可以分别设立质量保证部门和质量控制部门。

第十七条　质量管理部门应当参与所有与质量有关的活动，负责审核所有与本规范有关的文件。质量管理部门人员不得将职责委托给其他部门的人员。

第十八条　企业应当配备足够数量并具有适当资质（含学历、培训和实践经验）的管理和操作人员，应当明确规定每个部门和每个岗位的职责。岗位职责不得遗漏，交叉的职责应当有明确规定。每个人所承担的职责不应当过多。

所有人员应当明确并理解自己的职责，熟悉与其职责相关的要求，并接受必要的培训，包括上岗前培训和继续培训。

第十九条 职责通常不得委托给他人。确需委托的，其职责可委托给具有相当资质的指定人员。

第二节　关键人员

第二十条 关键人员应当为企业的全职人员，至少应当包括企业负责人、生产管理负责人、质量管理负责人和质量受权人。

质量管理负责人和生产管理负责人不得互相兼任。质量管理负责人和质量受权人可以兼任。应当制定操作规程确保质量受权人独立履行职责，不受企业负责人和其他人员的干扰。

第二十一条 企业负责人

企业负责人是药品质量的主要责任人，全面负责企业日常管理。为确保企业实现质量目标并按照本规范要求生产药品，企业负责人应当负责提供必要的资源，合理计划、组织和协调，保证质量管理部门独立履行其职责。

第二十二条 生产管理负责人

（一）资质：

生产管理负责人应当至少具有药学或相关专业本科学历（或中级专业技术职称或执业药师资格），具有至少三年从事药品生产和质量管理的实践经验，其中至少有一年的药品生产管理经验，接受过与所生产产品相关的专业知识培训。

（二）主要职责：

1. 确保药品按照批准的工艺规程生产、贮存，以保证药品质量；

2. 确保严格执行与生产操作相关的各种操作规程；

3. 确保批生产记录和批包装记录经过指定人员审核并送交质量管理部门；

4. 确保厂房和设备的维护保养，以保持其良好的运行状态；

5. 确保完成各种必要的验证工作；

6. 确保生产相关人员经过必要的上岗前培训和继续培训，并根据实际需要调整培训内容。

第二十三条 质量管理负责人

（一）资质：

质量管理负责人应当至少具有药学或相关专业本科学历（或中级专业技术职称或执业药师资格），具有至少五年从事药品生产和质量管理的实践经验，其中至少一年的药品质量管理经验，接受过与所生产产品相关的专业知识培训。

（二）主要职责：

1. 确保原辅料、包装材料、中间产品、待包装产品和成品符合经注册批准的要求和质量标准；

2. 确保在产品放行前完成对批记录的审核；

3. 确保完成所有必要的检验；

4. 批准质量标准、取样方法、检验方法和其他质量管理的操作规程；

5. 审核和批准所有与质量有关的变更；

6. 确保所有重大偏差和检验结果超标已经过调查并得到及时处理；

7. 批准并监督委托检验；

8. 监督厂房和设备的维护，以保持其良好的运行状态；

9. 确保完成各种必要的确认或验证工作，审核和批准确认或验证方案和报告；

10. 确保完成自检；

11. 评估和批准物料供应商；

12. 确保所有与产品质量有关的投诉已经过调查，并得到及时、正确的处理；

13. 确保完成产品的持续稳定性考察计划，提供稳定性考察的数据；

14. 确保完成产品质量回顾分析；

15. 确保质量控制和质量保证人员都已经过必要的上岗前培训和继续培训，并根据实际需要调整培训内容。

第二十四条 生产管理负责人和质量管理负责人通常有下列共同的职责：

（一）审核和批准产品的工艺规程、操作规程等文件；

（二）监督厂区卫生状况；

（三）确保关键设备经过确认；

（四）确保完成生产工艺验证；

（五）确保企业所有相关人员都已经过必要的上岗前培训和继续培训，并根据实际需要调整培训内容；

（六）批准并监督委托生产；

（七）确定和监控物料和产品的贮存条件；

（八）保存记录；

（九）监督本规范执行状况；

（十）监控影响产品质量的因素。

第二十五条 质量受权人

（一）资质：

质量受权人应当至少具有药学或相关专业本科学历（或中级专业技术职称或执业药师资格），具有至少五年从事药品生产和质量管理的实践经验，从事过药品生产过程控制和质量检验工作。

质量受权人应当具有必要的专业理论知识，并经过与产品放行有关的培训，方能独立履行其职责。

（二）主要职责：

1. 参与企业质量体系建立、内部自检、外部质量审计、验证以及药品不良反应报告、产品召回等质量管理活动；

2. 承担产品放行的职责，确保每批已放行产品的生产、检验均符合相关法规、药品注册要求和质量标准；

3. 在产品放行前，质量受权人必须按照上述第 2 项的要求出具产品放行审核记录，并纳入批记录。

第三节 培 训

第二十六条 企业应当指定部门或专人负责培训管理工作，应当有经生产管理负责人或质量管理负责人审核或批准的培训方案或计划，培训记录应当予以保存。

第二十七条 与药品生产、质量有关的所有人员都应当经过培训，培训的内容应当与岗位的要求相适应。除进行本规范理论和实践的培训外，还应当有相关法规、相应岗位的职责、技能的培训，并定期评估培训的实际效果。

第二十八条 高风险操作区（如：高活性、高毒性、传染性、高致敏性物料的生产区）的工作人员应当接受专门的培训。

第四节 人员卫生

第二十九条 所有人员都应当接受卫生要求的培训，企业应当建立人员卫生操作规程，最大限度地降低人员对药品生产造成污染的风险。

第三十条 人员卫生操作规程应当包括与健康、卫生习惯及人员着装相关的内容。生产区和质量控制区的人员应当正确理解相关的人员卫生操作规程。企业应当采取措施确保人员卫生操作规程的执行。

第三十一条 企业应当对人员健康进行管理，并建立健康档案。直接接触药品的生产人员上岗前应当接受健康检查，以后每年至少进行一次健康检查。

第三十二条 企业应当采取适当措施，避免体表有伤口、患有传染病或其他可能污染药品疾病的人员从事直接接触药品的生产。

第三十三条 参观人员和未经培训的人员不得进入生产区和质量控制区，特殊情况确需进入的，应当事先对个人卫生、更衣等事项进行指导。

第三十四条 任何进入生产区的人员均应当按照规定更衣。工作服的选材、式样及穿戴方式应当与所从事的工作和空气洁净度级别要求相适应。

第三十五条 进入洁净生产区的人员不得化妆和佩带饰物。

第三十六条 生产区、仓储区应当禁止吸烟和饮食，禁止存放食品、饮料、香烟和个人用药品等非生产用物品。

第三十七条 操作人员应当避免裸手直接接触药品、与药品直接接触的包装材料和设备表面。

第四章　厂房与设施

第一节　原　则

第三十八条 厂房的选址、设计、布局、建造、改造和维护必须符合药品生产要求，应当能够最大限度地避免污染、交叉污染、混淆和差错，便于清洁、操作和维护。

第三十九条 应当根据厂房及生产防护措施综合考虑选址，厂房所处的环境应当能够最大限度地降低物料或产品遭受污染的风险。

第四十条 企业应当有整洁的生产环境；厂区的地面、路面及运输等不应当对药品的生产造成污染；生产、行政、生活和辅助区的总体布局应当合理，不得互相妨碍；厂区和厂房内的人、物流走向应当合理。

第四十一条 应当对厂房进行适当维护，并确保维修活动不影响药品的质量。应当按照详细的书面操作规程对厂房进行清洁或必要的消毒。

第四十二条 厂房应当有适当的照明、温度、湿度和通风，确保生产和贮存的产品质量以及相关设备性能不会直接或间接地受到影响。

第四十三条 厂房、设施的设计和安装应当能够有效防止昆虫或其它动物进入。应当采取必要的措施，避免所使用的灭鼠药、杀虫剂、烟熏剂等对设备、物料、产品造成污染。

第四十四条 应当采取适当措施，防止未经批准人员的进入。生产、贮存和质量控制区不应当作为非本区工作人员的直接通道。

第四十五条 应当保存厂房、公用设施、固定管道建造或改造后的竣工图纸。

第二节　生产区

第四十六条 为降低污染和交叉污染的风险，厂房、生产设施和设备应当根据所生产药品的特性、工艺流程及相应洁净度级别要求合理设计、布局和使用，并符合下列要求：

（一）应当综合考虑药品的特性、工艺和预定用途等因素，确定厂房、生产设施和设备多产品共用的可行性，并有相应评估报告。

（二）生产特殊性质的药品，如高致敏性药品（如青霉素类）或生物制品（如卡介苗或其他用活性微生物制备而成的药品），必须采用专用和独立的厂房、生产设施和设备。青霉素类药品产尘量大的操作区域应当保持相对负压，排至室外的废气应当经过净化处理并符合要求，排风口应当远离其他空气净化系统的进风口。

（三）生产 β- 内酰胺结构类药品、性激素类避孕药品必须使用专用设施（如独立的空气净化系统）和设备，并与其他药品生产区严格分开。

（四）生产某些激素类、细胞毒性类、高活性化学药品应当使用专用设施（如独立的空气净化系统）和设备；特殊情况下，如采取特别防护措施并经过必要的验证，上述药品制剂则可通过阶段性生产方式共用同一生产设施和设备。

（五）用于上述第（二）、（三）、（四）项的空气净化系统，其排风应当经过净化处理。

（六）药品生产厂房不得用于生产对药品质量有不利影响的非药用产品。

第四十七条 生产区和贮存区应当有足够的空间，确保有序地存放设备、物料、中间产品、待包装产品和成品，避免不同产品或物料的混淆、交叉污染，避免生产或质量控制操作发生遗漏或差错。

第四十八条 应当根据药品品种、生产操作要求及外部环境状况等配置空调净化系统，使生产区有效通风，并有温度、湿度控制和空气净化过滤，保证药品的生产环境符合要求。

洁净区与非洁净区之间、不同级别洁净区之间的压差应当不低于 10 帕斯卡。必要时，相同洁净度级别的不同功能区域（操作间）之间也应当保持适当的压差梯度。

口服液体和固体制剂、腔道用药（含直肠用药）、表皮外用药品等非无菌制剂生产的暴露工序区域及其直接接触药品的包装材料最终处理的暴露工序区域，应当参照"无菌药品"附录中 D 级洁净区的要求设置，企业可根据产品的标准和特性对该区域采取适当的微生物监控措施。

第四十九条 洁净区的内表面（墙壁、地面、天棚）应当平整光滑、无裂缝、接口严密、无颗粒物脱落，避免积尘，便于有效清洁，必要时应当进行消毒。

第五十条 各种管道、照明设施、风口和其他公用设施的设计和安装应当避免出现不易清洁的部位，应当尽可能在生产区外部对其进行维护。

第五十一条 排水设施应当大小适宜，并安装防止倒灌的装置。应当尽可能避免明沟排水；不可避免时，明沟宜浅，以方便清洁和消毒。

第五十二条 制剂的原辅料称量通常应当在专门设计的称量室内进行。

第五十三条 产尘操作间（如干燥物料或产品的取样、称量、混合、包装等操作间）应当保持相对负压或采取专门的措施，防止粉尘扩散、避免交叉污染并便于清洁。

第五十四条 用于药品包装的厂房或区域应当合理设计和布局，以避免混淆或交叉污染。如同一区域内有数条包装线，应当有隔离措施。

第五十五条 生产区应当有适度的照明，目视操作区域的照明应当满足操作要求。

第五十六条 生产区内可设中间控制区域，但中间控制操作不得给药品带来质量风险。

第三节　仓储区

第五十七条 仓储区应当有足够的空间，确保有序存放待验、合格、不合格、退货或召回的原辅料、包装材料、中间产品、待包装产品和成品等各类物料和产品。

第五十八条 仓储区的设计和建造应当确保良好的仓储条件，并有通风和照明设施。仓储区应当能够满足物料或产品的贮存条件（如温湿度、避光）和安全贮存的要求，并进行检查和监控。

第五十九条 高活性的物料或产品以及印刷包装材料应当贮存于安全的区域。

第六十条 接收、发放和发运区域应当能够保护物料、产品免受外界天气（如雨、雪）的影响。接收区的布局和设施应当能够确保到货物料在进入仓储区前可对外包装进行必要的清洁。

第六十一条 如采用单独的隔离区域贮存待验物料，待验区应当有醒目的标识，且只限于经批准的人员出入。

不合格、退货或召回的物料或产品应当隔离存放。

如果采用其他方法替代物理隔离，则该方法应当具有同等的安全性。

第六十二条 通常应当有单独的物料取样区。取样区的空气洁净度级别应当与生产要求一致。如在其他区域或采用其他方式取样，应当能够防止污染或交叉污染。

第四节　质量控制区

第六十三条 质量控制实验室通常应当与生产区分开。生物检定、微生物和放射性同位素的实验室还应当彼此分开。

第六十四条 实验室的设计应当确保其适用于预定的用途，并能够避免混淆和交叉污染，应当有足够的区域用于样品处置、留样和稳定性考察样品的存放以及记录的保存。

第六十五条 必要时，应当设置专门的仪器室，使灵敏度高的仪器免受静电、震动、潮湿或其他外界因素的干扰。

第六十六条 处理生物样品或放射性样品等特殊物品的实验室应当符合国家的有关要求。

第六十七条 实验动物房应当与其他区域严格分开，其设计、建造应当符合国家有关规定，并设有独立的空气处理设施以及动物的专用通道。

第五节　辅助区

第六十八条 休息室的设置不应当对生产区、仓储区和质量控制区造成不良影响。

第六十九条 更衣室和盥洗室应当方便人员进出，并与使用人数相适应。盥洗室不得与生产区和仓储区直接相通。

第七十条　维修间应当尽可能远离生产区。存放在洁净区内的维修用备件和工具，应当放置在专门的房间或工具柜中。

第五章　设　　备

第一节　原　　则

第七十一条　设备的设计、选型、安装、改造和维护必须符合预定用途，应当尽可能降低产生污染、交叉污染、混淆和差错的风险，便于操作、清洁、维护，以及必要时进行的消毒或灭菌。

第七十二条　应当建立设备使用、清洁、维护和维修的操作规程，并保存相应的操作记录。

第七十三条　应当建立并保存设备采购、安装、确认的文件和记录。

第二节　设计和安装

第七十四条　生产设备不得对药品质量产生任何不利影响。与药品直接接触的生产设备表面应当平整、光洁、易清洗或消毒、耐腐蚀，不得与药品发生化学反应、吸附药品或向药品中释放物质。

第七十五条　应当配备有适当量程和精度的衡器、量具、仪器和仪表。

第七十六条　应当选择适当的清洗、清洁设备，并防止这类设备成为污染源。

第七十七条　设备所用的润滑剂、冷却剂等不得对药品或容器造成污染，应当尽可能使用食用级或级别相当的润滑剂。

第七十八条　生产用模具的采购、验收、保管、维护、发放及报废应当制定相应操作规程，设专人专柜保管，并有相应记录。

第三节　维护和维修

第七十九条　设备的维护和维修不得影响产品质量。

第八十条　应当制定设备的预防性维护计划和操作规程，设备的维护和维修应当有相应的记录。

第八十一条　经改造或重大维修的设备应当进行再确认，符合要求后方可用于生产。

第四节　使用和清洁

第八十二条　主要生产和检验设备都应当有明确的操作规程。

第八十三条　生产设备应当在确认的参数范围内使用。

第八十四条　应当按照详细规定的操作规程清洁生产设备。

生产设备清洁的操作规程应当规定具体而完整的清洁方法、清洁用设备或工具、清洁剂的名称和配制方法、去除前一批次标识的方法、保护已清洁设备在使用前免受污染的方法、已清洁设备最长的保存时限、使用前检查设备清洁状况的方法，使操作者能以可重现的、有效的方式对各类设备进行清洁。

如需拆装设备，还应当规定设备拆装的顺序和方法；如需对设备消毒或灭菌，还应当规定消毒或灭菌的具体方法、消毒剂的名称和配制方法。必要时，还应当规定设备生产结束至清洁前所允许的最长间隔时限。

第八十五条　已清洁的生产设备应当在清洁、干燥的条件下存放。

第八十六条　用于药品生产或检验的设备和仪器，应当有使用日志，记录内容包括使用、清洁、维护和维修情况以及日期、时间、所生产及检验的药品名称、规格和批号等。

第八十七条　生产设备应当有明显的状态标识，标明设备编号和内容物（如名称、规格、批号）；没有内容物的应当标明清洁状态。

第八十八条　不合格的设备如有可能应当搬出生产和质量控制区，未搬出前，应当有醒目的状态标识。

第八十九条　主要固定管道应当标明内容物名称和流向。

第五节　校　　准

第九十条　应当按照操作规程和校准计划定期对生产和检验用衡器、量具、仪表、记录和控制设备以及仪器进行校准和检查，并保存相关记录。校准的量程范围应当涵盖实际生产和检验的使用范围。

第九十一条　应当确保生产和检验使用的关键衡器、量具、仪表、记录和控制设备以及仪器经过校准，所得出的数据准确、可靠。

第九十二条　应当使用计量标准器具进行校准，且所用计量标准器具应当符合国家有关规定。校准记录应当标明所用计量标准器具的名称、编号、校准有效期和计量合格证明编号，确保记录的可追溯性。

第九十三条　衡器、量具、仪表、用于记录和控制的设备以及仪器应当有明显的标识，标明其校准有效期。

第九十四条　不得使用未经校准、超过校准有效期、失准的衡器、量具、仪表以及用于记录和控制的设备、仪器。

第九十五条　在生产、包装、仓储过程中使用自动或电子设备的，应当按照操作规程定期进行校准和检查，确保其操作功能正常。校准和检查应当有相应的记录。

第六节　制药用水

第九十六条　制药用水应当适合其用途，并符合《中华人民共和国药典》的质量标准及相关要求。制药用水至少应当采用饮用水。

第九十七条　水处理设备及其输送系统的设计、安装、运行和维护应当确保制药用水达到设定的质量标准。水处理设备的运行不得超出其设计能力。

第九十八条　纯化水、注射用水储罐和输送管道所用材料应当无毒、耐腐蚀；储罐的通气口应当安装不脱落纤维的疏水性除菌滤器；管道的设计和安装应当避免死角、盲管。

第九十九条　纯化水、注射用水的制备、贮存和分配应当能够防止微生物的滋生。纯化水可采用循环，注射用水可采用70℃以上保温循环。

第一百条　应当对制药用水及原水的水质进行定期监测，并有相应的记录。

第一百零一条　应当按照操作规程对纯化水、注射用水管道进行清洗消毒，并有相关记录。发现制药用水微生物污染达到警戒限度、纠偏限度时应当按照操作规程处理。

第六章　物料与产品

第一节　原　　则

第一百零二条　药品生产所用的原辅料、与药品直接接触的包装材料应当符合相应的质量标准。药品上直接印字所用油墨应当符合食用标准要求。

进口原辅料应当符合国家相关的进口管理规定。

第一百零三条　应当建立物料和产品的操作规程，确保物料和产品的正确接收、贮存、发放、使用和发运，防止污染、交叉污染、混淆和差错。

物料和产品的处理应当按照操作规程或工艺规程执行，并有记录。

第一百零四条　物料供应商的确定及变更应当进行质量评估，并经质量管理部门批准后方可采购。

第一百零五条　物料和产品的运输应当能够满足其保证质量的要求，对运输有特殊要求的，其运输条件应当予以确认。

第一百零六条　原辅料、与药品直接接触的包装材料和印刷包装材料的接收应当有操作规程，所有到货物料均应当检查，以确保与订单一致，并确认供应商已经质量管理部门批准。

物料的外包装应当有标签，并注明规定的信息。必要时，还应当进行清洁，发现外包装损坏或其他可能影响物料质量的问题，应当向质量管理部门报告并进行调查和记录。

每次接收均应当有记录，内容包括：

（一）交货单和包装容器上所注物料的名称；

（二）企业内部所用物料名称和（或）代码；

（三）接收日期；

（四）供应商和生产商（如不同）的名称；

（五）供应商和生产商（如不同）标识的批号；

（六）接收总量和包装容器数量；

（七）接收后企业指定的批号或流水号；

（八）有关说明（如包装状况）。

第一百零七条 物料接收和成品生产后应当及时按照待验管理，直至放行。

第一百零八条 物料和产品应当根据其性质有序分批贮存和周转，发放及发运应当符合先进先出和近效期先出的原则。

第一百零九条 使用计算机化仓储管理的，应当有相应的操作规程，防止因系统故障、停机等特殊情况而造成物料和产品的混淆和差错。

使用完全计算机化仓储管理系统进行识别的，物料、产品等相关信息可不必以书面可读的方式标出。

第二节　原辅料

第一百一十条 应当制定相应的操作规程，采取核对或检验等适当措施，确认每一包装内的原辅料正确无误。

第一百一十一条 一次接收数个批次的物料，应当按批取样、检验、放行。

第一百一十二条 仓储区内的原辅料应当有适当的标识，并至少标明下述内容：

（一）指定的物料名称和企业内部的物料代码；

（二）企业接收时设定的批号；

（三）物料质量状态（如待验、合格、不合格、已取样）；

（四）有效期或复验期。

第一百一十三条 只有经质量管理部门批准放行并在有效期或复验期内的原辅料方可使用。

第一百一十四条 原辅料应当按照有效期或复验期贮存。贮存期内，如发现对质量有不良影响的特殊情况，应当进行复验。

第一百一十五条 应当由指定人员按照操作规程进行配料，核对物料后，精确称量或计量，并作好标识。

第一百一十六条 配制的每一物料及其重量或体积应当由他人独立进行复核，并有复核记录。

第一百一十七条 用于同一批药品生产的所有配料应当集中存放，并作好标识。

第三节　中间产品和待包装产品

第一百一十八条 中间产品和待包装产品应当在适当的条件下贮存。

第一百一十九条 中间产品和待包装产品应当有明确的标识，并至少标明下述内容：

（一）产品名称和企业内部的产品代码；

（二）产品批号；

（三）数量或重量（如毛重、净重等）；

（四）生产工序（必要时）；

（五）产品质量状态（必要时，如待验、合格、不合格、已取样）。

第四节　包装材料

第一百二十条 与药品直接接触的包装材料和印刷包装材料的管理和控制要求与原辅料相同。

第一百二十一条 包装材料应当由专人按照操作规程发放，并采取措施避免混淆和差错，确保用于药品生产的包装材料正确无误。

第一百二十二条 应当建立印刷包装材料设计、审核、批准的操作规程，确保印刷包装材料印制的内容与药品监督管理部门核准的一致，并建立专门的文档，保存经签名批准的印刷包装材料原版实样。

第一百二十三条 印刷包装材料的版本变更时，应当采取措施，确保产品所用印刷包装材料的版本正确无误。宜收回作废的旧版印刷模版并予以销毁。

第一百二十四条 印刷包装材料应当设置专门区域妥善存放，未经批准人员不得进入。切割式标签或其他散装印刷包装材料应当分别置于密闭容器内储运，以防混淆。

第一百二十五条 印刷包装材料应当由专人保管，并按照操作规程和需求量发放。

第一百二十六条 每批或每次发放的与药品直接接触的包装材料或印刷包装材料，均应当有识别标志，标明所用产品的名称和批号。

第一百二十七条 过期或废弃的印刷包装材料应当予以销毁并记录。

第五节 成　　品

第一百二十八条 成品放行前应当待验贮存。

第一百二十九条 成品的贮存条件应当符合药品注册批准的要求。

第六节 特殊管理的物料和产品

第一百三十条 麻醉药品、精神药品、医疗用毒性药品（包括药材）、放射性药品、药品类易制毒化学品及易燃、易爆和其他危险品的验收、贮存、管理应当执行国家有关的规定。

第七节 其　　他

第一百三十一条 不合格的物料、中间产品、待包装产品和成品的每个包装容器上均应当有清晰醒目的标志，并在隔离区内妥善保存。

第一百三十二条 不合格的物料、中间产品、待包装产品和成品的处理应当经质量管理负责人批准，并有记录。

第一百三十三条 产品回收需经预先批准，并对相关的质量风险进行充分评估，根据评估结论决定是否回收。回收应当按照预定的操作规程进行，并有相应记录。回收处理后的产品应当按照回收处理中最早批次产品的生产日期确定有效期。

第一百三十四条 制剂产品不得进行重新加工。不合格的制剂中间产品、待包装产品和成品一般不得进行返工。只有不影响产品质量、符合相应质量标准，且根据预定、经批准的操作规程以及对相关风险充分评估后，才允许返工处理。返工应当有相应记录。

第一百三十五条 对返工或重新加工或回收合并后生产的成品，质量管理部门应当考虑需要进行额外相关项目的检验和稳定性考察。

第一百三十六条 企业应当建立药品退货的操作规程，并有相应的记录，内容至少应当包括：产品名称、批号、规格、数量、退货单位及地址、退货原因及日期、最终处理意见。

同一产品同一批号不同渠道的退货应当分别记录、存放和处理。

第一百三十七条 只有经检查、检验和调查，有证据证明退货质量未受影响，且经质量管理部门根据操作规程评价后，方可考虑将退货重新包装、重新发运销售。评价考虑的因素至少应当包括药品的性质、所需的贮存条件、药品的现状、历史，以及发运与退货之间的间隔时间等因素。不符合贮存和运输要求的退货，应当在质量管理部门监督下予以销毁。对退货质量存有怀疑时，不得重新发运。

对退货进行回收处理的，回收后的产品应当符合预定的质量标准和第一百三十三条的要求。

退货处理的过程和结果应当有相应记录。

第七章 确认与验证

第一百三十八条 企业应当确定需要进行的确认或验证工作，以证明有关操作的关键要素能够得到有效控制。确认或验证的范围和程度应当经过风险评估来确定。

第一百三十九条 企业的厂房、设施、设备和检验仪器应当经过确认，应当采用经过验证的生产工艺、操作规程和检验方法进行生产、操作和检验，并保持持续的验证状态。

第一百四十条 应当建立确认与验证的文件和记录，并能以文件和记录证明达到以下预定的目标：

（一）设计确认应当证明厂房、设施、设备的设计符合预定用途和本规范要求；

（二）安装确认应当证明厂房、设施、设备的建造和安装符合设计标准；

（三）运行确认应当证明厂房、设施、设备的运行符合设计标准；

（四）性能确认应当证明厂房、设施、设备在正常操作方法和工艺条件下能够持续符合标准；

（五）工艺验证应当证明一个生产工艺按照规定的工艺参数能够持续生产出符合预定用途和注册要求的产品。

第一百四十一条 采用新的生产处方或生产工艺前，应当验证其常规生产的适用性。生产工艺在使用规定的原辅料和设备条件下，应当能够始终生产出符合预定用途和注册要求的产品。

第一百四十二条　当影响产品质量的主要因素，如原辅料、与药品直接接触的包装材料、生产设备、生产环境（或厂房）、生产工艺、检验方法等发生变更时，应当进行确认或验证。必要时，还应当经药品监督管理部门批准。

第一百四十三条　清洁方法应当经过验证，证实其清洁的效果，以有效防止污染和交叉污染。清洁验证应当综合考虑设备使用情况、所使用的清洁剂和消毒剂、取样方法和位置以及相应的取样回收率、残留物的性质和限度、残留物检验方法的灵敏度等因素。

第一百四十四条　确认和验证不是一次性的行为。首次确认或验证后，应当根据产品质量回顾分析情况进行再确认或再验证。关键的生产工艺和操作规程应当定期进行再验证，确保其能够达到预期结果。

第一百四十五条　企业应当制定验证总计划，以文件形式说明确认与验证工作的关键信息。

第一百四十六条　验证总计划或其他相关文件中应当作出规定，确保厂房、设施、设备、检验仪器、生产工艺、操作规程和检验方法等能够保持持续稳定。

第一百四十七条　应当根据确认或验证的对象制定确认或验证方案，并经审核、批准。确认或验证方案应当明确职责。

第一百四十八条　确认或验证应当按照预先确定和批准的方案实施，并有记录。确认或验证工作完成后，应当写出报告，并经审核、批准。确认或验证的结果和结论（包括评价和建议）应当有记录并存档。

第一百四十九条　应当根据验证的结果确认工艺规程和操作规程。

第八章　文件管理

第一节　原　　则

第一百五十条　文件是质量保证系统的基本要素。企业必须有内容正确的书面质量标准、生产处方和工艺规程、操作规程以及记录等文件。

第一百五十一条　企业应当建立文件管理的操作规程，系统地设计、制定、审核、批准和发放文件。与本规范有关的文件应当经质量管理部门的审核。

第一百五十二条　文件的内容应当与药品生产许可、药品注册等相关要求一致，并有助于追溯每批产品的历史情况。

第一百五十三条　文件的起草、修订、审核、批准、替换或撤销、复制、保管和销毁等应当按照操作规程管理，并有相应的文件分发、撤销、复制、销毁记录。

第一百五十四条　文件的起草、修订、审核、批准均应当由适当的人员签名并注明日期。

第一百五十五条　文件应当标明题目、种类、目的以及文件编号和版本号。文字应当确切、清晰、易懂，不能模棱两可。

第一百五十六条　文件应当分类存放、条理分明，便于查阅。

第一百五十七条　原版文件复制时，不得产生任何差错；复制的文件应当清晰可辨。

第一百五十八条　文件应当定期审核、修订；文件修订后，应当按照规定管理，防止旧版文件的误用。分发、使用的文件应当为批准的现行文本，已撤销的或旧版文件除留档备查外，不得在工作现场出现。

第一百五十九条　与本规范有关的每项活动均应当有记录，以保证产品生产、质量控制和质量保证等活动可以追溯。记录应当留有填写数据的足够空格。记录应当及时填写，内容真实，字迹清晰、易读，不易擦除。

第一百六十条　应当尽可能采用生产和检验设备自动打印的记录、图谱和曲线图等，并标明产品或样品的名称、批号和记录设备的信息，操作人应当签注姓名和日期。

第一百六十一条　记录应当保持清洁，不得撕毁和任意涂改。记录填写的任何更改都应当签注姓名和日期，并使原有信息仍清晰可辨，必要时，应当说明更改的理由。记录如需重新誊写，则原有记录不得销毁，应当作为重新誊写记录的附件保存。

第一百六十二条　每批药品应当有批记录，包括批生产记录、批包装记录、批检验记录和药品放行审核记录等与本批产品有关的记录。批记录应当由质量管理部门负责管理，至少保存至药品有效期后一年。

质量标准、工艺规程、操作规程、稳定性考察、确认、验证、变更等其他重要文件应当长期保存。

第一百六十三条　如使用电子数据处理系统、照相技术或其他可靠方式记录数据资料，应当有所用系统的操作规程；记录的准确性应当经过核对。

使用电子数据处理系统的，只有经授权的人员方可输入或更改数据，更改和删除情况应当有记录；应当使用密码或其他方式来控制系统的登录；关键数据输入后，应当由他人独立进行复核。

用电子方法保存的批记录，应当采用磁带、缩微胶卷、纸质副本或其他方法进行备份，以确保记录的安全，且数据资料在保存期内便于查阅。

第二节　质量标准

第一百六十四条　物料和成品应当有经批准的现行质量标准；必要时，中间产品或待包装产品也应当有质量标准。

第一百六十五条　物料的质量标准一般应当包括：

（一）物料的基本信息：

1. 企业统一指定的物料名称和内部使用的物料代码；

2. 质量标准的依据；

3. 经批准的供应商；

4. 印刷包装材料的实样或样稿。

（二）取样、检验方法或相关操作规程编号。

（三）定性和定量的限度要求。

（四）贮存条件和注意事项。

（五）有效期或复验期。

第一百六十六条　外购或外销的中间产品和待包装产品应当有质量标准；如果中间产品的检验结果用于成品的质量评价，则应当制定与成品质量标准相对应的中间产品质量标准。

第一百六十七条　成品的质量标准应当包括：

（一）产品名称以及产品代码；

（二）对应的产品处方编号（如有）；

（三）产品规格和包装形式；

（四）取样、检验方法或相关操作规程编号；

（五）定性和定量的限度要求；

（六）贮存条件和注意事项；

（七）有效期。

第三节　工艺规程

第一百六十八条　每种药品的每个生产批量均应当有经企业批准的工艺规程，不同药品规格的每种包装形式均应当有各自的包装操作要求。工艺规程的制定应当以注册批准的工艺为依据。

第一百六十九条　工艺规程不得任意更改。如需更改，应当按照相关的操作规程修订、审核、批准。

第一百七十条　制剂的工艺规程的内容至少应当包括：

（一）生产处方：

1. 产品名称和产品代码。

2. 产品剂型、规格和批量。

3. 所用原辅料清单（包括生产过程中使用，但不在成品中出现的物料），阐明每一物料的指定名称、代码和用量；如原辅料的用量需要折算时，还应当说明计算方法。

（二）生产操作要求：

1. 对生产场所和所用设备的说明（如操作间的位置和编号、洁净度级别、必要的温湿度要求、设备型号和编号等）；

2. 关键设备的准备（如清洗、组装、校准、灭菌等）所采用的方法或相应操作规程编号；

3. 详细的生产步骤和工艺参数说明（如物料的核对、预处理、加入物料的顺序、混合时间、温度等）；

4. 所有中间控制方法及标准；

5. 预期的最终产量限度，必要时，还应当说明中间产品的产量限度，以及物料平衡的计算方法和限度；

6. 待包装产品的贮存要求，包括容器、标签及特殊贮存条件；

7. 需要说明的注意事项。

（三）包装操作要求：

1. 以最终包装容器中产品的数量、重量或体积表示的包装形式；

2. 所需全部包装材料的完整清单，包括包装材料的名称、数量、规格、类型以及与质量标准有关的每一包装材料的代码；

3. 印刷包装材料的实样或复制品，并标明产品批号、有效期打印位置；

4. 需要说明的注意事项，包括对生产区和设备进行的检查，在包装操作开始前，确认包装生产线的清场已经完成等；

5. 包装操作步骤的说明，包括重要的辅助性操作和所用设备的注意事项、包装材料使用前的核对；

6. 中间控制的详细操作，包括取样方法及标准；

7. 待包装产品、印刷包装材料的物料平衡计算方法和限度。

第四节 批生产记录

第一百七十一条 每批产品均应当有相应的批生产记录，可追溯该批产品的生产历史以及与质量有关的情况。

第一百七十二条 批生产记录应当依据现行批准的工艺规程的相关内容制定。记录的设计应当避免填写差错。批生产记录的每一页应当标注产品的名称、规格和批号。

第一百七十三条 原版空白的批生产记录应当经生产管理负责人和质量管理负责人审核和批准。批生产记录的复制和发放均应当按照操作规程进行控制并有记录，每批产品的生产只能发放一份原版空白批生产记录的复制件。

第一百七十四条 在生产过程中，进行每项操作时应当及时记录，操作结束后，应当由生产操作人员确认并签注姓名和日期。

第一百七十五条 批生产记录的内容应当包括：

（一）产品名称、规格、批号。

（二）生产以及中间工序开始、结束的日期和时间。

（三）每一生产工序的负责人签名。

（四）生产步骤操作人员的签名；必要时，还应当有操作（如称量）复核人员的签名。

（五）每一原辅料的批号以及实际称量的数量（包括投入的回收或返工处理产品的批号及数量）。

（六）相关生产操作或活动、工艺参数及控制范围，以及所用主要生产设备的编号。

（七）中间控制结果的记录以及操作人员的签名。

（八）不同生产工序所得产量及必要时的物料平衡计算。

（九）对特殊问题或异常事件的记录，包括对偏离工艺规程的偏差情况的详细说明或调查报告，并经签字批准。

第五节 批包装记录

第一百七十六条 每批产品或每批中部分产品的包装，都应当有批包装记录，以便追溯该批产品包装操作以及与质量有关的情况。

第一百七十七条 批包装记录应当依据工艺规程中与包装相关的内容制定。记录的设计应当注意避免填写差错。批包装记录的每一页均应当标注所包装产品的名称、规格、包装形式和批号。

第一百七十八条　批包装记录应当有待包装产品的批号、数量以及成品的批号和计划数量。原版空白的批包装记录的审核、批准、复制和发放的要求与原版空白的批生产记录相同。

第一百七十九条　在包装过程中，进行每项操作时应当及时记录，操作结束后，应当由包装操作人员确认并签注姓名和日期。

第一百八十条　批包装记录的内容包括：

（一）产品名称、规格、包装形式、批号、生产日期和有效期。

（二）包装操作日期和时间。

（三）包装操作负责人签名。

（四）包装工序的操作人员签名。

（五）每一包装材料的名称、批号和实际使用的数量。

（六）根据工艺规程所进行的检查记录，包括中间控制结果。

（七）包装操作的详细情况，包括所用设备及包装生产线的编号。

（八）所用印刷包装材料的实样，并印有批号、有效期及其他打印内容；不易随批包装记录归档的印刷包装材料可采用印有上述内容的复制品。

（九）对特殊问题或异常事件的记录，包括对偏离工艺规程的偏差情况的详细说明或调查报告，并经签字批准。

（十）所有印刷包装材料和待包装产品的名称、代码，以及发放、使用、销毁或退库的数量、实际产量以及物料平衡检查。

第六节　操作规程和记录

第一百八十一条　操作规程的内容应当包括：题目、编号、版本号、颁发部门、生效日期、分发部门以及制定人、审核人、批准人的签名并注明日期，标题、正文及变更历史。

第一百八十二条　厂房、设备、物料、文件和记录应当有编号（或代码），并制定编制编号（或代码）的操作规程，确保编号（或代码）的唯一性。

第一百八十三条　下述活动也应当有相应的操作规程，其过程和结果应当有记录：

（一）确认和验证；

（二）设备的装配和校准；

（三）厂房和设备的维护、清洁和消毒；

（四）培训、更衣及卫生等与人员相关的事宜；

（五）环境监测；

（六）虫害控制；

（七）变更控制；

（八）偏差处理；

（九）投诉；

（十）药品召回；

（十一）退货。

第九章　生产管理

第一节　原　则

第一百八十四条　所有药品的生产和包装均应当按照批准的工艺规程和操作规程进行操作并有相关记录，以确保药品达到规定的质量标准，并符合药品生产许可和注册批准的要求。

第一百八十五条　应当建立划分产品生产批次的操作规程，生产批次的划分应当能够确保同一批次产品质量和特性的均一性。

第一百八十六条　应当建立编制药品批号和确定生产日期的操作规程。每批药品均应当编制唯一的批号。除另有法定要求外，生产日期不得迟于产品成型或灌装（封）前经最后混合的操作开始日期，不得以产品包装日期作为生产日期。

第一百八十七条　每批产品应当检查产量和物料平衡，确保物料平衡符合设定的限度。如有差异，必须查明原因，确认无潜在质量风险后，方可按照正常产品处理。

第一百八十八条　不得在同一生产操作间同时进行不同品种和规格药品的生产操作，除非没有发生混淆或交叉污染的可能。

第一百八十九条　在生产的每一阶段，应当保护产品和物料免受微生物和其他污染。

第一百九十条　在干燥物料或产品，尤其是高活性、高毒性或高致敏性物料或产品的生产过程中，应当采取特殊措施，防止粉尘的产生和扩散。

第一百九十一条　生产期间使用的所有物料、中间产品或待包装产品的容器及主要设备、必要的操作室应当贴签标识或以其他方式标明生产中的产品或物料名称、规格和批号，如有必要，还应当标明生产工序。

第一百九十二条　容器、设备或设施所用标识应当清晰明了，标识的格式应当经企业相关部门批准。除在标识上使用文字说明外，还可采用不同的颜色区分被标识物的状态（如待验、合格、不合格或已清洁等）。

第一百九十三条　应当检查产品从一个区域输送至另一个区域的管道和其他设备连接，确保连接正确无误。

第一百九十四条　每次生产结束后应当进行清场，确保设备和工作场所没有遗留与本次生产有关的物料、产品和文件。下次生产开始前，应当对前次清场情况进行确认。

第一百九十五条　应当尽可能避免出现任何偏离工艺规程或操作规程的偏差。一旦出现偏差，应当按照偏差处理操作规程执行。

第一百九十六条　生产厂房应当仅限于经批准的人员出入。

第二节　防止生产过程中的污染和交叉污染

第一百九十七条　生产过程中应当尽可能采取措施，防止污染和交叉污染，如：

（一）在分隔的区域内生产不同品种的药品。

（二）采用阶段性生产方式。

（三）设置必要的气锁间和排风；空气洁净度级别不同的区域应当有压差控制。

（四）应当降低未经处理或未经充分处理的空气再次进入生产区导致污染的风险。

（五）在易产生交叉污染的生产区内，操作人员应当穿戴该区域专用的防护服。

（六）采用经过验证或已知有效的清洁和去污染操作规程进行设备清洁；必要时，应当对与物料直接接触的设备表面的残留物进行检测。

（七）采用密闭系统生产。

（八）干燥设备的进风应当有空气过滤器，排风应当有防止空气倒流装置。

（九）生产和清洁过程中应当避免使用易碎、易脱屑、易发霉器具；使用筛网时，应当有防止因筛网断裂而造成污染的措施。

（十）液体制剂的配制、过滤、灌封、灭菌等工序应当在规定时间内完成。

（十一）软膏剂、乳膏剂、凝胶剂等半固体制剂以及栓剂的中间产品应当规定贮存期和贮存条件。

第一百九十八条　应当定期检查防止污染和交叉污染的措施并评估其适用性和有效性。

第三节　生产操作

第一百九十九条　生产开始前应当进行检查，确保设备和工作场所没有上批遗留的产品、文件或与本批产品生产无关的物料，设备处于已清洁及待用状态。检查结果应当有记录。

生产操作前，还应当核对物料或中间产品的名称、代码、批号和标识，确保生产所用物料或中间产品正确且符合要求。

第二百条　应当进行中间控制和必要的环境监测，并予以记录。

第二百零一条　每批药品的每一生产阶段完成后必须由生产操作人员清场，并填写清场记录。清场记录内容包括：操作间编号、产品名称、批号、生产工序、清场日期、检查项目及结果、清场负责人及复核人签名。清场记录应当纳入批生产记录。

第四节　包装操作

第二百零二条　包装操作规程应当规定降低污染和交叉污染、混淆或差错风险的措施。

第二百零三条　包装开始前应当进行检查，确保工作场所、包装生产线、印刷机及其他设备已处于清洁或待用状态，无上批遗留的产品、文件或与本批产品包装无关的物料。检查结果应当有记录。

第二百零四条　包装操作前，还应当检查所领用的包装材料正确无误，核对待包装产品和所用包装材料的名称、规格、数量、质量状态，且与工艺规程相符。

第二百零五条　每一包装操作场所或包装生产线，应当有标识标明包装中的产品名称、规格、批号和批量的生产状态。

第二百零六条　有数条包装线同时进行包装时，应当采取隔离或其他有效防止污染、交叉污染或混淆的措施。

第二百零七条　待用分装容器在分装前应当保持清洁，避免容器中有玻璃碎屑、金属颗粒等污染物。

第二百零八条　产品分装、封口后应当及时贴签。未能及时贴签时，应当按照相关的操作规程操作，避免发生混淆或贴错标签等差错。

第二百零九条　单独打印或包装过程中在线打印的信息（如产品批号或有效期）均应当进行检查，确保其正确无误，并予以记录。如手工打印，应当增加检查频次。

第二百一十条　使用切割式标签或在包装线以外单独打印标签，应当采取专门措施，防止混淆。

第二百一十一条　应当对电子读码机、标签计数器或其他类似装置的功能进行检查，确保其准确运行。检查应当有记录。

第二百一十二条　包装材料上印刷或模压的内容应当清晰，不易褪色和擦除。

第二百一十三条　包装期间，产品的中间控制检查应当至少包括下述内容：

（一）包装外观；

（二）包装是否完整；

（三）产品和包装材料是否正确；

（四）打印信息是否正确；

（五）在线监控装置的功能是否正常。

样品从包装生产线取走后不应当再返还，以防止产品混淆或污染。

第二百一十四条　因包装过程产生异常情况而需要重新包装产品的，必须经专门检查、调查并由指定人员批准。重新包装应当有详细记录。

第二百一十五条　在物料平衡检查中，发现待包装产品、印刷包装材料以及成品数量有显著差异时，应当进行调查，未得出结论前，成品不得放行。

第二百一十六条　包装结束时，已打印批号的剩余包装材料应当由专人负责全部计数销毁，并有记录。如将未打印批号的印刷包装材料退库，应当按照操作规程执行。

第十章　质量控制与质量保证

第一节　质量控制实验室管理

第二百一十七条　质量控制实验室的人员、设施、设备应当与产品性质和生产规模相适应。

企业通常不得进行委托检验，确需委托检验的，应当按照第十一章中委托检验部分的规定，委托外部实验室进行检验，但应当在检验报告中予以说明。

第二百一十八条　质量控制负责人应具有足够的管理实验室的资质和经验，可以管理同一企业的一个或多个实验室。

第二百一十九条　质量控制实验室的检验人员至少应当具有相关专业中专或高中以上学历，并经过与所从事的检验操作相关的实践培训且通过考核。

第二百二十条　质量控制实验室应当配备药典、标准图谱等必要的工具书，以及标准品或对照品等相关的标准物质。

第二百二十一条　质量控制实验室的文件应当符合第八章的原则，并符合下列要求：

（一）质量控制实验室应当至少有下列详细文件：

1. 质量标准；

2. 取样操作规程和记录；

3. 检验操作规程和记录（包括检验记录或实验室工作记事簿）；

4. 检验报告或证书；

5. 必要的环境监测操作规程、记录和报告；

6. 必要的检验方法验证报告和记录；

7. 仪器校准和设备使用、清洁、维护的操作规程及记录。

（二）每批药品的检验记录应当包括中间产品、待包装产品和成品的质量检验记录，可追溯该批药品所有相关的质量检验情况。

（三）宜采用便于趋势分析的方法保存某些数据（如检验数据、环境监测数据、制药用水的微生物监测数据）。

（四）除与批记录相关的资料信息外，还应当保存其他原始资料或记录，以方便查阅。

第二百二十二条　取样应当至少符合以下要求：

（一）质量管理部门的人员有权进入生产区和仓储区进行取样及调查。

（二）应当按照经批准的操作规程取样，操作规程应当详细规定：

1. 经授权的取样人；

2. 取样方法；

3. 所用器具；

4. 样品量；

5. 分样的方法；

6. 存放样品容器的类型和状态；

7. 取样后剩余部分及样品的处置和标识；

8. 取样注意事项，包括为降低取样过程产生的各种风险所采取的预防措施，尤其是无菌或有害物料的取样以及防止取样过程中污染和交叉污染的注意事项；

9. 贮存条件；

10. 取样器具的清洁方法和贮存要求。

（三）取样方法应当科学、合理，以保证样品的代表性。

（四）留样应当能够代表被取样批次的产品或物料，也可抽取其他样品来监控生产过程中最重要的环节（如生产的开始或结束）。

（五）样品的容器应当贴有标签，注明样品名称、批号、取样日期、取自哪一包装容器、取样人等信息。

（六）样品应当按照规定的贮存要求保存。

第二百二十三条　物料和不同生产阶段产品的检验应当至少符合以下要求：

（一）企业应当确保药品按照注册批准的方法进行全项检验。

（二）符合下列情形之一的，应当对检验方法进行验证：

1. 采用新的检验方法；

2. 检验方法需变更的；

3. 采用《中华人民共和国药典》及其他法定标准未收载的检验方法；

4. 法规规定的其他需要验证的检验方法。

（三）对不需要进行验证的检验方法，企业应当对检验方法进行确认，以确保检验数据准确、可靠。

（四）检验应当有书面操作规程，规定所用方法、仪器和设备，检验操作规程的内容应当与经确认或验证的检验方法一致。

（五）检验应当有可追溯的记录并应当复核，确保结果与记录一致。所有计算均应当严格核对。

（六）检验记录应当至少包括以下内容：

1. 产品或物料的名称、剂型、规格、批号或供货批号，必要时注明供应商和生产商（如不同）的名称或来源；

2. 依据的质量标准和检验操作规程；

3. 检验所用的仪器或设备的型号和编号；

4. 检验所用的试液和培养基的配制批号、对照品或标准品的来源和批号；

5. 检验所用动物的相关信息；

6. 检验过程，包括对照品溶液的配制、各项具体的检验操作、必要的环境温湿度；

7. 检验结果，包括观察情况、计算和图谱或曲线图，以及依据的检验报告编号；

8. 检验日期；

9. 检验人员的签名和日期；

10. 检验、计算复核人员的签名和日期。

（七）所有中间控制（包括生产人员所进行的中间控制），均应当按照经质量管理部门批准的方法进行，检验应当有记录。

（八）应当对实验室容量分析用玻璃仪器、试剂、试液、对照品以及培养基进行质量检查。

（九）必要时应当将检验用实验动物在使用前进行检验或隔离检疫。饲养和管理应当符合相关的实验动物管理规定。动物应当有标识，并应当保存使用的历史记录。

第二百二十四条 质量控制实验室应当建立检验结果超标调查的操作规程。任何检验结果超标都必须按照操作规程进行完整的调查，并有相应的记录。

第二百二十五条 企业按规定保存的、用于药品质量追溯或调查的物料、产品样品为留样。用于产品稳定性考察的样品不属于留样。

留样应当至少符合以下要求：

（一）应当按照操作规程对留样进行管理。

（二）留样应当能够代表被取样批次的物料或产品。

（三）成品的留样：

1. 每批药品均应当有留样；如果一批药品分成数次进行包装，则每次包装至少应当保留一件最小市售包装的成品。

2. 留样的包装形式应当与药品市售包装形式相同，原料药的留样如无法采用市售包装形式的，可采用模拟包装。

3. 每批药品的留样数量一般至少应当能够确保按照注册批准的质量标准完成两次全检（无菌检查和热原检查等除外）。

4. 如果不影响留样的包装完整性，保存期间内至少应当每年对留样进行一次目检观察，如有异常，应当进行彻底调查并采取相应的处理措施。

5. 留样观察应当有记录。

6. 留样应当按照注册批准的贮存条件至少保存至药品有效期后一年。

7. 如企业终止药品生产或关闭的，应当将留样转交受权单位保存，并告知当地药品监督管理部门，以便在必要时可随时取得留样。

（四）物料的留样：

1. 制剂生产用每批原辅料和与药品直接接触的包装材料均应当有留样。与药品直接接触的包装材料（如输液瓶），如成品已有留样，可不必单独留样。

2. 物料的留样量应当至少满足鉴别的需要。

3. 除稳定性较差的原辅料外，用于制剂生产的原辅料（不包括生产过程中使用的溶剂、气体或制药用水）和与药品直接接触的包装材料的留样应当至少保存至产品放行后二年。如果物料的有效期较短，则留样时间可相应缩短。

4. 物料的留样应当按照规定的条件贮存，必要时还应当适当包装密封。

第二百二十六条　试剂、试液、培养基和检定菌的管理应当至少符合以下要求：

（一）试剂和培养基应当从可靠的供应商处采购，必要时应当对供应商进行评估。

（二）应当有接收试剂、试液、培养基的记录，必要时，应当在试剂、试液、培养基的容器上标注接收日期。

（三）应当按照相关规定或使用说明配制、贮存和使用试剂、试液和培养基。特殊情况下，在接收或使用前，还应当对试剂进行鉴别或其他检验。

（四）试液和已配制的培养基应当标注配制批号、配制日期和配制人员姓名，并有配制（包括灭菌）记录。不稳定的试剂、试液和培养基应当标注有效期及特殊贮存条件。标准液、滴定液还应当标注最后一次标化的日期和校正因子，并有标化记录。

（五）配制的培养基应当进行适用性检查，并有相关记录。应当有培养基使用记录。

（六）应当有检验所需的各种检定菌，并建立检定菌保存、传代、使用、销毁的操作规程和相应记录。

（七）检定菌应当有适当的标识，内容至少包括菌种名称、编号、代次、传代日期、传代操作人。

（八）检定菌应当按照规定的条件贮存，贮存的方式和时间不应当对检定菌的生长特性有不利影响。

第二百二十七条　标准品或对照品的管理应当至少符合以下要求：

（一）标准品或对照品应当按照规定贮存和使用。

（二）标准品或对照品应当有适当的标识，内容至少包括名称、批号、制备日期（如有）、有效期（如有）、首次开启日期、含量或效价、贮存条件。

（三）企业如需自制工作标准品或对照品，应当建立工作标准品或对照品的质量标准以及制备、鉴别、检验、批准和贮存的操作规程，每批工作标准品或对照品应当用法定标准品或对照品进行标化，并确定有效期，还应当通过定期标化证明工作标准品或对照品的效价或含量在有效期内保持稳定。标化的过程和结果应当有相应的记录。

第二节　物料和产品放行

第二百二十八条　应当分别建立物料和产品批准放行的操作规程，明确批准放行的标准、职责，并有相应的记录。

第二百二十九条　物料的放行应当至少符合以下要求：

（一）物料的质量评价内容应当至少包括生产商的检验报告、物料包装完整性和密封性的检查情况和检验结果；

（二）物料的质量评价应当有明确的结论，如批准放行、不合格或其他决定；

（三）物料应当由指定人员签名批准放行。

第二百三十条　产品的放行应当至少符合以下要求：

（一）在批准放行前，应当对每批药品进行质量评价，保证药品及其生产应当符合注册和本规范要求，并确认以下各项内容：

1. 主要生产工艺和检验方法经过验证。

2. 已完成所有必需的检查、检验，并综合考虑实际生产条件和生产记录。

3. 所有必需的生产和质量控制均已完成并经相关主管人员签名。

4. 变更已按照相关规程处理完毕，需要经药品监督管理部门批准的变更已得到批准。

5. 对变更或偏差已完成所有必要的取样、检查、检验和审核。

6. 所有与该批产品有关的偏差均已有明确的解释或说明，或者已经过彻底调查和适当处理；如偏差还涉及其他批次产品，应当一并处理。

（二）药品的质量评价应当有明确的结论，如批准放行、不合格或其他决定。

（三）每批药品均应当由质量受权人签名批准放行。

（四）疫苗类制品、血液制品、用于血源筛查的体外诊断试剂以及国家食品药品监督管理局规定的其他生物制品放行前还应当取得批签发合格证明。

第三节　持续稳定性考察

第二百三十一条　持续稳定性考察的目的是在有效期内监控已上市药品的质量，以发现药品与生产相关的稳定性问题（如杂质含量或溶出度特性的变化），并确定药品能够在标示的贮存条件下，符合质量标准的各项要求。

第二百三十二条　持续稳定性考察主要针对市售包装药品，但也需兼顾待包装产品。例如，当待包装产品在完成包装前，或从生产厂运输到包装厂，还需要长期贮存时，应当在相应的环境条件下，评估其对包装后产品稳定性的影响。此外，还应当考虑对贮存时间较长的中间产品进行考察。

第二百三十三条　持续稳定性考察应当有考察方案，结果应当有报告。用于持续稳定性考察的设备（尤其是稳定性试验设备或设施）应当按照第七章和第五章的要求进行确认和维护。

第二百三十四条　持续稳定性考察的时间应当涵盖药品有效期，考察方案应当至少包括以下内容：

（一）每种规格、每个生产批量药品的考察批次数；

（二）相关的物理、化学、微生物和生物学检验方法，可考虑采用稳定性考察专属的检验方法；

（三）检验方法依据；

（四）合格标准；

（五）容器密封系统的描述；

（六）试验间隔时间（测试时间点）；

（七）贮存条件（应当采用与药品标示贮存条件相对应的《中华人民共和国药典》规定的长期稳定性试验标准条件）；

（八）检验项目，如检验项目少于成品质量标准所包含的项目，应当说明理由。

第二百三十五条　考察批次数和检验频次应当能够获得足够的数据，以供趋势分析。通常情况下，每种规格、每种内包装形式的药品，至少每年应当考察一个批次，除非当年没有生产。

第二百三十六条　某些情况下，持续稳定性考察中应当额外增加批次数，如重大变更或生产和包装有重大偏差的药品应当列入稳定性考察。此外，重新加工、返工或回收的批次，也应当考虑列入考察，除非已经过验证和稳定性考察。

第二百三十七条　关键人员，尤其是质量受权人，应当了解持续稳定性考察的结果。当持续稳定性考察不在待包装产品和成品的生产企业进行时，则相关各方之间应当有书面协议，且均应当保存持续稳定性考察的结果以供药品监督管理部门审查。

第二百三十八条　应当对不符合质量标准的结果或重要的异常趋势进行调查。对任何已确认的不符合质量标准的结果或重大不良趋势，企业都应当考虑是否可能对已上市药品造成影响，必要时应当实施召回，调查结果以及采取的措施应当报告当地药品监督管理部门。

第二百三十九条　应当根据所获得的全部数据资料，包括考察的阶段性结论，撰写总结报告并保存。应当定期审核总结报告。

第四节　变更控制

第二百四十条　企业应当建立变更控制系统，对所有影响产品质量的变更进行评估和管理。需要经药品监督管理部门批准的变更应当在得到批准后方可实施。

第二百四十一条　应当建立操作规程，规定原辅料、包装材料、质量标准、检验方法、操作规程、厂房、设施、设备、仪器、生产工艺和计算机软件变更的申请、评估、审核、批准和实施。质量管理部门应当指定专人负责变更控制。

第二百四十二条　变更都应当评估其对产品质量的潜在影响。企业可以根据变更的性质、范围、对产品质量潜在影响的程度将变更分类（如主要、次要变更）。判断变更所需的验证、额外的检验以及稳定性考察应当有科学依据。

第二百四十三条　与产品质量有关的变更由申请部门提出后，应当经评估、制定实施计划并明确实施职责，最终由质量管理部门审核批准。变更实施应当有相应的完整记录。

第二百四十四条　改变原辅料、与药品直接接触的包装材料、生产工艺、主要生产设备以及其他影响药品质量的主要因素时，还应当对变更实施后最初至少三个批次的药品质量进行评估。如果变更可能影响药品的有效期，则质量评估还应当包括对变更实施后生产的药品进行稳定性考察。

第二百四十五条　变更实施时，应当确保与变更相关的文件均已修订。

第二百四十六条　质量管理部门应当保存所有变更的文件和记录。

第五节　偏差处理

第二百四十七条　各部门负责人应当确保所有人员正确执行生产工艺、质量标准、检验方法和操作规程，防止偏差的产生。

第二百四十八条　企业应当建立偏差处理的操作规程，规定偏差的报告、记录、调查、处理以及所采取的纠正措施，并有相应的记录。

第二百四十九条　任何偏差都应当评估其对产品质量的潜在影响。企业可以根据偏差的性质、范围、对产品质量潜在影响的程度将偏差分类（如重大、次要偏差），对重大偏差的评估还应当考虑是否需要对产品进行额外的检验以及对产品有效期的影响，必要时，应当对涉及重大偏差的产品进行稳定性考察。

第二百五十条　任何偏离生产工艺、物料平衡限度、质量标准、检验方法、操作规程等的情况均应当有记录，并立即报告主管人员及质量管理部门，应当有清楚的说明，重大偏差应当由质量管理部门会同其他部门进行彻底调查，并有调查报告。偏差调查报告应当由质量管理部门的指定人员审核并签字。

企业还应当采取预防措施有效防止类似偏差的再次发生。

第二百五十一条　质量管理部门应当负责偏差的分类，保存偏差调查、处理的文件和记录。

第六节　纠正措施和预防措施

第二百五十二条　企业应当建立纠正措施和预防措施系统，对投诉、召回、偏差、自检或外部检查结果、工艺性能和质量监测趋势等进行调查并采取纠正和预防措施。调查的深度和形式应当与风险的级别相适应。纠正措施和预防措施系统应当能够增进对产品和工艺的理解，改进产品和工艺。

第二百五十三条　企业应当建立实施纠正和预防措施的操作规程，内容至少包括：

（一）对投诉、召回、偏差、自检或外部检查结果、工艺性能和质量监测趋势以及其他来源的质量数据进行分析，确定已有和潜在的质量问题。必要时，应当采用适当的统计学方法。

（二）调查与产品、工艺和质量保证系统有关的原因。

（三）确定所需采取的纠正和预防措施，防止问题的再次发生。

（四）评估纠正和预防措施的合理性、有效性和充分性。

（五）对实施纠正和预防措施过程中所有发生的变更应当予以记录。

（六）确保相关信息已传递到质量受权人和预防问题再次发生的直接负责人。

（七）确保相关信息及其纠正和预防措施已通过高层管理人员的评审。

第二百五十四条　实施纠正和预防措施应当有文件记录，并由质量管理部门保存。

第七节　供应商的评估和批准

第二百五十五条　质量管理部门应当对所有生产用物料的供应商进行质量评估，会同有关部门对主要物料供应商（尤其是生产商）的质量体系进行现场质量审计，并对质量评估不符合要求的供应商行使否决权。

主要物料的确定应当综合考虑企业所生产的药品质量风险、物料用量以及物料对药品质量的影响程度等因素。

企业法定代表人、企业负责人及其他部门的人员不得干扰或妨碍质量管理部门对物料供应商独立作出质量评估。

第二百五十六条　应当建立物料供应商评估和批准的操作规程，明确供应商的资质、选择的原则、质量评估方式、评估标准、物料供应商批准的程序。

如质量评估需采用现场质量审计方式的，还应当明确审计内容、周期、审计人员的组成及资质。需采用样品小批量试生产的，还应当明确生产批量、生产工艺、产品质量标准、稳定性考察方案。

第二百五十七条　质量管理部门应当指定专人负责物料供应商质量评估和现场质量审计，分发经批准的合格供应商名单。被指定的人员应当具有相关的法规和专业知识，具有足够的质量评估和现场质量审计的实践经验。

第二百五十八条　现场质量审计应当核实供应商资质证明文件和检验报告的真实性，核实是否具备检验条件。应当对其人员机构、厂房设施和设备、物料管理、生产工艺流程和生产管理、质量控制实验室的设备、仪器、文件管理等进行检查，以全面评估其质量保证系统。现场质量审计应当有报告。

第二百五十九条　必要时，应当对主要物料供应商提供的样品进行小批量试生产，并对试生产的药品进行稳定性考察。

第二百六十条　质量管理部门对物料供应商的评估至少应当包括：供应商的资质证明文件、质量标准、检验报告、企业对物料样品的检验数据和报告。如进行现场质量审计和样品小批量试生产的，还应当包括现场质量审计报告，以及小试产品的质量检验报告和稳定性考察报告。

第二百六十一条　改变物料供应商，应当对新的供应商进行质量评估；改变主要物料供应商的，还需要对产品进行相关的验证及稳定性考察。

第二百六十二条　质量管理部门应当向物料管理部门分发经批准的合格供应商名单，该名单内容至少包括物料名称、规格、质量标准、生产商名称和地址、经销商（如有）名称等，并及时更新。

第二百六十三条　质量管理部门应当与主要物料供应商签订质量协议，在协议中应当明确双方所承担的质量责任。

第二百六十四条　质量管理部门应当定期对物料供应商进行评估或现场质量审计，回顾分析物料质量检验结果、质量投诉和不合格处理记录。如物料出现质量问题或生产条件、工艺、质量标准和检验方法等可能影响质量的关键因素发生重大改变时，还应当尽快进行相关的现场质量审计。

第二百六十五条　企业应当对每家物料供应商建立质量档案，档案内容应当包括供应商的资质证明文件、质量协议、质量标准、样品检验数据和报告、供应商的检验报告、现场质量审计报告、产品稳定性考察报告、定期的质量回顾分析报告等。

第八节　产品质量回顾分析

第二百六十六条　应当按照操作规程，每年对所有生产的药品按品种进行产品质量回顾分析，以确认工艺稳定可靠，以及原辅料、成品现行质量标准的适用性，及时发现不良趋势，确定产品及工艺改进的方向。应当考虑以往回顾分析的历史数据，还应当对产品质量回顾分析的有效性进行自检。

当有合理的科学依据时，可按照产品的剂型分类进行质量回顾，如固体制剂、液体制剂和无菌制剂等。

回顾分析应当有报告。

企业至少应当对下列情形进行回顾分析：

（一）产品所用原辅料的所有变更，尤其是来自新供应商的原辅料；

（二）关键中间控制点及成品的检验结果；

（三）所有不符合质量标准的批次及其调查；

（四）所有重大偏差及相关的调查、所采取的整改措施和预防措施的有效性；

（五）生产工艺或检验方法等的所有变更；

（六）已批准或备案的药品注册所有变更；

（七）稳定性考察的结果及任何不良趋势；

（八）所有因质量原因造成的退货、投诉、召回及调查；

（九）与产品工艺或设备相关的纠正措施的执行情况和效果；

（十）新获批准和有变更的药品，按照注册要求上市后应当完成的工作情况；

（十一）相关设备和设施，如空调净化系统、水系统、压缩空气等的确认状态；

（十二）委托生产或检验的技术合同履行情况。

第二百六十七条　应当对回顾分析的结果进行评估，提出是否需要采取纠正和预防措施或进行再确认或再验证的评估意见及理由，并及时、有效地完成整改。

第二百六十八条　药品委托生产时，委托方和受托方之间应当有书面的技术协议，规定产品质量回顾分析中各方的责任，确保产品质量回顾分析按时进行并符合要求。

第九节　投诉与不良反应报告

第二百六十九条　应当建立药品不良反应报告和监测管理制度，设立专门机构并配备专职人员负责管理。

第二百七十条　应当主动收集药品不良反应，对不良反应应当详细记录、评价、调查和处理，及时采取措施控制可能存在的风险，并按照要求向药品监督管理部门报告。

第二百七十一条　应当建立操作规程，规定投诉登记、评价、调查和处理的程序，并规定因可能的产品缺陷发生投诉时所采取的措施，包括考虑是否有必要从市场召回药品。

第二百七十二条　应当有专人及足够的辅助人员负责进行质量投诉的调查和处理，所有投诉、调查的信息应当向质量受权人通报。

第二百七十三条　所有投诉都应当登记与审核，与产品质量缺陷有关的投诉，应当详细记录投诉的各个细节，并进行调查。

第二百七十四条　发现或怀疑某批药品存在缺陷，应当考虑检查其他批次的药品，查明其是否受到影响。

第二百七十五条　投诉调查和处理应当有记录，并注明所查相关批次产品的信息。

第二百七十六条　应当定期回顾分析投诉记录，以便发现需要警觉、重复出现以及可能需要从市场召回药品的问题，并采取相应措施。

第二百七十七条　企业出现生产失误、药品变质或其他重大质量问题，应当及时采取相应措施，必要时还应当向当地药品监督管理部门报告。

第十一章　委托生产与委托检验

第一节　原　则

第二百七十八条　为确保委托生产产品的质量和委托检验的准确性和可靠性，委托方和受托方必须签订书面合同，明确规定各方责任、委托生产或委托检验的内容及相关的技术事项。

第二百七十九条　委托生产或委托检验的所有活动，包括在技术或其他方面拟采取的任何变更，均应当符合药品生产许可和注册的有关要求。

第二节　委托方

第二百八十条　委托方应当对受托方进行评估，对受托方的条件、技术水平、质量管理情况进行现场考核，确认其具有完成受托工作的能力，并能保证符合本规范的要求。

第二百八十一条　委托方应当向受托方提供所有必要的资料，以使受托方能够按照药品注册和其他法定要求正确实施所委托的操作。

委托方应当使受托方充分了解与产品或操作相关的各种问题，包括产品或操作对受托方的环境、厂房、设备、人员及其他物料或产品可能造成的危害。

第二百八十二条　委托方应当对受托生产或检验的全过程进行监督。

第二百八十三条　委托方应当确保物料和产品符合相应的质量标准。

第三节　受托方

第二百八十四条　受托方必须具备足够的厂房、设备、知识和经验以及人员，满足委托方所委托的生产或检验工作的要求。

第二百八十五条　受托方应当确保所收到委托方提供的物料、中间产品和待包装产品适用于预定用途。

第二百八十六条　受托方不得从事对委托生产或检验的产品质量有不利影响的活动。

第四节　合　同

第二百八十七条　委托方与受托方之间签订的合同应当详细规定各自的产品生产和控制职责，其中的技术性条款应当由具有制药技术、检验专业知识和熟悉本规范的主管人员拟订。委托生产及检验的各项工作必须符合药品生产许可和药品注册的有关要求并经双方同意。

第二百八十八条　合同应当详细规定质量受权人批准放行每批药品的程序，确保每批产品都已按照药品注册的要求完成生产和检验。

第二百八十九条　合同应当规定何方负责物料的采购、检验、放行、生产和质量控制（包括中间控制），还应当规定何方负责取样和检验。

在委托检验的情况下，合同应当规定受托方是否在委托方的厂房内取样。

第二百九十条 合同应当规定由受托方保存的生产、检验和发运记录及样品，委托方应当能够随时调阅或检查；出现投诉、怀疑产品有质量缺陷或召回时，委托方应当能够方便地查阅所有与评价产品质量相关的记录。

第二百九十一条 合同应当明确规定委托方可以对受托方进行检查或现场质量审计。

第二百九十二条 委托检验合同应当明确受托方有义务接受药品监督管理部门检查。

第十二章 产品发运与召回

第一节 原 则

第二百九十三条 企业应当建立产品召回系统，必要时可迅速、有效地从市场召回任何一批存在安全隐患的产品。

第二百九十四条 因质量原因退货和召回的产品，均应当按照规定监督销毁，有证据证明退货产品质量未受影响的除外。

第二节 发 运

第二百九十五条 每批产品均应当有发运记录。根据发运记录，应当能够追查每批产品的销售情况，必要时应当能够及时全部追回，发运记录内容应当包括：产品名称、规格、批号、数量、收货单位和地址、联系方式、发货日期、运输方式等。

第二百九十六条 药品发运的零头包装只限两个批号为一个合箱，合箱外应当标明全部批号，并建立合箱记录。

第二百九十七条 发运记录应当至少保存至药品有效期后一年。

第三节 召 回

第二百九十八条 应当制定召回操作规程，确保召回工作的有效性。

第二百九十九条 应当指定专人负责组织协调召回工作，并配备足够数量的人员。产品召回负责人应当独立于销售和市场部门；如产品召回负责人不是质量受权人，则应当向质量受权人通报召回处理情况。

第三百条 召回应当能够随时启动，并迅速实施。

第三百零一条 因产品存在安全隐患决定从市场召回的，应当立即向当地药品监督管理部门报告。

第三百零二条 产品召回负责人应当能够迅速查阅到药品发运记录。

第三百零三条 已召回的产品应当有标识，并单独、妥善贮存，等待最终处理决定。

第三百零四条 召回的进展过程应当有记录，并有最终报告。产品发运数量、已召回数量以及数量平衡情况应当在报告中予以说明。

第三百零五条 应当定期对产品召回系统的有效性进行评估。

第十三章 自 检

第一节 原 则

第三百零六条 质量管理部门应当定期组织对企业进行自检，监控本规范的实施情况，评估企业是否符合本规范要求，并提出必要的纠正和预防措施。

第二节 自 检

第三百零七条 自检应当有计划，对机构与人员、厂房与设施、设备、物料与产品、确认与验证、文件管理、生产管理、质量控制与质量保证、委托生产与委托检验、产品发运与召回等项目定期进行检查。

第三百零八条 应当由企业指定人员进行独立、系统、全面的自检，也可由外部人员或专家进行独立的质量审计。

第三百零九条 自检应当有记录。自检完成后应当有自检报告，内容至少包括自检过程中观察到的所有情况、评价的结论以及提出纠正和预防措施的建议。自检情况应当报告企业高层管理人员。

第十四章　附　则

第三百一十条　本规范为药品生产质量管理的基本要求。对无菌药品、生物制品、血液制品等药品或生产质量管理活动的特殊要求，由国家食品药品监督管理局以附录方式另行制定。

第三百一十一条　企业可以采用经过验证的替代方法，达到本规范的要求。

第三百一十二条　本规范下列术语（按汉语拼音排序）的含义是：

（一）包装

待包装产品变成成品所需的所有操作步骤，包括分装、贴签等。但无菌生产工艺中产品的无菌灌装，以及最终灭菌产品的灌装等不视为包装。

（二）包装材料

药品包装所用的材料，包括与药品直接接触的包装材料和容器、印刷包装材料，但不包括发运用的外包装材料。

（三）操作规程

经批准用来指导设备操作、维护与清洁、验证、环境控制、取样和检验等药品生产活动的通用性文件，也称标准操作规程。

（四）产品

包括药品的中间产品、待包装产品和成品。

（五）产品生命周期

产品从最初的研发、上市直至退市的所有阶段。

（六）成品

已完成所有生产操作步骤和最终包装的产品。

（七）重新加工

将某一生产工序生产的不符合质量标准的一批中间产品或待包装产品的一部分或全部，采用不同的生产工艺进行再加工，以符合预定的质量标准。

（八）待包装产品

尚未进行包装但已完成所有其他加工工序的产品。

（九）待验

指原辅料、包装材料、中间产品、待包装产品或成品，采用物理手段或其他有效方式将其隔离或区分，在允许用于投料生产或上市销售之前贮存、等待作出放行决定的状态。

（十）发放

指生产过程中物料、中间产品、待包装产品、文件、生产用模具等在企业内部流转的一系列操作。

（十一）复验期

原辅料、包装材料贮存一定时间后，为确保其仍适用于预定用途，由企业确定的需重新检验的日期。

（十二）发运

指企业将产品发送到经销商或用户的一系列操作，包括配货、运输等。

（十三）返工

将某一生产工序生产的不符合质量标准的一批中间产品或待包装产品、成品的一部分或全部返回到之前的工序，采用相同的生产工艺进行再加工，以符合预定的质量标准。

（十四）放行

对一批物料或产品进行质量评价，作出批准使用或投放市场或其他决定的操作。

（十五）高层管理人员

在企业内部最高层指挥和控制企业、具有调动资源的权力和职责的人员。

（十六）工艺规程

为生产特定数量的成品而制定的一个或一套文件，包括生产处方、生产操作要求和包装操作要求，规定原辅料和包装材料的数量、工艺参数和条件、加工说明（包括中间控制）、注意事项等内容。

（十七）供应商

指物料、设备、仪器、试剂、服务等的提供方，如生产商、经销商等。

（十八）回收

在某一特定的生产阶段，将以前生产的一批或数批符合相应质量要求的产品的一部分或全部，加入到另一批次中的操作。

（十九）计算机化系统

用于报告或自动控制的集成系统，包括数据输入、电子处理和信息输出。

（二十）交叉污染

不同原料、辅料及产品之间发生的相互污染。

（二十一）校准

在规定条件下，确定测量、记录、控制仪器或系统的示值（尤指称量）或实物量具所代表的量值，与对应的参照标准量值之间关系的一系列活动。

（二十二）阶段性生产方式

指在共用生产区内，在一段时间内集中生产某一产品，再对相应的共用生产区、设施、设备、工器具等进行彻底清洁，更换生产另一种产品的方式。

（二十三）洁净区

需要对环境中尘粒及微生物数量进行控制的房间（区域），其建筑结构、装备及其使用应当能够减少该区域内污染物的引入、产生和滞留。

（二十四）警戒限度

系统的关键参数超出正常范围，但未达到纠偏限度，需要引起警觉，可能需要采取纠正措施的限度标准。

（二十五）纠偏限度

系统的关键参数超出可接受标准，需要进行调查并采取纠正措施的限度标准。

（二十六）检验结果超标

检验结果超出法定标准及企业制定标准的所有情形。

（二十七）批

经一个或若干加工过程生产的、具有预期均一质量和特性的一定数量的原辅料、包装材料或成品。为完成某些生产操作步骤，可能有必要将一批产品分成若干亚批，最终合并成为一个均一的批。在连续生产情况下，批必须与生产中具有预期均一特性的确定数量的产品相对应，批量可以是固定数量或固定时间段内生产的产品量。

例如：口服或外用的固体、半固体制剂在成型或分装前使用同一台混合设备一次混合所生产的均质产品为一批；口服或外用的液体制剂以灌装（封）前经最后混合的药液所生产的均质产品为一批。

（二十八）批号

用于识别一个特定批的具有唯一性的数字和（或）字母的组合。

（二十九）批记录

用于记述每批药品生产、质量检验和放行审核的所有文件和记录，可追溯所有与成品质量有关的历史信息。

（三十）气锁间

设置于两个或数个房间之间（如不同洁净度级别的房间之间）的具有两扇或多扇门的隔离空间。设置气锁间的目的是在人员或物料出入时，对气流进行控制。气锁间有人员气锁间和物料气锁间。

（三十一）企业

在本规范中如无特别说明，企业特指药品生产企业。

（三十二）确认

证明厂房、设施、设备能正确运行并可达到预期结果的一系列活动。

（三十三）退货

将药品退还给企业的活动。

（三十四）文件

本规范所指的文件包括质量标准、工艺规程、操作规程、记录、报告等。

（三十五）物料

指原料、辅料和包装材料等。

例如：化学药品制剂的原料是指原料药；生物制品的原料是指原材料；中药制剂的原料是指中药材、中药饮片和外购中药提取物；原料药的原料是指用于原料药生产的除包装材料以外的其他物料。

（三十六）物料平衡

产品或物料实际产量或实际用量及收集到的损耗之和与理论产量或理论用量之间的比较，并考虑可允许的偏差范围。

（三十七）污染

在生产、取样、包装或重新包装、贮存或运输等操作过程中，原辅料、中间产品、待包装产品、成品受到具有化学或微生物特性的杂质或异物的不利影响。

（三十八）验证

证明任何操作规程（或方法）、生产工艺或系统能够达到预期结果的一系列活动。

（三十九）印刷包装材料

指具有特定式样和印刷内容的包装材料，如印字铝箔、标签、说明书、纸盒等。

（四十）原辅料

除包装材料之外，药品生产中使用的任何物料。

（四十一）中间产品

指完成部分加工步骤的产品，尚需进一步加工方可成为待包装产品。

（四十二）中间控制

也称过程控制，指为确保产品符合有关标准，生产中对工艺过程加以监控，以便在必要时进行调节而做的各项检查。可将对环境或设备控制视作中间控制的一部分。

第三百一十三条　本规范自 2011 年 3 月 1 日起施行。按照《中华人民共和国药品管理法》第九条规定，具体实施办法和实施步骤由国家食品药品监督管理局规定。